공인회계사 시험 대비

박도준의
CPA 객관식 경영학
: 조직 / 인사

- ✓ 공인회계사 1차 경영학 기출문제 총망라
- ✓ 이론 체계에 따른 문제 분류 및 구성
- ✓ 포괄적인 이해를 위한 구체적 해설

Management for CPA Test Bank : OB / HRM

PREFACE

Management for CPA Test Bank : OB / HRM (Ver 5.0)

현대 경영은 물질보다는 의사결정의 주체인 사람이 중심이 되고, 수직적인 연공서열보다는 수평적인 능력 위주로, 그리고 지식경영 등과 같은 새로운 패러다임으로 변화하고 있다. 이러한 경영의 발전에 따라 그 넓어진 범위만큼이나 경영이론의 내용도 방대해졌다. 이로 인해 많은 학생들이 '경영학은 방대하며 그로 인해 수험준비가 버겁다'라고들 말한다.

그러나 경영학이란 경영활동을 계획하고, 조직하고, 명령하고, 조정하고, 통제하는 작업으로 앞서 언급한 조직을 운영한다는 관점에서 급변하는 환경 아래 기업을 효율적으로 운영하는 방법을 연구하는 학문으로서 효율성과 효과성을 추구하는 학문이다.

기업활동을 너무 세밀히 분석하여 광범위하게 느껴질 수는 있으나 이 역시 하나의 기업이 효율성과 효과성을 추구하는 과정이므로 수험생들 역시 시간 대비 효율성과 효과성을 충분히 얻어낼 수 있는 학문이다.

본서는 이러한 취지에서 발간한 기존 CPA 객관식 경영학의 기본적 체계를 유지하며 일부오류의 수정과 최근 기출문제들을 추가로 반영하였으며, 변경된 일반 경영학 분야의 출제 범위에 맞추어 업그레이드 및 개정 형태의 Ver 5.0으로 출간하게 되었다.

본서의 개정작업을 통하여 최근 변경 예고된 출제경향을 맞추어 조직 및 인사 분야에서의 최신 기출문제들과 출제경향 파악 및 자주 출제되는 개념을 파악할 수 있으며, 문제를 풀어가는 스킬을 익힐 수 있도록 구성하였다. 더욱이 이론에 대한 핵심 정리 학습 후 경영학 기출문제 해설영역에서, 문제마다 구체적인 설명을 하면서도 포괄적인 이해를 할 수 있도록 서술하였다. 핵심 이론 수업 후 기출문제를 풀어보고, 기출문제 해설 영역에서 확인·점검하는 과정을 통해 '경영학'이라는 과목을 전반적으로 쉽게 이해할 수 있도록 구성하였다.

이처럼 이론과 기출문제를 연계하여 풀어봄으로써 이론 학습과 문제 적응력 배양 및 해설을 통한 복습효과를 기대할 수 있으며, 출제경향과 빈출개념을 파악하는 데에도 매우 유용할 것이라고 판단한다.

본서를 통하여 공인회계사 '일반 경영학' 분야를 차근차근 학습해 간다면, 반드시 고득점을 획득할 수 있을 것이라고 믿는다. 부디 이 교재를 통해 수험생들이 원하는 조기의 성과를 낼 수 있기를 기대한다.

아울러 일반 경영학 분양의 학문적 특성과 수험서라는 특성을 감안하여 볼 때 특정한 획기적이고 독창적인 이론을 제시하고 있지는 않으나, 유사 과목의 내용은 그 동질성에 대해 어느 정도의 이해를 같이하고 있으며, 그 세부적 형식과 구성 측면에서 참신성을 찾는 것이 현실이다. 이러한 변명을 가지고, 저자는 본서의 집필 중 감히 흉내 낼 수 없는 저명한 국내·외 학자들의 아이디어를 상당 부분 빌린 것에 대해 심심한 양해를 구하며, 또한 많은 부분에서 오류 등에 대한 검토가 요구되므로 선배, 동료 교수님과 수험생 여러분의 많은 충고와 지도 편달을 바라 마지않는다.

마지막으로 본서의 지속적인 개정판 출간 작업에 많은 수고를 아끼지 않아 주신 배움출판사의 이용중 사장님과 한상훈 팀장님 그리고 김미좌 팀장님을 비롯한 배움출판사 관계자 여러분께 항상 진심 어린 감사를 드리며, 나아가 부족한 본서에 무한한 애정을 보내주신 독자 여러분께 다시금 감사의 말씀을 전합니다.

아울러 본 서로 수험을 준비하는 모든 수험생 여러분의 건승을 빕니다.

2024년 10월
편저자 박도준

INFORMATION

CPA 시험 범위와 출제경향 : 일반경영학 2007~2024 기준 (24문항)

대단원	소단원	07	08	09	10	11	12	13	14	15	16	17	18	19	20	21	22	23	2024	2025
경영학 개론	경영일반 / 기업론	2	1	0	0	0	0	0	0	0	0	0	0	0	0	0	0	0	0	
	경영학발전사	1	1	0	0	0	0	0	1	0	0	1	0	0	0	0	0	0	1	
경영전략	전략경영	2	1	2	1	1	1	1	1	1	1	1	0	0	0	0	0	0	0	
경영조직론 (조직행동론)	개인차원의 조직행동	2	2	1	1	2	3	2	1	2	2	1	2	2	2	1	2	2	2	일반경영학 분야 출제 범위
	집단차원의 조직행동	1	2	2	2	1	2	1	2	1	1	1	2	2	1	2	1(1)	2(1)	1	
	거시 조직론	1	0	1	2	1	0	0	0	1	1	2	1	1	2	1	1	2	1	
인사관리	인적자원관리 (직무+인사)	3	4	3	3	2	2	3	4	4	3	3	3	4	4	4	4	2	4	
	소계	12	11	9	8	8	8	8	8	9	8	9	8	8	8	8	8	8	9	
마케팅	마케팅 (STP+4P)	6	5	6	5	6	7	6	6	5	6	6	5	4	2	6(5)	3	5	5	
	마케팅조사 및 소비자행동분석	2	2	1	3	2	1	2	2	3	2	2	3	4	6	2(3)	5	3	3	
	소계	8	7	7	8	8	8	8	8	8	8	8	8	8	8	8	8	8	8	
생산운영관리	생산관리	2	4	3	3	2	4	2	5	6	4	4	5	3	5	4	5	4(1)	3	
	재고관리	3	1	2	2	3	1	3	2	1	2	3	3	2	3	1	3	2	3	
	품질경영	2	1	2	2	2	1	1	1	0	1	(1)	1	1	2	1	0	1	1	
	경영과학	1	1	1	1	1	2	2	0	0	0	(2)	1	(1)	0	1	0	(1)		
	소계	8	7	8	8	8	8	8	8	7	7	8	8	8	8	8	8	7		
	총 계	27	25	24	24	24	24	24	24	24	24	24	24	24	24	24	24	24	24	

* 주1 : ( ) 표기는 다른 분야에 속한 연계문제임.
* 주2 : 2025년부터 일반경영학 범위 및 문항수 변경
* 자료 : 2007 ~ 2024 공인회계사 기출문제 기준

CONTENTS

PART 1 경영학개론
- Chapter 1 경영학개론 및 기업론 — 8
- Chapter 2 경영전략 — 24
- Chapter 3 경영학의 발전과정 — 56

PART 2 경영조직론
- Chapter 1 개인차원의 조직행동 — 78
- Chapter 2 집단차원의 조직행동 — 130
- Chapter 3 조직차원의 조직행동: 거시조직론 — 181

PART 3 인적자원관리
- Chapter 1 직무관리 — 234
- Chapter 2 확보 및 개발관리 — 257
- Chapter 3 평가 및 보상관리 — 281
- Chapter 4 노사관계관리 — 317

부록
- 경영학 분야별 이론 및 학자 정리 — 330
- 참고문헌 — 333

C_ertified
P_ublic
A_ccountant

PART 1

경영학개론

Chapter 1 경영학개론 및 기업론
Chapter 2 경영전략
Chapter 3 경영학의 발전과정

Chapter 1. 경영학개론 및 기업론

I 핵심정리

❶ 경영학 개관

- **경영활동**

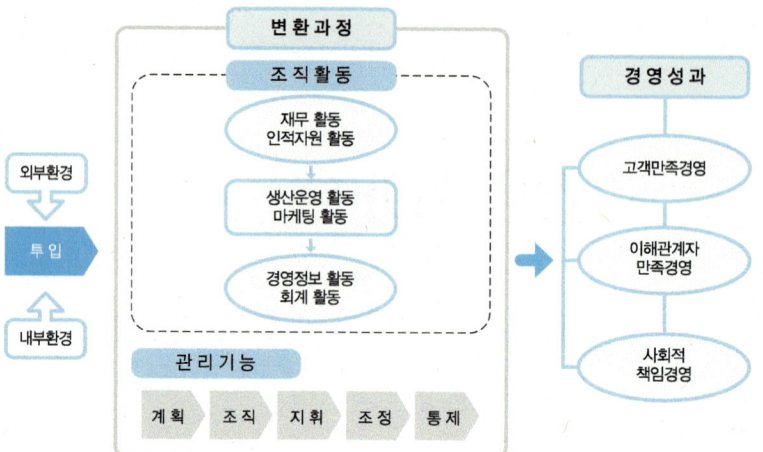

출처 이명호 외, 『경영학으로의 초대』, 박영사

- **경영학의 지도원리**
    - 효율성(efficiency): "일을 올바르게 하는 것"
    - 효과성(effectiveness): "올바른 일을 하는 것"

❷ 경영자

1) 소유와 경영의 분리

- **소유와 경영의 분리**

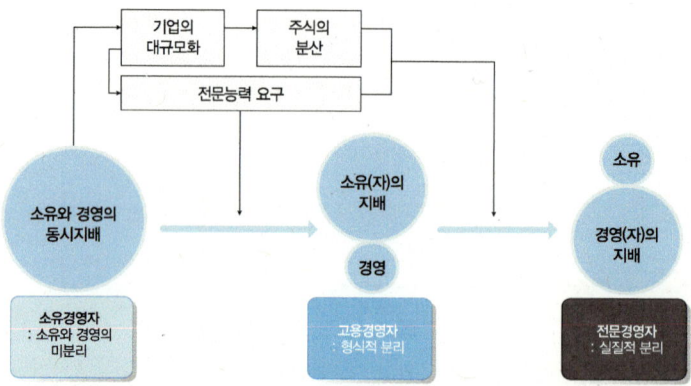

- **대리인비용**
  - 자본의 대리비용: 주주 / 채권자와 경영자 간의 대리문제
    - 상호간의 상충된 이해관계로 인하여 발생하는 비용
    - 특권적 소비, 단기적 이익 치중, 무사안일주의 등으로 발생
    - 대리인비용으로는 주주 / 채권자의 감시비용과 이에 대한 경영자의 확증비용이 있으며 이러한 비용의 차이를 잔여손실이라고 한다.
  - 부채의 대리비용: 주주-채권자 간의 대리문제로서 위험유인과 과소투자유인 등이 있다.

2) 기업가정신과 경영자 역할

- **기업가 정신**
  - 슘페터: 창조적 파괴의 과정
  - 기업가 정신: 혁신, 모험정신
  - 불확실성하의 선택 … 보상 = 이윤

- **위계수준과 경영자역할**

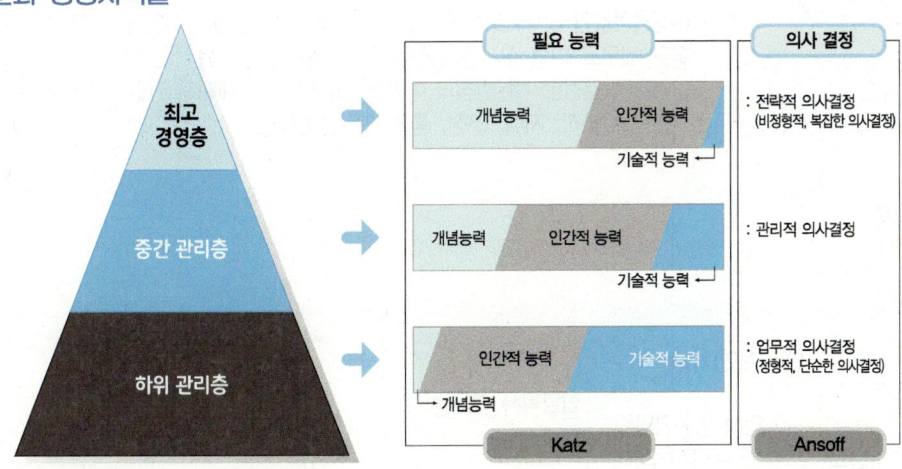

- **민쯔버그의 관리자역할**
  - 대인적 역할(interpersonal role): 대표자로서의 역할, 리더로서의 역할, 섭외자로서의 역할
  - 정보적 역할(informational role): 정보탐색자 역할, 정보전파자 역할, 대변인 역할
  - 의사결정적 역할(Decisional role): 기업가 역할, 혼란수습자 역할, 자원배분자 역할, 협상자 역할

- **경영자의 사회적 책임**
  - 본질적 책임으로서 기업 유지 및 발전에 대한 책임
  - 대외적 책임으로서 이해집단 간의 이해 조정
  - 간접적 책임으로서 사회발전에 대한 책임

■ 위계수준에 따른 경영자 분류

수탁경영층 (이사회)	• 기업 활동의 종합적 성과를 평가 • 기업조직상 최상위에 있는 이사회 • 주주총회에서 선임되어 기업경영을 책임 • 주주의 이익을 대표하여 기업의 기본방침 결정 • 주주권리를 위임한다는 의미로 수탁경영층이라 불림
전반경영층 (사장, 전무, 상무 등)	• 수탁경영층인 이사회로부터 위임된 권한의 범위 안에서 기업 활동 전반에 대한 구체적인 계획을 세우고 이의 실시를 위한 명령·통제기능을 수행 • 경영자가 결정한 기본방침과 이양된 권한의 범위 내에서 기업경영 전체에 대한 종합계획을 수립하고 조직, 지휘, 조정, 통제하는 관리자

❸ 기업론

1) 기업의 분류

경제적 형태			법률적 형태		
사기업	단독(개인)기업		개인상인(기업)		회사기업
	공동기업	인적 공동기업 (소수공동기업)	합명회사, 합자회사		
			유한회사		
			민법상의 조합, 익명조합	조합기업	
		자본적 공동기업 (다수공동기업)	협동조합		
			주식회사		
공기업			국영기업, 지방공익기업, 공사, 공단		
공사공동기업			특수회사		

2) 기업의 결합과 집중화
- **기업결합의 종류:** 수평적, 수직적, 다각적 결합
- **기업집중의 기본형태**

(독립성)	법적	경제적
카르텔(기업 연합)	O	O
트러스트(기업합동)	X	X
콘째른(기업연맹)	O	X

3) 인수합병

■ 인수합병의 효과

경영 합리화	기업결합을 통하여 경영자뿐만 아니라 종업원의 사기를 높일 수 있으며, 기업경영의 비효율성으로 인하여 저평가된 기업을 인수하여 경영을 활성화할 수 있음
재무상의 시너지 효과	기업결합을 통하여 기업 규모가 커지고 파산 위험이 감소하면 자본조달을 용이하게 할 수 있고, 자본비용도 감소시킬 수 있음
위험 분산효과	영업상 서로 관련이 없는 기업과의 결합을 통해 경영 위험을 분산시킬 수 있음
규모와 범위의 경제적 효과	기업 규모의 대형화로 각종 비용 절감
진입 장벽의 완화	매수기업의 상표인지도, 유통경로 등을 이용함으로써 진입장벽을 보다 쉽게 뛰어넘을 수 있음
경쟁사와의 마찰 회피	M&A로 신규 사업 진출 시 해당 산업에 새로운 사업이 추가되는 것이 아니기 때문에 경쟁사와의 마찰을 피할 수 있음
대리인 이론	주주의 입장에서 경영사의 지위를 위협하는 수단으로 M&A를 활용하여 비효율적 의사결정을 하지 못하도록 견제
조세 절감	영업성적이 양호한 회사의 영업성적이 불량하여 결손금이 누적되고 있는 회사가 결합하면 법인 소득세를 절감할 수 있음

■ 적대적 M&A

주식 공개 매수 (take over bid)	대상기업의 불특정 다수 주주를 상대로 장외에서 일정 가격으로 권유에 대량 매수하는 전략
곰의 포옹 (bear's hug)	대상기업의 경영진에게 주식가격을 갑작스레 제시하고 이에 응하지 않을 경우 공개 매수하겠다고 으름장을 놓는 것으로, 사전 경고 없이 매수자가 목표 기업의 경영진에 편지를 보내 매수 제의를 하고 신속한 의사결정을 요구하려는 전략
새벽의 기습 (dawn raid)	대상기업의 주식을 상당량 매입해 놓고 기업인수 의사를 대상기업 경영자에게 전달하는 방법
시장 매집 (market sweep)	대상기업의 주식을 장내 시장인 주식 시장을 통해 지속적으로 매수하는 전략
위임장 대결 (proxy fight)	다수의 주주로부터 주주총회에서의 의결권 행사 위임장을 확보하여 M&A를 추진하는 전략
파킹 (parking)	우호적인 제3자를 통해 지분을 확보하게 한 뒤, 주주총회에서 기습적으로 표를 던져 경영권을 탈취하는 방법
턴어라운드 (turn around)	내재가치는 충분한데 경영능력이 부족해 주가가 떨어진 기업을 인수, 경영을 호전시킨 다음 비싼 값에 되파는 방법

■ 적대적 M&A 방어전략

역공개 매수 (counter tender offer)	M&A에 나선 상대회사에 대해 역으로 M&A에 나서 맞공개 매수를 시도하는 전략
백기사 (white knight)	공격자에게 경영권을 넘기기 전에 호의적인 제3자를 찾아 좋은 조건으로 기업을 매각하는 방법
황금낙하산 (golden parachute)	M&A로 경영진이 교체될 경우, 퇴직하는 경영진에게 많은 비용을 지급하게 함으로써 매수자의 매수 부담을 증가시키는 전략
왕관의 보석 (crown jewel)	적대적 M&A가 시도될 때 중요자산을 미리 팔아버려 자산 가치를 떨어뜨리는 방법으로 M&A 의미를 희석시키는 것

독소 조항 (poison pill)	• 대규모 신주 발행을 통해 M&A 업체가 확보한 지분을 희석시킴으로써 인수를 막는 전략 • 적대적 M&A 위협을 받는 주주들이 이사회 결의만으로도 시기보다 싸게 신주를 살 수 있도록 한 장치
자본감소 전략	자기주식을 매입 소각하여 매수 대상기업의 총발행주식 수를 감소시켜 지분율 확보를 어렵게 하는 전략
이사 임기 교차제	이사들의 임기 만료 시기를 분산 시켜 기업을 인수하더라도 기업 지배력의 조기 확보를 어렵게 하는 전략
의결 정족수 특약	M&A 등 주요시안에 대해 주총의결 요건을 강화하는 제도

- **M&A 평가**
  - 합병에 의한 부의 창출 크기

합병에 의한 증분 현금흐름의 현재가치	=	기업 A와 기업 B의 합병 후 시장가치 합계	−	기업 A의 합병 전 시장가치	−	기업 B의 합병 전 시장가치
PV_{AB}	=	PV_C	−	PV_A	−	PV_B

  - NPV = 시너지 − 프리미엄
    = [PV(A + B) − (PV(A) + PV(B))] − [기업 B의 매수가격 − PV(B)]
  - NPV = 합병 후 기업 A의 가치 − 합병 전 기업 A의 가치
    = [PV(A + B) − 기업 B의 매수가격] − PV(A)

- **M&A의 시너지효과**
  - 시너지 $= PV(A+B) - [PV(A) + PV(B)]$
    $PV(A+B)$: 합병 후의 기업가치
    $PV(A), PV(B)$: 합병 전 A, B의 기업가치

  - 시너지 $= \sum_{t=1}^{n} \dfrac{\triangle CF_t}{(1+r)^t}$
    $\triangle CF_t$: 합병으로 인한 t시점의 증분현금흐름
    r: 증분현금흐름에 적합한 위험조정할인율

Ⅱ OX 문제

1. 배움 출판사는 매출목표 달성을 위해 새 인쇄기를 도입하였으나, 전년 대비 생산량은 증가하였으나 상대적으로 생산원가는 오히려 증가하였다. 아울러 제품이 소비자 관심을 끌지 못하여 매출목표를 달성하지 못하였으므로 신기술의 도입으로 이 기업은 효율성은 증가하였으나 효과성은 달성하지 못하였다고 판단할 수 있다.

2. 수탁경영층은 최고경영층으로부터 경영기능을 위임받아 업무를 수행하는 중간경영층을 지칭한다.

3. 경영자가 결정한 기본방침과 이양된 권한의 범위 내에서 기업경영 전체에 대한 종합계획을 수립하고 조직·지휘·조정·통제하는 관리자를 수탁경영층이라고 한다.

4. 과소투자유인(under-investment incentive)은 자본의 대리비용으로, 수익성 투자 포기 유인이라고도 한다.

5. 대리인 비용 중 자본의 대리비용이란 주주-채권자와 경영자 간의 대리문제로서 상호 간의 상충된 이해관계로 인하여 발생하는 비용이다.

---

1 X | 이 기업은 새 인쇄기를 도입하였으나 오히려 생산원가가 증가하였으므로 효율성은 감소한 것으로 보아야 한다.
2 X | 수탁경영층은 주주의 이익을 대표하여 기업의 기본방침 결정하며, 주주권리를 위임한다는 의미로 수탁경영층이라 불리우며 기업조직상 최상위에 있는 이사회 등을 의미하며 주주총회에서 선임되어 기업 경영을 책임지는 경영자라고 할 수 있으며 중간경영층을 지칭하지는 않는다. 중간경영층은 직능 또는 부분관리자로서 최고경영층이 설정한 경영방침을 하위업무가 순조롭게 진행되도록 감독 및 관리하는 경영계층이다.
3 X | 경영자가 결정한 기본방침과 이양된 권한의 범위 내에서 기업경영 전체에 대한 종합계획을 수립하고 조직·지휘·조정·통제하는 관리자는 전반경영층이라고 할 수 있다.
4 X | 과소투자유인(under-investment incentive)은 자본의 대리비용이 아니라 부채의 대리비용으로, 수익성 투자 포기 유인이라고도 한다. 부채의 대리비용은 주주-채권자 간의 대리문제로 위험유인과 과소투자유인 등이 있다.
5 O

6 카츠(R. L. Katz)는 "어떤 경영자든 성공하기 위해서는 세 가지 기본적인 기술이 있어야 한다."라고 주장했는데, 그중 하위 및 중간경영자층에 비해 최고 경영자층에 많이 요구되는 기술은 업무적 및 기술적 능력이라고 주장하고 있다.

7 피터 드러커(P. F. Drucker)는 기업의 이윤은 마케팅과 혁신 및 생산성을 향상시킨 결과로 얻어지는 것이라고 하며, 봉사목적론을 주장하였다.

8 적대적 M&A방법으로 새벽의 기습전략은 대상기업의 경영진에게 주식가격을 갑작스레 제시하고 이에 응하지 않을 경우 공개 매수하겠다고 으름장을 놓는 것으로, 사전 경고 없이 매수자가 목표기업의 경영진에 편지를 보내 매수 제의를 하고 신속한 의사결정을 요구하려는 전략이다.

9 대규모 신주 발행을 통해 M&A 업체가 확보한 지분을 희석시킴으로써 인수를 막는 전략을 왕관의 보석(crown jewel)이라고 한다.

10 M&A로 경영진이 교체될 경우, 퇴직하는 경영진에게 많은 비용을 지급하게 함으로써 매수자의 매수 부담을 증가시키는 전략을 황금낙하산(golden arachute)이라고 한다.

6 X |
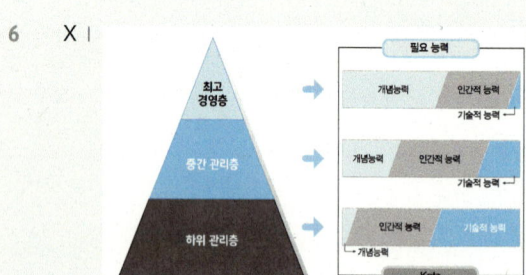

7 X | 피터 드러커(P. F. Drucker)는 기업의 이윤은 마케팅과 혁신 및 생산성을 향상시킨 결과로 얻어지는 것이라고 하며, 고객창조목적론을 주장였다. 봉사목적론은 포드(H. Ford)의 주장으로서 기업이란 봉사기관이므로 소비자의 실질적 구매력과 생활수준 향상을 위해 저가격 제품을 공급, 고임금을 지불해야 한다고 하였다.

8 X | 적대적 M&A방법으로 대상기업의 경영진에게 주식가격을 갑작스레 제시하고 이에 응하지 않을 경우 공개 매수하겠다고 으름장을 놓는 것으로, 사전 경고 없이 매수자가 목표기업의 경영진에 편지를 보내 매수 제의를 하고 신속한 의사결정을 요구하려는 전략은 곰의 포옹이며, 새벽의 기습은 대상기업의 주식을 상당량 매입해 놓고 기업인수 의사를 대상기업 경영자에게 전달하는 방법이다.

9 X | 대규모 신주 발행을 통해 M&A 업체가 확보한 지분을 희석시킴으로써 인수를 막는 전략은 독소조항(poison pill) 제도이며 왕관의 보석(crown jewel)이란 적대적 M&A가 시도될 때 중요자산을 미리 팔아버려 자산가치를 떨어뜨리는 방법으로 M&A 의미를 희석시키는 전략이다.

10 O

III 개념정리 문제

1 어떤 기업이 매출목표 달성을 위해 신기술을 도입하였다. 그 결과 전년 대비 생산량이 증가하고 생산원가는 감소하였으나 제품이 소비자의 관심을 끌지 못하여 매출목표를 달성하지 못하였다. 신기술 도입의 효과성과 효율성에 대한 설명으로 적절한 것은?　〔2016 7급 감사직〕

① 효과적이고 효율적이다.　　② 효과적이지 않지만 효율적이다.
③ 효과적이지만 효율적이지 않다.　　④ 효과적이지 않고 효율적이지도 않다.

2 다음 중 수탁경영층과 가장 근접한 개념은?　〔2005 국민연금공단〕

① 현장에서 직접 작업하는 작업경영층
② 최고경영층이 결정한 목표를 집행하는 경영층
③ 기업의 장기적 목표와 전략 등을 결정하는 경영층
④ 생산과 마케팅 등 기업의 특정한 부문의 활동만을 책임지는 직능 경영자

3 기업가 정신의 핵심요소가 아닌 것은?　〔2012 노무사〕

① 비전의 제시와 실현욕구　② 창의성과 혁신　③ 성취동기
④ 인적 네트워크 구축　⑤ 도전정신

4 민츠버그(H. Mintzberg)의 경영자 역할 중 의사결정 역할의 범주에 속하지 않는 것은?　〔2013 경영지도사〕

① 연락자　② 기업가　③ 문제해결자
④ 자원배분자　⑤ 협상자

5 다음 중 Ansoff의 의사결정 분류에서 최고경영층에서 이루어지는 의사결정은 무엇인가?　〔2009 한국농어촌공사〕

① 전문적 의사결정
② 전략적 의사결정을 구체화하기 위한 활동
③ 기업의 환경변화에 기업을 적응시키는 문제와 관련된 의사결정
④ 기업의 제자원의 변화과정에서 효율성을 극대화할 것을 목적으로 하는 의사결정

6 카츠(R. L. Katz)가 제안한 경영자 또는 관리자로서 갖춰야 할 관리기술 중 최고경영자 계층에서 특히 중요시 되는 것은?　〔2017 서울시〕

① 운영적 기술(operational skill)　　② 개념적 기술(conceptual skill)
③ 인간관계적 기술(human skill)　　④ 전문적 기술(technical skill)

7 하위경영층이 주로 행하는 것으로 일상적이며 구조가 명확하게 되어 있는 것은?

① 정형적 의사결정　② 전략적 의사결정　③ 특수적 의사결정　④ 비정형적 의사결정

8 기업의 사회적 책임(CSR: Corporate Social Responsibility)의 내용으로 옳지 않은 것은?

① 기업의 유지 및 발전에 대한 책임　② 기업의 후계자 육성에 대한 책임
③ 기업의 주주 부(wealth)의 극대화에 대한 책임　④ 기업의 다양한 이해 조정에 대한 책임

9 주식회사의 대리인 문제에서 발생하는 감시비용에 포함되지 않는 것은?

① 성과급　② 사외이사　③ 잔여손실
④ 주식옵션　⑤ 외부회계감사

10 외부주주와 경영진, 주주와 채권자 등 위임관계에서 발생하는 감시비용, 확증비용, 잔여손실 등과 관련된 비용은?

① 매몰비용　② 대리인비용　③ 학습비용
④ 기회비용　⑤ 고객비용

11 무한책임사원과 유한책임사원으로 구성된 상법상의 기업형태는?

① 합명회사　② 합자회사　③ 유한회사
④ 주식회사　⑤ 자영회사

12 다음 글에서 설명하고 있는 기업 형태는 무엇인가?

> • 두 사람 이상의 사원이 공동출자하고 회사의 경영에 대한 무한책임을 지며, 직접 경영에 참여한다.
> • 가족 내에서 친척 간, 또는 이해관계가 깊은 사람은 회사 설립이 많은 편이다.

① 유한회사　② 합명회사　③ 합자회사　④ 주식회사

13 주식회사에 관한 특징으로 옳지 않은 것은?

① 주주의 유한책임　② 소유와 경영의 분리 가능　③ 소유권 이전의 어려움
④ 자본의 증권화　⑤ 대규모 자본조달 가능

14 다음 글에 대한 설명으로 알맞은 것은?

> 시장에서 경쟁을 배제하고 독점하기 위해 개별기업들이 경제적, 법률적으로 독립성을 완전히 상실하고 수평·수직적 결합한 기업집중형태이다.

① trust　② cartel　③ concern　④ syndicate

15 동종 또는 유사업종의 기업들이 법적, 경제적 독립성을 유지하면서 협정을 통해 수평적으로 결합하는 형태는?

2018 공인노무사

① 지주회사(holding company)　② 카르텔(cartel)　③ 컨그로메리트(conglomerate)
④ 트러스트(trust)　⑤ 콘체른(concern)

16 기업은 여러 가지 목적으로 기업집중을 시도한다. 기업이 중소기업을 지배하는 방법으로 자금대여 등을 이용하는 기법은?

1992 CPA

① 카르텔　② 콘째른　③ 트러스트
④ 콘글로머릿　⑤ 조인트벤쳐

17 기업이 다른 기업을 인수합병하는 이유로 옳지 않은 것은?

2012 가맹거래사

① 저렴한 비용으로 새로운 사업에 신속히 진출할 수 있다.
② 조세절감효과를 얻을 수 있다.
③ 진입장벽을 쉽게 뛰어넘을 수 있다.
④ 부족한 기업능력을 보완할 수 있다.
⑤ 경쟁사와의 마찰이 커진다.

18 기업 인수·합병(M&A)의 여러 동기 중 합병 기업의 기업가치 제고효과에 해당하지 않는 것은?

2015 7급 국가직

① 세금효과(tax effect)　② 저평가가설(under-valuation hypothesis)
③ 재무시너지효과(financial synergy effect)　④ 황금낙하산(golden parachute)

19 적대적 인수합병의 방어수단 중의 하나로 거액의 퇴직보상금을 인수합병 되는 기업 경영진에게 지급하도록 하는 내용을 고용계약에 규정하는 것은?

2015 가맹거래사

① 독약조항(poison pill)　② 왕관의 보석(crown jewel)
③ 백기사(white knight)　④ 황금낙하산(golden parachute)
⑤ 그린메일(green mail)

20 우호적인 제3자를 통해 지분을 확보하게 한 뒤, 주주총회에서 제3자로 하여금 투표권을 행사하게 하여 기습적으로 경영권을 탈취하는 방법은?

2015 경영지도사

① 팩맨(Pac man)　② 파킹(Parking)　③ 그린메일(Green mail)
④ 공개매수(Tender offer)　⑤ 독약처방(Poison pill)

21 다음 중 무한책임사원과 유한책임사원으로 구성된 기업 형태로 가장 옳은 것은? [2023 9급 군무원]

① 주식회사   ② 유한회사   ③ 합자회사   ④ 합명회사

22 다음 특성에 모두 해당되는 기업의 형태는? [2023 공인노무사]

- 대규모 자본조달이 용이하다
- 출자자들은 유한 책임을 진다.
- 전문경영인을 고용하여 소유와 경영의 분리가 가능하다.
- 자본의 증권화를 통한 소유권 이전이 용이하다.

① 개인기업   ② 합명회사   ③ 합자회사   ④ 유한회사   ⑤ 주식회사

23 카츠(R. L. Katz)가 제시한 경영자의 기술에 관한 설명으로 옳은 것을 모두 고른 것은? [2024 공인노무사]

ㄱ. 전문적 기술은 자신의 업무를 정확히 파악하고 능숙하게 처리하는 능력을 말한다.
ㄴ. 인간적 기술은 다른 조직구성원과 원만한 인간관계를 유지하는 능력을 말한다.
ㄷ. 개념적 기술은 조직의 현황이나 현안을 파악하여 세부적으로 처리하는 실무적 능력을 말한다.

① ㄱ   ② ㄴ   ③ ㄱ, ㄴ   ④ ㄱ, ㄷ   ⑤ ㄱ, ㄴ, ㄷ

24 다음 중 소유와 경영의 분리에 대한 설명으로 가장 적절한 것은? [2024 9급 군무원]

① 기업과 경영의 분리   ② 자본가와 종업원의 분리
③ 일반경영자와 전문경영자의 분리   ④ 출자자와 경영자의 분리

25 적대적 M&A의 방어전략 중 다음에서 설명하는 것은? [2023 공인노무사]

피인수기업의 기존 주주에게 일정조건이 충족되면 상당히 할인된 가격으로 주식을 매입 할 수 있는 권리를 부여함으로써, 적대적 M&A를 시도하려는 세력에게 손실을 가하고자 한다.

① 백기사(white knight)   ② 그린메일(green mail)   ③ 황금낙하산(golden parachute)
④ 독약조항(poison pill)   ⑤ 왕관보석(crown jewel)

IV 심화 문제

1 피터 드러커가 기업의 목적을 위하여 가장 중요시한 것은?

① 이익의 최대화　　　　　　　② 마케팅활동, 사회적 책임
③ 생산과 기술의 효율성　　　　④ 고임금의 실현

2 경영자에 대한 다음의 설명 중 가장 적절하지 않은 것은?

① 기업이 대규모화되면서 기업경영의 문제가 복잡해지고, 자본이 분산됨에 따라 전문경영자가 출현하게 된다.
② 소유경영자가 지배하는 기업에서 자본출자와 관련성이 없으면서 최고경영층으로 활약하는 사람은 고용 경영자이다.
③ 전문경영자는 단기적 기업이익을 추구하는 성향을 보인다.
④ 전문경영자는 자율적 경영과 경영관리의 합리화를 도모하는 성향을 보인다.
⑤ 수탁경영층은 최고경영층으로부터 경영기능을 위임받아 업무를 수행하는 중간경영층을 지칭한다.

3 전문경영자와 소유경영자에 관한 설명으로 옳지 않은 것은?

① 소유경영자는 환경변화에 빠르게 대응할 수 있다는 장점이 있다.
② 전문경영자에 비해 소유경영자는 단기적 성과에 집착하는 경향이 강하다.
③ 전문경영자와 주주 사이에 이해관계가 상충될 수 있다.
④ 전문경영자에 비해 소유경영자는 상대적으로 전문성이 떨어질 수 있다.
⑤ 소유경영자는 전문경영자에 비해 상대적으로 강력한 리더십의 발휘가 가능하다는 장점이 있다.

4 슘페터(J. Schumpeter)가 경영혁신을 언급하면서 지적한 생산요소에 해당하지 않는 것은?

① 새로운 제품의 생산　　　　　② 새로운 생산기술이나 방법의 도입
③ 새로운 조직의 형성　　　　　④ 신시장 또는 새로운 판로의 개척
⑤ 혁신적인 기업가 정신

5 대리비용(agency costs)과 관련된 다음 서술 중 옳은 것은? _{2002 CPA}

① 위험유인(risk incentive)이란 소유경영자와 외부주주간에 발생하는 이해 상충에서 파생하는 대리비용이다.
② 위험유인은 소유경영자의 지분율이 높을수록 위험한 투자안을 선택하려는 유인이다.
③ 과소투자유인(under-investment incentive)은 부채의 대리비용으로, 수익성 투자 포기 유인이라고도 한다.
④ 특권적 소비(perquisite consumption)는 주주와 채권자간에 발생하는 대리비용으로, 타인자본의존도에 비례하여 증가하는 경향이 있다.
⑤ 감시비용(monitoring costs)이란 대리인이 자신의 의사결정이 위임자의 이해와 일치한다는 것을 입증하기 위해 지불하는 비용이다.

6 기업의 이해관계자에 대한 기업의 사회적 책임(CSR : Corporate Social Responsibility)이 잘못 연결된 것은? _{2017 7급 감사직}

① 종업원에 대한 책임 – 안전한 작업환경 제공, 적절한 노동의 대가 지불
② 사회에 대한 책임 – 새로운 부(Wealth)의 창출, 환경보호, 사회정의 촉진
③ 고객에 대한 책임 – 가치 있는 제품 및 서비스 공급, 고객만족
④ 투자자에 대한 책임 – 내부자거래(Insider Trading)로 주주의 부(Wealth) 극대화, 사회적 투자

7 기업의 형태에 대한 설명으로 옳지 않은 것은? _{2018 7급 감사직}

① 합명회사는 출자액 한도 내에서 유한책임을 지는 사원만으로 구성된다.
② 합자회사는 연대무한책임을 지는 무한책임사원과 출자액 한도 내에서 유한책임을 지는 유한책임사원으로 구성된다.
③ 협동조합은 농민, 중소기업인, 소비자들이 자신들의 경제적 권익을 보호하기 위하여 공동으로 출자하여 조직된다.
④ 주식회사는 주주와 분리된 법적인 지위를 갖는다.

8 주식회사(Corporation)에 대한 설명으로 옳지 않은 것은? _{2017 7급 감사직}

① 주주는 회사에 대해 개인적으로 출자한 금액한도에서 책임을 진다.
② 주식매매를 통하여 소유권 이전이 가능하다.
③ 전문지식을 가진 전문경영인에게 경영권을 위임하여 소유와 경영을 분리할 수 있다.
④ 주주의 수에 제한이 있어 복잡한 지배구조를 방지할 수 있다.

9 다음 중 지주회사(holding company)로 볼 수 있는 것은? `1993 CPA`

① 개별기업들이 경제적·법률적으로 독립성을 상실하고 하나의 기업이 되는 것이다.
② 상호보완적인 역할을 하는 여러 생산부문이 생산 기술적 입장에서 결합하는 것이다.
③ 상호관련이 없는 이종 기업간의 합병·매수에 의해 다각적 경영을 행하는 거대 기업이다.
④ 타회사를 지배할 목적으로 주식을 매입하여 보유하고 있는 종합금융회사를 말한다.
⑤ 종래 운영하고 있던 업종 이외의 다른 업종에 진출하여 이를 동시에 운영하는 것이다.

10 자동차 제조회사 경영자는 최근 경영환경 변화에 효과적으로 대응하여 경영성과를 극대화하기 위해 사업확장을 추구하고자 한다. 그는 사업확장 방안으로 전방통합을 추진하고자 하는데, 전방통합의 이점으로 옳지 않은 것은? `2014 7급 공무원`

① 시장에 대한 통제력 증대를 통해 독점적 지위를 유지할 수 있다.
② 판매 및 분배 경로를 통합함으로써 제품의 안정적 판로를 확보할 수 있다.
③ 부품의 자력 공급을 통해 제품차별화 가능성을 높일 수 있다.
④ 적정 생산규모를 유지함으로써 생산비용과 재고비용을 감소시킬 수 있다.

11 인수합병에서 인수기업의 성과에 대한 설명으로 옳은 것은? `2017 7급 감사직`

① 인수합병을 성공으로 이끄는 가장 중요한 요인은 높은 인수프리미엄이다.
② 두 조직을 유기적으로 결합하는 합병 후 통합과정은 인수합병 성패의 주요 요인이 된다.
③ 인수합병의 최종목표는 경쟁기업과의 입찰에서 승리하는 것이다.
④ 모든 인수합병은 기업성장을 위해 긍정적으로 작용한다.

12 적대적 M&A에 대응하기 위하여 기존 보통주 1주에 대해 저렴한 가격으로 한 개 또는 다수의 신주를 매입하거나 전환할 수 있는 권리를 부여하는 방어적 수단은? `2008 CPA`

① 독약조항(poison pill) ② 역매수전략 ③ 황금주
④ 그린메일(green mail) ⑤ 백지주 옵션

13 기업 매수 및 합병(M&A)에 관한 다음 서술 중 가장 타당하지 않은 것은? `2001 CPA`

① 적대적 M&A의 경우 피인수기업 주주는 손실을 본다.
② 보유지분이 불충분하더라도 백지위임장투쟁(proxy fight)을 통해 경영권을 획득할 수 있다.
③ 공개매수제의(tender offer)시 피인수기업 주주들의 무임승차현상(free-riding)은 기업매수를 어렵게 한다.
④ M&A시장의 활성화는 주주와 경영자간 대리문제를 완화시키는 역할을 한다.
⑤ 우리사주조합의 지분율을 높이는 것은 M&A방어를 위한 수단이 된다.

14 기업의 인수·합병(M&A, Merger & Acquisition)에 대한 설명으로 옳지 않은 것은? `2018 7급 감사직`

① 인수대상 기업의 자산을 담보로 인수자금의 대부분을 조달하는 방법을 황금낙하산(Golden Parachute)이라고 한다.
② 2개 이상의 독립된 기업이 모두 해산, 소멸한 후에 새로운 기업을 설립하고, 신설되는 기업이 모든 자산과 부채를 승계하는 방법을 신설합병(Consolidation)이라고 한다.
③ 수평적 합병(Horizontal Merger)은 동종 산업에서 제품군이 유사한 두 기업이 비용 절감, 생산성 향상, 경쟁 회피 등을 위해 합병하는 것이다.
④ 수직적 합병(Vertical Merger)은 공급사슬상의 전방 또는 후방에 위치한 기업을 사들여 경쟁력을 키우고자 하는 합병이다.

15 100% 자기자본만으로 구성되어 있는 X회사와 Y회사의 현재 기업가치는 각각 70억 원, 30억 원이다. X회사가 Y회사를 합병하여 XY회사가 탄생하면 합병 후 기업가치는 120억 원이 될 것으로 추정된다. X회사의 Y회사 인수가격이 40억 원일 경우 X회사의 입장에서 합병의 순현가는? (단, 다른 조건은 고려하지 않는다) `2016 7급 감사직`

① 10억 원   ② 20억 원   ③ 50억 원   ④ 80억 원

16 다음 중 적대적 M&A에 대한 방어 수단과 가장 거리가 먼 것은? `2023 7급 군무원`

① 황금낙하산   ② 차입매수(LBO)   ③ 백기사   ④ 포이즌 필

17 프랜차이즈(franchise)에 관한 설명으로 옳지 않은 것은? `2022 공인노무사`

① 가맹점은 운영측면에서 개인점포에 비해 자율성이 높다.
② 가맹본부의 사업확장이 용이하다.
③ 가맹점은 인지도가 있는 브랜드와 상품으로 사업을 시작할 수 있다.
④ 가맹점은 가맹본부로부터 경영지도와 지원을 받을 수 있다.
⑤ 가맹점은 프랜차이즈 비용이 부담이 될 수 있다.

18 캐롤(B. A. Carroll)이 주장한 기업의 사회적 책임 중 책임성격이 의무성 보다 자발성에 기초하는 것을 모두 고른 것은? `2024 공인노무사`

| ㄱ. 경제적 책임 | ㄴ. 법적 책임 | ㄷ. 윤리적 책임 | ㄹ. 자선적 책임 |

① ㄱ, ㄴ   ② ㄴ, ㄷ   ③ ㄷ, ㄹ   ④ ㄱ, ㄴ, ㄹ   ⑤ ㄴ, ㄷ, ㄹ

19 다음 중 주식회사의 현금흐름에 대한 설명으로 가장 적절하지 않은 것은? 2023 7급 군무원

① 주식회사는 현금을 조달하기 위해 채권을 발행한다.
② 주식회사는 주주가 투자한 원금을 상환할 의무가 있다.
③ 주식회사는 영구채권의 원금을 채권자에게 상환할 의무가 없다.
④ 주식회사는 채권자에게 약정한 이자를 지급한다.

20 경영자가 주주의 이익을 최대화하는 목적 이외에 자신의 이익을 위한 의사결정과 행동을 하는 대리인 문제(agency problem)에 해당하지 않는 것은? 2023 9급 군무원

① 경영자가 자신을 보호하기 위해 적대적 인수합병이 일어나지 않도록 방어하는 정관을 제정하는 행위
② 경영자가 이사회의 구성원을 선임하는 데에 영향을 미쳐 사외이사의 독립성을 훼손하는 행위
③ 경영자가 경영 실적에 비해 과다한 보상을 책정하는 행위
④ 경영자가 일반 주식보다 자신이 소유한 주식에 대해 많은 투표권을 갖도록 책정하는 행위

Chapter 2 경영전략

I 핵심정리

❶ 경영환경

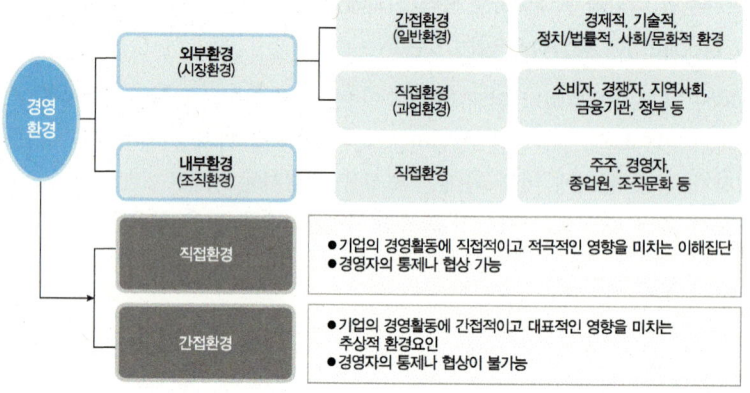

❷ 경영관리 방법

1) BSC

구분	내용
재무적 관점	기업가치 향상을 위해 중요한 재무성과에 대한 질문으로 재무적으로 성공하기 위하여 주주에게 어떻게 보일 것인가를 중히 여긴다.
고객관점	평가대상이 되는 고객을 명확하게 한 후 고객이 중히 여기는 가치는 무엇인가를 파악하는 과정이라고 할 수 있다.
기업내부 프로세스 관점	주주와 고객을 만족시키기 위하여 기업 내부에 가치를 창출할 수 있는 프로세스를 가지고 있어야 하는데 이를 평가하는 관점이라고 할 수 있다.
학습과 성장관점	기업이 새로운 프로세스를 개발하고 장기적으로 성장하려면 고객을 만족시키는 능력을 지속적으로 향상시켜 나아갈 수 있는 조직기반이 있어야 하며 이 부분의 성과를 평가하는 관점이다.

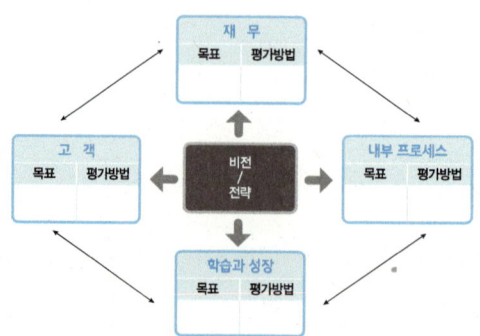

2) SECI 모형(노나카의 지식순환메카니즘)

구분	내용
사회화/공동화	타인의 암묵지식을 암묵지식으로 습득하는 단계
외부화/표출화	암묵지식을 형식지식으로 전환시키는 단계
종합화/연결화	형식지식을 새로운 형식지식으로 전환시키는 단계
내면화/내재화	형식지식을 통하여 암묵지식으로 내부화시키는 단계

- 형식지: 언어로 표현 가능한 지식
- 암묵지: 언어로 표현 불가능한 지식

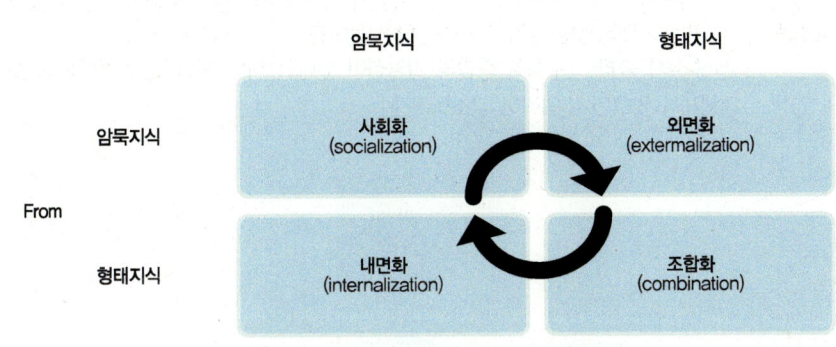

출처 : Nonaka Ikujiro, "The Knowledge-Creation Company", Oxford Univ. Press(1995)

❸ 경영전략

1) 비전과 목표의 설정

(1) 비전의 정의
- 비전이란 우리 기업은 왜 존재해야 하며, 어떤 가치로 어디에 공헌하고자 하는지, 장기적으로 어떤 방향으로 나아갈 것인지에 대한 생각

(2) 목표의 설정
- 목표의 정의: 기업이 미래에 도달하고자 하는 모습을 설정하는 단계로 기업의 목표를 명확히 함으로써 경영자의 주요 의사결정을 용이하게 하고 기업 및 기업 구성원의 활동에 명확한 방향을 제시할 수 있게 해 준다.
- SMART 원칙: 구체성(Specific), 측정 가능성(Measurable), 달성가능성(Attainable / Achievable), 현실성(Realistic), 시기/시간적 제한(Time based)

2) 환경분석

(1) 외부환경분석
산업구조분석의 모태: 구조－행위－성과 모델(Structure－Conduct－Performance Model)
- 원래는 불공정 담합 행위를 막기 위해서 불공정 경쟁의 형태를 제시하기 위해 개발된 모형임
- 이후에 어떤 산업이 총체적으로 보통 이상의 이익을 낼 수 있는 조건을 평가하기 위한 모델로 이용됨
- Porter의 다섯 가지 세력 모델(five forces model)은 산업조직론의 SCP분석에서 발전한 모형임

구분	내용
산업 내 경쟁	① 산업의 집중도 – 높을수록 수익률이 커짐 ② 제품차별화 – 차별화가 많이 될수록 수익률이 커짐 ③ 초과설비 – 초과설비가 많아지면 수익률이 낮아짐 ④ 퇴거장벽 – 퇴거장벽이 높으면 수익률이 낮아짐
잠재적 진입자 (진입장벽)	① 자본소요량 – 자본소요량이 크면 진입장벽의 역할을 수행 ② 규모의 경제 / 절대적 비용우위 – 규모의 경제나 절대적 비용우위가 진입장벽의 역할을 수행 ③ 유통채널 – 강력하게 형성된 유통채널이 진입장벽의 역할을 수행 ④ 제품차별화 – 소비자에게 인식된 제품이나 상표의 특성은 그 자체가 진입장벽의 역할을 수행
구매자의 교섭력, 공급자의 교섭력	① 정보력 – 구매자나 공급자가 갖고 있는 정보가 많으면 교섭 시 우위를 점할 가능성이 높음 ② 전환비용 – 공급자나 구매자의 전환 시 많은 전환비용이 발생하게 된다면 전환이 어렵게 되고 이는 거래비용을 증가시킬 가능성이 높아짐 ③ 수직적 통합 – 수직적 통합의 가능성이 있다고 하면 통합가능한 쪽의 교섭력이 높아지게 됨
대체재와의 경쟁	대체재가 많으면 수익력이 감소하게 됨

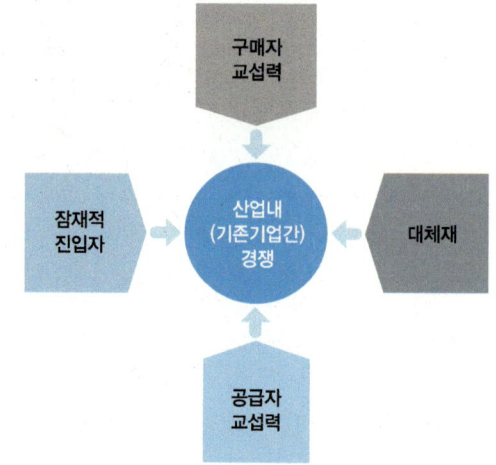

(2) 내부환경분석

- 가치사슬분석

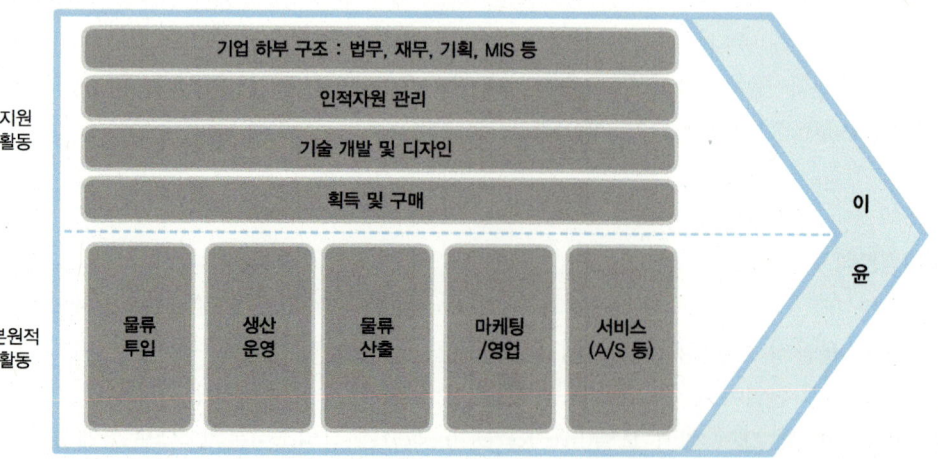

■ **자원거점적 모형**: VRIO 분석

가치(V)	희소성(R)	모방 가능성(I)	내부조직화(O)	경쟁적 시사점	경제적 시사점
No			No	경쟁열위	보통 이하의 경제적 성과
Yes	No			경쟁등위	보통의 경제적 성과
Yes	Yes	No		임시적 경쟁우위	보통 이상의 경제적 성과
Yes	Yes	Yes	Yes	지속적 경쟁우위	보통 이상의 경제적 성과

출처 : Jay B. Barney, Stategic Management and Competitive advantage ; Concepts and Case 4/E, Pearson Education, 2012

(3) SWOT Matrix

		외부 전략적 요소	
		O (Opportunity: 기회요인)	T (Threat: 위험요인)
내부 전략적 요소	S (Strength: 강점요인)	SO 상황: 내부강점을 기회에 활용하는 전략 (성장위주의 공격적 전략)	ST 상황: 내부강점으로 위험을 극복하는 전략 (다각화 전략)
	W (Weakness: 약점요인)	WO 상황: 기회를 활용해 약점을 극복하는 전략 (전략적 제휴, 우회전략)	WT 상황: 약점과 위험을 동시에 극복하는 전략 (방어적 전략)

3) 전략수립
(1) 전략의 종류

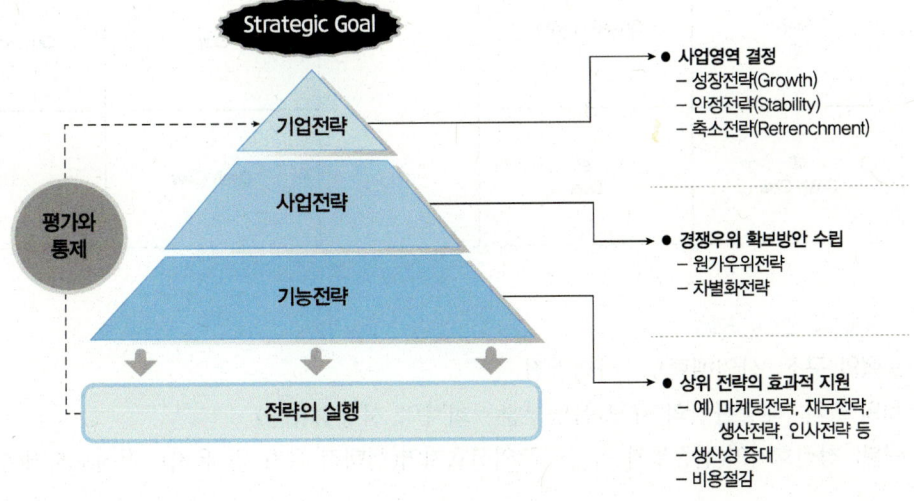

출처 김언수, TOP을 위한 전략경영 4.0, PNC 미디어

(2) 기업전략

■ **BCG Matrix**

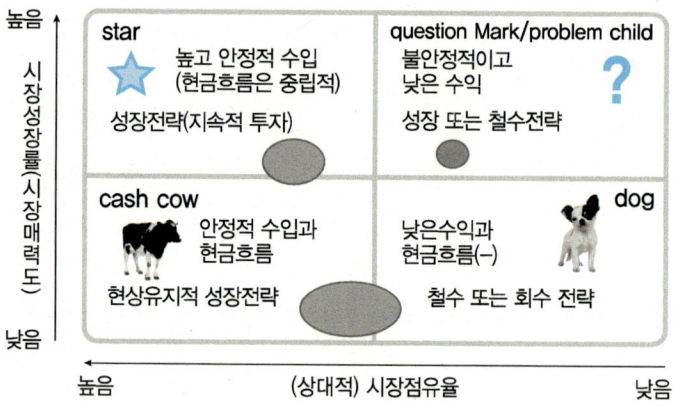

① 기존 사업단위의 선택 가능한 전략 유형

구분	내용
육성전략 (build)	매출액, 시장점유율 등을 적극적으로 개선하려는 전략(많은 투자 필요): 확대전략, 강화전략, 성장전략
유지전략 (hold)	사업부를 현재와 같은 수준 정도로 유지하려는 전략
회수전략 (harvest)	향후 사업부 철수를 전제로 해당 사업부의 현금유출을 최소화하고 현금유입을 극대화하려는 장기적인 제거전략
철수전략 (divest)	매각, 영업양도, 분사 등 사업단위의 즉각적 제거 전략

② 바람직한 사업부의 이동 경로

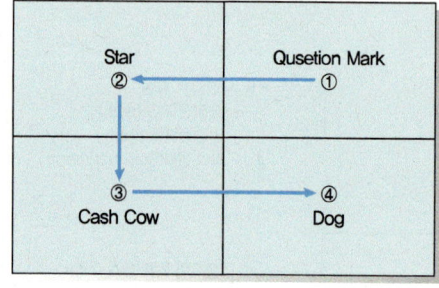

③ 현금의 이동경로

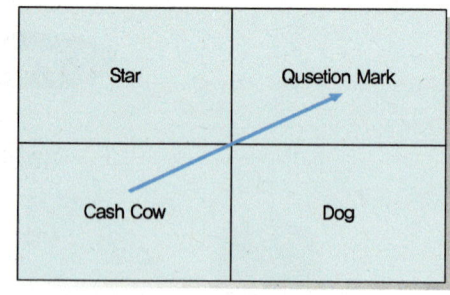

■ **GE - McKinsey Matrix**
① 모형의 구조: 산업매력도 / 사업강점
② 원의 크기: 해당산업의 규모(음영부분 – 회사의 시장점유율)
③ 구분: 청신호지역(집중투자/육성), 주의신호지역(선택적 투자 및 유지), 적신호지역(수확 및 철수)

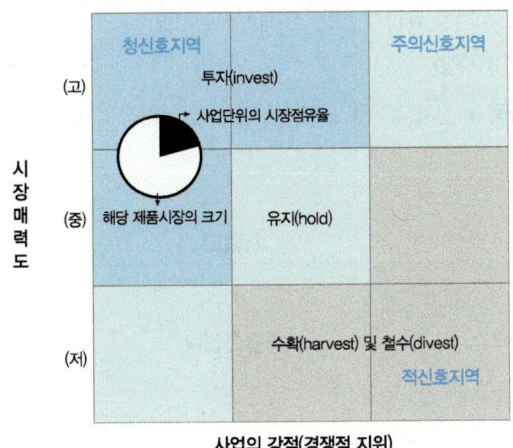

프리미엄	선택적	보호/재집중
- 성장을 위한 지속적 투자 - 시장지위 공고화	- 시자점유율 확대 - 수익성제고를 위한 선택적 투자 - 취약영역 보완	- 약점 보완대책 마련 - 성장 가능성 없을 경우 철수 고려
도전	프리미엄	구조조정
- 강점활용, 유망시장에 대한 집중투자 - 생산성향상을 통한 수익성강화	- 시장세분화를 통한 위험 분산 - 수익성 높은 부문 발굴 투자	- 불필요한 투자 및 추가적 투자 중단 - 사업합리화 필요
기회관망	기회관망	수확 또는 퇴출
- 산업매력도가 낮아 선택적 투자 통한 기회 모색 - 강점 활용한 리치마켓 공략 - 단가수익관리 필요	- 투자 최소화 - 현재 수익성 유지 필요 - 수확을 위한 보존 - 강점 강화를 위한 기회적 합리화 추구	- 생산라인 축소 및 시장 퇴출 - 현재 사업 가치를 현실적 극대화 퇴출 시점 고려

④ 장단점: 각종요인들을 포괄적으로 고려할 수 있으나 경영자의 주관개입 가능성이 높아짐

■ BCG v.s. GE - McKinsey Matrix

속성 \ 기법	BCG	GE Matrix
사업 강점의 정의	시장점유율(단일변수)	사업부문의 규모/시장점유율/위치/경쟁우위 등 다양한 변수
시장매력도	시장성장(단일변수)	절대적 시장규모, 시장잠재력, 경쟁구조, 재무/경제/기술/사회/정치적 요인 등 다양한 변수
셀 구성 수	4개	9개(더 많은 전략적 선택 제공)
수익성 초점	현금흐름	ROI
개념적 토대	경험곡선이론, 제품수명주기이론	경쟁우위론

■ 성장전략

구분		내용
집약성장	시장침투	기존제품으로 기존시장에서 매출액을 증대하고자 하는 전략
	시장개발	기존제품을 신시장에 판매
	제품개발	신제품을 기존시장에 판매 (고객의 욕구변화 충족, 신제품 경쟁에 대항 등)
통합성장	수직적통합 - 전방통합	현 사업의 뒷단계에 있는 사업부문을 통합
	수직적통합 - 후방통합	현 사업의 앞단계에 있는 사업부문을 통합
	수평적통합	동일한 단계에 있는 경쟁업체들의 통합을 통해 시장지배력을 강화할 수 있음

	기존제품	신제품
기존시장	시장침투 전략	제품개발 전략
신시장	시장개발 전략	(다각화 전략)

다각성장	관련 다각화	집중적	기술적 혹은 마케팅적 등으로 시너지 효과가 있는 신제품 + 신시장
		수평적	기존 고객층에 소구(신제품 + 신시장)
	비관련 다각화		기존사업과 전혀 무관한 신제품 + 신시장 : 컨그로머릿, 집성적, 복합적 다각화

(3) 사업부 전략: 본원적 경쟁전략

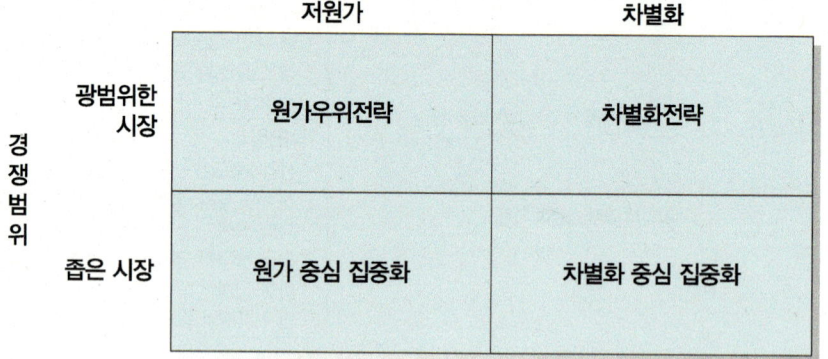

출처 : M.E. Porter, The Competitive Advatage of Nations, New York: Free Press, 1990

구분	차별화전략	원가우위전략	집중화전략
특징	• 수요의 가격탄력성이 낮음 • 진입장벽이 높음	• 수요의 가격탄력성이 높음 • 규모의 경제효과가 큼	자원이 적은 기업이 사용가능
장점	• 소비자의 욕구를 잘 충족시켜 줄 수 있음 • 소비자에게 제공된 편익으로 가격을 향상시킬 수 있음	• 표준화의 추구로 비용을 절감할 수 있음 • 절감된 비용으로 이익을 높일 수 있음	• 특성화된 시장에 전문성을 높일 수 있음 • 높아진 전문성으로 가격을 높일 수 있음
단점	경쟁자의 모방으로 경쟁우위가 사라질 수 있음	소비자의 다양한 욕구를 충족시킬 수 없음	Risk가 증가함

Ⅱ OX 문제

1. 직접환경이란 기업의 경영 활동에 직접적이고 적극적인 영향을 미치는 이해 집단 등과 관련한 과업환경으로서 경영자의 통제나 협상이 불가능한 환경이라고 볼 수 있다.

2. 간접환경은 통제나 협상이 불가능한 위험으로 이에 대한 영향을 최소화하기 위한 완충화 내지는 평탄화 전략을 사용할 필요가 있다.

3. 균형성과표(BSC)란 기존 기업의 성과를 평가하는 재무적 관점에서 벗어나, 기업이 추구하는 전략을 달성하는 데 효과적인 핵심요소들을 재무적 관점, 고객관점, 기업내부 프로세스 관점, 종업원 생산성 관점으로 구분하여 구체적인 전략을 달성하려는 성과관리 도구이다.

4. 일반적으로 지식은 암묵지와 형식지로 분류한다. 노나카(Nonaka)의 지식순환프로세스에 의하면 지식이 전파되고 공유되는 순서는 공동화(Socialization), 표출화(Externalization), 연결화(Combination), 내면화(Internalization)의 순서로 설명하고 있다.

5. PEST 모델이란 기업의 의사결정에 가장 영향을 많이 미치는 외부환경 중에서 특히 정치적 영향, 경제적 영향, 사회·문화적 영향, 기술적 영향을 중심으로 환경을 분석하는 것이다.

6. 『Managing for Dummies』의 저자인 피터 이코노미(Peter Economy)는 조직이나 팀의 목표를 설정할 때는 CLEAR 원칙보다 더 스마트한 원칙에 따라야 한다며 새로운 컨셉으로 SMART 원칙을 제시하고 있다.

---

1 X | 직접환경 즉, 과업환경은 통제가능한 위험이다.
2 O
3 X | 균형성과표(BSC)는 효과적인 핵심요소들을 재무적 관점, 고객관점, 기업내부 프로세스 관점, 성장과 학습관점으로 구분하여 구체적인 전략을 달성하려는 성과관리 도구이다.
4 O
5 O
6 X | 지금처럼 빠르게 변화하는 환경에서는 더 이상 SMART 원칙이 효과적이지 않다는 주장이 제기 되고 있다. 그 가운데 한 사람이 베스트셀러『Managing for Dummies』의 저자인 피터 이코노미(Peter Economy)다. 그는 개인의 삶이든 아니면 조직 생활에서든 무엇보다 "목표는 명확하고 설득력이 있어야 한다."며, 그래야 구성원들로부터 수용되고 실행되어 실현될 수 있다고 주장한다. 특히 조직이나 팀의 목표를 설정할 때는 SMART 원칙보다 더 스마트한 원칙에 따라야 한다며 새로운 컨셉으로 'CLEAR 원칙'을 제시하고 있다. 그 내용은 아래와 같다.
   - Collaborative: 한 팀이 되어 협력적으로 일할 수 있도록 구성원을 독려
   - Limited: 범위와 기한을 한정
   - Emotional: 구성원들의 에너지와 열정을 모을 수 있도록 정서적으로 연결
   - Appreciable: 보다 빠르고 쉽게 달성할 수 있도록 큰 목표를 작은 목표로 세분화
   - Refinable: 확고부동하되, 상황 변동에 따라 적절히 수정할 수 있는 권한을 명시

7   대규모 초기투자가 요구되는 산업은 초기투자 자체가 진입장벽의 역할을 하여서 경쟁을 줄이게 되어 이로 인해 산업의 수익률이 높아질 수 있다. O X

8   공급자나 구매자의 상품 내지는 브랜드 전환 시 많은 전환비용이 발생하게 될 경우 다른 제품이나 브랜드로의 전환이 어렵게 되고 이는 거래비용을 증가시킬 가능성이 높아짐에 따라 구매자나 공급자의 교섭력은 강화될 수 있다. O X

9   포터(Porter)는 산업구조 분석기법의 5가지 요소로서 기업지배구조의 변동성, 잠재적 진입자의 위협, 대체재의 위협, 구매자의 교섭력, 현재 산업 내의 경쟁을 제시하고 있다. O X

10   전략집단분석은 포터의 산업구조 분석기법에 비하여 경쟁의 범위를 좀 더 넓게 파악하고 있으며 이를 기초로 전략집단 내에 있는 보이지 않는 장벽 즉, 이동장벽으로 인해 전략집단 간 이동을 어렵게 만든다고 설명하고 있다. O X

11   포터(M. Porter)가 기업의 가치 분석 틀로 제시한 가치사슬 중 본원적 활동에는 물류투입, 생산운영관리 활동, 산출물류활동, 인적자원관리활동과 마케팅 및 판매 활동을 통한 가치창출의 과정을 설명하고 있다. O X

12   기업이 보유하고 있는 우월적 내부 역량으로 경쟁기업과 차별화될 뿐 아니라 지속적인 경쟁우위를 창출할 수 있는 능력을 핵심역량이라고 한다. O X

13   향후 사업부 철수를 전제로 해당 사업부의 현금유출을 최소화하고 현금유입을 극대화하려는 장기적인 제거전략을 철수전략이라고 한다. O X

7 O
8 X | 공급자나 구매자의 상품 내지는 브랜드 전환 시 많은 전환비용이 발생하게 될 경우 다른 제품이나 브랜드로의 전환이 어렵게 되고 이는 거래비용을 증가시킬 가능성이 높아짐에 따라 구매자나 공급자의 교섭력은 약화되므로 해당산업에 있는 기업의 경쟁력은 강화되고 이에 따른 수익률은 개선될 것임.
9 X | 포터(Porter)는 산업구조 분석기법의 5가지 요소로서 ① 현재 산업 내의 경쟁, ② 잠재적 진입자의 위협, ③ 대체재의 위협, ④ 구매자의 교섭력 및 ⑤ 공급자의 교섭력을 들고 있다.
10 X | 전략집단분석은 포터의 산업구조 분석기법에 비하여 경쟁의 범위를 좁게 설정하고, 이를 기초로 전략집단 내에 있는 보이지 않는 장벽 즉, 이동장벽으로 인해 전략집단 간 이동을 어렵게 만든다고 설명하고 있다.
11 X | 인적자원관리활동은 지원활동에 해당하며, 본원적 활동에는 물류투입, 생산운영관리 활동, 산출물류활동, 마케팅 및 판매 활동과 서비스 활동을 통한 가치창출의 과정을 설명하고 있다.
12 O
13 X | 회수전략(harvest)dp 해당하는 설명이며, 철수 전략(divest)는 매각, 양도, 분사 등 사업단위의 즉각적인 제거전략이다.

14   BCG 매트릭스는 ROI와 연관된 모형이다.

15   현재의 효과적인 전략은 미래핵심역량 형성의 토대가 되지만, 이를 기준으로 사업철수와 사업 확장을 결정하기에는 무리가 있다.

16   전략을 수립하는 과정에서 기업외부의 기회와 위협 요소들을 파악하고 기업내부의 강점 및 약점을 분석하는 기법을 BCG 분석이라고 한다.

17   BCG매트릭스에서 시장성장율이 낮고, 상대적 시장점유율이 높은 영역은 현금젖소(CASH COW)영역이며, 상대적 시장점유율은 낮지만 시장성장률이 높은 영역은 물음표(question mark)이다.

18   BCG 매트릭스에서 시장성장률이 낮은 수준이고, 시장 점유율도 낮은 수준에 있는 전략 사업단위는 수익주종산업이 해당한다고 볼 수 있다.

19   현금젖소(cash caw)에 해당하는 사업을 수익주종 사업이라고 하며, 이 단계에서 수익이 최고를 달하고 서서히 줄어들기 시작한다. 반면에 별(Star) 사업부에 해당하는 사업은 성장기에 속하는 성장사업이라고 볼 수 있다.

20   시장성장률이 높다는 것은 그 시장에 속한 사업부의 매력도가 높다는 것을 의미한다.

---

14   X | BCG 매트릭스는 투자수익률(ROI)와는 연계되어 있지 않은 모형이며, 투자수익률과는 GE 모형이 연관되어 있다고 볼 수 있다. 그러나 두 모형 모두 외부로부터의 현금 유입을 고려하고 있지 않다는 단점이 있다.

15   X | 핵심역량은 조직에서의 집단적 학습 과정을 통하여 배양되며, 다양한 시장으로 진출할 수 있는 기회를 제공하며 이를 토대로 사업철수와 사업 확장을 결정한다. 아울러 현재의 효과적인 전략은 미래핵심역량 형성의 토대가 되며 이를 위해 타 기업과 공동으로 개발할 수도 있다.

16   X | 전략을 수립하는 과정에서 기업외부의 기회와 위협 요소들을 파악하고 기업내부의 강점 및 약점을 분석하는 기법은 SWOT 분석이며, BCG 분석은 제품포트폴리오관리(PPM)를 위해 보스턴 컨설팅 그룹이 만든 전략사업부 단위 구성을 위한 분석방법이다.

17   O

18   X | BCG 매트릭스에서 시장성장률이 낮은 수준이고, 시장 점유율도 낮은 수준에 있는 전략 사업단위는 사양산업이 해당되며, 수익주종산업이 시장성장률이 낮은 수준이지만, 상대적 시장 점유율은 높은 수준이다.

19   O

20   X | BCG 매트릭스는 사업부 전략이 아니라 기업별 전략차원에서 전략 사업단위 구상을 위한 분석이다. 사업부의 매력도가 높다는 것이 아니라 시장 자체의 매력도가 높다는 것임. 약간 문맥적으로 혼동될 수는 있으나 사업부가 속한 시장이 매력도가 높다고 해당 사업부의 매력도를 평가내릴 수는 없다.

21 상대적 시장점유율은 시장 리더기업의 경우 항상 1.0이 넘으며 나머지 기업은 1.0이 되지 않는다.

22 유망한 신규사업에 대한 투자재원으로 활용되는 사업부는 현금젖소(Cash Cow) 사업으로 분류된다.

23 BCG(Boston Consulting Group) 매트릭스 상에서 원의 크기는 전체 시장규모를 의미한다.

24 GE 매트릭스의 변수로는 산업매력도와 기업 강점이 있다.

25 GE매트릭스는 산업의 매력도와 강점을 기준으로 분류하고 있으며, BCG매트릭스는 산업의 매력도(성장률)과 절대적 시장점유율을 기준으로 분류하고 있다.

26 제품-시장 매트릭스에서 기존시장에 그대로 머물면서 기존제품의 매출을 늘리고 시장점유율을 한층 높여가는 성장전략은 시장개발전략이다.

27 기업의 수직적 통합에는 현 사업의 뒷 단계에 있는 사업부문 즉, 소비자 쪽으로 통합하는 전방통합과 현 사업의 앞 단계에 있는 사업부문 즉, 원자재 쪽으로 통합하는 후방통합으로 구분된다.

21　O
22　O
23　X｜BCG상의 원의 크기는 시장규모가 아니라 매출액을 의미함.
24　O
25　X｜GE매트릭스는 산업의 매력도와 강점을 기준으로 분류하고 있으며, BCG매트릭스는 산업의 매력도(성장률)과 상대적 시장점유율을 기준으로 분류하고 있다.
26　X｜제품-시장 매트릭스에서 기존시장에 그대로 머물면서 기존제품의 매출을 늘리고 시장점유율을 한층 높여가는 성장전략은 시장침투전략이다.

	기존제품	신제품
기존시장	시장침투전략	제품개발전략
신시장	시장개발전략	(다각화 전략)

27　O

28 포터(Porter)가 제시한 본원적 전략 중의 하나인 차별화(differentiation)는 기업전략이 아니라 사업부 전략에 해당하며, 사업부 전략을 경쟁전략이라고도 한다.

29 관련 다각화 전략은 규모의 경제(economy of scale) 실현을 목적으로 행하지만, 반드시 규모의 경제가 실현되는 것은 아니다. 참고로 규모의 경제란 사업규모는 커지지만 비용이 절감되는 현상을 의미하는데 규모의 비경제가 나타나기도 한다.

30 관련다각화는 전략적 적합성(Strategic Fit)을 가진 사업으로 확장-통합해서 운영함으로써 매출이나 이익에 상승효과를 기대할 수 있음

---

28 O
29 O
30 O

III 개념정리 문제

1 기업의 성과에 영향을 주는 기업 외부환경(external environment)이 아닌 것은? `2015 경영지도사`

① 사회문화　　② 법률　　③ 경제정책
④ 정치　　⑤ 최고경영자

2 캐플란(Kaplan)과 노튼(Norton)의 균형성과표(BSC: Balanced Scorecard)에서 제시한 4가지 관점으로 가장 적절하지 않은 것은? `2016 CPA`

① 재무적 관점　　② 고객관점　　③ 학습과 성장 관점
④ 내부 프로세스 관점　　⑤ 사회적 책임 관점

3 포터(M. Porter)가 제시한 산업경쟁에 영향을 미치는 5개의 요인에 해당되지 않는 것은? `2012 공인노무사`

① 대체품의 위협
② 진입장벽
③ 구매자의 교섭력
④ 산업 내 경쟁업체들의 경쟁
⑤ 원가구조

4 포터(Michael Porter)는 기업의 환경에서 경쟁적 우위를 확보하는 데 위협이 되는 요소를 5가지로 파악하여 다섯 가지의 힘(5 forces)이라고 명명하였다. 이 요소에 해당하지 않는 것은? `2016 서울시`

① 혁신의 위협(threat of innovation)
② 기존 기업간의 경쟁(threat of rivalry)
③ 대체재의 위협(threat of substitutes)
④ 신규 진입자의 위협(threat of entry)

5 다음 중 포터의 5FORCE의 특징으로 알맞지 않은 것은? `2012 서울시시철도공사`

① 가격에 대한 구매자의 민감도가 높을수록 구매자의 교섭력은 강화된다.
② 그 제품을 대신할 또 다른 대체재의 진입 가능성이 높을수록 수익률을 낮아진다.
③ 기존 사업자 간의 경쟁이 높을수록 산업의 수익률은 낮아진다.
④ 공급자의 협상능력이 커질수록 소비자들의 구매력은 높아져 큰 이익을 볼 수 있다.

6 포터(Porter)의 산업구조분석 모형을 근거로 할 때, 해당 산업에서의 수익률이 가장 높은 경우는? `2012 CPA`

	진입장벽	공급자의 교섭력	구매자의 교섭력	대체재의 위협
①	낮음	낮음	높음	낮음
②	낮음	높음	높음	높음
③	낮음	낮음	낮음	낮음
④	높음	높음	높음	높음
⑤	높음	낮음	낮음	낮음

7 마이클 포터(M. E. Porter)의 산업구조분석(5-forces Model)에 대한 설명으로 옳지 않은 것은?

2018 7급 감사직

① 퇴출장벽(Exit Barrier)이 높을수록 가격경쟁이 치열해져 시장의 매력도가 낮아진다.
② 구매자의 공급자 전환비용(Switching Cost)이 높을수록 구매자의 교섭력이 높아져 시장의 매력도가 낮아진다.
③ 진입장벽(Entry Barrier)이 높을수록 새로운 경쟁자의 진입이 어려워져 시장의 매력도가 높아진다.
④ 대체재가 많을수록 대체재의 존재 때문에 가격을 높이기가 어려워져 시장의 매력도가 낮아진다.

8 포터(M. Porter)가 기업의 가치 분석 틀로 제시한 가치사슬(value chain) 중 본원적 활동(primary activities)에 해당하지 않는 것은?

2013 7급 감사직

① 서비스(service)
② 마케팅 및 판매(marketing & sales)
③ 물류투입활동(inbound logistics)
④ 인적자원관리(human resource management)

9 다음 중 핵심역량에 대한 설명으로 알맞지 않은 것은?

2013 한국가스공사

① 핵심역량은 아웃소싱의 논리적 근거를 제공한다.
② 최대한 많은 종류의 핵심역량으로 환경변화에 대처해야 한다.
③ 핵심역량은 주력사업과 비주력사업의 구분기준이 된다.
④ 기업의 경쟁적 우위를 확보할 수 있도록 이끌어 주는 핵심적인 능력이다.
⑤ 핵심역량의 명확한 설정 및 전사적 차원의 이용이 중요한 경영전략으로 부각되고 있다.

10 SWOT분석의 S-W-O-T를 올바르게 나열한 것은?

2011 가맹거래사

① Strength - Weakness - Openness - Threat
② Strength - Weakness - Opportunity - Threat
③ Strength - Wellness - Openness - Threat
④ Strategy - Wellness - Opportunity - Trouble
⑤ Strategy - Weakness - Opportunity - Trouble

11 다음 중 SWOT 분석에 대한 설명으로 알맞지 않은 것은?

2014 한국철도도시공단, 2010 한국전력

① 턴어라운드는 W-O 전략에 활용된다.
② 약점 극복과 철수, 제거는 S-T 전략에 활용된다.
③ 구조조정은 W-T 전략에 활용된다.
④ 인수합병은 S-O 전략에 활용된다.

12 강점 – 약점 – 기회 – 위협(SWOT) 분석의 결과 W – T상황에 관한 설명 중 가장 부적절한 것은?

2001 CPA

① 철수 ② 핵심역량강화 ③ 전략적 제휴
④ 벤치마킹 ⑤ 집중적 다각화

13 전략을 수립하는 과정에서 기업외부의 기회와 위협 요소들을 파악하고 기업내부의 강점 및 약점을 분석하는 기법은?

2016 가맹거래사

① BCG 분석 ② SWOT 분석 ③ GAP 분석
④ BEP 분석 ⑤ 4P 분석

14 BCG 매트릭스에서 상대적 시장점유율은 낮고 시장성장률이 높은 영역은?

2010 공인노무사

① 별(Stars) ② 물음표(Question Marks) ③ 닭(Hens)
④ 개(Dogs) ⑤ 현금젖소(Cash Cows)

15 보스톤 컨설팅 그룹에서 개발한 BCG 매트릭스에서 상대적 시장점유율이 높고 시장성장률이 낮은 경우와 상대적 시장점유율이 낮고 시장성장률이 높은 경우를 각각 어떤 사업 분야로 분류하는가?

2017 서울시

① 자금젖소(cash cow)와 물음표(question mark) ② 자금젖소(cash cow)와 별(star)
③ 물음표(question mark)와 별(star) ④ 물음표(question mark)와 개(dog)

16 BCG 매트릭스에서 개(Dog) 사업부에 해당하는 내용이 아닌 것은?

2011 한국도로공사

① 제품수명주기상의 쇠퇴기에 속한다.
② 많은 자금이 필요로 하지도 않지만, 또한 이익도 거의 없는 사업이다.
③ 마케팅 전략으로는 유지와 수확이 적당하다.
④ 시장성장률이 낮으며, 상대적 시장점유율도 낮은 편에 속한다.

17 BCG의 성장–점유율 매트릭스에 관한 설명으로 옳지 않은 것은?

2013 가맹거래사

① 세로축은 시장성장률, 가로축은 상대적 시장점유율을 나타낸다.
② 물음표(question marks)는 높은 시장성장률과 높은 상대적 시장점유율을 유지하기 때문에 투자가 필요하지 않다.
③ 별(stars)은 성장을 위해 많은 투자를 필요로 한다.
④ 현금 젖소(cash cows)는 높은 상대적 시장점유율을 유지하는데 투자비용이 적게들어 많은 현금을 창출해낸다.
⑤ 개(dogs)는 낮은 시장성장률과 낮은 상대적 시장점유율을 나타낸다.

18 보스톤 컨설팅 그룹(BCG)의 사업 포트폴리오 매트릭스에 관한 설명으로 옳은 것은? `2016 공인노무사`

① 산업의 매력도와 사업의 강점을 기준으로 분류한다.
② 물음표에 속해 있는 사업단위는 투자가 필요하나 성장가능성은 낮다.
③ 개 영역에 속해 있는 사업단위는 확대전략이 필수적이다.
④ 별 영역에 속해 있는 사업단위는 철수나 매각이 필수적이다.
⑤ 자금젖소 영역에 속해 있는 사업단위는 수익이 높고 안정적이다.

19 BCG 매트릭스에 관한 설명으로 옳은 것은? `2012 공인노무사`

① 횡축은 시장성장률, 종축은 상대적 시장점유율이다.
② 물음표 영역은 시장성장률이 높고, 상대적 시장점유율은 낮아 계속적인 투자가 필요하다.
③ 별 영역은 시장성장률이 낮고, 상대적 시장점유율은 높아 현상유지를 해야 한다.
④ 자금젖소 영역은 현금창출이 많지만, 상대적 시장점유율이 낮아 많은 투자가 필요하다.
⑤ 개 영역은 시장지배적인 위치를 구축하여 성숙기에 접어든 경우이다.

20 BCG 매트릭스에서 시간 흐름에 따른 사업단위(SBU)의 수명주기를 순서대로 나열한 것은? `2013 공인노무사`

① 별→현금젖소→개→물음표
② 물음표→별→현금젖소→개
③ 현금젖소→개→별→물음표
④ 개→물음표→현금젖소→별
⑤ 물음표→현금젖소→별→개

21 BCG 매트릭스에서 최적 현금흐름(cash flow)의 방향으로 가장 적합한 것은? `2003 CPA`

① star → question mark
② star → cash cow
③ cash cow → question mark
④ dog → question mark
⑤ dog → cash cow

22 제품-시장 매트릭스에서 기존시장에 그대로 머물면서 기존제품의 매출을 늘리고 시장점유율을 한층 높여가는 성장전략은? `2013 공인노무사`

① 시장침투
② 제품개발
③ 시장개발
④ 다각화
⑤ 고객세분화

23 "양치질은 식사 후 하루 세 번이 아니라 간식 후와 취침 전 그리고 구취가 날 때마다 여러 번 할수록 치아건강에 더욱 좋습니다."라는 광고문구와 같이 현재 제품을 사용하는 고객들로 하여금 더 많이 또는 더 자주 구입하게 함으로써 성장을 달성하는 전략은? `2017 7급 감사직`

① 시장침투전략
② 제품개발전략
③ 시장개발전략
④ 다각화전략

24 요즘 기업들은 고객관계관리(Customer Relationship Management)의 일환으로 고객 데이터베이스를 이용하여 교차판매(cross-selling) 전략을 많이 사용하고 있다. 교차판매전략이 속한다고 볼 수 있는 가장 적절한 성장전략은 어느 것인가? 2006 CPA

① 제품개발전략 ② 시장침투전략 ③ 시장개발전략
④ 관련 다각화전략 ⑤ 비관련 다각화전략

25 다음은 무엇에 대한 설명인가? 2008 농어촌 공사

> 현재의 사업분야와 완전히 이질적인 시장 또는 사업에 진출하려는 것으로 새로운 고객층과 신제품시장에 사업을 확대하는 전략이다.

① 전방통합 ② 후방통합 ③ 집중적 다각화 ④ 복합적 다각화

26 수직적 통합(Vertical Integration) 방식이 다른 것은? 2017 7급 감사직

① 정유업체의 유정개발사업 진출
② 영화상영관업체의 영화제작사업 진출
③ 자동차업체의 차량공유사업 진출
④ 컴퓨터업체의 반도체사업 진출

27 수직적 통합전략(vertical integration)에 대한 설명으로 옳지 않은 것은? 2016 7급 감사직

① 부품생산에서 유통까지 수직적 활동분야의 참여정도를 결정하는 것으로 다각화의 한 종류로 볼 수도 있다.
② '부품업체 → 조립업체 → 유통업체'의 과정에서 조립업체가 부품업체를 통합하는 것은 전방통합이다.
③ 여러 단계의 시장거래를 내부화함으로써 세금을 줄일 수 있다.
④ 수요독점, 공급독점 시장에서 발생하는 가격의 불안정은 수직적 통합을 통해 피할 수 있다.

28 포터(M.E. Porter)가 주장한 경쟁력 확보를 위한 본원적 전략에 해당되는 것은? 2010 공인노무사

① 제품전략, 서비스전략 ② 유지전략, 혁신전략 ③ 구조전략, 기능전략
④ 원가우위전략, 차별화전략 ⑤ 구조조정전략, 인수합병전략

29 포터(M.E. Porter)가의 경쟁전략 유형에 해당하는 것은? 2018 공인노무사

① 차별화(differentiation)전략 ② 블루 오션(blue ocean)전략 ③ 방어자(defender)전략
④ 반응자(reactor)전략 ⑤ 분석자(analyzer)전략

30 본원적 경쟁전략의 하나인 원가우위 전략에서 원가의 차이를 발생시키는 요인이 아닌 것은? 2015 경영지도사

① 학습 및 경험곡선 효과 ② 경비에 대한 엄격한 통제 ③ 적정규모의 설비
④ 디자인의 차별화 ⑤ 규모의 경제

31 다음 중에서 기업의 종합적인 관점에서 비전과 목표를 설정하고 각 사업 분야에서 경영자원을 배분하고 조정하는 일련의 활동으로 가장 옳은 것은?   2022 9급 군무원

① 기업전략   ② 사업부전략   ③ 기능별전략   ④ 마케팅전략

32 다음 중 제품 포트폴리오 관리 도구인 BCG 매트릭스가 제공하는 4가지 진단상황에 대한 설명으로 가장 옳지 않은 것은?   2022 9급 군무원

① 별(star) : 시장성장률과 시장점유율이 모두 높은 제품
② 현금젖소(cash cow) : 시장점유율은 낮지만 시장성장률이 높은 제품
③ 개(dog) : 시장성장률과 시장점유율이 모두 낮은 제품
④ 물음표(question mark) : 시장성장률은 높지만 시장점유율이 낮은 제품

33 조직 내부에서 지식을 증폭 및 발전시키는 과정에 대한 설명 중 가장 옳지 않은 것은?   2022 9급 군무원

① 이식(공동화 socialization) : 각 개인들이 가진 형식지(explicit knowledge)를 조직 안에서 서로 나누어 가지는 과정
② 표출(명료화 externalization) : 머릿속의 지식을 형식지로 옮기면서 새로운 지식이 얻어지는 과정
③ 연결(통합화 combination) : 각자의 단편지식들이 연결되면서 통합적인 새로운 지식들이 생성되는 과정
④ 체화(내재화 internalization) : 구성원들이 얻은 형식지를 머릿속에 쌓아 두면서 자신의 지식과 경험으로 만드는 과정

34 다음 중 균형성과표(BSC)의 4가지 관점에 해당하지 않는 것은?   2022 9급 군무원

① 학습과 성장 관점   ② 내부 비즈니스 프로세스 관점
③ 경쟁자 관점   ④ 재무적 관점

35 다음 중 기업의 사회적 책임의 유형들에 대한 설명으로 가장 옳지 않은 것은?   2022 9급 군무원

① 경제적 책임 : 이윤을 창출하는 것으로 가장 기초적인 수준의 사회적 책임에 해당됨
② 법적 책임 : 법규를 준수하는 것
③ 윤리적 책임 : 법적 책임의 범위 내에서 기업을 경영하는 것
④ 자선적 책임 : 자발적으로 사회에 이바지하여 훌륭한 기업시민이 되는 것

36 다음 중 다각화(diversification)에 대한 설명으로 가장 옳은 것은? `2022 7급 군무원`

① 수직적 통합에서 후방통합(backward integration)은 판매 및 마케팅 경로를 통합하여 안정적인 유통 경로를 확보할 수 있다.
② 관련다각화는 기존의 제품이나 시장을 벗어나 새로운 사업으로 진출하는 것을 의미한다.
③ 비관련다각화는 특정 기업이 현재의 사업 범위와 서로 관련성이 큰 사업에 진출하는 것을 의미한다.
④ 수직적 통합에서 통합된 기업 중 어느 한 기업이 비효율성을 나타내는 경우, 전체 기업으로 비효율성이 확대될 가능성이 높다.

37 다음 중 기업의 사회적 책임에 대한 설명으로 가장 옳지 않은 것은? `2022 7급 군무원`

① 사회적 책임은 기업의 소유주뿐만 아니라 기업의 모든 이해관계 당사자들의 복리와 행복에 대한 기업의 관심과 배려에 바탕을 두고 있다.
② 사회적 책임은 청렴, 공정, 존중 등의 기본 원칙을 충실히 이행하려는 책임감에서 비롯된다.
③ 미국 경제학자인 밀턴 프리드먼(Milton Friedman)은 시장에서의 경쟁과 이윤 추구 뿐만 아니라 기업의 사회적 책임을 강조했다.
④ 자선 재단 운영, 사회적 약자 고용, 환경보호 등은 기업의 사회적 책임 성과라고 할 수 있다.

38 기업의 사회적 책임 중에서 제1의 책임에 해당하는 것은? `2020 공인노무사`

① 법적 책임　　② 경제적 책임　　③ 윤리적 책임
④ 자선적 책임　　⑤ 환경적 책임

39 캐롤(B. A. Carrol)의 피라미드 모형에서 제시된 기업의 사회적 책임의 단계로 옳은 것은? `2021 공인노무사`

① 경제적 책임 → 법적 책임 → 윤리적 책임 → 자선적 책임
② 경제적 책임 → 윤리적 책임 → 법적 책임 → 자선적 책임
③ 경제적 책임 → 자선적 책임 → 윤리적 책임 → 법적 책임
④ 경제적 책임 → 법적 책임 → 자선적 책임 → 윤리적 책임
⑤ 경제적 책임 → 윤리적 책임 → 자선적 책임 → 법적 책임

40 경영에서 효과성(effectiveness)은 매우 중요하다. 효과성과 가장 관련성이 높은 것은? `2021 5급 군무원`

① 소비자에게 가장 저렴한 가격으로 공급하는 능력
② 소비자가 원하는 것을 공급 대비 생산하는 능력
③ 기업의 가격대비 비용을 최소화하는 능력
④ 기업의 투입 대비 산출 비율을 최소화하는 능력

41 기업집단화에 대한 설명으로 가장 옳지 않은 것은? 2021 7급 군무원

① 카르텔(cartel)은 동종기업 간 경쟁을 배제하고 시장을 통제하는데 그 목적을 두고 있으며, 경제적, 법률적으로 봤을 때 독립성을 유지하고 있지 않다.
② 기업집단화의 방법으로는 수직적 통합과 수평적 통합이 있으며, 그중 수평적 통합은 같은 산업에서 활동단계가 비슷한 기업 간의 결합을 의미한다.
③ 자동차 제조 회사에서 자동차 판매에 필요한 금융리스사를 인수한다면 이는 수직적 통합 중 전방통합에 속한다.
④ 기업집단화는 시장통제와 경영합리화라는 목적을 지니고 있으며, 이는 시장의 과점적 지배와 규모의 경제 실현과 같은 경제적 영향을 미치게 된다.

42 포터(M. Porter)의 가치사슬(value chain)모델에서 주요활동(primary activities)에 해당하는 것은? 2020 공인노무사

① 인적자원관리   ② 서비스   ③ 기술개발
④ 기획·재무   ⑤ 법률자문

43 다음 중 BCG(Boston Consulting Group)의 성장-점유율 모형(growth-share model)에서 BCG 매트릭스에 대한 설명으로 가장 옳지 않은 항목은? 2022 7급 군무원

① 문제아(problem children)는 성장률이 높은 시장에서 상대적 시장점유율이 낮은 사업이다.
② 현금젖소(cash cow)는 상대적 시장점유율이 크지만 성장률이 둔화되고 투자의 필요성이 감소하여 현금잉여가 창출되는 사업이다.
③ 개(dog)는 성장률이 낮은 시장에서 시장점유율이 취약한 사업이다.
④ 스타(star)는 고도성장 시장에서 시장의 선도자가 되어 현금유출이 적고 현금흐름의 여유가 큰 사업이다.

44 기업의 경쟁전략에 있어서 경쟁우위는 차별화 우위와 비용우위로 실현될 수 있는데, 다음 중 경쟁우위와 경쟁전략에 대한 설명으로 가장 옳지 않은 항목은? 2022 7급 군무원

① 차별화우위는 경쟁기업과는 다른 차별화된 제품을 제공함으로써 소비자로 하여금 차별화를 하는데 소요된 비용 이상의 가격프리미엄을 받는 것이다.
② 규모의 경제, 경험효과, 조직의 효율성 증대 등은 비용우위의 원천이 될 수 있다.
③ 다양한 제품의 기획이나 제품 품질에 대한 광고전략 등을 통해 비용우위전략을 추진 할 수 있다.
④ 차별화우위는 소비자가 제품과 서비스에 대하여 느끼는 사회적, 감정적, 심리적 차이에서도 나타날 수 있다.

45 기업의 환경을 산업환경과 일반환경으로 구분 할 경우, 산업환경과 관련하여 포터(M. Porter)는 5요인 모형(5 forces model)에서, 기업이 수익을 창출할 수 있느냐 없느냐 하는 능력은 5가지 요인에 의해 영향을 받는다고 제시하고 있다. 다음 중 이 5 요인에 해당하지 않는 것은? `2022 5급 군무원`

① 대체품의 위협(threat of substitute products)
② 구매자의 교섭력(bargaining power of buyer)
③ 공급자의 교섭력(bargaining power of supplier)
④ 인구통계적 요인(demographic forces)

46 기업의 전략적 의사결정을 위한 환경위협 요인에 해당하지 않은 것을 모두 고른 것은? `2021 5급 군무원`

| ㄱ. 구매자 | ㄴ. 공급자 | ㄷ. 정부의 통화정책 | ㄹ. 미래경쟁자 | ㅁ. 유망기술 |

① ㄱ, ㄷ   ② ㄴ, ㄷ   ③ ㄷ, ㅁ   ④ ㄹ, ㅁ

47 포터의 가치사슬 모형에 대한 설명으로 옳지 않은 것은? `2021 7급 군무원`

① 직접적으로 이윤을 창출하는 활동을 기간활동(primary activities)이라 한다.
② 가치 사슬은 다른 기업과 연계될 수 없다.
③ 판매 후 서비스 활동은 하류(downstream) 가치사슬에 포함된다.
④ 기업의 하부 구조는 보조 활동(support activities)에 포함된다.

48 전략의 통제 기법인 균형성과표(BSC)와 경영혁신 기법에 관련된 설명으로 가장 옳지 않은 것은? `2021 7급 군무원`

① 균형성과표에서는 주주와 고객을 위한 외부적 측정치와 내부프로세스인 학습과 성장의 균형이 필요하다.
② 시간기반경쟁(time based competition)은 고객이 원하는 재화와 서비스를 가장 빨리, 그리고 적당한 시점에 제공하는 활동을 의미한다.
③ 노나카 이쿠지로(Nonaka Ikuziro)의 지식경영에서는 지식을 형식지와 암묵지로 구분했으며, 암묵지는 지식 전파속도가 늦은 반면에 형식지는 전파속도가 빠르다.
④ 전략적 제휴(strategic alliance)에서는 경쟁이 무의미하기 때문에 차별화와 저비용을 동시에 추구하도록 전략을 구성한다.

49 기업의 경쟁우위에 대한 설명으로 가장 옳지 않은 것은? `2021 7급 군무원`

① 산업 등 외부환경 조건이 아닌 기업자원 수준의 요인이 기업의 경쟁력을 주로 결정한다고 설명하는 이론은 자원기반이론이다.
② 자원기반이론에 의하면 기업의 지속적 경쟁우위는 높은 진입장벽으로 인해 창출된다.
③ 자원기반이론에 의하면 가치가 있지만 희소하지 않은 기업자원은 경쟁 등위를 창출할 수 있다.
④ 다섯가지 세력 모형(five-force model)은 산업수준의 요인이 기업의 경쟁력을 주로 결정한다고 설명한다.

50 다음의 특성에 해당되는 기업집중 형태는?   2021 공인노무사

- 주식 소유, 금융적 방법 등에 의한 결합
- 외형상으로 독립성이 유지되지만 실질적으로는 종속관계
- 모회사와 자회사 형태로 존재

① 카르텔(cartel)   ② 콤비나트(combinat)   ③ 트러스트(trust)
④ 콘체른(concern)   ⑤ 디베스티처(divestiture)

51 GE/맥킨지 매트릭스(GE/McKinsey matrix)에서 전략적 사업부를 분류하기 위한 두 기준은?   2021 공인노무사

① 산업매력도 - 사업단위 위치(경쟁력)   ② 시장성장률 - 시장점유율
③ 산업매력도 - 시장성장률   ④ 사업단위 위치(경쟁력) - 시장점유율
⑤ 시장점유율 - 가격경쟁력

52 다음 중 자원기반관점(resource-based view)에 대한 설명으로 가장 옳지 않은 것은?   2022 5급 군무원

① 기업의 지속적 경쟁우위를 가능하게 하는 것은 기업의 외부 자원이며, 이러한 외부자원은 시간에 걸쳐 기업 외부에서 형성되는 것으로, 차별적이고 독특하며, 다른 기업으로 완전 이동이 불가능하다.
② 모방 불가능성은 특정 자원을 보유하고 있지 않은 기업이 가치 있는 자원을 획득하거나 개발하고자 할 때 얼마나 더 많은 비용을 감내해야 하는가에 의해 결정된다.
③ 희소성은 얼마나 많은 경쟁기업이 자사의 자원과 능력을 보유하고 있는가에 의해서 결정된다.
④ 지속적 경쟁우위의 원천인 기업 특유의 자원은 가치가 있고, 희소성 있고, 모방할 수 없고, 조직화할 수 있는 자원을 의미한다.

53 ㈜ 한국은 정부의 대규모 사업에 참여하면서 다수 기업과 공동출자를 하고자 한다. 이 전략 유형에 해당하는 것은?   2020 공인노무사

① 우회전략(turnaround strategy)   ② 집중전략(comcertration strategy)
③ 프랜차이징(franchising)   ④ 컨소시엄(consortium)
⑤ 포획전략(captive strategy)

54 다음 내용은 어떤 기업전략의 사례를 설명하는 것이다. 아래의 사례에 가장 옳은 것은?   2022 7급 군무원

N사는 운동화를 만드는 과정 중에서 제품 디자인과 판매와 같이 가치사슬의 처음과 끝부분만 자신이 담당하고 나머지 생산부문은 전세계의 하청기업에 맡기고 있다. 하청기업들간에 서로 비용절감 및 품질향상 경쟁을 유도하여 그 중에서 가장 낮은 가격과 높은 품질의 제품을 구매한다.

① 전략적 아웃소싱   ② 전략적 제휴   ③ 다각화 전략   ④ 수직적 통합

55 전략의 수준을 사업부 수준의 전략과 전사적 수준의 전략으로 구분할 때, 사업부 수준의 전략의 예에 해당하지 않는 것은?

2021 5급 군무원

① 다른 기업과 차별화된 자동차를 판매한다.
② 다양한 고객을 상대하는 대신 좁은 범위의 고객을 대상으로 햄버거를 판매한다.
③ 규모의 경제를 통한 비용 절감을 이루어 값 싼 볼펜을 판매한다.
④ 영화 제작사와 제휴를 맺어서 새로운 영화에 등장하는 캐릭터 인형을 판매한다.

56 포터(M. Porter)의 본원적 경쟁전략(generic competitive strategy)과 가장 거리가 먼 것은?

2023 9급 군무원

① 집중화 전략　　② 차별화 전략　　③ 현지화 전략　　④ 원가우위 전략

57 경영환경을 일반환경과 과업환경으로 구분할 때 기업에게 직접적인 영향을 주는 과업환경에 해당하는 것은?

2023 공인노무사

① 정치적 환경　② 경제적 환경　③ 기술적 환경　④ 경쟁자　⑤ 사회문화적 환경

58 노나카(Ikujiro Nonaka)가 제시한 암묵지(tacit knowledge)와 형식지(explicit knowledge)간의 상호작용을 통한 4개의 지식변환과정(knowledge conversion process)인 ㉠-㉡-㉢-㉣을 가장 적절하게 표시하고 있는 것은?

2023 7급 군무원

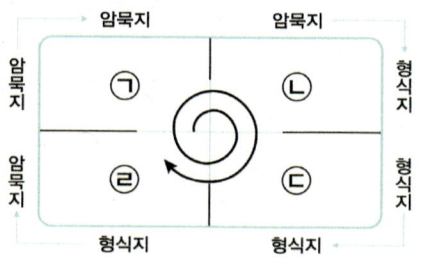

① 종합화(combination) - 사회화(socialization) - 외재화(externalization) - 내재화(internalization)
② 종합화(combination) - 외재화(externalization) - 사회화(socialization) - 내재화(internalization)
③ 사회화(socialization) - 외재화(externalization) - 종합화(combination) - 내재화(internalization)
④ 사회화(socialization) - 외재화(externalization) - 내재화(internalization) - 종합화(combination)

59 산업의 매력도를 평가하는 환경분석 도구로서 포터(M. Porter)의 5대 경쟁세력모형(5-Forces Model)에서 제시된 5대 경쟁요인과 가장 거리가 먼 것은?

2023 7급 군무원

① 대체재(substitute)의 위협
② 신규 진입기업(new entrant)의 위협
③ 정부정책(government policy)의 위협
④ 공급자(supplier)의 교섭력

60 다음 BCG 매트릭스의 4가지 영역 중 시장성장율이 높은(고성장) 영역과 상대적 시장점유율이 높은(고점유) 영역이 옳게 짝지어진 것은?

2023 공인노무사

| ㄱ. 현금젖소(cash cow) | ㄴ. 별(star) | ㄷ. 물음표(question mark) | ㄹ. 개(dog) |

	고성장	고점유
①	ㄱ, ㄴ	ㄴ, ㄷ
②	ㄱ, ㄴ	ㄴ, ㄹ
③	ㄱ, ㄹ	ㄱ, ㄴ
④	ㄴ, ㄷ	ㄱ, ㄴ
⑤	ㄴ, ㄷ	ㄱ, ㄷ

61 앤소프(H. I. Ansoff)의 제품-시장 확장전략 중 기존 제품으로 기존 시장의 점유율을 확대해 가는 전략은?

2022 공인노무사

① 원가우위 전략 ② 시장침투 전략 ③ 시장개발 전략 ④ 제품개발 전략 ⑤ 다각화 전략

62 포터(M. Porter)의 산업구조분석 모형에 관한 설명으로 옳지 않은 것은?

2024 공인노무사

① 산업 내 경쟁이 심할수록 산업의 수익률은 낮아진다.
② 새로운 경쟁자에 대한 진입장벽이 낮을수록 해당 산업의 경쟁이 심하다.
③ 산업 내 대체재가 많을수록 기업의 수익이 많이 창출된다.
④ 구매자의 교섭력은 소비자들이 기업의 제품을 선택하거나 다른 제품을 구매할 수 있는 힘을 의미한다.
⑤ 공급자의 교섭력을 결정하는 요인으로는 공급자의 집중도, 공급물량, 공급자 판매품의 중요도 등이 있다.

63 성장을 위한 전략 가운데 수직적 통합(vertical integration) 및 수평적 통합(horizontal integration)에 대한 설명으로 가장 거리가 먼 것은?

2023 7급 군무원

① 수평적통합을 통해 '규모의 경제'를 달성할 수 있다.
② 전방통합을 하면 안정적인 판로를 확보할 수 있다.
③ 후방통합을 통해 원가를 절감할 수 있다.
④ 의류제조업체가 섬유제조업체를 통합하는 것은 전방통합에 해당한다.

64 다음 중 투자를 통한 해외 시장 진입 방식에 대한 설명으로 가장 적절하지 않은 것은? `2024 9급 군무원`

① 완전자회사를 이용한 시장 진입을 통해 관리자를 표적시장에서 이루어지는 활동에 관리자들이 표적시장에서 이루어지는 활동에 대해 완전하게 지배력을 행사할 수 있다.
② 조인트벤처의 전방통합은 기업의 업스트림(상향) 활동에 합작 투자를 의미한다.
③ 조인트벤처는 일반적으로 완전자회사에 비해 적은 리스크를 안고 있다.
④ 전략적 제휴의 단점은 미래의 현지 혹은 세계적인 경쟁자를 만들 수 있다는 점이다.

65 마일즈(R. Miles)와 스노우(C. Snow)의 전략 유형 중 유연성이 높고 분권화된 학습지향 조직구조로 설계하는 것이 적합한 전략은? `2024 공인노무사`

① 반응형 전략　② 저원가 전략　③ 분석형 전략　④ 공격형 전략　⑤ 방어형 전략

Ⅳ 심화 문제

1 기업전략에서 고려하는 지속가능성(sustainability)에 대한 설명으로 가장 옳은 것은? `2017 서울시`

① 지속가능 기업전략에서는 이해관계자와 관계없이 주주의 이익을 우선시한다.
② 지속가능성 평가 기준의 일종인 삼중선(triple bottom lines)은 기업의 경제, 사회, 정부 차원의 책무를 강조한다.
③ 사회적 책임이 포함된 기업전략을 수립하는 것에 대해 모든 기업이 동의한다.
④ 기업의 이익을 넘어 사회의 이익을 제공할 수 있는 전략을 수립한다.

2 기업의 경영성과를 평가하는 데 사용되는 균형성과표(Balanced Scorecard: BSC)의 평가관점과 성과지표 측정지표 간의 연결로 가장 옳지 않은 것은? `2017 서울시`

① 재무 관점 – EVA(Economic Value Added) ② 고객 관점 – 시장점유율
③ 내부 프로세스 관점 – 자발적 이직률 ④ 학습 및 성장 관점 – 직원 만족도

3 Porter의 경쟁전략이론에 의하면, 산업의 수익률은 5가지 동인(forces)에 의해 영향을 받는다고 한다. 다음 중 가장 옳지 않은 것은? `2006 CPA`

① 산업의 수익률은 보완재의 유무에 의해 영향을 받는다. 보완재가 적을 때 산업의 수익률은 높아질 것이다.
② 산업의 수익률은 기존 기업간들 간의 경쟁에 의해 영향을 받는다. 기업간의 경쟁이 치열할수록 산업의 수익률은 낮아질 것이다.
③ 잠재적 진입자의 시장진출 위협정도가 낮다면, 즉 진입장벽이 높다면 산업의 수익률은 높아질 것이다.
④ 구매자의 교섭력이 강할수록 산업의 수익률은 낮아질 것이다.
⑤ 원자재 공급자의 제품이 차별화되어 있거나 제품의 공급이 소수기업에게 집중되어 있어 공급자의 교섭력이 강할 때 산업의 수익률은 낮아질 것이다.

4 다음 중 Porter의 가치사슬 모형과 관계가 없는 것은? `1998 CPA`

① 기업의 활동을 가치 활동과 이윤으로 구분하고, 가치 활동은 다시 본원적 활동과 지원 활동으로 나눈다.
② 인적자원관리, 기술개발은 지원활동에 속한다.
③ 경쟁우위는 기업이 소비자를 위해 창출하는 가치에서 발생한다.
④ 기업의 하부구조는 본원적 활동에 속한다.
⑤ 이윤은 제품이나 서비스의 생산, 판매등에 소요된 비용과 소비자가 지불한 대가의 차이를 말한다.

5 포터(Porter)의 가치사슬 모형(value chain model) 중 본원적 활동(primary activities)으로 가장 적절하지 않은 것은?
   _{2005 CPA}

   ① 기계, 설비, 사무장비, 건물 등의 자산과 원재료, 소모품 등의 요소를 구입하는 활동
   ② 투입요소를 최종제품 형태로 만드는 활동
   ③ 제품을 구매자에게 유통시키기 위한 수집, 저장, 물적 유통과 관련된 활동
   ④ 구매자가 제품을 구입할 수 있도록 유도하는 활동
   ⑤ 제품 가치를 유지, 증진시키기 위한 활동

6 핵심역량과 관련된 다음의 설명 중 가장 적합하지 않은 것은?
   _{2000 CPA}

   ① 핵심역량은 조직에서의 집단적 학습과정을 통하여 배양된다.
   ② 핵심역량은 다양한 시장으로 진출할 수 있는 기회를 제공한다.
   ③ 현재의 효과적인 전략은 미래핵심역량 형성의 토대가 된다.
   ④ 핵심역량은 타 기업과 공동으로 개발할 수 없다.
   ⑤ 핵심역량을 기준으로 사업철수와 사업확장을 결정한다.

7 다음 경쟁(자)에 대한 설명 중 가장 옳지 않은 것은?
   _{2007 CPA}

   ① 일반적으로 코카콜라나 펩시콜라 간의 경쟁처럼 같은 상품형태(product form) 수준의 경쟁이 가장 치열하다.
   ② 상품범주(product category) 수준의 경쟁이란 코카콜라나 칠성사이다처럼 상품형태는 다소 다르지만 기본적으로 같은 범주(예 청량음료 범주)에 속하는 상품들 간의 경쟁을 말한다.
   ③ 휴대폰의 보급으로 청소년들의 통신비가 급증하면서 다른 부문(예 놀이공원)에 대한 지출이 줄어드는 것도 상품간 경쟁이라 볼 수 있다.
   ④ 어떤 시장에서 비슷한 전략을 쓰는 기업들의 집단, 즉 전략군(strategic group) 내에서는 경쟁이 약하다.
   ⑤ 상품의 형태나 종류에 관계없이 대체 가능성이 있는 것은 모두 경쟁자로 볼 수 있다.

8 다음 중 현금젖소(cash cow)에 대한 설명으로 옳지 않은 것은?
   _{2013 한국도로공사}

   ① 수익주종사업으로 시장성장률은 낮지만 상대적으로 시장점유율은 높다.
   ② 현금젖소의 마케팅전략으로는 유지와 수확이 적합하다.
   ③ 기업 자금 확보의 주요원천으로 여기에서 창출된 이익들은 개발 사업부를 지원한다.
   ④ 현금 젖소에 속하는 사업부의 제품들은 제품수명주기 상 성숙기에 속한다.
   ⑤ 문제아 사업부라 불리우기도 하며, 시장 성장률은 높은 편이나 상대적 시장점유율은 낮다.

9 BCG 매트릭스에 대한 설명으로 알맞지 않은 것은? 〔2015 국민연금공단〕

① 개: 시장성장률과 시장점유율이 낮아 별다른 투자도 필요치 않은 상태로서 사업을 철수 또는 폐기해야 한다.
② 현금젖소: 기업 자금 확보의 주 원천으로 배당금이나 새로운 투자자금의 주된 공급원 역할을 하는 사업단위에 해당한다.
③ 문제아: 상대적으로 시장점유율은 높으나 시장성장성이 낮아 많은 투자가 요구되는 사업단위로 개발사업부라고 한다.
④ 스타: 상대적으로 시장점유율이 높고 잠재적 성장 가능성도 높아 전체 사업포트폴리오의 핵심위치에 있다.

10 다음 BCG(Boston Consulting Group) 매트릭스에 대한 설명으로 옳은 것으로만 묶은 것은? 〔2017 7급 감사직〕

> ㄱ. 시장성장률이 높다는 것은 그 시장에 속한 사업부의 매력도가 높다는 것을 의미한다.
> ㄴ. 매트릭스 상에서 원의 크기는 전체 시장규모를 의미한다.
> ㄷ. 유망한 신규사업에 대한 투자재원으로 활용되는 사업부는 현금젖소(Cash Cow) 사업으로 분류된다.
> ㄹ. 상대적 시장점유율은 시장리더기업의 경우 항상 1.0이 넘으며 나머지 기업은 1.0이 되지 않는다.

① ㄱ, ㄴ   ② ㄱ, ㄷ   ③ ㄴ, ㄹ   ④ ㄷ, ㄹ

11 기업이 보유한 사업단위의 전략적 평가와 선택에는 일반적으로 사업포트폴리오 모형(business portfolio model)이 많이 이용된다. 가장 전형적인 형태의 하나인 BCG(Boston Consulting Group) 사업포트폴리오 모형에 대한 다음의 서술 중 가장 적절하지 않은 것은? 〔2009 CPA〕

① 원(circle)의 크기는 해당 사업단위의 매출액을 의미한다.
② 원의 위치는 해당 사업단위의 시장매력도(시장성장률)와 경쟁력(상대적 점유율)을 나타낸다.
③ 시장성장률이 낮고 상대적 점유율도 낮은 사업단위는 문제아(question mark 또는 problem child)로 분류된다.
④ 육성전략(build strategy)(또는 확대전략, 투자전략, 강화전략, 성장전략 등)은 개(dog)보다 스타(star)에 해당되는 사업단위에 적합하다.
⑤ BCG 사업포트폴리오의 단점을 보완하기 위해 GE/McKinsey 모형이 개발되었다.

12 사업 포트폴리오 분석 방법인 BCG 매트릭스와 GE/McKinsey 매트릭스에 관한 다음의 서술 중 가장 적절한 것은?

2002 CPA

① BCG 매트릭스는 시장성장률(market growth rate)과 절대적 시장점유율(absolute market share)이라는 두 변수를 양축으로 사업의 매력도를 평가한다.
② BCG 매트릭스 분석결과로서 각 사업단위에 적용될 수 있는 전략으로는 확대(build), 철수(divest), 유지(hold), 수확(harvest)전략이 있다.
③ BCG 매트릭스상에서 수익성이 낮고 시장전망이 어두워 철수가 요망되는 영역은 별(star)이다.
④ GE/McKinsey 매트릭스는 산업매력도(industry attractiveness)와 제품의 질(product quality)을 기준으로 구분한 9개의 영역으로 구성된다.
⑤ GE/McKinsey 매트릭스상에서 원의 크기는 각 사업단위가 진출한 시장에서의 시장점유율을 나타내며, 원내에 진하게 표시된 부분의 크기는 원가상의 우위를 나타낸다.

13 BCG 모델과 GE의 신호등 모델에 관한 설명으로 알맞지 않은 것은?

2007 한국토지주택공사

① GE 모델은 BCG 모델에 다른 요인을 추가하여 설명하고 있다.
② BCG 모델에서 개발산업은 고시장성장율, 저시장점유율을 보이는 사업부이다.
③ BCG 모델에서 수익주종산업이란 저시장성장률, 고시장점유율을 보이는 사업부이다.
④ BCG 모델은 시장성장률에 의해서만 사업의 우선순위를 결정하는 방법이다.
⑤ GE 모델은 고, 중, 저의 삼등분으로 구분되어 총 9개 영역으로 표시된다.

14 경영전략에 관한 서술 중 가장 적절하지 않은 것은?

2009 CPA

① 보스톤 컨설팅 그룹(BCG)의 사업포트폴리오 매트릭스에서 상대적 시장점유율이 1보다 크다는 것은 그 시장에서 시장점유율이 1위라는 것을 의미한다.
② 포터(Porter)의 산업구조분석에 의하면, 구매자들이 구매처를 변경하는 데 비용이 많이 들수록 기업의 수익률(수익성)은 높아진다.
③ 전략적 제휴(strategic alliance)는 합병에 의한 진입비용이 많이 소요되거나, 단독진입시 위험과 비용 부담이 큰 경우에 채택할 수 있는 전략이다.
④ 포터(Porter)의 가치사슬(value chain) 모형에 의하면 기계와 건물을 구입하는 활동은 본원적 활동에 포함된다.
⑤ 관련다각화 전략을 사용할 때 범위의 경제(economy of scope)를 실현할 수 있다.

15 경영전략에 관한 설명으로 가장 적절한 것은? `2015 CPA`

① 보스톤 컨설팅 그룹(BCG)의 사업포트폴리오 매트릭스에서 문제아(problem child, question marks)의 경우에 자금을 투입하기도 한다.
② 관련다각화 전략을 사용하면 반드시 규모의 경제(economy of scale)가 실현된다.
③ 포터(Porter)의 가치사슬(value chain) 모형에 의하면 본원적 활동(primary activities)에는 기획, 구매, 물류, 생산, 판매, 유통, 사후관리가 포함된다.
④ 포터(Porter)의 산업구조분석 모형에 의하면 구매자의 교섭력이 강하고, 공급자의 교섭력이 약하며, 대체재가 적을수록 수익성이 높아진다.
⑤ 보스톤 컨설팅 그룹(BCG)의 사업포트폴리오 매트릭스에서 상대적 시장점유율이 1보다 크다는 것은 시장점유율이 50% 이상이라는 것을 의미한다.

16 다음 중 가장 적절하지 않은 설명은? `2017 CPA`

① 교차 라이센싱(cross-licensing)은 기업들이 필요한 기술을 서로 주고받는 제휴 형태로서, 합작투자(joint venture)에 비해 자원 및 위험의 공유정도가 낮다.
② 포터(Porter)의 가치사슬 분석에 의하면 기업활동은 주활동과 보조활동으로 구분되는데, 기술개발은 보조활동에 해당한다.
③ 자동차 생산회사가 생산에 필요한 강판을 안정적으로 확보하기 위해 철강회사를 인수하는 것은 후방통합(backward integration)의 예이다.
④ 경영전략을 기업전략, 사업전략, 기능전략으로 구분할 때, 포터(Porter)가 제시한 본원적 전략 중의 하나인 차별화(differentiation)는 기업전략에 해당한다.
⑤ BCG 매트릭스에서 상대적 시장점유율은 높지만 시장성장률이 낮은 사업군을 자금 젖소(cash cow)라고 한다.

17 경영전략의 수준에 관한 설명으로 옳지 않은 것은? `2015 경영지도사`

① 경영전략은 조직규모에 따라 차이가 있으나 일반적으로 기업차원의 전략, 사업부 단위 전략, 기능별 전략으로 구분된다.
② 성장, 유지, 축소, 철수, 매각, 새로운 사업에의 진출 등에 관한 전략적 의사결정은 기업차원의 전략 영역에 포함된다.
③ 사업부 전략은 각 사업 각 사업영역과 제품분야에서 어떻게 경쟁우위를 획득하고 유지해 나갈 것인지를 결정하는 전략을 말한다.
④ 기능별 전략은 사업단위들간의 시너지효과를 높이는 데 초점을 둔다.
⑤ 생산, 재무, 인사, 마케팅 등의 활동 방향을 정하기 위한 것은 기능별 전략이다.

18 전략에 관한 다음의 설명 중 가장 적절하지 않은 것은? [2007 CPA]

① 포터(Porter)에 따르면 차별화(differentiation)전략은 새로운 기술이나 제품개발, 우월한 서비스를 통하여 소비자에게 자사의 제품을 경쟁제품보다 독특하게 하는 것이다.
② 전략의 수준은 의사결정의 수준과 범위에 따라 기업수준의 전략(corporate strategy), 사업수준의 전략(business strategy), 기능수준의 전략(functional strategy)으로 나눌 수 있다.
③ 마일즈와 스노우(Miles and Snow)의 전략 유형에서 방어적(defender) 전략을 구사하는 조직은 생산효율성보다는 창의성과 유연성을 강조하고 분권화되어 있다.
④ 조직의 전략은 조직 규모, 기술, 문화와 함께 조직 구조에 영향을 미치는 요소이다.
⑤ 후방통합(backward integration)은 공급업자의 사업을 인수하거나 공급업자가 공급하던 제품이나 서비스를 직접 생산, 공급하는 방식의 전략이다.

19 경영조직과 경영전략에 관한 설명 중 적절한 항목만으로 구성된 것은? [2014 CPA]

> a. 포터(Porter)의 가치사슬(value chain) 모형에 의하면 본원적 활동(primary activities)에는 기획, 구매 및 물류, 생산, 판매 및 유통, 사후관리가 포함된다.
> b. 보스턴 컨설팅 그룹(BCG)의 사업포트폴리오 매트릭스에서 시장의 성장률이 낮고 상대적 시장점유율이 높은 경우를 별(star)이라고 한다.
> c. 전방통합(forward integration)과 후방통합(backward integration)은 수직적 통합전략에 해당한다.
> d. 유기적 조직은 기계적 조직에 비해 공식화와 분업화의 정도가 낮은 편이다.
> e. 환경이 급격하게 변하고 복잡한 경우에는 기계적 조직보다 유기적 조직이 적합하다.

① a, b, c   ② b, c, d   ③ c, d, e
④ a, d, e   ⑤ a, b, e

20 전략적 경영(strategic management) 및 전략적 인적자원관리(strategic human resource management)에 관한 다음의 설명 중 적절하지 않은 항목만으로 구성된 것은? [2010 CPA]

> a. 전략적 인적자원관리는 경영전략과 인적자원관리를 통합하여 상호 연계시키는 인적자원관리 활동 및 체계이다.
> b. 전략적 경영의 수준은 의사결정의 수준과 범위에 따라 기업수준의 전략(corporate strategy), 사업수준의 전략(business strategy), 기능수준의 전략(functional strategy)으로 나눌 수 있다.
> c. 후방통합(backward integration)은 공급업자의 사업을 인수하거나 공급업자가 공급하던 제품이나 서비스를 직접 생산, 공급하는 방식의 전략으로 수평적 통합(horizontal integration) 전략의 하나이다.
> d. 전략적 인적자원관리는 전통적인 인사관리(personnel management)와 달리 기업의 경영전략과 인적자원관리시스템 간의 적합성(fitness)을 강조한다.
> e. 전략적 인적자원관리는 경쟁우위의 원천으로 인적자원(human resource)보다 물적자원(physical resource)을 중시한다.

① a, c   ② b, e   ③ c, e
④ d, e   ⑤ b, d

21 다음 중 관련다각화가 가장 효과적인 전략이 될 수 있는 경우는?　　2024 9급 군무원

① 기업이 속한 산업이 정체되었거나 저성장인 경우
② 기업의 현재 제품 시장이 포화 상태인 경우
③ 신제품의 판매 주기가 현재 제품의 판매 주기와 서로 보완될 수 있는 경우
④ 기업의 현재 유통 경로를 신제품출시에 활용할 수 있는 경우

22 '㈜오직커피'는 커피만을 판매하는 단일 매장 커피 전문점이며, 그 매장은 한국에 있다. '㈜오직커피'는 여러 가지 성장전략을 고민하고 있는데, 성장전략에 대한 설명으로 가장 적절한 것은?　　2023 9급 군무원

① 한국에서 '㈜오직커피' 매장 하나를 추가로 여는 것은 '시장개발전략'에 해당한다.
② 베트남에 '㈜오직커피' 매장을 여는 것은 '시장침투전략'에 해당한다.
③ 기존 '㈜오직커피' 매장에서 기존 고객에게 샌드위치를 판매하는 것은 '다각화전략'에 해당한다.
④ 기존 '㈜오직커피' 매장에서 기존 고객을 대상으로 판촉활동을 하는 것은 '시장침투 전략'에 해당한다.

23 다음 중 성과 측정에 관한 설명으로 가장 적절하지 않은 것은?　　2024 9급 군무원

① 성과 측정은 기업의 목표를 뒷받침하고 기업에 중요한 가치를 개선할 수 있도록 도와주어야 한다.
② 성과 측정은 일이 처리되는 방식보다 얼마나 많은 일이 얼마나 자주 처리되는지에 주목해야 한다.
③ 성과 측정은 고객의 요구에 따라 프로세스 성과를 제공할 수 있어야 한다.
④ 성과 측정은 프로세스 전체를 파악해야 한다.

24 다음 중 성과측정 기준에 대한 설명으로 가장 적절하지 않은 것은?　　2024 9급 군무원

① 신뢰성이란 측정결과가 실제 성과를 얼마나 제대로 평가했는지 정도를 말한다.
② 전략적 적합성은 성과관리시스템이 조직의 전략, 목표, 문화와 부합하는 직무성과를 끌어내는 정보를 말한다.
③ 수용성이란 측정결과를 사용하는 사람이 받아들이는 정도를 말한다.
④ 구체성이란 성과측정을 통해 회사가 종업원에게 무엇을 요구하고 있는지 정도를 말한다.

25 아프리카에 진출한 어떤 한국기업의 경우, 그 국가에서 적절하다고 여겨지는 관행을 기준으로 급여를 책정하였으므로 한국 기준에서는 터무니없는 저임금일지라도 윤리적이라고 판단하고 있다. 이러한 경영윤리관을 지칭하는 용어로서 가장 적절한 것은?　　2024 9급 군무원

① 공리주의 윤리관　② 정의론적 윤리관　③ 사회계약론적 윤리관　④ 인권론적 윤리관

Chapter 3 경영학의 발전과정

I 핵심정리

❶ 경영학의 발달과정 개관

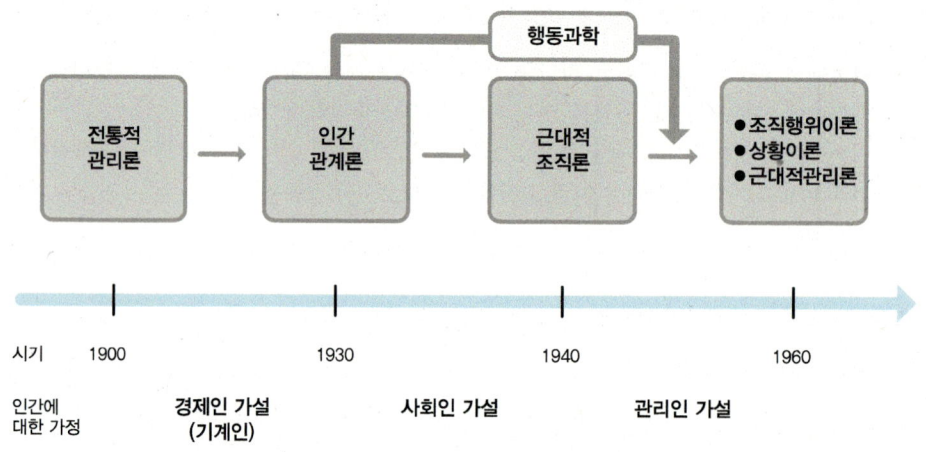

❷ 고전학파: 인간없는 조직

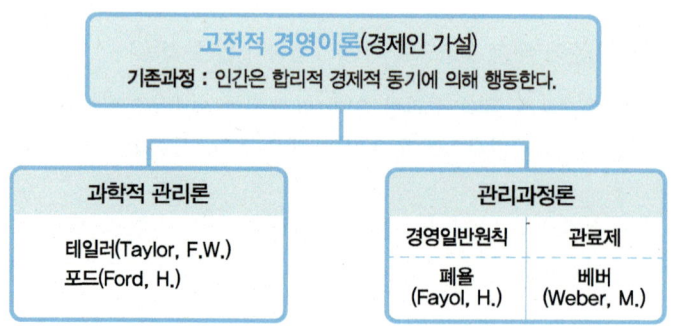

1) Taylor의 Scientific Management
- 전제: 인간은 달성하여야 할 일정한 과업이 명확하게 결정되지 않으면 능률은 올라가지 않는다는 것이 과업관리의 근본정신임. 이에 근거하여 과학적 관리 필요성 주장
- 한계: 경제적 논리에 의한 능률의 원리만 강조
  → 작업자들 간 작업과정에서의 인간관계나 비공식적 활동 등 사회적 관계 등은 고려하지 않고 있음

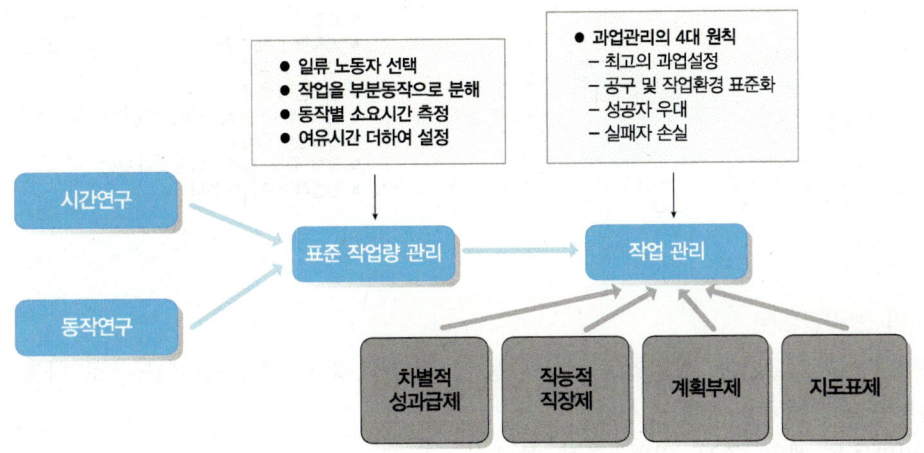

출처 이명호 외, 『경영학으로의 초대』, 박영사

2) Ford의 conveyor belt system

- 전제: 저렴하게 만들어 공급하자(표준품 대량생산)
- 생산의 표준화와 이동조립법(conveyor system)에 의한 유동작업방식 채택. 소품종 대량생산에 의한 제품의 단위당 원가절감 실현. 제품의 판매가격 인하

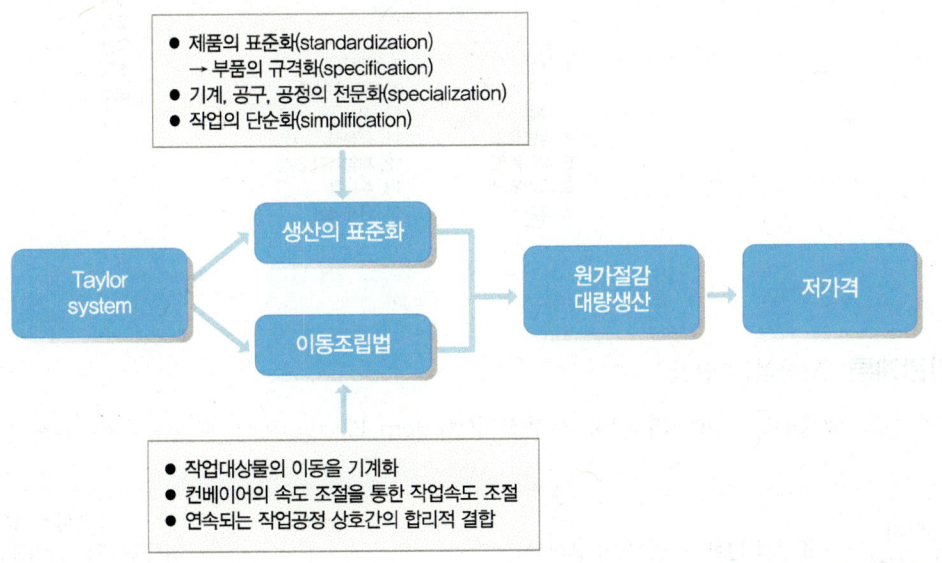

출처 이명호 외, 『경영학으로의 초대』, 박영사

3) Weber의 관료제

- 조직은 사적 욕망에 의해 즉흥적으로 관리되어서는 안되며, 합리적 기반 위에 관리되어야 함을 주장
- 대규모 조직에서의 조직 구조 설계시 고려요소에 대한 이론적 토대 제공
- 합리적 대규모 조직 관리시스템＝관료제(bureaucracy)

출처 이명호 외, 『경영학으로의 초대』, 박영사

4) Fayol의 관리과정론
① 경영활동을 기술활동, 상업활동, 재무활동, 보전활동, 회계활동, 관리활동으로 나눔
② 페욜은 관리활동을 가장 중시함
③ 관리활동은 계획, 조직, 지휘, 조정, 통제(P-O-D-C)

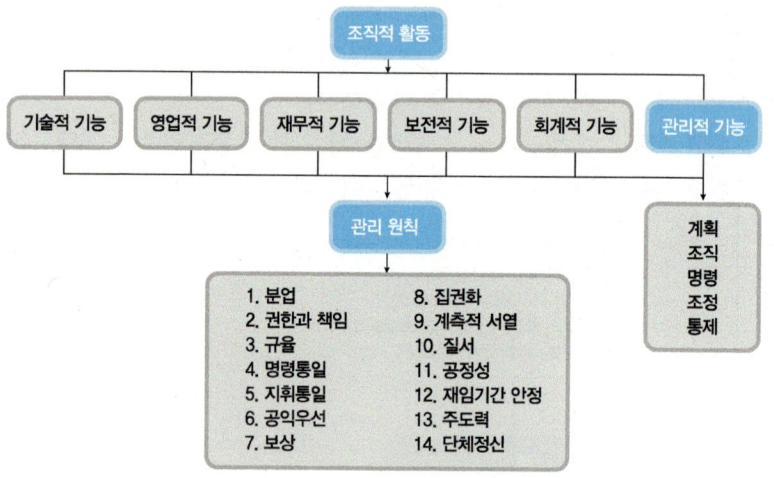

출처 Kate H. Chung, *Management: Critical Success Factors* (Boston: Allyn and Bacom, Inc., 1987), p.70

❸ 인간관계론: 조직없는 인간

1) 인간관계론: 메이요(E. Mayo)의 미국 서부전기(Western Electric)회사 호손(Hawthorne) 공장 실험

실험	내용	수행자
제1차: 조명실험	조명의 변화 → 작업자의 생산성	1924~1927 미국국립과학아카데미(NAS) & 회사 내의 자체 엔지니어
제2차: 계전기 조립실험	조명 외의 작업관련 요인(작업시간, 임금, 휴식시간 등) → 작업자의 생산성	1927~1932 E. Mayo의 하버드 대학 연구팀
제3차: 면접실험	작업자의 심리적 요인 → 작업자의 태도와 생산성	
제4차: 배선관찰 실험	다양한 사회적 요인(비공식적 조직 및 규범) → 작업장에서의 지속적 성과증대	

2) 뢰슬리스버거(F. Roethlisberger)의 사회체계론
- 기업 = 사회적 구조 또는 감정의 체계
- 경영조직 = 인간적 조직: ① 공식조직: 비용 및 능률의 논리
  ② 비공식조직: 감정의 논리

3) 행동 과학
① 인간관계론은 행동과학으로 계승 발전됨
  인간은 경제적 이익을 얻는 것만을 목적으로 하는 것이 아니라 더욱 많은 요구를 가지고 있고, 이에 대한 종합적인 인간 행동에 대한 연구가 필요
② 행동과학은 리더십론, 동기유발이론 등을 중심으로 전개되었고,
  ㉠ 리더십이론은 민주적 참가적 리더십에 의해 조직의 요구와 개인의 욕구를 통합하여야 한다고 주장하였고,
  ㉡ 동기부여이론은 매슬로우 등의 욕구단계설, 맥그리거의 XY이론 등이 주목받음

❹ 구조중심 경영이론: 인간있는 조직

1) Barnard의 조직이론
- 1938년 '경영자의 역할', 근대 조직이론의 기초
- 협동체계(cooperative system)의 강조
- 단위조직: 공헌의욕, 공통목적, 의사소통이 공식조직의 3요소

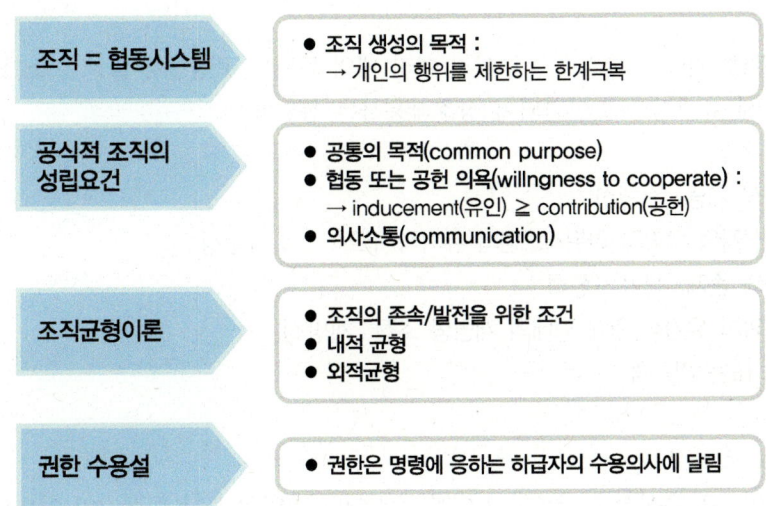

출처 이명호 외, 『경영학으로의 초대』, 박영사

2) Simon의 조직이론
- Barnard의 이론을 의사결정론 중심으로 계승, 발전
- 의사결정이론, 조직에서의 영향력이론, 조직적 균형이론

- 의사결정이론: 제약된 합리성하에 주관적, 합리적 선택을 하는 의사결정자(관리인 가설)
- 조직적 균형이론: 조직은 조직구성원의 공헌을 노동이나 금전형태로서 받아들이고 이러한 공헌의 대가로서 각종 보상을 제공하는 균형적인 시스템으로 규정 조직균형은 경영자에 의해 유지 가능

조직 = 의사결정시스템	● 관리과정 = 의사결정 과정 ● 각종 전제조건 → 결론 : 가치전제, 사실전제 ● 목적의 합리성보다 수단의 합리성 강조
조직 균형 이론	● 조직의 존속/발전을 위한 조건 → 조직의 inducement(유인)와 　개인의 contribution(공헌)이 균형
조직 영향력 이론	● 영향유형 : 권위, 자기통제(self-control) ● 자기통제 강조
제한된 합리성 (bounded rationality)	● 관리인(administrative man)가설: → 제한된 합리성을 갖는 의사결정자 ↔ 합리적 경제인 가설

출처 이명호 외, 『경영학으로의 초대』, 박영사

❺ 현대 경영이론

1) 시스템이론

- 시스템 개념: 기능적 단위로 이루어진 여러 개의 독립된 구성인자 또는 요소가 전체적 목표를 달성하기 위해 유기적으로 연결되어 상호작용하는 통일체
- 시스템 속성
  ① 전체적 개념: 전체성
  ② 변환상자의 역할과 하위시스템의 유기적 구조: 상호의존성
  ③ 목표의 존재: 목표지향성
  ④ 환경과의 유기적 관계 형태의 개방형 조직: 개방성
  ⑤ 통제 또는 피드백

2) 상황적합이론(Contingency theory)

- 시스템 이론의 추상성을 극복하고 이를 조직이나 경영의 보다 현실적인 이론으로 변형시킨 것으로 올바른 관리기법은 어떤 보편적인 규칙이란 없고 주위의 상황에 의존한다는 생각에 기초를 두고 있는 관리개념
- 경영자가 각각의 상황조건에 가장 어울리는 적합한 대응책을 선택하는 것이 최선이라고 보는 이론
  * 개방시스템적 관점에서 이해, 기업에서 일어나는 여러 문제를 실증적으로 접근

3) 기타 현대경영이론

■ Ouchi의 Z이론
- 배경: 1980년대 일본식 경영방법에 대한 관심고조
- 전제: 미국고유의 규범이나 가치관은 그대로 유지, 미국식과 일본식 경영의 장·단점을 비교, 미국기업의 경영에 접목

미국식(A형)	수정형 미국식(Z이론)	일본식(J형)
• 단기고용 • 개인적 의사결정 • 개인적 책임 • 급속평가 및 승진 • 명시적·공식적 통제 • 특별 경력관리 • 부분적 관심	• 장기고용 • 합의적 의사결정 • 개인적 책임 • 점진적 평가 및 승진 • 묵시적·비공식 통제를 위한 명시적, 공식적 방법 사용 • 다소 특별한 경력관리 • 전체적 관심	• 장기고용 • 합의적 의사결정 • 집단책임 • 점진적 평가 및 승진 • 묵시적·비공식적 통제 • 일반 경력관리 • 전체적 관심

출처 김영규, 경영학원론, 박영사

■ 구조조정이론
- 미국경제의 특징적 현상이던 고비용, 저효율구조를 타파하기 위해 학자·지식인·기업인들이 다양한 처방안들을 소개함으로써 보편화
- 규모축소(downsizing), 외부자원활용(outsourcing), 기업재충전(reengineering), 고객만족(customer satisfaction), 부실기업회생(workout)이나 주요 사업교환(bigdeal) 등
- 경영이론은 기업경영의 성패, 나아가 국가경제의 부침과 무관할 수 없으며, 이론의 패러다임화나 산업현장에의 적용에 있어서 상황에 따라 계속 변화

■ 경영혁신기법

구분	내용
고객 만족 경영 (CSM)	시장 점유율 확대나 원가 절감이라는 근시안적인 경영 목표의 추구에서 벗어나 고객만족을 궁극적인 경영 목표로 삼음으로써 안정적 수익 기반을 장기적·지속적으로 확보해 나가려는 경영 기법
고객 관계 관리 (CRM)	기업이 고객과 관련된 내외부 자료를 분석·통합해 고객중심 지원을 극대화하고 이를 토대로 고객 특성에 맞게 마케팅 활동을 계획·지원·평가하는 과정으로 신규고객 창출보다는 기존고객의 관리에 초점
시간기반 경쟁 (TBC)	제품의 기획 및 개발 단계에서부터 최종소비자에 대한 서비스에 이르기까지 전 사업과정에서 시간이란 측면의 경쟁우위를 확보하려는 경영기법으로서 시간기반 경쟁이 확대된 개념이 고객 만족 경영(CSM)
벤치마킹 (benchmarking)	경쟁우위를 쟁취하기 위해서 선도적 기업들의 기술 혹은 업무방식(프로세스)를 지속적으로 측정하고 비교함으로써 얻어진 유용한 정보를 자사의 성과 향상을 위한 업무개선 수행에 반영하는 것
구조 조정 (restructuring)	급변하는 기업환경에 대응하고 경쟁력을 확보하기 위하여 기업이 구조를 혁신적으로 재구축하는 것

리엔지니어링 (BPR)	기업의 비용·품질·서비스·속도와 같은 핵심적 분야에서 극적인 향상을 이루기 위해 기존의 업무수행방식을 원점에서 재검토하여 업무처리절차를 근본적으로 재설계하는 것으로 리엔지니어링의 궁극적인 목적은 고객만족
아웃소싱 (outsourcing)	기업 내부의 프로젝트 활동을 기업 외부의 제3자에게 위탁해 처리하거나, 외부 정보통신 전문업체가 고객의 정보처리 업무의 일부 또는 전부를 장기간 운영·관리하는 것으로서 경비절약, 기업의 규모축소, 전문화 등이 목적임
다운사이징 (downsizing)	조직의 효율, 생산성, 경쟁력을 높이기 위해서 비용구조나 업무 효율을 개선하는 일련의 조치로서 필요 없는 인원이나 경비를 줄여 낭비적인 조직을 제거하는 것, 구체적인 실천방법으로는 팀제, 명예퇴직, 성과보수체계 등
전사적자원관리 (ERP)	기업이 구매, 생산, 물류, 판매, 인사, 회계 등 별도로 시스템으로 운영되던 것을 하나의 통합적인 시스템으로 구축하여 경영자원을 효율적으로 관리하는 것
전략적 제휴 (strategic allience)	특별한 관계를 갖고 있지 않았던 기업들이 각자의 독립성을 유지하면서 특정 분야에 한해서 상호보완적이고 지속적인 협력관계를 위한 제휴를 맺음으로써 둘 또는 그 이상의 기업들이 각각의 약점을 서로 보완하고 경쟁우위를 강화하고자 하는 방법
Spin-off (분리설립)	과도한 기업집중이나 기업 확장에 따른 폐단 시정 조치. 분할회사가 현물 출자 등의 방법을 통해 자회사를 신설하고 취득한 주식 또는 기존 자회사의 주식을 모회사의 주주에게 부여하는 것을 말한다.
spin out	기업의 일부 사업부 또는 신규사업을 분리하여 전문회사를 만드는 것을 말한다. 총무, 인사, 재무, 기획 등 기업의 핵심부서를 제외한 사업부나 신규사업부를 전문회사 또는 벤처회사 형태로 분사시키는 것을 스핀 아웃(spin out)이라 한다. 모기업과 분사된 기업이 주식을 교차하여 보유하는 등의 방식을 통해 서로에 대한 헌신도와 긴밀도를 높인다는 점에서 기업에서 사업부 등을 떼어내 완전히 독립시키는 스핀 오프(spin off)와는 차이가 있다.
reshoring	해외에 나가 있는 자국기업들을 각종 세제 혜택과 규제 완화 등을 통해 자국으로 불러들이는 정책을 말한다. 싼 인건비나 판매시장을 찾아 해외로 생산기지를 옮기는 오프쇼어링(Offshoring)의 반대 개념이다. 리쇼어링은 요즘 세계 각국 정부의 화두가 되고 있다. 특히 미국은 국가전략 차원에서 리쇼어링을 통해 세계의 패권을 되찾는다는 '일자리 자석(employment magnet)' 정책을 추진 중이어서 주목된다.

Ⅱ OX 문제

1 테일러(Taylor)의 과학적 관리법(scientific management)은 분업의 원리를 적용하여 업무를 세분화하고 작업절차를 표준화하였고, 시간과 동작 연구를 통하여 표준 작업량을 설정하였다.

2 테일러(Taylor)는 종업원 개인이 달성한 성과에 따라 임금을 차별화하는 차별 성과급제를 주장하며, 임금을 3단계로 분류하여 성과급을 책정하였다.

3 테일러(Taylor)는 조직의 관리과정을 계획, 조직, 지휘, 조정, 통제의 단계로 구분하였다.

4 테일러(Taylor)는 작업능률과 생산성을 향상시키는 최선의 방법(one the best way)이 존재할 수 있다고 주장하였다.

5 테일러(Taylor)는 권한과 책임의 원칙 하에서의 시간제 임금지급을 통한 차별적 성과급제를 도입하였다.

6 과학적 관리법은 전사적품질경영(TQM)에서 시작된 것으로, 개별 과업뿐 아니라 전체 생산시스템의 능률 및 품질향상에 기여하였다.

7 과학적 관리법은 방임관리를 지양하고 고임금·저노무비용의 실현을 시도하였고, 이를 위한 주요 과업관리의 방법으로는 작업의 표준화, 작업조건의 표준화, 차별적 성과급제 등이 있다.

8 이동컨베이어 시스템은 컨베이어에 의해 작업자와 전체 생산시스템의 속도를 동시화 함으로써 능률 향상을 시도하였다.

---

1 O
2 X | 테일러는 2단계로 구분하였고 이후 메리크는 3단계로 구분함.
3 X | 테일러에 대한 설명이 아니라 페욜에 대한 설명임.
4 O
5 X | 권한과 책임의 원칙은 일반관리론에 해당하는 베버의 관료제에서 언급한 내용이며 테일러(Taylor)의 과학적 관리론에서 언급되었다고 보기는 어렵다. 아울러 테일러는 시간제 임금지급에서 발생하는 태업문제를 극복하기 위하여 차별적 성과급제를 도입하였다.
6 X | 테일러의 과학적 관리법은 생산관리 및 품질관리에 많은 영향을 주었으나, 전사적 품질경영(TQM)에서 시작된 것으로 보기는 어렵다. 전사적 품질경영은 현대적 관점에서 고객중심, 지속적 개선 활동 등을 통한 품질 향상을 도모하는 기법이다.
7 O
8 O

9   포드(Ford)는 대량생산을 위한 이동컨베이어 시스템의 효율적 이용을 위해 부품의 표준화(standardization), 작업의 단순화(simplification), 장비의 전문화(specialization)라는 3S를 주장하였다. O X

10 포드(Ford)는 고임금, 저노무비를 실현하였다. O X

11 포드는 소비자에게 좋은 품질의 제품을 저렴한 가격에 제공하고 근로자들에게는 높은 임금을 주려는 경영철학을 가지고 있었다. O X

12 베버(Weber)의 관료제 조직(Bureaucracy)론은 대규모 조직에서의 조직구조 설계 시 고려 요소에 대한 이론적 토대 제공. O X

13 베버(Weber)는 조직은 사적 욕망에 의해 즉흥적으로 관리되어서는 안 되며, 합리적 기반 위에서 관리되어야 함을 주장하였다. O X

14 베버(Weber)는 경영의 6가지 활동을 기술적 활동(생산, 제조, 가공), 상업적 활동(구매, 판매, 교환), 재무적 활동(자본의 조달과 운용), 보전적 활동(재화와 종업원의 보호), 회계적 활동(재산목록, 대차대조표, 원가, 통계), 관리적 활동(계획, 조직, 명령, 조정, 통제)으로 분류함. O X

15 메이요는 호손실험을 통해 종업원의 심리상태가 생산성에 미치는 영향력이 크므로 이를 기반으로한 인간관계론을 주창하였고 이 실험의 결과 비공식적 조직을 중요성을 발견하여 이를 강조하였다. O X

16 호손실험을 통하여 얻은 결론은 생산현장에는 공식조직(formal organization)과는 별개의 조직이 있는데, 이것은 자연발생적이고 파생적으로 형성되는 비공식조직(informal organization)이라는 것이다. O X

9   O
10 X | 고임금, 저노무비를 실현한 것은 테일러이며, 포드는 고임금, 저가격을 실현하였다.
11 O
12 O
13 O
14 X | 베버가 아니라 페욜의 주장임.
15 O
16 O

17 아지리스(Chris Argyris)는 한 개인이 성숙하는 과정에서 퍼스낼리티(personality)는 변화를 보이며, 미성숙 상태에서 성숙 상태로 연속적으로 변화한다고 주장하였다. ○ X

18 버나드(C. Barnard)는 조직 의사결정은 제약된 합리성에 기초하게 된다고 주장하였다. ○ X

19 시스템이론에서는 조직을 여러 구성 인자가 유기적으로 상호작용하는 결합체로 본다. ○ X

20 Z이론은 점진적 평가 및 인사, 즉 느린 인사고과가 특징이며 장기고용이 이루어진다. ○ X

21 제품의 기획 및 개발단계에서부터 최종소비자에 대한 서비스에 이르기까지 전 사업과정에서 시간이란 측면의 경정우위를 확보하려는 경영기법으로서 시간기반경쟁(TBC)이 확대된 개념이 고객만족경영(CSM)이다. ○ X

22 리스트럭처링이란 기업의 비용·품질·서비스·속도와 같은 핵심적 분야에서 극적인 향상을 이루기 위해 기존의 업무수행방식을 원점에서 재검토하여 업무처리절차를 근본적으로 재설계하는 것으로서, 궁극적인 목적은 고객만족에 있다. ○ X

23 기업이 구매, 생산, 물류, 판매, 인사, 회계 등 별도 시스템으로 운영하던 것을 하나의 통합적인 시스템으로 구축하여 경영자원을 효율적으로 관리하는 것을 전사적 자원관리 즉, ERP라고 한다. ○ X

17 O
18 X | 버나드의 주장이 아니라 사이몬의 주장임.
19 O
20 O
21 O
22 X | 리스트럭처링이 아니라 리엔지니어링 즉, BPR에 대한 설명임.
23 O

III 개념정리 문제

1 테일러(F. W. Taylor)의 과학적 관리법의 내용에 해당되지 않는 것은? 〔2010 공인노무사〕

① 공정한 일일 작업량 설정 ② 시간연구 및 동작연구
③ 차별성과급제 ④ 기능식 직장제도
⑤ 사회적 접근

2 테일러(F. W. Taylor)의 과학적 관리의 특징으로 옳지 않은 것은? 〔2015 공인노무사〕

① 과업관리 ② 작업지도표 제도 ③ 차별적 성과급제
④ 기능식 직장제도 ⑤ 컨베이어시스템

3 다음 중 테일러의 과학적 관리법에 대한 설명으로 옳지 않은 것은? 〔2015 한국방송광고진흥공사〕

① 성과급제를 도입하여 임금은 생산량에 비례하였다.
② 노동자의 표준작업량을 정해주었다.
③ 업무에 분업의 원리를 적용하여 세분화를 이루었다.
④ 기업의 인간적 측면을 무시하는 경향이 있다.
⑤ 과학적 관리법으로 현대적 경영관리의 전형으로 보고 있다.

4 생산합리화의 3S로 옳은 것은? 〔2011 공인노무사〕

① 표준화(standardization) – 단순화(simplification) – 전문화(specialization)
② 규격화(specification) – 세분화(segmentation) – 전문화(specialization)
③ 단순화(simplification) – 규격화(specification) – 세분화(segmentation)
④ 세분화(segmentation) – 표준화(standardization) – 단순화(simplification)
⑤ 규격화(specification) – 전문화(specialization) – 표준화(standardization)

5 Fordism의 특징에 대한 설명으로 알맞지 않은 것은? 〔2005 한국관광공사〕

① 저가격, 저임금 원칙을 주장하며 기업경영을 하였다.
② 과다한 설비투자로 인하여 사업초기에는 고정비가 많이 발생하며, 라인 밸런싱 문제도 발생한다.
③ 노동자들은 노동조합의 결성을 촉직하여 자신의 권익보호에 힘썼다.
④ 원가절감이 포디즘을 실현하기 위한 최고의 대안이라 생각하여 구체적 과업으로 생산의 표준화와 이동조립법을 채택하였다.

6 테일러 시스템과 포드 시스템에 대한 설명으로 알맞지 않은 것은?

① 테일러 시스템은 과업관리를, 포드 시스템은 동시관리를 하였다.
② 테일러 시스템은 차별적 성과급제를, 포드 시스템은 봉사동기를 중시하였다.
③ 테일러 시스템은 대량소비·대량생산을, 포드 시스템은 생산의 표준화를 만들었다.
④ 테일러 시스템은 작업의 과학화·개별생산관리를, 포드 시스템은 생산공정 전체의 합리화를 만들었다.

7 막스 베버(M. Weber)가 제시한 이상적 관료조직의 원칙으로 옳지 않은 것은?

① 분업과 전문화   ② 공식적인 규칙과 절차   ③ 비개인성
④ 연공에 의한 승진   ⑤ 공과 사의 명확한 구분

8 막스 베버(Max Weber)가 제시한 관료제 이론의 주요내용이 아닌 것은?

① 규정에 따른 직무배정과 직무수행   ② 능력과 과업에 따른 선발과 승진
③ 상황적합적 관리   ④ 계층에 의한 관리
⑤ 규칙과 문서에 의한 관리

9 다음 중 페이욜의 관리과정론에 대한 설명으로 알맞지 않은 것은?

① 페이욜은 최초로 관리행동을 체계화하였다.
② 관리과정의 순서로는 계획 – 조직 – 조정 – 지휘 – 통제이다.
③ 관리일반원칙으로는 분업의 원칙, 규율유지의 원칙, 및 적합화의 원칙 등을 도출하였다.
④ 6가지 활동군으로 기술적 활동, 상업적 활동, 재무적 활동, 보전적 활동, 회계적 활동, 관리적 활동으로 구분하였다.

10 페이욜(Fayol)이 주장한 경영활동과 관련하여 연결이 옳은 것은?

① 기술활동 – 생산, 제조, 가공
② 상업활동 – 계획, 조직, 지휘, 조정, 통제
③ 회계활동 – 구매, 판매, 교환
④ 관리활동 – 재화 및 종업원 보호
⑤ 재무활동 – 원가관리, 예산통제

11 인간관계론의 내용에 관한 설명으로 옳은 것은?

① 과학적 관리법과 유사한 이론이다.
② 인간 없는 조직이란 비판을 들었다.
③ 심리요인과 사회요인은 생산성에 영향을 주지 않는다.
④ 비공식집단을 인식했으나 그 중요성을 낮게 평가했다.
⑤ 메이요(E. Mayo)와 뢰슬리스버거(F. Roethlisberger)를 중심으로 호손실험을 거쳐 정리되었다.

12 인간관계론에 해당하는 내용은? 2016 공인노무사

① 기획업무와 집행업무를 분리시킴으로서 계획과 통제의 개념 확립
② 시간 및 동작연구를 통하여 표준 과업량 설정
③ 자연발생적으로 형성된 비공식 조직의 존재 인식
④ 과업에 적합한 근로자 선발 및 교육훈련 방법 고안
⑤ 전문기능별 책임자가 작업에 대한 분업적 지도 수행

13 경영이론의 주창자와 그 내용이 옳지 않은 것은? 2017 공인노무사

① 테일러(Taylor): 차별적 성과급제
② 메이요(Mayo): 비공식 조직의 중시
③ 페이욜(Fayol): 권한과 책임의 원칙
④ 포드(Ford): 고임금 고가격의 원칙
⑤ 베버(Weber): 규칙과 절차의 중시

14 다음 중 버나드의 권한수용설에 대한 설명으로 알맞은 것은? 2010 한국수력원자력

① 부하가 명령을 수용하지 않아도 권한수용설을 성립된다.
② 명령 권한은 부하가 아니라 관리자에게 있다는 주장이다.
③ 사이먼이 제창한 것은 버나드가 승계하여 발전시킨 것이다.
④ 하부직위가 명령을 수용하고 그 뜻에 따라 움직일 때 관리자의 권한이 성립된다는 주장이다.

15 Simon의 조직이론에 대한 설명으로 알맞지 않은 것은? 2012 한국토지주택공사

① 사회인 가설을 바탕으로 인간의 행동을 분석한다.
② 버나드의 이론을 계승하여 발전시켰다.
③ 의사결정과정에 가치전제와 사실전제의 개념을 도입하였다.
④ 조직에서 구성원의 동의를 구하는 방법으로 권위나 자기통제를 주장한다.
⑤ 가치전제란 경험적으로 검증이 불가능한 것을 말한다.

16 경영이론에 대한 설명으로 옳은 것은? 2016 7급 감사직

① 테일러(F. Taylor)의 과학적 관리론에서는 고정적 성과급제를 통한 조직관리를 강조하였다.
② 페이욜(H. Fayol)은 중요한 관리활동으로 계획수립, 조직화, 지휘, 조정, 통제 등을 제시하였다.
③ 바나드(C. Barnard)의 학습조직이론에서는 인간을 제한된 합리성을 갖는 의사결정자로 보았다.
④ 호손실험을 계기로 활발하게 전개된 인간관계론은 공식적 작업집단만이 작업자의 생산성에 큰 영향을 미친다고 주장하였다.

17 현대 경영학 이론에 관한 설명으로 옳지 않은 것은? [2011 노무사]

① 과학적 관리법에서는 효율과 합리성을 강조한다.
② 인간관계론에서는 인간의 사회심리적 요인을 중시한다.
③ 행동과학이론에서는 조직 내 비공식 조직의 활용을 중시한다.
④ 시스템이론에서는 조직을 여러 구성 인자가 유기적으로 상호작용하는 결합체로 본다.
⑤ 상황이론에서는 조직구조가 조직이 처한 상황에 적합해야 한다고 본다.

18 시스템이론 관점에서 경영의 투입 요소와 산출 요소를 구분할 때, 산출 요소인 것은? [2015 경영지도사]

① 노동   ② 자본   ③ 전략
④ 정보   ⑤ 제품

19 Z이론에 대한 설명으로 알맞지 않은 것은? [2014 한국농어촌공사]

① 빠른 승진을 원칙으로 한다.
② 미국의 오우치 교수가 주장한 이론이다.
③ 벤치마킹의 한 사례라 할 수 있다.
④ 비교적 느린 승진과 평가가 원칙이다.
⑤ 미국식 조직과 일본식 조직이 결합된 형태의 조직이다.

20 다음 중 Z이론에 대한 설명으로 바르지 않은 것은? [2012 인천국제공항공사]

① 벤치마킹의 사례 중 하나다.
② 장기고용을 보장해 준다.
③ 느린 인사고과와 승진이 특징이다.
④ 경력관리제를 도입하여 빠른 평가와 빠른 승진이 중요한 특징 중 하나이다.

21 다음 중 벤치마킹에 대한 설명으로 옳은 것은? [2013 국민연금공단]

① 과다한 직무등급을 줄이는 경영기법으로, 직무등급의 수를 줄리고 개인의 역량에 따라 역할범위와 중요도를 확대하여 급여의 폭을 넓힌다.
② 품질·비용·서비스 등 기업의 업무와 체질, 조직 및 경영방식을 근본적으로 재구성하여 경영의 효율과 경쟁력을 높이려는 경영혁신기법이다.
③ 기업의 소량화, 감량화 전략을 나타내는 경영 기법이다.
④ 우수한 성과를 내고 있는 다른 회사를 모델 삼아서 배우면서 끊임없이 자기 혁신을 추구하는 것을 말한다.

22 다음 중 ERP(전사적 자원)에 대한 설명으로 옳지 않은 것은? _{2013 한국가스공사}

① 기업의 인적, 물적 자원을 효율적으로 관리하는 소프트웨어이다.
② 기업의 경영관리에 필요한 정보를 기업의 각 부서에서 신속·정확히 수집하여 종합적·조직적으로 가공·저축·제공하는 경영정보시스템을 말한다.
③ 생산관리 측면에서는 자재소요계획에서 진화한 기법으로 볼 수 있다.
④ 전 부문에 걸쳐 독립적으로 운영되던 각종 관리시스템의 경영자원을 하나의 통합시스템으로 재구축함으로써 생산성을 극대화하려는 경영혁신기법을 말한다.

23 다음 중 ERP에 대한 설명으로 알맞지 않은 것은? _{2006 한국토지주택공사}

① MRP가 보다 정교하게 발전된 개념이다.
② 기업으로 하여금 글로벌 환경에 쉽게 대응할 수 있게 한다.
③ ERP를 전개하기 전에 BPR을 먼저 전개한 후 변화관리를 수행해야 한다.
④ 기업의 인사, 세무, 물류 등 전 기능분야의 효과적인 관리를 위한 통합정보시스템이다.
⑤ 정보의 일관성 유지가 가능하고, 중복을 예방할 수 있다.

24 아웃소싱에 대한 설명으로 옳지 않은 것은? _{2012 국민연금공단}

① 인소싱과 같은 개념을 가지고 있다.
② 생산량을 늘리거나 줄이기 쉬워 변화하는 환경에 유연성을 가진다.
③ 너무 의존하면 핵심역량을 잃을 수도 있다.
④ 아웃소싱은 단순 외주에서 전략적 제휴로 개념이 변하였다.

25 다음 중 분리설립(spin-off)의 설명으로 알맞지 않은 것은? _{2006 한국농어촌공사}

① 기업 계열화에 의한 이익을 확보할 수 있다.
② 미래의 경영에 있어 환경변화에 대비할 수 있다.
③ 과도한 기업확장에 따른 폐단을 시정할 수 있다.
④ 과도한 기업집중을 시정할 수 있다.

26 기업에 따라 판매점의 운영방식을 일률적이 아닌 개별 판매점의 특색을 갖추어 다르게 하기도 한다. 이런 전략을 설명할 수 있는 이론으로 가장 적절한 것은? _{2021 5급 군무원}

① 행동과학이론　② 상황이론　③ 과학적 관리이론　④ 합리적 선택이론

27 아래의 테일러(F. Taylor)가 제시한 과학적 관리법(scientific management)의 주요 특징으로 가장 옳지 않은 것은?

_{2021 5급 군무원}

① 능률적 작업을 위해 작업방식을 면밀히 분석하여 가장 합리적인 방법을 찾는다.(=과학적 작업방식의 연구)
② 작업의 생산성을 향상시키기 위해서 근로자 선발에 있어서 동일한 체격과 성격을 소유한 사람을 선발한다.(=과학적인 근로자 선발)
③ 근로자들에게 시간제 임금보다는 생산량에 따라 임금을 차별화하여 지급한다.(=성과급제도)
④ 한 명의 관리자가 모든 근로자를 관리하는 것이 아니라 과업성격에 따라 기능별로 나누어 맡긴다.(=관리활동의 분업)

28 다음 중 계획-조직화-지휘-통제 등 경영관리의 4가지 기능에 대한 설명으로 가장 옳은 것은?

_{2022 7급 군무원}

① 계획은 미래의 추세에 대해 예측하고 조직의 목표를 달성하기 위한 최선의 전략과 전술을 결정하는 과정이다.
② 조직화는 조직이 목표에 다가가고 있는지 확인하기 위한 명확한 기준을 설정하고 직원의 성공적인 수행을 보상하기 위한 과정이다.
③ 지휘는 조직의 구조를 설계하고 모든 것들이 목표 달성을 위해 함께 작동하는 체계를 구축하는 과정이다.
④ 통제는 비전을 수립하고 조직목표를 더 효과적으로 달성하기 위해 의사소통 및 권한과 동기를 부여하는 과정이다.

29 페이욜(H. Fayol)의 일반적 관리원칙에 해당하지 않는 것은?

_{2021 공인노무사}

① 지휘의 통일성
② 직무의 분업화
③ 보상의 공정성
④ 조직의 분권화
⑤ 권한과 책임의 일치

30 다음은 과학적 관리론(scientific management)과 인간관계론(human relation theory)을 몇 가지 측면에서 비교한 것이다. 이 중 가장 옳지 않은 것은?

_{2022 5급 군무원}

	과학적 관리론	인간관계론
①	테일러(Taylor), 간트(Gantt)	메이요(Mayo), 매슬로우(Maslow)
②	경제적 인간관	사회적 인간관
③	호손연구	서부 전기회사
④	과업관리	비공식 집단

IV 심화 문제

1 테일러(Taylor)의 과학적 관리법(scientific management)에 관한 설명으로 가장 적절하지 않은 것은?

2014 CPA

① 분업의 원리를 적용하여 업무를 세분화하고 작업절차를 표준화하였다.
② 시간과 동작 연구를 통하여 표준 작업량을 설정하였다.
③ 종업원 개인이 달성한 성과에 따라 임금을 차별하였다.
④ 조직의 관리과정을 계획, 조직, 지휘, 조정, 통제의 단계로 구분하였다.
⑤ 작업능률과 생산성을 향상시키는 최선의 방법(one the best way)이 존재할 수 있다고 주장하였다.

2 테일러(Taylor)의 과학적 관리법에 관한 설명 중 가장 적절한 것은?

2006 CPA

① 보상은 생산성과 연공(seniority), 팀웍과 능력에 비례하여 주어져야 한다.
② 임파워먼트(empowerment)와 상향적 커뮤니케이션을 중시하였다.
③ 동작연구, 감정연구, 인간관계연구가 활발히 진행되었다.
④ 능률적 작업과 생산성 향상을 주된 목표로 하였다.
⑤ 직무설계가 전문화, 분권화, 개성화, 자율화되었다.

3 과업관리로 불리는 과학적 관리론은 테일러(Taylor)에 의해 제시되었다. 다음 중 테일러시스템의 특성이 아닌 것은?

1992 CPA

① 하루 일할 수 있는 최고의 과업결정
② 기초적 시간연구
③ 차별적 성과급제의 직능식 조직
④ 저가격·고임금의 원리
⑤ 성공 시 우대, 실패 시 상대적 손실을 부담시킴

4 테일러(Taylor)의 과학적 관리법과 포드(Ford)의 이동컨베이어 시스템에 관한 설명으로 가장 적절하지 않은 것은?

2017 CPA

① 과학적 관리법은 전사적품질경영(TQM)에서 시작된 것으로, 개별 과업 뿐 아니라 전체 생산시스템의 능률 및 품질향상에 기여하였다.
② 과학적 관리법은 방임관리를 지양하고 고임금·저노무비용의 실현을 시도하였다.
③ 과학적 관리법의 주요 내용인 과업관리의 방법으로는 작업의 표준화, 작업조건의 표준화, 차별적 성과급제 등이 있다.
④ 이동컨베이어 시스템은 컨베이어에 의해 작업자와 전체 생산시스템의 속도를 동시화함으로써 능률 향상을 시도하였다.
⑤ 이동컨베이어 시스템을 효율적으로 이용하기 위해 장비의 전문화, 작업의 단순화, 부품의 표준화 등이 제시되었다.

5 관리론의 시조라 불리는 페욜(Fayol)은 일반관리론의 중요성을 지적하고 6단계의 관리과정을 제시하였다. 다음 중 페욜(Fayol)의 관리순환과정을 올바르게 나열한 것은? 1993 CPA

① 계획 – 조직 – 지휘 – 조정 – 통제
② 계획 – 조정 – 조직 – 지휘 – 통제
③ 조직 – 지휘 – 조정 – 통제 – 계획
④ 계획 – 지휘 – 통제 – 조정 – 조직
⑤ 계획 – 조직 – 조정 – 지휘 – 통제

6 다음 중 호손 실험의 결과로서 옳은 것은? 1994 CPA

① 과학적 관리의 모태가 되었다.
② 만족한 조직이 능률적인 조직이라는 사실을 알게 되었다.
③ 심적 요소보다 물적 요소가 작업능률 개선효과가 있다는 것을 알게 되었다.
④ 물적 작업조건은 작업능률에는 영향을 전혀 미치지 못한다.
⑤ 조직의 운영에는 비용의 논리가 주로 적용된다.

7 경영이론에 관한 설명으로 옳지 않은 것은? 2013 경영지도사

① 페욜(H. Fayol)은 경영의 본질적 기능으로 기술적 기능, 영업적 기능, 재무적 기능, 보전적 기능, 회계적 기능, 관리적 기능의 6가지를 제시하였다.
② 사이먼(H. Simon)은 합리적 경제인 가설 대신에 관리인 가설을 바탕으로 하여 인간행동을 분석하였다.
③ 버나드(C. Barnard)는 조직 의사결정은 제약된 합리성에 기초하게 된다고 주장하였다.
④ 상황이론(contingency theory)은 여러 가지 환경변화에 효율적으로 대응하기 위하여 조직이 어떠한 특성을 갖추어야 하는지를 규명하고자 하는 이론이다.
⑤ 인간관계론과 행동과학이론 등은 행동주의 경영이론에 속한다.

8 미국 경영학의 발전과정 중 나타난 용어와 설명의 관계가 적절하지 않은 것은? 2008 CPA

① 시스템이론: 조직을 여러 구성인자가 유기적으로 상호 작용하는 결합체로 봄.
② 행동과학이론: 인간관계를 중시하며 비공식 조직의 존재와 그 기능을 밝힘.
③ 과학적 관리: 과업관리(task management)의 목표는 높은 임금·낮은 노무비의 원리로 집약됨.
④ 구조조정(restructuring)이론: 리엔지니어링, 벤치마킹, 아웃소싱 등의 기법이 있음.
⑤ 포드 시스템(Ford system): 봉사주의와 저가격·고임금의 원리를 중심으로 하는 경영이념을 가짐.

9 시스템(system)에 대한 다음의 설명 중 가장 적절하지 않은 것은? 2007 CPA

① 하나의 시스템은 다수의 하위시스템으로 구성된다.
② 하위시스템들은 각각의 목적을 달성하기 위하여 서로 독립적으로 운영된다.
③ 시스템은 투입(input), 처리(process), 산출(output), 피드백(feedback)의 과정을 포함한다.
④ 기업은 개방시스템의 속성을 지니고 있다.
⑤ 시스템은 피드백을 통하여 균형을 유지한다.

10 업계에서의 선두기업을 표본으로 삼아 이를 능가하려는 노력을 통해 경쟁력을 제고하려는 기업의 혁신 방법은?

`1994 CPA`

① 리엔지니어링(reengineering) ② 기업재구성(restructuring)
③ 기업합병인수 ④ 리모델링(remodeling)
⑤ 벤치마킹(benchmarking)

11 경영학의 역사적 흐름에 따라 제시된 이론의 설명으로 가장 옳지 않은 것은?

`2021 7급 군무원`

① 테일러의 과학적 관리법에서 차별적 성과급제란 표준을 설정하고 표준을 달성한 작업자에게 높은 임금을 지급하는 것을 말한다.
② 베버(Weber)가 주장한 관료주의(bureaucracy)란 합리적이고 이상적이며 매우 효율적인 조직은 분업, 명쾌하게 정의된 조직의 위계, 공식적인 규칙과 절차, 인간적(개인적)인 면을 최대한 고려한 관계 등의 원칙에 근거한다는 것이다.
③ 페이욜의 관리과정론에서는 관리활동을 계획화, 조직화, 지휘, 조정, 통제의 5단계로 구분했다.
④ 길브레스 부부는 모션픽쳐(motion picture)를 통해 과업을 기본동작으로 분해했다.

12 테일러(F. W. Taylor)의 과학적 관리법에 제시된 원칙으로 옳은 것을 모두 고른 것은?

`2024 공인노무사`

ㄱ. 작업방식의 과학적 연구	ㄴ. 과학적 선발 및 훈련
ㄷ. 관리자와 작업자들 간의 협력	ㄹ. 관리활동의 분업

① ㄱ, ㄴ ② ㄷ, ㄹ ③ ㄱ, ㄴ, ㄷ ④ ㄴ, ㄷ, ㄹ ⑤ ㄱ, ㄴ, ㄷ, ㄹ

13 조직의 목표를 달성하기 위하여 조직구성원들이 담당해야 할 역할 구조를 설정하는 관리과정의 단계는?

`2024 공인노무사`

① 계획 ② 조직화 ③ 지휘 ④ 조정 ⑤ 통제

14 다음 중 경영학과 관련된 주요 이론에 대한 설명으로 적절하지 않은 것은?

`2024 7급 군무원`

① 과학적 관리론은 다품종소량생산체제하에서 보다 많은 제품을 더욱 값싸게 생산할 수 있도록 작업방식을 개선할 수 있는 최선의 방법을 제시한 이론이다.
② 고전적 관리론이 현대 경영이론의 관점에서 주목을 받는 이유는 기업의 구성요소들이 사이의 상호 관련성에 대한 통찰력을 지니고 있기 때문이다.
③ 관료론제는 가장 효율적이고 이상적인 조직을 합리성에 기초를 두어야 한다는 전제에서 출발한다.
④ 인간관계론은 인간은 단순히 돈만을 위해서 일하는 경제인이 아니라 감정을 지니고 있고 남과 어울리고자 하는 사회인이며 동시에 작업장을 하나의 사회적 장으로 인식하였다.

15 테일러(Taylor)의 과학적 관리법과 포드(Ford)의 컨베이어 시스템 및 대량생산방식에 관한 설명으로 가장 적절하지 않은 것은? `2024 CPA`

① 테일러는 과업관리의 방법으로 작업 및 작업환경의 표준화, 공정분석을 통한 분업을 제시하였다.
② 테일러는 작업의 과학화를 통한 생산성 향상을 기반으로 고임금 저노무비를 실현하고자 하였다.
③ 포드는 장비의 전문화, 작업의 단순화, 부품의 표준화 등을 제시하였다.
④ 포드의 생산방식은 전문화된 장비를 활용하여 표준화된 제품을 대량으로 생산하는 데 활용된다.
⑤ 과학적 관리법은 개별 작업자의 능률향상에 공헌하였으며, 컨베이어시스템은 전체 조직의 능률향상에 공헌하였다

16 메이요(E. Mayo)의 호손실험 중 배선작업 실험에 관한 설명으로 옳지 않은 것은? `2022 공인노무사`

① 작업자를 둘러싸고 있는 사회적 요인들이 작업능률에 미치는 영향을 파악하였다.
② 생산현장에서 비공식조직을 확인하였다.
③ 비공식조직이 작업능률에 영향을 미치는 것을 발견하였다.
④ 관찰연구를 통해 진행되었다.
⑤ 경제적 욕구의 중요성을 재확인하였다.

17 맥그리거(D. McGregor)의 XY이론 중 Y이론에 관한 설명으로 옳은 것을 모두 고른 것은? `2022 공인노무사`

> ㄱ. 동기부여는 생리적 욕구나 안전욕구 단계에서만 가능하다.
> ㄴ. 작업조건이 잘 갖추어지면 일은 놀이와 같이 자연스러운 것이다.
> ㄷ. 대부분의 사람들은 엄격하게 통제되어야 하고 조직목표를 달성하기 위해서는 강제되어야 한다.
> ㄹ. 사람은 적절하게 동기부여가 되면 자율적이고 창의적으로 업무를 수행한다.

① ㄱ, ㄴ ② ㄱ, ㄷ ③ ㄴ, ㄷ ④ ㄴ, ㄹ ⑤ ㄷ, ㄹ

18 다음 중 제한된 합리성(bounded rationality)이 시사하는 바에 대한 설명으로 가장 적절하지 않은 것은? `2024 7급 군무원`

① 엄밀한 의미의 합리적 의사결정은 이상(理想)에 불과하다.
② 조직운영 시 의사결정자들의 능력에 한계가 있음을 고려해야 한다.
③ 합리성에도 수준이 있다면 조직이나 집단이 개인보다 더 합리적인 결정을 보장한다고 보아야 한다.
④ 정보가 완절 할 수 없다는 것이 용인된다면 이를 악용해서 의사결정자들이 정확한 정보를 왜곡·조작하여 자신에게 유리한 결정이 나도록 유도할 가능성도 있다

19 다음 중 고객관계관리(customer relationship management, CRM)에 대한 설명으로 가장 적절하지 않은 것은?

2024 7급 군무원

① 거시적 관점에서 전략적 CRM은 기업의 경영 환경에 영향을 미치고 있는 기업, 고객, 경쟁자, 협력자를 통합적으로 고려한다.
② 미시적 관점에서 전술적 CRM은 고객에게 최적의 상품과 서비스를 제공하기 위한 자료의 도출과 분석에 초점을 둔 구체적인 고객대응 전략을 목표로 한다.
③ RFM(recency, frequency, monetary) 분석은 고객과의 커뮤니케이션에 초점을 맞춘 분석이다.
④ 잠재고객의 평생가치는 해당 잠재고객을 경쟁상대에게 빼앗겼을 때 예상할 수 있는 손실값으로 정의할 수 있다.

20 다음은 공급망관리 혹은 공급사슬관리(supply chain management, SCM)와 관련된 여러 설명들이다. 이들 중 가장 적절한 것은?

2024 7급 군무원

① 정보와 물류의 리드타임의 길수록 공급사슬내 채찍효과(bullwhip effect)로 인한 현상은 감소한다.
② 공급자 재고관리를 활용하면, 구매자의 재고유비용은 빈번한 발주와 리드타임의 증가로 인해 상승하고, 공급자의 수요예측 정확도는 낮아진다.
③ 고객에서부터 공장에 이르기까지 공급의 모든 과정을 고객 관점에서 단순화 및 표준화하고, 정보시스템의 지원을 통해 이 과정을 통합적으로 관리하고자 하는 경영노력을 SCM이라고 할 수 있다.
④ 대량 고객화(mass customization) 전략은 표준화된 단일품목에 대한 고객수요를 최대한확대하려는 방향으로 공급 네트워크를 구성하려는 전략이다.

PART 2

경영조직론

Chapter 1 개인차원의 조직행동

Chapter 2 집단차원의 조직행동

Chapter 3 조직차원의 조직행동: 거시조직론

Chapter 1 개인차원의 조직행동

- 개인, 집단, 그리고 조직에 대한 체계적 연구를 통하여, 조직에 있어서 인간의 행동과 태도에 대한 지식을 추구하여 조직 효율성(Organizational Effectiveness)과 인간복지(Individual Well-being)를 강화하고자 하는 연구영역

  조직의 성과 = f(개인의 행위, 집단의 행위, 조직차원의 행위)

- 미시조직행위론: 개인의 행위와 집단의 행위
  - 개인의 행위: 지각, 학습, 태도, 성격, 동기부여
  - 집단의 행위: 의사결정과 소통, 갈등관리, 리더십
- 거시조직행위론: 조직설계와 조직구조

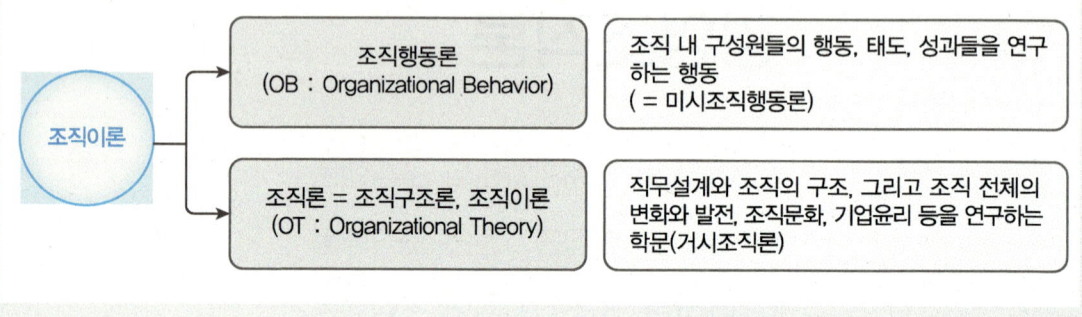

출처 임창희, 홍용기 공저, 『조직론(2판)』, 비엔엠북스

I 핵심정리

❶ 성격

1) 성격의 개념

- 성격이란 어느 일정기간 동안 변하지 않는 타인과 구별되는 독특한 심리적 특성이라고 할 수 있다.
- 성격에 영향을 주는 것으로는 유전적 형질과 상황적 요인, 환경적 요인이 있으며 추가로 문화적 요인, 사회적 요인 등이 있다.

2) 조직 행동에 영향을 주는 성격 유형

① Type A와 Type B(Friddman & Rosenman)
  - Friddman & Rosenman은 인간의 성격을 참을성이 없고 성취에 대한 욕망이 크며 완전주의적인 성향인 A타입과 매사에 느긋하고 여유를 즐기며 참을성이 많은 B타입으로 구분하였다.
  - 아래 표는 각 유형의 성격의 특징과 이들의 유효한 과업을 나타내고 있다.

A형	B형
• 경쟁적이고 조급하다. • 신경질적이고 방해를 받을 때에는 더 강력하게 반응하는 경향이 있다. • 업무처리 속도가 빠르다. • 과도한 경쟁, 공격성, 시간의 압박, 열정적인 발언, 얼굴 근육의 긴장 등의 특징을 나타낸다.	• 자연스럽고 시간 또는 사람에 대한 통제의 압력을 느끼지 못하고 정상적인 추진력을 갖는다. • 과업을 성취하기 위해 꾸준히 일을 한다. • 작업속도가 일정하며, 시간에 얽매이지 않는다. • 작업시간을 연장시키지 않으며, 과업성취를 위해 서두르지 않는다.

출처 백기복, 『조직행동연구』, 창민사, 2016. p.63

② 내향성과 외향성: 주어진 상황에 대한 반응 시 에너지가 내부와 외부 어느 쪽을 더 지향하는가를 의미
- 내향성: 반응 에너지가 개인의 감정이나 사고로 내면화
- 외향성: 반응 에너지가 외적으로 표출

내향성의 특징	외향성의 특징
• 집중하여 조용함을 좋아함 • 세밀한 것에 주의를 기울이는 경향이 있으며, 전반적인 설명을 싫어함 • 이름과 얼굴을 기억하기 어려워함 • 간섭받지 않고 오래 걸리는 직무의 담당을 꺼리지 않음 • 직무뒤에 있는 아이디어에 관심이 있음 • 때로는 행동도 하지 않고 행동하기 전에 많은 생각하기를 좋아함 • 자기 만족하면서 혼자 일하기를 좋아함 • 의사소통에 문제를 지니고 있음	• 다양성과 행동을 좋아함 • 빨리 처리하는 경향이 있으며, 복잡한 절차를 싫어함 • 인사하기를 좋아함 • 흔히 오래 걸리고 느린 직무를 인내하지 못함 • 직무의 결과에 관심이 있음 • 때로는 생각도 하지 않고 빨리 행동함 • 주변에 많은 사람이 있기를 좋아함 • 통상 자유롭게 의사소통함

출처 박계홍, 박하진, 전게서

③ 통제의 위치(locus of control)에 따른 분류: 통제 위치가 어디에 있는가에 대한 여부로 사람들을 내재론자와 외재론자로 구분할 수 있다.
- 내재론자: 자기가 자기 운명의 주인이라고 생각하고 자신이 스스로 운명을 통제할 수 있다고 믿고 있다.
- 외재론자: 자신은 운명을 결정할 수 없고 운명에 순응해야 하는 존재라고 믿고 있다.

"노력한 만큼 보상받는다" "세상만사 운때가 맞아야 한다"

출처 백기복, 전게서

내적 통제의 특징	외적 통제의 특징
• 승진은 열심히, 그리고 지속적으로 일함으로써 된다. • 내 경험을 통해 보면 공부한 정도와 성적은 통상 직접적인 관련이 있다. • 높은 이혼율은 점차 많은 사람들이 결혼생활을 위한 노력을 하지 않기 때문인 것임을 말해준다. • 내가 옳으면 타인을 납득시킬 수 있다.	• 돈은 주로 우연히 벌어진다. • 많은 경우에 선생님의 반응(성적)은 상황 분위기에 좌우된다. • 결혼은 크게 보면 하나의 도박이다. • 다른 사람들의 기본적인 태도를 진실로 바꿀 수 있다는 생각은 바보스럽다.

출처 박계홍, 박하진, 전게서

④ 마키아벨리즘(Machiavellianism)
- 마키아벨리즘이란 자신의 목표를 달성하기 위하여 각종 수단과 방법을 가리지 않고 다른 사람을 이용하고 조작하려는 성향을 의미
- 마키아벨리즘 성향이 강한 사람은 감정적 거리를 잘 유지하고 목적이 수단을 정당화시킬 수 있다고 믿음

⑤ 자존감(self-esteem): 자존감이란 자기자신을 좋아하거나 싫어하는 수준을 의미
- 자존감과 직무만족은 서로 관련이 많아서 높은 자존감을 가지는 사람은 낮은 자존감을 가지는 사람에 비하여 직무만족도가 높게 나타남

자존감 높은 사람	자존감 낮은 사람
자존감이 높은 사람은 자신이 직장에서 성공하는 데 필요한 능력을 지니고 있다는 믿음, 자존감이 높은 사람은 직업 선택 시에 기꺼이 위험을 감수하고, 다소 파격적인 직무를 선택할 가능성이 높음	자존감이 낮은 사람은 자존감이 높은 사람에 비하여 외부 영향에 쉽게 좌우되며, 타인의 긍정적인 평가에 의존하기 때문에 타인의 동의를 얻으려고 애쓰며, 타인의 주장과 행동을 따르려는 경향이 있음

⑥ 자기효능감(self-efficacy): 개인이 특정 과업을 잘 수행할 수 있다는 자신에 대한 믿음을 의미

자기효능감이 높은 사람	자기효능감이 낮은 사람
• 어려운 상황에서 자기효능감이 높은 사람은 더욱 열심히 노력하여 과업을 성공시키려고 함 • 부정적 피드백을 받으면 자기효능감이 높은 사람은 노력과 시간을 부여하여 부정적 피드백을 극복하기 위하여 노력	• 어려운 상황에서 자기효능감이 낮은 사람은 과업에 대하여 포기하여 노력을 기울이지 않게 됨 • 부정적 피드백을 받으면 자기효능감이 낮은 사람은 스스로 포기하고 노력의 양을 줄여버리는 반응을 보임

⑦ 셀프모니터링(self-monitoring)
- 셀프모니터링은 자신의 행동을 외부 상황적 요인에 적응시키는 개인의 능력을 의미
- 연구결과 셀프모니터링을 잘 하는 사람은 타인의 행동이나 반응에 더 민감하게 신경쓰며 자신의 행동을 타인에게 맞추려는 경향이 있음. 따라서 셀프모니터링을 잘 하는 사람이 보다 나은 성과평가를 받게 되고 보다 빨리 진급되는 가능성이 높지만 조직에 대해서는 낮은 몰입을 보임

3) 성격과 직무 적합화
(1) 빅-파이브(Big-Five) 모형

성격유형	특징
성실성 (Conscientiousness)	• 수행 가능한 소수의 목표에 관심과 노력을 집중하여 체계적이고 정해진 규칙을 지키면서 책임감 있게 실천해내는 성향을 말한다. • 성실성은 5대 성격유형 중에서 직무성과에 가장 큰 영향을 미치는 것으로 나타났다. • 성실성은 또한 5대 성격 중 유일하게 조직시민행동과도 밀접한 관계가 있으며, 성실한 사람이 더 큰 행복(well-being)을 느낀다는 연구결과도 얻어졌다. • 하지만 실직과 같은 불행한 일을 당했을 때 성실한 사람은 그렇지 못한 사람들에 비해 생활만족도가 120%가량 급격히 떨어지는 것으로 나타났다.
친화성 (Agreeableness)	• 다른 사람들과 더불어 잘 지낼 줄 아는 성향을 의미한다. 자신을 지나치게 내세우기보다는 전체적인 화합을 중시하고 협력적이며 주변 사람들을 신뢰하는 성격이다. • 이 성향이 높은 사람들은 상급자, 하급자, 그리고 동료들과 무리 없는 조직생활을 영위해나간다. 고객과 같은 이해관계 집단과도 원만한 관계를 형성하게 된다. • 친화적인 사람들은 다른 사람들과의 갈등을 최소화하려고 노력하며, 집단 내 협력적 관계를

	유지하려 하고 갈등해결에 있어 힘에 의존하기보다는 협상을 선호하는 것으로 나타났다. • 팀 수준에서 친화적 팀원들이 많을수록 건설적 토론이 활발하게 일어난다는 연구결과가 있다.
정서적 안정성 (Emotional stability)	• 정서적 안정성이 낮은 사람들은 기쁨과 슬픔, 흥분과 침울의 양극단의 감정을 보이며, 불안한 감정을 자주 표출한다. 반면에 정서적 안정성이 높은 사람들은 차분하고 열정적이며 스트레스나 긴장상태에 대한 극복능력이 탁월하다. • 정서적으로 불안정한 사람들은 다른 사람들의 비판에 민감하며, 사회적 지원을 충분히 받지 못하고 있다고 느끼고, 스스로에 대해서도 냉소적인 태도를 보이며, 완벽주의적 성향을 갖는 경우가 많다. 또한 정서적 안정성은 약 50~60%는 유전적 요인에 기인하는 것으로 나타났다. 외과의사, 조종사, 경찰, 안전관리자, 서비스업 종사자 등은 정서적 안정성과 관련이 깊은 직업들이다.
외향성 (Extroversion)	• 말이 많고 자기표현을 잘하며 사람 사귀기에 능숙한 유형이다. 이들은 항상 자신에 대한 확신으로 가득 차 있으며 여러 사람들과 다양한 관계를 발전시킨다. • 외향적인 사람은 문제해결에 직접 참가하는 것에 대해서도 내향적인 사람에 비해 편하게 느낀다. 또한 외향적 성격의 소유자가 리더십을 더 잘 발휘한다는 연구결과도 있다.
개방성 (Openness to experience)	• 개인이 갖는 관심의 범위와 관련된다. 개방적인 사람은 새로운 것이나 혁신적인 경험을 즐기며, 상상력이 풍부하고 외적 자극에 민감하며 지적인 면모를 보인다. • 이들은 변화에 대한 수용도가 높으며, 호기심이 많고 끊임없이 새로운 정보를 추구하려는 성향을 띤다.

(2) MBTI(Myers Briggs Type Indicator) 모형

- 인지스타일에 대한 성격 유형을 파악하기 위하여 마이어스와 브릭스(Myers & Briggs)가 개발한 MBTI(Myers-Briggs Type Indicator)라는 설문양식
- MBTI의 4가지 차원과 8요인과 해석

ISTJ 세상의 소금형	ISFJ 2인자 권력형	INFJ 예언자형	INTJ 과학자형
ISTP 백과사전형	ISFP 성인군자형	INFP 잔다르크형	INTP 아이디어 뱅크형
ESTP 수완 좋은 활동가형	ESFP 사교형	ENFP 스파크형	ENTP 발명가형
ESTJ 사업가형	ESFJ 친선도모형	ENFJ 달변형	ENTJ 지도자형

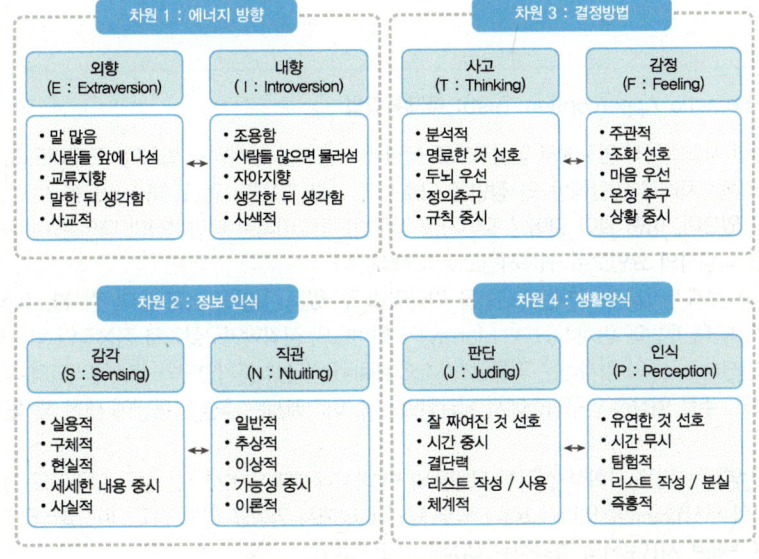

출처 Nelson, D.L., & Quick, I. C. 2005. Understanding Organization Behavior, Thomson: South-Western, p.60에서 수정 인용

(3) 성격과 직무 적합화 모형: 홀랜드(J.L. Holland) 모형
- 성격과 직업이 적합하냐에 따라 개인이 직장을 떠나려는 경향과 직업에 대한 만족도가 결정된다는 모형으로 여섯 가지 유형의 성격을 제시.

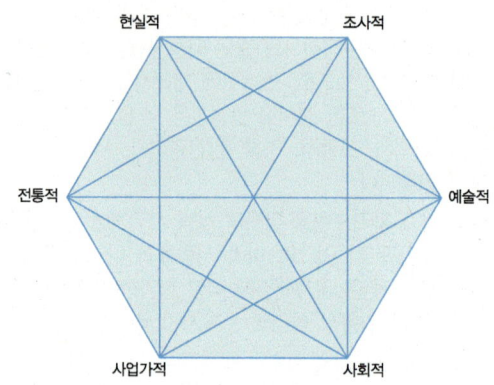

성격유형	선호 경향	성격 특성	적합직무
현실적	기능, 힘 및 조정이 요구되는 육체 활동	수줍음, 순진함, 인내심, 안정, 동조적, 현실적	제조공, 농부, 조립, 운전
탐구적	사고, 조직화, 이해를 포함하는 활동	분석적, 호기심, 독창성, 독립심	생물학자, 경제학자, 수학자, 언론기자
사회적	타인을 돕거나 개발하는 활동	사교적, 우호적, 협동적, 이해적	사회사업, 교사, 상담가, 임상심리학자
관습적	규칙과 명령을 잘 따름	동조적, 효율적, 비창의적, 비융통성	회계사, 기업간부, 은행텔러, 문서정리
진취적	타인에게 영향을 주고 권력을 갖는 활동	자신감, 지배적, 야망, 정력적	법조인, 부동산업자, 소규모 사업가
예술적	창조적인 표현과 애매모호한 비체계적인 활동	창의적, 무질서, 이상주의, 감정적, 비현실적	화가, 음악가, 작가, 실내 장식가

출처 정수진, 고종식, 방한오, 『실무지식을 위한 조직행동의 이해』 피엔씨미디어, 2017.

> **보충** TAT(Thematic Apperception Test): 주제통각법
> - 퍼스낼리티에 대한 사회과학적 연구에서 임상적으로 폭넓게 사용되는 투사검사 법이다. 프로이드의 정신분석학에 기초한 검사법으로 피험자는 차례로 인간행동 의 장면을 모호하게 그린 20개의 검고 하얀 카드를 보게 된다. 그리고 그들은 무엇이 일어나고 있으며, 어떤 일이 일어날 것인가를 질문받는다. 이러한 이야기식의 대답은 이야기 속의 중심인물에게 투사되는 것들을 피험자의 요인으로 귀속시킴으로써 해석된다.
> - 몇 가지의 점수화 체계가 있지만 일관된 유형을 이끌어낼 수 있는 기법의 능력이 이 검사법의 장점이라고 하겠다.
> - 이 검사법은 1930년대 후반에 머레이(H.A. Murray)가 하버드의 심리학연구실에서 정상적인 피험자에 대한 퍼스낼리티 연구를 하면서 발전하였다. 이 검사법은 맥클랜드(McClelland)의 성취동기연구와 퍼스낼리티의 사회적 측면에 대한 조사에서 사용되었고, 주로 임상적 연구과정에서 발달되었는데, 여기에서는 추출된 응답에 대한 해석을 위해 세밀한 주의가 필요하다.
> - 이러한 응답에 반영되는 많은 사회적·심리적 요인들의 변화는 해석에 있어서 객관성의 부족에도 불구하고 사회심리학과 인류학에서 유용한 투사법을 만들었다. 그러나 외부 요인에 의해서 영향을 많이 받고, 퍼스낼리티의 독특한 특징 때문에 퍼스낼리티의 표준화된 지표로서의 효용성은 의심 받고 있다.

❷ 지각

- 지각이란 인간이 사람 또는 사물을 평가할 때 오감기능을 총 동원하여 외부로부터 들어오는 감각적 자극을 선택·조직·해석하는 과정을 의미한다.
- 따라서 개인은 사실 그 자체를 인식하는 것이 아니라 본인이 지각한 바에 따라 현실세계에 대한 하나의 관점을 갖게 되고 이를 기초로 하여 행동을 하게 되는 것이다.

1) 지각과정

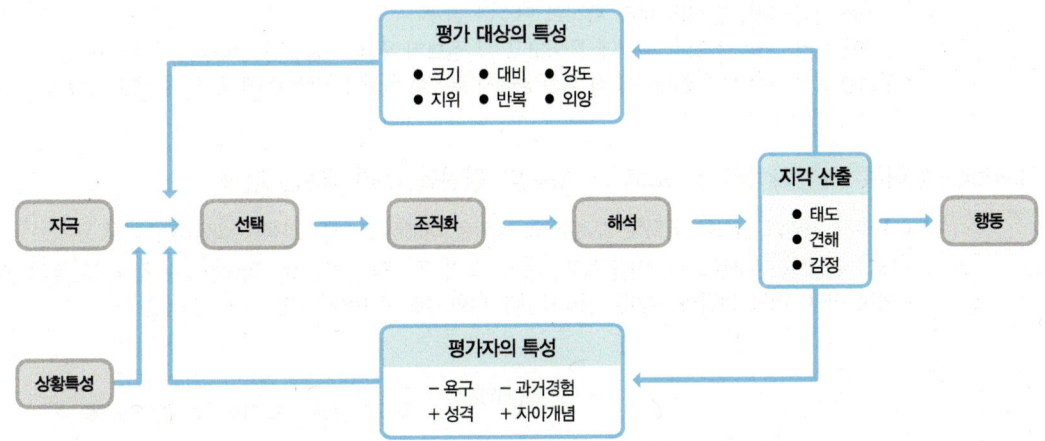

출처 김윤상, 『핵심경영학연습』, 나무와 사람

① 선택
- 선택이란 많은 감각적 정보 가운데 필요한 것만 골라서 흡수하는 것을 의미한다. 많은 아이들 틈에서도 어머니가 자신의 자식을 쉽게 찾아낼 수 있는 것이 이런 예라고 할 수 있다.
- 우리가 어떤 사물을 볼 경우에 의미 있는 부분은 쉽게 눈에 띄고 그렇지 않은 부분은 배경 역할을 하게 된다. 이러한 원리를 배경-그림의 원리 (figure-ground principle)라고 한다.

② 조직화: 서로 연결되어 하나의 이미지로 종합됨(집단화, 폐쇄화, 단순화)
- 조직화란 선택한 자극을 인간에게 의미 있는 정보로 조직하는 작용을 의미한다. 지각대상은 분리된 자극이나 조각된 정보로는 존재하지 못하고 하나의 완전한 그림으로 조직화되는데 이와 같은 과정을 게쉬탈트 과정(gestalt process)이라고 한다.
- 조직화의 과정은 크게 집단화, 폐쇄화, 단순화 등의 과정이 있다.

③ 해석: 선택, 조직화된 자료를 기대와 전형에 따라 해석(스키마, 맥락효과, 기대)

2) 사회적 지각이론(타인평가이론)

- 사회적 지각이란 상대방을 지각하고 판단하고 해석하는 일련의 과정을 의미하는 것으로 대표적인 유형으로는 인상형성이론과 귀인이론 등이 있다.
- 개인이 타인의 행동을 이해하기 위해 정보를 통합·해석하는 것
- 타인에 대한 이해는 삶에서 중요한 부분: 올바른 행동의 원인 이해가 원만한 인간관계 유지와 상호작용을 도움

(1) S. Asch 인상형성이론: 타인을 처음 만났을 때 지각하고 판단 내리는 과정

의미	사람을 만나게 될 때 누구에게나 보이는 하나의 중요한 현상을 한정된 정보를 기초로 해서 그에 대한 광범위한 인상이 형성된다는 이론
특징	• 일관성: 인상형성 시 단편적인 정보를 통합하여 타인에 관해 어느 한쪽 방향으로 일관성 있는 특질을 형성하려는 경향 • 중심 특질과 주변 특질: 인상형성 시 중심적은 역학을 수행하는 특질과 주변적인 역할밖에 하지 못하는 특질 - 중심 특질: 통일된 인상을 형성하는 데 중심적인 역할을 수행하는 특질 - 주변 특질: 주변적인 역할밖에 하지 못하는 특질 • 합산원리와 평균원리 - 합산원리: 전체 인상은 여러 특질의 단순한 합계 - 평균원리: 모든 정보가 동시에 들어오고 그 정보의 무게가 같으면 단순평균의 형태로 평가 • 부정성 효과: 긍정적 특질과 부정적 특질 중에서 부정적 특질이 인상형성에 더 큰 영향을 미친다는 원리

(2) Heider 귀인이론: 타인의 행위를 보고 그 행위의 원인을 추리하려는 경향

의미	피지각자 행위의 관찰을 통하여 그 행위의 원인을 이해하고 찾는 과정을 설명하는 이론
원인의 귀속	• 내적 귀인: 어떤 행위의 원인을 능력, 동기, 성격 등 내적 요인으로 이해하려는 것(능력, 동기, 성격) • 외적 귀인: 어떤 행위의 원인을 상황요인에 의한 것으로 이해하려는 것(상황요인) 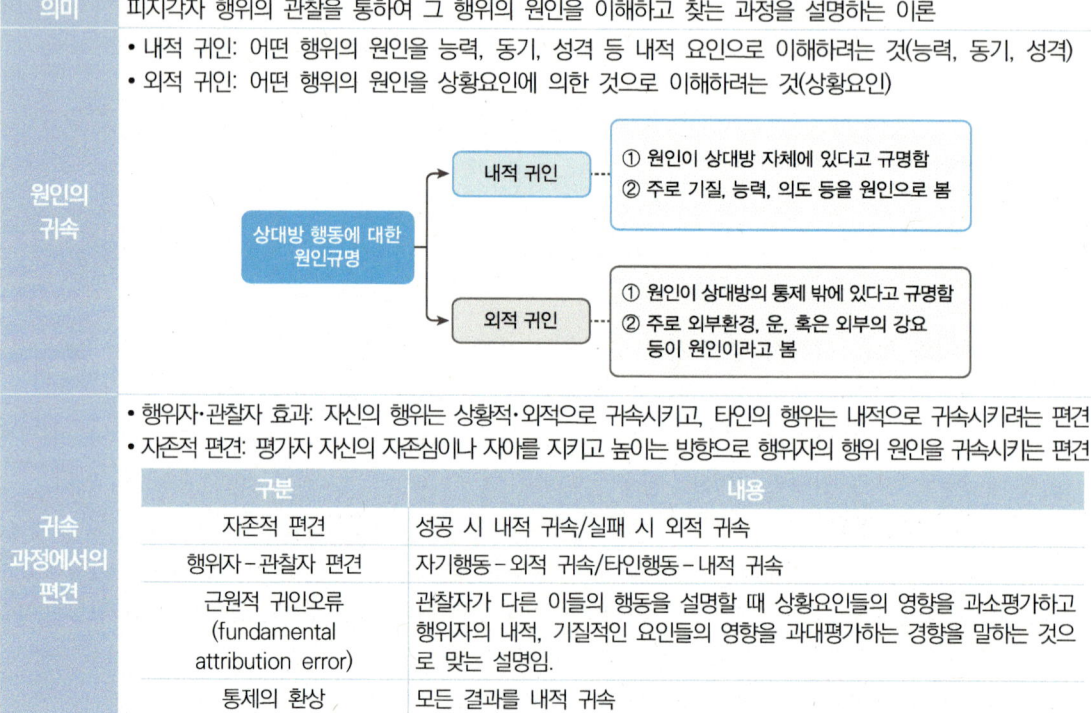
귀속 과정에서의 편견	• 행위자·관찰자 효과: 자신의 행위는 상황적·외적으로 귀속시키고, 타인의 행위는 내적으로 귀속시키려는 편견 • 자존적 편견: 평가자 자신의 자존심이나 자아를 지키고 높이는 방향으로 행위자의 행위 원인을 귀속시키는 편견 | 구분 | 내용 | |---|---| | 자존적 편견 | 성공 시 내적 귀속/실패 시 외적 귀속 | | 행위자-관찰자 편견 | 자기행동-외적 귀속/타인행동-내적 귀속 | | 근원적 귀인오류 (fundamental attribution error) | 관찰자가 다른 이들의 행동을 설명할 때 상황요인들의 영향을 과소평가하고 행위자의 내적, 기질적인 요인들의 영향을 과대평가하는 경향을 말하는 것으로 맞는 설명임. | | 통제의 환상 | 모든 결과를 내적 귀속 |

(3) Kelly 입방체이론/공변원리
- 켈리는 상대방 행동에 대한 원인을 추론함에 있어서 특이성, 합의성, 일관성의 세 가지 요소로 내적으로 귀속할 것인가 외적으로 귀속할 것인가를 판단한다고 주장하고 있다.
- 특이성이란 다른 상황에서도 똑같은 행동을 하는가를 판단하는 개념이고, 합의성이란 다른 사람들과 동일한 행동을 보이는가를 판단하는 개념이고, 일관성이란 과거부터 계속되어오는 행동패턴인가를 판단하는 개념이라고 할 수 있다.

구분	내용	고	저
특이성(distinctiveness)	다른 사건의 결과와 비교	외적 귀속	내적 귀속
합의성(consensus)	다른 사건의 결과와 비교	외적 귀속	내적 귀속
일관성(consistency)	다른 사건의 결과와 비교	내적 귀속	외적 귀속

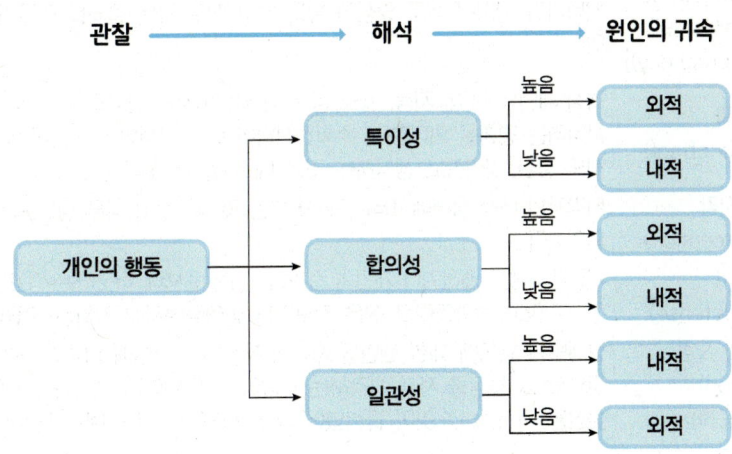

3) 지각오류

유형		특징
상동적 태도 (stereotyping)		사람을 평가함에 있어서 그 사람이 가지는 특성에 기초하지 않고 그 사람이 속한 집단의 특징이나 그가 속한 집단에 대한 고정관념으로 그 사람을 평가하는 오류이다. "나이가 많은 사람은 성과를 잘 못 낼 거야", "남자들은 다 늑대 같아" 등이 스테레오 타입의 예라고 할 수 있다.
대조효과 (contrast effect)		시간적, 공간적으로 가까이 있는 대상과 비교하면서 평가하는 오류로 주관식 시험답안지를 채점함에 있어서 앞사람의 답안지에 영향을 받아 뒤 사람의 답안지 채점이 달라지는 현상을 예로 들 수 있다.
대조오류 (contrast error)		피고과자의 특성을 고과자가 지닌 특성과 비교하여 평가하려는 오류로 평가자가 지닌 속성을 피평가자가 지니고 있을 경우 후하게 평가를 하는 현상을 예로 들 수 있다.
순위 효과	먼저효과 (primacy effect)	평가기간 동안 발생한 모든 정보로 평가하는 것이 아니라 처음에 일어난 사건에 대한 정보로 평가하려는 오류이다. 먼저 효과가 발생하는 원인으로는 초기정보가 그 이후 발생된 중간정보보다 더 기억에 오래 남고 일단 첫인상이 형성되고 나면 그 이후에 발생되는 사건은 첫인상을 강화시키거나 첫인상과 어긋난 정보는 무시하려는 경향이 있기 때문이다.
	나중효과 (recency effect)	평가기간 동안 발생한 모든 정보로 평가하는 것이 아니라 나중에 일어난 사건에 대한 정보에 의해 평가하려는 오류로 최근의 정보가 이전의(과거의) 정보보다 더 큰 영향을 미치게 되는 현상이다. 인사고과 시 상반기 좋은 실적보다는 하반기 좋지 않은 실적이 고과에 더 큰 영향을 미치는 것을 예로 들 수 있다.
규칙적 오류 [분배적 오류 (Distributional Error) 또는	관대화 경향	타인을 다소 긍정적으로 평가하려는 경향을 의미한다.
	중심화 경향	평가 시 긍정과 부정의 양극단은 피하고 중간점수를 주는 경향을 의미한다.

항상 오류 (Constant Error)]	가혹화 경향	타인을 다소 부정적으로 평가하려는 경향을 의미한다.
기대의 오류 [피그말리온 효과 (the pygmalion effect) 또는 자기충족적 예언 (self-fulfilling prophecy)]		주위 사람들이나 자신이 기대한 대로 행동함으로써 결국은 기대대로 이루어진다는 것으로서, 부하직원에 대해서 상사가 잘할 것이라고 기대하고 있으면 부하직원은 상사의 기대를 저버리기 싫어서 더욱 열심히 일을 하여 정말 좋은 결과를 이끌어 내는 것을 예로 들 수 있다.
후광효과 (현혹효과, halo effect)		특정 개인의 능력, 지능, 용모 등 특정 부분에서의 인상으로 그 사람의 전반적인 특성을 평가하려는 경향을 의미한다. 수학선생님이 특정 학생이 수학을 잘 하니까 그 학생은 영어성적도 좋을 것이라고 생각하는 것을 예로 들 수 있다.
선택적 지각 (selective perception)		지각자의 내적 상태에 따라 듣고자 하는 것만을 듣고 다른 정보는 관심에 두지 않는 경향을 의미한다.
지각방어 (perceptual defense)		개인에게 불유쾌하거나 개인의 습관이나 고정관념에 어긋나는 정보는 회피하고 자신이 이해할 수 있고 받아들이고 싶은 정보만을 받아들여서 지각하는 오류이다.
투사(투영)의 오류 (projection) (주관의 객관화)		상대방의 행동에 대한 원인을 자신의 특성이나 경험에 비추어 평가하는 경향을 의미하는 것으로 늘 늦잠을 자서 지각하는 사람이 집이 멀어서 지각하는 사람을 보면서 "저 사람도 늦잠을 자서 늦은 것이 틀림없어"라고 판단하는 것을 예로 들 수 있다.
유사효과 (similar to me effect)		평가자가 자신과 태도, 취미, 종교 등이 유사한 사람을 후하게 평가하는 경향을 의미한다.
논리적 오류 (logical error)		고과요소들 간에 논리적 상관관계가 있을 경우에 논리적 상관관계에 따라 발생하게 되는 편견으로 "저 사람은 농구선수니까 운동신경이 뛰어나서 골프도 잘 할거야"라는 것도 논리적 오류의 예라고 할 수 있다.
구체적 정보의 과대 사용		통계나 기록 같은 것은 무시하고 실제 있었던 구체적인 사건 정보만을 중요하게 여기는 오류로 면접 시 그 사람의 자기소개서, 학점 등의 통계적 기록은 무시하고 자신과 면접 시 나누었던 짧은 대화 및 인상만을 기초로 그 사람을 평가하는 것을 예로 들 수 있다.

❸ 태도

의미	태도란 어떤 대상에 대해 갖게 되는 긍정적 또는 부정적 진술(좋다, 나쁘다)이라고 할 수 있다.

구성
요소
	• 인지적 요소: 대상 혹은 사건에 대한 정보(지식, 정보, 신념 등)
	  – 오렌지는 비타민 C가 풍부하다, 동료는 일을 못한다.
	• 정서적 요소: 대상 혹은 사건에 대한 개인의 감정(좋고, 싫음)
	  – 오렌지는 맛있다, 일을 못하는 동료가 싫다.
	• 행동적 요소: 대상 혹은 사건에 대한 의도적 방식
	  – 맛있는 오렌지를 사야겠다, 일을 못하는 동료와 같이 프로젝트를 진행하지 말아야겠다.
	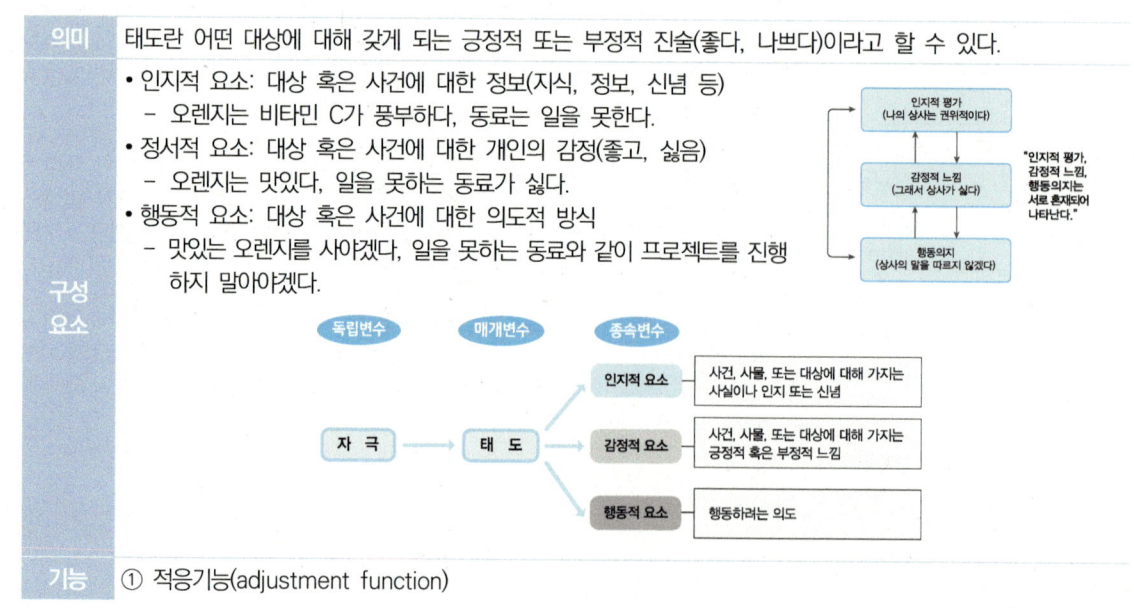

기능	① 적응기능(adjustment function)

② 자아방어적 기능(ego-defensive function)
③ 가치표현적 기능(value-expressive function)
④ 탐구적 기능(knowledge function)

1) 태도변화의 과정

■ 태도변화의 과정(K. Lewin)

해빙	개인이나 집단을 동기유발시켜 변화에 대해 준비하게 하는 과정 변화촉진요인으로 추진력과 저항요인에 의한 저항력 사이의 균형이 깨짐
변화	추진력 > 저항력 * Kelman의 변화과정 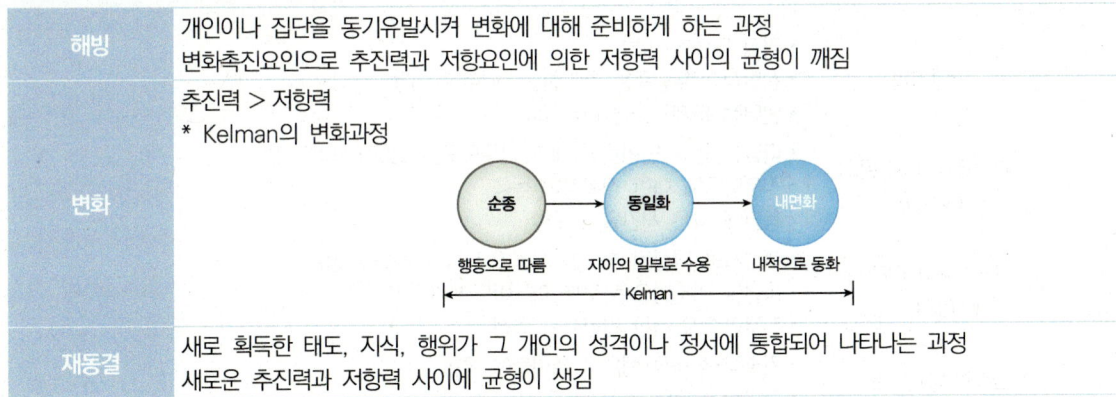
재동결	새로 획득한 태도, 지식, 행위가 그 개인의 성격이나 정서에 통합되어 나타나는 과정 새로운 추진력과 저항력 사이에 균형이 생김

2) 태도변화의 관리

설득	논리적인 주장과 사실의 확인을 통해 태도를 변화시키는 것
공포의 유발과 감축	단체교섭 시 노사 쌍방이 상대에게 주는 위협
인지부조화의 유발	태도, 사상, 신념, 행위들 간에 관성을 유지하려는 경향을 사람들은 갖고 있으므로 이를 이용해 태도변화를 일으키는 것
참여 제도	의사결정과정에 참여시키는 것
여론지도자로서의 역할	태도 변화에 중요한 영향을 미치는 여론지도자를 이용하는 것

3) 직무만족과 직무몰입

구분		내용
직무만족	만족	직무만족이 성과에 직접적인 영향을 미치지 않음. 직무만족도의 영향은 낮음
	불만족	직무불만족은 사퇴, 결근 등에 상당히 일관성 있는 관계를 보임
조직몰입	높음	조직몰입이 높을수록 성과수준이 높고 결근이나 이직이 상대적으로 적음
	낮음	조직몰입이 낮을수록 성과수준이 낮고 결근이나 이직이 상대적으로 높음

* 조직몰입과 근속년수는 상당한 정의 관계에 있으며, 조직몰입이 높은 사람은 현재의 상태에 집착하여 변화에 저항하는 경향이 큼

■ 조직몰입의 종류(Meyer와 Allen)

구분	내용
감정적 몰입(정서적 몰입)	조직구성원이 조직에 대하여 감정적으로 동일시하고 관련시키고자 하는 애착감
지속적 몰입(경제적 몰입)	다른 조직에 가는 것보다 이 조직에 남아 있는 것이 훨씬 낫거나 혹은 다른 대안이 없기 때문에 조직에 남아 있으려고 하는 태도
규범적 몰입	자신의 목표와 조직의 목표가 일치하게 되어 조직에 남아 있으려고 하는 태도

- **직무만족의 측정**
    - 직무만족은 근로자의 다양한 평가 합-개인의 직무만족으로 보는 방법
    - 복합척도로 직무만족을 측정하여 각 직무 상황에 대한 개인의 평가를 종합한 방법
    - 직무만족은 개인의 마음속에 존재하기 때문에 물리적 척도로 측정될 수 없음
    - 직무만족의 측정 방법

측정기법	주요 특징
안면기법	• 가장 단순한 방법 • 전반적 직무만족을 측정하는 데 주로 이용 • 언어적 문제를 유발하지 않음.
미네소타 만족설문지 (MSQ)	• 다양한 만족 단면들에 대한 만족도를 측정(20개의 단면) • 직무만족에 대한 정확성이 높음 • 응답에 많은 시간을 요구함
직무기술서 인덱스 (JDI)	• 형용사로 작성된 척도를 사용(인지적 요소를 측정) • 응답을 이분법으로 구분('예' 아니면 '아니오') • 직무만족에 대한 간접적인 측정
조직반응 인덱스 (IOR)	• 기술적·정서적·행위적 측면들을 통합 • 다양한 직무와 조직에서의 비교에 활용 • 직무만족에 대한 간접적인 측정

    출처 강정애 외 공저, 전게서

- **조직시민행동(OCB, Organizational Citizenship Behavior)**
    - 자신에게 주어진 조직 내의 공식적인 역할이 아니고 직접적인 보상이 없어도 조직을 위해 희생하고 자발적으로 열심히 일하고, 주어진 책임 이외의 부가적인 업무를 수행하는 행위
    - 직무만족과 조직몰입이 높은 사람들이 조직시민행동을 많이 함
    - 조직시민행동은 개인의 업무적 성과를 직접적으로 높이지는 않을지라도 조직의 맥락적 성과를 높여줄 수 있어서 조직에 공헌할 수 있음
    - 조직시민행동의 5가지 요인

'조직시민행동-개인' (OCB-I)	① 이타적 행동: 직무수행과정에서 어려움에 처한 동료를 자발적으로 돕는 행위 ② 공손한 태도(courtesy): 직무수행과 관련하여 다른 조직원들과의 불필요한 갈등을 예방하기 위한 자발적 노력을 의미
'조직시민행동-조직' (OCB-O)	① 성실성: 조직의 규정·규칙·규범을 일관성 있게 지키려는 자세 ② 공민의식(civic virtue): 자신이 속한 조직에 대해서 깊은 관심을 갖고 적극 참여하는 행동 ③ 스포츠맨십(sportsmanship): 조직생활에서 다소의 불편이나 기대에 못 미치는 일이 있더라도 불평하지 않고 인내하는 성향을 의미

4) 태도변화이론

(1) 유인이론

- 태도는 개인에게 유리하고 이득이 되는 방향으로 형성된다는 이론이다.
- A지역을 개발할 것에 관한 태도를 물어보면 A지역 개발로 이익을 보는 사람들은 좋다고 할 것이고 이익을 누리지 못하는 사람들은 관심 없거나 싫다고 할 것이다.

(2) 인지이론: 개인이 갖는 태도의 형성과 변화에 대한 이론으로 균형이론, 상합이론, 인지 부조화 이론 등이 있다.

① 균형이론(Fritz Heider, 1946)
- 인지 일관성 이론(cognitive consistency theory)의 시초가 되는 이론이다.
- 인지적 요소들을 복합체로 바라보고 있다. 이때 균형 상태란, 사고나 느낌, 행동, 신념 등의 인지 요소들이 심리적으로 조화를 이루고 일관성을 유지하는 상태를 의미한다. 개인은 이러한 균형 상태를 추구하고자 하며, 이 동기는 개인의 신념이나 가치를 지속적으로 유지하게끔 한다.

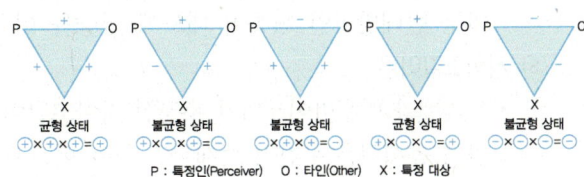

- 균형이론에 따르면, 사람들은 자기 자신(Person ; P), 다른 사람(Other ; O), 대상(Objects; X) 간의 삼원 관계에서 균형을 유지하고자 한다.
- 불균형 해소방안: 태도변화, 합리화, 차별화

② 일치이론(상합이론)
- 일치이론의 수량화: 일치이론(congruity theory)은 찰스 오스굿과 타넨 바움(Charles E. Osgood & P. H. Tannenbaum, 1955)이 주장한 이론으로, 균형이론을 확장시켜 대상에 대해 개인이 느끼는 감정을 수량화해 공식으로 제시했다.
- 특히 일치이론은 균형이론이 갖고 있었던 한계점인 태도의 강도를 포함했으며, 태도가 변화하는 방향성을 예측했다. 균형 이론에 따르면, 개인 (P)은 타인(O)으로부터 태도를 가지는 대상(X)에 대한 주장을 수용한다.
- 일치이론은 여기에서 더 나아가, 개인(P)이 태도를 가지는 대상(X)과 타인(O)을 얼마나 좋아하는지를 수량화해, 내적으로 균형된 상태, 혹은 일관된 상태를 결정하게 된다.

③ 인지 부조화 이론(Festinger)
- 인지 부조화(cognitive dissonance): 두 개의 신념 간에 혹은 신념과 태도 간에 또는 태도와 행동 간에 불일치가 발생하면 개인은 인지 부조화를 경험하게 된다. 인지 부조화는 개인의 심리적 균형을 깨뜨리기 때문에 이를 감소시키려는 쪽으로 노력하게 된다.
- 또한 태도와 행동 간의 부조화가 발생한 경우 행동은 이미 이루어져서 돌이킬 수 없는 것이므로 행동을 바꾸는 것보다는 태도를 바꾸는 것이 쉽다.

(3) 자아이론(Self theory)

① 거울자아이론(Looking Glass Self)
- 미국의 사회심리학자 찰스 쿨리(Charles Horton Cooley)에 의해 1902년 소개된 개념으로, 자아가 타인과의 역동적 상호작용 속에서 형성된다고 강조하며, 타인의 평가와 기대가 자아의 형성에 미치는 영향을 이론화하였다.
- 사회적 관계 속에서 타인과 상호작용을 하는 동안 개인은 타인이 보는 자신의 모습에 대하여 인식하게 되고, 타인이 자신을 어떻게 볼 것인가를 생각하며 그 기대에 부합하는 방식으로 행동하게 된다는 것이다.

② 자아지각이론(Self-Perception Theory)
- 기존 태도에 대한 연구는 태도가 행동에 영향을 미친다는 연구가 주종을 이루었다. 그리고 태도가 행동에 영향을 미치는가에 대한 효과는 분명한 결과가 증명되었다. 반면, 자아지각이론은 이와는 반대방향인 행동이 태도에 영향을 미칠 수 있다는 것을 연구한 이론이다.

③ 자아고갈이론
- 무라벤과 바우마이스터가 주장한 자아고갈이론은 다음 네 가지 기본 가정에 기초하고 있다. 즉, 자기 통제력은 무한정 존재하지 않는 한정된 에너지 자원이므로 자기 통제력을 사용하면 이 자원은 고갈되게 된다는 이론.
- 자기 통제를 위한 에너지는 다시 보충되지만 그 속도는 고갈되는 속도보다는 느리며, 자기 통제를 위한 반복적 훈련을 하면, 마치 근력 운동을 통해 근육량을 늘릴 수 있듯이 자원의 용량을 확장시킬 수 있다고 보는 이론이다.

❹ 학습

1) 학습의 의의

의미	• 학습이란 개인행동형성의 근본적인 과정으로 반복적인 연습이나 경험을 통해 이루어진 비교적 영구적인 행동변화를 의미한다. • 강화된 연습·경험의 결과로 발생하는 행위의 지속적인 변화 과정
과정	• 행태론적 학습: 연습, 경험에 의해서 학습되는 것 • 인지론적 & 사회론적 학습: 타인의 행위를 보고 학습하는 것

2) 학습이론

(1) 행태론적 학습과정

비교		고전적 학습이론(고전적 조건화)	조작적 학습이론(조작적 조건화)
대표 연구자		파블로브(Pavlov)	스키너(Skinner), 선다이크(Throndike)
실험	실험내용	조건화된 자극과 무조건 반응을 연관시켜 행위의 계속적인 반응 유발	보상 또는 처벌이라는 경험에 의한 자극과 반응의 관계 파악
	상태	피동적 상태	능동적 상태
	행위 선택권	없음	있음
	실험	개 실험	쥐 실험
	반사요인	기계적 반사	행위가 가져올 결과 예상
결과	관계	자극 – 반응	반응 – 결과
	학습과정	반복노출 – 연습법칙	결과예상 – 효과법칙 * 선다이크(Throndike)의 효과법칙 : 행위결과 예상: 긍정적 – 계속 / 부정적 – 중단

(2) 인지론적 학습과정
① 자극과 행위(반응) 사이에 중개역할을 하는 과정이 인지(내면적 처리과정)
② 관찰학습과 인지학습으로 나누어 볼 수 있음

③ 관찰학습과 인지학습은 행태론과 인지론의 양측면을 지니고 있기 때문에 사회적 학습이론이라고도 불림

(3) 사회적 학습이론(Social learning, Bandura)

- 조작적 학습이론을 기본으로 인간의 인지의 개념을 도입하여 개인의 행동을 설명하는 이론으로서 관찰자가 다른 사람의 행동과 그에 따른 결과(보상이나 처벌 등)를 관찰한 후 그 결과가 자기에게 호의적이면 그 행동을 반복하고 불편한 결과를 얻게 되면 그와 다른 행동을 취하게 된다는 이론으로 행동적 관점과 인지적 관점을 모두 포함하고 있다.
- 사회적 학습에서는 대리적, 상징적, 자기 규제적 과정을 통하여 인간의 행동을 설명하고 있으며 이러한 사회적 학습과정은 다음과 같이 요약된다.
    - 주의(attention): 중요하게 생각되는 것에 대해서 관찰하고 주의를 기울이게 된다.
    - 기억(retention): 주의하여 관찰한 대상의 행동을 기억하게 된다.
    - 재생(reproduction): 관찰된 새로운 행동을 실제 행동으로 직접 옮기게 된다.
    - 강화(reinforcement): 실제 수행한 행동에 대해서 보상이 주어지면 계속 반복하게 된다.

(4) 강화이론: 행동변화전략

- **강화의 개념**: 이전의 행동 또는 원하는 행동들을 증가시키거나 원하지 않는 행동을 감소시키는 모든 것을 의미하는데 강화에는 적극적 강화, 소극적 강화, 소거, 벌이 있다.
- **강화의 유형**
    - 적극적 강화: 적극적 강화란 긍정적 강화물을 제공하여 이전의 행동이나 원하는 행동을 증가시키는 것을 의미
    - 소극적 강화: 소극적 강화란 바람직한 행동을 보일 경우에 부정적 강화물을 제거함으로써 바람직한 행동을 계속 유도하는 것 (도피학습: 기 존재 불편 제거 / 회피학습: 잠재 불편을 제거)
    - 소거: 이전의 부정적인 행동을 중단시키기 위하여 긍정적 강화물을 제거하는 것
    - 벌: 이전의 부정적인 행동을 중단시키기 위하여 부정적 행동에 대하여 부정적 강화물을 제공하는 것
- **강화 법칙들 간의 차이**

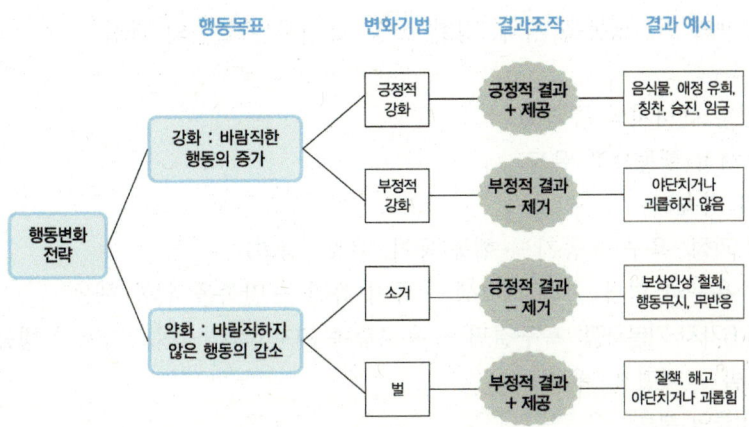

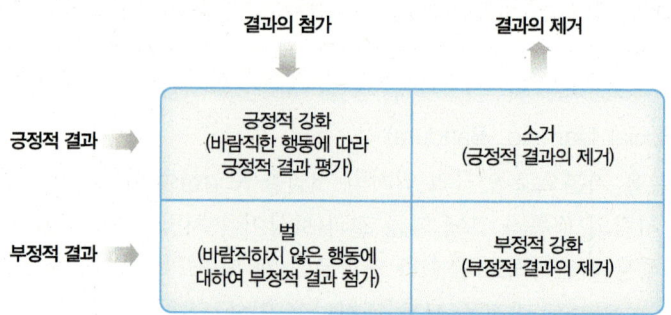

- **강화이론**: 행동변화 전략의 유형
  - 효과적인 강화전략: Skinner는 적극적 강화와 소거를 합성하는 행위변화전략이 가장 효과적이라고 제시
  - 적극적 강화는 조작적 조건화 및 효과법칙에 근거를 둔 방법이다.
  - 효과적인 처벌(뜨거운 난로의 규칙): 즉시성, 사전경고, 감정의 배개
- **강화의 일정계획**

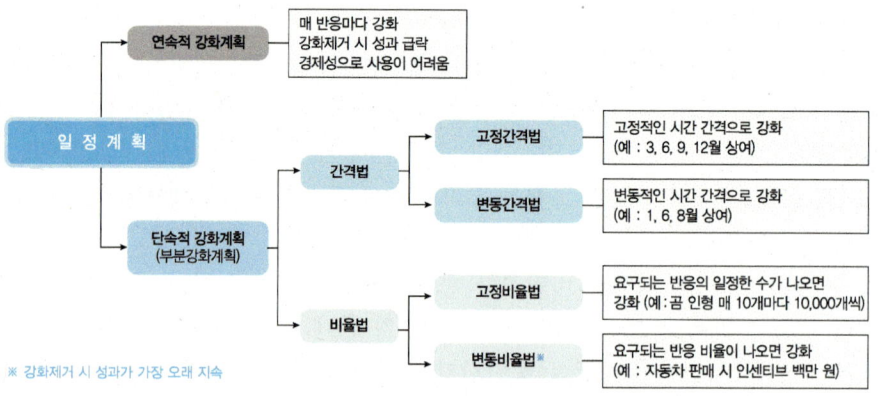

❺ 동기부여이론

- **동기부여의 정의**: 조직구성원의 목표 달성을 위한 경영자의 지속적 노력, 의식적 노력
  - 달성목표를 향해 인간행동을 자극, 방향 설정, 유지하는 일련의 과정
- **동기부여의 구성요소**
  - 자극: 숨어있는 에너지의 동력화
  - 방향설정: 구체적 행동으로 유도
  - 유지: 행동의 지속
    - 동기부여의 과정: 욕구 → 동기 → 행동(동기, 유도, 강화)
    - 이론 전제: 욕구의 결핍 → 긴장 발생 → 동기 유발 → 만족을 위한 행동
    - 동기부여의 6가지 기본과정: 욕구결핍 → 욕구충족수단 탐색 → 목표지향적 행동 → 목표달성 평가 → 보상/벌 → 재평가/욕구결핍
    - 동기부여 이론의 분류

- 내용이론: 동기부여를 일으키는 요인(what)
- 과정이론: 동기부여가 일어나는 과정(how)

1) 동기부여 내용이론

내용이론은 동기부여가 무엇 때문에 되는가를 설명한 이론으로 모든 이론은 욕구가 동기부여의 원인이 된다고 주장하고 있음

이론(학자)	주요내용
욕구단계이론 (Maslow)	• 인간 욕구에 대한 체계적 인식 • 다섯 단계의 욕구 　- 저차욕구: 생리적 욕구, 안전욕구 　- 고차욕구: 사회적 욕구, 존경욕구, 자아실현욕구 • 단계별 원리: 인간의 욕구는 생리적-안전-애정-존경-자아실현 욕구로 계층화됨 • 결핍의 원리: 인간은 결핍된 욕구를 충족시키기 위해서 노력하게 됨 • '만족 ⇒ 진행' 모형 피라미드: 자아실현 욕구(자기계발, 성장, 성취) / 존경 욕구(명예, 신분, 권력, 존경) / 소속과 애정 욕구(소속감, 친교, 애정, 우정) / 안전 욕구(신체적 보호, 직업의 안정) / 생리적 욕구(의식주). 성장욕구(저), 결핍욕구(기본욕구)(고)
ERG이론 (Alderfer)	• 1969년 Alderfer에 의해 Maslow의 욕구단계이론을 단순화한 이론으로서 Maslow의 이론보다 탄력적이고 현실적인 이론임 • ERG 이론과 욕구단계이론의 차이 　- Maslow의 욕구를 세 가지로 단순화: 존재(E)욕구 - 관계(R)욕구 - 성장(G) 　- 단계적·계층적 개념이 아님: Maslow의 단계별 원리 부정 　- 동시에 둘 또는 세가지 욕구가 작용함 　- 고차원적 욕구가 만족되지 않거나 좌절되면 저차원적 욕구가 더 커져 하위욕구로 돌아가는 개념 　- '만족 ⇒ 진행' 요소에 '좌절 ⇒ 퇴행' 요소를 가미 　　: 인간이 상위욕구와 하위욕구에 대해 동시에 동기 유발된다는 가능성을 제시 　- 욕구의 구조적 차원에서는 개인차 인정 도식: 욕구좌절(Need Frustration) → 욕구강도(Desire Strength) → 욕구충족(Need Satisfaction). (G) 성장욕구의 좌절 - 성장욕구의 중요성 상승 - 성장욕구의 충족 / (R) 관계욕구의 좌절 - 관계욕구의 중요성 상승 - 관계욕구의 충족 / (E) 존재욕구의 좌절 - 존재욕구의 중요성 상승 - 존재욕구의 충족. 만족-진행, 좌절-퇴행

- 상호 독립적인 2가지(동기요인과 위생요인) 욕구를 가지고 있으며 각기 인간행동에 다른 영향을 미침
- 동기요인(만족요인): 만족에 영향, 성취감, 책임감, 인정, 직무의 내용과 관련
- 위생요인(불만요인): 불만족에 영향, 급여, 대인관계, 감독, 정책, 직무의 환경과 관련

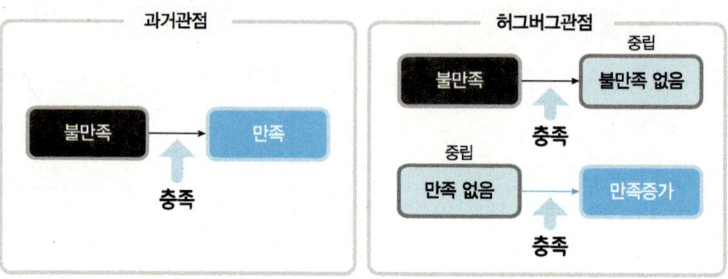

- 위생요인 충족 → 불만감소(적절한 관리필요)
- 동기요인 충족 → 만족감 유발(자원투입필요)
- 동기요인이 종업원 만족을 가져오고 동기 유발하므로 관리자는 직무내용을 개선 향상시키는 데 주의
  → 직무충실화이론으로 발전

| 2요인이론 (Herzberg) | 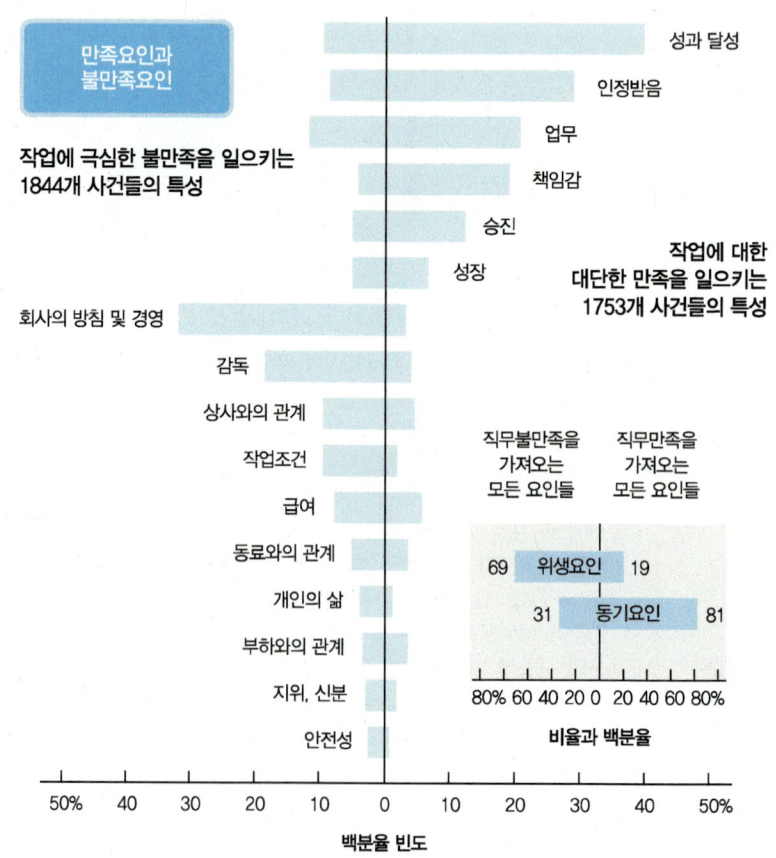 |

| 성취동기이론 (Meclelland) | - 성취욕구, 권력욕구, 친교욕구를 주로 연구함
- 생존욕구를 제외한 욕구는 학습 가능함(욕구의 학습화)
- 개인별로 욕구의 수준이 다름(개인차 인정): 개인별 욕구차를 고려하여 직무배치 |

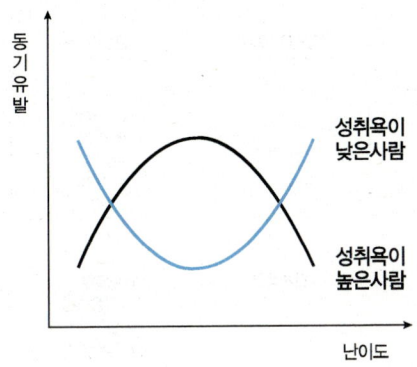

- 성취욕구가 가장 중요
  : 성취욕 높은 사람을 선발할 것, 성취욕 높은 사람들끼리 근무하면 성과가 높아짐

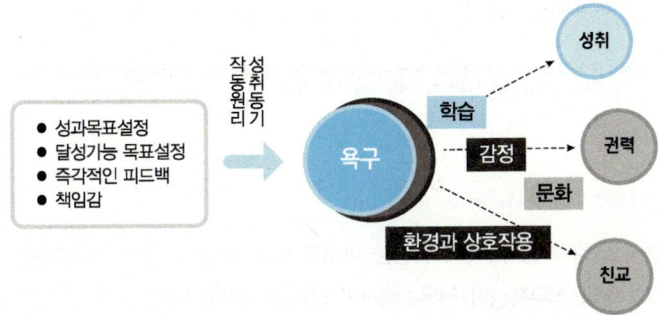

- 동기유발에 관한 종업원의 인간성 측면을 주 내용으로 함(인간성에 관한 가설)

		X이론	Y이론
X-Y이론 (McGregor)	인간에 대한 전제	1. 인간은 근본적으로 일을 싫어하고 되도록 일을 피하려고 한다. 2. 인간은 야망이 없고, 책임을 회피하며 안정만을 원하고 통제되기를 바란다. 3. 인간은 조직체목적에 관심이 없고 변화에 저항하며 자기의 이기적인 욕구충족만을 추구한다.	1. 일을 자연적인 것이며 인간은 일을 즐길 수 있다. 일을 싫어하게 되는 것은 조직체가 그렇게 만들었기 때문이다. 2. 인간은 책임 있는 일을 위하여, 주어진 환경에 따라 의욕과 자질을 개발할 수 있는 잠재능력을 갖고 있다. 3. 인간의 근성은 수동적이 아니며, 행동의 결과에서 오는 만족감에 따라서 조직체목적에 몰입할 수 있다.
	경영에 대한 접근	4. 조직의 목적을 달성하기 위하여 조직체는 수동적 인간을 조직체목적에 강제로 맞추어 적극적인 개입과 동시에 보상에 대한 위협과 변칙을 중심으로 통제해 나가야 한다.	4. 인간의 자기통제와 자아실현 욕구 그리고 잠재능력 개발을 중심으로 개인의 목적과 조직체 목적이 통합될 수 있는 환경적 여건을 조성해야 한다.
	인적자원 관리 특성	5. 인적자원은 생산의 도구로서 인적자원관리 기능은 조직체의 능률과 생산성을 위한 직무설계, 임금관리, 후생복지 등 생리적 및 경제적 욕구와 직접적으로 관련된 기능에 제한된다. 6. 실무관리자가 인적자원관리 기능을 전적으로 발휘하든지 인적자원 부서가 기능적 권한을 발휘하는 일방적 라인-스태프 관계를 형성한다. 7. 인적자원부서는 주로 인적자원관리 수속절차를 담당하는 중간 또는 하위 계층에 위치하는 경향이 있다.	5. 조직체와 조직구성원의 목적을 통합시키기 위하여 조직의 성과와 목적달성은 물론 조직구성원의 자아실현과 개발 등 인적자원관리 전반에 걸친 광범위한 기능이 발휘된다. 6. 실무관리자와 인적자원스태프가 긴밀히 협조하는 상호 양방향 라인-스태프 관계를 형성한다. 7. 구조적으로 경영목적과 전략방침에 인적자원 관점을 반영시킬 수 있는 최고경영층의 위치를 점한다.

〈내용이론 정리〉

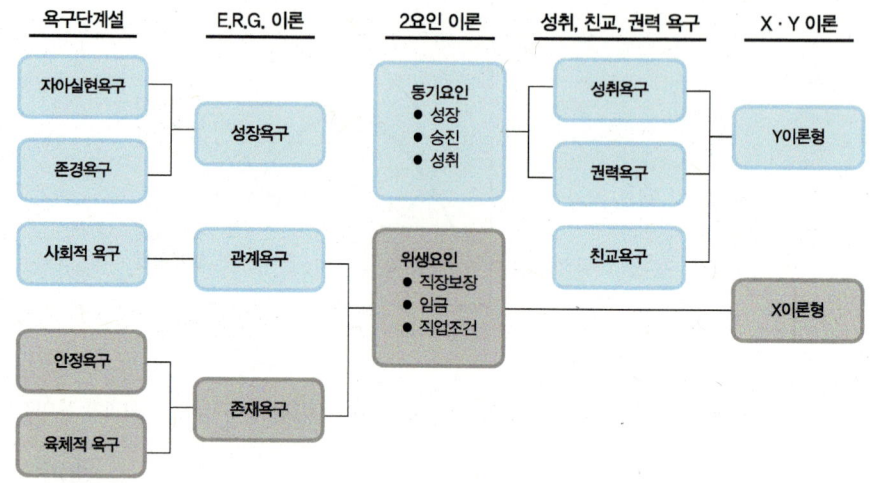

자료 : D. Hellriegel, J.W. Slocum and R.W. Woodman, *Organizational Behavior*, 8th ed., Southwestern College Publishing, Ohio: Cincinnati, 1998, p.154의 것을 수정인용함

출처 임창희, 조직행동론(5판), 비엔엠북스

참고 직무특성이론(Hackman & Oldham)

충실화된 직무는 종업원의 심리상태에 영향을 미치게 되고, 이는 종업원의 성장욕구 수준에 따라 내적 동기부여 가능

- 직무특성이론의 특징: 직무특성이 직무수행자의 성과에 영향을 미침
  - 직무특성이 종업원의 동기부여나 직무만족에 관련을 갖도록 직무특성을 재설계하려는 이론
  - 직무의 성과는 중요심리상태에서 얻어지며 중요심리상태는 핵심직무특성에서 만들어진다는 가정에 근거
  - 직무충실화의 문제점을 보완(직무충실화+개인차를 고려)
- 핵심직무특성요소

구분	내용
기능(기술)의 다양성	직무수행에 요구되는 기능이나 재능의 정도
과업의 정체성	직무가 전체 작업에서 차지하고 있는 범위(현재 수행하는 직무와 완제품과의 관계를 인식할 수 있는 정도)
과업의 중요성	직무가 조직 외부 및 다른 사람들에게 실질적인 영향을 미치는 정도
자율성	직무계획수립, 수행절차 결정 시 작업자에게 허용된 재량권
피드백	직무성과의 유효성에 대해 작업자가 직무로부터 받게 되는 직접적인 정보의 양

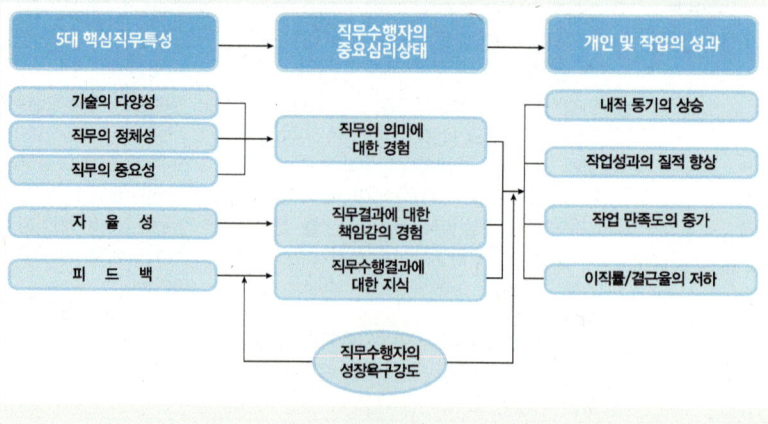

- 내적 동기유발 잠재력지수

$$MPS = \frac{기능의 다양성 + 과업의 정체성 + 과업의 중요성}{3} \times 자율성 \times 피드백$$

- 직무특성이론의 비판
  - 조절변수인 성장욕구 강도의 타당성
  - 성장욕구 강도 외에 많은 다른 요인이 조절 변수로 제시
    : 나이·성 등의 인구 통계적 요소, 작업에 관한 가치관, 비교집단과의 형평성 지각
  - 직무특성이론의 여러 변수들을 측정하여 현상을 진단할 수 있도록 개발된 설문지에 대한 타당성 문제
    : 직무진단조사(Job Diagnostic Survey: JDS)에 대한 타당성

2) 동기부여 과정이론

과정이론은 동기부여가 되는 과정(Process)을 설명한 이론으로 인간의 인지적 계산과정과 의도를 중시 여기는 이론으로 주관적 개념이 많이 내포되어 있음

이론(학자)	주요내용
기대이론 (Vroom)	• 노력, 성과, 보상 사이의 관계를 연구: 개인의 노력 → 개인의 성과(1차결과) → 조직 보상(2차결과) → 개인목표 　- 기대감(expectancy): 노력하면 규정된 성과를 달성할 수 있으리라는 개인의 주관적 확신 정도 (0 ~ 1.0) 　　노력(Effort) E —(E→P) 기대치(e)→ 제1차 산출 성과(Performance) P —(P→O) 수단성(I)→ 제2차 산출 결과(보상)(Outcome) O → 유인가(선호도)(Valence) V 　　예) ·시험성적 ·인사고과성적 ·수주, 공사　　예) ·승진 ·보너스 ·사업성공　　결과(보상)의 만족도 　- 수단성(instrumentality): 규정된 성과를 달성했을 경우 보상을 받을 것이라는 기대감의 정도(-1.0 ~ 1.0) 　- 유의성(valence): 조직의 보상이 개인목표나 욕구를 충족시키는 정도, 보상에 대해 느끼는 매력 정도(+ / -) • 곱의 함수관계(유의성, 수단성, 기대감을 모두 극대화) <기대이론의 비판> • 인간이 행동할 때 복잡한 과정을 거치는가 → 인간은 완전한 합리성이 아닌 제한된 합리성에 따라 의사결정 • 변수에 대한 정의가 모호, 연구자들 간에 일치성이 적고, 유의성과 기대감의 곱셈공식으로 효과 과장 • 가장 만족이 큰 쪽으로 동기 부여된다는 쾌락주의 가정 → 주관적 가치부여는 개인차가 있음

공정성이론 (Adams)	• 조직 내의 비교과정을 통해 불공정이 지각: 개인의 인지와 지각, 느낌 등을 중시 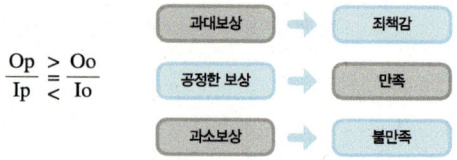 • 인지부조화이론, 교환이론 등에 기초 • 불공정성 감소방법 : 투입의 변경, 산출의 변경, 투입 – 산출의 인지적 왜곡, 비교대상에 영향력 행사, 비교대상의 변경, 조직이탈 • 분배공정성과 절차공정성의 비교 : 절차공정성이 공정하면 분배공정성이 높아짐에 따라 조직유효성 변수(직무만족, 조직몰입 등)들이 크게 영향을 받으나 절차공정성이 불공정하면 분배공정성이 조직유효성 변수에 큰 영향을 미치지 못함 〈공정성이론의 비판〉 • 비교대상 선정의 어려움 → 사람들이 준거 대상을 어떻게 선택하는가에 대한 설명 미비 • 공정성 정도를 판단하는 기준이 되는 투입과 산출요인 정의의 주관성 → 어떤 사람은 투입을 시간과 노력으로, 어떤 사람은 교육 정도·지적 능력으로 생각할 수 있음 • 투입과 산출을 구성하는 각 항목의 가중치의 조합 방식 문제
수정기대이론 (Porter & Lawler)	• Vroom 기대이론 + Adams 공정성이론 + 보상의 내적·외적 구분 + feedback • 기존 인간관계학파의 '만족 → 성과' 가설에서 '성과 → 만족' 가설을 제시 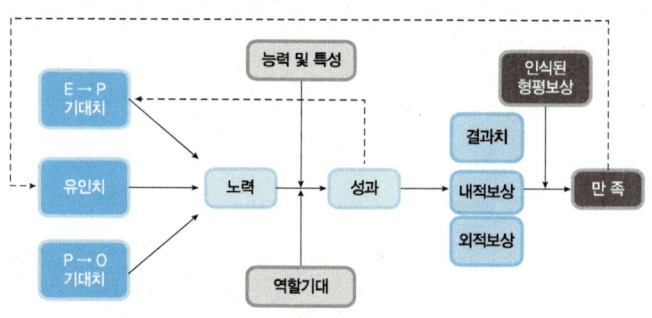 출처 : Porter, L. W., and Lawler, E. E., Management Attitudes and Performance, Irwin, Homewood, Ill, 1968, p.165
목표설정이론 (Locke)	• 목표 달성의도 → 동기부여의 원천 • 목표설정이론의 기본전제: 설정된 목표가 행위에 영향을 미치는 인지적 과정 이해 • 목표설정이론의 특징: 목표달성 의도가 동기부여의 원천 – 구체적 목표가 막연한 목표보다 높은 성과, 어려운 목표일수록 성과가 향상, 피드백이 주어질 때가 그렇지 않을 때보다 높은 성과 – 쉽고 간단한 개념으로 직무분석, 인사고과, 교육·훈련, 리더십 등 다양한 분야에 적용 출처 강정애 외, 조직행동론, 시그마프레스

- 상황요인: 목표 이행 정도를 당사자가 알게 함, 합리적 보상 수여, 적정한 경쟁
- 목표설정이론의 비판
  - 복수목표의 경우 중요도와 우선순위의 조율 문제
  - 목표설정의 효과 유지 문제 → 목표설정 초기에는 높은 성과를 유지하나 시간이 갈수록 성과 하락
- 목표에 의한 관리(MBO)의 이론적 모태가 됨
  - 1954년 P. Druker가 제의, 통제에 의한 관리를 체계화시키는 데 기여

인지적 평가이론 (내적 동기이론) (Deci)

- E. L. Deci이 제의
- Bem의 자기귀인(인간이 행동 원인을 규명하려는 심리적 속성) 이론에 근거
- 어떤 직무에 대해 내재적으로 동기 유발된 상태에서 외재적 보상이 주어지면 내재적 동기가 감소
- 내적 보상을 받고 있는 상황에서는 외적 보상요소와 무관하게 급여를 설계할 필요가 있음

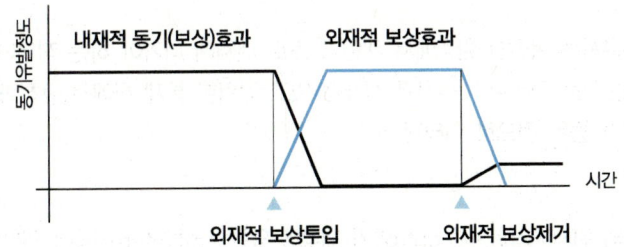

출처 강정애 외, 조직행동론, 시그마프레스

- 내적 동기유발 요소
  - 유능감: 자기결정감
  - 통제적 측면: 통제목적 → 외재적 동기화 / 정보적 측면: 능력평가 → 내재적 동기화
- 인지평가이론의 특징
  - 내적 동기이론의 촉매제 역할, 가장 영향력 있는 이론으로 평가
  - 소비자 행동, 습관적 행동의 통제 등 다른 영역에서도 연구
- 인지평가이론의 비판
  - 정보적 측면으로서의 유능감이나 자기 결정감의 증감의 영향 파악 불능
  - 내적 동기가 유능감이나 자기 결정감에 의해 결정된다는 주장에 대한 비판

Lewin의 장의 이론

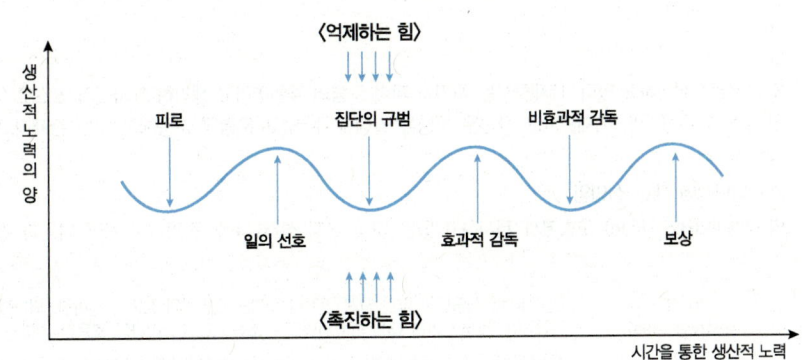

Ⅱ OX 문제

1 성격에 영향을 주는 것으로는 유전적 형질과 상황적 요인, 환경적 요인이 있으며 추가로 문화적 요인, 사회적 요인 등이 있다.

2 Friddman & Rosenman은 인간의 성격을 참을성이 없고 성취에 대한 욕망이 크며 완전주의적인 성향인 A타입과 매사에 느긋하고 여유를 즐기며 참을성이 많은 B타입으로 구분하였다.

3 외재론자는 복잡한 환경에서 개인 스스로 대처해 나가야 하는 직무나 창조적인 직무에서 업무성과가 높고, 내재론자는 업무수행 절차가 정해져 있고 강력한 통제 하에서 규칙과 절차를 따라서 수행해야 하는 업무에 성과가 높은 것으로 나타난다.

4 통제의 위치(locus of control)가 내부에 있는 사람(internals)은 외부에 있는 사람(externals)보다 자신에게 일어나는 일을 스스로 통제할 수 있다는 믿음이 높다.

5 빅-파이브(Big-Five) 모형에서 개방성이란 사람들이 많은 관계 안에서 느끼는 편안함의 정도를 의미하는데, 이러한 성향이 높은 사람들은 사교적이고 친화력이 뛰어난 반면 낮은 사람들은 소심하고 수줍어하며 조용한 성향임

---

1 O
2 O
3 X | 반대로 설명하고 있다. 내재론자는 자기가 자기 운명의 주인이라고 생각하고 자신이 스스로 운명을 통제할 수 있다고 믿고 있는 성격 유형이며, 외재론자는 자신은 운명을 결정할 수 없고 운명에 순응해야 하는 존재라고 믿고 있다.
4 O
5 X | 외향성에 대한 설명임.
   빅-파이브(Big-Five) 모형에서 제시하고 있는 다섯 가지 성격요소를 정리하여 보면 다음과 같다.

구분	내용
외향성 (extroversion)	외향성이란 사람들이 많은 관계 안에서 느끼는 편안함의 정도를 의미함. 외향적인 성향의 사람들은 사교적이고 친화력이 뛰어난 반면 내향적인 사람들은 소심하고 수줍어하며 조용한 성향임
조화성 (agreeableness)	조화성이란 다른 사람들에게 양보하고 순응하는 성향을 의미. 조화성이 높은 사람들은 따뜻하며, 협력적이고 타인을 신뢰하는 반면 조화성이 낮은 사람들은 차갑고 까다로우며 타인에 대해 적대적임
성실성 (conscientiousness)	성실성이란 신뢰성과 관련 있음. 성실성이 높은 사람은 책임감이 있고 믿음직스럽고 우직한 반면 성실성이 낮은 사람은 산만하고 쉽게 마음이 분산되어 믿음직스럽지 못함
정서 안정성 (emotional stability)	정서 안정성이란 스트레스에 견디는 개인의 능력을 의미. 정서가 안정적인 사람들은 온화하고 자신감이 있으며 안정적인 반면 정서 안정성이 낮은 사람들은 신경질적이고 불안하며 불안정함
개방성 (openness to experience)	개방성이란 새로운 것에 대한 관심과 흥미를 나타내는 정도를 의미. 개방성이 높은 사람들은 창의적이고 호기심이 많으며, 예술적 감수성이 있는 반면 개방성이 낮은 사람은 보수적이며 익숙한 환경에서 편안함을 느낄 수 있음

6   일부정보가 다른 부분의 정보 해석에 영향을 주는 지각오류는 후광효과(현혹효과/Halo effect)로서 이는 한 분야에 있어서의 어떤 사람에 대한 호의적 혹은 비호의적 인상이 다른 분야에 있어서의 그 사람에 대한 평가에 영향을 주는 것을 의미한다.   O／X

7   현혹효과를 줄이기 위해서는 대표자 한명이 연속하여 평가대상에 대하여 평가를 하여야 한다.   O／X

8   주관의 객관화 또는 투사의 오류란 자신의 특성이나 관점을 다른 사람에게 귀속 또는 전가하는 것(투영)으로서 주관적인 생각으로 타인을 평가하는 오류를 의미함.   O／X

9   근원적 귀인오류(fundamental attribution error)는 사건의 원인에 대해서 외적 요인을 간과하거나 무시하고 행위자의 내적 요인으로 귀인하려는 오류이다.   O／X

10   "내 상사가 이런 태도를 보이는 것은 이러이러한 가치관을 가졌기 때문이야"라고 말할 수 있으며, 이것은 역으로도 성립된다.   O／X

11   마이어와 알렌(Meyer and Allen)은 조직몰입을 정서적(affective) 몰입, 지속적(continuance) 몰입, 규범적(normative) 몰입으로 나누어 설명하였다.   O／X

12   부적 강화(negative reinforcement)는 바람직한 행동의 빈도수를 증가시키기 위하여 부정적 강화물을 제거하는 방법이고, 정적 강화(positive reinforcement)는 바람직한 행동의 빈도수를 증가시키기 위하여 긍정적 강화물을 증가시키는 방법이다.   O／X

---

6   O
7   X｜현혹효과(halo effect) 또는 후광효과란 한 분야에 있어서의 어떤 사람에 대한 호의적 혹은 비호의적 인상이 다른 분야에 있어서의 그 사람에 대한 평가에 영향을 주는 것을 의미하는 오류로서, 한 사람이 연속해서 평가를 한다고 해서 그 오류가 줄어들지는 않는다. 이를 줄이기 위해서는 평가 요소의 구체화와 객관화, 고정관념·편견, 선입감 없애기, 동일인물에 대해서 모든 요소로 연속해서 평정하지 말고 평정 요소 하나로 모든 사람에 대하여 동시에 평정하고 그것이 끝나면 다음 요소로 이행한다든지, 피평정자의 특성을 간단하게 일반화해서 성급하게 결정을 내리지 말 것 등을 통해 해소 가능하다. 특히, 인사평가 방법 중 대조표법(CHECK LIST METHOD)이 대표적인 현혹효과 감소 방법이라고 할 수 있다.
8   O
9   O
10   X｜역으로는 성립되지 않는다.
11   O
12   O

13 스키너의(skinner) 작동적 조건화에서 소거(extinction)란 과거의 부정적 결과를 제거함으로써 긍정적인 행동의 확률을 높이는 것을 말한다.

14 켈리(Kelley)의 귀인이론(attribution theory)에서는 행동의 원인을 합의성(consensus), 특이성(distinctiveness), 일관성(consistency)의 세 가지 차원으로 구분하여 해석한다.

15 파블로브(Pavlov)가 제시한 반복 노출을 통한 연습법칙이란 원하는 보상을 받는 행동은 반복되고, 바람직하지 않은 결과가 나타나는 행동은 반복되지 않는다는 것을 의미한다.

16 사회적 학습이론(social learning theory)에서는 사람의 인지적 측면을 강조하고, 다른 사람의 행동과 그 결과를 통해서 학습하는 것을 대리학습(vicarious learning)이라고 하였다.

17 Skinner는 적극적 강화와 소거를 합성하는 행위변화 전략이 가장 효과적인 강화전략이라고 제시하고 있다.

18 레빈(K. Lewin)은 조직의 모든 수준(개인, 집단, 조직)에서의 변화를 설명할 수 있는 태도의 변화이론을 제시하였는데 그에 의하면 태도의 변화는 해빙, 변화, 소멸의 3단계를 거치게 된다고 주장함.

19 자신에게 주어진 조직 내의 공식적인 역할이 아니고 직접적인 보상이 없어도 조직을 위해 희생하고 자발적으로 열심히 일하고, 주어진 책임 이외의 부가적인 업무를 수행하는 행위를 조직시민행동이라고 한다.

20 자유연상법이란 자유로운 분위기에서 창의적인 사고를 통하여 서로 발표하여 문제해결점을 찾는 것으로 고든법과 브레인스토밍법이 있다.

---

13 X │ 스키너의 작동적(조작적) 조건화는 보상이나 처벌이라는 경험에 의한 자극과 반응의 관계를 파악하고 있는 행태론적 학습이론으로서 반응과 이에 따른 결과의 예상이 행동의 변화를 가져온다는 이론임. 과거의 부정적 결과를 제거함으로써 긍정적인 행동의 확률을 높이는 것은 학습이론 중 강화에 대한 설명이며, 소거는 긍정적 보상의 제거를 통해 바람직하지 않은 행동의 감소를 도모하는 것임. 아울러 스키너는 이러한 강화 중 적극적(긍정적) 강화와 소거를 동시에 사용할 경우 그 효과가 크다고 강조함.
14 O
15 X │ 쏜다이크(Thorndike)가 제시한 효과의 법칙(law of effect)에 대한 설명임.
16 O
17 O
18 X │ 해빙, 변화, 재동결의 3단계를 거치게 된다고 주장함
19 O
20 O

21 델파이법은 한 문제에 대해서 익명의 다수 전문가들에게 독립적인 의견을 우편으로 수집하고 이 의견을 취합하여 전문가들에게 배부한 후 전문가들이 다른 사람의 의견을 읽고 자신의 의견을 첨가하거나 수정하여 다시 전달하면 그 의견들을 다시 취합하여 전문가들에게 보내는 방법을 의견이 통일될 때까지 반복하여 의견을 수집하는 방법이다. ⓞⓧ

22 브레인 스토밍은 집단이 모여서 토론하게 되면 발생할 수 있는 집단사고를 줄이기 위하여 서로 간의 대화를 최소화하는 것이 특징이라고 할 수 있다. ⓞⓧ

23 매슬로우는 인간의 욕구를 생리적 욕구, 안전 욕구, 소속 욕구, 존경 욕구, 자아실현 욕구로 5단계로 분류하였으며 단계적 원리(progression principle)와 결핍의 원리(deficit principle)를 기초로 이론을 설명하고 있다. ⓞⓧ

24 매슬로우는 만족-진행접근(satisfaction-progression approach), 즉 저차 욕구가 만족되면 고차 욕구로 진행되어 간다는 이론을 전개하였으나, 알더퍼는 만족-진행접근에 좌절-퇴행(frustration-regression) 요소를 가미하여 이론을 전개하고 있다. ⓞⓧ

25 맥클리랜드는 매슬로우의 5가지 욕구 중 존경(esteem)욕구, 관계(relatedness)욕구, 성장(growth)욕구 3가지만을 고려하여 ERG이론을 만들었다. ⓞⓧ

26 브룸의 기대이론에 의하면 수단성, 유의성, 기대감을 높이면 동기부여수준이 높아진다. ⓞⓧ

27 허츠버그(F. Hertzberg)의 2요인(two-factor)이론상에서 상사와의 관계, 회사 정책 및 관리방식 및 작업조건은 위생요인에 해당하며, 성취, 인정 등은 동기요인에 해당함. ⓞⓧ

---

21 O
22 X | 명목집단법에 대한 설명임. 명목집단법은 집단이 모여서 토론하게 되면 발생할 수 있는 집단사고를 줄이기 위하여 서로 간의 대화를 최소화하는 것이 특징이라고 할 수 있다. 한 장소에 모여서 각 참가자들이 자신의 생각과 해결안을 종이에 적어 제출한 후 아이디어를 낸 사람이 누구인지 모르게 하여 아이디어에 대한 설명을 하게 되고, 발표가 끝나면 비밀투표를 실시하여 해결안을 선택하는 방법이다. 명목집단법은 한 번에 한 문제밖에 처리할 수 없고, 리더의 자질이 중요하다는 단점이 있으나 의사결정에 소요되는 시간이 상대적으로 짧다는 장점이 있다.
23 O
24 O
25 X | 맥클리랜드는 성취-동기이론을 제시하면서, 매슬로우의 5가지 욕구 중 고차욕구인 사회적 욕구, 존경욕구, 자아실현의 욕구에 집중하여 연구하였다.
26 O
27 O

28. 맥그리거의 Y이론에 따르면 인간의 동기는 대체로 저차적 욕구수준인 생리적 욕구, 안전 욕구 수준에 머무르고 있다고 가정하고 있으며, X이론에 따르면 인간의 동기는 고차적 수준의 욕구에 머무르고 있다고 가정하고 있다.

29. 브룸의 기대이론에서 기대감(expectancy)이란 노력을 했을 때 특정 수준의 성과를 낼 수 있는가에 대한 객관적 확률로서, 0에서 1까지의 값을 가진다.

30. 포터와 로울러의 기대이론이 기존의 "만족 → 성과" 가설에서 "성과 → 만족" 가설로 제시하였다.

31. 아담스의 공정성이론은 인간은 자신의 기여도에 대한 보상수준이 타인의 그것과 비교하여 불공정하다고 생각되면 이를 시정하기 위한 행위를 하게 된다고 한다. 불공정에 대한 현재의 인식 정도는 동기유발과 관련이 있으며, 불공정성을 줄이기 위한 동기유발의 강도는 개인의 과거 경험과 상대적 기준에 비추어 볼 때 불균형의 정도에 따라 직접적으로 변화된다.

32. 아담스(Adams)의 공정성이론은 훼스팅거(Festinger)의 인지부조화 이론(cognitive dissonance theory)과 호만즈(Homans)와 브로(Blau)의 교환이론(exchange theory)을 기초로 하고 있다.

33. 분배 공정성이란 분배의 결과가 공정한 것인가를 지각하는 것이고 절차 공정성이란 분배의 과정이 공정한 것인가를 지각하는 것이다.

34. 데시(Deci)가 제기한 인지적 평가이론(cognitive evaluation theory)은, Bem의 자기귀인(인간이 행동원인을 규명하려는 심리적 속성)이론에 근거를 둔 이론으로서 어떤 직무에 대해 내재적으로 동기 유발된 상태에서 외재적 보상이 주어지면 내재적 동기가 급격히 증가한다는 이론이다.

35. MBO는 목표설정이론을 조직에 적용한 예로서 목표의 구체성과 난이도, 피드백은 동기부여에 영향을 미친다.

---

28 X | 맥그리거의 X이론에 따르면 인간의 동기는 대체로 저차적 욕구수준인 생리적 욕구, 안전 욕구 수준에 머무르고 있다고 가정하고 있으며, Y이론에 따르면 인간의 동기는 고차적 수준의 욕구에 머무르고 있다고 가정하고 있다.
29 X | 기대감이란 노력이 투입될 때 성과가 달성될 수 있는지 여부에 대한 주관적인 기대치이다.
30 O
31 O
32 O
33 O
34 X | 어떤 직무에 대해 내재적으로 동기 유발된 상태에서 외재적 보상이 주어지면 내재적 동기가 감소한다는 이론임.
35 O

III 개념정리 문제

1 Big 5 모델에서 제시하는 5가지 성격요소가 아닌 것은? [2015 노무사]

① 개방성(openness)
② 객관성(objectivity)
③ 외향성(extraversion)
④ 성실성(conscientiousness)
⑤ 정서적 안정성(emotional stability)

2 다음 중 행위자-관찰자 효과의 오류에 대한 설명으로 알맞은 것은? [2006 한국서부발전공사]

① 가장 최근에 얻어진 정보에 비중을 더 많이 주어 평가한다.
② 자신과 유사한, 사람에게 후한 점수를 준다.
③ 주관적인 생각으로 타인을 평가한다.
④ 자신의 행위는 상황적·외적으로 귀속시키고 타인의 행위는 내적으로 귀속시키려는 타인 평가다.

3 개인의 일부 특성을 기반으로 그 개인 전체를 평가하는 지각경향은? [2010 노무사]

① 스테레오타입
② 최근효과
③ 자존적 편견
④ 후광효과
⑤ 대조효과

4 다음 설명에 해당하는 지각오류는? [2016 노무사]

> 어떤 대상(개인)으로부터 얻은 일부 정보가 다른 부분의 여러 정보들을 해석할 때 영향을 미치는 것

① 자존적 편견
② 후광효과
③ 투사
④ 통제의 환상
⑤ 대조효과

5 인사평가의 오류 중 평가자가 평가측정을 하여 다수의 피평가자에게 점수를 부여할 때 점수의 분포가 특정방향으로 쏠리는 현상으로 인해 발생하는 분배적 오류(Distributional Error) 혹은 항상 오류(Constant Error)에 해당하는 것으로만 옳게 짝지은 것은? [2017 가맹거래사]

① 유사성 오류, 대비 오류, 관대화 오류
② 유사성 오류, 관대화 오류, 중심화 오류
③ 대비 오류, 관대화 오류, 중심화 오류
④ 관대화 오류, 중심화 오류, 가혹화 오류

6 A부장은 인사고과 시 부하들의 능력이나 성과를 실제보다 높게 평가하는 경향이 있다. 이와 관련된 인사고과 오류는? [2017 가맹거래사]

① 관대화 경향(leniency error)
② 상동적 오류(stereotyping)
③ 연공오류(seniority error)
④ 후광효과(halo effect)
⑤ 대비오류(contrast error)

7 피그말리언 효과(Pygmalion effect)와 동일한 의미를 나타내는 것은? `2011 가맹거래사`

① 감정적 몰입　　　② 자기실현적 예언　　　③ 후광효과
④ 자존적 편견　　　⑤ 스테레오타이핑

8 다음 중 조직에서 타인을 평가할 때에 흔히 범하기 쉬운 오류에 속하지 않는 것은? `1989 CPA`

① 자아개념의 달성　　　② 현혹효과　　　③ 상동적 태도
④ 선택적 지각　　　⑤ 주관의 객관화

9 평가과정에서 자주 발생하는 오류의 하나로서 '그들이 속한 집단의 특성에 근거하여 다른 사람을 판단하는 경향'을 말하는 것은? `1998 CPA`

① 현혹효과　　　② 상동적 태도　　　③ 주관의 객관화
④ 중심화 경향　　　⑤ 논리적 오류

10 다음 중 개인이 속한 사회적 집단에 대한 지각을 기초로 사람을 판단하는 오류는? `2004 한국수자원공사`

① 현혹효과　　　② 상동적 태도　　　③ 유사효과　　　④ 지각적 방어

11 다음 중 서로 논리적인 상관관계가 있는 경우, 비교적 높게 평가받는 요소가 있다면 다른 요소도 높게 평가받는 오류는? `2005 한국전력공사`

① 유사효과　　　② 논리적 오류　　　③ 선택적 지각　　　④ 통제의 환상

12 다음 중에서 태도를 구성하는 세 가지 요소는 무엇인가? `1999 CPA`

| a. 인지적 요소 | b. 환경적 요소 | c. 강화적 요소 | d. 조화적 요소 |
| e. 행위적 요소 | f. 보상적 요소 | g. 감정적 요소 | |

① a, b, f　　　② a, e, g　　　③ b, d, f
④ b, c, g　　　⑤ c, e, g

13 조직에서 공식적으로 주어진 임무 이외의 일을 자발적으로 수행하는 것은? `2017 가맹거래사`

① 집단사고　　　② 직무만족　　　③ 직무몰입
④ 감정노동　　　⑤ 조직시민행동

14 소비자들이 좋아하는 음악을 상품광고에 등장시키는 것은 소비자들이 이 음악에 대해 가지는 좋은 태도가 상품에 대한 태도로 이전되기를 기대하기 때문이다. 이를 가장 잘 설명하는 학습이론은 무엇인가?

2007 CPA

① 내재적 모델링　　② 작동적 조건화　　③ 수단적 조건화
④ 대리적 학습　　　⑤ 고전적 조건화

15 다음 중 창의성의 개발 방법 중 자유연상법에 해당하는 것은?

2011 한국도로공사

① 고든법, 브레인스토밍　　② 고든법, 토란스 검사법
③ 명목집단법, 고든법　　　④ 델파이법, 명목집단법

16 다음 중 창의성 개발기법에 대한 설명으로 알맞지 않은 것은?

2007 한국재생자원

① 창의성 개발기법에는 자유연상법, 분석적 기법, 강제적 관계기법 등이 있다.
② 브레인스토밍과 고든법은 둘 다 질을 중시하는 기법이다.
③ 강제적 기법은 정상적으로 관계가 없는 둘 이상의 물건이나 아이디어를 강제로 연관을 짓게 하는 방법이다.
④ 집단 내에서 창의적이고 의사결정을 증진시키는 방법으로 델파이법과 명목집단법도 이 범주에 포함시킬 수 있다.

17 강화이론(reinforcement theory)에 관한 다음 설명 중 가장 옳지 않은 것은?

2001 CPA

① 적극적 강화는 보상을 이용한다.
② 소극적 강화는 불편한 자극을 이용한다.
③ 적극적 강화에는 도피학습과 회피학습이 있다.
④ 연속강화법은 매우 효과적이나 적용이 어렵다.
⑤ 부분강화법 중 비율법이 간격법보다 더 효과적이다.

18 동기부여의 내용이론에 해당하는 것은?

2012 노무사

① 성취동기이론　　② 기대이론　　③ 공정성 이론
④ 목표설정이론　　⑤ 인지평가이론

19 매슬로우(Maslow)의 욕구단계이론에서 최상위 욕구는?

2012 가맹거래사

① 안전 욕구　　② 자아실현 욕구　　③ 사회적 욕구
④ 존경 욕구　　⑤ 생리적 욕구

20 매슬로우(A. Maslow)의 욕구단계설에 포함되는 욕구가 아닌 것은? 2015 경영지도사

① 생리적 욕구(psychological needs)
② 자아존중의 욕구(self-esteem needs)
③ 안전의 욕구(safety needs)
④ 자아실현의 욕구(self-actualization needs)
⑤ 행복의 욕구(happiness needs)

21 맥그리거(D. McGregor)의 X-Y이론에 관한 설명으로 옳은 것은? 2013 가맹거래사

① 조직의 감시, 감독 및 통제가 필요하 다는 주장은 Y이론이다.
② 쌍방향 의사결정은 X이론에서 주로 발생한다.
③ 자기 통제가 많은 것은 X이론이다.
④ 순자의 성악설은 X이론과 Y이론 모두에 해당한다.
⑤ 개인의 목적과 조직의 목적이 부합하는 조직에서는 Y이론에 근거해서 운영된다.

22 동기유발에 관한 이론은 내용이론과 과정이론으로 구분할 수 있는데, 다음 중 내용이론에 해당하지 않는 것은? 1989, 1991, 1998 CPA

① 매슬로우의 욕구계층이론
② 알더퍼의 ERG 이론
③ 허쯔버그의 2요인이론
④ 매클리랜드의 성취동기이론
⑤ 브룸의 기대이론

23 허츠버그(F. Hertzberg)의 2요인(two-factor)이론에서 동기요인을 모두 고른 것은? 2016 공인노무사

| ㄱ. 상사와의 관계 | ㄴ. 성취 | ㄷ. 회사의 정책 및 관리방침 |
| ㄹ. 작업 조건 | ㅁ. 인정 | |

① ㄱ, ㄴ   ② ㄱ, ㅁ   ③ ㄴ, ㄷ   ④ ㄴ, ㅁ   ⑤ ㄹ, ㅁ

24 브룸(Vroom)의 기대이론에 대한 설명으로 옳지 않은 것은? 2017 7급 감사직

① 자기효능감이 높고 목표의 난이도가 낮으면 기대가 커진다.
② 조직에 대한 신뢰가 낮고 의사결정이 조직정치에 의해 좌우된다는 인식이 강할수록 수단성이 커진다.
③ 개인적 욕구와 가치관, 목표에 부합되는 보상이 주어지면 유의성이 커진다.
④ 유의성, 수단성, 기대감 중 어느 하나라도 0이 발생하면 동기는 일어나지 않는다.

25 기대이론에서 동기부여를 유발하는 요인에 관한 설명으로 옳지 않은 것은? 2017 공인노무사

① 수단성이 높아야 동기부여가 된다.
② 기대가 높아야 동기부여가 된다.
③ 조직에 대한 신뢰가 클수록 수단성이 높아진다.
④ 가치관에 부합되는 보상이 주어질수록 유의성이 높아진다.
⑤ 종업원들은 주어진 보상에 대하여 동일한 유의성을 갖는다.

26 켈리(Kelly)의 귀인이론에 따르면 사람들은 타인행동의 원인을 알고 이에 대처하는 경향이 있다. 만일 다른 사람의 행동이 외부적 요인이라고 생각하면 사람들은 그 타인에 대해 너그러운 반응을 보인다. 사람들은 어떤 경우에 이런 행동을 하게 되는가에 대한 설명으로 가장 옳은 것은?   〔2021 5급 군무원〕

① 타인행동의 높은 특이성
② 타인행동의 다른 사람과의 낮은 합의성
③ 타인행동의 높은 일관성
④ 타인행동의 높은 개연성

27 성격과 가치관에 대한 설명으로 가장 옳지 않은 것은?   〔2021 7급 군무원〕

① 성격의 유형에서 내재론자(internals)와 외재론자(externals)는 통제의 위치(locus of control)에 따라 분류된다.
② 성격측정도구로는 MBTI와 빅파이브 모형이 있다.
③ 가치관은 개인의 판단기준으로 인간의 특성을 구분 짓는 요소 중 가장 상위개념으로 생각 할 수 있다.
④ 로키치는(Rokeach)는 가치관을 수단적 가치(instrumental value)와 궁극적 가치(terminal value)로 분류하고, 궁극적 가치로서 행동방식, 용기, 정직, 지성 등을 제시했다.

28 지각과정과 지각이론에 대한 설명으로 옳지 않은 것은?   〔2021 7급 군무원〕

① 지각의 정보처리 과정은 게스탈트 과정(gestalt process)이라고도 하며 선택, 조직화, 해석의 3가지 방법으로 이루어진다.
② 일관성은 개인이 일정하게 가지는 방법이나 태도에 관련된 것으로 한번 형성을 하게 된다면 계속적으로 같은 습성을 유지하려 한다.
③ 켈리(Kelly)의 입방체 이론은 외적 귀인성을 일관성(consistency)이 높고, 일치성(consensus), 특이성(distincitiveness)이 낮은 경우로 설명했다.
④ 지각의 산출물은 개인의 정보처리 과정과 지각적 선택에 의해서 달라지는데 이는 개인의 심리적 특성과 연관이 있다.

29 태도와 학습에 대한 설명으로 가장 옳지 않은 것은?   〔2021 7급 군무원〕

① 강화이론에서 부정적 강화(negative reinforcement)는 바람직하지 못한 행위를 소멸시키기 위한 강화방법이다.
② 단속적 강화 유형에서 빠른 시간 내에 안정적인 성과 달성을 하기 위해서는 고정비율법이 효과적이다.
③ 레빈(Lewin)은 태도의 변화과정을 해빙, 변화, 재동결의 과정을 거쳐 이루어진다고 했으며 이러한 태도 변화는 개인수준 뿐만 아니라 집단, 조직 수준에서도 같은 방법으로 나타나게 된다.
④ 마이어와 알렌(Meyer & Allen)은 조직몰입(organization commitment)을 정서적(affective)몰입, 지속적(continuance)몰입, 규범적(normative)몰입으로 나누어 설명했다.

30 마키아벨리즘(machiavellism)에 관한 설명으로 옳지 않은 것은? `2021 공인노무사`

① 마키아벨리즘은 자신의 이익을 위해 타인을 이용하고 조작하려는 성향이다.
② 마키아벨리즘이 높은 사람은 감정적 거리를 잘 유지한다.
③ 마키아벨리즘이 높은 사람은 남을 잘 설득하며 자신도 잘 설득된다.
④ 마키아벨리즘이 높은 사람은 최소한의 규정과 재량권이 있을 때 높은 성과를 보이는 경향이 있다.
⑤ 마키아벨리즘이 높은 사람은 목적이 수단을 정당화시킬 수 있다고 믿는 경향이 있다.

31 사랑에 실패한 사람들 중에는 갑자기 식욕이 느는 경우가 있다고 한다. 이 현상을 설명할 수 있는 이론으로 가장 적절한 것은? `2021 5급 군무원`

① ERG(존재관계성장) 이론
② 2요인 이론
③ 욕구단계이론
④ XY이론

32 허츠버그(F. Herzberg)의 2요인이론에서 위생요인에 해당하는 것은? `2021 공인노무사`

① 성취감 ② 도전감 ③ 임금 ④ 성장가능성 ⑤ 직무내용

33 브룸(V. Vroom)이 제시한 기대이론의 작동순서로 올바른 것은? `2020 공인노무사`

① 기대감→수단성→유의성
② 기대감→유의성→수단성
③ 수단성→유의성→기대감
④ 유의성→수단성→기대감
⑤ 유의성→기대감→수단성

34 다음 동기부여 이론 중에서 빅터 브룸(Victor Vroom)의 기대이론(expectancy theory)에 대한 설명으로 가장 옳은 것은? `2022 7급 군무원`

① 높은 수준의 노력이 좋은 성과를 가져오고 좋은 성과평가는 임금상승이나 조직적 보상으로 이어진다.
② 강화요인이 바람직한 행동을 반복할 가능성을 높이고 행동이 그 결과의 함수라고 주장하는 이론이다.
③ 직무만족을 가져오는 요인은 직무 불만족을 가져오는 요인과는 서로 분리되고 구별된다.
④ 자기효능감은 어떤 과업을 수행할 수 있다는 개인의 믿음을 의미하며, 자기 효능감이 높을수록 성공할 능력에 더 큰 확신을 가진다.

35 다음 중 보상과 혜택의 영향으로 보기 가장 옳지 않은 것은? `2022 5급 군무원`

① 조직에 필요한 사람들을 유인하는 주요 요인이 된다.
② 특정 행동에 뒤따르는 보상은 학습효과로 인해 그 이후 유사한 상황에서 그 행동의 발생 가능성을 억제한다.
③ 직원들에게 재정적 안정성을 제공하여 일하는 동기를 유발한다.
④ 가치 있는 직원들이 경쟁사에 가지 않도록 유지해준다.

36 허츠버그(F. Herzberg)의 2요인이론(two-factor theory)에 대한 설명으로 가장 적절한 것은?

〔2023 9급 군무원〕

① 임금, 작업조건, 회사정책은 위생요인에 해당한다.
② 위생요인을 개선하면 만족이 증가한다.
③ 직장에서 타인으로부터 인정받지 못한 직원은 불만족하게 된다.
④ 불만족을 해소시키면 만족이 증가한다.

37 켈리의 귀인이론에서 행동의 원인을 내적 또는 외적으로 판단하는데 활용하는 것을 모두 고른 것은?

〔2023 공인노무사〕

| ㄱ. 특이성 | ㄴ. 형평성 | ㄷ. 일관성 | ㄹ. 합의성 | ㅁ. 관계성 |

① ㄱ, ㄴ, ㄷ ② ㄱ, ㄷ, ㄹ ③ ㄱ, ㄹ, ㅁ ④ ㄴ, ㄷ, ㅁ ⑤ ㄴ, ㄹ, ㅁ

38 성격의 Big 5 모형에 해당하지 않는 것은?

〔2023 공인노무사〕

① 정서적 안정성 ② 성실성 ③ 친화성 ④ 모험선호성 ⑤ 개방성

39 개인의 사물, 사람, 사건에 대해 가지는 주관적인 경험을 나타내는 태도를 구성하는 요소가 아닌 것은?

〔2024 9급 군무원〕

① 정서적 요소 ② 인지적 요소 ③ 관계적 요소 ④ 행위적 요소

40 잠재적 창의성에 대한 설명으로 가장 적절하지 않은 것은?

〔2024 9급 군무원〕

① 창의적인 업무는 전문성이 기본이다.
② 똑똑한 사람은 복잡한 문제를 푸는 데 능숙하기 때문에 창의적이다.
③ 희망, 자기효능성, 긍정성은 개인의 창의성을 파악할 수 있는 요소이다.
④ 창의성은 바람직한 많은 개별적 특성과 관계가 있어 윤리와 상관관계가 높다.

IV 심화 문제

1 성격과 태도에 관한 다음 설명 중 가장 적절하지 않은 것은? <small>2013 CPA</small>

① Big 5 성격유형 중 경험에 대한 개방성(openness to experience)이란 다른 사람들과 잘 어울리고 남을 신뢰하는 성향을 의미한다.
② MBTI(Myers-Briggs Type Indicator)에서는 개인이 정보를 수집하는 방식과 판단하는 방식에 근거하여 성격유형을 분석하고 성격유형에 적합한 직업을 제시하고 있다.
③ 성공의 원인은 자신의 능력이나 노력 등의 내재적 요인에서 찾고, 실패의 원인은 과업의 난이도나 운 등의 외재적 요인에서 찾으려는 경향을 자존적 편견(self-serving bias)이라고 한다.
④ 성격유형을 A형과 B형으로 구분할 때, A형의 성격을 지닌 사람은 B형의 성격을 지닌 사람보다 경쟁적이고 조급한 편이다.
⑤ 자기효능감(self-efficacy)이란 특정한 일을 성공적으로 수행할 수 있는지에 대한 스스로의 믿음을 의미한다.

2 성격 및 지각에 관한 설명으로 가장 적절하지 않은 것은? <small>2020 CPA</small>

① 외재론자(externalizer)는 내재론자(internalizer)에 비해 자기 자신을 자율적인 인간으로 보고 자기의 운명과 일상생활에서 당면하는 상황을 자기 자신이 통제할 수 있다고 믿는 경향이 있다.
② 프리드만과 로즈만(Friedman & Roseman)에 의하면 A형 성격의 사람은 B형 성격의 사람에 비해 참을성이 없고 과업성취를 서두르는 경향이 있다.
③ 지각과정에 영향을 미치는 요인에는 지각대상, 지각자, 지각이 일어나는 상황 등이 있다.
④ 외향적인 성향의 사람은 내향적인 성향의 사람보다 말이 많고 활동적인 경향이 있다.
⑤ 많은 자극 가운데 자신에게 필요한 자극에만 관심을 기울이고 이해하려 하는 현상을 선택적 지각(selective perception)이라고 한다.

3 어떤 사람들(내재론자)은 세상살이의 여러 가지 일들 대부분을 자기가 통제할 수 있다고 믿는 반면, 또 다른 사람들(외재론자)은 자기가 할 수 있는 것은 극히 적고 남이나 운명에 달려있다고 믿는다. 이들에 대한 설명으로 다음 중 가장 적절하지 않은 것은? <small>2008 CPA</small>

① 내재론자는 외재론자보다 동기의 수준이 높다.
② 외재론자에 비해 내재론자는 성과를 결정짓는 것이 자신의 노력이라고 생각한다.
③ 내재론자는 외재론자보다 걱정을 더 많이 하는 경향이 있다.
④ 외재론자에 비해 내재론자는 업무와 관련된 문제해결이나 학습에서 높은 성과를 보인다.
⑤ 단순 노동이나 규정대로만 해야 하는 직무, 완전통제하에서 움직여야 하는 조직에서는 외재론자가 더 효과적일 수 있다.

4 조직에서 개인의 행동에 관한 설명으로 가장 적절하지 않은 것은?

① 특정 직무 또는 과업에 대한 일련의 성공경험은 그 과업에 대한 자기효능감(self-efficacy)에 긍정적 영향을 미칠 수 있다.
② 자기감시성향(self-monitoring)이 높은 사람은 자기감시성향이 낮은 사람보다 외부환경과 상황에 잘 대처하는 경향이 있다.
③ 타인을 존중하는 개인의 성향은 빅 5(Big Five) 성격 유형에서 성실성(conscientiousness)에 속하며 성실성은 개인의 직무성과와 관련성이 없다.
④ 성격 유형에서 A타입(Type A)은 B 타입(Type B)보다 인내심이 적고 조급한 편이다.
⑤ 통제의 위치(locus of control)가 내부에 있는 사람(internals)은 외부에 있는 사람(externals)보다 자신에게 일어나는 일을 스스로 통제할 수 있다는 믿음이 높다.

5 타인 평가 및 지각 과정에서 나타나는 오류와 관련된 설명으로 가장 적절한 것은?

① 출신학교나 출신지역과 같이 그 사람이 속한 집단을 근거로 사람을 평가하는 오류를 후광효과(halo effect)라고 한다.
② 피평가자가 가진 비슷한 특질들(예 근면성과 성실성)이 서로 관계가 있는 것으로 생각하여 유사하게 평가하려는 경향을 유사효과라고 한다.
③ 평가를 할 때, 처음에 주어진 정보에 더 큰 비중을 두는 경향을 최근효과(recency error)라고 한다.
④ 강제할당법을 사용하면 중심화 경향의 오류를 감소시킬 수 있다.
⑤ 정직성이 낮은 평가자가 정직한 평가자보다 피평가자를 덜 부정적으로 평가하는 경향을 투영효과(투사, 주관의 객관화, projection)라고 한다.

6 귀인(attribution)에 관한 설명으로 가장 적절한 것은?

① 내적 귀인(internal attribution)은 사건의 원인을 행위자의 운과 맡은 과업의 성격 탓으로 귀인하는 것이고 외적 귀인(external attribution)은 행위자의 외향적 성격과 대인관계 역량에 귀인하는 것이다.
② 켈리(Kelley)의 귀인모형에서 합의성(consensus)이 높으면 행위자의 내적 요인에 귀인하는 경향이 있다.
③ 근원적 귀인오류(fundamental attribution error)는 사건의 원인에 대해서 외적 요인을 간과하거나 무시하고 행위자의 내적 요인으로 귀인하려는 오류이다.
④ 자존적 편견(self-serving bias)은 사건의 결과를 실패로 보지 않고 성공을 위한 학습으로 지각하여 실패를 행위자 자신의 탓으로 돌리려는 귀인오류이다.
⑤ 켈리(Kelley)의 귀인모형에서 특이성(distinctiveness)이 높으면 행위자의 내적 요인에 귀인하는 경향이 있다.

7 켈리(Kelley)의 귀인이론(attribution theory)에서는 행동의 원인을 합의성, 특이성, 일관성의 세 가지 차원으로 구분하여 해석하고 있다. 다음 중 행동의 원인을 행위자의 내적(internal) 요인으로 판단하기에 가장 적절한 경우는?

2005 CPA

	합의성	특이성	일관성			합의성	특이성	일관성
①	높음	높음	높음		②	높음	높음	낮음
③	낮음	낮음	높음		④	낮음	높음	낮음
⑤	낮음	낮음	낮음					

8 지각, 귀인, 의사결정에 관한 설명으로 가장 적절한 것은?

2018 CPA

① 10명의 후보자가 평가위원과 일대일 최종 면접을 할 때 피평가자의 면접 순서는 평가자의 중심화 경향 및 관대화 경향에 영향을 미칠 수 있으나 최근효과 및 대비효과와는 관련이 없다.
② 켈리(Kelley)의 귀인모형에 따르면 특이성(distinctiveness)과 합의성(consensus)이 낮고 일관성(consistency)이 높은 경우에는 내적 귀인을 하게 되고 특이성과 합의성이 높고 일관성이 낮은 경우에는 외적 귀인을 하게 된다.
③ 행위자 관찰자효과(actor observer effect)는 행위자 입장에서는 행동에 미치는 내적요인에 대한 이해가 충분하나, 관찰자 입장에서는 행위자의 능력과 노력 등의 내적 요인을 간과하거나 무시하고 행위자의 외적 요인으로 귀인하려는 오류이다.
④ 제한된 합리성(bounded rationality)하에서 개인은 만족할 만한 수준의 대안을 찾는 의사결정을 하기 보다는 인지적 한계와 탐색비용을 고려하지 않고 최적의 대안(optimal solution)을 찾는 의사결정을 한다.
⑤ 집단 사고(group think)는 응집력이 강한 대규모 집단에서 복잡한 의사결정을 할 때, 문제에 대한 토론을 진행할수록 집단 내의 의견이 양극화되는 현상이다.

9 타인을 평가할 때 범하기 쉬운 오류의 하나인 현혹효과(halo effect)에 대한 설명으로 옳지 않은 것은?

1994 CPA

① 한 분야에 있어 어떤 사람에 대한 인상이 다른 분야에 있어서의 그 사람에 대한 평가에 영향을 주는 것을 말한다.
② 어떤 사람에 대한 전반적인 인상을 구체적 특질을 평가하여 일반화시키는 오류를 말한다.
③ 인사고과에 많은 평가기준을 삽입시키면 이러한 오류는 제거된다.
④ 성격적인 특성으로 나타난다.
⑤ 이러한 효과는 특히 충성심, 협동심과 같은 도덕적 의미가 함축되어 있는 특질을 평가할 때에 나타난다.

10 타인을 평가할 때 여러 가지 형태의 오류를 저지르기 쉽다. 이러한 오류에 대한 설명 중 옳지 않은 것은?

1997 CPA

① 현혹효과(halo effect)는 타인의 평가에 자신의 감정이나 경향을 투사시키는 오류이다.
② 선택적 지각(selective perception)은 부분적 정보만을 받아들여 전체에 대한 판단을 내리는 오류이다.
③ 대비효과(contrast effect)는 한 사람에 대한 평가가 다른 사람에 대한 평가에 영향을 주는 오류이다.
④ 상동적 태도(stereotyping)는 소속집단에 대한 고정관념으로 지각하게 되는 오류이다.
⑤ 방어적 지각(defensive perception)은 고정관념에 어긋나는 정보를 회피하거나 왜곡시키는 오류이다.

11 인력선발에서의 타인평가 및 지각과 관련된 다음의 용어 중 설명이 가장 적절한 것은?

2006 CPA

① 주관의 객관화(projection)는 어떤 과업의 성공적 수행에 필요한 능력을 개인 스스로 가지고 있다고 생각하는 믿음이다.
② 자존적 편견(self-serving bias)은 자존심을 지키기 위해서 주위의 사람을 후하게 평가하는 경향을 말한다.
③ 나와의 유사성(similar to me)효과는 주위사람의 기대와 자신의 기대대로 행동함으로써 결국은 예측된 결과가 이루어지는 것을 말한다.
④ 대비효과(contrast effect)는 여러 사람 중에서 처음에 평가한 사람을 나중에 평가한 사람보다 나쁘게 평가하는 경향을 말한다.
⑤ 최근효과(recency effect)는 주로 최근의 정보를 가지고 타인을 평가하는 경향을 말한다.

12 사람의 행동이나 태도(attitude)를 이해하기 위해 그 사람의 가치관(values)을 이해하는 것이 중요하다. 가치관과 태도에 관한 다음 설명 중 가장 적절하지 않은 것은?

2008 CPA

① 태도가 구체적인 개념이라면 가치관은 보다 광범위하고 포괄적인 개념이다.
② 어떤 두 사람의 태도가 같다고 해도 그것은 각각 다른 가치관에서 비롯될 수 있다.
③ 태도와 가치관은 모두 장기적이며 고정적인 특성을 갖지만 태도보다는 가치관이 더 안정적이다.
④ "내 상사가 이런 태도를 보이는 것은 이러이러한 가치관을 가졌기 때문이야"라고 말할 수 있으며, 이것은 역으로도 성립된다.
⑤ 어떤 가치관이 조직구성원들 사이에 지속적으로 존재하게 될 때 그것은 하나의 문화적 요소가 될 수 있다.

13 태도와 성격에 관한 설명으로 가장 적절하지 않은 것은?

① 켈리(Kelly)의 귀인이론에서는 행동의 원인을 특이성, 합의성, 일관성으로 구분하여 파악한다.
② 자존적 편견(self-serving bias)은 평가자가 자신의 자존심을 지키기 위하여, 자신이 실패했을 때는 자신의 내부적 요인에서 원인을 찾고, 자신의 성공에 대해서는 외부적 요인에서 원인을 찾으려는 경향을 의미한다.
③ 성격 유형을 A형과 B형으로 구분할 때, A형은 B형보다 업무처리 속도가 빠르고, 인내심이 부족한 편이다.
④ 조직시민행동(organizational citizenship behavior)이란 조직에서의 공식적인 역할이 아니더라도, 조직을 위해 자발적으로 희생하고 노력하며 동료를 돕는 행동을 의미한다.
⑤ 마이어(Meyer)와 알렌(Allen)이 주장하는 조직몰입 중 지속적(continuance) 몰입은 조직을 떠나면 경제적 비용이 많이 발생하기 때문에 조직에 머물러 있으려는 태도를 의미한다.

14 태도와 학습에 관한 다음의 설명 중 가장 적절하지 않은 것은?

① 부적 강화(negative reinforcement)는 바람직한 행동의 빈도수를 감소시키고 정적 강화(positive reinforcement)는 바람직한 행동의 빈도수를 증가시킨다.
② 마이어와 알렌(Meyer and Allen)은 조직몰입을 정서적(affective)몰입, 지속적(continuance)몰입, 규범적(normative)몰입으로 나누어 설명하였다.
③ 태도의 구성요소는 인지적(cognitive)요소, 정서적(affective)요소, 행동의도적(behavioral intention)요소로 나누어진다.
④ 조직행동분야의 많은 실증연구에서 직무만족이 성과에 미치는 직접적인 효과는 그리 높게 나타나지 않고 있다.
⑤ 강화스케쥴에서 단속적 강화(intermittent reinforcement)일정은 고정간격일정, 변동간격일정, 고정비율일정, 변동비율일정이 있다.

15 조직에서 개인의 태도와 행동에 관한 설명으로 가장 적절한 것은? 2019 CPA

① 조직몰입(organizational commitment)에서 지속적 몰입(continuance commitment)은 조직구성원으로서 가져야 할 의무감에 기반한 몰입이다.
② 정적 강화(positive reinforcement)에서 강화가 중단될 때, 변동비율법에 따라 강화된 행동이 고정비율법에 따라 강화된 행동보다 빨리 사라진다.
③ 감정지능(emotional intelligence)이 높을수록 조직몰입은 증가하고 감정노동(emotional labor)과 감정소진(emotional burnout)은 줄어든다.
④ 직무만족(job satisfaction)이 높을수록 이직의도는 낮아지고 직무관련 스트레스는 줄어든다.
⑤ 조직시민행동(organizational citizenship behavior)은 신사적 행동(sportsmanship), 예의바른 행동(courtesy), 이타적 행동(altruism), 전문가적 행동(professionalism)의 네 요소로 구성된다.

16 학습(learning)과 교육훈련에 관한 설명으로 가장 적절하지 않은 것은? `2012 CPA`

① 불쾌한 결과를 제거하여 바람직한 행위를 유도하는 방법을 소거(extinction)라고 한다.
② 커크패트릭(Kirk patrik)은 교육훈련의 효과를 반응, 학습정도, 행동변화, 조직의 성과로 구분하여 측정할 필요가 있다고 하였다.
③ 사회적 학습이론(social learning theory)에서는 사람의 인지적 측면을 강조하고, 다른 사람의 행동과 그 결과를 통해서 학습하는 것을 대리학습(vicarious learning)이라고 하였다.
④ 쏜다이크(Thorndike)가 제시한 효과의 법칙(law of effect)이란 원하는 보상을 받는 행동은 반복되고, 바람직하지 않은 결과가 나타나는 행동은 반복되지 않는다는 것을 의미한다.
⑤ 직무현장훈련(on the job training; OJT)은 업무수행 과정을 통해 학습하기 때문에 훈련의 전이효과가 커지는 장점이 있다.

17 동기부여 및 학습에 관한 설명으로 가장 적절한 것은? `2020 CPA`

① 브룸(Vroom)의 기대이론(expectancy theory)은 개인과 개인 또는 개인과 조직 간의 교환관계에 초점을 둔다.
② 스키너(Skinner)의 조작적 조건화(operant conditioning)에 의하면 학습은 단순히 자극에 대한 조건적 반응에 의해 이루어지는 것이 아니라 반응행동으로부터의 바람직한 결과를 작동시킴에 따라서 이루어진다.
③ 매슬로우(Maslow)의 욕구이론에서 성장욕구는 가장 상위위치를 점하는 욕구로서, 다른 사람들로부터 인정이나 존경을 받고 싶어 하는 심리적 상태를 말한다.
④ 맥그리거(McGregor)의 'X형·Y형이론'에 의하면 Y형의 인간관을 가진 관리자는 부하를 신뢰하지 않고 철저히 관리한다.
⑤ 형식지(explicit knowledge)는 개인이 체화하여 가지고 있으며 말로 하나하나 설명할 수 없는 내면의 비밀스러운 지식을 의미하고, 암묵지(tacit knowledge)는 전달과 설명이 가능하며 적절히 표현되고 정리된 지식을 의미한다.

18 직무만족 및 불만족에 대한 설명으로 옳은 것은? `2016 7급 감사직`

① 직무불만족을 증가시키는 개인적 성향은 긍정적 정서와 긍정적 자기평가이다.
② 역할 모호성, 역할 갈등, 역할 과다를 경험한 사람들의 직무 만족이 높다.
③ 직무만족이란 직무를 통해 그 가치를 느끼고 업무 성취감을 느끼는 긍정적 감정 상태를 말한다.
④ 종업원과 상사 사이의 공유된 가치관은 직무만족을 감소시킨다.

19 동기부여(motivation) 이론 중 매슬로우의 욕구이론(need theory)에 관한 서술 중에 가장 적절한 것으로 묶인 것은?

2006 CPA

> a. 하나의 욕구가 충족되면 그다음 상위단계의 욕구를 충족시키려 한다.
> b. 상위욕구 충족이 좌절되면 그보다 하위단계의 욕구를 충족시키려 한다.
> c. 생리적 욕구 – 안전욕구 – 존경욕구 – 사회적 욕구 – 자아실현욕구의 순서로 단계가 나누어진다.
> d. 사회적 욕구는 위생요인으로 생리적 욕구와 안전욕구는 동기요인으로 분류하였다.
> e. 매슬로우의 5가지 욕구 중 존경(esteem)욕구, 관계(relatedness)욕구, 성장(growth)욕구 3가지만을 고려하여 ERG이론을 만들었다.

① a   ② a, b, c   ③ a, e   ④ a, c   ⑤ d, e

20 태도, 통제의 위치, 조직몰입, 귀인이론, 강화에 관한 다음의 서술 중에서 옳은 항목만을 모두 모은 것은?

2010 CPA

> a. 태도의 구성요소는 인지적(cognitive) 요소, 정서적(affective) 요소, 행동의도적(behavioral intention) 요소로 나눌 수 있다.
> b. 통제의 위치(locus of control)에 따르면 외재론자에 비해 내재론자는 성과를 결정짓는 것이 자신의 노력이라고 생각한다.
> c. 마이어(Meyer)와 알렌(Allen)은 조직몰입을 정서적(affective) 몰입, 지속적(continuance) 몰입, 규범적(normative) 몰입으로 나누어 설명한다.
> d. 켈리(Kelley)의 귀인이론(attribution theory)에서는 행동의 원인을 합의성(consensus), 특이성(distinctiveness), 일관성(consistency)의 세 가지 차원으로 구분하여 해석한다.
> e. 부정적 강화(negative reinforcement)는 바람직한 행동의 빈도를 증가시키고 긍정적 강화(positive reinforcement)는 바람직한 행동의 빈도를 증가시킨다.

① a, b, d   ② a, c, e   ③ a, b, c, d
④ a, b, d, e   ⑤ a, b, c, d, e

21 특정문제를 해결하기 위해 창의성을 개발하는 기법 중 옳지 않은 것은?

1997 CPA

① 리더가 제기한 문제에 대하여 자유롭게 의견을 제시하게 한다.
② 리더 혼자만 주제를 알고 집단에는 제시하지 않은채 짧은 시간 동안 의견을 한번씩 제시하게 한다.
③ 제기된 문제의 여러 요소들을 다각적으로 분석하게 한다.
④ 정상적으로 관련이 없는 구상들을 관련짓도록 유도한다.
⑤ 특정문제에 대해 전문가들의 의견을 우편으로 수집하고 이를 요약·정리하여 다시 송부하는 방식으로 서로의 의견에 대해 합의가 이루어질 때까지 논평하도록 한다.

22 ERG 이론에 대한 설명 중 옳지 않은 것은?　　　　　　　　　　　　　　　1994 CPA

① 알더퍼(Alderfer)에 의해 주장된 욕구단계이론이다.
② 상위 욕구가 행위에 영향을 미치기 전에 하위 욕구가 먼저 충족되야 한다.
③ 매슬로우(Maslow)의 욕구단계설이 직면했던 문제점을 극복하고자 제시되었다.
④ 하위 욕구가 충족될수록 상위 욕구에 대한 욕망이 커진다고 주장하였다.
⑤ 인간의 욕구를 존재 욕구, 관계 욕구, 성장 욕구로 나누었다.

23 허츠버그(F. Hertzberg)가 제시한 이요인(two-factor)이론을 따르는 경영자가 종업원들의 동기를 유발시키기 위한 방안으로 옳지 않은 것은?　　2016 가맹거래사

① 좋은 성과를 낸 종업원을 표창한다.
② 종업원이 하고 있는 업무가 매우 중요함을 강조한다.
③ 좋은 성과를 낸 종업원에게 더 많은 급여를 지급한다.
④ 좋은 성과를 낸 종업원을 승진시킨다.
⑤ 좋은 성과를 낸 종업원에게 자기 계발의 기회를 제공한다.

24 맥그리거(D. McGregor)의 X-Y이론은 인간에 대한 기본 가정에 따라 동기부여 방식이 달라진다는 것이다. Y이론에 해당하는 가정 또는 동기부여 방식이 아닌 것은?　　2018 공인노무사

① 문제해결을 위한 창조적 능력 보유　　② 직무수행에 대한 분명한 지시
③ 조직목표 달성을 위한 자기 통제　　　④ 성취감과 자아실현 욕구
⑤ 노동에 대한 자연스러운 수용

25 동기부여이론에 관한 설명으로 가장 적절한 것은?　　　　　　　　　　　2015 CPA

① 브룸(Vroom)의 기대이론(expectancy theory)에 의하면, 수단성(instrumentality)을 높이기 위해서 종업원이 선호하는 보상수단을 조사할 필요가 있다.
② 허쯔버그(Herzberg)의 이요인이론(two factor theory)에 의하면, 임금을 높여주거나 작업환경을 개선하는 것으로는 종업원의 만족도를 높일 수 없다.
③ 브룸의 기대이론에서 기대(expectancy)는 노력했을 때 성과가 나타날 수 있는 객관적 확률이다.
④ 브룸의 기대이론에 의하면, 연공급을 도입하면 기대(expectancy)가 높아진다.
⑤ 아담스(Adams)의 공정성 이론(equity theory)에 의하면, 과다보상을 받았다고 느끼는 경우에는 만족도가 높기 때문에 행동의 변화가 나타나지 않는다.

26 동기부여 이론에 관한 설명으로 가장 적절한 것은? `2019 CPA`

① 아담스(Adams)의 공정성이론(equity theory)은 절차적 공정성과 상호작용적 공정성을 고려한 이론이다.
② 핵크만(Hackman)과 올드햄(Oldham)의 직무특성이론에서 직무의 의미감에 영향을 미치는 요인은 과업의 정체성, 과업의 중요성, 기술의 다양성이다.
③ 브룸(Vroom)의 기대이론에서 수단성(instrumentality)이 높으면 보상의 유의성(valence)도 커진다.
④ 인지적 평가이론(cognitive evaluation theory)에 따르면 내재적 보상에 의해 동기부여가 된 사람에게 외재적 보상을 주면 내재적 동기부여가 더욱 증가한다.
⑤ 허쯔버그(Herzberg)의 2요인이론(two factor theory)에서 위생요인은 만족을 증대시키고 동기요인은 불만족을 감소시킨다.

27 핵크만과 올드햄의 직무특성이론에 대한 설명으로 가장 적절하지 않은 것은? `2005 CPA`

① 직무설계를 할 때 작업자의 성장 욕구를 고려해야 한다.
② 직무성과를 내는 데 있어서 작업자의 심리상태가 중요한 요소라는 점을 강조하고 있다.
③ 과업중요성(task significance)이란 조직 내·외부에 있는 다른 사람의 작업이나 생활에 미치는 영향의 정도를 의미한다.
④ 과업정체성(task identity)이란 직무수행방법과 직무수행에 필요한 능력이 명확히 정의된 정도를 의미한다.
⑤ 직무 충실화(job enrichment) 개념을 응용하고 있다.

28 핵크만과 올드햄이 주장한 직무특성이론에 관한 설명으로 가장 적절하지 않은 것은? `2014 CPA`

① 과업정체성(task identity)이란 업무 수행방법이나 절차가 명확하고 체계적으로 정리되어 있는 정도를 의미한다.
② 결과변수에는 작업의 질, 만족도, 이직률, 결근율이 포함된다.
③ 성장 욕구가 강한 사람에게는 과업 중요성(task significance)과 과업 정체성(task identity)이 높은 직무가 적합하다.
④ 성장 욕구가 강한 사람은 자율성(autonomy)이 많은 직무를 수행할수록 직무에 대한 책임감을 더 많이 경험하게 된다.
⑤ 중요 심리상태에는 작업의 의미에 대한 경험과 직무수행결과에 대한 지식이 포함된다.

29 직무설계에서 핵크만(Hackman)과 올드햄(Oldham)의 직무특성이론에 관한 설명으로 가장 적절하지 않은 것은? (2018 CPA)

① 다양한 기술이 필요하도록 직무를 설계함으로써, 직무수행자가 해당 직무에서 의미감을 경험하게 한다.
② 자율성을 부여함으로써, 직무수행자가 해당 직무에서 책임감을 경험하게 한다.
③ 도전적인 목표를 제시함으로써, 직무 수행자가 해당 직무에서 성장욕구와 성취감을 경험하게 한다.
④ 직무수행과정에서 피드백을 제공함으로써, 직무수행자가 해당 직무에서 직무수행 결과에 대한 지식을 가지게 한다.
⑤ 과업의 중요성을 높여줌으로써, 직무 수행자가 해당 직무에서 의미감을 경험하게 한다.

30 브룸(Vroom)의 기대이론의 내용이 아닌 것은? (1995 CPA)

① 경영자는 종업원들이 노력하면 성과가 달성된다는 믿음을 주어야 한다.
② 성과−보상 연결을 분명히 해야 한다.
③ 성과−보상 간에 지각 차이가 존재하지 않아야 한다.
④ 보상은 종업원에게 가치 있는 것이어야 한다.
⑤ "만족 ⇒ 성과" 가설에서 "성과 ⇒ 만족" 가설로 바뀌었다.

31 다음 내용과 관련 있는 이론은? (1996 CPA)

- 수단성 : 성과와 보상의 정도이다.
- 유의성 : 보상에 대한 매력 정도이다.
- 기대성 : 노력하면 성과를 얻을 수 있다는 믿음을 말한다.

① 공정성이론 ② 목표설정이론 ③ 기대이론
④ 욕구단계이론 ⑤ 강화이론

32 종업원의 동기부여에 관한 다음의 내용 가운데 기대이론(expectancy theory)에 근거한 것은? (2003 CPA)

① 관리자는 종업원들이 모두 같은 종류의 보상을 추구한다는 것을 인식해야 한다.
② 보상은 성과보다는 연공서열에 따라 책정되어야 한다.
③ 낮은 유의성(valence)과 낮은 수단성(instrumentality)을 통해 동기가 부여된다.
④ 노력수준을 높임으로써 성과가 높아진다는 종업원의 지각이 동기부여를 위해 중요하다.
⑤ 명확한 목표와 과업의 적절한 난이도는 성과수준에 영향을 미치는 주된 요인이다.

33 동기부여의 기대이론(expectancy theory)과 관련된 설명으로 가장 적절하지 않은 것은? `2005 CPA`

① 기대감(expectancy), 유의성(valance), 수단성(instrumentality) 중 하나라도 0의 값을 가지면 동기부여 수준은 0이 된다.
② 전체 동기부여 수준은 음(-)의 값을 가질 수 있다.
③ 기대감(expectancy)이란 노력을 했을 때 특정 수준의 성과를 낼 수 있는가에 대한 객관적 확률로서, 0에서 1까지의 값을 가진다.
④ 카페테리아식 복리후생 제도는 유의성(valence)을 높이는 방법이 될 수 있다.
⑤ 성과급을 도입하면 수단성(instrumentality)이 높아질 수 있다.

34 동기부여(motivation) 이론을 설명한 것 중 가장 적절하지 않은 것은? `2007 CPA`

① 맥클리랜드(McClelland)의 성취동기이론에 따르면 친교욕구(need for affiliation)가 높은 사람은 다른 사람의 인정을 받으려고 노력하고 권력욕구(need for power)가 높은 사람은 다른 사람을 지배하고 통제하고 싶어한다.
② 알더퍼(Alderfer)의 ERG이론은 인간의 욕구를 존재(existence), 관계(relatedness), 성장(growth)의 세가지 욕구로 분류하고 욕구의 만족-진행(satisfaction-progression)과 좌절-퇴행(frustration-regression)이 일어난다고 주장한다.
③ 공정성이론(equity theory)에 따르면 개인이 불공정성에 대한 지각에서 오는 긴장을 감소시키는 방법으로 자신의 투입(input)의 변경, 산출(output)의 변경, 투입과 산출의 인지적 왜곡, 비교대상의 변경 등이 있다.
④ 봉급, 작업조건, 감독, 상사와의 관계는 허쯔버그(Herzberg)의 2요인 이론에서 동기요인(motivator)에 해당하는 것으로 위생요인이 충족되더라도 구성원을 동기화시키지 못하며 성과향상을 위해서는 동기요인을 충족시켜야 한다고 주장한다.
⑤ 기대이론(expectancy theory)은 개인의 동기수준이 기대감(expectancy), 수단성(instrumentality), 유의성(valence) 값의 곱으로 설명되고 있다.

35 다음 사례에서 A의 행동을 설명하는 동기부여이론은? `2018 공인노무사`

> 팀원 A는 작년도 목표대비 업무실적을 100% 달성하였다. 이에 반해 같은 팀 동료 B는 동일 목표대비 업무실적이 10% 부족하였지만 A와 동일한 인센티브를 받았다. 이 사실을 알게된 A는 팀장에게 추가 인센티브를 요구하였으나 받아들여지지 않자 결국 이직하였다.

① 기대이론 ② 공정성이론 ③ 욕구단계이론
④ 목표설정이론 ⑤ 인지적 평가이론

36 동기부여이론에 관한 설명으로 가장 적절한 것은? 2017 CPA

① 목표설정이론에 따르면 구체적인 목표보다 일반적인 목표를 제시하는 것이 구성원들의 동기부여에 더 효과적이다.
② 공정성 이론에 따르면 분배 공정성, 절차 공정성, 상호작용 공정성의 순서로 동기부여가 이루어지는데, 하위 차원의 공정성이 달성된 이후에 상위차원의 공정성이 동기부여에 영향을 미친다.
③ 교육훈련이나 직무재배치는 기대이론에서 말하는 1차 결과(노력 – 성과 관계)에 대한 기대감을 높여주는 방법이다.
④ 알더퍼(Alderfer)가 제시한 ERG이론에 따르면 한 욕구의 충족을 위해 계속 시도함에도 불구하고 좌절되는 경우 개인은 이를 포기하는 대신 이보다 상위 욕구를 달성하기 위해 노력한다.
⑤ 핵크만(Hackman)과 올드햄(Oldham)의 직무특성 모형에 의하면, 다양한 기능을 사용하는 직무기회를 제공하는 경우보다 자신이 잘하는 한 가지 기능만 사용하는 직무를 부여하는 경우에 동기부여 수준이 더 높다.

37 동기부여 이론에 관한 설명으로 가장 적절한 것은? 2018 CPA

① 허쯔버그(Herzberg)의 2요인이론 (two factor theory)에서 승진, 작업환경의 개선, 권한의 확대, 안전욕구의 충족은 위생요인에 속하고 도전적 과제의 부여, 인정, 급여, 감독, 회사의 정책은 동기요인에 해당된다.
② 강화이론(reinforcement theory)에서 벌(punishment)과 부정적 강화(negative reinforcement)는 바람직하지 못한 행동의 빈도를 감소시키지만 소거(extinction)와 긍정적 강화(positive reinforcement)는 바람직한 행동의 빈도를 증가시킨다.
③ 브룸(Vroom)의 기대이론에 따르면 행위자의 자기효능감(self-efficacy)이 클수록 과업성취에 대한 기대(expectancy)가 커지고 보상의 유의성(valence)과 수단성(instrumentality)도 커지게 된다.
④ 매슬로우(Maslow)의 욕구이론에 따르면 생리욕구 – 친교욕구 – 안전욕구 – 성장욕구 – 자아실현욕구의 순서로 욕구가 충족된다.
⑤ 아담스(Adams)의 공정성 이론(equity theory)에 의하면 개인이 지각하는 투입(input)에는 개인이 직장에서 투여한 시간, 노력, 경험 등이 포함될 수 있고, 개인이 지각하는 산출 (output)에는 직장에서 받은 급여와 유무형의 혜택들이 포함될 수 있다.

38 동기부여 이론에 관한 다음 설명 중 가장 적절하지 않은 것은? 2013 CPA

① 허쯔버그(Herzberg)의 2요인이론(Two Factor Theory)에 의하면, 회사의 정책, 작업조건, 급여 등의 요건이 충족되어도 만족도가 증가하지는 않는다.
② 기대이론(Expectancy Theory)에 의하면, 개인이 특정한 성과를 달성했을 때 최종적인 보상을 받을 수 있는 가능성에 대한 주관적 믿음을 기대(expectancy)라고 하며, 이는 '0'부터 '1'까지의 값을 가진다.
③ 공정성 이론(Equity Theory)에 의하면, 과다보상을 받았다고 인식할 경우에도 비교대상이 되는 사람을 변경하거나 다른 사람의 투입과 산출을 다르게 해석하려고 노력할 수 있다.
④ 핵크만(Hackman)과 올드햄(Oldham)의 직무특성이론(Job Characteristics Theory)에 의하면, 직무의 자율성이 '0'의 값을 가지면 잠재적 동기지수(MPS: Motivating Potential Score)는 '0'의 값을 가진다.
⑤ 목표설정이론(Goal Setting Theory)에 의하면, 목표의 특성과 종류뿐만 아니라 상황적 요인에 따라서도 성과가 달라질 수 있다.

39 학습 및 동기부여이론에 관한 설명으로 가장 적절한 것은? 2016 CPA

① 알더퍼(Alderfer)의 ERG 이론, 브룸(Vroom)의 기대이론(expectancy theory), 허쯔버그(Herzberg)의 2요인이론(two factor theory)은 동기부여의 과정이론(process theory)에 해당된다.
② 강화이론(reinforcement theory)에서 긍정적인 강화(positive reinforce-ment)와 부정적인 강화(negative reinforcement)는 바람직한 행동의 빈도를 증가시킨다.
③ 브룸(Vroom)의 기대이론에 따르면 유의성(valence)은 행위자의 성장 욕구가 높을수록 크고 존재 욕구가 높을수록 작으며 수단성에 영향을 미친다.
④ 매슬로우(Maslow)의 욕구단계이론에 따르면 성장 욕구의 충족이 좌절 되었을 때 관계 욕구를 충족시키려는 좌절-퇴행(frustration regression)의 과정이 발생한다.
⑤ 아담스(Adams)의 공정성 이론(equity theory)에 의하면 절차적 공정성, 분배적 공정성, 상호작용적 공정성 순서로 동기부여가 일어난다.

40 다음 설명 중 옳지 않은 것은? 2016 가맹거래사

① 브룸(Vroom)의 기대이론에 의하면 보상의 유의성(valence)은 개인의 욕구에 따라 다르며, 동기부여를 결정하는 요인이다.
② 아담스(Adams)의 공정성이론에 의하면 보상에 대한 공정성 지각 여부가 종업원의 노력(투입) 정도를 결정한다.
③ 피들러(Fiedler)의 상황적합성이론에 의하면 리더와 부하의 관계가 좋을 때에는 과업지향적인 리더십을 구사하는 것이 좋다.
④ 스키너의(skinner) 작동적 조건화에서 소거(extinction)란 과거의 부정적 결과를 제거함으로써 긍정적인 행동의 확률을 높이는 것을 말한다.
⑤ 리더-구성원 교환이론(LMX)에 의하면 리더는 외집단보다는 내집단을 더 많이 신뢰한다.

41 동기부여(motivation)이론에 관한 설명으로 가장 적절한 것은? 2011 CPA

① 기대이론(expectancy theory)에서 수단성(instrumentality)은 행위자의 노력이 1차적 성과를 달성할 수 있을지에 대한 객관적인 판단이다.
② 아담스(Adams)의 공정성 이론(equity theory)은 투입 대비 산출의 상호작용적 공정성, 절차적 공정성, 효율적 조직성과배분에 대한 분배적 공정성을 모두 고려하고 있다.
③ 허쯔버그(Herzberg)의 2요인이론에서 동기요인은 임금, 작업환경, 근로 조건, 칭찬, 인정을 포함하고 근로자의 불만족을 제거하는 역할을 한다.
④ MBO는 목표설정이론을 조직에 적용한 예로서 목표의 구체성과 난이도, 피드백은 동기부여에 영향을 미친다.
⑤ 동기부여이론을 크게 내용이론(content theory)과 과정이론(process theory)으로 분류할 때 직무특성이론, ERG 이론, 내재적 동기이론은 과정이론에 속한다.

42 동기부여 이론에 관한 설명으로 가장 적절하지 않은 것은? 〔2012 CPA〕

① 앨더퍼(Alderfer)의 ERG이론에서는 인간의 욕구를 존재욕구, 관계욕구, 성장욕구로 구분하고 있으며, 충족-진행의 원리와 좌절-퇴행의 원리를 제시하고 있다.
② 허쯔버그(Herzberg)의 이요인이론(two factor theory)에 의하면 급여, 성취감과 같은 위생요인이 충족되면 만족도가 증가된다.
③ 핵크만(Hackman)과 올드햄(Oldham)의 직무특성이론에 의하면 성장욕구수준이 높은 사람은 직무정체성이 높은 직무를 수행할 때 동기부여수준이 높아진다.
④ 목표설정이론(goal setting theory)에 의하면 구체적인 목표를 설정할 때 성과가 높아진다.
⑤ 공정성이론(equity theory)에 의하면 허쯔버그(Herzberg)가 제시한 위생요인과 동기요인 모두가 개인이 받는 보상(산출물)에 포함될 수 있다.

43 동기부여이론에 대한 설명으로 옳지 않은 것은? 〔2018 7급 감사직〕

① Y이론적 관점에 따르면 직원은 부정적 강화(Reinforcement)에 의해 동기부여가 된다.
② 아담스(J. S. Adams)의 공정성이론에 따르면 사람은 자신의 일에 투입한 요소와 그로부터 받은 보상의 비율을 다른 사람의 그것과 비교한다.
③ 2요인이론에서 동기유발요인은 직무에 내재하는 요인들이다.
④ 기대이론에서 동기부여가 되는 정도는 노력과 성과 관련성, 성과와 결과 관련성, 결과와 개인의 욕구 사이의 관련성의 영향을 받는다.

44 다음 설명 중 적절한 항목만을 모두 선택한 것은? 〔2021 CPA〕

> a. 성격(personality)은 개인의 독특한 개성을 나타내는 전체적인 개념으로 선천적 유전에 의한 생리적인 것을 바탕으로 하여 개인이 사회문화환경과 작용하는 과정에서 형성된다.
> b. 욕구(needs)는 어떤 목적을 위해 개인의 행동을 일정한 방향으로 작동시키는 내적 심리상태를 의미한다.
> c. 사회적 학습이론(social learning theory)에 의하면, 학습자는 다른 사람의 어떤 행동을 관찰하여 그것이 바람직한 결과를 가져올 때에는 그 행동을 모방하고, 좋지 않은 결과를 가져올 때에는 그 같은 행동을 하지 않게 된다.
> d. 역할갈등(role conflict)은 직무에 대한 개인의 의무·권한·책임이 명료하지 않은 지각상태를 의미한다.

① a, b   ② a, c   ③ a, d
④ b, c   ⑤ a, c, d

45 동기부여 이론과 성격에 관한 설명으로 가장 적절하지 않은 것은? `2022 CPA`

① 동기는 개인의 욕구(need)에 의해 발생되며, 그 강도는 욕구의 결핍 정도에 의해 직접적인 영향을 받는다.
② 맥클리랜드(McClelland)에 의하면, 성취욕구(need for achievement)는 개인이 다른 사람들에게 영향력을 행사하여 그들을 통제하고 싶은 욕구를 말한다.
③ 강화이론(reinforcement theory)에 의하면, 긍정적 강화(positive reinforcement)와 부정적 강화(negative reinforcement)는 행위자의 바람직한 행동의 빈도를 증가시킨다.
④ 공정성이론(equity theory)에 의하면, 개인이 불공정성을 느끼는 경우 준거인물을 변경하여 불균형 상태를 줄일 수 있다.
⑤ 알더퍼(Alderfer)의 ERG이론은 매슬로우(Maslow)의 다섯 가지 욕구를 모두 포함하고 있다.

46 다음은 동기부여에 관한 여러 이론들을 설명한 것이다. 이 중 가장 옳지 않은 것은? `2022 5급 군무원`

① 공정성 이론(equity theory)에 따르면, 개인이 불공정성에 대한 지각에서 오는 긴장을 감소시키는 방법으로는 자신의 투입(input) 변경, 산출(output) 변경, 투입과 산출의 인지적 왜곡, 비교 대상의 변경 등이 있다.
② 기대이론(expectancy theory)은 개인의 동기수준을 기대감(expectancy), 수단성(instrumentality), 유의성(valence)의 곱으로 설명한다.
③ 허쯔버그(Herzberg)의 2요인 이론(two-factor theory)에서 봉급, 작업조건, 감독, 상급자와의 관계 등은 동기요인(motivator)에 해당하는 것으로, 위생요인(hygiene factor)이 충족되더라도 구성원을 동기화시키지 못하며, 성과 향상을 위해서는 동기요인을 충족시켜야 한다고 주장한다.
④ 맥크리랜드(McClelland)의 성취동기 이론(achievement motive theory, three-needs theory)에 따르면, 소속 욕구(need for affiliation)가 높은 사람은 다른 사람의 인정을 받으려고 노력하고, 권력 욕구(need for power)가 높은 사람은 다른 사람을 지배하고 통제하기를 원한다.

47 다음 설명 중 적절한 항목만을 모두 선택한 것은? `2022 CPA`

> a. 집단 간 갈등은 목표의 차이, 지각의 차이, 제한된 자원 등으로 부터 비롯된다.
> b. 기능팀(functional team)은 다양한 부서에 소속되어 있고 상호보완적인 능력을 지닌 구성원들이 모여 특정한 업무를 수행하는 팀을 말한다.
> c. 상동적 태도(stereotyping)는 타인에 대한 평가가 그가 속한 사회적 집단에 대한 지각에 기초하여 이루어지는 것을 말한다.
> d. 구성원의 만족감이 직무수행상의 성취감이나 책임감 등 직무자체에 존재하는 요인을 통해 나타날 때, 이 요인을 외재적 강화요인이라고 한다.

① a, b ② a, c ③ a, d ④ b, c ⑤ a, c, d

48 다음은 동기부여 이론들 중 허즈버그(F.Hrrzberg)의 2-요인 이론(two-factor theory)에 관한 설명들이다. 가장 적절하지 않은 것은?

2024 7급 군무원

① 2-요인이란 직무만족과 관련되는 동기요인과 직무 불만족과 관련된 위생요인을 말한다.
② 직무 불만족과 관련된 외적 요인들을 위생요인(hygiene factor)이라 하며, 이들은 적절히 관리 하며 불만을 갖지 않게 됨에 따라 동기부여 효과가 적극적으로 발생하게 된다.
③ 직무만족과 관련된 내적 요인들을 동기요인(motivator)이라 하며, 이들을 적절히 관리하면 동기부여 효과를 발휘되게 된다.
④ 성취감, 안정감, 책임감 등은 동기요인에, 감독, 회사정책, 작업조건, 동료와의 관계등은 위생요인에 해당된다.

49 직무특성모형에서의 중요심리상태의 하나인 의미충만(meaningfulness)에 영향을 미치는 핵심직무차원을 모두 고른 것은?

2023 공인노무사

| ㄱ. 기술다양성 | ㄴ. 과업정체성 | ㄷ. 과업중요성 | ㄹ. 자율성 | ㅁ. 피드백 |

① ㄱ, ㄴ, ㄷ   ② ㄱ, ㄴ, ㅁ   ③ ㄱ, ㄹ, ㅁ   ④ ㄴ, ㄷ, ㄹ   ⑤ ㄷ, ㄹ, ㅁ

50 다음 중 동기부여 이론에 대한 설명으로 가장 적절하지 않은 것은?

2023 7급 군무원

① 알더퍼(C. Alderfer)의 ERG이론은 인간의 욕구를 친교욕구, 권력욕구, 성취욕구로 구분하였다.
② 아담스(J. Adams)의 공정성이론(equity theory)에 따르면 준거인과 비교할 때 자신이 과대보상을 받았다고 인식하는 직원은 불공정성을 해소하려는 동기가 유발된다.
③ 브룸(V. Vroom)의 기대이론(expectancy theory)에서 동기부여 강도를 설명하는 변수는 기대감, 수단성, 유의성이다.
④ 허츠버그(F. Herzberg)의 2요인이론(two-factor theory)에서 불만족과 관련된 요인을 위생요인이라고 한다.

51 다음 설명 중 적절한 항목만을 모두 선택한 것은?

2023 CPA

a. 태도(attitude)는 정서적(affective), 인지적(cognitive), 행동적(behavioral) 요소로 구성된다.
b. 직무만족은 직무를 활용한 전문가로서의 체계적인 경력개발을 의미한다.
c. 마키아벨리즘 성격 특성은 대인관계에 있어 속임수와 조작을 사용하는 성향을 의미한다.
d. 켈리(Kelly)가 제시한 귀인의 결정요인은 합의성(consensus), 특이성(distinctiveness), 책무성(accountability)이다.
e. 피그말리온 효과(pygmalion effect)는 특정인에 대한 기대가 실제 행동 결과로 나타나게 되는 현상을 의미한다.

① a, d   ② b, e   ③ c, d   ④ a, c, e   ⑤ b, c, e

52 동기부여에 관한 설명으로 가장 적절하지 않은 것은? 2023 CPA

① 허쯔버그(Herzberg)의 2요인 이론은 만족과 불만족을 동일한 개념의 양극으로 보지 않고 두 개의 각각 독립된 개념으로 본다.
② 직무특성모델(job characteristics model)에서 개인의 성장욕구강도(growth need strength)는 직무특성과 심리상태 간의 관계 및 심리상태와 성과 간의 관계를 조절(moderating)한다.
③ 자기효능감(self-efficacy)은 어떤 과업을 수행할 수 있다는 개인의 믿음이다.
④ 인지평가이론(cognitive evaluation theory)에서는 어떤 직무에 대하여 내재적 동기가 유발되어 있는 경우 외적 보상이 주어지면 내재적 동기가 강화된다.
⑤ 마이어와 알렌(Meyer & Allen)의 조직몰입 중 규범적(normative) 몰입은 도덕적, 심리적 부담감이나 의무감 때문에 조직에 몰입하는 경우를 의미한다.

53 감정, 지각 및 가치관에 관한 설명으로 가장 적절하지 않은 것은? 2024 CPA

① 감성지능(emotional intelligence)이 낮은 개인보다 높은 개인이 타인과의 갈등을 건설적으로 더 잘 해결하는 경향이 있다.
② 스트레스는 구성원의 직무수행에 있어서 역기능적 역할뿐만 아니라 순기능적 역할도 한다.
③ 궁극적 가치관(terminal values)은 개인이 어떤 목표나 최종상태를 달성하기 위해 사용될 수 있는 수용 가능한 행동을 형성하는 가치관을 말한다.
④ 자존적 편견(self-serving bias)은 자신의 성공에 대해서는 내재적 요인에 원인을 귀속시키고 실패에 대해서는 외재적 요인에 원인을 귀속시키는 경향을 말한다.
⑤ 인상관리(impression management)는 다른 사람들이 자신에 대해 형성하게 되는 지각을 개인이 관리하거나 통제하려고 시도하는 과정을 말한다.

54 다음 설명 중 적절한 항목만을 모두 선택한 것은? 2024 CPA

> a. 맥그리거(McGregor)의 X-Y 이론에 의하면, X이론은 인간이 기본적으로 책임을 기꺼이 수용하며 자율적으로 직무를 수행한다고 가정한다.
> b. 불공정성을 느끼는 경우, 개인은 준거인물을 변경함으로써 불균형 상태를 줄일 수 있다.
> c. 명목집단법(nominal group technique)은 의사결정 과정 동안 토론이나 대인 커뮤니케이션을 제한한다.
> d. 분배적 공정성(distributive justice)은 결과를 결정하는 데 사용되는 과정의 공정성에 대한 지각을 말한다.

① a, b ② a, c ③ b, c ④ a, b, c ⑤ b, c,

55 다음 설명 중 적절한 항목만을 모두 선택한 것은? 2023 CPA

> a. 높은 집단응집력(group cohesiveness)은 집단사고(group think)의 원인이다.
> b. 사회적 태만(social loafing)은 집단으로 일할 때보다 개인으로 일할 때 노력을 덜 하는 현상을 의미한다.
> c. 제한된 합리성(bounded rationality)에서 사람들은 의사결정시 만족스러운 대안이 아닌 최적의 대안을 찾는다.
> d. 감정노동(emotional labor)은 대인거래 중에 조직 또는 직무에서 원하는 감정을 표현하는 상황으로 인지된 감정(felt emotion)과 표현된 감정(displayed emotion)이 있다.
> e. 빅 파이브(big-five) 모델에서 정서적 안정성(emotional stability)은 사회적 관계 속에서 편안함을 느끼는 정도를 의미한다.

① a, d   ② b, c   ③ b, e   ④ a, c, d   ⑤ c, d, e

Chapter 2 집단차원의 조직행동

I 핵심정리

❶ 집단

1) 집단의 개념
- 개념: "집단은 공동의 목표를 공유하고 자신들을 집단의 일원으로 인식하는 둘 이상의 사람들이 안정적인 구조를 갖고 상호작용하는 집합체"
- 집단의 특징: 상호작용을 하는 둘 이상의 사람, 공동목표의 공유, 구조의 안정성, 스스로를 집단의 일원이라는 인식

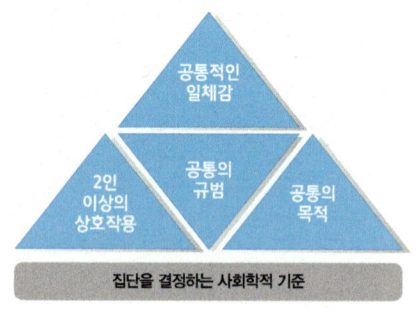

2) 집단의 기능
- 집단의 순기능
  - 조직에 대한 귀속감 / 만족감 / 안정감 → 조직에 탄력성 부여, 안정화
  - 종업원 상호 간 협동, 경험교환으로 능률적인 실무 수행
  - 신속한 의사전달의 통로역할
  - 종업원의 욕구불만, 좌절감에 대한 안전핀 역할
  - 조직의 경직성 완화, 해소 → 경영의 융통성
- 집단의 역기능
  - 조직 전체에 파벌(sect) 조성 염려 및 부서이기주의
  - 잘못된 정보/소문 등에 의해 사기저하 우려
  - 조직규범에 대한 저항감 → 공식조직의 기능 약화/ 마비 유발 가능성 존재

3) 집단의 형성단계
- 툭크맨(B.W.tuckman)의 모델: (1)형성기 → (2)갈등기 → (3)규범기* → (4) 성취기 → (5)해체기
  - 규범기에 구성원의 친밀도와 응집력이 증가, 집단사고 발생
  - 5단계의 해체 단계에서는 목표달성이 이루어져 조직 존속의 매력을 상실하게 된다.

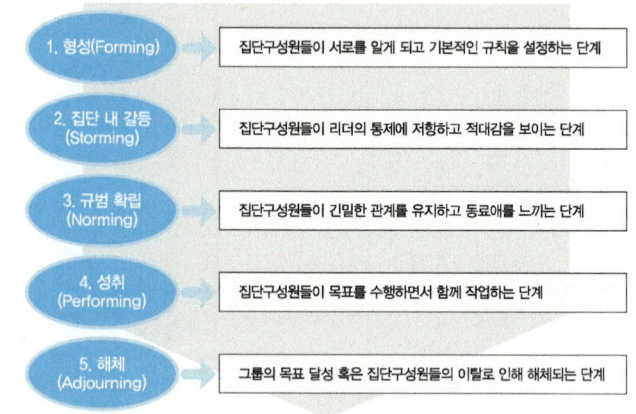

4) 집단분석의 틀

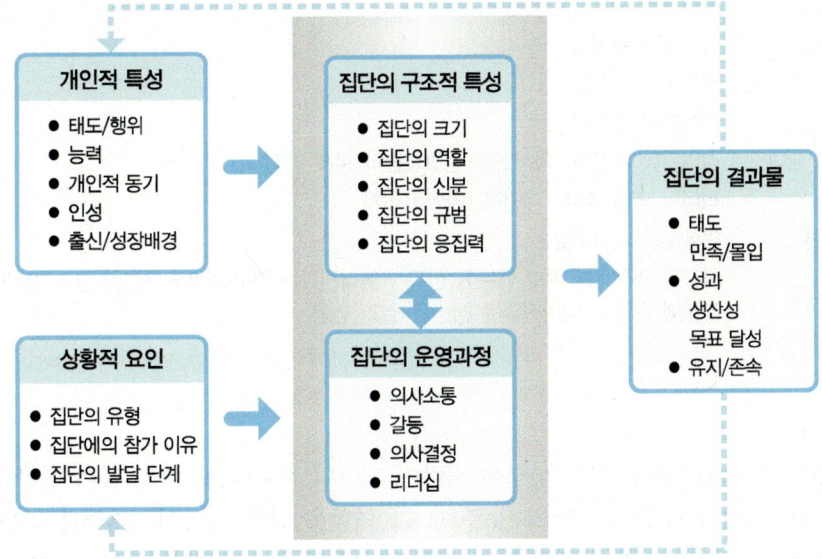

출처 정동섭 외, 『조직행동의 이해』, 탑북스

❷ 집단 분석

1) 집단의 크기

- 집단의 규모

| 집단의 규모 | ① 소규모 집단: 의사소통의 원활화, 구성원의 친밀성
② 대규모 집단: 다양한 경험의 활용 가능성, 구성원의 상호작용 빈도수 감소, 사회적 태만 발생, 책임소재의 불분명
• 사회적 태만(Social Loafing): 사회적 태만이랑 공동작업 시(보상을 동일하게 받게 될 경우) 구성원 개개인이 자신의 노력 투입을 최소화하려는 무임승차현상을 의미
    - 사회적 태만의 원인
      ① 개인의 공헌도 측정 곤란
      ② 책임의 분산
      ③ 집단의 크기
      ④ 자율성의 확대
    - 사회적 태만의 극복방법
      ① 집단 크기의 적정화
      ② 개인별 역할과 책임의 할당
      ③ 집단성과의 공정한 배분
• 사회적 촉진(Social Facilitation): 사회적 촉진이란 옆의 동료로 인하여 구성원의 행동이 효율적으로 변화하는 현상을 의미 예 사이클 선수들이 혼자 달릴 때보다 여럿이 함께 달릴 때 속도가 더 빨라지는 현상 |

- 집단 규모 증가에 따른 변화

변수	규모증가에 따른 결과
만족도	만족도가 떨어짐
결근율	결근율이 증가함
이직율	이직율이 증가함
구성원의 참여도	참여기회의 감소, 의사소통·정보교환의 문제 생김
리더십	리더의 역할 증대, 개인적 배려의 한계
여론	여론수렴의 어려움
집단성과	다양한 인적자원 확보 때문에 성과가 높아진다는 연구결과와 구성원 간의 견제나 집단과정의 손실 때문에 성과가 낮아진다는 상반된 결과 얻음

출처 Steers, R.M. 1984. Introduction to organizational behavior, Glenview, illonoois: Scott, Foresman and Company

2) 역할

- **역할모호성(role ambiguity)**: 역할을 맡은 사람이 개인의 직무·직책 과업 등이 명확하지 못하며 해야 하는 행동이 분명히 규정되어 있지 않을 때 그 역할을 맡은 사람이 경험하는 문제
- **역할갈등(role conflict)**: 지각된 역할과 실제의 역할이 차이가 날 경우와 상사로부터 두 가지 이상의 역할을 동시에 수행해야 할 경우에 나타나는 문제

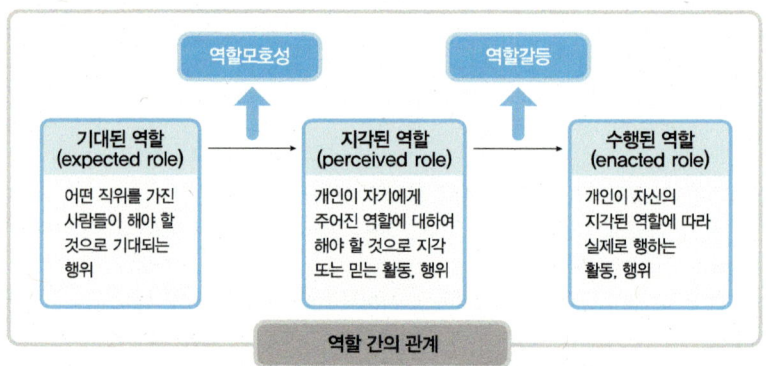

출처 정동섭 외, 『조직행동의 이해』, 탑북스

3) 신분과 규범

- **신분**: 다른 사람들에 의해 집단 내에서 구성원에게 부여되는 위치, 직위, 서열을 의미
  - 신분불일치(status incongruence)

    특정 개인의 신분은 선천적 요인과 후천적 요인 등 여러 요인에 의해 복합적으로 결정되므로, 그 사람이 어떤 관점에서 보면 신분이 높지만 다른 관점에서 보면 낮을 때 발생하는 현상이다.
- **맥그래스(McGrath)의 규범에 대한 정의**
  - 집단이 처해 있는 환경 속에서 집단과 관련된 문제들을 해결하기 위한 준거의 틀
  - 문제를 해결하기 위하여 미리 규정해 놓은 구성원들의 태도와 행동
  - 바른 태도와 규칙 위반 시의 관용에 대하여 기술한 것
  - 규범에 맞는 행동에는 보상이 주어지고 규범을 벗어난 행동에는 처벌이 따름.

4) 집단역학
- 개념: 집단의 구조와 기능, 집단구성원 간의 상호관계 분석 등과 같이 집단행동을 연구하는 포괄적 개념
- 분석기법: 소시오매트릭 연구(sociometric study): 구성원 간의 호불호(好/不好)의 관계를 기초로 하여 집단 내지 동료의 내부구조를 측정하기 위한 이론과 기술이며 집단을 분석하는 도구
  ① 소시오그램: 집단구성원 간의 선호/무관심/거부관계를 나타낸 도표
    - 집단구성원 간의 전체적인 서열관계 패턴, 집단 내 하위집단(sub-group), 하위집단 내집단(in-group), 외집단(out-group)을 통해 정규 신분, 주변 신분, 고립신분 등의 파악 및 구조적 관계를 통한 선호지위와 자생적 리더 규명가능

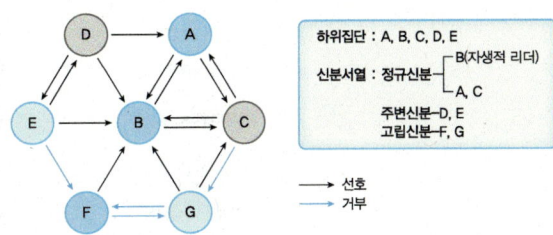

  ② 소시오매트릭스: 집단 내의 자생적 서열구조와 선호인물을 계산
    - 집단의 규모가 커짐에 따라 소시오그램의 한계를 보완하기 위해 나온 매트릭스

5) 집단 응집력(group cohesiveness)
- 집단구성원들이 서로 단결하여 집단목표와 행동규범에 순응하는 강도
- 영향요인

증대요인	감소요인
1. 집단구성원의 상호작용의 빈도 2. 집단구성원 간의 개인적 매력 3. 집단목적과 구성원 목표가 일치 4. 집단의 성공적인 성과달성 5. 집단 간의 경쟁과 갈등이 존재하는 경우 6. 집단적 보상이 이루어지는 경우	1. 집단규모의 증대 2. 집단 내 구성원 간 매력의 감소 3. 집단목표와 구성원목표의 불일치 4. 집단 내 경쟁과 갈등이 존재하는 경우

- 집단응집성과 조직성과

구분		응집성	
		고	저
목표	일치	성과 ↑↑	성과 ↑
	불일치	성과 ↓↓	성과 ↓

〈집단응집성과 성과의 관계〉
- 집단의 목표가 조직 목표와 일치하는 경우 응집력이 높은 것이 성과와 연결
- 집단의 목표가 조직 목표와 일치하지 않을 경우 응집력이 높은 것이 오히려 역기능을 발휘하게 됨

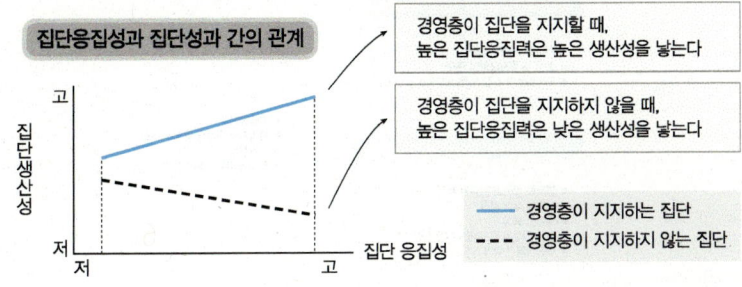

출처 정동섭 외, 『조직행동의 이해』, 탑북스

6) 집단과 팀

- **팀의 개념**: 팀(Team)은 상호보완적인 능력을 가진 집단의 구성원들이 공동 목표달성을 위해 공동으로 작업하며 그 결과에 대해 공동책임을 지는 집단

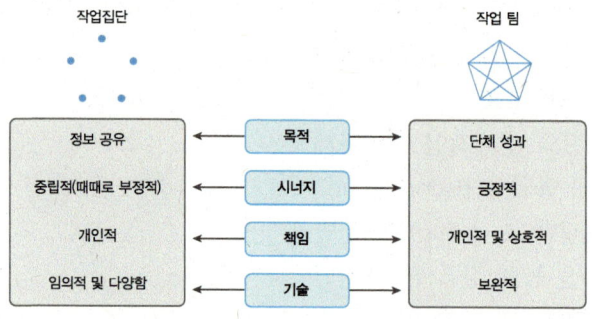

출처 Robbins, S. P. Organizational Behavior 11st ed. P.287

- **팀조직과 임파워먼트(Empowerment)**: 팀 조직의 성공적인 도입을 위해 필수적인 개념으로서 임파워먼트는 권한위임, 개인의 능력 및 에너지가 결합된 상태에서 팀 구성원의 과업에 대한 내적 동기를 유발시키는 것을 의미한다.

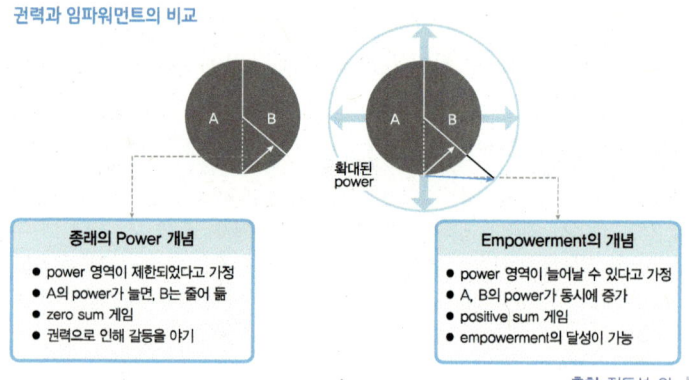

출처 정동섭 외, 『조직행동의 이해』, 탑북스

> **+ 참고 임파워먼트가 기업에 미치는 효과**
>
> 1. 구성원의 보유능력을 최대한 발휘, 직무몰입을 극대화함
> 2. 업무 수행상의 문제점, 해결 방안을 인지한 실무자에 의한 고객의 품질과 서비스 수준 제고
> 3. 고객 접점에서의 신속하고 탄력적인 시장 대응
> 4. 노력과 비용에 대한 코스트 절감

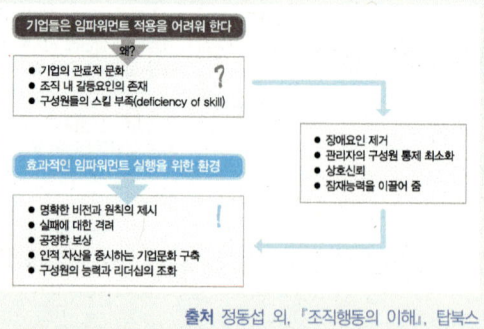

출처 정동섭 외, 『조직행동의 이해』, 탑북스

❸ 커뮤니케이션

1) 커뮤니케이션 과정

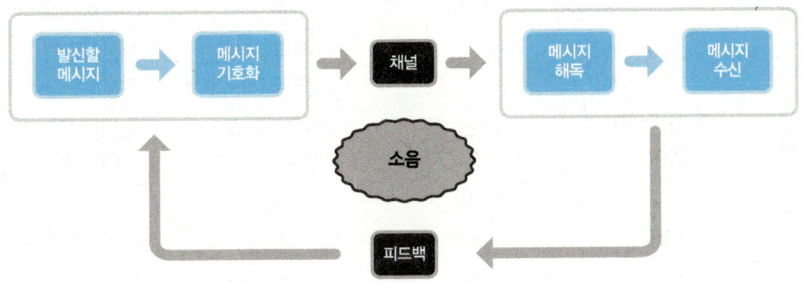

출처 강정애 외, 『조직행동론』, 시그마프레스

2) 커뮤니케이션의 유형

- 공식적 커뮤니케이션

유형		특징
수직적 커뮤니케이션	상향적 커뮤니케이션	• 메시지나 정보가 부하로부터 상사에게 전달되는 커뮤니케이션 • 하급자 주도형 • 성과보고, 제안제도 등
	하향적 커뮤니케이션	• 조직의 위계 또는 명령계통에 따라서 상사가 부하에게 전달하는 커뮤니케이션 • 지시적 의사소통 • 방침, 명령, 지시, 성과표준 등
수평적 커뮤니케이션	횡적 커뮤니케이션	• 조직에서 위계수준이 같은 구성원이나 부서 간의 커뮤니케이션 • 회의, 위원회제도 등
대각적 커뮤니케이션		• 조직구조상 동일한 계층에 속하지 않으며, 또한 동일한 명령계층에도 속하지 않는 하부단위 간의 커뮤니케이션 • 라인(line) 부문과 스태프(staff) 부문 간, 동태적 조직의 커뮤니케이션

- 비공식적 커뮤니케이션(그레이프 바인)
  - 역기능: 정보나 의사의 정확성 하락으로 왜곡 가능성
  - 순기능: 조직변화의 필요성에 대해 경고, 집단 응집력을 높이는 역할, 구성원 간의 아이디어 전달 경로

유형	특징
일방형	구성원들 사이의 단선적 통로를 통한 정보전달이 이루어지는 형태
잡담형	한 사람이 나머지 사람 모두에게 정보를 전달하는 형태
군집형	정보를 전달해야 할 사람에게만 선택적으로 전달되는 형태
확률형	의사소통이 의도적·선택적이 아니라 확률적·무작위적으로 전달되는 형태

3) 커뮤니케이션 네트워크 유형

	쇠사슬형	Y형	수레바퀴형	원형	완전연결형
권한의 집중	고	중	중	저	매우 저
의사소통 속도	중	중	단순직무: 빠름 복잡직무: 느림	단합: 빠름 개별: 느림	빠름
의사소통 정확도	서면: 고 언어: 저	단순: 고 복잡: 저	단순직무: 고 복잡직무: 저	단합: 고 개별: 저	저
구성원 만족도	저	중	저	고	고
의사결정 속도	빠름	중간	중간	느림	빠름
의사결정 수용도	저	중간	중간	고	고
조직구조 형태	수직적	수직적	수평적	수평적	수평적

출처 백기복, 『조직행동연구(6판)』, 창민사

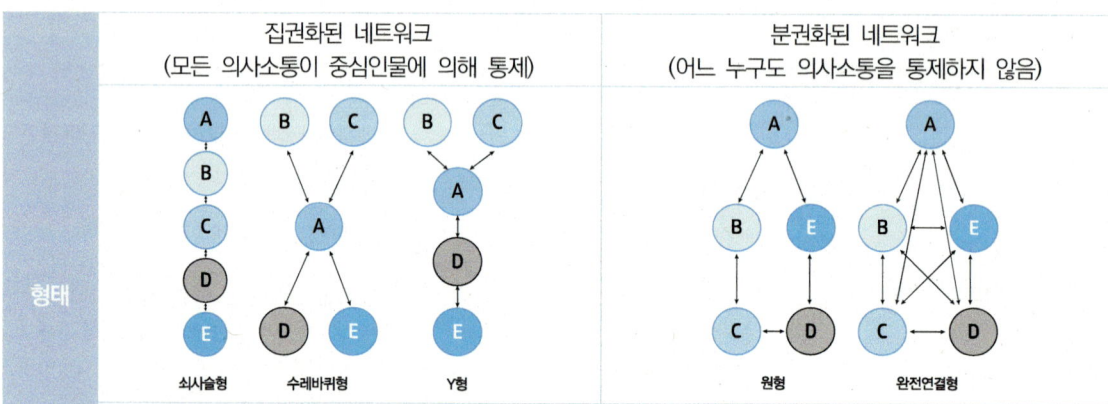

- 체인형(쇠사슬형): 공식적인 명령계통에 따라 아래로만 흐르는 조직
- 수레바퀴형: 공장종업원들이 한 사람의 감독자에게 보고하는 작업집단
- Y형: 라인과 스태프의 혼합 조직
- 원형: 태스크 포스, 위원회
- 완전연결형: 그레이프 바인과 같은 비공식적 의사소통의 네트워크

* 그레이프 바인: 비공식적 커뮤니케이션의 체계 또는 경로, 직종과 계층을 넘어서 인간적인 유대를 가지고 의사소통을 유지하려고 할 때 생겨남
* 소시오매트리: 집단 구성원들 간의 호의와 비호의적 관계를 기초로 한 집단분석 기법
* 소시오그램: 구성원들 간의 호의와 비호의의 양상을 일목요연하게 그림으로 나타낸 것

❹ 의사결정

1) 의사결정의 과정

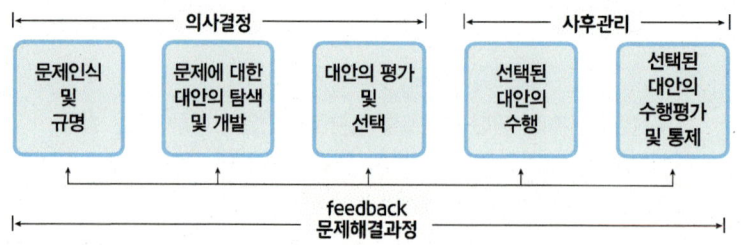

출처 Huber, G. P. Managerial Decision Making. Glenview, Ill: Scott, Foresman에서 인용

2) 합리적 의사결정과 제한된 합리성하에서의 의사결정

합리적 경제인 모형(이상적 의사결정자)	관리인 모형(현실적 의사결정자)
• 이상적 의사결정자 • 최적해 추구 • 완전정보·완전대안 • 일관된 선호체계·무제한적 효과 계산 가능 • 경제인 모형 • 정형화된 문제 해결	• 현실적 의사결정자 • 만족해 추구 • 정보수집비용 발생 • 관리인 모형 • 비정형화된 문제 해결

> **보충** 비합리성하에서의 의사결정
>
> ① 쓰레기통 모형(Olson, March, Cohen): 매우 높은 불확실한 상태에서는 합리적인 시각으로 문제를 해결하지 못하고 문제, 해결책, 참가자, 선택기회가 뒤죽박죽 섞여서 무원칙적으로 결정된다는 이론
> ② 암묵적 선호 모형: 의사결정 초기에 의사결정자가 암묵적으로 어떤 대안을 선호하면 이후 대체안들은 이미 선택된 대안보다 못한 이유를 찾아가면서 최초 선호한 대체안이 최적의 대안이라고 정당화시키는 현상

3) 집단의사결정

이익	① 구성원으로부터 다양한 정보를 얻을 수 있다. ② 다각도로 문제에 접근할 수 있다. ③ 구성원의 합의에 의한 것이므로 수용도와 응집력이 높아진다. ④ 의사결정에 참여한 구성원들의 교육효과가 높게 나타난다.
손실	① 집단 내 정치적 힘이 작용한다. ② 의사결정 시간이 지연된다. ③ 서로의 의견에 비판 없이 동의하는 경향이 있다. ④ 차선책을 채택하는 오류를 범한다. ⑤ 집단사고의 함정에 빠질 수 있다.

* 집단사고: 응집력이 높은 집단에서 구성원들 간의 합의에 대한 요구가 지나치게 커서 현실적인 다른 대안의 모색을 저해하는 경향

출처 백기복, 『조직행동연구(6판)』, 창민사

- 집단사고의 증상

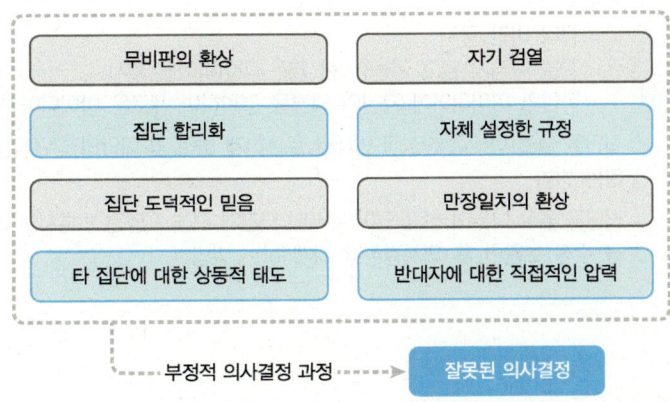

4) 집단의사결정 기법

명목집단법	• 이름만 집단이지 구성원 상호 간의 대화, 토론이 이루어지지 않는 방법 • 제시되는 문제에 대해 서면으로 자신의 아이디어를 작성 • 타인들의 영향을 받지 않고 독립적으로 문제를 생각해 볼 수 있음 • 리더가 능력과 자질을 갖추고 있어야 함 • 한 번에 한 문제밖에 처리할 수 없음 • NGT 진행순서 토의하지 않음 아이디어 서면 작성 → 아이디어 제출 및 전체 아이디어 기록 → (구성원 토의) → 투표 후 결정
델파이법	• 전문가의 의견을 우편으로 수집 • 미래의 불확실성에 대한 의사결정(장기적인 예측)에 유용 • 타인들의 영향력을 배제, 응답자에 대한 통제력이 결여, 시간이 너무 많이 소요 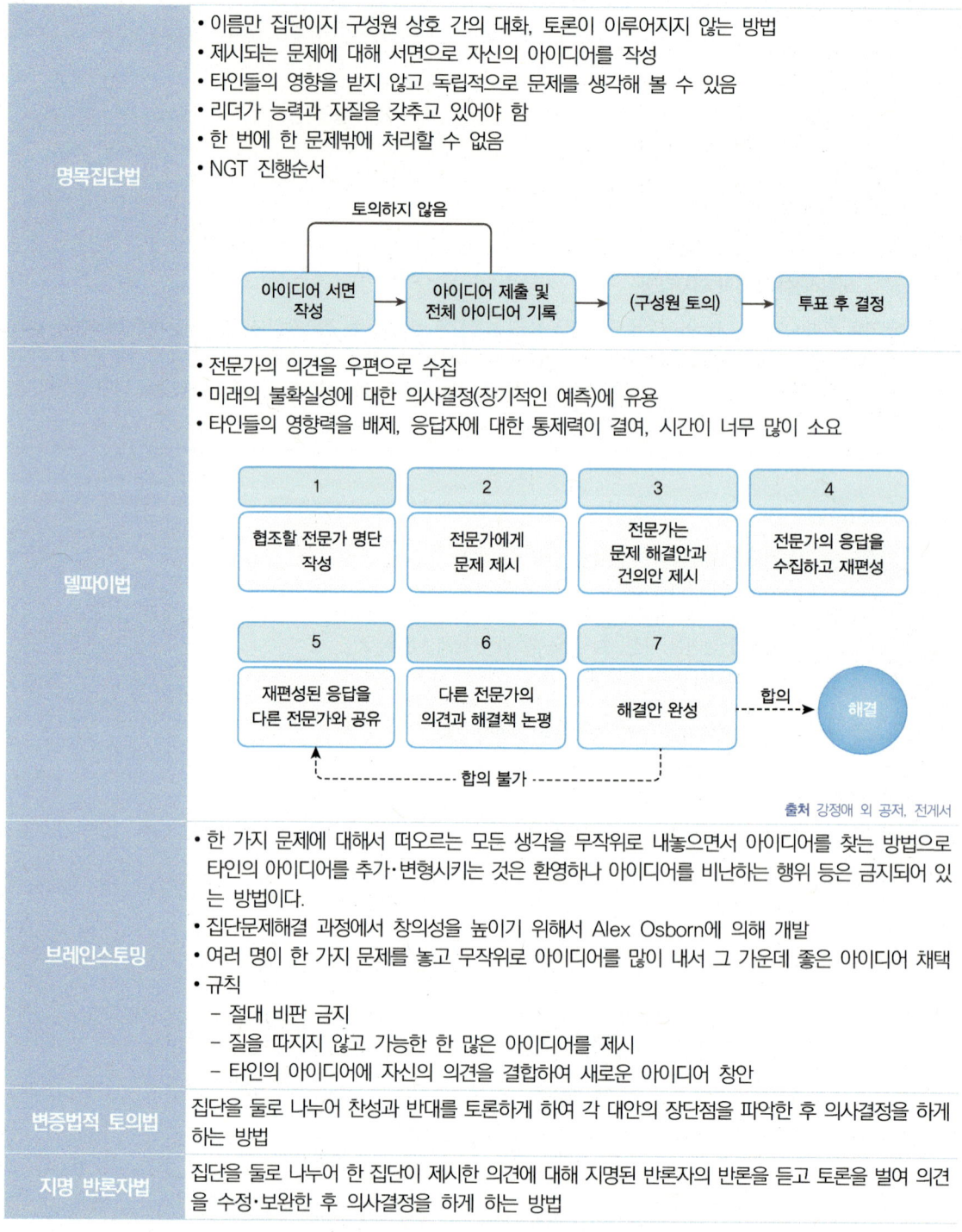 출처 강정애 외 공저, 전게서

브레인스토밍	• 한 가지 문제에 대해서 떠오르는 모든 생각을 무작위로 내놓으면서 아이디어를 찾는 방법으로 타인의 아이디어를 추가·변형시키는 것은 환영하나 아이디어를 비난하는 행위 등은 금지되어 있는 방법이다.
	• 집단문제해결 과정에서 창의성을 높이기 위해서 Alex Osborn에 의해 개발
	• 여러 명이 한 가지 문제를 놓고 무작위로 아이디어를 많이 내서 그 가운데 좋은 아이디어 채택
	• 규칙
	  - 절대 비판 금지
	  - 질을 따지지 않고 가능한 한 많은 아이디어를 제시
	  - 타인의 아이디어에 자신의 의견을 결합하여 새로운 아이디어 창안

변증법적 토의법	집단을 둘로 나누어 찬성과 반대를 토론하게 하여 각 대안의 장단점을 파악한 후 의사결정을 하게 하는 방법
지명 반론자법	집단을 둘로 나누어 한 집단이 제시한 의견에 대해 지명된 반론자의 반론을 듣고 토론을 벌여 의견을 수정·보완한 후 의사결정을 하게 하는 방법

❺ 권력

의미			개인 또는 집단을 움직여 행동을 취하게 하여 변화를 이끌어 내는 능력	권력수용과정
원천	공식적	보상적 권력	타인에게 보상을 해줄 수 있는 자원과 능력을 가진 경우	순종
		강압적 권력	타인에게 처벌을 가하거나 불쾌한 결과를 가져올 능력을 가진 경우	
		합법적 권력	자신에게 미치는 어떠한 영향이 합법적이라고 스스로 인정할 경우	내면화
	개인적	준거적 권력	권력을 갖지 않는 사람이 권력을 장악한 집단과 스스로를 동일시하려는 경우	동일화
		전문적 권력	제한된 영역에서 전문능력을 가진 경우	내면화

- 조직정치: 조직 내에서 자신의 권력과 이익을 최대화하기 위하여 행하는 정치적 행동을 조직정치라고 한다. 이를 줄이기 위해서 취할 수 있는 방법은 ① 파벌 해체 ② 상위목표의 도입 ③ 경쟁원천 감소 ④ 불확실성 감소 ⑤ 정치적 태도 배격 등이 있다.
- 맥클리랜드는 권력을 개인 중심적 권력과 사회 중심적 권력으로 구분하고 조직 내에서 권력이 정당하게 행사되고 수용되기 위해서는 사회 중심적 권력을 사용하여야 하며, 조직 내에서 개인 중심적 권력을 사용하게 되면 권력행사의 남용을 가져와 조직의 성과에 부정적인 영향을 미칠 수 있다고 주장하였다.

❻ 갈등

1) 갈등의 의미와 기능

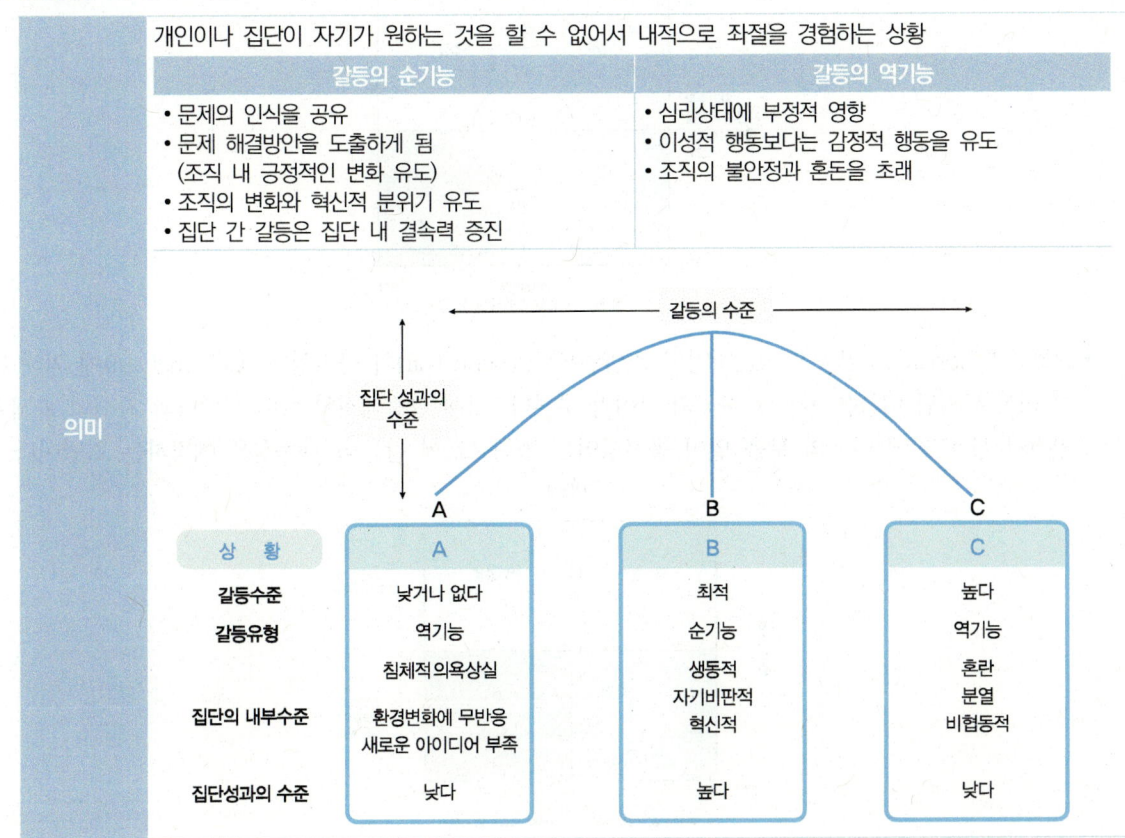

2) 집단 간 갈등의 원인과 영향

집단 간 갈등의 원인		• 작업흐름의 상호 의존성: 한 개인이나 집단의 과업이 다른 개인이나 집단의 성과에 의해 좌우될 때 • 불균형: 개인이나 집단과 권력, 가치, 지위 등에 있어서 차이가 있을 때 • 영역모호성: 한 부서나 개인이 역할을 수행함에 있어 방향이 분명치 못하고 목표나 과업이 명료하지 못할 때 • 자원부족	
집단 간 갈등으로 인한 변화		내적 변화	외적 변화
	집단 내	• 내적 응집성의 강화 • 강력한 리더십의 요구 • 충성심의 강조	• 의사소통의 단절 • 상대집단의 부정적 평가
	집단 간의 관계	• 적대심과 부정적 태도의 증가 • 집단 간 커뮤니케이션의 감소	• 부정적인 상등적 태도의 증가 • 타집단 활동에 대한 엄격한 감시

3) 갈등해결전략

집단 간 갈등해결 전략		개인 간 갈등해결 전략	
• 상위의 공동목표 설정 • 규칙과 제도의 명확화 • 의사소통의 활성화	• 자원의 확충 • 공동의 적 설정	• 강요(win-lose) • 회피(lose-lose) • 협동(win-win)	• 양보(lose-win) • 타협(give and take)

- 대인 간 갈등해결 전략: Thomas의 갈등처리방식

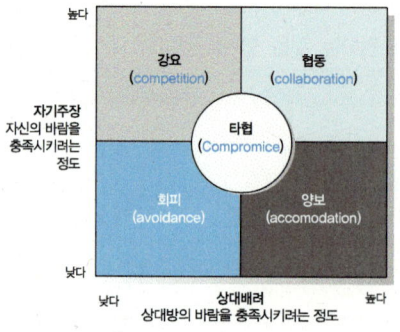

- 요하리 창(Johari window): 심리학자인 조셉루프트(Joseph Luft)와 하리잉햄(Harry Ingham)에 의해 개발 되어 두사람 이름을 따서 요하리의 창이라 부른다. 아래 그림에서와 같이 상대방과 자신의 관계에 있어서 상호 간에 마음의 문을 열어 공공영역을 넓힘으로써 갈등의 가능성을 예방하는 기법이다.

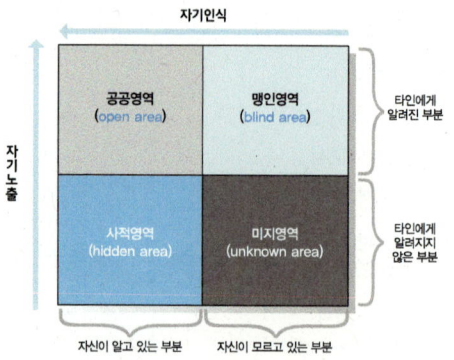

4) 협상

- 협상의 정의
  - 타결의사를 가진 2 또는 그 이상의 당사자 사이에 양방향 의사소통(interactive communication process)을 통하여 상호 만족할 만한 수준으로의 합의(agreement)에 이르는 과정
  - 협상은 협상 당사자의 입장에서 보면 상대방과의 결합적 의사결정행위(jointly decided action)를 통한 자신의 본질적 이해를 증진시킬 수 있는 수단
- 통합적(호혜적/결합적) 협상과 분배적(투쟁적/경쟁적) 협상

구분	투쟁적 협상·분배적 협상 (Distributive Negotiation)	호혜적 협상·결합적 협상 (Integrative Negotiation)
협상형태	win-lose zero-sum game	win-win positive-sum game
협상이익의 배분	피자 나누기(fixed pizza-cutting) 정해진 협상이익을 분배	피자 만들기(larger pizza-cooking) 서로 협조하여 협상이익 자체를 크게 함
정보의 흐름	정보를 공개 안 함	정보를 공개함
상대의 이익	자기 주장만 함	상대의 요구사항과 입장을 이해하려 함
협상전략	비도덕적·기만적 술책	도덕적·협조적 전략

- 협상의 3가지 기본요소
  ① 협상의 기초자료로서의 근원적 이해(real interests)
    - 협상에서의 의제(issue) 및 입장(position)과의 구분: 의제는 명시적 합의를 위해 협상 테이블에 상정된 사안을 말하며, 입장이란 상정된 사안에 대한 협상자의 태도를 말함.
  ② 근원적 이해를 증진시키는 수단: BATNA와 ZOPA
    - BATNA는 협상당사자의 입장에서 합의를 수용하기 위한 근원적 이해의 한계가치(Threshold)가 되며 합의 가능영역(ZOPA: Zone of Possible Agreement)의 존재 여부를 결정
    - BATNA의 개선과 협상성과: 협상의 역설
  ③ 당사자 간 결합문제 해결과정(joint problem-solving process): 당사자 상호의존과 협상
    - 감정이입(empathy)과 원활한 의사소통(communication)이 필요

❼ 리더십

1) 리더십의 의의

의미	일정한 상황에서 목표달성을 위하여 개인이나 집단의 행위에 영향력을 행사하는 과정
중요성	리더십의 효율성 여부는 조직의 성패를 좌우
발전 과정	특성추구이론 → 행위이론 → 상황이론 → 현대적 리더십

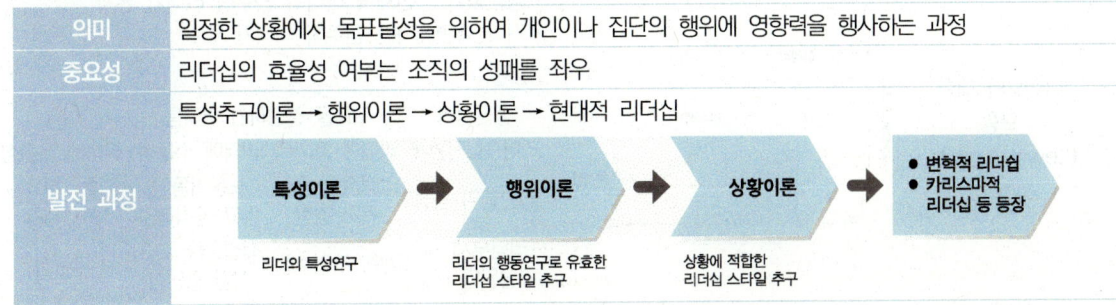

2) 특성추구이론

내용	리더는 고유한 개인적인 특성만 가지고 있으면 그가 처한 상황이나 환경이 바뀌더라도 항상 리더가 될 수 있다는 것
비판	상황과 상호작용을 반영하지 못하고 있음

(1) Tead & Barnard 이론

이러한 특성이론은 초기에 테드나 버나드와 같은 학자들에 연구가 진행되었으며, 테드는 리더가 구비해야 할 특성으로 육체적 및 정신적 힘, 목적의식과 지도능력, 정영, 친근감과 우호성, 기술성, 과단성, 지능, 교수능력, 신념의 10가지를 들고 있다.

(2) Stogdill 이론

제 연구 중에서 특성이론의 연구 중 가장 성공적이었던 것은 1948년 '스톡딜'의 연구를 들 수 있다. 그는 몇 가지의 특성을 가지고 있다는 사실만으로 지도자가 될 수 없으며, 다만 지도자의 역할을 담당하고 있는 사람들은 공통적으로 지녀야 할 성격이 있음을 지적하면서 리더에게 나타나는 특성으로서 아래와 같이 6가지를 들었지만 동시에 이것들 중에는 서로 모순되는 요소도 포함되어 필요로 하는 요소가 상황에 따라 다른 것도 지적하였다.

- 리더십 특성: R.M. Stogdill
  ① 신체적 특성: 연령, 신장, 체중, 외모
  ② 사회적 배경: 학력, 가정, 지역, 사회적지위 * 배경의 중요성 – 사회적 비판
  ③ 지적능력: 판단력, 결단력, 주의력, 사고력, 일반상식 * 권한위양의 장애
  ④ 성격: 환경적응성, 신념, 자신감, 솔직성, 인내력, 독립심
  ⑤ 과업특성: 과업지향적, 목표달성에 대한 강한 의지(동기) 상호배반적
  ⑥ 사회적특성: 대인관계의 원활, 타인에게 좋은 이미지 전달특성
- R.M. Stogdill의 리더십 정의: 리더십이란 집단 구성원들로 하여금 특정목표를 지향하게 하고, 그 목표달성을 위해 실제행동을 하도록 영향력을 행사하는 것으로 정의
  - 특성이론 비판
  - E.A. Fleishman과의 공동연구를 통해 리더의 행동을 배려형와 구조주도형 리더로 분류

3) 리더십 행위이론: 리더의 스타일과 성과와의 관계를 통해 가장 좋은 리더의 스타일을 찾으려고 함

이론	리더십 구분	특징			
아이오와 대학 모형 (Lewin, Lippitt, White)	고 ← 리더의 영향력 → 저 : 전제적 / 민주적 / 자유방임적 (집단구성원의 영향력 저→고)	• 생산성과는 전제적 리더와 민주적 리더가 유사 • 기타 측면에서는 민주적 리더가 우수			
		구분	민주적 리더십	전제적 리더십	방임형 리더십
		생산성	우열을 결정하기 어려움		나쁨
		리더–집단관계	리더에 호의적	리더에 수동적	리더에 무관심
		집단행위 특성	안정적임·응집력이 강함	노동이동이 많고 공격적임	초조하고 불안해함
		리더부재 시 구성원의 태도	계속 작업수행	좌절감을 갖고 작업 중단함	무관함

구분	내용	설명
미시간 대학 모형 (Likert)	• 생산지향적 리더 • 종업원지향적 리더	• 종업원지향적 리더가 우수 • 리더의 역할은 연결핀임 • 리커트는 조직의 관리방법을 시스템 I : 착취적-권위적, 시스템 II : 온정적-권위적, 시스템 III : 협의적-민주적, 시스템 IV : 참여적-민주적 형태로 구분 • 연구결과 생산성이 높은 조직일수록 시스템 IV에 가깝고 생산성이 낮은 조직일수록 시스템 I에 가까운 관리방식을 채택하고 있음을 발견
오하이오 주립대학 모형 (고려와 구조주도)	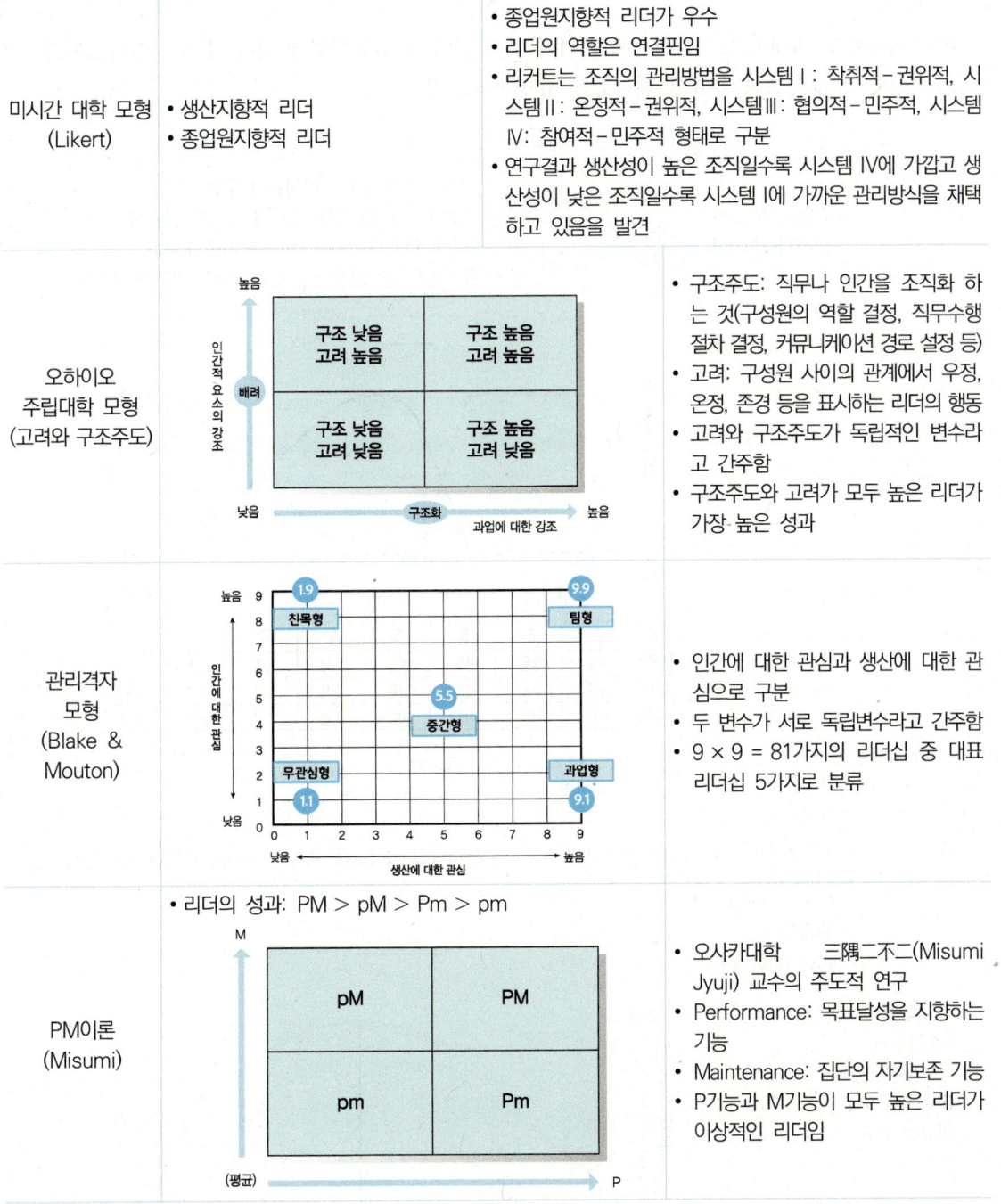	• 구조주도: 직무나 인간을 조직화 하는 것(구성원의 역할 결정, 직무수행 절차 결정, 커뮤니케이션 경로 설정 등) • 고려: 구성원 사이의 관계에서 우정, 온정, 존경 등을 표시하는 리더의 행동 • 고려와 구조주도가 독립적인 변수라고 간주함 • 구조주도와 고려가 모두 높은 리더가 가장 높은 성과
관리격자 모형 (Blake & Mouton)		• 인간에 대한 관심과 생산에 대한 관심으로 구분 • 두 변수가 서로 독립변수라고 간주함 • 9 × 9 = 81가지의 리더십 중 대표 리더십 5가지로 분류
PM이론 (Misumi)	• 리더의 성과: PM > pM > Pm > pm	• 오사카대학 三隅二不二(Misumi Jyuji) 교수의 주도적 연구 • Performance: 목표달성을 지향하는 기능 • Maintenance: 집단의 자기보존 기능 • P기능과 M기능이 모두 높은 리더가 이상적인 리더임

4) 상황이론

어떤 상황에도 절대적으로 유효한 리더십이 있는 것이 아니라 상황에 따라 유효한 리더십이 달라진다고 가정하고 상황별로 유효한 리더십을 규명하려고 함

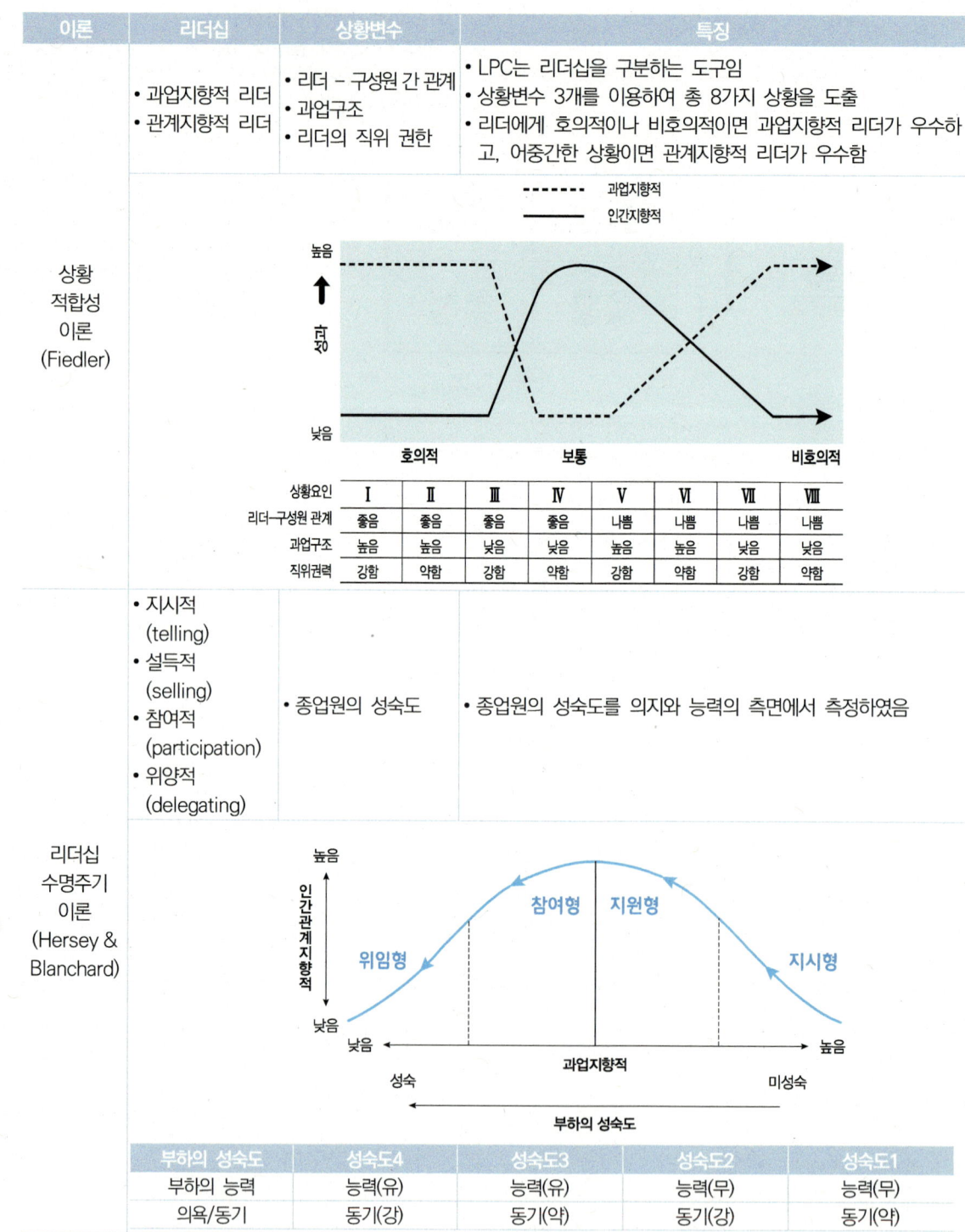

이론	리더십	상황변수	특징
상황 적합성 이론 (Fiedler)	• 과업지향적 리더 • 관계지향적 리더	• 리더 – 구성원 간 관계 • 과업구조 • 리더의 직위 권한	• LPC는 리더십을 구분하는 도구임 • 상황변수 3개를 이용하여 총 8가지 상황을 도출 • 리더에게 호의적이나 비호의적이면 과업지향적 리더가 우수하고, 어중간한 상황이면 관계지향적 리더가 우수함
리더십 수명주기 이론 (Hersey & Blanchard)	• 지시적 (telling) • 설득적 (selling) • 참여적 (participation) • 위양적 (delegating)	• 종업원의 성숙도	• 종업원의 성숙도를 의지와 능력의 측면에서 측정하였음

부하의 성숙도	성숙도4	성숙도3	성숙도2	성숙도1
부하의 능력	능력(유)	능력(유)	능력(무)	능력(무)
의욕/동기	동기(강)	동기(약)	동기(강)	동기(약)

경로 – 목표이론 (House & Evans)	• 지시적(directive) • 후원적(supportive) • 참여적(participative) • 성취지향적 (achievement oriented)	• 종업원의 특성 • 작업환경의 특성	• Vroom의 기대이론에 이론적 기반 • 종업원의 특성: 종업원의 능력, 통제위치, 욕구 등 • 작업환경의 특성: 과업, 공식적인 권한관계, 작업집단 등

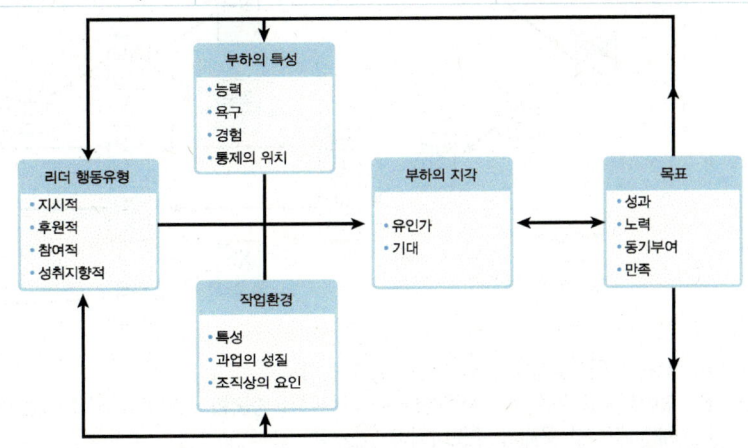

리더십 스타일	작업 환경 특성	종업원 특성
지시적 리더십	과업구조 불명확 조직의 초기단계	외재론자
후원적 리더십	과업구조 명확	친교욕구 강함
참여적 리더십	조직의 안정적 상황	내재론자
성취지향적 리더십	명확하고 도전적 과업목표	유능하고 성취욕구 강함

리더 – 멤버 교환이론 (Dansereau)

- 평균적 리더십 유형(ALS) → 수직쌍 연결이론(VDL) → 리더 – 구성원 교환이론(LMX)
- 리더가 모든 종업원을 동일하게 다루는 것이 아님
- 내집단은 성과가 높으나 외집단의 성과는 낮음
- 리더 – 구성원 교환이론(LMX): 리더 – 구성원 관계의 수준과 리더, 구성원, 조직성과의 관계에 초점
  – Graen & Uhlbien(1995)에 의하면 리더십 만들기는 이방인단계인 조직구성원을 파트너 단계로 격상시키는 것이 목표
- 가장 이상적인 형태는 리더가 모든 종업원을 내집단화하는 것임

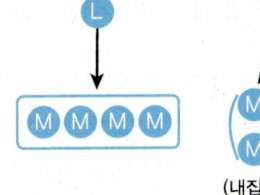 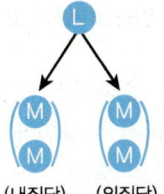 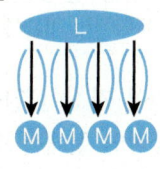

ALS　　　　　　　(내집단)　(외집단)　　　　　　LMX
　　　　　　　　　　　　VDL

리더십 규범이론 (Vroom & Yetton)	• 순수 독단형 (Autocratic I: A I) • 참고 독단형 (Autocratic II: A II) • 개별 협의형 (Consultative I: C I) • 집단 협의형 (Consultative II: C II) • 집단적 위임형 (Group: G II)	• 7가지 상황변수 제시: 의사결정의 중요성(3) & 수용성(4)	• 너무 복잡함 • 상황을 Yes, No의 이분법으로 구분 • 각 상황에 대하여 복수의 리더십을 제시하였으나 그 우열은 가리지 못하였음 • 의사결정 과정에서 문제의 구조화 정도, 결정사항에 대한 부하들의 수용 가능성, 리더가 가진 정보의 양에 따라 부하의 참여정도가 달라져야 한다고 주장

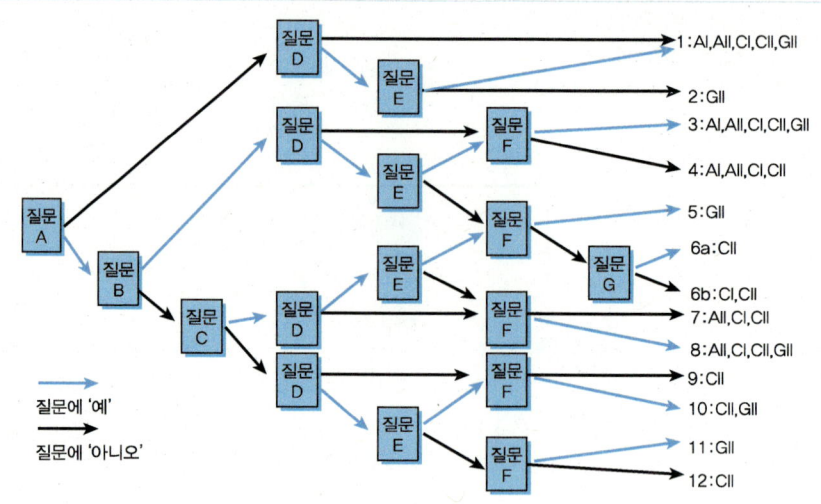

A. 문제가 의사결정의 질을 요구하고 있는가?
B. 합리적이고 우수한 의사결정을 위해 리더가 충분한 정보를 가지고 있는가?
C. 해결해야 할 문제가 구조화되어 있는가?
D. 의사결정의 결과에 대한 하위자들의 수용 여부가 그 의사결정의 효과적인 실천에 중요한 역할을 하고 있는가?
E. 만약 리더 혼자 단독으로 결정했을 때, 그 결정이 부하들에 의해 수용되리라고 확신할 수 있는가?
F. 하급자들이 조직의 목표를 공유하는가?
G. 무엇이 보다 나은 해결책인가에 대하여 부하들 간에 갈등이나 의견의 불일치가 존재하는가?

5) 현대적 리더십 이론

거래적 리더십	• 보상에 기초하여 부하들에게 영향력을 행사하는 것 • 예외에 의한 관리를 포함
변혁적 리더십	• 설득력과 지도력을 갖춘 이상적 영향력(카리스마)적 특성으로 인하여 부하직원들의 신뢰를 확보하고 리더에게 이끌리게 함으로써 이를 바탕으로 부하직원들에게 비전을 제시하여 그 비전달성을 위해 함께 협력할 것을 호소하는 것 • 부하에게 이상적인 방향을 제시하고 임파워먼트(empowerment)를 실시

- 임파워먼트: 개인이 자신이 일을 유능하게 수행할 수 있다는 느낌을 갖도록 확신을 심어주는 것
- 기업조직의 성공적인 현대적 리더십은 상위계층 리더에게는 서번트 리더십을 갖도록 하고, 하위계층 부하 직원들에게는 슈퍼 리더십을 통해 자율적 리더십을 갖도록 하는 것
- 예외에 의한 관리: 성과기준에 부합되지 않는 경우에만 수정조치를 취하는 것을 의미하는 소극적인 성격을 지닌 보상

■ 거래적·변혁적 리더의 특성

거래적 리더십
• 상황에 따른 보상: 노력과 보상을 교환하기로 계약하고, 좋은 성과에 대한 보상을 약속하며 성취를 인정함. • 예외에 의한 관리(적극적): 규칙과 표준으로부터의 이탈을 지켜보고 조사하며, 수정 조치를 취함. • 예외에 의한 관리(소극적): 표준이 충족되지 않을 경우에만 개입함. • 자유방임: 책임을 포기하고 의사결정을 회피함.

변혁적 리더십

- **카리스마**: 비전과 사명감을 제공하며 자긍심을 불어넣어주며, 존경과 신뢰를 얻음.
- **영감**: 높은 기대를 전달하고, 노력 집중을 위해 상징을 사용하며, 중요 목적을 단순하게 표현함.
- **지적 자극**: 지능, 합리성, 세심한 문제해결을 촉진함.
- **개별 배려**: 개인적 관심을 보이고, 각 종업원을 개별적으로 다루며, 코치하고, 조언함.

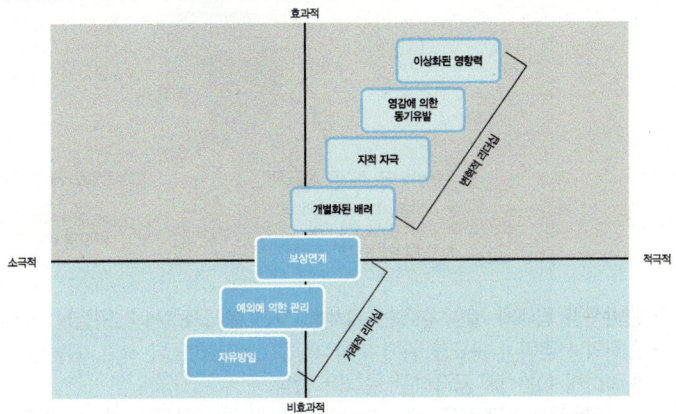

출처 B.M. Bass, "From Transactional to Transformational Leadership: Learning to Share the Vision", Organizational Dynamics, Winter 1990, p.22, 승인 얻음. American Management Association, New York.

■ 기타 리더십 유형

카리스마적 리더십	• 리더가 다른 사람들이 갖고 있지 못한 천부적인 특성을 갖고 있다고 부하 직원들이 느끼게 될 때 발휘되는 것 • 부하에게 높은 자신감을 보이며 매력적인 비전을 제시하지만, 위압적이고 충성심을 요구하는 측면이 있음 • 변혁적 리더십의 한 요소 **카리스마적 리더의 핵심 특성** 1. 비전과 명확한 표현: 현상보다 더 나은 미래를 그리는 하나의 비전을 갖고, 다른 사람에게 이해 가능한 용어로 비전의 중요성을 분명하게 설명할 수 있음. 2. 개별 위험: 높은 개별 위험을 떠안고, 고비용을 치르며, 그리고 비전을 달성하기 위해 자신을 기꺼이 희생하려 함. 3. 환경 민감성: 변화를 불러일으키는 데 필요한 환경 제한과 자원의 현실적인 평가를 할 수 있음. 4. 추종자 욕구에 대한 민감성: 다른 사람의 능력을 지각하고 그들의 욕구와 감정에 반응을 보임 5. 인습에 사로잡히지 않는 행동: 고상하고 규범에 반하는 것으로 지각되는 행동을 시작함
슈퍼 리더십	• 부하직원들을 스스로 판단하고 행동하여, 그 결과에 책임질 수 있는 자율적 리더로 키우는 것 • 부하의 주체적 존재를 인정하고 그 역량발휘를 지원하는 리더십 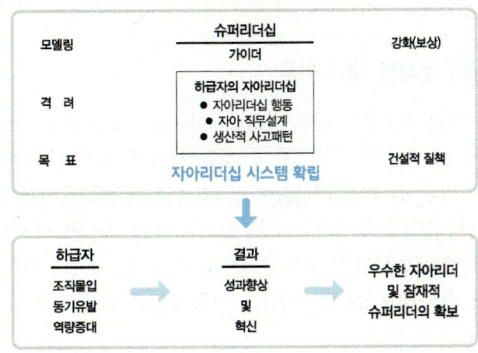

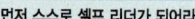

먼저 스스로 셀프 리더가 되어라
- 팀원들의 역할 모델이 되어라.
- expert power를 확보하라.

팀원을 셀프 리더로 만들어라
- 스스로의 목표설정을 장려하라.
- 긍정적 사고를 창출하라.
- 적절한 보상과 건설적 질책을 하라.

자율경영문화를 정착시켜라
- 자율성과 책임감을 존중하는 분위기를 형성하라.

서번트 리더십

- 일반적인 리더와 달리 섬기는 자세를 가진 봉사자로서의 역할을 먼저 생각하는 리더십
- 조직의 사명이나 목표를 위해 부하직원들이 헌신하도록 하고, 과업달성을 통해 부하직원들의 욕구를 충족하게 하는 데 궁극적인 목적이 있음
- 부하직원들의 창조성을 최대한 개발하고 완전한 헌신과 학습을 자연적으로 유도하는 학습조직에 유용한 리더십

〈주요특성〉

- 경청(listening)
  경청은 부하에 대한 존중과 수용적인 태도로 이해하는 것이다. 리더는 적극적이고 능동적인 경청을 해야 부하가 바라는 욕구를 명확히 알 수 있다.
- 공감(empathy)
  공감이란 차원 높은 이해심이라고 할 수 있는데 리더는 부하의 감정을 이해하고 이를 통해 부하가 필요한 것이 무엇인가를 알아내고 리드해야 한다.
- 치유(healing)
  치유는 리더가 부하들을 이끌어 가면서 보살펴 주어야 할 문제가 있는가를 살피는 것이다.
- 스튜어드십(stewardship)
  서번트 리더는 부하들을 위해 자원을 관리하고 봉사해야 한다.
- 부하의 성장을 위한 노력(commitment to the growth of people)
  리더는 부하들의 개인적 성장, 정신적 성숙 및 전문분야에서의 발전을 위한 기회와 자원을 제공해야 한다.
- 공동체 형성(building community)
  리더는 조직구성원들이 서로 존중하며, 봉사하는 진정한 의미의 공동체를 만들어 가야 한다.

출처 J.A. Conger and R.N., Kanungo, Charistmatic Leadership in Organizations (Thousand Oaks, CA: Sage, 1998), p.94

보충 리더십의 문제점 제기 이론

1. Kerr & Jermier의 리더십 대체이론(substitutes for leadership)
   리더십 대체이론은 부하특성, 과업특성, 조직특성들이 리더십 행동에 영향을 미치고 있고 리더의 행동을 대체할 수 있다는 이론이다. 리더십 대체물은 리더의 행동을 불필요하게 만드는 상황요인으로 부하의 전문가 지향 성향(리더가 지시하지 않아도 부하가 스스로 결과에 대한 책임을 지려는 성향)이 대표적인 예라고 할 수 있다. 리더십 중화물은 리더 행동의 유효한 기능을 방해하고 리더 행동의 효과를 약화 혹은 중화시키는 상황변수로 보상에 대해서 리더의 결정권이 없다면 리더십 발휘가 어렵게 될 것이다.

2. Calder의 리더십 귀인이론(Attribution theory of leadership)

   콜더(Calder)는 리더십이 특성이기는 하지만 중요한 것은 그것이 추종자들에 의해서 어떻게 지각되는가 하는 점이라고 주장하면서 리더십의 귀인이론(Attribution Theory of Leadership)을 제시. 즉, 추종자들은 어떤 지각과정을 거쳐서 자신들의 상사가 참여적 또는 독단적 리더라고 지각하게 되는지, 그 지각과정을 분석의 대상으로 삼는 것이 리더십의 귀인이론이다.

3. 팔로워십 이론(followership theory)

   리더십의 상대적인 개념. 조직의 구성원들을 이끌고 관리하는 자를 리더(지도자)라 한다면, 이 리더의 지시에 따르고 조직의 긍정적인 발전을 위해 노력하는 구성원을 팔로워(추종자)라 부른다. 그리고 리더를 도와 조직의 과업을 수행함에 있어 팔로워로서 갖추어야 할 역량과 바람직한 자세 내지 정신을 팔로워십(followership)이라 한다. 켈리(Robert E. Kelley) 교수는 그의 저서 『팔로워십의 힘』(The Power of Followership)에서 "조직의 성공에 있어 리더가 기여하는 바는 20% 정도에 불과하고 나머지 80%는 팔로워들의 기여에 의한 것이다"고 주장하고 있으며, 팔로워를 크게 4유형으로 분류하고 있다.

Ⅱ OX 문제

1. 조직의 명령계통상 지위와 관계없이 특별한 목표나 과업의 수행을 위해 구성되는 집단을 이익 집단이라고 한다.

2. 집단의 형성 단계에 대한 툭크맨(B.W.tuckman)의 모델은 형성기 → 갈등기 → 규범기 → 성취기 → 해체기의 순으로 집단이 형성된다고 보고 있다.

3. 1차 집단은 구성원 간의 관계가 지적·이성적이며 공식적·계약적이라는 특징이 있는 반면, 2차 집단은 구성원의 개인적·감정적 개입이 요구되고 구성원 간에 개인적·자발적 대면관계가 유지되는 특징이 있다.

4. 사회적 태만의 극복방법으로는 집단 크기의 적정화, 개인별 역할과 책임의 할당, 집단성과의 공정한 배분과 자율성의 확대를 들 수 있다.

5. 지각된 역할과 실제의 역할이 차이가 날 경우와 상사로부터 두 가지 이상의 역할을 동시에 수행해야 할 경우에 나타나는 문제를 역할 모호성이라고 한다.

6. 한 사람의 지위는 여러 요소가 복합되어 결정되는데, 그 사람이 어떤 관점에서 보면 지위가 높지만 다른 관점에서는 낮을 때 발생하는 현상을 역할 갈등이라고 한다.

7. 규범은 그 강도가 강할수록, 결정화(Crystalized) 정도가 높을수록 받아들여지기 쉽다. 또한 구성원의 성격과 역할에 따라서도 규범 수용도가 달라진다.

---

1. X | 이익집단이란 비공식적 집단의 한 형태로서 공동의 이해를 충족하기 위해 서로 모인 사람들의 연합체이다. 조직의 명령계통상 지위와 관계없이 특별한 목표나 과업의 수행을 위해 구성되는 집단은 과업 집단으로 공식적 집단의 한 유형이다.
2. O
3. X | 1차 집단은 비공식적 집단의 의미이며, 2차 집단은 공식적 집단의 의미로 해당 지문은 반대로 설명되어 있다.
4. X | • 사회적 태만의 원인: ① 개인의 공헌도 측정 곤란, ② 책임의 분산, ③ 집단의 크기, ④ 자율성의 확대
   • 사회적 태만의 극복방법: ① 집단 크기의 적정화, ② 개인별 역할과 책임의 할당, ③ 집단성과의 공정한 배분
5. X | • 역할모호성(role ambiguity): 역할을 맡은 사람이 개인의 직무·직책 과업 등이 명확하지 못하며 해야 하는 행동이 분명히 규정되어 있지 않을 때 그 역할을 맡은 사람이 경험하는 문제
   • 역할갈등(role conflict): 지각된 역할과 실제의 역할이 차이가 날 경우와 상사로부터 두 가지 이상의 역할을 동시에 수행해야 할 경우에 나타나는 문제
6. X | 지위불일치(status incongruence)에 대한 설명임.
7. O

8   집단의 목표가 조직목표와 일치하지 않은 경우라도, 집단의 응집력이 높은 경우는 조직 성과에 긍정적 효과를 가져올 수 있다.

9   임파워먼트(Empowerment)는 권한위임, 개인의 능력 및 에너지가 결합된 상태에서 팀 구성원의 과업에 대한 내적 동기를 유발시키는 것을 의미한다.

10 Communication에서 발신자가 전하고자 하는 것을 말, 글, 부호, 숫자, 몸짓으로 구체화하는 과정을 메시지 해독 과정이라고 한다.

11 조직구조상 동일한 계층에 속하지 않으며, 또한 동일한 명령계층에도 속하지 않는 하부단위 간의 커뮤니케이션으로서, 라인(line) 부문과 스태프(staff) 부문 간, 동태적 조직의 커뮤니케이션 유형을 수평적 커뮤니케이션이라고 한다.

12 집단의사결정의 부정적 현상으로는 책임회피, 동조현상, 집단전염, 집단공포심의 조장 등인데 가장 큰 문제점은 집단사고이다.

13 어떤 문제에 대해 집단의 구성원들이 처음에 가지고 있던 견해의 평균 반응이 집단 논의를 하고 난 후에 더 극단적으로 치우치게 되는 현상을 동조현상(Conformity)이라고 한다.

14 휴리스틱(Heuristics)이란 어떤 사안 또는 상황에 대해 엄밀한 분석에 의하기보다 제한된 정보만으로 즉흥적·직관적으로 판단·선택하는 의사결정 방식을 의미한다.

---

8   X | 집단의 목표가 조직목표와 일치하지 않을 경우 응집력이 높은 것이 오히려 역기능을 발휘하게 됨.
9   O
10 X | 발신자가 전하고자 하는 것을 말, 글, 부호, 숫자, 몸짓으로 구체화하는 과정은 기호화의 과정이며, 메시지 해독과정은 메시지를 받기 전에, 그 안에 있는 상징을 수신자가 이해할 수 있는 형태로 바꾸는 것을 의미한다.

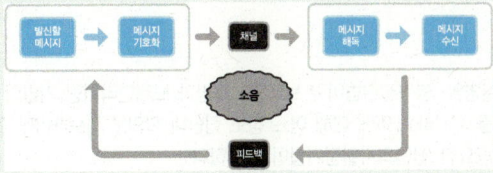

11 X | 조직구조상 동일한 계층에 속하지 않으며, 또한 동일한 명령계층에도 속하지 않는 하부단위 간의 커뮤니케이션으로서, 라인(line) 부문과 스태프(staff) 부문 간, 동태적 조직의 커뮤니케이션 유형은 대각적 커뮤니케이션을 의미하며, 수평적 커뮤니케이션이란 횡적 커뮤니케이션이라고도 불리우며 조직에서 위계수준이 같은 구성원이나 부서 간의 커뮤니케이션을 의미한다.
12 O
13 X | 집단극화(Group polarization)에 대한 설명임. 동조현상(Conformity)이란 개인이 집단의 영향을 받은 결과 개인과 집단의 일치도가 증가된 경우의 행동을 의미한다.
14 O

15 집단을 둘로 나누어 한 집단이 제시한 의견에 대해서 반론자로 지명된 집단의 반론을 듣고 토론을 벌여 본래의 안을 수정하고 보완하는 일련의 과정을 거친 후 최종 대안을 도출하는 집단의사결정 방법을 지명반론자법(Devil's Advocate Method: 악마의 옹호자법)이라고 한다.

16 명목집단법이란 오스본(A. Osborn)이 창의적 사고와 제안을 촉진시키기 위한 방법으로 개발하였으나 점차 문제해결을 위해 많은 수의 아이디어를 얻으려는 집단적인 창조적 사고방법으로 발전한 집단의사결정 기법이다.

17 합리적 의사결정의 과정은 문제 식별 → 대안개발 → 대안평가와 선정 → 실행의 단계 → 결과의 평가 과정을 거친다.

18 사이먼(H. Simon)은 의사결정자의 제한된 합리성으로 인해 이상적인 대안보다는 만족할 만한 대안을 찾는 것이 바람직하다는 이론을 제시했다.

19 합리적 의사결정 모형은 의사결정자가 완전한 합리성에 기초하여 최적의 의사결정을 한다고 보는 규범적인 의사결정 모형이다.

20 조직 내에서 자신의 권력과 이익을 최대화하기 위하여 행하는 정치적 행동을 조직정치라고 한다. 이를 줄이기 위해서 취할 수 있는 방법은 ① 파벌 해체 ② 상위목표의 도입 ③ 경쟁원천 감소 ④ 불확실성 감소 ⑤ 정치적 태도 배격 등이 있다.

21 맥클리랜드는 권력을 개인 중심적 권력과 사회 중심적 권력으로 구분하고 조직 내에서 권력이 정당하게 행사되고 수용되기 위해서는 개인 중심적 권력을 사용하여야 하며, 조직 내에서 사회 중심적 권력을 사용하게 되면 권력행사의 남용을 가져와 조직의 성과에 부정적인 영향을 미칠 수 있다고 주장하였다.

---

15 O
16 X | 브레인스토밍에 대한 설명임. 명목집단법이란 브레인스토밍과 브레인라이팅 기법의 장점들을 살리기 위해 고안된 방법으로서 많은 구성원이 아이디어를 제시하고 이에 대해 어느 정도 집단내 합의를 확보해야만 할 때 주로 사용되는 집단의사결정기법으로 리더의 역할과 능력이 중요한 집단의사결정기법이기도 하다.
17 O
18 O
19 O
20 O
21 X | 맥클리랜드는 권력을 개인 중심적 권력과 사회 중심적 권력으로 구분하고 조직 내에서 권력이 정당하게 행사되고 수용되기 위해서는 사회 중심적 권력을 사용하여야 하며, 조직 내에서 개인 중심적 권력을 사용하게 되면 권력행사의 남용을 가져와 조직의 성과에 부정적인 영향을 미칠 수 있다고 주장하였다.

22 분배적 협상(distributive negotiation)의 동기는 제로섬(zero sum)에 초점을 맞추고 있고, 통합적 협상(integrative negotiation)의 동기는 포지티브섬(positive sum)에 초점을 맞추고 있으며, 분배적 협상이 통합적 협상보다 정보의 공유가 상대적으로 많이 이루어지는 경향이 있다. ○ ×

23 BATNA는 협상당사자의 입장에서 합의를 수용하기 위한 근원적 이해의 한계가치(Threshold)가 되며 합의가능영역(ZOPA: Zone of Possible Agreement)의 존재 여부를 결정한다. ○ ×

24 리더십 행위이론이란 리더의 개인적 자질과 특성이 리더십에 영향을 준다고 보고 그 특성을 규명하려는 이론으로 리더십은 선천적으로 타고나는 것이라고 믿는 이론이다. ○ ×

25 리더십 유형에 관한 최초의 연구로서 배려-구조주도 모형은 레빈(K. Lewin)의 지도하에 리피트(R. Lippitt)와 화이트(R.K. White)는 10대 소년들을 대상으로 연구한 결과 리더십 행동유형이 전제적, 민주적, 방임형 스타일이 있다고 분류하였다. ○ ×

26 미시건(Michigan)학파의 리더십 연구는 리더행동을 배려(consideration)와 구조주도(initiating structure)로 나누었다. ○ ×

27 Fiedler의 상황이론에서 상황변수로 LPC 척도를 사용하였는데 동 점수가 높다는 것은 리더가 관계지향적인 리더임을 의미한다. ○ ×

---

22 × | 분배적 협상보다 통합적 협상의 경우에 정보의 공유가 더 많아진다.

구분	투쟁적 협상·분배적 협상 (Distributive Negotiation)	호혜적 협상·결합적 협상 (Integrative Negotiation)
협상형태	win-lose zero-sum game	win-win positive-sum game
협상이익의 배분	피자 나누기(fixed pizza-cutting) 정해진 협상이익을 분배	피자 만들기(larger pizza-cooking) 서로 협조하여 협상이익 자체를 크게 함
정보의 흐름	정보를 공개 안 함	정보를 공개함
상대의 이익	자기 주장만 함	상대의 요구사항과 입장을 이해하려 함
협상전략	비도덕적·기만적 술책	도덕적·협조적 전략

23 ○

24 × | 리더십 특성이론에 대한 설명임. 행위이론은 리더십의 연구방향을 리더의 행동에 두어 유능한 리더와 무능한 리더가 각각 어떻게 행동하는가에 초점을 맞춘 이론이다.

25 × | 아이오와 대학 모형에 대한 설명임.

26 × | 오하이오 주립대학의 리더십 연구에 관한 설명이다.

27 × | LPC 척도는 상황변수가 아니라 리더십 유형 분류를 위한 척도임.

28 피들러(Fiedler)는 리더십의 상황요인으로 리더부하 간의 관계와 과업구조(task structure) 및 직위권력(position power)을 제시하고 있다. ◯ ✕

29 Hersey와 Blanchard의 상황적 리더십이론(Situational Leadership Theory)은 리더의 행동유형을 과업중심적 리더행동과 관계중심적 리더행동으로 구분한다. ◯ ✕

30 경로-목표이론(Path-Goal Theory)은 리더의 행동유형을 지시적(directive), 후원적(supportive), 참여적(participative), 성취지향적(achievement oriented) 등의 4가지 유형으로 구분한다. ◯ ✕

31 브룸, 예튼, 예고(Vroom, Yetton & Jago)의 리더-참여 모형은 의사결정의 질, 부하의 참여 등의 상황변수를 고려하여 지도적 리더십, 지원적 리더십, 참여적 리더십, 성취지향적 리더십을 적절히 구사해야 한다고 보고 있다. ◯ ✕

32 허시(Hersey)와 블랜차드(Blanchard)의 상황모형에 의하면, 리더-부하 간 관계, 종업원의 동기, 종업원의 능력에 따라 리더십스타일이 달라질 필요가 있다. ◯ ✕

33 하우스(House)의 경로목표이론에서 환경적 요인(environmental factors)이란 부하의 경험과 능력, 부하의 성취욕구, 집단의 과업내용, 리더의 권한위치를 말한다. ◯ ✕

34 피들러(Fiedler)는 상황변수 3개를 이용하여 총 8가지 상황을 도출하였으며, 리더에게 호의적이나 비호의적이면 과업지향적 리더가 우수하고, 어중간한 상황이면 관계지향적 리더가 우수한 리더십으로 정의하고 있다. ◯ ✕

35 허쉬(Hersey)와 블랜차드(Blanchard)는 리더십을 지시적(telling), 설득적/지원형(selling), 참여적(participation), 위양적(delegating) 리더십으로 구분하였고 이에 상황변수는 종업원의 성숙도 변수 하나를 사용한 리더십 상황이론이다. ◯ ✕

28 ◯
29 ◯
30 ◯
31 ✕ | 지도적, 지원적, 참여적, 성취지향적 리더십으로 구분한 것은 하우스와 에반스의 경로-목표이론이다.
32 ✕, 리더십 수명주기이론에서는 상황변수가 종업원의 성숙도 하나이다.
33 ✕, 하우스의 경로목표이론에서 부하의 경험과 능력, 부하의 성취 욕구 등은 종업원의 특성변수에 해당한다.
34 ◯
35 ◯

36   기존의 이론들이 상사와 모든 부하의 관계가 동질적이라고 가정한 것에 반해, 리더-구성원 교환이론(leader-member exchange theory; LMX)의 경우는 상사와 부하의 관계가 각 부하에 따라 이질적인 형태의 차별대우가 이루어지고 있다는 상황을 가정하고 부하와 상사와의 관계에 따라 내집단과 외집단으로 분류하고 있다. ○ⅹ

37   블레이크와 머튼의 관리격자 모형에서는 리더가 처한 상황에 따라 리더십 스타일이 달라진다고 하였다. ○ⅹ

38   거래적 리더십(transactional leadership)은 조건적 보상, 예외에 의한 관리(management by exception), 자유방임으로 구성되며 지적인 자극, 이상적인 영향력 등은 영감, 개별적 배려 등과 함께 변혁적 리더십의 구성요소임. ○ⅹ

39   브룸(Vroom)과 예튼(Yetton)의 리더십 모형에서는 의사결정의 중요성과 관련된 속성 3가지와 의사결정의 수용도와 관련된 속성 4가지를 중심으로 이론을 전개하고, 리더십의 유형을 전제적 형태(autocratic type)의 AI, AII, 협의적 유형(consultation type)의 CI, CII, 그리고 집단적 유형(group type)의 GII로 리더십 유형을 분류하고 있다. ○ⅹ

40   '부하가 상사를 카리스마 리더로 인식할 때 조직성과가 높아지는 것이 아니라, 조직성과가 높은 경우 상사를 카리스마 리더로 인식하는 정도가 강해진다'는 연구결과는 리더십 귀인이론(attribution theory of leadership)의 예이다. ○ⅹ

41   스톡딜(Stogdill) 등은 OSU모형을 통해 부하의 직무능력과 감성지능이 높을수록 리더의 구조주도(initiating structure)행위보다는 종업원에 대한 배려 등이 부하의 절차적 공정성과 상호작용적 공정성에 대한 지각을 높인다고 주장하였다. ○ⅹ

36   ○
37   X丨블레이크(Blake)와 머튼(Mouton)의 관리격자 모형(managerial grid model)은 리더십 행위이론에 해당하며, 이러한 행위이론에는 아이오와 대학 모형, 미시간 대학 모형(Likert 모형), 오하이오 주립대학 모형(고려-구조주도 모형), 블레이크(Blake)와 머튼(Mouton)의 관리격자 모형(managerial grid model)이 해당된다. 아울러 리더가 처한 상황에 따라 리더십 스타일이 달라진다고 보는 상황이론에는 대표적으로 피들러(Fiedler)의 상황적합성 이론, 허쉬(Hersey)와 블랜차드(Blanchard)의 리더십 수명주기이론, 하우스와 에반스(House & Evans)의 경로-목표이론, 댄서로우(Dansereau)의 리더-구성원 교환관계이론(leader-member exchange theory ; LMX) 및 브룸과 예튼(Vroom & Yetton)의 의사결정 상황이론(리더십 규범이론) 등이 해당된다.
38   ○
39   ○
40   ○
41   ○

42 서번트 리더십(servant leadership)은 리더와 부하의 역할교환, 명확한 비전의 제시, 경청, 적절한 보상과 벌, 자율과 공식화를 통하여 집단의 성장보다는 집단의 효율성과 생산성을 높이는 데 초점을 두고 있다. (O | X)

43 변혁적 리더십(transformational leadership)은 영감을 주는 동기부여, 지적인 자극, 이상적인 영향력의 행사 및 개별적 배려 등으로 구성된다. 그러나 상황에 따른 보상, 예외에 의한 관리 및 자유방임 등은 거래적 리더십의 특징이다. (O | X)

44 슈퍼리더십(super leadership)을 발휘하는 리더는 부하를 강력하게 지도하고 통제하는 것이 아니라 스스로 판단하여 행동하는 셀프리더를 키우는 리더십이다. (O | X)

45 브룸(Vroom)과 예튼(Yetton)의 리더십 모형에서는 의사결정과 관련한 LBDQ(리더십 행위기술설문)을 활용하여 리더십 유형을 분류하였다. (O | X)

46 카리스마적 리더는 환경 및 상황에 민감하고, 구성원이 갖고 있는 욕구를 면밀히 파악하며, 이상적인 비전을 제시하고, 때로는 자기희생적 모범을 보임으로써 구성원들의 신뢰와 몰입을 이끌어내는 동시에 규범과 전통에 얽매이지 않는 자유로운 행동(예 폐기학습, 이완학습)을 할 수 있는 특성을 보인다. (O | X)

---

42 X | 서번트 리더십(servant leadership)은 공식화와 명확한 비전을 제시하고 있지는 않다. 아울러 집단의 효율성과 생산성보다 집단의 안정적 성장에 초점을 두고 있는 이론은 PM 이론으로 볼 수 있다.
43 O
44 O
45 X | LBDQ(리더십 행위 기술 설문)은 OSU모형에서 사용된 설문임.
46 O

III 개념정리 문제

1 조직행동의 집단 수준변수에 해당하는 것은? `2013 노무사`

① 학습　② 지각　③ 태도　④ 성격　⑤ 협상

2 다음 중 공식적 집단과 비공식적 집단에 대한 설명으로 알맞은 것은? `2005 공무원연금공단`

① 공식적 집단의 의사소통 통로를 grape vine이라고 한다.
② 공식집단은 합리성의 논리와 외재적 질서에 의해 운용된다.
③ 공식집단은 기업의 조직도상의 명문화된 조직으로 과업집단과 이익집단이 속한다.
④ 공식집단은 자연발생적으로 형성된 집단으로 동태적인 인간관계에 의한 조직이다.

3 다음 글에 대한 설명으로 알맞은 것은? `2009 한국전력공사`

> 소집단 구성원 간의 사회관계를 수량적으로 측정하여 집단 내의 인간관계를 표현하고, 집단의 상하관계를 측정하는 기법이다.

① 소시오 메트리 (sociometric)　② 그레이프 바인 (grape vine)
③ 조하리의 창 (Johari window)　④ 브레인스토밍 (brain storming)

4 Communication에서 전달된 메시지를 자신에게 주는 의미로 변환시키는 사고 과정은? `2015 노무사`

① 잡음(noise)　② 해독(decoding)　③ 반응(response)
④ 부호화(encoding)　⑤ 피드백(feedback)

5 조직차원의 공식적 커뮤니케이션이 아닌 것은? `2017 가맹거래사`

① 군집형 커뮤니케이션　② 대각선 커뮤니케이션
③ 수평적 커뮤니케이션　④ 상향식 커뮤니케이션
⑤ 하향식 커뮤니케이션

6 집단 내에 강력한 리더가 있는 것은 아니지만 어느 정도 대표성 있는 인물을 통해 비교적 공식적인 계층을 따라 의사소통이 신속하게 이루어지는 의사소통 네트워크 유형은? `2010 노무사`

① 완전연결형　② 바퀴형　③ 원형　④ 연쇄형　⑤ Y자형

7 다음 중 의사소통 경로에 관한 설명으로 알맞은 것은?

① 원형은 가장 이상적인 형태이다.
② 완전연결형은 만족도가 낮은 편에 속한다.
③ Y형은 공식적 작업집단에 부합된다.
④ 쇠사슬형은 의사결정의 수용도가 낮다.
⑤ 완전연결형은 의사소통의 속도가 느리다.

8 구성원들간 의사소통이 강력한 특정 리더에게 집중되는 유형은?

① 원형   ② Y자형   ③ 수레바퀴형
④ 사슬형   ⑤ 전체연결형

9 다음 중 완전연결형의 설명으로 알맞은 것은?

① 수용도는 낮은 편이며 의사결정속도가 빠르다.
② 권한집중은 중간이며 의사 결정속도가 중간이다.
③ 의사결정의 수용도가 중간이며 의사결정의 속도가 중간이다.
④ 리더 없이 구성원 스스로가 대화를 주도해 의사결정의 수용도도 아주 높고 의사결정의 속도가 빠른 의사소통 경로이다.

10 의사소통 경로에 대한 설명으로 틀린 것은?

① 완전연결형은 권한집중이 매우 낮은 편에 속하며, 주로 명령체계에 적용된다.
② 공식적 작업에 적용되는 형은 수레바퀴형이다.
③ 완전연결형은 의사소통의 속도가 빠르다.
④ 쇠사슬형은 의사결정의 수용도가 낮다.

11 다음 중 조직 내의 커뮤니케이션의 증대방안으로 알맞지 않은 것은?

① 고충처리제도   ② 문호개방정책   ③ 민원조사원제도   ④ 노동위원회제도

12 다음 중 개인의사결정보다 집단의사결정이 더 효과적인 경우는?

① 창의적인 과업인 경우 더 효과적이다.
② 비구조화된 과업인 경우 더 효과적이다.
③ 정확한 의사결정이 요구되는 과업인 경우 더 효과적이다.
④ 신속한 의사결정이 요구되는 과업인 경우 더 효과적이다.

13 전략적 의사결정의 특징으로 옳지 않은 것은? [2015 경영지도사]

① 전사적 ② 비반복적 ③ 비구조적 ④ 분권적 ⑤ 비정형적

14 델파이 기법에 관한 설명으로 옳지 않은 것은? [2015 가맹거래사]

① 전문가들을 두 그룹으로 나누어 진행한다.
② 많은 전문가들의 의견을 취합하여 재조정과정을 거친다.
③ 의사결정 및 의견개진 과정에서 타인의 압력이 배제된다.
④ 전문가들을 공식적으로 소집하여 한 장소에 모이게 할 필요가 없다.
⑤ 미래의 불확실성에 대한 의사결정 및 장기예측에 좋은 방법이다.

15 다음 중 집단 간 갈등의 원인으로 알맞지 않은 것은? [2005 서울시도시철도공사]

① 집단응집성이 증가한다. ② 부서 간의 영역이 모호하다.
③ 의견에 불일치가 발생할 때 갈등이 생긴다. ④ 한정된 자원을 많은 조직원이 사용해야 한다.

16 조직 내 집단 간의 갈등을 유발하는 원인이 아닌 것은? [2011 가맹거래사]

① 업무의 상호의존성 ② 보상구조 ③ 지각의 차이
④ 한정된 자원의 분배 ⑤ 상위목표

17 리더의 개인적인 성격특성에 기반을 둔 권력은? [2011 가맹거래사]

① 준거적 권력 ② 합법적 권력 ③ 보상적 권력
④ 강압적 권력 ⑤ 전문적 권력

18 프렌치와 레이븐이 구분한 5가지 권력 유형이 아닌 것은? [2016 공인노무사]

① 합법적 권력 ② 기회적 권력 ③ 강제적 권력
④ 보상적 권력 ⑤ 준거적 권력

19 프렌치와 레이븐(J.R. P. French & B. Raven)이 제시한 조직 내 권력(power)의 원천 5가지에 포함되지 않는 것은? [2015 경영지도사]

① 보상적 권력(reward power) ② 사회적 권력(social power)
③ 강압적 권력(coercive power) ④ 합법적 권력(legitimate power)
⑤ 전문적 권력(expert power)

20 조직에서 권력을 강화하기 위한 전술이 아닌 것은? 〈2014 노무사〉

① 목표관리　② 불확실한 영역에 진입　③ 의존성 창출
④ 희소자원 제공　⑤ 전략적 상황요인 충족

21 조직에서 권한 배분 시 고려해야 할 원칙이 아닌 것은? 〈2015 7급 공무원〉

① 명령통일의 원칙　② 방향일원화의 원칙
③ 책임과 권한의 균형 원칙　④ 명령계층화의 원칙

22 루블(Ruble)과 토마스(Thomas)의 갈등관리(갈등해결) 전략유형에 대한 설명으로 옳지 않은 것은? 〈2015 7급 공무원〉

① 강요(competing)전략은 위기 상황이나 권력 차이가 큰 경우에 이용한다.
② 회피(avoiding)전략은 갈등 당사자 간 협동을 강요하지 않으며 당사자 한쪽의 이익을 우선시하지도 않는다.
③ 조화(accommodating)전략은 사회적 신뢰가 중요하지 않은 사소한 문제에서 주로 이용된다.
④ 타협(compromising)전략은 갈등 당사자의 협동과 서로 이익을 절충하는 것으로 서로의 부분적 이익 만족을 추구한다.

23 갈등해결을 위한 협상전략 중 통합적 협상(integrative bargaining)의 특성이 아닌 것은? 〈2013 가맹거래사〉

① 양쪽 당사자 모두 만족할 만큼 성과를 확대한다.
② 나도 이기고 상대도 이기는 윈–윈 전략을 구사한다.
③ 당사자들 사이의 이해관계보다 각 당사자의 입장에 초점을 맞춘다.
④ 당사자들 간의 장기적 관계를 형성한다.
⑤ 정보공유를 통해 각 당사자의 흥미를 만족시킨다.

24 분배적 교섭의 특성에 해당되는 것은? 〈2014 노무사〉

① 나도 이기고 상대도 이긴다.
② 장기적 관계를 형성한다.
③ 정보공유를 통해 각 당사자의 관심을 충족시킨다.
④ 당사자 사이의 이해관계보다 각 당사자의 입장에 초점을 맞춘다.
⑤ 양 당사자 모두 만족할 만큼 파이를 확대한다.

25 다음 중 리더십 연구의 전개과정으로 알맞은 것은? [2006 한국농어촌공사]

① 특성이론 – 행위이론 – 상황이론 – 변혁적 리더십
② 특성이론 – 상황이론 – 변혁적 리더십 – 행위이론
③ 상황이론 – 행위이론 – 특성이론 – 변혁적 리더십
④ 상황이론 – 특성이론 – 변혁적 리더십 – 행위이론
⑤ 행위이론 – 상황이론 – 특성이론 – 변혁적 리더십

26 리더십 이론에 대한 설명으로 옳지 않은 것은? [2013 7급 공무원]

① 특성이론은 리더가 지녀야 할 공통적인 특성을 규명하고자 한다.
② 상황이론에서는 상황에 따라 적합한 리더십 유형이 달라진다고 주장한다.
③ 배려와 구조 주도에 따라 리더십 유형을 분류한 연구는 행동이론에 속한다.
④ 변혁적 리더십은 명확한 역할 및 과업요건을 제시하여 목표달성을 위해 부하들을 동기부여하는 리더십이다.

27 다음 중 리더십 행위이론으로 알맞지 않은 것은? [2005 한국수력원자력]

① Iowa 대학모형: 이 연구 결과로 민주적 리더의 유형이 가장 호의적이다.
② 관리격자이론: 대표적 리더십 이론을 5가지 분류하여 이 중에 단합형 리더가 가장 이상적이라고 하였다.
③ 경로 – 목표이론: 리더십이론 중 행위이론에 속한다.
④ Michigan 대학모형: 리더의 유형을 극단적으로 양분하여 직무중심적 리더와 종업원 중심적 리더로 구분하였다.

28 리더십연구 학자와 그 리더십 이론의 연결이 옳지 않은 것은? [2011 노무사]

① 피들러(Fiedler): 상황이론
② 허쉬와 블랜차드(Hersey & Blanchard): 경로 – 목표이론
③ 블레이크와 머튼(Blake & Mouton): 관리격자이론
④ 브룸과 이튼(Vroom & Yetton): 리더 – 참여 모형
⑤ 그린리프(Greenleaf): 서번트(servant) 리더십

29 다음 중 Iowa 대학모형에 대한 설명으로 알맞지 않은 것은? [2005 한국석유공사]

① 생산성의 측면에서는 민주적 리더십이 전제적 리더십보다 뛰어나다.
② 자유방임적 리더십은 리더의 자기 역할을 완전히 포기한 유형의 리더이다.
③ 민주적 리더십은 종업원의 의사결정에의 참여를 유도하고 자율성을 존중하는 리더이다.
④ 전제적 리더십은 집단행위관련 의사결정을 거의 혼자서 결정하고 일방적으로 지시하는 리더이다.

30 오하이오 주립대학 모형의 리더십 유형 구분은? `2012 노무사`

① 구조주도형 리더 - 배려형 리더
② 직무중심적리더 - 종업원중심적리더
③ 독재적 리더 - 민주적 리더
④ 이상형 리더 - 과업지향형 리더
⑤ 무관심형 리더 - 인간관계형 리더

31 블레이크와 머튼이 주장한 리더십 이론은? `2005 국민연금공단`

① 슈퍼 리더십
② 관리격자이론
③ 피들러의 LPC상황 이론
④ 수직쌍연결이론

32 다음 중 Fiedler의 상황이론(contingency model)에 대한 설명으로 알맞은 것은? `2005 인천국제공항`

① 동기부여이론에서 브룸의 기대이론을 근거로 연구하였다.
② (9, 9)등급인 단합형 리더가 가장 이상적이라고 주장하였다.
③ 리더의 유형을 수단적 리더십, 후원적 리더십, 참여적 리더십, 성취지향적 리더십으로 구분하였다.
④ 주요 상황변수로 리더-구성원관계, 과업구조, 리더의 직위권한을 제시하고 리더십의 유형을 과업지향적과 관계(종업원)지향적으로 구분한 리더십이론이다.

33 허시와 블랜차드의 상황적 리더십 이론에 관한 설명으로 옳은 것은? `2012 노무사`

① 부하의 성과에 따른 리더의 보상에 초점을 맞춘다.
② 리더는 부하의 성숙도에 맞는 리더십을 행사함으로써 리더십 유효성을 높일 수 있다.
③ 리더가 부하를 섬기고 봉사함으로써 조직을 이끈다.
④ 리더십 유형은 지시형, 설득형, 거래형, 희생형의 4가지로 구분된다.
⑤ 리더십에 영향을 줄 수 있는 상황적 요소는 과업구조, 리더의 지위권력 등이다.

34 다음 중 하우스의 경로-목표이론에서 성취지향적 리더십의 설명으로 알맞은 것은? `2005 한국관광공사`

① 도전적인 작업목표의 설정과 의욕적인 목표달성행동을 강조하며, 부하들의 능력을 믿고 그들로부터 의욕적인 성취동기행동을 기대한다.
② 종업원들과 정보를 공유하며 자문과 제안을 유도한다.
③ 후원적 분위기 조성을 위해서 노력한다.
④ 조직 등 공식적 활동을 강조한다.

35 경로-목표(path-goal theory)의 상황이론에서 구분한 리더십의 유형으로 알맞은 것은? `2007 한국철도공사`

① 지시적 리더십, 관계지향적 리더십
② 종업원중심형 리더십, 과업중시형 리더십
③ 권위형 리더, 협의형 리더, 참여적 리더십
④ 지시적 리더십, 후원적 리더십, 참여적 리더십, 성취지향적 리더십

36 브룸의 기대이론을 바탕으로 리더십이론을 전개한 이론은? [2006 한국토지주택공사]

① 미시건 모형 ② 관리격자이론 ③ 경로-목표이론
④ 피들러의 상황적응적 이론 ⑤ 규범적 의사결정모형

37 배스(B. M. Bass)의 변혁적 리더십에 포함되는 4가지 특성이 아닌 것은? [2015 경영지도사]

① 카리스마(이상적 영향력) ② 영감적 동기부여 ③ 지적인 자극
④ 개인적 배려 ⑤ 성과에 대한 보상

38 변혁적 리더가 갖추어야 할 자질이 아닌 것은? [2014 노무사]

① 조건적 보상 ② 비전 제시능력 ③ 신뢰 확보
④ 비전 전달능력 ⑤ 설득력과 지도력

39 현대적 리더십 이론의 하나인 변혁적 리더십에서 변혁적 리더의 특성이 아닌 것은? [2011 노무사]

① 카리스마 ② 영감고취 ③ 지적인 자극
④ 개별적 배려 ⑤ 예외에 의한 관리

40 다음 중 변혁적 리더십에 대한 설명으로 알맞지 않은 것은? [2010 한국가스공사]

① 의식, 가치관이나 태도의 혁신을 추구한다.
② 감정에 호소하여 의사나 가치관을 변혁시킨다.
③ 거래적 리더십의 비판에 의하여 출발한 리더십이다.
④ 조직원 하나하나의 관심사를 파악하여 구성원의 변화와 변혁을 일으킨다.

41 부하들 스스로가 자신을 리드하도록 만드는 리더십은? [2013 노무사]

① 슈퍼 리더십 ② 서번트 리더십 ③ 카리스마적 리더십
④ 거래적 리더십 ⑤ 코칭 리더십

42 다음 중 리더십 이론에 대한 설명으로 알맞은 것은? [2007 한국공항공사]

① 서번트(servant)리더십은 타인을 위한 봉사에 초점을 둔다.
② 카리스마리더십은 하급자들을 셀프 리더로 키우는 리더십을 말한다.
③ 성취지향적 리더십은 공식적 활동을 강조한다.
④ 변혁적 리더십은 거래적 리더십에 상반되는 개념으로서 감정에 의존하는 리더십이다.

43 리더십에 관한 설명으로 옳지 않은 것은? _{2017 공인노무사}

① 거래적 리더십은 리더와 종업원 사이의 교환이나 거래관계를 통해 발휘된다.
② 서번트 리더십은 목표달성이라는 결과보다 구성원에 대한 서비스에 초점을 둔다.
③ 카리스마적 리더십은 비전 달성을 위해 위험감수 등 비범한 행동을 보인다.
④ 변혁적 리더십은 장기비전을 제시하고 구성원들의 가치관 변화와 조직 몰입을 증가시킨다.
⑤ 슈퍼 리더십은 리더가 종업원들을 관리하고 통제할 수 있는 힘과 기술을 가지도록 하는 데 초점을 둔다.

44 하우스(R. House)가 제시한 경로-목표이론의 리더십 유형에 해당하지 않는 것은? _{2020 공인노무사}

① 권한위임적 리더십   ② 지시적 리더십   ③ 지원적 리더십
④ 성취지향적 리더십   ⑤ 참가적 리더십

45 MBO에서 목표설정 시 SMART원칙으로 옳지 않은 것은? _{2020 공인노무사}

① 구체적(specific)이어야 한다.
② 측정가능(measurable)하여야 한다.
③ 조직 목표와의 일치성(aligned with organizational goal)이 있어야 한다.
④ 현실적이며 결과지향적(realistic and result-oriented)이어야 한다.
⑤ 훈련가능(trainable)하여야 한다.

46 다음 중 생산성이 저하될 위험이 가장 큰 상황에 해당되는 것은? _{2021 9급 군무원}

① 집단 응집력이 높고 집단과 조직목표가 일치하는 경우
② 집단 응집력이 높지만 집단과 조직목표가 일치하지 않는 경우
③ 집단 응집력이 낮지만 집단과 조직목표가 일치하는 경우
④ 집단 응집력이 낮고 집단과 조직목표가 일치하지 않는 경우

47 진성 리더십(authentic leadership)의 내용과 관련이 없는 것은? _{2021 9급 군무원}

① 명확한 비전제시   ② 리더의 자아인식
③ 내재화된 도덕적 신념   ④ 관계의 투명성

48 기업 간 경쟁이 심화되고 소비자의 욕구가 빠르게 변화할수록 기업은 이러한 상황에 재빠르게 대응하고 해당 현장에서 즉각적 문제해결이 가능하도록 하기 위한 리더십이 필요하다. 이러한 상황에 가장 효과적으로 대응할 수 있는 리더십으로 옳은 것은? _{2021 5급 군무원}

① 셀프(자기)리더십   ② 변혁적 리더십   ③ 과업지향형 리더십   ④ 카리스마 리더십

49 허시(P. Hersey)와 블랜차드(K. Blanchard)가 제시한 상황적 리더십 이론(Situational Leadership Theory, SLT)에서 아래의 리더십 유형(leadership style)별로 리더의 과업지향적 행위(directive behavior)와 관계지향적 행위(supportive behavior)의 수준을 설명한 것 중 가장 옳은 것은?

2021 5급 군무원

① 지시형(directing) : 높은 과업지향적 행위, 높은 관계지향적 행위
② 코치형(coaching) : 낮은 과업지향적 행위, 높은 관계지향적 행위
③ 지원형(supporting) : 높은 과업지향적 행위, 낮은 관계지향적 행위
④ 위임형(delegating) : 낮은 과업지향적 행위, 낮은 관계지향적 행위

50 다음 중 변혁적 리더십(transformational leadership)의 특징에 대한 설명으로 가장 옳지 않은 것은?

2022 7급 군무원

① 부하들의 관심사와 욕구 등에 관하여 개별적인 관심을 보여준다.
② 부하들에게 즉각적이고 가시적인 보상으로 동기 부여한다.
③ 부하들에게 칭찬과 격려를 함으로써 부하들의 사기를 진작시켜 업무를 추진한다.
④ 부하들이 모두 공감할 수 있는 바람직한 목표를 위해 노력하도록 동기 부여한다.

51 다음 중에서 리더십의 관점이 아닌 것은?

2022 9급 군무원

① 전술이론   ② 특성이론   ③ 행동이론   ④ 상황이론

52 개인적 권력에 해당하는 것은?

2021 9급 군무원

① 부하 직원의 휴가 요청을 받아들이지 않을 수 있는 영향력
② 다른 직원에게 보너스를 제공하는 것을 결정 할 수 있는 영향력
③ 높은 지위로 인해 다른 직원에게 작업 지시를 내릴 수 있는 영향력
④ 다른 직원에게 전문지식을 제공하여 발생하는 영향력

53 조직으로부터 나오는 권력을 모두 고른 것은?

2021 공인노무사

| ㄱ. 보상적 권력 | ㄴ. 전문적 권력 | ㄷ. 합법적 권력 |
| ㄹ. 준거적 권력 | ㅁ. 강제적 권력 | |

① ㄱ, ㄴ, ㄷ   ② ㄱ, ㄴ, ㄹ   ③ ㄱ, ㄷ, ㅁ   ④ ㄴ, ㄹ, ㅁ   ⑤ ㄷ, ㄹ, ㅁ

54 다음 설명에 해당하는 의사결정기법은?　　　2021 공인노무사

- 자유롭게 아이디어를 제시할 수 있다.
- 타인이 제시한 아이디어에 대해 비판은 금지된다.
- 아이디어의 질보다 양을 강조한다.

① 브레인스토밍(brainstorming)
② 명목집단법(nominal group technique)
③ 델파이법(delphi technique)
④ 지명반론자법(devil's advocacy)
⑤ 프리모텀법(premortem)

55 다음 중 조직 몰입(organizational commitment)에 대한 설명으로 가장 옳지 않은 것은?　　　2022 5급 군무원

① 조직 몰입은 조직에 대한, 그리고 조직의 목표에 대한 인식을 분명히 한 상태에서 그 조직에 남아 조직의 일원이 되고자 하는 바람의 정도이다.
② 감정적 조직 몰입은 조직에 남아 있는 이유가 조직에 대한 강한 애정일 때 나타난다.
③ 규범적 조직 몰입은 조직에 남아 있는 이유가 자신이 떠난 이후에 회사에 미칠 피해 등으로 인한 걱정, 도덕적, 윤리적 책임감 때문일 때 나타난다.
④ 재무적 조직 몰입은 조직에 남아 있는 이유가 생계, 경제적 가치를 위한 것일 때 나타난다.

56 경영자의 의사결정 접근법 중 합리성 모델에 대한 주장으로 옳지 않은 것은?　　　2024 9급 군무원

① 목적 지향적이고 논리적이다.
② 만족할 만한 대한을 해결안으로 받아들인다.
③ 조직의 이해를 최대한 반영한다.
④ 문제가 명확하고, 모호하지 않다.

57 집단사고의 증상에 해당하지 않는 것은?　　　2023 공인노무사

① 자신의 집단은 잘못된 의사결정을 하지 않는다는 환상
② 의사결정이 만장일치로 이루어져야 한다는 환상
③ 반대의견을 스스로 자제하려는 자기검열
④ 외부집단에 대한 부정적인 상동적 태도
⑤ 개방적인 분위기를 형성해야 한다는 압력

58 효과적인 의사소통을 방해하는 요인 중 발신자와 관련된 요인이 아닌 것은?　　　2024 공인노무사

① 의사소통 기술의 부족
② 준거체계의 차이
③ 의사소통 목적의 결여
④ 신뢰성의 부족
⑤ 정보의 과부하

59 킬만(T. Kilmann)의 갈등관리 유형 중 목적달성을 위해 비협조적으로 자기 관심사만을 만족시키려는 유형은?

2024 공인노무사

① 협력형   ② 수용형   ③ 회피형   ④ 타협형   ⑤ 경쟁형

60 직무스트레스에 관한 설명으로 옳지 않은 것은?

2022 공인노무사

① 직무스트레스의 잠재적 원인으로는 환경요인, 조직적 요인, 개인적 요인이 존재한다.
② 직무스트레스 원인과 경험된 스트레스 간에 조정변수가 존재한다.
③ 사회적 지지는 직무스트레스의 조정변수이다.
④ 직무스트레스 결과로는 생리적 증상, 심리적 증상, 행동적 증상이 있다.
⑤ 직무스트레스와 직무성과간의 관계는 U자형으로 나타난다.

61 피들러의 상황적합 리더십이론에 관한 설명으로 옳지 않은 것은?

2023 공인노무사

① LPC 척도는 가장 선호하지 않는 동료 작업자를 평가하는 것이다.
② LPC 점수를 이용하여 리더십 유형을 파악한다.
③ 상황요인 3가지는 리더-부하관계, 과업 구조, 부하의 성숙도이다.
④ 상황의 호의성이 중간정도인 경우에는 관계지향적 리더십이 효과적이다.
⑤ 상황의 호의성이 좋은 경우에는 과업지향적 리더십이 효과적이다.

62 번스(J. Burns)의 변혁적리더십(transformational leadership)의 하부 요인으로 가장 적절하지 않은 것은?

2023 9급 군무원

① 카리스마   ② 지적 자극   ③ 자기 통제   ④ 영감적 동기화

63 변혁적 리더십의 구성요소 중 다음 내용에 해당하는 것은?

2024 공인노무사

- 높은 기대치를 전달하고, 노력에 집중할 수 있도록 상징을 사용
- 미래에 대한 매력적인 비전 제시, 업무의 의미감 부여, 낙관주의와 열정을 표출

① 예외에 의한 관리   ② 영감적 동기부여   ③ 지적 자극
④ 이상적 영향력   ⑤ 개인화된 배려

IV 심화 문제

1 툭크맨(B. W. Tuckman)은 집단 발전의 과정을 5단계로 설명하였다. 마지막 단계인 해체기(adjourning)를 제외한 나머지 발전의 단계들이 가장 적절한 순서로 연결된 것은?

2008 CPA

① 격동기(storming) – 형성기(forming) – 규범기(norming) – 성과수행기(performing)
② 격동기(storming) – 규범기(nor-ming) – 형성기(forming) – 성과수행기(performing)
③ 형성기(forming) – 규범기(norming) – 격동기(storming) – 성과수행기(performing)
④ 형성기(forming) – 격동기(storming) – 규범기(norming) – 성과수행기(performing)
⑤ 규범기(norming) – 격동기(stor-ming) – 성과수행기(performing) – 형성기(forming)

2 최근 많은 기업들이 팀 제도를 도입하고 있다. 팀 제도를 도입하였을 때 나타나는 일반적인 특성으로 가장 적합하지 않은 것은?

1999 CPA

① 기능 중심에서 과제 중심으로 조직구조가 변한다.
② 관리업무가 강화된다.
③ 의사결정이 신속해진다.
④ 이질성과 다양성이 결합되어 시너지 효과가 달성된다.
⑤ 자율권과 책임이 강화된다.

3 집단에서 함께 일을 하다보면 무임승차 또는 편승(social loafing)하려는 사람이 생기게 마련이다. 개인이 혼자 일할 때보다 집단으로 일하면 노력을 덜 하려는 이같은 현상을 줄이기 위한 방안으로서 가장 적절하지 않은 것은?

2008 CPA

① 과업을 전문화시켜 책임소재를 분명하게 한다.
② 개인별 성과를 측정하여 비교할 수 있게 한다.
③ 팀의 규모를 늘려서 각자의 업무 행동을 쉽게 관찰할 수 있게 한다.
④ 본래부터 일하려는 동기 수준이 높은 사람을 고용한다.
⑤ 직무충실화를 통해 직무에서 흥미와 동기가 유발되도록 한다.

4 커뮤니케이션 네트워크 유형에 대한 다음 설명 중 가장 적절하지 못한 것은?

1999 CPA

① 쇠사슬(chain)형은 구성원의 집단에 대한 몰입이 높다.
② 수레바퀴(wheel)형은 구성원의 만족도가 낮다.
③ Y형은 커뮤니케이션 속도가 빠르다.
④ 원(circle)형은 태스크포스나 위원회에 많이 사용된다.
⑤ 완전연결(all channel)형은 모든 구성원들 사이에 직접 커뮤니케이션이 이루어진다.

5 의사결정에 관한 설명으로 옳지 않은 것은? `2015 경영지도사`

① 합리적 의사결정은 문제 식별 → 대안개발 → 대안평가와 선정 → 실행의 단계를 거친다.
② 불확실성의 상황에서 의사결정을 할 때에도 미래 상황에서의 객관적 확률을 알 수 있다.
③ 사이먼(H. Simon)은 의사결정자의 제한된 합리성으로 인해 이상적인 대안보다는 만족할 만한 대안을 찾는 것이 바람직하다는 이론을 제시했다.
④ 의사결정은 프로그램적(programmed) 의사결정과 비프로그램적(nonprogrammed) 의사결정으로 구분할 수 있다.
⑤ 경영과정 전반에 걸친 경영 활동은 의사결정의 연속이라고 할 수 있다.

6 집단과 의사결정에 관한 설명으로 가장 적절하지 않은 것은? `2021 CPA`

① 집단발전의 단계 중 형성기(forming)는 집단의 목적·구조·리더십을 정하는 과정이 불확실하다는 특징을 가지고 있다.
② 1차 집단은 구성원 간의 관계가 지적·이성적이며 공식적·계약적이라는 특징이 있는 반면, 2차 집단은 구성원의 개인적·감정적 개입이 요구되고 구성원 간에 개인적·자발적 대면관계가 유지되는 특징이 있다.
③ 규범(norm)은 집단 구성원이 주어진 상황에서 어떤 행동을 취해야 하는지에 대한 행동의 기준을 말한다.
④ 집단의사결정은 비정형적 의사결정(non-programmed decisions)에서 개인의사결정에 비해 그 효과가 더 높게 나타날 수 있다.
⑤ 의사결정이 이루어지는 과정은 문제의 인식 및 진단, 대안의 개발, 대안 평가 및 선택, 최선책의 실행, 결과의 평가로 이루어진다.

7 조직에서의 집단의사결정에 대한 설명으로 옳지 않은 것은? `2018 7급 감사직`

① 집단의사결정은 개인의사결정보다 다양한 관점을 고려할 수 있다.
② 집단의사결정은 구성원의 참여의식을 높여 구성원에게 만족감을 줄 수 있다.
③ 집단의사결정은 집단사고를 통해 합리적이고 합법적인 최선의 의사결정을 도출해 낼 수 있다.
④ 집단의사결정 기법에는 명목집단법, 델파이법, 변증법적 토의법 등이 있다.

8 의사결정에 대한 다음의 설명 중 가장 적절한 것들로 구성된 것은? `2000 CPA`

> a. 합리적 의사결정 모형은 의사결정 자가 완전한 합리성에 기초하여 최적의 의사결정을 한다고 보는 규범적인 의사결정 모형이다.
> b. 의사결정이 이루어지는 과정은 문제의 인식, 대체안의 개발, 대체안의 선택, 선택안의 실행, 결과의 평가로 이루어진다.
> c. 집단 의사결정에서는 리더가 정보를 충분히 공개하고, 자신의 의견을 먼저 명확하게 제시하는 것이 효과적이다.
> d. 집단 의사결정에서는 창의성 발휘가 쉬워서 창의성을 촉진하기 위한 별도의 조치는 필요하지 않다.

① a, b   ② b, c   ③ a, d   ④ b, d   ⑤ c, d

9 의사결정과 관련된 서술 중 가장 적절하지 않은 것은? 2009 CPA

① 브레인스토밍 방법을 적용할 때에는 자유롭게 의견을 개진할 수 있는 분위기를 조성하는 것이 중요하다.
② 명목집단법을 적용할 때에는 구성원 간의 토론과 토론 사회자의 역할이 중요하다.
③ 사이먼의 제한된 합리성 모형(이론)에 의하면 의사결정을 할 때, 최적의 대안보다는 만족스러운 대안을 선택하게 된다.
④ 지명 반론자법을 적용할 경우, 집단 사고현상을 방지할 수 있다.
⑤ 집단구성원의 응집력이 강할수록 집단사고현상이 발생할 가능성이 커진다.

10 조직 내에서 권한(authority)과 권력(power)에 대한 설명으로 옳지 않은 것은? 2016 7급 감사직

① 권한은 조직 내 직위에서 비롯된 합법적인 권리를 말한다.
② 권력을 휘두르기 위해서 반드시 많은 권한을 가질 필요는 없다.
③ 관리자는 종업원에게 권한을 이양할 때, 그에 상응하는 책임을 부여하여 권한이 남용되지 않도록 해야 한다.
④ 사장이 누구를 만날지, 언제 만날지를 결정할 수 있는 비서는 권력은 작으나 권한은 크다.

11 프렌치(French)와 레이븐(Raven)이 제시한 권력의 원천 중 조직의 공식적 지위와 관련되지 않은 것만으로 묶인 것은? 2005 CPA

> a. 보상적 권력(reward power)   b. 강압적 권력(coercive power)   c. 합법적 권력(legitimate power)
> d. 전문적 권력(expert power)   e. 준거적 권력(referent power)

① a, b   ② b, c   ③ c, d   ④ d, e   ⑤ a, e

12 다음 중 적절한 항목만을 모두 선택한 것은? 2017 CPA

> a. 프렌치와 레이븐이 제시한 권력의 원천 중 준거적 권력은 개인의 특성보다는 조직의 특성에 기반을 둔 권력이다.
> b. 집단 의사결정 방식 중 구성원 간 상호작용을 제한하는 정도는 브레인스토밍보다 명목집단법이 더 강하다.
> c. 자원의 크기가 고정되어 있을 때, 이해관계가 상반되는 양 당사자가 자신의 몫을 극대화하려는 협상방식을 분배적 협상이라고 한다.
> d. 몰입의 상승이란 의사결정의 속도와 질을 높여주는 의사결정 현상을 말한다.

① b   ② c   ③ a, d   ④ b, c   ⑤ b, c, d

13 권력 및 리더십에 관한 설명으로 가장 적절하지 않은 것은?   2020 CPA

① 서번트 리더십(servant leadership)은 리더가 섬김을 통해 부하들에게 주인의식을 고취함으로써 그들의 자발적인 헌신과 참여를 제고하는 리더십을 말한다.
② 리더십 특성이론은 사회나 조직체에서 인정되고 있는 성공적인 리더들은 어떤 공통된 특성을 가지고 있다는 전제하에 이들 특성을 집중적으로 연구하여 개념화한 이론이다.
③ 카리스마적 리더십(charismatic leadership)은 리더가 영적, 심적, 초자연적인 특질을 가질 때 부하들이 이를 신봉함으로써 생기는 리더십을 말한다.
④ 다양한 권력의 원천 가운데 준거적 권력(referent power)은 전문적인 기술이나 지식 또는 독점적 정보에 바탕을 둔다.
⑤ 임파워먼트(empowerment)는 부하직원이 스스로의 책임 하에 주어진 공식적 권력, 즉 권한을 행사할 수 있도록 해주는 것을 말하며, 조직 내 책임경영의 실천을 위해 중요하다.

14 갈등과 협상에 관한 설명으로 가장 적절하지 않은 것은?   2018 CPA

① 분배적 협상(distributive negotiation)의 동기는 제로섬(zero sum)에 초점을 맞추고 있고, 통합적 협상(integrative negotiation)의 동기는 포지티브섬(positive sum)에 초점을 맞추고 있다.
② 분배적 협상보다 통합적 협상에서 정보의 공유가 상대적으로 많이 이루어지는 경향이 있다.
③ BATNA(best alternative to a negotiated agreement)가 얼마나 매력적인가에 따라서 협상 당사자의 협상력이 달라진다.
④ 갈등관리유형 중 회피형(avoiding)은 자기에 대한 관심과 자기주장의 정도가 높고 상대에 대한 관심과 협력의 정도가 낮은 경우이다.
⑤ 통합적 협상에서는 제시된 협상의 이슈(issue)뿐만 아니라 협상 당사자의 관심사(interests)에도 초점을 맞추어야 좋은 협상결과가 나온다.

15 리더십에 관한 다음의 설명 가운데 옳지 않은 것은?   2003 CPA

① 리더십 상황이론(contingency theories of leadership)에 따르면, 리더십의 효과성은 리더의 개인적 요소와 상황적 요소의 상호작용에 의해 결정된다.
② Hersey와 Blanchard의 상황적 리더십이론(Situational Leadership Theory)은 리더의 행동유형을 과업중심적 리더행동과 관계중심적 리더행동으로 구분한다.
③ Fiedler의 상황이론에 의하면, LPC점수가 높다는 것은 리더에게 주어진 상황이 우호적임을 의미한다.
④ 경로-목표이론(Path-Goal Theory)은 리더의 행동유형을 지시적(directive), 후원적(supportive), 참여적(participative), 성취지향적(achievement oriented) 등의 4가지 유형으로 구분한다.
⑤ 변혁적 리더(Transformational leader)는 조직 또는 집단이 추구할 비전(vision)을 제시한다.

16 리더십이론에 관한 다음의 서술 중 가장 적절한 것은? 2004 CPA

① 미시건(Michigan)학파의 리더십 연구는 리더행동을 배려(consideration)와 구조주도(initiating structure)로 나누었다.
② 피들러(Fiedler)의 리더십 모형은 리더와 부하의 관계의 친밀도, 과업의 구조, 리더의 부하에 대한 권력 정도를 리더십을 둘러싼 상황요인으로 보았다.
③ 블레이크와 머튼(Blake & Mouton)의 리더십이론은 인간 중심과 과업 중심으로 리더십의 차원을 나누고 부하의 성숙도에 따라 지시형, 지도형, 위임형, 참여형 중 적절한 리더십을 발휘할 수 있다고 보았다.
④ 브룸, 예튼, 예고(Vroom, Yetton & Jago)의 리더-참여 모형은 의사결정의 질, 부하의 참여 등의 상황변수를 고려하여 지도적 리더십, 지원적 리더십, 참여적 리더십, 성취지향적 리더십을 적절히 구사해야 한다고 보고 있다.
⑤ 리더-부하 교환이론(leader-member exchange theory)에서는 리더가 부하를 차별적으로 대하는 것은 바람직하지 않으며 내부자 집단이나 외부자 집단이나 똑같이 대우해야 한다.

17 리더십의 상황이론에 대한 설명으로 가장 적절한 것은? 2005 CPA

① 이상적인 리더십스타일은 인간에 대한 관심과 생산에 대한 관심이 모두 높은 경우이다.
② 하우스(House)는 리더십을 지시적, 후원적, 참여적, 성취지향적 스타일로 구분하여 각각에 적합한 의사결정 상황을 제시하고 있다.
③ 일반적으로 전제적(authoritative) 리더보다 민주적(democratic) 리더가 높은 성과를 내는 경향이 있다.
④ 허시(Hersey)와 블랜차드(Blanchard)의 상황모형에 의하면, 리더-부하 간 관계와 부하의 성숙도에 따라 리더십스타일이 달라질 필요가 있다.
⑤ 피들러(Fiedler)는 리더십의 상황요인으로 과업구조(task structure)와 직위권력(position power)을 제시하고 있다.

18 피들러(Fiedler)의 리더십 이론에 관한 서술 중에 가장 적절한 것은? 2006 CPA

① 리더십 스타일을 지시형, 위임형, 참여형, 지도형의 4가지로 나누었다.
② 상황에 따른 리더의 의사결정능력과 비전을 강조하였다.
③ LPC 점수로 리더를 둘러싸고 있는 상황요인을 측정하였다.
④ 리더에게 유리한 상황부터 불리한 상황까지 8가지 상황으로 분류하였다.
⑤ 리더십 스타일은 부하의 참여도와 성숙도에 따라 달라진다.

19 리더십 이론에 대한 설명 중 가장 적절 하지 않은 것은? `2007 CPA`

① 허시와 블랜차드(Hersey and Blanchard)의 상황적 리더십이론은 지시형(telling), 지도형(selling), 참여형(participating), 위임형(delegating)의 리더십스타일을 제시하였다.
② 허시와 블랜차드(Hersey and Blanchard)의 상황적 리더십이론에서는 부하의 성숙도를 부하의 능력과 의지측면에서 분류하였다.
③ 브룸과 예튼(Vroom and Yetton)의 규범적 리더십모형에서는 의사결정과정에서 리더가 선택할 수 있는 리더십스타일을 5가지로 나누었다.
④ 하우스(House)의 경로목표이론에서 환경적 요인(environmental factors)이란 부하의 경험과 능력, 부하의 성취욕구, 집단의 과업내용, 리더의 권한위치를 말한다.
⑤ 피들러(Fiedler)의 리더십상황이론에서는 LPC척도를 이용하여 리더의 유형을 관계지향적 리더와 과업지향적 리더로 분류하였다.

20 리더십이론에 대한 설명 중 가장 적절하지 않은 것은? `2009 CPA`

① 피들러(Fiedler)의 리더십 상황이론에 의하면 리더가 처한 상황이 비호의적인 경우 LPC(least preferred co-worker) 점수가 낮은 리더십 스타일이 적합하다.
② 하우스(House)의 경로목표이론에 의하면 내재적 통제위치를 갖고 있는 부하에게는 지시적 리더십 스타일이 적합하다.
③ 허시(Hersey)와 블랜차드(Blanchard)의 리더십 상황이론에서는 상사의 리더십 스타일을 관계행위와 과업행위로 구분하고, 하급자의 성숙도는 능력과 의지로 측정하고 있다.
④ 허시(Hersey)와 블랜차드(Blanchard)에 의하면 부하의 의지와 능력이 모두 높은 경우에는 위양형(위임형) 리더십 스타일이 적절하다.
⑤ 변혁적 리더(transformational leader)는 부하 개개인을 관심있게 지켜보며, 개인적으로 조언한다.

21 리더십 이론에 관한 설명으로 가장 적절한 것은? `2012 CPA`

① 하우스의 경로-목표이론(path-goal theory)에서는 리더의 유형을 지시적, 민주적, 참여적, 성취지향적 리더십으로 구분하고, 환경 특성과 부하 특성에 따라 리더십 스타일이 달라진다고 하였다.
② 피들러의 이론에서는 리더의 특성을 LPC(least preferred co-worker) 설문에 의해 측정하고, LPC 점수가 높을수록 과업지향적 리더십으로 정의하고 있다.
③ 피들러는 상황이 리더에게 호의적인 경우에 과업지향적 리더십 스타일이 적합하다고 주장하였다.
④ 허쉬와 블랜차드의 이론에 의하면 하급자(부하)의 능력과 의지가 낮은 경우에는 참여형 리더십 스타일이 적합하다.
⑤ 허쉬와 블랜차드의 이론에서는 관계 행위(배려)가 높고 과업행위(구조주도)가 낮은 리더를 지시형으로 정의하고 있다.

22 리더십 이론에 관한 설명으로 가장 적절한 것은? 〔2015 CPA〕

① 피들러의 상황이론에 의하면, 리더가 처한 상황이 매우 호의적이거나 매우 비호의적인 경우에는 LPC 점수가 높은 리더가 적합하다.
② 리더-구성원 교환관계이론은 상사와 모든 부하 간 동질적 관계를 가정한다.
③ 허쉬와 블랜차드의 상황이론에 의하면, 부하의 성숙도가 매우 낮거나 매우 높은 경우에는 위임형 리더십 스타일이 적합하다.
④ 블레이크와 머튼의 관리격자 모형에서는 리더가 처한 상황에 따라 리더십 스타일이 달라진다고 하였다.
⑤ 하우스의 경로-목표이론에서는 리더의 유형을 지시적, 지원적, 참여적, 성취지향적 리더십으로 구분한다.

23 리더십 이론에 관한 설명으로 가장 적절한 것은? 〔2016 CPA〕

① 거래적 리더십(transactional leader-ship)은 조건적 보상, 예외에 의한 관리(management by exception), 지적인 자극, 이상적인 영향력의 행사로 구성된다.
② 피들러(Fiedler)의 리더십 모형은 리더를 둘러싼 상황을 과업의 구조, 부하와의 관계, 부하의 성취욕구, 작업 환경으로 구분한다.
③ 브룸(Vroom)과 예튼(Yetton)의 리더십 모형은 리더십의 스타일을 리더와 부하의 관계의 질에 따라 방임형, 민주형, 절충형, 독재형의 4가지 형태로 나눈다.
④ 허쉬(Hersey)와 블랜차드(Blan-chard)는 부하의 성숙도를 부하의 능력(ability)과 의지(willingness), 두 가지 측면에서 파악하여 4가지로 나누었다.
⑤ 블레이크(Blake)와 머튼(Mouton)은 (1,1)형 리더를 이상적인 리더십 스타일로 규정하였다.

24 리더십 이론에 관한 설명으로 가장 적절하지 않은 것은? 〔2017 CPA〕

① 하급자에게 분명한 업무를 부여하는 행위는 오하이오 주립대학교(Ohio State University) 리더십 행동연구에서 구조주도(initiating structure) 측면에 해당한다.
② 허쉬(Hersey)와 블랜차드(Blancha-rd)의 상황적 리더십 이론(situational leadership theory)은 과업 특성에 따라 리더십 스타일의 유효성이 달라진다고 주장한다.
③ 피들러(Fiedler)의 리더십 상황모형에서 높은 LPC(Least Preferred Co-worker) 점수는 관계지향적 리더십 스타일을 의미한다.
④ 리더십 대체이론(substitutes for leadership)에 따르면 집단의 높은 응집력은 리더의 관계지향적 행위를 대체할 수 있다.
⑤ '부하가 상사를 카리스마 리더로 인식할 때 조직성과가 높아지는 것이 아니라, 조직성과가 높은 경우 상사를 카리스마 리더로 인식하는 정도가 강해진다'는 연구결과는 리더십 귀인이론(attribution theory of leadership)의 예이다.

25 리더십 이론에 관한 설명으로 가장 적절한 것은?   2018 CPA

① 변혁적 리더십(transformational leadership)은 영감을 주는 동기부여, 지적인 자극, 상황에 따른 보상, 예외에 의한 관리, 이상적인 영향력의 행사로 구성된다.
② 피들러(Fiedler)는 과업의 구조가 잘 짜여져 있고, 리더와 부하의 관계가 긴밀하고, 부하에 대한 리더의 지위 권력이 큰 상황에서 관계지향적 리더가 과업지향적 리더보다 성과가 높다고 주장하였다.
③ 스톡딜(Stogdill)은 부하의 직무능력과 감성지능이 높을수록 리더의 구조주도(initiating structure)행위가 부하의 절차적 공정성과 상호작용적 공정성에 대한 지각을 높인다고 주장하였다.
④ 허쉬(Hersey)와 블랜차드(Blanchard)는 부하의 성숙도가 가장 낮을 때는 지시형 리더십(telling style)이 효과적이고 부하의 성숙도가 가장 높을 때는 위임형 리더십(delegating style)이 효과적이라고 주장하였다.
⑤ 서번트 리더십(servant leadership)은 리더와 부하의 역할교환, 명확한 비전의 제시, 경청, 적절한 보상과 벌, 자율과 공식화를 통하여 집단의 성장보다는 집단의 효율성과 생산성을 높이는 데 초점을 두고 있다.

26 변혁적 리더십(transformational leadership)에 관한 다음의 설명 중 가장 적절하지 않은 것은?   2010 CPA

① 번즈(Burns)와 배스(Bass)는 변혁적 리더십을 제시하면서 기존의 리더십을 거래적 리더십(transactional leadership)이라고 하였다.
② 변혁적 리더십은 예외에 의한 관리(management by exception)를 포함하기도 한다.
③ 변혁적 리더십은 추종자들이 개인적인 성장을 할 수 있도록 그들의 욕구를 파악하는 등 부하 개개인들에 대한 배려(consideration)를 포함하기도 한다.
④ 변혁적 리더십은 부하들에 대한 지적 자극(intellectual stimulation)을 포함하기도 한다.
⑤ 변혁적 리더십은 카리스마(charisma)를 포함하기도 한다.

27 리더십(leadership) 이론에 관한 설명으로 가장 적절하지 않은 것은?   2011 CPA

① 서번트 리더십은 개별적 배려, 지적 자극, 영감에 의한 동기부여, 비전 제시와 내재적 보상을 통해서 부하를 이끄는 리더십이다.
② 리더와 부하와의 관계, 과업의 구조, 리더의 직위권력(position power)은 피들러(Fiedler)가 상황적 리더십 이론에서 고려한 3가지 주요 상황요인이다.
③ 오하이오 주립대학교(Ohio State University)의 리더십 행동연구에서는 리더십을 구조주도(initiating structure)와 배려(consideration)의 두 차원으로 나누었다.
④ 블레이크와 머튼(Blake and Mouton)은 일에 대한 관심(concern for production)과 사람에 대한 관심(concern for people)을 두 축으로 하여 관리격자형(managerial grid) 리더십 모형을 제시하였다.
⑤ 거래적 리더십(transactional leader-ship)은 부하의 노력과 성과에 따라 보상을 한다.

28 다음 중 변혁적 리더십에 관한 설명으로 틀린 것은?   〔2011 국민연금공단〕

① 지도자가 부하들에게 기대되는 비전을 제시하고 그 비전 달성을 위해 함께 힘쓸 것을 호소하여 부하들의 가치관과 태도의 변화를 통해 성과를 이끌어내려는 지도력에 관한 이론이다.
② 바스(Bass)는 변혁적 리더십을 리더와 부하가 상호 간 더 높은 도덕적 및 동기적 수준을 갖도록 만드는 과정이라고 본다.
③ 리더가 부하들에게 장기적 비전을 제시하고 그 비전을 향해 매진하도록 부하들로 하여금 자신의 정서·가치관·행동규범 등을 바꾸어 목표달성을 위한 성취의지와 자신감을 고취시키는 과정으로 본다.
④ 거래적 리더십이론은 변혁적 리더십이론을 비판하면서 등장한 이론이다.

29 다음 중 리더십에 관한 설명으로 알맞지 않은 것은?   〔2007 한국토지주택공사〕

① 변혁적 리더는 거래적 리더의 비판에서 시작된 것으로 조직 또는 집단이 추구할 비전을 제시한다.
② 경로-목표이론은 리더의 유형을 수단적, 참여적, 후원적, 성취지향적 리더로 구분했다.
③ 피들러의 상황적 리더십이론은 리더의 유형을 과업중심적과 관계중심적 리더 두 가지로 구분할 수 있다.
④ 피들러의 상황이론에 의하면 LPC점수가 높다는 것은 리더에게 주어진 상황이 우호적이며 과업 지향적이다.
⑤ 리더십 상황이론에 따르면 리더십의 효과성은 리더의 개인적 요소와 상황적 요소의 상호작용에 의해 결정된다.

30 리더십에 대한 다음의 설명 중 가장 적절한 것들로 구성된 것은?   〔2000 CPA〕

> a. 변혁적 리더십(transformational leadership)을 발휘하는 리더는 부하에게 이상적인 방향을 제시하고 임파워먼트(empowerment)를 실시한다.
> b. 거래적 리더십(transactional leadership)을 발휘하는 리더는 비전을 통한 단결, 비전의 전달과 신뢰의 확보를 강조한다.
> c. 카리스마적 리더십(charismatic leadership)을 발휘하는 리더는 부하에게 높은 자신감을 보이며 매력적인 비전을 제시하지만, 위압적이고 충성심을 요구하는 측면이 있다.
> d. 수퍼 리더십(super leadership)을 발휘하는 리더는 부하를 강력하게 지도하고 통제하는 데 역점을 둔다.

① a, b   ② a, c   ③ b, c   ④ b, d   ⑤ c, d

31 리더십이론에 관한 설명으로 가장 적절한 것은?

① 허시(Hersey)와 블랜차드(Blanchard)의 상황이론에 따르면 설득형(selling) 리더십 스타일의 리더보다 참여형(participating) 리더십 스타일의 리더가 과업지향적 행동을 더 많이 한다.
② 피들러(Fiedler)의 상황이론에 따르면 개인의 리더십 스타일이 고정되어 있지 않다는 가정 하에 리더는 상황이 변할 때마다 자신의 리더십 스타일을 바꾸어 상황에 적응한다.
③ 블레이크(Blake)와 머튼(Mouton)의 관리격자이론(managerial grid theory)은 리더십의 상황이론에 해당된다.
④ 거래적 리더십(transactional leadership)이론에서 예외에 의한 관리(management by exception)란 과업의 구조, 부하와의 관계, 부하에 대한 권력행사의 예외적 상황을 고려하여 조건적 보상을 하는 것이다.
⑤ 리더-구성원 교환관계이론(LMX: leader-member exchange theory)에서는 리더와 부하와의 관계의 질에 따라서 부하를 내집단(in-group)과 외집단(out-group)으로 구분한다.

32 리더십에 관한 설명으로 가장 적절하지 않은 것은? `2021 CPA`

① 권한(authority)은 직위에 주어진 권력으로서 주어진 책임과 임무를 완수하는 데 필요한 의사결정권을 의미한다.
② 진성 리더(authentic leader)는 자신의 특성을 있는 그대로 인식하고 내면의 신념이나 가치와 일치되게 행동하며, 자신에게 진솔한 모습으로 솔선수범하며 조직을 이끌어가는 사람을 말한다.
③ 리더십 행동이론은 리더의 실제행동에 초점을 두고 접근한 이론으로서 독재적-민주적-자유방임적 리더십, 구조주도-배려 리더십, 관리격자 이론을 포함한다.
④ 카리스마적 리더(charismatic leader)는 집단응집성 제고를 통해 집단사고를 강화함으로써 집단의사 결정의 효과성을 더 높일 가능성이 크다.
⑤ 리더가 부하의 행동에 영향을 주는 방법에는 모범(emulation), 제안(suggestion), 설득(persuasion), 강요(coercion) 등이 있다.

33 리더십에 관한 설명으로 가장 적절하지 않은 것은? `2022 CPA`

① 리더십은 리더가 부하들로 하여금 변화를 통해 조직목표를 달성하도록 영향력을 행사하는 과정이다.
② 리더는 외집단(out-group)보다 내집단(in-group)의 부하들과 질 높은 교환관계를 가지며 그들에게 더 많은 보상을 한다.
③ 피들러(Fiedler)의 리더십 상황모형에서 낮은 LPC(least preferred co-worker) 점수는 과업지향적 리더십 스타일을 의미한다.
④ 위인이론(great man theory)은 리더십 특성이론(trait theory) 보다 리더십 행동이론(behavioral theory)과 관련성이 더 크다.
⑤ 변혁적 리더(transformational leader)는 이상화된 영향력, 영감에 의한 동기 유발, 지적 자극, 개인화된 배려의 특성을 보인다.

34 조직에서 많이 활용되는 집단의사결정기법(group decision making technique)에 대한 설명으로 가장 옳지 않은 것은?

① 브레인스토밍(brainstorming)이란 특정한 문제나 주제에 대하여 두뇌에서 폭풍이 몰아치듯 생각나는 아이디어를 가능한 한 많이 산출하도록 유도하는 방법을 의미한다.
② 고든법(Gordon method)에서는 분석하는 대상의 상위 개념을 제시하여 그것을 바탕으로 연상에 의해 새로운 아이디어를 찾아내는 방법으로서 브레인스토밍에 비해 상대적으로 아이디어의 질을 중시한다.
③ 델파이법(Delphi method)에서는 전문가 집단의 의견과 판단을 추출하고 종합하기 위하여 동일한 전문가 집단에게 설문조사를 실시하여 집단의 의견을 종합하고 정리하는 방식의 순환적 집단 의사결정과정을 중요하게 인식한다.
④ 명목집단법(nominal group techniques)이란 의사결정에 참여한 구성원 집단을 둘로 나누어서 한 집단이 제시한 의견에 대하여 반론 집단의 비판을 들으면서 본래의 의사결정대안을 수정하고 보완하는 방법이다.

35 다음 중 리더십에 관련된 이론에 대한 설명으로 가장 옳지 않은 것은?

① 하우스(House)의 경로목표이론에서 상황적 변수는 집단의 과업내용, 부하의 경험과 능력, 부하의 성취욕구이다.
② 거래적 리더십(transaction leadership)은 장기적인 목표를 강조해 부하들이 창의적 성과를 낼 수 있게 환경을 만들어 주며, 새로운 변화와 시도를 추구하게 된다.
③ 변혁적 리더십(transformational leadership)은 영감적동기와 지적자극과 같은 방법을 통해서 부하들의 행동에 변화를 일으키는 리더십이다.
④ 리더-멤버 교환이론(LMX)이론에서 내집단(in-group)은 리더와 부하와의 교환관계가 높은 집단으로 승진의 기회가 생기면 리더는 내집단을 먼저 고려하게 된다.

36 하우스(House)와 미첼(Mitchell)이 제시한 리더십 상황이론인 경로목표이론(path-goal theory)에서 제시된 리더십 행동 유형에 대한 설명 중 가장 적절하지 못한 것은?

① 지시적 리더(directive leader) - 하급자가 어떤 일정에 따라 무슨 일을 해야 할지 스스로 결정하여 추진하도록 지시하는 유형
② 지원적 리더(supportive leader) - 하급자의 복지와 안녕 및 그들의 욕구에 관심을 기울이고 구성원 간에 상호 만족스러운 인간관계를 조성하는 유형
③ 참여적 리더(participative leader) - 하급자들을 주요 의사결정에 참여시키고 그들의 의견 및 제안을 적극 고려하는 유형
④ 성취지향적 리더(achievement - oriented leader) - 도전적인 목표를 설정하고 성과 향상을 추구하며 하급자들의 능력 발휘에 대해 높은 기대를 설정하는 유형

37 블레이크(R. Blake)와 머튼(J. Mouton)의 관리격자(managerial grid)에 대한 설명으로 가장 적절하지 않은 것은? 〔2023 7급 군무원〕

① 생산에 대한 관심과 인간에 대한 관심 정도에 따라 리더의 유형을 분류한다.
② 중간형은 생산에 대한 관심과 인간에 대한 관심 모두 보통인 유형이다.
③ 컨트리클럽형은 근로자의 사기 증진을 강조 하여 조직의 분위기를 편안하게 이끌어 나가지만 작업 수행과 임무는 소홀히 하는 경향이 있다.
④ 과업형 리더에게는 생산에 대한 관심을 높일 수 있는 훈련을 통해 이상형 리더로 발전시켜야 한다.

38 리더십에 관한 설명으로 가장 적절하지 않은 것은? 〔2023 CPA〕

① 리더십 특성이론(trait theory)은 사회나 조직에서 인정받는 성공적인 리더들은 어떤 공통된 특성을 갖고 있다는 전제하에 이들 특성을 연구하여 개념화한 이론이다.
② 하우스(House)는 리더십 스타일을 지시적(directive), 후원적(supportive), 참여적(participative), 성취지향적(achievement-oriented)으로 구분한다.
③ 리더-구성원 교환(leader-member exchange, LMX)이론은 리더와 개별 구성원의 역할과 업무 요구사항을 명확히 함으로써 부서내 구성원의 목표 달성을 돕는다.
④ 스톡딜과 플레쉬맨(Stogdill & Fleishman)이 주도한 오하이오주립대학(OSU)의 리더십 연구는 리더의 행동을 구조주도(initiating structure)와 인간적 배려(consideration)의 두 차원으로 구분한다.
⑤ 피들러(Fiedler)의 상황적합모델은 리더십을 관계중심(relationship oriented)과 과업중심(task oriented) 리더십으로 구분한다.

39 다음은 리더십 이론에 관한 여러 설명들이다. 이들 중 가장 적절하지 않은 것은? 〔2024 7급 군무원〕

① 블레이크와 머튼(Blake and Mouton)의 관리격자 모형(Managerial Grid Model)에서는 상황의 특성과 관계없이 생산과 인간 모두에 높은 관심을 가지는 '팀형(9, 9) 리더십' 스타일을 가장 이상적인 유형으로 본다.
② 허쉬와 블랜차드(Hersey and Blanchard)의 상황적 리더십 이론은 리더십 스타일을 지시형(telling), 지도형(selling), 참여형(participating), 위임형(delegating)으로 구분한다.
③ 하우스(House)의 경로-목표 이론에 의하면, 외재적 통제위치를 갖고 있는 부하에게는 참여적 리더십이 적합하다.
④ 오하이오 주립대학의 리더십 행동 연구에서는 리더십을 구조주도(initiating structure)와 배려(consideration)의 두 차원으로 나누었다.

40 리더십에 관한 설명으로 가장 적절하지 않은 것은?

① 전문적권력(expert power)과 준거적권력(referent power)은 공식적 지위가 아닌 개인적 특성에 기인한 권력이다.
② 피들러(Fiedler)는 리더십 상황이 리더에게 불리한 경우에는 과업지향적 리더보다 관계지향적 리더가 더 효과적이라고 주장하였다.
③ 미시간대학교(University of Michigan)의 리더십 모델에서는 리더십 유형을 생산중심형(production-oriented)과 종업원중심형(employee-oriented)의 두 가지로 구분한다.
④ 사회화된 카리스마적 리더(socialized charismatic leader)는 조직의 비전 및 사명과 일치하는 행동을 강화하기 위해 보상을 사용한다.
⑤ 서번트 리더(servant leader)는 자신의 이해관계를 넘어 구성원의 성장과 계발에 초점을 맞춘다.

Chapter 3 조직차원의 조직행동: 거시조직론

I 핵심정리

❶ 조직 구조와 조직설계

1) 조직설계의 의의

의미	조직의 전략 및 조직환경에 적합한 조직구조를 선택하는 의사결정 과정 - 어떻게 생산성 높은 조직을 만들 것인가, 즉 어떻게 만들면 효율적이고 조직목표에 효과적일까

기본 변수	1) 복잡성: 조직의 다양한 과업들이 수직적, 수평적으로 세분화되는 정도
	  - 분화(differentiation)와 통합(integration): 조직의 목적을 달성하기 위하여 수행하는 활동을 여러 개의 하부단위나 부서로 나누는 것을 의미함(분업의 원리를 조직설계에 응용하는 것)
	    ① 수평적 분화: 조직의 과업이 세분화된 상태
	      [직무전문화(specialization) / 부문화(departmentation)]
	    ② 수직적 분화: 최고관리자로부터 근로자 사이의 계층의 수
	      [감독폭 - 한 감독자가 다루어야 할 부하의 숫자]
	
	▶ 관리폭과 경영계층의 관계 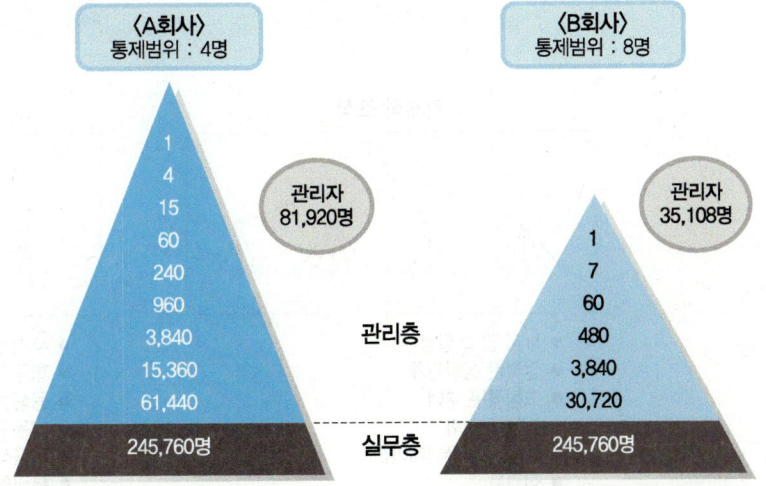
	• 부하에 대한 통제가 쉽다.
	• 상하 간 의사소통이 왜곡될 수 있다. • 부하에 대한 통제가 어렵다.
	    • 상하 간 의사소통이 신속·정확하다.
	    • 부하들의 자율성이 높다.

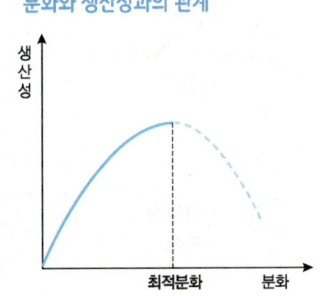

분화와 생산성과의 관계

출처 임창희, 조직행동론(5판), 비엔엠북스

	2) 분권화: 권력과 권한이 조직의 최고 경영층에서 하위 경영층에 이르기까지 조직 전체에 걸쳐 체계적으로 위양되어 있는 정도 3) 공식화: 조직 내 업무 표준화 정도를 결정하는 과정으로 절차, 규칙, 정책 등이 정형화 또는 명문화되어 있는 상태	
상황 변수	• 조직의 환경 • 조직의 기술	• 조직의 규모 • 조직의 전략

■ **상황변수**

1) 환경

(1) 번즈 & 스톨커의 연구

		기계적 조직	유기적 조직
	목표	효율의 극대화, 생산성 향상	유연성, 적응력 향상
조직 구조	• 공식화 • 권한배분 • 분화	• 높다 • 집권화 • 전문화, 엄격한 부문화 • 통제 범위 축소	• 낮다 • 분권화 • 늦은 전문화, 교차적 기능별 팀 • 통제 범위 확대
조직 활동	• 의사소통 • 회사결정 • 조정	• 공식적 커뮤니케이션 • 하향적 커뮤니케이션 • 명령계통 명확 • 상급자의 조정	• 비공식적 커뮤니케이션 • 쌍방향 커뮤니케이션 • 정보흐름 유연성 • 개인의 능력별 상호 조정 • 자발적 조정
조직 설계의 관점		관료제론(bureaucracy)	애드호크라시(adhocracy) 이론

```
       안정적 환경                    가변적 환경
           ↓                            ↓
       기계적 조직                   유기적 조직
```

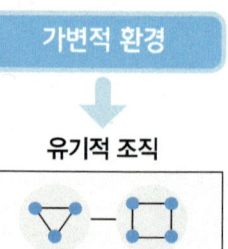

- 부서 간 이질성
- 엄격한 상하관계
- 고정직무 부여
- 높은 공식화
- 공식적 커뮤니케이션
- 집권화

- 부서 간 유사성
- 협동관계
- 융통성 있는 직무배분
- 낮은 공식화
- 비공식 커뮤니케이션
- 분권화

출처 임창희, 조직행동론(5판), 비엔엠북스

(2) 로렌스와 로쉬의 연구

환경의 불확실성	높음	중간	낮음
차별화의 정도	높음	중간	낮음
통합의 정도	다양함	중간	단순함

2) 규모: 대규모, 소규모

구분	큰 규모	작은 규모
분화	높은 분화	낮은 분화
분권화	분권화	집권화
공식화	공식화	비공식화

3) 기술

(1) 우드워드(woodward) 연구: 제조업을 대상으로 연구, 기술의 복잡성

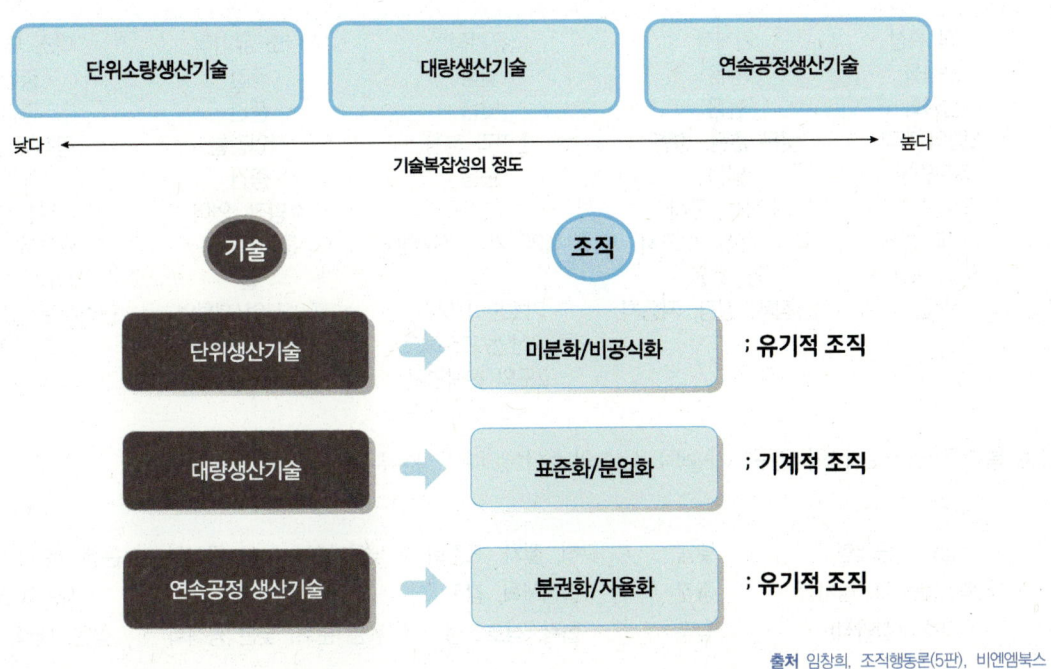

출처 임창희, 조직행동론(5판), 비엔엠북스

- 단위생산기술, 연속공정생산기술: 낮은 분화, 분권화, 비공식화 (유기적 구조)
- 대량생산기술: 높은 분화, 공식화, 집권화(기계적 구조)

(2) **페로우(Perrow)의 연구**: 서비스업과 일반기업까지 확대하여 연구, 기술분류

기술구분의 기준		문제와 예외발생 빈도	
		적음(반복)	많음(변화)
예외발생 시 분석가능성 (해결 용이성)	쉬움 (체계적)	기술유형 Ⅰ 단순기술	기술유형 Ⅱ 공학기술
	어려움 (직관적)	기술유형 Ⅲ 장인기술	기술유형 Ⅳ 복잡기술

기술유형	예	조직설계
Ⅰ 단순기술	가전제품조립, 의료보험공단	공식화, 집권화
Ⅱ 공학기술	건설토목공사, 컴퓨터고장수리	표준화, 분권화
Ⅲ 장인기술	보석가공, 전문가구공장	자율화, 분권화, 분업화
Ⅳ 복잡기술	항공산업, 경영컨설팅	자율화, 분권화, 통합화

구분 \ 기술	일상적 기술	비일상적 기술	장인 기술	공학적 기술
조직 특성	기계적	유기적	다소 유기적	다소 유기적
공식화	높음	낮음	중간	중간
집권화	높음	낮음	중간	중간
스텝의 자격	낮은 훈련, 경험	훈련과 경험	작업경험	공식적 훈련
감독범위	넓음	좁음	중간	중간
의사소통	수직적, 문서	수평적	수평적, 언어	문서, 언어
조정과 통제	규칙, 예산, 보고서	회의, 가치관(규범)	훈련, 모임	보고서, 모임
중점 목표	양, 효율	질	질	신뢰성, 효율성
산업	석유정제, 철강, 자동차	기초분야/우주항공산업/프로젝트/고도의 전략연구	공예산업/제화업/가구수선업	건축/주문생산/회계사의 기술

(3) **톰슨(Thompson)의 연구**: 기술의 상호의존성에 따라 분류

구분	상호 의존성	조정 기반	조직구조	예
집합적(중개형)	낮음	규칙, 절차, 표준화	낮은 분화, 높은 공식화	은행, 복덕방, 우체국
연속적(순차적, 장치형)	중간	일정계획, 감독	중간 정도	자동차 조립
교호적(집약적)	높음	협력, 상호조정	높은 분화, 낮은 공식화	병원, 대학, 실험실

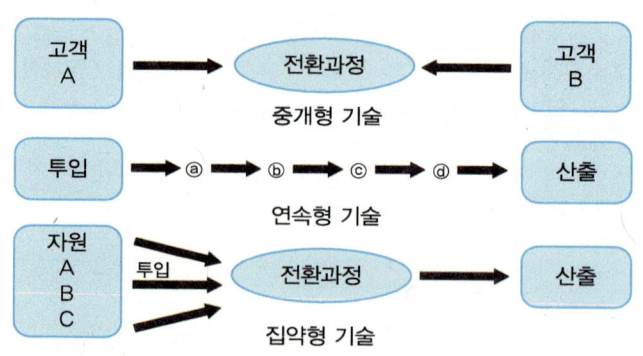

4) 전략

- 챈들러(Chandler): 1909년부터 1959년까지 100여개 기업에 대한 조사를 통해 '조직구조는 전략을 따른다'라는 명제 발표
  - 생산 제품의 복잡성에 따라 단순구조조직에서 기능식조직구조로, 기능식조직에서 제품별 및 분산형 구조로 변화
- 마일즈 & 스노우(Miles & Snow) 전략
  - 전략 유형에 따른 조직구조와 관리특성의 차이 발견
  - 기업 유형 분류: 방어형, 혁신형(공격형) 분석형, 반응형

〈마일즈 & 스노우 전략〉

	방어형	혁신형	분석형
제품/시장전략	• 소수의 안정된 제품계열 • 규모의 경제에 의한 비용효율성 • 시장침투	• 다수의 변동적 계획계열 • 제품혁신과 시장에 대한 즉각적 반응 • 신시장에 최초진입	• 안정적, 변동적 제품 계열 • 공정변화와 계획적 혁신 • 개선된 제품으로 시장에 후발진입
연구개발	공정기술과 제품개선	• 제품설계 • 시장조사	제품 및 공정변화
생산	• 대량생산 • 저가의 전용장비와 공정	유연한 장비와 프로세서	저가생산으로 전환하기 위한 프로젝트
조직구조	기능식 조직	사업부 조직	프로젝트. 매트릭스 조직
통제과정	• 중앙집권적 통제 • 계획에 의한 통제	• 분권화 • 결과에 의한 통제	• 안정적 단위는 계획에 의한 통제 • 프로젝트는 결과에 의한 통제
인적자원관리활동 계획과정	계획 → 실행 → 평가	실행 → 평가 → 계획	평가 → 실향 → 계획
기본역할	유지	혁신	조정
인력계획	공식적이고 철저함	비공식적이고 제한적임	공식적이고 철저함
충원, 선발, 배치	육성	영입	육성 및 영입
훈련 및 개발	기능형성	기능확인과 적용	기능형성과 적용
보상	• 내적공정성 • 기본급 비중 큼	• 외적 경쟁성 • 성과급 비중 큼	내적 공정성과 외적경쟁성
인사고과	• 과정지향, 개발에 초점 • 개인 및 부서평가 • 단기적 결과 중시	• 결과지향, 외부충원에 초점 • 기업 및 부서평가 • 장기적 결과 중시	• 과정지향 • 개발 및 충원에 초점 • 개인·부서·조직평가

❷ 민츠버그의 조직 유형

기본부문	내용	조직형태
전략부문 (strategic apex)	전략을 수립하는 기업의 경영진 집단	단순조직
전문기술가부문 (Techno Structure)	조직 내에서 업무나 기술을 표준화하고 조직 내에서 일을 수행함에 있어서 전문적이고 기술적인 도움을 주는 부문	기계적 관료제
생산핵심부문 (Operation Core)	• 조직의 원래 목표가 이루어지는 부문 • 기업의 생산, 판매활동, 병원의 치료활동, 대학의 강의활동 등	전문적 관료제
중간관리자부문 (Middle Line)	• 최고경영층에 의해 수립된 전략을 실질적으로 운영해 나가는 핵심운영층을 직·간접적으로 연결하는 위치에 있는 부문 • 회사를 분할하는 힘	사업부제
지원부문 (Support Staff)	• 핵심 라인을 지원하는 간접 스텝 부문 • 병원의 원무과 등	애드호크시

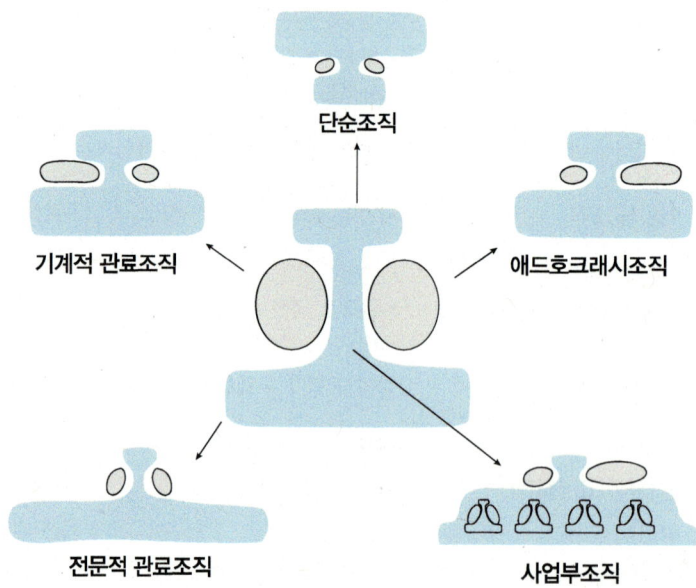

출처 임창희, 조직행동론(5판), 비엔엠북스

❸ 조직의 형태

1) 기능식 조직

의미	• 기능적으로 서로 관련이 있거나 동일한 작업이나 업무를 담당하는 사람들을 한 부서에서 일하게 하는 것으로 가장 기본적이며 흔히 볼 수 있는 유형 • 각 조직 구성원이 한 사람의 직속 상위자의 지휘·명령에 따라 활동하고 동시에 그 상위자에 대해서만 책임을 지는 조직형태 • 환경의 불확실성이 낮고 안정적인 경우에 적합하다.
장점	• 지위·명령 계통이 단순하고 명확하므로 명령일원화의 원칙이 잘 지켜짐 • 기능영역별 전문성 확보가 용이하며, 기능훈련이 효과적임 • 동료 사이의 전문 지식 및 정보의 공유, 기능 전수가 용이함 • 자원의 효율적 활용이 가능
단점	• 각 부서의 독립성 및 이질화가 강하기 때문에 부서 간의 의사소통이나 유기적 조정이 어려움 • 조직 규모가 커지면 문제에 대한 반응이 느려질 수 있다. • 전반적 업무처리능력을 갖춘 전문경영자 양성이 어려울 수 있다.

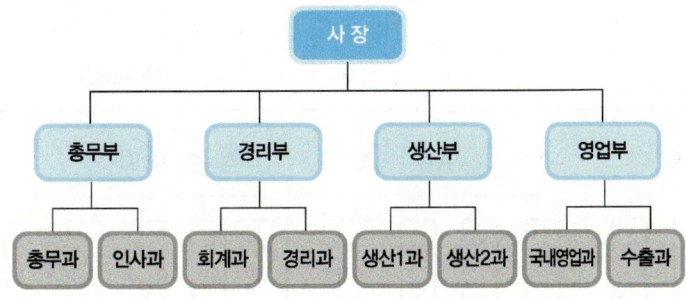

2) 라인과 스태프 조직

의미	• Emerson이 직능식 조직의 형태를 변형·개발시킨 조직 • 명령통일의 원칙과 전문화의 원칙을 조화시킴
장점	라인의 업무부담이 줄어들고 업무수행에 관계없는 문제에 소요되는 시간 낭비를 방지
단점	• 스태프의 조언·권고를 받기 위해 라인 부서의 의사결정과 집행이 지체될 수 있음 • 스태프는 조언·권고는 할 수 있지만 명령권한이 없기 때문에 스태프와 라인 간의 갈등이 야기될 수도 있음

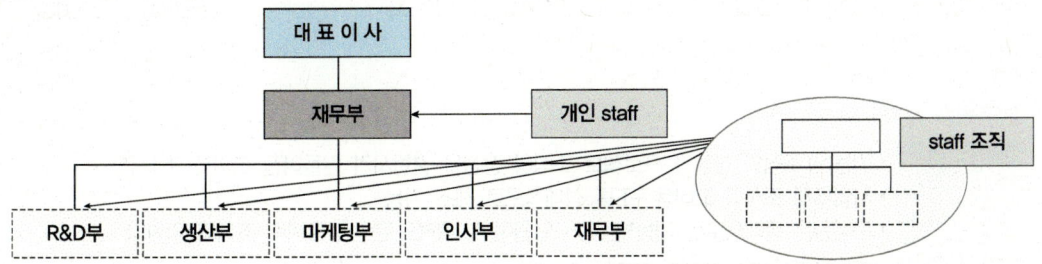

3) 사업부제 조직

의미	• 분화의 원리에 따라 사업부단위를 편성하고 각 단위에 대하여 독자적인 생산과 영업 및 관리 권한을 부여로 사업부가 부문화되어 만들어진 조직 • 제품별·시장별·지역별 이익중심점 또는 이익센터(profit center)를 중심으로 독자적인 경영과 이익에 대한 책임을 지는 독립채산제를 실시하는 조직형태 • 오늘날 다국적 기업들이 가장 보편적으로 채택하고 있는 조직구조 형태 • 본사의 전반적인 종합적 조정기능의 강화
장점	• 사업부문별로 권한과 책임을 부여함으로써 시장변화 또는 소비자욕구변화에 빠르게 대처 • 각 사업부 내부의 관리자와 종업원의 상호작용으로 효율이 향상되고 사업부 내의 기능 간 조정이 용이 • 실전에 유능한 경영자 양성 • 각 사업부는 이익중심 및 책임 중심점이 되어 경영성과 향상
단점	• 사업부 간의 과도한 경쟁에 의한 조직능력의 분산 • 중복 투자와 관리비용이 증가 • 독립사업부의 이익 중심으로 움직임으로 인한 전체적 측면에서의 시너지 효과 산출이 어려움 • 각 사업부 간 이익대립가능성과 이의 조정이 어려움

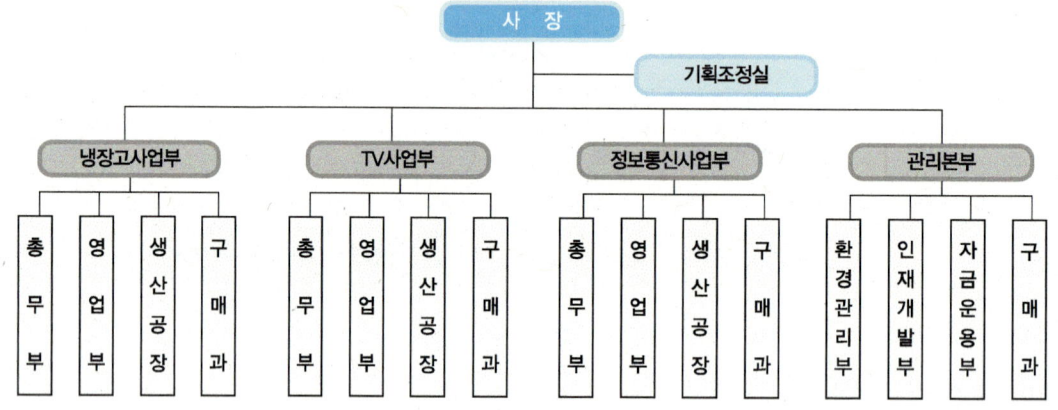

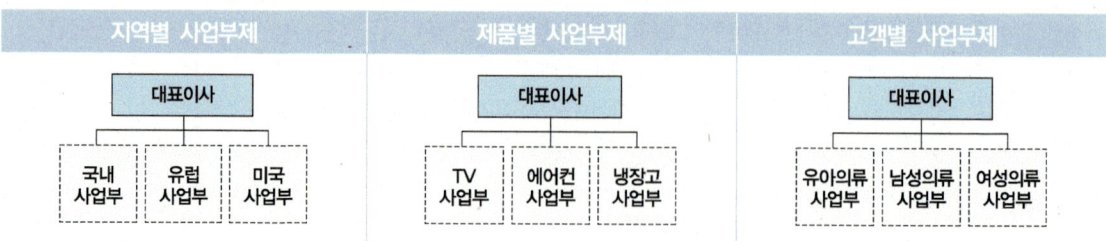

4) 매트릭스 조직

의미	• 기능식 조직의 장점과 프로젝트 조직의 장점을 결합시켜 만들어진 그리드 조직구조 • 사업부제 조직의 고비용구조를 상대적으로 해소 가능 • 구성원은 종적으로는 기능별 조직 일원이고, 횡적으로는 프로젝트 조직의 일원임
장점	• 인적자원을 효율적으로 사용할 수 있음 • 새로운 환경변화에 융통성있게 대처할 수 있음 • 동시에 여러 가지의 프로젝트를 실행할 수 있음

단점	• 전문지식과 기술의 축적 및 개발 용이
	• 이중적 지휘체계에 의한 상사 간 권력갈등이 발생할 수 있음
	• 명령일원화의 원칙이 무너질 경우 종업원에 대한 지휘가 모호해지고 종업원이 역할 갈등을 겪을 수가 있음
	• 책임과 권한의 모호함으로 인한 갈등해소와 권한 간 균형 유지에 많은 시간과 비용소요
	• 복합적 이해관계로 인해 의사결정이 지연

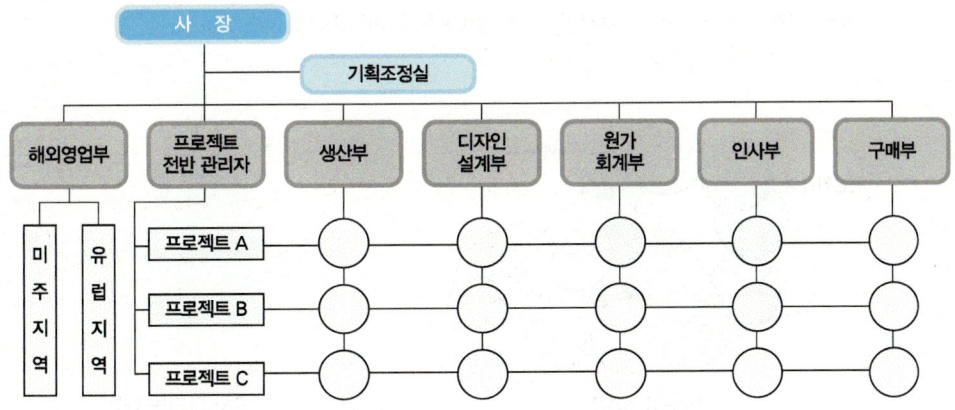

5) 프로젝트 조직(태스크포스 조직)

의미	• 특정 과제나 목표를 달성하기 위해 구성되는 임시적이고 동태적인 조직구조
	• 팀은 기존 조직에서 프로젝트 수행에 적합하다고 판단되는 사람을 차출하여 구성
장점	• 프로젝트 수행을 위해 새로운 조직을 만들지 않아도 되기 때문에 기업조직의 인력운영에 유연성을 확보할 수 있음
	• 목표가 명확하여 동기부여가 되며 이로인해 사기가 높음
	• 조직의 기동성과 환경적응성이 높음
단점	• 이중적 지휘체계에 의한 종업원의 지휘가 모호해짐
	• 팀장의 능력과 역할이 프로젝트 성과에 결정적
	• 구성원의 우월감으로 조직전체의 단결저해 우려 있음

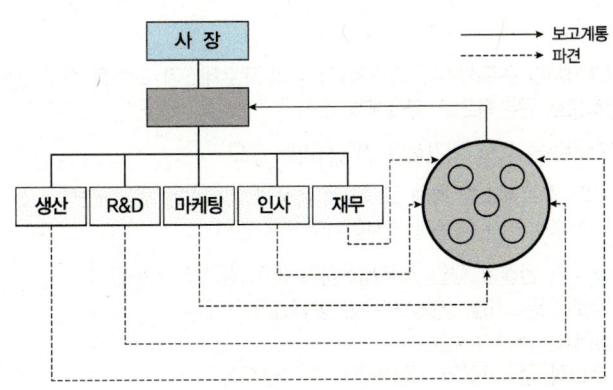

6) 가상조직

의미	• 전통적인 조직의 핵심요소는 간직하고 있으나 일부 전통적인 조직의 경계와 구조가 없는 조직 • 컴퓨터와 정보·통신기술을 이용한 네트워크 조직 형태 • 핵심적인 부분만 자체 조직에 남겨 두고 나머지는 모두 아웃소싱(outsourcing)함
장점	• 조직이 슬림화 및 비용 절감과 통제 및 조직운영의 유연성이 확보
단점	• 문제 발생 시 책임 소재가 불분명 • 거래관계가 복잡해질수록 전체적인 조정 및 통제가 어려워짐

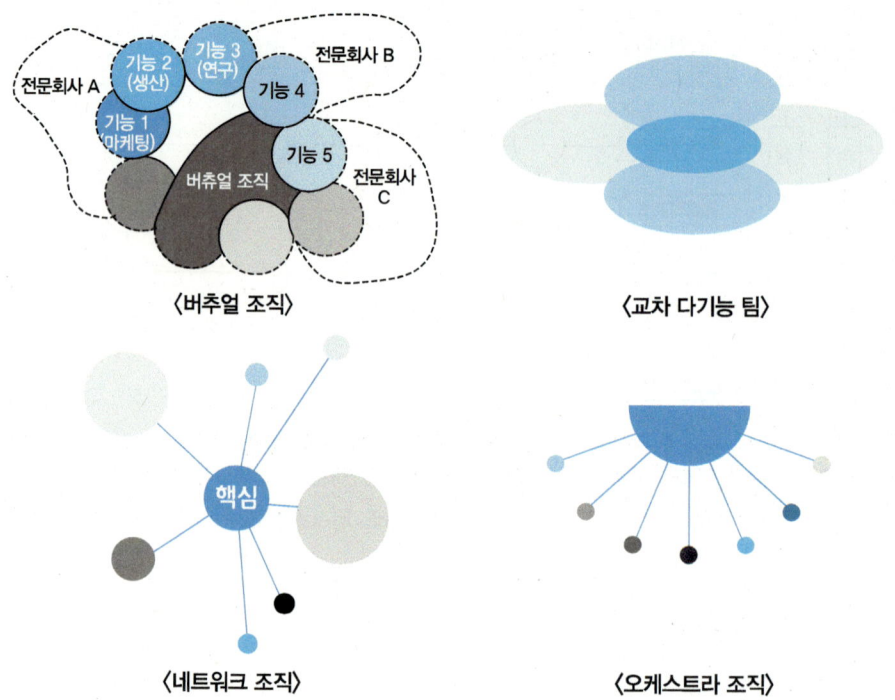

〈버츄얼 조직〉 〈교차 다기능 팀〉

〈네트워크 조직〉 〈오케스트라 조직〉

출처 임창희, 조직행동론(5판), 비엔엠북스

7) 프로세스조직

의미	고객가치를 충족시키는 데 있어 최상의 프로세스가 구축될 수 있도록 전체 조직 시스템을 프로세스를 중심으로 근본적으로 재설계한 조직
목적	고객만족을 통한 획기적인 경영성과를 도모
배경	기업은 프로세스를 통해 고객에게 제품과 서비스를 제공하는데, 기능조직에서는 이것이 분산되어 단절될 수밖에 없기 때문에 부서이기주의가 만연
특성	• 하나의 완결된 작업 프로세스팀이 조직 설계의 기본단위 • 서로 다른 기술, 기능 보유한 종업원으로 구성 • BPR과 관련이 깊음 • 수평적 업무구조와 기능통합의 성격을 가짐 • 일 자체보다는 성과에 초점을 둠 • 고객요구에 신속대응

장점	• 계획, 통제 담당의 간접인원의 획기적 감소 • 근로자들 QWL제고 • 기업활동을 전체적·구체적으로 파악할 수 있음 • 고객의 관점에서 기업활동을 수행할 수 있기 때문에 고객에게 적시에 제품을 제공 • 일보다 성과에 초점을 두기 때문에 개인, 단위 조직의 객관적 평가가 가능
단점	• 기능별 활동들이 관련 프로세스로 분산되어 기능별 전문성의 개발·축적이 곤란 • 고객 요구에 신속한 반응을 강조하여 장기적 관점에서의 역량개발이 저해 • 단기적인 환경적응에는 좋지만 탐색적·급진적 혁신에는 제약을 가해 장기적 기업 성장에는 부정적 영향을 미칠 수 있음

- BPR(Business Process Reengineering): 비용, 품질, 서비스, 속도와 같은 같은 핵심적인 경영성과에서 획기적인 향상을 이루기 위하여 기업 업무 프로세스를 근본적으로 다시 생각하고 혁신적으로 재설계하는 것

8) 위원회조직(committee organization)

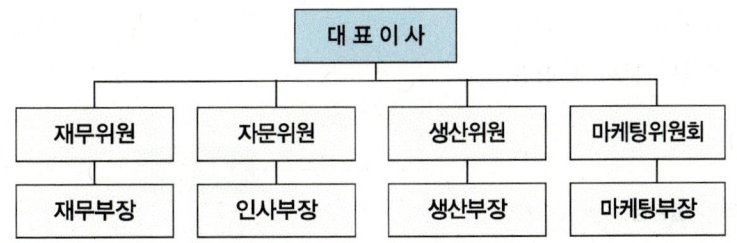

- 기능식 조직의 부문 간 갈등을 조정하고 부문 간의 조정기능을 수행하기 위한 조직
- 의사결정에 시간과 비용이 많이 소요되며, 환경변화에 대응하는 신속한 의사결정을 못함
- 이해관계가 상이한 집단들의 관련기능을 통합해 주는 임시적 또는 영구적 조직

〈위원회조직과 TFT 비교〉

	Committee	Task Force
영속성	장기	단기(임무 완수 때까지)
목적	빈번하게 발생하는 문제해결이나 의사결정 갈등해소 및 조정 목적의 정보교환	특정문제해결이나 과업을 한시적으로 수행
구성원의 배경	조직내의 역할이나 지위	전문성·기술
구성원의 안정성	안정적	유동적
업무추진태도	수동적	적극적

❹ 조직문화

1) 조직구조와 조직문화
   - 조직문화의 정의
     • 조직구성원의 행동을 지배하는 비공식적 분위기
     • 종업원 행동을 결정하는 집단적 가치관이나 규범

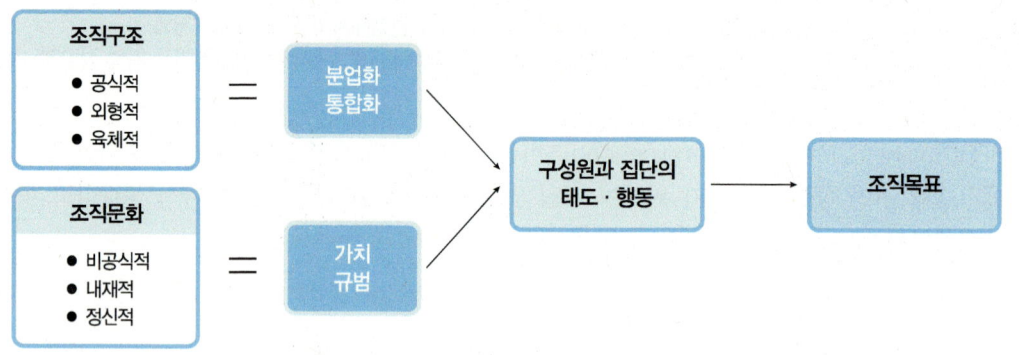

출처 임창희, 조직행동론(5판), 비엔엠북스

   - 조직행동에 미치는 문화적 영향

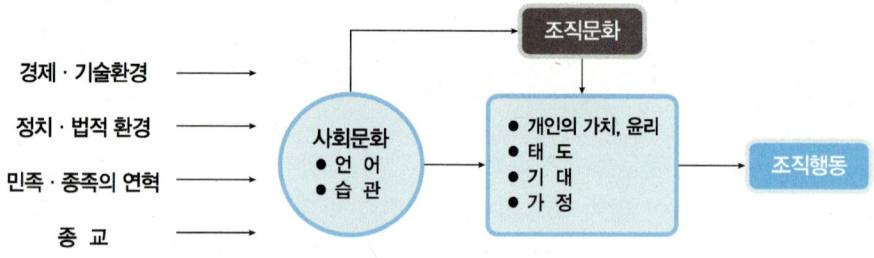

   - 맥킨지(Mckinsey) 7s 모형에서의 조직문화 구성요소(Pascal & Peters, 1981)
     • 공유가치(Shared Value): 조직 구성원들의 행동이나 사고를 특정 방향으로 이끌어 가는 아주 특별한 원칙이나 기준 → 조직문화에 형성에 가장 중요한 위치를 차지
     • 전략(Strategy): 변화하는 시장 환경에 기업이 어떻게 적응하여 능력을 발휘할 것인가 하는 장기적인 목적과 계획, 그리고 이를 달성하기 위한 자원 배분 방식
     • 스킬(Skill): 장기적인 목적과 계획이 전략이라면, 스킬은 그 전략을 어떻게 실행할 것인가를 말함
     • 구조(Structure): 전략을 실행해 나가기 위한 틀로 조직 구조나 직무 분류 역할과 책임 등이 해당
     • 시스템(System): 반복되는 의사 결정 사항들의 일관성을 유지하기 위해 제시된 틀
     • 구성원(Staff): 기업이 필요로 하는 사람의 유형
     • 스타일(Style): 구성원들을 이끌어 가는 전반적인 조직 관리 스타일

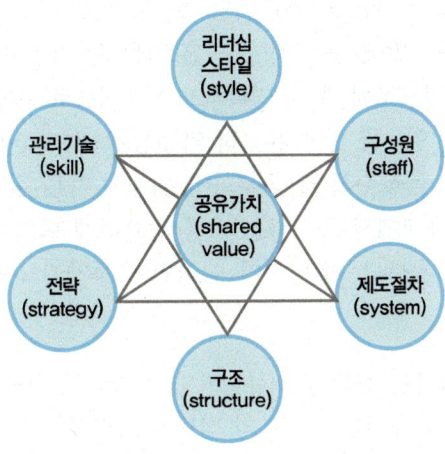

출처 이학종(2005), '한국기업문화의 특성과 새 기업문화개발' 재구성

〈Schein의 의식수준상의 문화수준과 구성요소〉

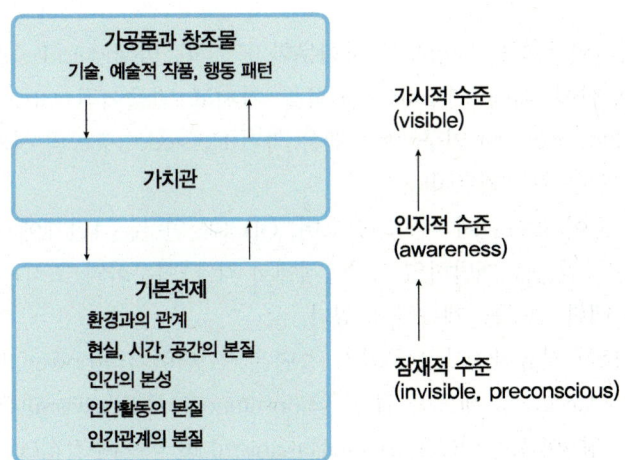

출처 Edgar H Schein(1984), 'Coming to a New Awareness of Organizational Culture', Sloan Management Review, Winter, p.4

2) 글로벌 문화 차이

(1) 홉스테드 모형

홉스테드의 문화 차원 척도는 IBM의 72개국 종업원을 대상으로 실시한 설문조사 결과를 토대로 한 것이며, 총 4개의 차원으로 권력 거리, 개인주의·집단주의, 남성주의·여성주의, 불확실성 회피로 이루어져 있다.

- 권력 거리(power distance) 차원: 한 문화권의 사람들이 권력의 불공평한 배분을 어느 정도로 수용하는가를 말해주는 차원
- 개인주의·집단주의(individualism/ collectivism) 차원: 대체로 서구 사회와 아시아를 구분하는 뚜렷한 특징임
- 남성주의·여성주의 성향(masculinity /feminity) 차원: 한 문화권에서 업적과 성공을 중시하는지, 아니면 인간관계 지향적이고 행복을 추구하는지를 말해 줌

Chapter 3 조직차원의 조직행동: 거시조직론

- 불확실성 회피(uncertainty avoidance) 차원: 한 문화권이 얼마나 불확실성과 예측불가능성에 대한 내성을 가지고 있느냐를 말해 주는 것이다. 홉스테드는 다양한 사회 문화들에 대한 네 가지 차원의 차이와 유사점을 살펴봄으로써 좀 더 명확하고 체계적으로 문화를 설명하고 이해할 수 있다고 했다. 또한 홉스테드는 후속 연구를 통해 유교적 역동성(confucian dynamism) 차원을 제안했다. 한 문화권의 유교적 역동성이 높을수록 해당 문화가 위계에 따른 질서에 대한 복종이나 검소, 인내 등의 가치 등 일반적으로 유교에서 중시하는 바를 중요하게 여기는 것으로 해석된다. 이 구성 차원은 홉스테드의 4개 차원만으로는 설명하기 어려웠던 동양권 문화의 특성을 반영한 것이다.

(2) 홀의 모형

홀(Hall, 1976)과 같은 학자는 문화를 커뮤니케이션 스타일 차원을 이용해 분류했다. 고맥락(high-context) 커뮤니케이션 문화에서는 대부분의 정보가 직접적인 언어를 통해 전달되기보다는 상황의 한 부분이거나 개인적으로 내부화해 있다. 이에 반해 저맥락(low-context) 커뮤니케이션 문화는 정보를 가시적으로 분명하게 표현되는 메시지 형태로 전달한다.

(3) GLOBE 모형

- 세계 다수의 국가와 문화를 대상으로 사회문화가 조직규범(should be)과 관행(as is), 그리고 리더십에 미치는 영향에 대해 연구하는 목적을 가지고 만들어진 GLOBE(Global Leadership and Organizational Effectiveness) 연구프로그램은 과거 Hofstede(1980)의 사회문화 차원의 개발보다 진일보한 대규모 연구 프로젝트이다.
- 하우스(House) 등이 1991년에 시작되었으며, GLOBE 연구는 1단계에서 각 사회문화의 특성들을 측정할 수 있는 차원들을 개발하였고, 2단계에서 각 사회문화와 조직문화 및 리더의 속성과 행위와의 관련성에 대한 연구를 계속하고 있다.
- GLOBE 프로젝트가 분류한 9가지 문화적 측면은 ① 권력거리(power distance) ② 불확실성 회피(uncertainty avoidance) ③ 제도적 집단주의(institutional collectivism) ④ 소속집단주의(in-group collectivism) ⑤ 양성평등주의(gender egalitarianism) ⑥ 자기주장성(assertiveness) ⑦ 미래지향성(future orientation) ⑧ 성과지향성(performance orientation) ⑨ 인간지향성(humane orientation)으로 분류하고 연구가 진행되었고 현재도 지속되고 있다.
- 평가: 기업문화가 조직의 성과를 향상시키고, 현재의 바람직하지 못한 상태를 바람직한 방향으로 변화시키기 위한 조직개발에 큰 도움을 주고 있으며, 관련된 국가의 문화에 관심을 가지고 조직문화를 활용할 필요가 있다.

문화권	해당 국가	문화적 특성	특성
영어사용 지역	캐나다, 미국, 오스트리아, 아일랜드, 잉글랜드, 뉴질랜드 등	높은 성향: 성과지향성 낮은 성향: 소속집단주의	경쟁이며, 성과지향적이고, 소속집단에 낮은 집착
유교 아시아	싱가포르, 홍콩, 대만, 중국, 한국, 일본 등	높은 성향: 성과지향성, 제도적 집단주의, 소속집단주의	성과지향적이고 개인의 목표나 성과보다 집단활동을 고무, 가정과 가족에 충실하고 헌신적

3) 조직문화의 순기능과 역기능

(1) 순기능
- 조직구성원에게 정보의 탐색·해석·축적·전달을 용이하게 하고, 공통의 의사결정기준을 제공
- 조직구성원에게 공통의 사고와 행동방식을 제공하므로 조직 내 갈등의 해소에 도움, 일체감을 조성하여 내면적 통합을 촉진
- 조직구성원이 공유된 가치에 따라 동기부여됨으로 근로의욕을 높일 수 있고, 생산성이 향상
- 환경적응 강화: 환경 상황에 적응, 변신하는 유연한 문화
- 구성원들의 조화와 단합
- 조직몰입 강화

(2) 역기능
- 지나치게 경직화된 기업문화는 기업의 신속한 적응행동을 저해
- 새로운 가치의 형성과 개발이 용이하지 않을 수 있음
- 조직변화에 저항: 강한 조직문화는 환경변화에 적응, 변신하기 어렵다.
- 획일성: 하나의 기준으로 구성원들을 획일화하는 문화는 부정적임
- 합병에 장애

4) 조직문화와 성과와의 관계

- 세계적 초일류기업들은 우수한 조직문화 특성을 지니고 있다.
  - Peters와 Waterman: 행동지향성·고객우대 서비스·자율성과 기업가정 신·자율과 통제의 동시적용·간소한 조직
  - Ouchi: 신뢰성·감수성·자율성·참여성·집단 공동성 등
  - Atkin와 Hopelain: 투명성·응집성·개방성 등

- 조직성과를 위한 조직문화의 역할

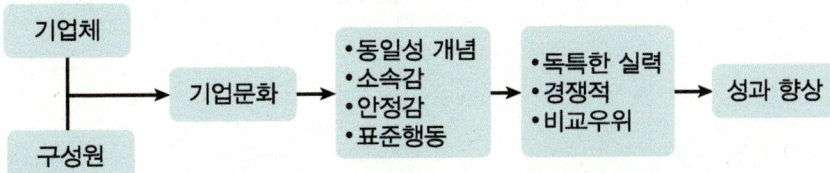

❺ 조직 변화

1) 레윈(K. Lewin)의 조직변화의 과정

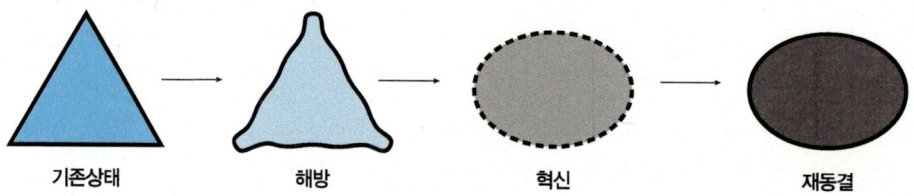

① 해빙 단계: 계획과 합의, ② 변화 단계: 선택과 실행, ③ 재동결 단계: 정형화와 피드백

〈레윈(K. Lewin)의 관점과 학습관점〉

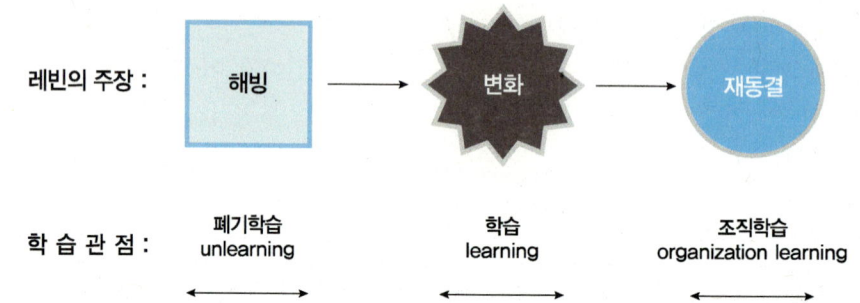

- 조직 변화 모형: 레윈(K. Lewin)의 3단계전략

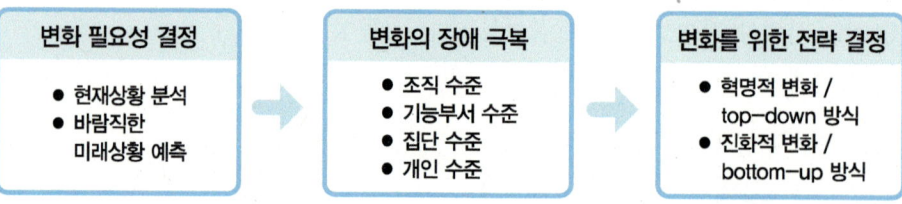

2) 조직변화와 저항

변화의 요인		저항의 요인		
		조직	집단	개인
• 경쟁적 상황 • 경제적 상황 • 정치적 상황	• 국제적 상황 • 사회·문화적 상황 • 윤리적 상황	• 조직문화 • 조직구조 • 조직전략	• 집단규범 • 집단사고 • 집단응집력	• 인식의 상충 • 선택적 지각 • 불확실성과 기득권 상실

3) 변화에 대한 저항의 관리기법

기법	적용 상황	장점	단점
교육과 커뮤니케이션	정보가 전혀 없거나 부정확한 정보와 분석이 있을 때	피변화자가 일단 설득이 되면 변화시행에 도움을 줌	다수의 사람이 관련되는 경우에 시간의 소비가 많음

참여와 몰입	변화의 주도자가 변화에 필요한 정보를 가지고 있지 못하거나 다른 사람들이 저항할 수 있는 상당한 힘을 가지고 있을 때	참여한 사람이 변화에 대해 일체감을 갖고 정보를 제공함	참여자들이 변화를 잘못설계하면 시간이 많이 소요됨
촉진과 지원	적응문제로 사람들이 저항할 때	적응문제에는 가장 성공적임	시간과 비용이 과다함
협상과 동의	어떤 사람이나 집단이 변화에서 손해 보는 것이 분명한데, 그 집단이 상당한 저항의 힘을 가지고 있을 때	중요한 저항을 피하는 데 비교적 손쉬운 방법일 때가 많음	이것이 타인들에게도 협상을 하도록 일깨우게 되면 비용이 큼
조작과 호선	다른 전술이 전혀 안 듣거나 비용이 너무 많이 들 때	신속하고 비용이 별로 들지 않음	조작되었다고 느끼는 경우에 추가적인 문제를 야기함
명시적·묵시적 강압	신속한 변화가 필요하다고 변화의 주도자가 상당한 파워를 가지고 있을 때	신속하고 어떤 저항도 극복 가능함	주도자에 대한 반감으로 위험이 따름

❻ 조직 개발

의미	환경변화에 대응하는 조직의 적응능력을 기르기 위한 조직의 변화와 구성원의 행동 개선	
목표	조직유효성(개인과 조직 모두의 목표 달성)의 향상	
성격	• 조직이 의도적으로 주도하는 계획적인 변화 • 행동과학적 지식을 기본으로 사고함	
가정	인본주의적이고 민주적인 가치를 지향 & Y이론	
기법	개인	감수성훈련(T그룹 훈련)
	집단	탐구축법
	조직	조사연구 피드백 기법, 그리드 훈련, 근로생활의 질 프로그램

* 관리도 훈련(그리드 훈련)은 개인, 집단, 조직차원의 기법

❼ 조직수명주기

	창업단계	집단공동체단계	공식화단계	정교화단계
당면과제	시장에서의 생존	조직의 성장	조직 안정과 시장의 확대	조직의 통합
조직구조	비공식적으로 운영	집권적 직능부채	분권적 사업부제	라인과 스탭의 분화
통제제도	고객의 반응	비용 중심	이익 중심	투자 중심
특징	리더십이 필요	권한 위양과 통제 필요	관료주의 탈피가 요구	혁신과 내부합리화를 통한 재활이 필요

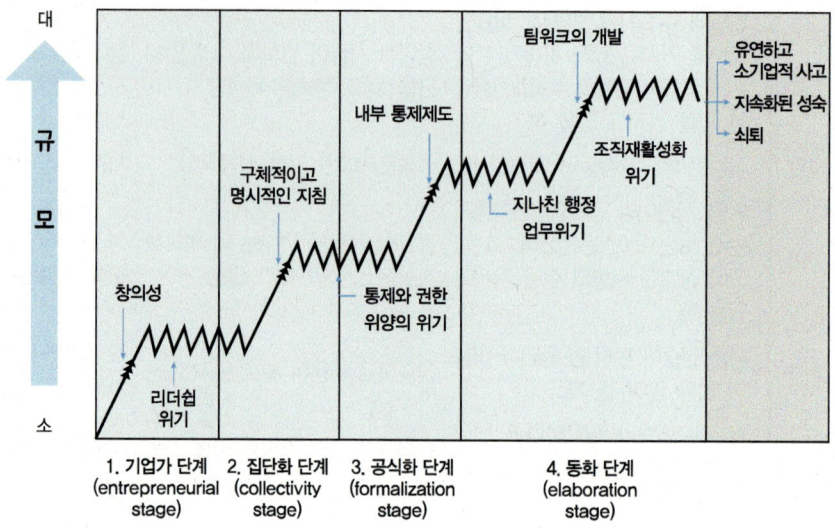

출처 임창희, 조직행동론(5판), 비엔엠북스

❽ **조직이론의 변화**: Scott의 경영조직이론의 분류와 변화

출처 Scoff, W.R. (1992, 2003). 수정인용

> ➕ 보충 **Schein의 조직에 있어서의 인간관**
>
>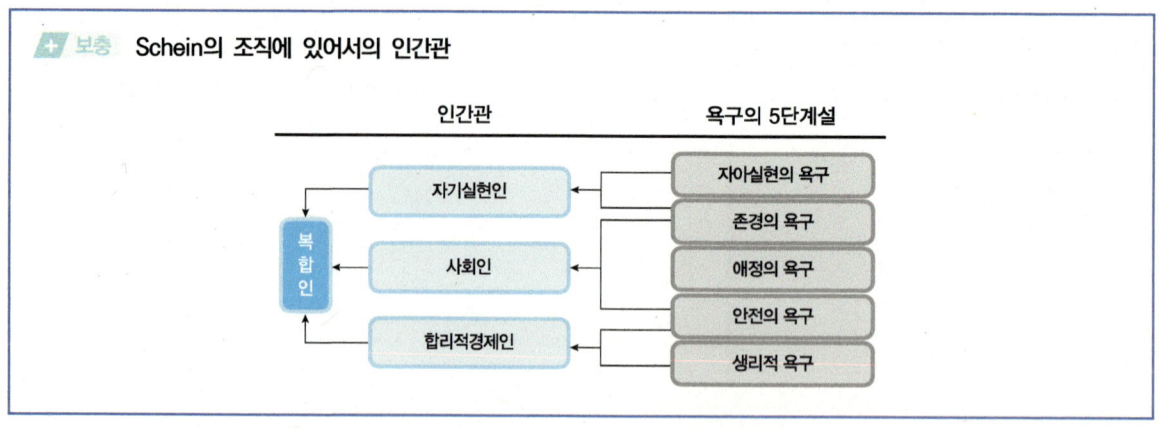

(1) Ⅰ유형: 폐쇄-합리적 조직이론
- 시기: 1900년대 ~ 1930년대
- 가정
  - 폐쇄체계: 환경과의 관련성 속에서 제기되는 위협과 기회를 무시하거나 최소화하여 환경에 대한 조직의 개방적 고려하지 않는 조직관
  - 합리적 인간: 강력한 통제와 명령, 직무 중심의 업무 수행 등 기계적 관리법을 통해 조직구성원들에게 합리성과 능률성을 강조
- 조직이론: Taylo의 과학적 관리론, Weber의 관료제론, Fayol의 관리이론
- 긍정적 평가: 이론적 기초가 없었던 조직학을 발전시킴
  - 공통성: 능률성의 강조, 공식적 구조와 과정의 중시, 폐쇄체제모형, 합리적 경제적 인간관, 과학성의 추구, 보편적 조직이론의 정립 추구
- 비판: 조직이 추구해야 할 다양한 가치들을 간과, 비공식적 요인의 간과, 폐쇄체제의 한계, 기계적 인간관

(2) Ⅱ유형: 폐쇄-자연적 조직이론
- 시기: 1930년대 ~ 1960년대
- 가정
  - 폐쇄체계
  - 자연적 인간: 조직구성원을 경제적 욕구 이외에도 다양한 욕구를 갖고 있는 인간으로 인식하고, 그들의 사회적 욕구에 대한 연구를 통해 조직의 생산성과 효율성을 향상시킬 수 있는 방법을 연구
- 조직이론: Mayo의 인간관계론, Selznick의 환경유관론, McGregor의 XY이론
- 긍정적 평가
  - 도구로서의 인간관에서 탈피하여 사회적·심리적 욕구를 가진 조직구성원의 특성과 조직의 비공식적 요소에 대한 연구를 중시
  - 미비하지만 환경유관론과 같이 조직의 환경에 대해 논의
- 비판
  - 조직의 공식적 요인과 비공식적 요인에 대한 통합적 관점을 구축하지 못함
  - 사회적·심리적 측면의 인간적 요소만을 강조함으로써, 오히려 통합적 조직관의 구축에 한계점이 존재
  - 연구대상이 산업생산조직에 국한되어 있음

> **+ 심화 Selznick의 환경유관론**
> - 환경유관론의 등장
>   - 인간관계론 이후 조직을 조직환경에 적응하는 유기체로 간주하기 시작한 이론
>   - 외부환경으로부터의 영향, 조직구성원들의 이질적인 고유특성 및 조직에 대한 그들의 서로 다른 반응 등으로 형성된 하나의 적응적인 유기체
> - 환경유관론의 기본 원리
>   - 외부 환경에 대한 적응을 위한 호선(co-optation)의 도입

* 호선: 조직이 생존하기 위해서는 조직의 안정 또는 생존을 위협하는 대상이나 요소를 조직의 정책결정 구조 속에 흡수시키고 이를 관행화하여 공식적·비공식적으로 제도화시킴으로써 조직의 안정과 생존을 확보하는 것
  - 조직구성원들의 이질적이고 비합리적인 일탈 행동을 현실적으로 수용
  - 제도적 관점에서 조직 전체의 안정, 권한과 의사소통채널의 안정, 조직 내 비공식적 관계의 안정을 강조
- 환경유관론에 대한 평가
  - 긍정적 평가: 조직을 환경과 독립적일 수 없는 존재로 인식, 조직이 통제하기 어려운 외부 변수들에 대한 관심, 개방체제이론의 토대를 제시, 제도화 이론으로 발전
  - 문제점: 외부환경 요소에 대한 주장을 하였으나, 실제 연구의 초점은 조직 내부문제에 초점, 전통적 폐쇄체제 조직관으로 분류

〈제도적 적응 메커니즘〉

	모방	강압	규범
조직유사성의 원리	불확실성	의존성	의무, 책임
사건	혁신, 가시성	법령, 규칙, 제재	전문가 인증, 심의
사회적 토대	문화적 지원	법	도덕
사례	BPR, 벤치마킹	오염통제, 학교규제	회계기준, 컨설턴트 교육

출처 Richard L. Daft, Organization theory and design, Cengage, 2009.6.1.

(3) Ⅲ유형: 개방–합리적 조직이론
- 시기: 1960년대 ~ 1970년대
- 가정
  - 개방체계: 환경과 상호작용하는 개방 체제로 인식, 조직 환경의 중요성을 강조
  - 합리적 인간
- 조직이론: Lawrence과 Lorsch 등의 상황적합이론, 대리인 이론, 거래비용이론
- 긍정적 평가
  - 조직환경 요소에 대한 연구를 시작했다는 점에서 가장 큰 의의가 있음
  - 조직의 환경 또는 상황적 요소에 따라 조직구조를 합리적으로 설계하려고 함
  - 관련 이론들이 기존의 이론들에 비해 방법론적 측면에서 보다 과학적 연구 수준을 높임
- 비판
  - 인간을 합리적 인간으로 가정하였다는 점에서 이론적 퇴보
  - 조직의 전략적 선택의 중요성을 경시
  - 조직관리자에 따라 조직환경이 다르게 인지될 수 있고, 그 결과 상이한 조직설계의 결과가 나타날 수 있다는 점에서 문제가 제기

+ 심화

1. 구조적 상황이론
   - 구조적 상황이론의 등장
     - 조직 간의 차이점을 강조하며 조직구조 및 조직효과성에 영향을 미치는 상황요인을 규명하고자 1960년대부터 활성화된 조직이론

- 조직과 환경의 상호관계, 하위 체제의 상호관계, 변수의 형태 또는 유형의 정의를 통해 구체적 상황에 적합한 조직설계와 관리방법을 제시하는 조직이론
- 구조적 상황이론의 기본 원리
  - 구조적 상황이론은 상황변수(환경, 기술, 규모 등), 조직특성변수(조직구조, 관리체계, 관리과정 등), 조직효과성의 세 변수 간의 관계에서 상황과 조직 특성의 적합성이 조직의 효과성을 결정한다.
  - 최선의 조직설계 방법이나 조직구조는 존재하지 않는다. 즉, 보편적 조직원리란 존재하지 않으며, 모든 조직은 조직이 처해있는 상황에 적합하게 조직을 설계하고 관리하는 것이 최선의 방법이다.
- 구조적 상황이론에 대한 평가
  → 긍정적 평가: 조직의 내적·외적 환경에서 중요한 변수들을 규명하고, 각 변수들 간의 상호작용과 그 결과를 분석하는 조직이론의 토대를 정립한 이론으로서 현대조직학에서 가장 많이 활용되고 있는 이론
  → 문제점: 실증적 분석에 지나치게 치우쳐, 보편적 이론을 제시하지 못함, 환경결정론의 관점을 강조하여, 조직의 환경에 대한 전략적 선택의 중요성을 간과

2. 조직경제이론
- 조직경제이론의 등장
  - 대리인 이론을 조직이론에 적용한 이론
  - 조직 내외의 소유자와 관리자, 관리자와 부하, 공급자와 생산자 등을 분석한 Williamson의 연구를 토대로 발전한 거래비용이론을 의미
  - 조직경제이론에서는 거래비용의 최소화가 조직구조 효율성의 핵심
  - 거래비용이란 통제비용, 거래관계유지비용, 정보비용, 대체비용 등 경제적 교환과 관련된 모든 비용을 의미
- 조직경제이론의 기본 원리
  - 시장과 조직은 일련의 거래행위를 완결하는 상호 대체적인 수단이다.
  - 시장을 통해 복잡한 계약을 형성하고 집행하는 데 소요되는 비용은 관련 의사결정자의 특성과 그 시장의 객관적 속성에 따라 변화한다.
- 조직경제이론에 대한 평가
  → 긍정적 평가: 거래비용이라는 구체적 논의를 통해 1970년대 기업조직들에게 많은 시사점을 줌, 조직의 일반적 법칙으로서가 아닌 행태적·구조적 조직분석에 대한 경제적 분석의 통합적 관점을 제공
  → 문제점: 수직적 통합이나 합병을 통한 조직규모의 거대화가 단지 효율성을 위한 것뿐만 아니라 과점적 통제를 은폐하기 위한 전략으로 활용된다는 점에서 비판받음.

(4) Ⅳ유형: 개방-자연적 조직이론
- 시기: 1970년대 ~현재
- 가정: 개방체계, 자연적 인간
- 조직이론: Hannan과 Freeman 조직군생태론, Pfeffer와 Salanick의 자원의존론, Weick의 조직화이론, Senge의 학습조직이론
- 긍정적 평가: 조직 속에 존재하는 비공식성·비합리성에 초점에 맞춰 합리적 규칙만으로 설명하기 힘든 조직의 비합리적인 동기적 측면을 중점적으로 다룸.
  - 능동적이고 민주적인 인간관에 대한 새로운 논의를 이끌어냈다는 점에서 긍정적 평가
- 비판: 개방 자연적 조직이론은 조직의 비합리성 문제를 극복하기 실질적인 처방 방안 또는 조직관리 방안의 제시가 부족하였다는 점에서 한계점이 존재

심화

1. 조직군 생태론
   - 조직군 생태론의 등장
     - 1970년대 중반에 등장한 조직이론
     - 조직개체군에서 조직이 생성되고 소멸하는데 영향을 미치는 요소들을 설명
     - 이론적 토대: 생물학의 한 분야인 생태론, 생물이 외부의 영향에 의해 어떻게 생성·분포·소멸하는가를 연구학문
   - 조직군 생태론의 기본 원리
     - 조직형태와 환경적소 간의 일대일의 관계가 존재한다는 동일성의 원칙에 근거하여 조직구조는 환경적소로 편입되거나 도태
     - 조직군에서 일어나는 변화의 과정

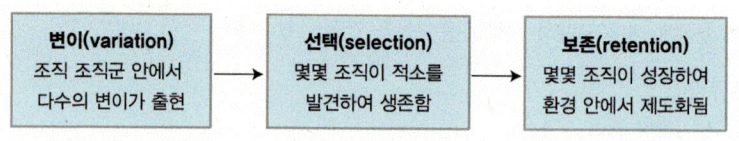

변이(variation)	선택(selection)	보존(retention)
조직 조직군 안에서 다수의 변이가 출현	몇몇 조직이 적소를 발견하여 생존함	몇몇 조직이 성장하여 환경 안에서 제도화됨

출처: Richard L. Daft,(2010 Understanding the Theory and Design of Organization(10th Edition), Cengage Learning.

   - 조직군 생태론에 대한 평가
     - → 긍정적 평가: 개별조직을 넘어 조직군을 분석단위로 종단적 조직변화에 대한 연구를 추구, 조직환경에 대한 균형에 대한 이론적 토대를 제공
     - → 문제점: 조직관리자의 적극적인 전략적 선택을 경시한 채 환경결정론에 지나치게 치우침, 조직군 내의 조직들 간 또는 조직군 간의 성과 차이를 설명하지 못함

2. 자원의존이론
   - 자원의존론의 등장
     - Pfeffer와 Salancik에 의해서 발전
     - 조직이 생존하고 성장하기 위해서는 환경으로부터 필요한 자원을 획득하고 적절하게 유지해야 한다는 이론
   - 자원의존론의 기본 원리
     - 조직은 핵심 자원을 통제하는 다른 조직이나 집단의 요구에 적절히 반응해야 한다.
     - 경영자들은 조직의 생존과 환경의 제약으로부터 더 많은 자율성과 재량권을 확보하기 위해서 외부적 의존관계를 관리하려 한다.
   - 자원의존론에 대한 평가
     - → 긍정적 평가: 환경에 대한 적극적인 대응과 전략적 선택 가능성을 논의한다는 점에서 환경결정론을 강조하는 구조적 상황이론의 관점의 한계에 대한 대안을 제시, 조직의 생존과 성장에 필요한 자원 동원 및 이와 관련한 조직 간의 관계에 대한 폭넓은 관점의 토대를 형성
     - → 문제점: 조직내 부서 간의 권력 차이를 중시한 나머지 조직 내의 계층 간 권력 차이를 무시한다는 점에서 비판

3. 조직화이론
   - 조직화이론의 등장
     - Weick의 연구를 통해 발전
     - 환경과의 상호작용을 중시하는 개방 체제관점의 많은 조직이론들이 생태적 관점에서 환경 문제를 접근하는 것과 달리 사회심리학적 관점에서 환경 문제를 접근
   - 조직화이론의 기본 원리
     - 조직구조나 조직설계는 조직환경, 조직기술, 조직규모 등의 요소에 관계없이 관련 문제나 기회를 해석하는 조직관리자의 결정에 따라 결정

- 조직은 환경탐색, 해석, 학습으로 연결된 일련의 과정인 조직화를 통해 환경에 대한 대응 방식을 결정
- 조직화 과정

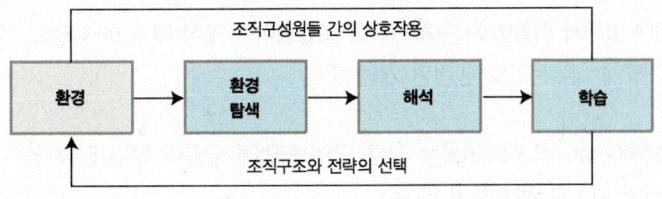

출처: Karl E. Weick, The Social Psychology of Oraganizing, 2nd edition (MA: Addison-Wesley, 1979) 수정 인용.

- 조직화이론에 대한 평가
  → 긍정적 평가: 기존의 투입 전환 산출 모형의 개방 체제에 대한 접근에서 벗어나 조직환경에 대한 사회심리학적 접근이라는 이론적 토대를 형성
  → 문제점: 조직의 환경에 대한 대응이 조직관리자의 인식 과정의 결과에 따라서 결정된다는 점에서 비판적 시각이 존재

4. 학습조직이론
   - 학습조직이론의 등장
     - 1990년대 Senge에 의해 제기된 조직이론
     - 학습조직은 시스템적 사고를 통해 조직의 내외부적인 환경 변화를 총체적인 프로세스로 인식하고 이에 대응할 수 있는 방안을 제시하여 지속적인 경쟁우위를 점하고 성장해가는 조직이론
   - 학습조직이론의 기본 원리
     - 학습조직을 구성하는 핵심적 요인: 시스템 사고, 팀학습, 개인적 숙련, 사고 모형, 공유비전
   - 학습조직이론에 대한 평가
     → 긍정적 평가: 인간, 조직, 기술을 유기적으로 통합하여 기업의 생산성을 극대화하며, 지식의 경제적 가치를 효과적으로 관리하는데 유용한 시사점을 제공
     → 문제점: 정의에서 실제로 제시하는 정의와 개념이 모호하여 구체적인 조직관리 실천방안을 제시하지 못한다는 비판을 받음.

Ⅱ OX 문제

1 조직설계에 있어서 상황변수 중에 하나인 복잡성이란 조직 내 분화의 정도, 즉 구성원들이 과업과 이에 대한 책임을 어떻게 나누는가와 관련된 개념이다.

2 통제의 범위(span of control)는 부문 간의 협업에 필요한 업무 담당자의 자율권을 보장해 줄 수 있도록 하는 부서별 권한과 책임의 범위이다.

3 조직목표를 달성하기 위해서 과업과 권한의 관계를 정하고 과업에 사람과 자원을 적절하게 분배하는 과정을 분화(differentiation)라고 할 수 있는데 이러한 분화가 확대되면 조직의 생산성은 지속적으로 향상된다.

4 안정적인 시장 환경에서 기업의 내부적 효율성 확보가 시장에서의 경쟁우위를 확보하는 중요한 사항이라면 시장에 유연하게 대처할 수 있는 분권화적 조직관리가 효율적이다.

5 Woodward는 제조업을 대상으로 기술의 상호의존성에 따라 단위생산기술(가장 단순한 기술), 대량생산기술(중간 정도의 기술), 연속생산기술(가장 복잡한 기술)로 구분하였다.

6 페로우(Perrow)는 조직구조와 기술과의 관계를 밝히기 위하여 과업의 다양성과 문제의 분석 가능성이라는 두 가지의 기준을 사용하였으며, 이를 기초로 하여 일상적/단순(routine)기술, 장인(craft)기술, 공학적(engineering)기술, 비일상적/복잡(non routine)기술로 구분하였다.

---

1 X | 복잡성 즉, 분화의 정도는 상황변수가 아니라 대표적 기본 변수로 보아야 함.
2 X | 통제의 범위(span of control)는 부문 간의 협업에 필요한 업무 담당자의 자율권을 보장해줄 수 있도록 하는 부서별 권한과 책임의 범위를 의미하는 것이 아니라 관리자가 직접적으로 지휘·통솔하는 종업원의 수를 뜻하는 개념이다.
3 X | 분화가 진행되면 일반적으로 전문성 등 분업의 확대로 생산성이 향상되지만 어느 시점이 지나 지나친 분업은 과업의 정체성 상실로 인한 의미감의 감소로 오히려 생산성이 저하되는 현상이 나타난다. 이를 그래프로 살펴보면 아래와 같다.

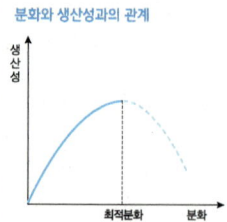

4 X | 안정적인 시장환경에서 기업의 내부적 효율성 확보가 시장에서의 경쟁우위를 확보하는 중요한 사항이라면 집권화에 의한 조직관리가 효율적이다.
5 X | Woodward는 제조업을 대상으로 기술의 복잡성에 따라 단위생산기술(가장 단순한 기술), 대량생산기술(중간 정도의 기술), 연속생산기술(가장 복잡한 기술)로 구분하였다. 기술의 상호의존성이라는 측면에서 연구를 진행한 것은 톰슨(Thompson)의 연구이다.
6 O

7 페로우(Perrow)에 따르면 공학적(engineering)기술을 사용하는 부서는 과업의 다양성이 낮으며 발생하는 문제가 비일상적이고 문제의 분석 가능성이 낮다. ○ ✕

8 톰슨(Thompson)은 과업수행 시 다른 부서나 개인 간 얼마나 의존하는가를 나타내는 기술의 상호의존성이라는 측면에서 연구하였다. 기술의 상호의존성에 의하여 집합적 상호의존성(pooled interdependence), 순차적 상호의존성(sequential interdependence), 교호적 상호의존성(reciprocal interdependence)으로 구분할 수 있고 이들은 각각 중개형 기술, 연속형 기술, 집약형 기술을 택하고 있다. ○ ✕

9 톰슨(Thompson)에 따르면 집합적(pooled) 상호의존성은 집약형 기술을 사용하여 부서 간 상호조정의 필요성이 높고 표준화, 규정, 절차보다는 팀워크가 중요하다. ○ ✕

10 로렌스(Lanwrence)와 로쉬(Lorsch)는 환경의 불확실성과 차별화와 통합의 관계를 연구하였다. 차별화란 기능적으로 상이한 부서에 속한 관리자들은 기본성향이 다르고 부서 간의 공식적 구조도 서로 다르다는 것을 의미한다. ○ ✕

---

7 ✕ | 장인기술에 대한 설명임.

기술구분의 기준		문제와 예외발생 빈도	
		적음(반복)	많음(변화)
예외발생 시 분석가능성 (해결 용이성)	쉬움(체계적)	기술유형 Ⅰ 단순기술	기술유형 Ⅱ 공학기술
	어려움(직관적)	기술유형 Ⅲ 장인기술	기술유형 Ⅳ 복잡기술

8 ○

9 ✕ | 톰슨(Thompson)에 따르면 집합적 (pooled) 상호의존성은 집약형 기술이 아니라 중개형 기술을 사용하며, 부서 간 상호조정 즉 상호 의존성의 필요성이 낮고 표준화, 규정, 절차를 강조한다. 상호조정의 필요성이 높고 팀워크 및 협력을 강조하며, 집약형 기술을 사용하는 상호의존성은 교호적 상호의존성이라고 한다.

구분	상호의존성	조정기반	조직구조	예
집합적 (중개형)	낮음	규칙, 절차, 표준화	낮은 분화, 높은 공식화	은행, 복덕방, 우체국
연속적 (순차적, 장치형)	중간	일정계획, 감독	중간 정도	자동차 조립
교호적 (집약적)	높음	협력, 상호조정	높은 분화, 낮은 공식화	병원, 대학, 실험실

10 ○

11 로렌스(Lanwrence)와 로쉬(Lorsch)는 환경의 불확실성정도에 따라 플라스틱산업, 식료품 산업, 컨테이너 산업의 순으로 환경의 불확실성이 커지며, 이에 따라 차별화수준도 높아진다고 설명하고 있다.

12 유기적 조직구조보다는 기계적 조직구조를 가지는 기업들이 불안정하고 변화하는 환경에서 보다 효과적이며, 안정적 환경하에서는 기계적 조직구조보다는 집권화, 공식화, 표준화를 특징으로 하는 유기적 조직구조가 더 효율적임.

13 혁신이라는 주제를 연구하는 사람들은 조직의 양면성 모형(ambidextrous model)을 이용하여 혁신을 이해한다. 즉 최고경영층은 새로운 아이디어를 촉진할 수 있도록 유기적 형태를 갖는 것이 좋으며, 중간관리자 혹은 현장 감독자를 비롯한 일선운영 부문은 최고경영층에서 발의된 아이디어를 실용화하기 위해 유기적 조직보다는 기계적 조직이 적절하다고 주장한다.

14 환경의 불확실성을 감소시키기 위해 조직은 보다 적극적인 전략을 실행하여 외부환경을 변화시키거나 통제하려고 노력한다는 것이 자원의존이론의 특징이라고 할 수 있다.

---

11 X | 로렌스(Lanwrence)와 로쉬(Lorsch)는 환경의 불확실성정도에 따라 플라스틱산업, 식료품 산업, 컨테이너 산업의 순으로 환경의 불확실성이 낮아지며, 이에 따라 차별화수준도 낮아진다고 설명하고 있다.

변수		불확실성의 정도		
		플라스틱 산업	식료품 산업	컨테이너 산업
환경변수	환경 불확실성	높음	중간	낮음
조직구조변수	부서 차별화	높음	중간	낮음
	통합역할 수행자 비율	높음(22%)	중간(17%)	낮음(0%)

12 X | 기계적 조직구조보다는 유기적 조직구조를 가지는 기업들이 불안정하고 변화하는 환경에서 보다 효과적이며, 안정적 환경하에서는 유기적 조직구조보다는 집권화, 공식화, 표준화를 특징으로 하는 기계적 조직구조가 더 효율적임.

목표		기계적 조직	유기적 조직
		효율의 극대화, 생산성 향상	유연성, 적응력 향상
조직구조	• 공식화 • 권한배분 • 분화	• 높다 • 집권화 • 전문화, 엄격한 부문화 • 통제 범위 축소	• 낮다 • 분권화 • 늦은 전문화, 교차적 기능별 팀 • 통제 범위 확대
조직활동	• 의사소통 • 의사결정 • 조정	• 공식적 커뮤니케이션 • 하향적 커뮤니케이션 • 명령계통 명확 • 상급자의 조정	• 비공식적 커뮤니케이션 • 쌍방향 커뮤니케이션 • 정보흐름 유연성 • 개인의 능력별 상호 조정 • 자발적 조정
조직 설계의 관점		관료제론(bureaucracy)	애드호크라시(adhocracy) 이론

13 O

14 O

15 조직군 생태이론은 조직 개체군 내의 다양성과 적응문제에 초점둔 이론으로서, 조직 형태는 환경에 의해 선택되거나 도태될 수 있으며 조직군은 변이, 선택, 보존의 변화과정을 거친다고 보고 있다. ⓞⓧ

16 '조직구조는 전략을 따른다'는 챈들러(Alfred Chandler)는 조직 유형 및 형태를 전략유형에 따라 방어형(defenders), 탐색형(prospectors), 분석형(analyzers), 반응형(reactors) 기업으로 구분하고 있다. ⓞⓧ

17 자신의 목표를 달성하기 위해 권력을 활용하여 의사결정에 영향력을 행사하는 정치적 행동을 조직정치라고 한다. ⓞⓧ

18 민쯔버그에 의하면 조직은 구성원들의 기능과 역할에 따라 전략부문, 기술구조부문, 지원스태프부문, 중간라인부문, 핵심운영부문의 다섯 가지의 세력이 있다. 민쯔버그는 이 다섯 가지 기본부문은 조직을 둘러싼 다양한 상황에 따라 조직에서 요구하는 힘이 달라지며 이 힘의 정도와 조합에 따라 조직의 유형이 달라진다고 주장한다. ⓞⓧ

19 기계적 관료제는 전문가들의 업무를 통제하기 어렵기 때문에 기술부문의 역할은 적어지고 현장의 전문가 역할이 커지게 된다. 또한 수행하는 과업의 복잡성으로 인하여 현장에서 일하는 전문가들이 자신의 업무에 대해서 상당한 재량권을 행사할 수 있고 스스로 통제권을 갖는 것이 일반적이기 때문에 집권화되지 않은 상태에서 관료적 구조를 갖게 된다. ⓞⓧ

20 애드호크라시는 특정 목적을 위하여 구성되었다. 목적달성 후 해체되는 일시적인 조직 형태로 복잡하고 동태적 환경하에서 발견되는 매우 유기적인 조직 형태이다. ⓞⓧ

---

15 O
16 X | Miles와 Snow에 의한 전략에 따른 조직 유형 및 형태 분류임.

방어형(defenders)	탐색형(prospectors)	분석형(analyzers)	반응형(reactors)
좁은 활동영역에서 한정된 제품을 생산 / 판매하는 유형	신제품이나 시장기회를 찾는 공격적 유형	제품 / 시장영역에서 안정과 변화를 동시에 추구하는 유형	환경에 대해 일관성 있는 해결안을 수립하지 못하는 유형
• 안정 추구 • 능률 중시 • 보수적 유형	• 변혁 추구 • 유연성 강조 • 공격적 유형	• 안정 / 변혁 추구 • 능률 / 유연성 중시 • 기회주의적 유형	• 소극 / 무반응 • 일관성 결여 • 낙오형 / 수동형
집권화	분권화	집권화와 분권화	현재 유형 고집
기계적 구조	유기적 구조	매트릭스 구조	?

17 O
18 O
19 X | 전문적 관료제에 대한 설명임. 기계적 관료제는 성숙한 대규모의 조직 형태에서 주로 나타나는 유형으로 핵심운영부문의 작업은 표준화된 절차, 규칙, 규정에 의하여 운영되며 작업환경은 단순하고 안정적인 경우가 많다.
20 O

21 사업부제 조직은 분화의 원리에 따라 사업부단위를 편성하고 각 단위에 대하여 독자적인 생산과 영업 및 관리 권한 부여로 사업부가 부문화되어 만들어진 조직형태로서 제품별·시장별·지역별 이익 중심점 또는 이익센터(profit center)를 중심으로 독자적인 경영과 이익에 대한 책임을 지는 독립채산제를 실시하는 조직 형태이다.

22 매트릭스 조직은 기능식 조직의 장점과 프로젝트 조직의 장점을 결합시켜 만들어진 그리드 조직구조로서 사업부제 조직의 고비용구조를 상대적으로 해소 가능하나 이중적 지휘체계에 의한 상사 간 권력갈등이 발생할 수 있으며, 명령 일원화의 원칙이 무너질 경우 종업원에 대한 지휘가 모호해지고 종업원이 역할갈등을 겪을 수가 있다.

23 고객가치를 충족시키는 데 있어 최상의 프로세스가 구축될 수 있도록 전체 조직 시스템을 프로세스 중심으로 근본적으로 재설계한 조직을 네트워크 조직이라고 한다.

24 글로벌 기업 한국지사의 영업담당 팀장이 한국지사장과 본사 영업담당 임원에게 동시에 보고하는 체계는 네트워크 조직(network organization)의 특징을 보여준다.

25 Pascale과 Peters의 조직문화의 7대 구성 요소로서 공유가치(Shared Value), 혁신(Innovation), 관리기술(Skill), 구조(Structure), 시스템(System), 구성원(Staff), 리더십 또는 조직관리 스타일(Style)을 들고 있다.

26 휘튼(Whetten)은 조직이 관료적이고 수동적이며, 무감각해지는 것을 조직의 쇠퇴 현상이라고 설명하고 있다.

21 O
22 O
23 X | 프로세스 조직에 대한 설명임.
24 X | 매트릭스 조직에 대한 설명임.
25 X | Pascale과 Peters의 조직문화의 7대 구성 요소로서 공유가치(Shared Value), 전략(Strategy), 관리기술(Skill)스킬, 구조(Structure), 시스템(System), 구성원(Staff), 리더십 또는 조직관리 스타일(Style)을 들고 있다.
- 공유가치(Shared Value): 조직구성원들의 행동이나 사고를 특정 방향으로 이끌어가는 아주 특별한 원칙이나 기준 → 조직문화 형성에 가장 중요한 위치를 차지
- 전략(Strategy): 변화하는 시장환경에 기업이 어떻게 적응하여 능력을 발휘할 것인가 하는 장기적인 목적과 계획, 그리고 이를 달성하기 위한 자원배분 방식
- 스킬(Skill): 장기적인 목적과 계획이 전략이라면, 스킬은 그 전략을 어떻게 실행할 것인가를 말함
- 구조(Structure): 전략을 실행해 나가기 위한 틀로 조직구조나 직무분류 역할과 책임 등이 해당
- 시스템(System): 반복되는 의사결정 사항들의 일관성을 유지하기 위해 제시된 틀
- 구성원(Staff): 기업이 필요로 하는 사람의 유형
- 스타일(Style): 구성원들을 이끌어 가는 전반적인 조직관리 스타일

26 O

27 조직의 전략·구조 등 근본적 체제는 그대로 둔 채 환경이 변화하는 대로 적응해 가면서 개선해 나가는 점진적 변화의 대표적인 예로 restructuring, reengineering 방식을 들 수 있다. ○ ✕

28 르윈(K. Lewin)의 힘의 장이론(force field theory)에 의하면 조직의 현재 상태는 변화를 추진하는 힘과 변화를 막는 힘이 서로 겨루어 균형을 이룬 결과로 설명된다. ○ ✕

29 변화주도자(change agent)가 변화에 필요한 정보를 갖고 있지 못하거나 다른 사람들이 저항할 수 있는 상당한 힘을 갖고 있을 때, 조직변화에 대한 저항을 관리하는 데 가장 적합한 방식으로는 교육과 커뮤니케이션의 증대를 들 수 있다. ○ ✕

30 관리 그리드 훈련(grid development)은 블레이크와 머튼이 개발한 기법으로 생산에 대한 관심과 인간에 대한 관심을 모두 극대화할 수 있는 리더가 이상적인 리더라는 전제하에 조직구성원들을 대상으로 이러한 리더십을 개발하고 행동으로 연결시켜 단계적으로 조직을 개발해 나가는 것이 목적이다. ○ ✕

---

27 ✕ | 조직 변화의 유형은 급진적 변화와 점진적 변화를 들 수 있는 이를 정리하여 보면 다음과 같다.
- 점진적 변화: 조직의 전략·구조 등 근본적 체제는 그대로 둔 채 환경이 변화하는 대로 적응해 가면서 개선해 나가는 방식 → TQM
- 급진적 변화: 조직의 전략·구조 등 근본적 체제 자체를 폭넓고 빠르게 변화시키는 방식 → restructuring, reengineering, 조직목표나 전략의 개편, 기업 문화

28 ○

29 ✕ | 참여와 몰입의 기법이 적합하며, 교육과 커뮤니케이션은 조직 구성원들이 변화에 대한 정보가 전혀 없거나 부정확한 정보와 분석이 있을 때 적합한 방법이다.

기법	적용 상황	장점	단점
교육과 커뮤니케이션	정보가 전혀 없거나 부정확한 정보와 분석이 있을 때	피변화자가 일단 설득이 되면 변화시행에 도움을 줌	다수의 사람이 관련되는 경우에 시간의 소비가 많음
참여와 몰입	변화의 주도자가 변화에 필요한 정보를 가지고 있지 못하거나 다른 사람들이 저항할 수 있는 상당한 힘을 가지고 있을 때	참여한 사람이 변화에 대해 일체감을 갖고 정보를 제공함	참여자들이 변화를 잘못 설계하면 시간이 많이 소요됨
촉진과 지원	적응문제로 사람들이 저항할 때	적응문제에는 가장 성공적임	시간과 비용이 과다함
협상과 동의	어떤 사람이나 집단이 변화에서 손해 보는 것이 분명한데, 그 집단이 상당한 저항의 힘을 가지고 있을 때	중요한 저항을 피하는 데 비교적 손쉬운 방법일 때가 많음	이것이 타인들에게도 협상을 하도록 일깨우게 되면 비용이 큼
조작과 호선	다른 전술이 전혀 안 듣거나 비용이 너무 많이 들 때	신속하고 비용이 별로 들지 않음	조작되었다고 느끼는 경우에 추가적인 문제를 야기함
명시적·묵시적 강압	신속한 변화가 필요하다고 변화의 주도자가 상당한 파워를 가지고 있을 때	신속하고 어떤 저항도 극복 가능함	주도자에 대한 반감으로 위험이 따름

30 ○

Ⅲ 개념정리 문제

1 조직구조를 설계할 때 고려하는 상황변수가 아닌 것은? 〔2015 경영지도사〕

① 전략(strategy) ② 제품(product) ③ 기술(technology)
④ 환경(environment) ⑤ 규모(size)

2 다음 주장에 해당하는 이론은? 〔2015 공인노무사〕

> ㄱ. 조직의 생존을 위해 이해관계자들로부터 정당성을 얻는 게 중요하다.
> ㄴ. 동일 산업 내의 조직형태 및 경영관행 등이 유사성을 보이는 것은, 조직들이 서로 모방하기 때문이다.

① 대리인 이론 ② 제도화이론 ③ 자원의존이론
④ 조직군생태학이론 ⑤ 협력적 네트워크이론

3 기계적 조직구조의 특징이 아닌 것은? 〔2015 경영지도사〕

① 많은 규칙 ② 집중화된 의사결정 ③ 경직된 위계질서
④ 비공식적 커뮤니케이션 ⑤ 계층적 구조(tall structure)

4 다음 중 애드호크라시와 가장 관련이 없는 것은? 〔2007 한국토지주택공사〕

① 지위나 역할에 따라 종적으로 조직되었다.
② 환경 변화에 적응적인 조직이다.
③ 기능별로 분화된 횡적 조직이다.
④ 다양한 기술을 가지고 있는 비교적 이질적인 전문적 집단이다.
⑤ 앨빈 토플러가 미래의 충격에서 관료제를 대체할 조직으로 설명하였다.

5 Weber의 합법적 권한에 의한 근대적 지배방식으로 흔히 관료제라 불리는 것은? 〔2006 한국토지주택공사〕

① 매트릭스 조직 ② 프로젝트 조직 ③ 태스코포스팀
④ 애드호크라시 조직 ⑤ 뷰로크라시 조직

6 다음 중 스태프 조직에 관한 것만 있는 것은? 〔2006 한국농어촌 공사〕

① 생산과 광고활동을 한다. ② 생산요소의 구입, 입고를 한다.
③ 재무관리, 인사관리파트에서 일한다. ④ 유통, 고객서비스관리, 마케팅을 한다.

7 민츠버그(H. Mintzberg)가 제시한 조직의 5가지 부문이 아닌 것은? `2015 경영지도사`

① 최고경영층·전략경영 부문(strategic apex) ② 일반지원 부문(supporting staff)
③ 중간계층 부문(middle line) ④ 전문·기술지원 부문(technostructure)
⑤ 사회적 네트워크 부문(social network)

8 다음 내용이 설명하고 있는 조직구조는? `2010 가맹거래사`

- 테일러가 창안한 조직구조이다.
- 수평적 분화에 중점을 두고 있다.
- 각자의 전문분야에서 작업능률을 증대시킬 수 있다.

① 기능식 조직 ② 네트워크 조직 ③ 매트릭스 조직
④ 사업부제 조직 ⑤ 오케스트라 조직

9 이익센터와 가장 관련이 큰 조직형태는? `2012 가맹거래사`

① 스탭 조직 ② 기능식 조직 ③ 사업부제 조직
④ 매트릭스 조직 ⑤ 애드호크라시

10 동일한 제품이나 지역, 고객, 업무과정을 중심으로 조직을 분화하여 만든 부문별 조직(사업부제 조직)의 장점으로 옳지 않은 것은? `2015 경영지도사`

① 책임소재가 명확하다.
② 기능부서 간의 조정이 보다 쉽다.
③ 환경변화에 대해 유연하게 대처할 수 있다.
④ 특정한 제품, 지역, 고객에게 특화된 영업을 할 수 있다.
⑤ 자원의 효율적인 활용으로 규모의 경제를 기할 수 있다.

11 다음 중 사업부제 특징으로 옳은 것은? `2013 인천시교통공사`

① 분화의 원리에 의하여 제품별, 지역별, 고객별로 사업부를 편성하고 각 사업부별로 자율적으로 운영하는 것으로 대규모 조직에 적합한 형태이다.
② 특정한 프로젝트의 수행을 위하여 구성된 조직으로 특정 목표가 달성되면 본래의 부서로 돌아간다.
③ 기능식 조직에 프로젝트 조직을 덧붙인 조직형태이다.
④ 기능식 조직이라고 하며, 수평적 분화에 의한 예외에 의한 관리를 추구하기 때문에 명령 일원화 원칙이 적용되지 않는다.
⑤ 조직 구성원의 동기부여를 촉진할 수 있지만, 시장의 변화에 둔감한 편이다.

12 다음 중 사업부제 조직이 이론적으로 가장 잘 어울리는 기업은? 2007 한국철도공사

① 직계식 또는 직선식 조직이며 관리자의 통제에 유리하다.
② 외부환경의 변화, 기술의 변화, 소비자 선호의 변화가 거의 없는 기업
③ 관리자의 업무가 지나치게 많으며 각 부문 간의 유기적 조정이 곤란한 기업
④ 외부환경의 변화, 기술의 변화, 소비자 선호의 변화가 심하여 제품의 수명주기가 짧은 제품을 취급하는 기업

13 매트릭스 조직에 대한 설명으로 옳은 것은? 2013 7급 공무원

① 이중적인 명령체계를 갖고 있다.
② 시장의 새로운 변화에 유연하게 대처하기 어렵다.
③ 기능적 조직과 사업부제 조직을 결합한 형태이다.
④ 단일 제품을 생산하는 조직에 적합한 형태이다.

14 다음 중 구성원이 두 개의 부서에 속해 있는 것으로 명령 일원하의 원칙에 위배되는 조직은? 2012 신용보증기금

① 라인 조직
② 사업부제 조직
③ 매트릭스 조직
④ 프로젝트 조직

15 매트릭스(matrix) 조직에 관한 설명으로 옳지 않은 것은? 2013 가맹거래사

① 기술의 전문성과 제품 혁신을 동시에 추구하는 조직에 적합한 구조이다.
② 인적자원을 유연하게 공유하거나 활용할 수 있다.
③ 구성원들은 두 명의 상관에게 보고를 해야 한다.
④ 전통적인 수직적 계층 구조에 수평적인 팀을 공식화하여 양자 간의 균형을 추구한다.
⑤ 역할 분담, 권력 균형, 갈등 조정 등이 쉬워 효율적인 조직 운영이 가능하다.

16 다음 중 매트릭스 조직에 관한 내용으로 틀린 것은? 2011 국민연금공단 / 2016 전남 중소기업종합센터

① 프로젝트 조직과 기능식 조직을 절충한 조직 형태이다.
② 프로젝트가 끝나면 원래 조직 업무를 수행한다.
③ 계층 원리와 명령 일원화 원리가 적용된다.
④ 구성원 개인을 원래의 종적 계열과 함께 횡적 또는 프로젝트 팀의 일원으로서 임무를 수행하게 하는 조직 형태이다.

17 다음 중 부서 간 의견불일치와 갈등의 해소 또는 조정의 기능을 하는 조직의 형태는? [2006 한국토지주택공사]

① 동태적 조직 ② 위원회 조직 ③ 라인, 스탭조직
④ 사업부제 조직 ⑤ 행렬조직

18 매트릭스 조직에 대한 설명으로 옳은 것은? [2011 한국수력원자력]

① 주로 중소기업에서 사용되며 의사결정의 신속성, 책임과 권한의 명백성 등이 장점이다.
② 명령일원화나 원칙을 충실히 따르는 조직이다.
③ 대규모조직이나 많은 제품을 생산하는 업체에 적합한 형태로서 제품, 고객, 지역, 프로젝트 등을 기준으로 종업원들이 직무를 집단화하여 조직을 몇 개의 부서로 구분한다.
④ 두 사람 이상의 상사가 지휘하는 조직이다.

19 다음 중 매트릭스조직에 대한 설명으로 알맞은 것은? [2005 한국농수산식품유통공사]

① 이익중심점으로 구성된 신축성 있는 조직으로 자기통제의 팀웍이 특히 중요한 조직이다.
② 분업과 위계구조를 강조하며 구성원의 행동이 공식적 규정과 절차에 의존하는 조직이다.
③ 특정프로젝트를 해결하기 위해 구성된 조직으로 프로젝트의 완료와 함께 해체하는 조직이다.
④ 다양한 의견을 조정하고 의사결정의 결과에 대한 책임을 분산시킬 필요가 있을 때 흔히 사용되는 조직이다.
⑤ 일종의 애드호크라시 조직으로 기능식 조직에 프로젝트조직을 결합한 조직으로 급변하는 시장 변화에 신속히 대응 가능한 조직이다.

20 다음 중 위원회조직에 대한 설명으로 바르지 않은 것은? [2005 국민연금공단]

① 의사결정이 신속하여 시간과 비용이 적게 든다.
② 위원회조직은 임시적일 수도 영구적일 수도 있다.
③ 이해관계가 상이한 집단들의 관련 기능을 조정, 통합해 준다.
④ 직능식 조직의 각 부문 간의 갈등을 해결할 수 있는 기능의 조직이다.

21 조직 내 규율 확립과 관련하여 '뜨거운 난로의 원칙(hot stove principles)'에 해당되지 않는 것은? [2012 가맹거래사]

① 유연성 ② 일관성 ③ 즉각성
④ 사전경고 ⑤ 사적인 것의 비개입

22 종업원들에게 자존감과 업무 몰입도를 높이기 위해 요구되는 심리적 강화 요인을 임파워먼트(empowerment)라 한다. 다음에 제시된 항목들 중 임파워먼트의 구성요소에 해당하는 것들로만 가장 적절하게 묶인 것은?

⟨2024 7급 군무원⟩

> ㉠ 의미감(meaning)　　　　　　　㉡ 능력(competence)
> ㉢ 자기결정력(self=determination)　㉣ 영향력(impact)

① ㉠, ㉢ 　② ㉠, ㉡, ㉢ 　③ ㉡, ㉢, ㉣ 　④ ㉠, ㉡, ㉢, ㉣

23 조직에서 시간이 지남에 따라 업무량과 무관하게 구성원 수가 증가하는 경향을 나타내는 법칙은?

⟨2012 가맹거래사⟩

① 파킨슨 법칙　② 파레토 법칙　③ 에릭슨 법칙
④ 호손 법칙　⑤ 하인리히 법칙

24 쉐인(Schein)은 인간성에 대한 가정과 인간의 유형을 4가지로 구분하였다. 다음 중 쉐인의 조직에 있어서 인간에 대한 가정을 순서대로 나열한 것은?

⟨2015 노무사⟩

> a. 합리적, 경제적 인간　　　b. 사회적 인간
> c. 자아실현적 인간　　　　　d. 복합적 인간

① a − b − c − d　② c − a − b − d　③ b − c − d − a
④ c − b − d − a　⑤ a − b − d − c

25 조직문화에 관한 설명으로 옳지 않은 것은?

⟨2015 가맹거래사⟩

① 조직은 대외적으로 적응하고 대내적으로 통합하는 과정에서 조직문화를 형성한다.
② 조직 사회화를 통해서 신규 구성원에게 전수되고 보존된다.
③ 내생적인 요인 또는 외생적인 환경변화에 의해서 변화한다.
④ 조직문화의 변동과정에 목적의식을 가지고 개입하여 바람직한 문화를 창출하는 것이 조직문화의 개혁이다.
⑤ 조직문화를 개혁한 후에는 지속적인 엑스노베이션(exnovation)이 필요하지 않다.

26 다음 중 조직문화에 대한 설명으로 알맞지 않은 것은?

⟨2006 국민연금공단⟩

① 조직에 대해 몰입을 유도한다.
② 조직의 행위를 유도하고 형성시킨다.
③ 조직구성원에게 정체성을 확립시켜 준다.
④ 외부환경변화에 쉽게 적응할 수 있도록 도와준다.

27 다음 중 조직개발기법이 아닌 것은? 2005 한국토지주택공사

① 관리격자도 훈련　　② 델파이법　　③ 과정자문법
④ 팀축구법　　⑤ 감수성훈련법

28 다음 조직개발 기법 중 관리격자도 훈련에 대한 설명으로 알맞은 것은? 2006 한국농어촌공사

① 아담스와 포터에 의해서 주장되었다.
② 인간관계에 대한 관심과 직무에 대한 관심을 모두 갖는 리더로 훈련시킨다.
③ 외부의 상담자를 통하여 문제를 해결한다.
④ 상호작용을 통한 사회성 훈련 기법의 일종으로 상호 간의 영향력과 인지력을 평가하고 개발한다.

29 다음 중 T-group 훈련에 대한 설명으로 알맞지 않은 것은? 2005 국민연금공단

① 개인적·사회적 통찰력을 높이는 것이 주된 목적이다.
② 직장 내 교육훈련을 뜻하는 것으로 일을 하면서 직속상사에게 실무상의 교육을 받는다.
③ 감수성훈련이라고도 하며 사회적 고립조건하에서 집단생활을 하여 참가자를 훈련시킨다.
④ 브레드 포드에 의하여 개발된 것으로 인간관계의 능력과 조직의 유효성을 향상시키기 위한 조직개발기법이다.

30 페로우(C. Perrow)가 제시한 기술 분류 기준으로 옳은 것을 모두 고른 것은? 2020 공인노무사

| ㄱ. 기술 복잡성 | ㄴ. 과업 다양성 | ㄷ. 상호의존성 |
| ㄹ. 과업 정체성 | ㅁ. 문제 분석 가능성 | |

① ㄱ, ㄴ　　② ㄴ, ㄹ　　③ ㄴ, ㅁ　　④ ㄷ, ㅁ　　⑤ ㄱ, ㄷ, ㄹ

31 매트릭스 조직의 장점에 해당하지 않는 것은? 2020 공인노무사

① 구성원들간 갈등해결 용이　　② 환경 불확실성에 신속한 대응
③ 인적자원의 유연한 활용　　④ 제품 다양성 확보
⑤ 구성원들의 역량 향상 기회 제공

32 조직을 구축할 때 분업을 하는 이유로 가장 옳지 않은 것은? 2021 9급 군무원

① 업무몰입의 지원　　② 숙련화의 제고
③ 관찰 및 평가 용이성　　④ 전문화의 촉진

33 현대조직은 학습하지 않으면 생존하기 어렵다. 다음 중 학습조직에 대한 설명으로 옳은 것을 모두 고른 것은?

〔2021 5급 군무원〕

> ㄱ. 학습조직은 문제해결활동을 통해 구축될 수 있다.
> ㄴ. 과거의 경험에 대한 성찰이 학습조직 구축에 매우 중요하다.
> ㄷ. 다른 기업을 모방하는 것도 학습조직 구축의 한 방법이다.
> ㄹ. 학습조직은 폐기학습(unlearning)을 필요로 한다.

① ㄱ, ㄴ ② ㄴ, ㄷ ③ ㄱ, ㄷ, ㄹ ④ ㄱ, ㄴ, ㄷ, ㄹ

34 민쯔버그(H. Mintzberg)가 제시한 조직구조 설계에 있어서의 기본 부문(basic parts)에 해당하지 않는 것은?

〔2021 5급 군무원〕

① 전략경영부문(strategic apex)
② 기술지원부문(techno structure)
③ 협력네트워크부문(cooperative network)
④ 생산핵심부문(operation core)

35 파스칼(R. Pascal)과 피터스(T. Peters)의 조직문화 7S 중 다른 요소들을 연결시켜주는 핵심적인 요소는?

〔2020 공인노무사〕

① 전략(strategy)
② 관리기술(skill)
③ 공유가치(shared value)
④ 관리시스템(system)
⑤ 구성원(staff)

36 조직문화의 구성요소에 대한 7S 모형은 맥킨지(Mckinsey)가 개발한 모형으로 조직문화에 영향을 주는 조직 내부요소를 7가지 요인으로 나타낸 것이다. 이 7가지 요인에 해당하지 않는 것은?

〔2021 7급 군무원〕

① 조직구조(structure)
② 학습(study)
③ 관리기술(skill)
④ 공유가치(shared value)

37 다음 제시된 조직구조 형태에 대한 설명 중 매트릭스 조직이 가지는 특징에 해당되는 것 만을 모두 고르면?

〔2021 7급 군무원〕

> a. 두 개 이상의 조직 형태가 목적에 의해 결합한 형태이다.
> b. 프로젝트를 수행하기 위해 만들어지는 한시적인 조직 형태이다.
> c. 기존 조직구성원과 프로젝트 구성원 사이에 갈등이 생길 가능성이 크다.
> d. 업무 참여시 전문가와 상호작용이 가능하므로 창의적인 업무 수행이 가능하다.
> e. 명령일원화의 원칙이 적용되며 조직 운영의 비용이 작게 발생한다.

① a, d ② a, b ③ c, d, e ④ b, c, d

38 다음 중 호프스테드(Hofstede)가 제시한 국가 간 문화분류 차원에 해당되지 않은 것은? `2022 5급 군무원`

① 불확실성 기피 성향(uncertainty avoidance)
② 개인주의(individualism) 대 집단주의(collectivism)
③ 편협성(parochialism) 대 진취성(progressiveness)
④ 남성성(masculinity) 대 여성성(femininity)

39 다음 중 호프스테드(G. Hofstede)가 제시한 국가적 문화 유형의 차이를 구분하는 기준에 해당하는 것으로 가장 알맞게 짝지어진 것은? `2024 7급 군무원`

> ㉠ 권력격차(power distance)
> ㉡ 개인주의 / 집단주의 (individualism / collectivism)
> ㉢ 개방성 / 배타성(openness / exclusiveness)
> ㉣ 단지지향성 / 장기지향성(short-term / long-term)
> ㉤ 불확실성 회피(uncertainty avoidance)
> ㉥ 수직적 계층성 / 수평적 계층성(vertical hierarchy / horizontal hierarchy)

① ㉠, ㉡, ㉢, ㉣　② ㉠, ㉡, ㉣, ㉤　③ ㉠, ㉡, ㉤, ㉥　④ ㉢, ㉣, ㉤, ㉥

40 조직설계의 상황변수에 해당하는 것을 모두 고른 것은? `2022 공인노무사`

> ㄱ. 복잡성　ㄴ. 전략　ㄷ. 공식화　ㄹ. 기술　ㅁ. 규모

① ㄱ, ㄴ, ㄷ　② ㄱ, ㄴ, ㄹ　③ ㄱ, ㄷ, ㅁ　④ ㄴ, ㄹ, ㅁ　⑤ ㄷ, ㄹ, ㅁ

41 페로우(C. Perrow)의 기술분류 유형 중 과업다양성과 분석가능성이 모두 낮은 유형은? `2024 공인노무사`

① 일상적 기술　② 비일상적 기술　③ 장인기술　④ 공학기술　⑤ 중개기술

42 민츠버그(H. Mintzberg)의 5가지 조직 유형에 해당하지 않는 것은? `2023 공인노무사`

① 매트릭스 조직　② 기계적 관료제　③ 전문적 관료제　④ 에드호크라시　⑤ 사업부제 조직

43 다음 중 조직형태에 대한 설명으로 가장 적절하지 않은 것은? 〔2023 7급 군무원〕

① 라인 조직(line organization)은 신속한 의사결정과 실행이 가능하다.
② 라인스탭 조직(line and staff organization)의 구성원은 두 개 이상의 공식적인 집단에 동시에 속한다.
③ 사업부제 조직(divisional organization)은 사업부별로 업무수행에 대한 통제와 평가를 한다.
④ 네트워크 조직(network organization)은 필요에 따라 기업 내부 부서 및 외부 조직과 네트워크를 형성해서 함께 업무를 수행한다.

44 다음과 같은 장점을 지닌 조직구조는? 〔2024 공인노무사〕

- 관리 비용을 절감할 수 있음
- 작은 기업들도 전 세계의 자원과 전문적인 인력을 활용할 수 있음
- 창업 초기에 공장이나 설비 등의 막대한 투자없이도 사업이 가능

① 사업별 조직구조   ② 프로세스 조직구조   ③ 매트릭스 조직구조
④ 지역별 조직구조   ⑤ 네트워크 조직구조

45 퀸과 카메룬(R. Quinn & K. Cameron)이 제시한 조직 수명주기 단계의 순서로 옳은 것은? 〔2023 공인노무사〕

| ㄱ. 창업 단계 | ㄴ. 공식화 단계 | ㄷ. 집단공동체 단계 | ㄹ. 정교화단계 |

① ㄱ → ㄴ → ㄷ → ㄹ
② ㄱ → ㄴ → ㄹ → ㄷ
③ ㄱ → ㄷ → ㄴ → ㄹ
④ ㄱ → ㄷ → ㄹ → ㄴ
⑤ ㄱ → ㄹ → ㄴ → ㄷ

IV 심화 문제

1 다음 중 급변하는 환경에 적응하기 위하여 설립된 조직의 성격에 부합되지 않는 것은? `1993 CPA`

① 경영조직을 프로젝트별로 분화하여 조직화한다.
② 일시적이고 특정한 목적을 달성하기 위해 편성되는 잠정적인 조직이다.
③ 기업의 기동성과 환경적응성을 높일 수 있다.
④ 정태적인 조직이다.
⑤ 강력한 목표지향적이므로 사기가 높아진다.

2 조직구조에 관한 상황이론은 어느 경우에나 항상 효과적인 조직구조가 존재할 수 없고 상황에 따라 달라진다는 조직설계의 관점이다. 다음 중 조직구조를 설계할 때 고려되는 상황요소들로만 구성된 것은? `2000 CPA`

a. 경영전략	b. 분화	c. 규모	d. 집권화	e. 공식화	f. 기술

① a, b, e ② b, c, e ③ b, d, e
④ a, c, f ⑤ c, d, f

3 조직설계 요소 중 통제범위와 관련된 설명으로 옳지 않은 것은? `2016 가맹거래사`

① 과업이 복잡할수록 통제범위는 좁아진다.
② 관리자가 스텝으로부터 업무 상 조언과 지원을 많이 받을수록 통제의 범위가 좁아진다.
③ 관리자가 작업자에게 권한과 책임을 위임할수록 통제범위는 넓어진다.
④ 작업자와 관리자의 상호작용 및 피드백이 많이 필요할수록 통제범위는 좁아진다.
⑤ 작업자가 잘 훈련되고 작업동기가 높을수록 통제범위는 넓어진다.

4 조직문화 및 조직개발에 관한 설명으로 가장 적절하지 않은 것은? `2020 CPA`

① 조직문화(organizational culture)란 일정한 패턴을 갖는 조직활동의 기본가정이며, 특정 집단이 외부환경에 적응하고 내적으로 통합해 나가는 과정에서 고안, 발견 또는 개발된 것이다.
② 조직문화는 구성원들에게 조직 정체성(organizational identity)을 부여하고, 그들이 취해야 할 태도와 행동기준을 제시하여 조직체계의 안정성과 조직몰입을 높이는 기능을 한다.
③ 조직에서 변화(change)에 대한 구성원의 저항행동에 작용하는 요인에는 고용안정에 대한 위협감, 지위 손실에 대한 위협감, 성격의 차이 등이 있다.
④ 적응적(adaptive) 조직문화를 갖는 조직에서 구성원들은 고객을 우선적으로 생각하며 변화를 가져올 수 있는 인적, 물적, 또는 제도나 과정 등의 내적 요소들에 많은 관심을 보인다.
⑤ 레윈(Lewin)의 조직변화 3단계 모델에 의하면, '변화' 단계에서는 구성원의 변화 필요성 인식, 주도 세력 결집, 비전과 변화전략의 개발 등이 이루어진다.

5 조직구조에 관한 설명으로 가장 적절하지 않은 것은?

① 공식화(formalization)의 정도는 조직 내 규정과 규칙, 절차와 제도, 직무 내용 등이 문서화되어 있는 정도를 통해 알 수 있다.
② 번즈(Burns)와 스토커(Stalker)에 따르면 기계적 조직(mechanistic structure)은 유기적 조직(organic structure)에 비하여 집권화와 전문화의 정도가 높다.
③ 수평적 조직(horizontal structure)은 고객의 요구에 빠르게 대응할 수 있고 협력을 증진시킬 수 있다.
④ 민쯔버그(Mintzberg)에 따르면 애드호크라시(adhocracy)는 기계적 관료제(machine bureaucracy)보다 공식화와 집권화의 정도가 높다.
⑤ 네트워크 조직(network structure)은 공장과 제조시설에 대한 대규모 투자가 없어도 사업이 가능하다.

6 거시조직이론에 관한 설명으로 옳지 않은 것은?   `2015 가맹거래사`

① 시장과 위계이론은 거래비용 개념을 도입하여 조직유형이 왜 효율적인가를 구체적으로 제시한다.
② 전략적선택이론은 경영자가 자원을 획득하고 유지할 수 있는 능력을 조직생존의 핵심요인으로 파악한다.
③ 조직군생태학이론은 생물학의 적자생존론을 도입하여 조직이 생존하기 위해서는 조직내부구조적요인이 외부환경요인에 따라야 한다.
④ 구조적상황이론은 개방시스템 관점과 인간관계적 분석에 바탕을 둔 이론으로 조직의 경영활동이 상황에 적합하여야 한다.
⑤ 공동체생태학이론은 사회생태학적 접근방법을 활용한 것으로 조직은 구성원들의 노력에 의해 환경에 능동적으로 대응할 수 있다.

7 조직이론에 관한 설명으로 옳은 것은?   `2015 가맹거래사`

① 폐쇄 합리적 조직이론은 환경과의 관련성 속에서 제기되는 위협과 기회를 최대한 고려한다.
② 폐쇄 사회적 조직이론은 조직구조의 복잡성, 조직구성원의 참여 등을 강조하여 공식적 구조에 관심을 보인다.
③ 개방 합리적 조직이론을 따르는 챈들러(Chandler)는 시장경쟁 환경에서 '전략은 구조를 따른다'는 명제를 제시하였다.
④ 시스템적 조직이론 접근법에 따르면 조직은 환경에 개방적인 존재이므로 생존을 위해서 환경과 적절한 관계를 유지해야 한다.
⑤ 개방 사회적 조직이론은 조직의 목표달성을 위해서 생존이 중요하므로 공식성과 합리성만을 중점적으로 다룬다.

8 다음은 조직이론의 주창자와 대표적 연구 내용을 연결한 것이다. 맞는 연결을 하나도 빠짐없이 모두 고른 것은? <small>2006 CPA</small>

> a. 버나드(Barnard) – 제한된 합리성(bounded rationality)
> b. 챈들러(Chandler) – 전략과 조직구조의 관계
> c. 번즈와 스타커(Burns & Stalker) – 유기적 조직과 기계적 조직
> d. 톰슨(Thompson) – 기술의 유형과 상호의존성
> e. 로렌스와 로쉬(Lawrence & Lorsch) – 분화와 통합(differentiation & integration)

① c, d, e ② a, b, e ③ a, c, d
④ b, c, d ⑤ b, c, d, e

9 조직이론에 관한 다음의 각 항목을 조직이론의 발전 순서에 따라 바르게 나타낸 것은? <small>2003 CPA</small>

> a. 조직의 인간적·사회적 측면을 강조하였으며, 행동과학분야와 인적자원관리의 발전을 위한 이론적 틀을 제공하였다.
> b. 조직은 환경과는 무관한 폐쇄체계로, 그리고 조직을 구성하는 인간과 인간집단은 합리체계로 간주하였다.
> c. 조직의 목표 달성보다는 생존을 중시하고, 조직 내부의 비공식성과 비합리성의 영향을 부각하였다.
> d. 서로 다른 환경의 요구들에 대처할 수 있는 방안을 제시하는 상황적합이론(contingency theory)이 발전하였다.

① a – b – c – d ② a – d – b – c ③ b – a – d – c
④ c – a – d – b ⑤ d – c – b – a

10 다음에서 설명하는 조직이론은? <small>2017 공인노무사</small>

> • 조직의 환경요인들은 상호의존적인 관계를 형성하여야 한다.
> • 조직 생존의 핵심적인 요인은 자원을 획득하고 유지할 수 있는 능력이다.
> • 조직은 자율성과 독립성을 유지하기 위하여 환경에 대한 영향력을 행사해야 한다.

① 제도화 이론 ② 자원의존 이론 ③ 조직군 생태학 이론
④ 거래비용 이론 ⑤ 학습조직 이론

11 경영조직에 관한 서술 중 가장 적절하지 않은 것은? <small>2009 CPA</small>

① 유기적 조직에서는 공식화 정도가 높다.
② 매트릭스 조직에서는 역할갈등 현상이 나타날 수 있다.
③ 기계적 조직은 안정적이고 단순한 환경에 적합하다.
④ 제품 조직(사업부제 조직)에서는 기능부서별 규모의 경제를 상실할 가능성이 높다.
⑤ 우드워드(Woodward)에 의하면 대량생산 기술을 적용할 경우에 집권화, 분업화의 정도가 높아진다.

12 Mintzberg가 제시한 조직의 다섯 가지 기본부문과 관련된 설명 중 옳지 않은 것은?

① 조직의 전략부문(strategic apex)의 힘이 강하게 작용하는 조직은 단순구조(simple structure)의 조직이다.
② 조직의 중간라인부문(middle line)은 표준화를 추구하는 힘을 행사하고, 이 힘은 '산출물의 표준화'에 의한 조정으로 발휘된다.
③ 조직의 기술전문가부문(techno structure)이 행사하는 힘은 기계적 관료제구조에서 가장 크게 작용한다.
④ 조직의 지원스탭부문(supporting staff)은 조직의 기본적인 과업 흐름 이외의 조직문제에 대한 지원을 제공하는 전문가들로 구성된다.
⑤ 수술실에서 수술을 실행하는 외과의사는 그가 속한 병원의 핵심운영부문(operating core)에 해당된다.

13 민츠버그(Mintzberg)의 다섯 가지 조직구조 중 전문적 관료제(professional bureaucracy)의 특성으로 가장 적절한 것은? 2006 CPA

① 환경이 복잡하고, 표준화된 기술과 지식이 요구되는 경우에 적합하다.
② 많은 규칙과 규제가 필요하여 공식화 정도가 매우 높다.
③ 강력한 리더십이 필요한 경우에 적합하며, 벤처기업에 적용이 가능하다.
④ 기술의 변화속도가 빠른 동태적인 환경에 적합하다.
⑤ 중간관리층의 역할이나 중요성이 매우 크다.

14 조직기술에 관한 설명으로 가장 적절한 것은? 2011 CPA

① 생산규모와 기술의 효율성에 따라서 우드워드(Woodward)는 생산기술을 8가지로 분류하였는데 이는 크게 단위소량 생산기술, 대량생산기술, 연속공정 생산기술, 대량주문 생산기술로 구분된다.
② 우드워드(Woodward)에 따르면 단위소량 생산기술을 사용하는 조직은 전반적으로 기계적 조직구조를 가지는 반면, 대량생산기술을 가진 조직은 전반적으로 유기적 조직구조를 가진다.
③ 페로우(Perrow)는 과업의 불확실성(uncertainty)과 기술의 복잡성(complexity), 기술의 개방성(openness)에 따라서 부서단위의 기술을 분류하였다.
④ 페로우(Perrow)에 따르면 일상적 기술(routine technology)을 가진 부서는 공학적 기술(engineering technology)을 가진 부서에 비하여 공식화와 집권화의 정도가 상대적으로 낮다.
⑤ 톰슨(Thompson)에 따르면 집합적 상호의존성(pooled interdependence)을 사용하는 조직은 순차적 상호의존성(sequential interdependence)을 사용하는 조직보다 의사소통의 필요성이 낮다.

15 조직에서의 기술에 관한 설명으로 가장 적절하지 않은 것은? 2016 CPA

① 페로우(Perrow)에 따르면 장인(craft) 기술을 사용하는 부서는 과업의 다양성이 낮으며 발생하는 문제가 비일상적이고 문제의 분석 가능성이 낮다.
② 톰슨(Thompson)에 따르면 집합적(pooled) 상호의존성은 집약형 기술을 사용하여 부서 간 상호조정의 필요성이 높고 표준화, 규정, 절차보다는 팀워크이 중요하다.
③ 우드워드(Woodward)에 따르면 연속공정생산기술은 산출물에 대한 예측 가능성이 높고 기술의 복잡성이 높다.
④ 페로우에 따르면 공학적(engineering) 기술을 사용하는 부서는 과업의 다양성이 높고 잘 짜여진 공식과 기법에 의해서 문제의 분석 가능성이 높다.
⑤ 페로우에 따르면 비일상적(non-routine) 기술을 사용하는 부서는 과업의 다양성이 높고 문제의 분석 가능성이 낮다.

16 톰슨(Thompson)이 제시한 집합적(pooled), 순차적(sequential), 교호적(reciprocal) 상호의존성은 의사소통을 요구하는 정도가 서로 다르다. 의사소통을 요구하는 정도가 가장 높은 것부터 순서대로 바르게 나열된 것은? 2002 CPA

① 집합적 – 순차적 – 교호적
② 집합적 – 교호적 – 순차적
③ 교호적 – 집합적 – 순차적
④ 교호적 – 순차적 – 집합적
⑤ 순차적 – 집합적 – 교호적

17 조직의 기술과 조직구조의 관계에 대한 설명 중 가장 적절한 것은? 2002 CPA

① woodward의 기술분류에 따르면 기술이 복잡성이 높을수록 조직의 전반적인 구조는 더욱 유기적인 구조를 갖는 것이 바람직하다.
② 조직의 과업다양성이 높을수록 조직의 전반적인 구조는 더욱 기계적인 것이 바람직하다.
③ 조직이 과업을 수행함에 있어 당면할 수 있는 문제의 분석가능성이 높을수록 수평적 의사소통이 중요해진다.
④ 연속형 기술(long-linked technology)을 사용하는 조직에서는 부서간의 활동을 조정하기 위해 과업과 행동을 표준화하는 것이 바람직하다.
⑤ 유연생산기술(flexible manufacturing technology)을 사용하는 조직에서는 분권화의 정도를 높게 유지하는 것이 바람직하다.

18 조직 설계와 관련된 다음의 서술 중 가장 적절한 것은?

① 부문화(departmentalization)는 조직 구성원들이 책임지고 수행해야 할 과업의 범위와 깊이를 의미한다.
② 공식화(formalization)는 과업을 효과적으로 수행하기 위해 과업을 개인별로 구분하여 지정한 것을 의미한다.
③ 우드워드(Woodward)의 연구 결과에 의하면 조직구조는 조직이 사용하는 생산기술에 영향을 미치고 기술과 조직구조의 적합성 여부에 따라 조직의 성과가 달라진다.
④ 페로(Perrow)는 기술을 과업의 다양성과 문제의 분석 가능성에 따라 장인기술, 비일상적 기술, 일상적 기술, 공학적 기술로 나누었다.
⑤ 혁신의 양면성 모형(ambidextrous model)에서 보면 효율적 관리혁신을 위해서 조직의 중간 또는 하위관리층은 기계적인 조직이 되어서는 안된다.

19 조직과 관련한 다음의 설명 중 가장 적절하지 않은 것은?

① 기능적 부문화 조직에서는 환경변화에 반응하는 속도는 느리지만 깊이 있는 지식과 기술개발을 가능하게 하고 기능부문 안에서 규모의 경제를 가능하게 한다.
② 조직도(organizational chart)는 공식적 보고체계, 명령계통, 관리계층, 책임소재, 부서와의 관계와 같은 조직구조를 보여준다.
③ 조직이 성장하여 규모가 커지고 더 많은 부서가 생겨남에 따라 조직구조의 복잡성은 커지게 된다.
④ 기계적 조직에서는 수직적 상호작용이 빈번하고 유기적 조직에서는 수평적 상호작용이 빈번하다.
⑤ 톰슨(Thompson)은 과업에서의 상호의존성을 호환적(reciprocal) 상호의존성, 순차적(sequential) 상호의존성, 협동적(cooperative) 상호의존성으로 나누었다.

20 기계적 조직과 유기적 조직에 관한 다음의 설명 중 가장 적절하지 않은 것은?

① 기계적 조직은 일반적으로 공식화 정도가 높으며, 안정적이고 단순한 환경에 적합하다.
② 막스 베버(M. Weber)가 제시한 관료제 조직은 전문화와 공식화를 지향하므로 기계적 조직에 가깝다고 할 수 있다.
③ 기계적 조직과 유기적 조직 관점에서 볼 때, 현실의 조직들은 극단적인 기계적 조직과 극단적인 유기적 조직 사이의 연속선상에 위치할 수 있다.
④ 내용이 유사하고 관련성이 높은 업무를 우선 결합시키는 기능적 조직(functional organization)은 유기적 조직에 가깝다고 할 수 있다.
⑤ 네트워크 조직(network organization)은 환경변화에 신속하게 반응할 수 있으므로 유기적 조직에 가깝다고 할 수 있다.

21 다음 중 조직 구조와 관련된 기술 중 가장 적절하지 않은 것은? `2004 CPA`

① 기능별 조직(functional organization)은 환경이 비교적 안정적일 때 조직관리의 효율을 높일 수 있다.
② 기능별 조직은 각 기능별로 규모의 경제를 얻을 수 있다는 장점이 있다.
③ 제품 조직(product organization)은 사업부내의 기능간 조정이 용이하다.
④ 제품 조직은 시장특성에 따라 대응함으로써 소비자의 만족을 증대시킬 수 있다.
⑤ 매트릭스 조직(matrix organization)은 많은 종류의 제품을 생산하는 대규모 조직에서 효율적으로 기능한다.

22 조직 구조와 설계에 관한 다음의 설명 중 가장 적절하지 않은 것은? `2006 CPA`

① 기계적 조직은 유기적 조직에 비하여 일반적으로 공식화의 정도가 높다.
② 관료제 조직은 전문화와 공식화를 지향한다.
③ 기능적 조직은 제품과 서비스의 종류가 증대될수록 효과적으로 작동한다.
④ 제품별 조직, 시장별 조직, 지역별 조직은 부문별 조직의 예이다.
⑤ 네트워크 조직은 수평적 연결과 왕래가 많고 환경변화에 신속하게 반응할 수 있다.

23 조직설계에 관한 설명으로 가장 적절하지 않은 것은? `2011 CPA`

① 민쯔버그(Mintzberg)는 단순조직(simple structure), 기계적 관료조직(machine bureaucracy), 전문적 관료조직(professional bureaucracy), 사업부조직(divisional structure), 애드호크라시(adhocracy)를 전형적인 조직의 유형으로 보았다.
② 기능별 조직은 같은 기능을 담당하는 사람을 한 부문으로 모아서 규모의 경제를 가질 수 있지만, 제품의 종류가 많아지고 시장의 변화가 빠르면 즉각적으로 반응하기 어렵다.
③ 로렌스와 로쉬(Lawrence and Lorsch)에 따르면 환경의 불확실성이 높을수록 조직에서 차별화(differentiation)가 많이 진행된다.
④ 매트릭스 구조(matrix structure)는 담당자가 기능부서에 소속되고 동시에 제품 또는 시장별로 배치되어 다른 조직구조에 비하여 개인의 역할갈등이 최소화된다.
⑤ 기계적 조직은 유기적 조직에 비하여 엄격한 상하관계와 높은 공식화를 가지고 있고 안정적 환경에 적합한 구조이다.

24 조직에 관한 설명으로 가장 적절하지 않은 것은? `2012 CPA`

① 기능식 조직은 환경의 불확실성이 낮고 안정적인 경우에 적합하다.
② 사업부제 조직은 각 사업영역이나 제품에 대한 책임이 명확해지는 장점이 있다.
③ 유기적 조직은 기계적 조직에 비해 공식화 정도가 낮다.
④ 매트릭스 조직에서는 명령일원화의 원칙이 적용된다.
⑤ 우드워드(Woodward)는 생산기술의 복잡성에 따라 단위소량 생산기술, 대량생산기술, 연속공정 생산기술로 구분하고 있다.

25 다음 중 매트릭스 조직에 대한 설명으로 틀린 것은? 2014 한국수력원자력

> a. 이중보고체계로 인하여 종업원들 간에 혼란이 야기되지 않는다.
> b. 프로젝트 조직과 기능식 조직을 절충하였다.
> c. 지휘 체계의 곤란으로 인한 역할갈등과 스트레스를 받는다.
> d. 전통적 조직화의 원리에 의한 조직 구조이다.

① a ② a, b ③ a, d ④ a, b, c

26 매트릭스조직의 특성을 설명한 것 중 옳은 것은? 1996 CPA

① 특정 프로젝트의 해결을 위해 구성된 조직으로 프로젝트의 완료와 함께 해체되는 조직이다.
② 구성원들이 이중지위체계 때문에 구성원의 역할이 모호해지고 스트레스가 발생한다는 단점이 있다.
③ 이익중심점을 중심으로 구성된 신축성 있는 조직으로 자기통제의 팀웍이 특히 중요한 조직이다.
④ 분업과 위계구조를 강조하며 구성원의 행동이 공식적 규정과 절차에 의존하는 조직이다.
⑤ 다양한 의견을 조정하고 의사결정의 결과에 대한 책임을 분산시킬 필요가 있을 때 흔히 사용되는 조직이다.

27 사업부제조직의 장점이 아닌 것은? 1997 CPA

① 사업부내 관리자와 종업원의 밀접한 상호작용으로 효율이 향상된다.
② 사업부는 이익 및 책임중심점이 되어 경영성과가 향상된다.
③ 사업부간 연구개발, 회계, 판매, 구매 등의 활동이 조정되어 관리비가 줄어든다.
④ 실천에 의한 유능한 경영자가 양성된다.
⑤ 제품의 제조와 판매에 대한 전문화와 분업이 촉진된다.

28 경영조직론 관점에서 기계적 조직과 유기적 조직에 대한 설명으로 옳지 않은 것은? 2013 7급 공무원

① 기계적 조직은 효율성과 생산성 향상을 목표로 한다.
② 기계적 조직에서는 공식적 커뮤니케이션이 주로 이루어지고, 상급자가 조정자 역할을 한다.
③ 유기적 조직에서는 주로 분권화된 의사결정이 이루어진다.
④ 유기적 조직은 고객의 욕구 및 환경이 안정적이고 예측 가능성이 높은 경우에 효과적이다.

29 조직구조와 조직설계에 관한 설명으로 가장 적절하지 않은 것은? `2018 CPA`

① 통제의 범위(span of control)는 부문 간의 협업에 필요한 업무 담당자의 자율권을 보장해 줄 수 있도록 하는 부서별 권한과 책임의 범위이다.
② 부문별 조직(divisional structure)은 시장과 고객의 요구에 대응할 수 있으나 각 사업부 내에서 규모의 경제를 달성하기가 쉽지 않다.
③ 조직에서 의사결정권한이 조직 내 특정 부서나 개인에게 집중되어 있는 정도를 보고 해당 조직의 집권화(centralization) 정도를 알 수 있다.
④ 기능별 조직(functional structure)은 기능별 전문성을 확보할 수 있으나 기능부서들 간의 조정이 어렵고 시장의 변화에 즉각적으로 대응하기가 쉽지 않다.
⑤ 매트릭스 조직(matrix structure)은 이중적인 보고체계로 인하여 보고담당자가 역할갈등을 느낄 수 있고 업무에 혼선이 생길 수 있다.

30 조직구조와 조직문화에 관한 설명으로 가장 적절하지 않은 것은? `2021 CPA`

① 조직문화에 영향을 미치는 중요한 요소로 조직체 환경, 기본가치, 중심인물, 의례와 예식, 문화망 등을 들 수 있다.
② 조직사회화는 조직문화를 정착시키기 위해 조직에서 활용되는 핵심 매커니즘으로 새로운 구성원을 내부 구성원으로 변화시키는 활동을 말한다.
③ 유기적 조직에서는 실력과 능력이 존중되고 조직체에 대한 자발적 몰입이 중요시된다.
④ 조직이 강한 조직문화를 가지고 있으면 높은 조직몰입으로 이직률이 낮아질 것이며, 구성원들은 조직의 정책과 비전실현에 더욱 동조하게 될 것이다.
⑤ 분권적 조직은 기능중심의 전문성 확대와 일관성 있는 통제를 통하여 조직의 능률과 합리성을 증대시킬 수 있다.

31 조직구조에 관한 설명 중 적절하지 않은 것만을 모두 선택한 것은? `2017 CPA`

> a. 기능별 구조(functional structure)에서는 기능부서 간 협력과 의사소통이 원활해지는 장점이 있다.
> b. 글로벌 기업 한국지사의 영업담당 팀장이 한국지사장과 본사 영업담당 임원에게 동시에 보고하는 체계는 네트워크 조직(network organization)의 특징을 보여준다.
> c. 단순구조(simple structure)에서는 수평적 분화와 수직적 분화는 낮으나, 공식화 정도는 높다.

① a ② c ③ a, c ④ b, c ⑤ a, b, c

32 다음 중 수평적 조직구조의 장점에 대한 설명으로 가장 적절하지 않은 것은?

① 지휘·명령 계통이 단순하고 책임, 의무 및 권한의 통일적 귀속이 명확하다.
② 직공에 대한 작업지도가 쉬워 미숙련공을 활용할 수 있다.
③ 하나의 직능부서 내에서는 조정이 잘 이루어진다.
④ 작업자는 전문적 지식이나 기술에 가진 선임의 지도로 직무경험을 축적할 수 있다.

33 조직변화에 관한 설명으로 옳지 않은 것은?

① 조직변화를 유발하는 요인은 외부요인과 내부요인으로 나누어 볼 수 있으며, 외부요인은 경제환경, 정치환경, 기술환경, 사회문화환경의 변화에 기인한다.
② 조직변화의 영역은 그 초점에 따라 목표, 전략, 구조, 기술, 직무, 문화, 구성원과 관련된 영역으로 구분할 수 있다.
③ 불확실성에 대한 불안감, 기득권상실, 관점의 차이는 조직변화를 거부하는 요인이라 할 수 있다.
④ 르윈(K. Lewin)의 힘의 장이론(force field theory)에 의하면 조직의 현재 상태는 변화를 추진하는 힘과 변화를 막는 힘이 서로 겨루어 균형을 이룬 결과로 설명된다.
⑤ 르윈에 의하면, 변화추진력을 높이면 그만큼 저항하는 힘이 작아지기 때문에 효과가 크다.

34 변화주도자(change agent)가 변화에 필요한 정보를 갖고 있지 못하거나 다른 사람들이 저항할 수 있는 상당한 힘을 갖고 있을 때, 조직변화에 대한 저항을 관리하는 데 가장 적합한 것은?

① 참여 ② 지원 ③ 협상 ④ 조작 ⑤ 강압

35 국가 간 문화차이와 관련하여 홉스테드(G. Hofstede)가 제시한 문화차원(cultural dimensions)에 해당하지 않는 것은?

① 권력거리(power distance)
② 불확실성 회피(uncertainty avoidance)
③ 남성성 – 여성성(masculinity – femininity)
④ 민주주의 – 독재주의(democracy – autocracy)
⑤ 개인주의 – 집단주의(individualism – collectivism)

36 비교경영연구에서 홉스테드(Hofstede)의 국가간 문화분류의 차원으로 가장 적절하지 않은 것은?

 2019 CPA

① 고맥락(high context)과 저맥락(low context)
② 불확실성 회피성향(uncertainty avoidance)
③ 개인주의(individualism)와 집단주의(collectivism)
④ 권력거리(power distance)
⑤ 남성성(masculinity)과 여성성(femininity)

37 지속적으로 학습하고 적응하며, 변화하는 역량을 개발하는 조직을 학습조직(learning organization)이라 한다. 다음은 학습조직의 중요한 특징을 조직설계, 정보공유, 조직문화 및 리더십 측면에서 설명한 것들이다. 이 중 가장 옳지 않은 것은?

2022 5급 군무원

① 조직구조 측면에서 학습조직은 무경계의 팀 조직 형태를 그 특징으로 하며, 관리자와 팀원 사이에는 명확한 권한-지시 관계가 존재한다.
② 정보공유 측면에서 학습조직은 구조적, 물리적 장벽이 거의 존재하지 않기 때문에, 공개적인 의사소통과 광범위한 정보공유를 그 특징으로 한다.
③ 조직문화 측면에서 학습조직은 구성원들 사이에 공유된 비전이 존재하며, 강한 공동체 의식, 상호존중 의식, 상호신뢰의 풍토가 조성되어 있다.
④ 리더십 측면에서 학습조직은 리더가 구성원 사이에 공유할 비전을 적극적으로 제시하며, 협동적 분위기를 유도하고 강화시키려고 노력하는 특징을 갖는다.

38 조직이론에서의 동형화(isomorphism)에 대한 설명으로 옳은 것은?

2021 7급 군무원

① 조직이 중요한 자원을 공급받기 위해 자원을 공급하는 조직과 유사하게 변화하는 것
② 조직이 주어진 환경에서 생존하기 위해 해당 환경 내의 다른 조직들과 유사하게 변화하는 것
③ 조직 내 구성원들이 응집력을 갖기 위해 유사하게 변화하는 것
④ 조직 내 상위계층과 하위계층의 구성원들이 유사한 전략적 방향을 갖게 되는 것

39 조직구조 유형별 장단점에 대한 설명으로 가장 옳지 않은 것은? `2021 5급 군무원`

① 기능별 조직(functional organization)은 기능 영역별로 전문적 지식과 정보의 공유가 원활하며 기능에 대한 전수가 용이하나, 기능 영역 간 이질화로 인해 부서 사이의 의사소통이나 조정에 심각한 문제가 발생할 수 있다.
② 사업부제 조직(divisionalized organization)은 전통적인 기능적 및 집단적 조직형태를 준수하며 사업부 단위를 유연하게 편성할 수 있으나, 각 사업부의 이기주의로 인해 기업 전체의 이익이 희생될 우려가 있다.
③ 매트릭스 조직(matrix organization)은 기능별 조직과 사업부제 조직의 장점을 동시에 살릴 수 있으며 시장의 변화에 유연하게 대처할 수 있으나, 팀의 목표를 지나치게 강조할 경우 조직 전체의 목적 달성에 장애가 될 수 있다.
④ 프로젝트 조직(project organization)은 일정한 과업에 일정 기간 동안 대량의 재능과 자원을 집중하고 신축성을 부여할 수 있으나, 조직 구성원의 본래 소속 부서와 프로젝트 부서간에 갈등의 소지가 존재한다.

40 조직구조와 조직변화에 관한 설명으로 가장 적절하지 않은 것은? `2022 CPA`

① 조직이 변화하는 외부상황에 적절하고 신속하게 대처하기 위해서는 집권화(centralization)가 필요하다.
② 조직변화(organizational change)는 궁극적으로 조직성과 개선, 능률 극대화, 구성원의 만족도 향상 등을 위한 계획적 변화를 말한다.
③ 기계적 구조는 저원가전략(cost-minimization strategy)을 추구하는 조직에 적합하다.
④ 조직이 경쟁력을 강화하고 경영성과를 높이기 위해서는 조직구조의 조정과 재설계, 새 공유가치와 조직문화의 개발, 직무개선 등의 노력이 필요하다.
⑤ 부문별 구조(divisional structure)는 기능별 구조(functional structure)보다 고객과 시장의 요구에 더 빨리 대응할 수 있다.

41 기업 외부의 개인이나 그룹과 접촉하여 외부환경에 관한 중요한 정보를 얻는 활동은? `2024 공인노무사`

① 광고 ② 예측활동 ③ 공중관계(PR)
④ 활동영역 변경 ⑤ 경계연결(boundary spanning)

42 통제 범위(span of control)가 좁아지면 발생할 수 있는 상황에 대한 설명으로 가장 적절하지 않은 것은? `2023 9급 군무원`

① 관리자의 통제는 능률이 오른다. ② 부하의 창의성 발휘가 고도화된다.
③ 관리비가 증대되어 기업 고정비가 증가한다. ④ 상하간의 의사소통이 원활해진다.

43 조직문화의 유형을 구분하는 데 유용한 기법 중 하나로, 카메론(K.S.Cameron)과 퀸(R.E.Quinn)의 경쟁가치 프레임워크(competing vaule framework, CVF)를 기반으로 하는 방법이 있다. 다음 중 이 기법에 의한 조직문화의 형으로 가장 적절하지 않은 것은? `2024 7급 군무원`

① 공식화 (formalized) 조직문화
② 계층적(hierarchy) 조직문화
③ 에드호크러시(adhocracy) 조직문화
④ 시장지향적(market) 조직문화

44 조직문화에 관한 설명으로 가장 적절하지 않은 것은? `2024 CPA`

① 협력문화(cooperative culture)는 종업원들과 부서 간의 상호유대를 강하게 유지하는 것을 중시한다.
② 적응문화(adaptive culture)는 종업원들의 유연성과 혁신 추구를 강조한다.
③ 경쟁문화(competitive culture)는 고객에 대한 경쟁이 극심하고 성숙한 시장환경에 처한 조직에 적합하다.
④ 관료문화(bureaucratic culture)는 차별화 전략을 추구하는 조직에 적합하다.
⑤ 조직문화의 구성요소로 공유가치(shared value), 전략, 구조(structure), 시스템, 구성원, 기술(skill), 리더십 스타일 등을 들 수 있다

45 조직구조와 조직문화에 관한 설명으로 가장 적절하지 않은 것은? `2023 CPA`

① 호손(Hawthorne) 실험은 조직내 비공식 조직과 생산성 간의 관계 및 인간관계와 생산성 간의 관계를 설명한다.
② 통제의 범위(span of control)는 한 감독자가 관리해야 하는 부하의 수를 의미한다.
③ 자원기반관점(resource-based view)에서 기업은 경쟁우위를 창출하기 위해서 가치(valuable)있고, 모방불가능(inimitable)하며, 대체불가능(non-substitutable)하고, 유연한(flexible) 자원들을 보유해야 한다.
④ 로렌스와 로쉬(Lawrence & Lorsch)의 연구에 의하면, 기업은 경영환경이 복잡하고 불확실할수록 조직구조를 차별화(differenciation) 한다.
⑤ 홉스테드(Hofstede)의 국가간 문화차이 비교 기준 중 권력간 거리(power distance)는 사회에 존재하는 권력의 불균형에 대해 구성원들이 받아들이는 정도를 의미한다.

46 조직구조 및 조직개발에 관한 설명으로 가장 적절하지 않은 것은? `2023 CPA`

① 레윈(Lewin)의 조직변화 3단계 모델은 해빙(unfreezing) → 변화(changing) → 재결빙(refreezing)이다.
② 베버(Weber)가 주장한 이상적인 관료제(bureaucracy)는 분업, 권한계층, 공식적 채용, 비인간성, 경력지향, 문서화의 특징을 갖고 있다.
③ 페로우(Perrow)는 문제의 분석가능성과 과업다양성이라는 두 가지 차원을 이용하여 부서 수준의 기술을 장인(craft) 기술, 비일상적(nonroutine) 기술, 일상적(routine) 기술, 공학적(engineering) 기술로 구분한다.
④ 민쯔버그(Minzberg)가 제시한 조직의 5대 구성요인은 전략부문(strategic apex), 중간라인부문(middle line), 핵심운영부문(operating core), 기술전문가부문(technostructure), 지원스탭부문(support staff)이다.
⑤ 챈들러(Chandler)가 구조와 전략 간의 관계를 설명하기 위해 제시한 명제는 '전략은 구조를 따른다(strategy follows structure)'이다.

47 다음에서 설명하는 조직이론은? `2022 공인노무사`

- 조직형태는 환경에 의하여 선택되거나 도태될 수 있다.
- 기존 대규모 조직들은 급격한 환경변화에 적응하기 어려워 공룡신세가 되기 쉽다.
- 변화과정은 변이(variation), 선택(selection), 보존(retention)의 단계를 거친다.

① 자원의존 이론   ② 제도화 이론   ③ 학습조직 이론
④ 조직군 생태학 이론   ⑤ 거래비용 이론

PART 3

인적자원관리

Chapter 1 직무관리

Chapter 2 확보 및 개발관리

Chapter 3 평가 및 보상관리

Chapter 4 노사관계관리

Chapter 1 직무관리

I 핵심정리

❶ 인적자원관리 개관

1) 인적자원관리의 개념
- 인적자원관리의 정의: 인적자원관리(Human Resource Management: HRM)란 전략적인 가치를 지닌 인적자원을 기업과 근로자의 욕구를 함께 충족시키는 방향으로 확보, 유지, 개발, 보상하는 일련의 과업들
- 기업의 욕구와 근로자의 욕구
  - 기업의 욕구: 기업이 필요로 하는 우수한 인재를 확보, 유지하는 욕구
  - 근로자의 욕구: 기업으로부터 충분한 수준의 보살핌과 처우, 개발, 교육, 보상을 받고자 하는 욕구

2) 인적자원관리의 목표

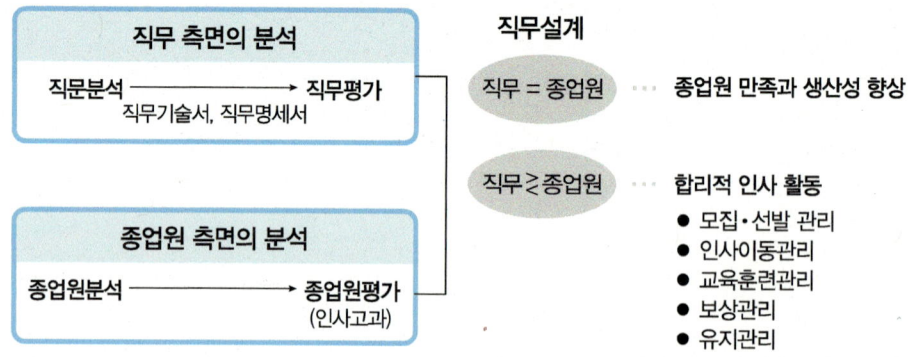

- 경제적 목표
  - 인적자원을 적재적소(適材適所)에 투입함으로써 인사배치의 효율을 높인다.
  - 신규 직원의 선발을 최적화함으로써 기업활동에 필요한 인재가 등용 될 수 있게 한다.
  - 근로자의 창의력과 경험을 발휘하도록 함으로써 인적자원의 잠재력을 최대한 활용한다.
- 사회적 목표
  - 임금 및 급여의 인상 및 근로시간의 단축
  - 개인적인 배려와 처우 및 상급자로부터의 공정한 대우
  - 고용의 보장 및 호의적인 직장분위기

- 전통적 HR vs. 전략적 HR

	전통적 HR	전략적 HR
HR에 대한 책임	전문적 스텝	라인 경영자
초점	종업원 관계	내부 및 외부고객과의 파트너십
HR의 역할	거래적, 변화추종자, 반응적	변혁적, 변화주도자, 주도적
추진방법	반응적이며 단편적	선행적이며 통합적
계획기간	단기	단기, 중기, 장기(필요에 따라)
통제	관료적: 역할, 정책, 절차	유기적: 유연, 성공을 위해 무엇이든지 행함.
직무설계	노동의 분화, 전문성, 독립적	유연하며 팀워크, 교차훈련
주요투자	자본, 제품	사람, 지식
책임	비용센터	투자센터

❷ 직무분석

1) 직무분석의 개념
- 직무분석은 인적자원관리의 출발점으로서의 기초정보 수집과정
- 직무분석은 직무의 내용 및 그와 관련된 정보(숙련도, 지식, 능력, 책임 등)를 과학적으로 수집 분석하여 이를 관리목적에 적합하도록 체계화하는 과정. 즉, 직무와 인간의 관계를 밝히고 조화시키는 과정
- 조직이 요구하는 특정 직무에 관한 내용이나 요건을 분석하여 인사관리가 공정하게 수행될 수 있도록 직무에 관한 객관적 자료를 제공하는 것
  * 직무수행요건 분석: 책임, 숙련도, 능력과 지식, 작업조건 등

2) 직무정보 수집방법
- 관찰법(observation method): 직무분석자가 직무수행자를 직접 집중적으로 관찰하는 방법으로 정보를 수집. 관찰법에서 자료는 보통 대화형식, 체크리스트, 혹은 작업표로 기록
- 면접법(interview method): 직무분석자가 직무수행자에게 면접을 실시하여 직무정보를 획득하는 방법
- 질문지법(questionnaire method): 사전에 설계한 표준화된 질문지를 활용하여 직무정보를 수집하는 방법
- 중요사건법(critical incidents method): 직무수행자의 직무행동 가운데 성과와 관련하여 효과적인 행동패턴을 추출하여 분류

3) 직무분석 기법
- 기능적 직무분석(functional job analysis): 직무분석을 모든 직무에 존재하는 3가지의 일반적 기능, 즉 자료와 관련되는 기능, 사람과 관련되는 기능, 사물과 관련되는 기능의 정보로 분류하고 정리
- 직위분석 질문지법 (position analysis questionnaire): 작업자 활동과 관련된 187개의 항목과 임금관련 7개 항목을 포함하여 총 194개의 항목으로 구성된 질문지로서 작업에 대한 표준화된 정보를 수집하

는 대표적인 방법
- 관리직위기술질문지법: 이 질문지는 과업중심적인 방법으로 다양한 직능, 직급, 회사에 걸쳐 시험된 208항목으로 구성되어 있음.
- 과업목록표(task inventory procedure): 설문지를 이용하여 분석하고자하는 직무의 모든 과업을 열거하고 이를 상대적 소요시간, 빈도, 중요성 난이도학습의 속도 등의 차원에서 평가

4) 직무분석의 결과물

	직무기술서	직무명세서
의미	직무 수행과 관련된 과업 및 직무 행동을 일정한 양식에 기술한 문서	직무 수행에 필요한 종업원의 행동, 기능, 능력, 지식 등을 일정한 양식에 기록한 문서
강조점	직무의 내용과 요건(과업 중심)	인적요건(사람 중심)
포함되는 내용	• 직무표식 • 직무내용 • 직무개요 • 직무요건	• 직무표식 • 인적요건 • 직무개요
특징	직무분석의 결과를 바탕으로 직무의 내용과 개선점을 기록	• 직무분석의 결과를 세분화하여 정리 • 채용 관리와 밀접

- 직무기술서(Job Description): 직무분석의 결과에 의존하여 직무수행과 관련된 과업 및 직무행동을 일정한 양식에 기술한 문서
- 직무명세서(Job Specification): 직무수행에 필요한 종업원의 행동, 기능, 능력, 지식 등을 일정한 양식에 기록한 문서, 직무명세서는 직무의 인적 요건에 초점을 둔 것임으로 직무기술서의 과업에 대한 기술로부터 인적 요건을 이끌어 내는 것보다 유용성이 높다고 할 수 있음

5) 직무분석의 활용과 효과

- 직무분석의 활용
  - 인적자원계획: 인적자원의 수급계획을 수립하기 위해서는 각 직무의 수행요건에 대한 정확한 정보가 필요
  - 선발: 채용될 인력이 수행할 과업들과 이를 효과적으로 수행하기 위해서 보유해야 할 지식, 기술, 능력 등을 확인하는 것이 요청됨
  - 인사평가: 인사평가는 구성원들의 업무수행을 평가하여 우수한 자에게 상응하는 보상을 제공하고 성과가 낮은자에게는 성화향상방안을 모색하고자 실시
  - 인적자원개발: 직무분석은 인적자원개발의 기초자료, 직무수행능력은 직무분석을 통해 도출, 직무분석에서 직무를 구성하는 과업들이 확인되고, 각 과업이 효과적으로 수행되는 데 요청되는 지식, 스킬, 능력의 내용과 수준이 도출되는데 이러한 것이 인적자원개발의 내용과 목표
  - 보상관리: 직무분석은 합리적 임금관리 특히 직무급과 직능급의 확립에 활용. 직무급 체계에서는 직무의 상대적 가치를 평가하여 이를 임금결정의 기준으로 하여 직능급 체계에서는 직무수행능력을 임금차별화의 기준

❸ 직무평가

1) 개념
- **직무평가**: 직무분석의 결과로 나타나는 직무기술서와 직무명세서를 기초로 각 단위직무의 중요성, 곤란도, 위험도 등을 평가하여 각 단위 직무에 대한 상대적 가치를 정하는 것으로서, 이를 통하여 보상관리의 공정성을 추구
- **직무평가의 의의**
  - 직무평가: 조직 내 직무들을 일정한 기준에 의해 서로 비교하여 직무들 간 상대적 가치를 결정하는 체계적 활동.
  - 직무의 가치: 일반적으로 기업목표 달성에 대한 직무의 공헌도로 평가됨.
- **직무평가의 목적**: 임금수준 결정, 인력의 확보와 배치, 구성원 능력개발

2) 직무평가 요소
- **직무평가요소가 갖추어야 할 요건**
  - 대상직무전체에 공통적으로 존재하는 요소이어야한다.
  - 선정한 요소가 각 직무의 직무특질을 형성하는 중요한 요소이어야한다.
  - 선정된 요소가 조직내에서충분히 이해되고 납득될 수 있는 것이어야 한다.
  - 직무수행상 중요한 지표가 되는 것이어야 한다.
  - 각 요소간에중복되는 것은 선정되지 않아야 한다.
  - 객관적으로 관찰 및 판단이 가능한 것이어야 한다.
- **직무평가요소의 사례**
  - 숙련도(skill): 교육수준, 경험, 창의적기교, 지식, 기민성, 판단력, 정신적 기술
  - 노력(efforts): 육체적 노력, 정신적 노력
  - 책임(responsibility): 설비와 공정에 대한 책임, 원재료와 제품에 대한 책임, 안전에 대한 책임, 작업에 대한 책임
  - 작업환경(job condition): 작업조건, 위험도
- **핵심직무평가요소**

직무평가요소	숙련	책임	노력	작업조건
내용	지식 경험	• 설비에 대한 책임 • 재료 및 제품에 대한 책임 • 안전에 대한 책임 • 타인의 작업에 대한 책임	정신적 노력 육체적 노력	작업환경 위험

3) 직무평가의 방법

정량분석	정성분석	일괄방식 (비계약적 방식)	분석방식 (계량적 방식)
서열방식(직접비교방식)		서열법	요소비교법
등급방식(간접비교방식)		분류법	점수법

- 서열법

  직무들의 상대적 가치를 해당 직무들에 대해 기업의 목표달성 관련 중요도, 직무수행상의 난이도, 작업환경 등을 포괄적으로 고려하여 그 가치에 따라 서열을 매기는 방법

- 분류법

  등급법이라고도 하며 미리 몇 개의 등급을 만들어 놓고 각 등급에 해당하는 직무요소들의 기준을 설명해 놓은 다음 각 등급에 해당하는 직무요소들의 기준을 설명해 놓은 후에 직무를 조사하여 각 기준에 부합되는 등급에 분류

4) 배치하는 방식

- 점수법

  직무의 가치를 점수로 나타내어 평가. 즉, 직무를 평가요소에 따라 분해하고 각 요소별로 그 중요도에 따라 점수를 준 후에 점수를 합산하여 직무의 가치 평가

- 요소비교법

  기업이나 조직에 있어 핵심이 되는 몇 개의 기준직무를 선정하고 각 직무의 평가기준을 기준직무의 평가요소와 비교함으로써 모든 직무의 상대적 가치를 결정하는 방법, 직무의 상대적 가치를 임금액으로 평가하는 것이 특징

비양적 방법	서열법	• 가장 오래되고 간단한 방법 • 조직에 대한 직무의 상대적 가치를 전체적·포괄적으로 비교하여 순위를 결정 • 직무의 중요소를 구분하지 않음 • 직무 간 차이가 명확한 경우나 평가자가 모든 직무를 알고 있을 때만 적용이 용이
	분류법	• 서열법에서 좀 더 발전된 것 • 직무를 여러 등급이나 수준으로 분류하여 표현 • 직무를 포괄적으로 평가하여 강제적으로 배정 • 간단하고 이해하기 쉬우며 비용이 적게 듦 • 정부, 학교, 서비스조직체 등 등급분류가 용이한 조직에 많이 적용
양적 방법	점수법	• 가장 체계적이고 합리적인 방법 • 직무를 여러 구성 요소(숙련, 책임, 노력, 작업환경)로 구분하여 각 요소별 중요도에 따라 점수를 매겨 직무의 순위를 결정 • 평가항목 설정 및 가중치 부여가 어려우며, 공장의 기능직에 많이 사용
	요소 비교법	• 점수법 보다 합리적 • 기준직무를 미리 정하고, 각 직무의 평가요소와 기준직무의 평가요소를 비교하여 직무평가 • 직무의 상대적 가치를 임금액으로 나타내며, 상이한 직무에도 적용이 가능 • 전체 직무의 평가가 용이하여 직무급제도의 실시에 크게 기여

❹ 직무설계

1) 직무설계의 의의

- 직무설계(job design)는 조직 내 업무를 수행하기 위해 요구되는 다양한 과업들을 서로 연결시키고 짜 맞추어 조직화하는 것.

- 조직목표의 달성을 위해 종업원을 동기부여하기 위한 전략으로 이를 효과적으로 수행하게 되면 직무만족 증대 또는 불만족 감소, 작업 생산성 향상, 이직 및 결근율감소, 제품품질 향상 등의 효과

2) 직무설계의 목적
- 직무만족
- 직무성과 및 생산성 향상
- 정신적/육체적 건강의 유지

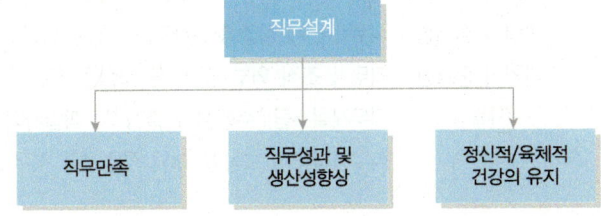

3) 직무설계방법

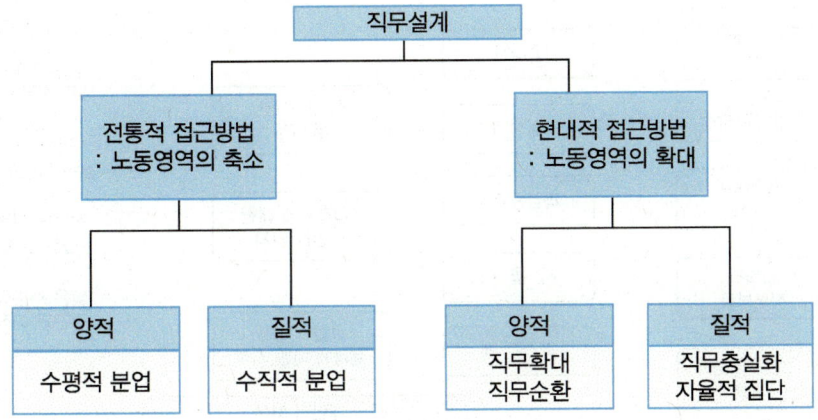

(1) 개인수준의 직무설계
- **직무순환(job rotation)**: 집단을 대상으로 하는 직무확대모델의 하나로 작업자에게 다양한 직무를 순환하여 수행하도록 함으로써 기술 다양성을 증가시키게 하는 것
- **직무확대(job enlargement)**: 직무의 범위를 수평적으로 확대하는 것으로 직무를 구성하는 과업의 수를 늘리는 방법, 직무확대에 있어 작업자가 수행하는 과업의 수는 늘게 되지만 의사결정권한이나 책임의 증대는 늘지 않음.
- **직무충실화(job enrichment)**: 단순히 과업의 수를 늘려서 직무를 구조적으로 확대하는 것이 아닌 직무의 내용을 풍성하게 만들어 작업상의 책임을 늘리며 능력을 발휘할 수 있는 여지를 크게 하고 보람 있는 일이 되도록 직무를 구성하는 일

(2) 집단수준의 직무설계
- **직무교차(overlapped workplace)**: 집단 내 각 작업자의 직무의 일부분을 타 작업자의 직무와 중복되게 하여 직무의 중복된 부분을 타 작업자와 공동으로 수행하게 되는 직무설계방식
- **자율적 작업팀(autonomous work team)**: 직무충실화프로그램이 집단수준에서 실시되고 있는 경우에 나타나는 기법으로 팀이 수행하고 있는 작업을 수직적 통합을 통해 심화하는 경우

4) Hackman & Oldham의 직무특성모형

구분	내용
기능의 다양성	직무수행에 요구되는 기능이나 재능의 정도
과업의 정체성	직무가 전체 작업에서 차지하고 있는 범위(현재 수행하는 직무와 완제품과의 관계를 인식할 수 있는 정도)
과업의 중요성	직무가 조직 외부 및 다른 사람들에게 실질적인 영향을 미치는 정도
자율성	직무계획수립, 수행절차 결정 시 작업자에게 허용된 재량권
피드백	직무성과의 유효성에 대해 작업자가 직무로부터 받게 되는 직접적인 정보의 양

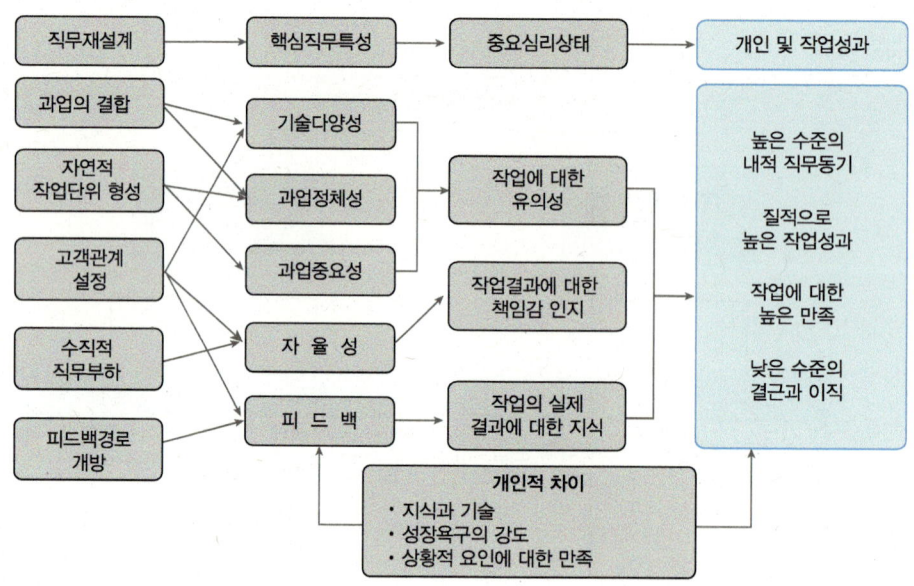

5) 노동의 인간화 방안

- 작업조건의 인간적 설계: 작업장소 및 작업시간의 인간적 설계
- 직무의 인간적 설계: 직무순환, 직무의 수평적/수직적 확대, 준자율적 작업집단
- 인간적 경영관리: 인적자원개발, 인적자원계획, 성과참가 및 자본참가, 민주적 리더십

II OX 문제

1. 직무분석을 통해 얻어진 정보는 전반적인 인적자원관리 활동의 기초자료로 활용되며, 직무분석의 결과물로서 직무기술서와 직무 명세서가 작성된다.

2. 직무기술서는 직무를 수행하는 데 필요한 인적 요건을 중심으로 작성된다.

3. 직무분석은 분석대상 직무선정 → 직무관련 자료수집 → 직무기술서와 직무명세서 작성의 순서로 진행된다.

4. 직무평가는 직무분석결과를 바탕으로 현 직무의 문제점과 개선방안을 도출해 내는 것을 주목적으로 한다.

5. 서열법을 사용하여 직무평가를 할 때에는 등급분류 기준을 설정해야 한다.

6. 요소비교법을 사용하여 직무평가를 할 때, 직무의 평가요소와 기준직무를 선정하는 것이 필요하다.

---

1. O
2. X | 직무명세서에 인적수행요건 등이 기재된다. 직무명세서에는 직무수행에 필요한 지식, 기술, 역량, 자격요건이 포함된다.
3. O
4. X | 직무평가는 직무분석결과를 바탕으로 현재 직무의 문제점과 개선방안을 도출해 내는 것을 주목적으로 하는 것이 아니라 명확한 직무분석을 토대로 직무들 간의 공정한 상대적 난이도 및 가치의 측정과정이라고 할 수 있다.
5. X | 분류법(등급법)에 대한 언급임.
6. O

7 집단 내 각 작업자의 직무의 일부분을 타 작업자의 직무와 중복되게 하여 직무의 중복된 부분을 타 작업자와 공동으로 수행하게 되는 직무설계방식을 직무순환이라고 한다.

8 직무충실화(job enrichment)란 아담스의 공정성이론을 모태로 한 설계 방식으로서 과업의 다양성을 증진시키기 위해 직무의 수를 수평적으로 증가시키는 것을 의미한다.

9 핵크만과 올드햄이 주장한 직무특성 이론(job characteristics theory)에서 핵심직무특성에는 기능 다양성(skill variety), 과업정체성(task identity), 과업중요성(task significance), 직무 독립성(task independence), 피드백(feed back)이 포함된다.

10 자율적 작업팀(autonomous work team)이란 직무충실화프로그램이 집단수준에서 실시되고 있는 경우에 나타나는 기법으로 팀이 수행하고 있는 작업을 수직적 통합을 통해 심화하는 경우에 적합한 방법이다.

---

7 X | 직무교차(overlapped workplace)에 대한 설명임.
8 X | 직무충실화 설계란 허쯔버그의 2요인이론에 기반을 둔 설계방식으로서 수직적 직무확대를 도모하는 설계 방법이며, 수평적 직무확대는 일반적 직무확대 설계임.
9 X | 직무의 독립성이 아니라 자율성임.
10 O

Ⅲ 개념정리 문제

1 훈련된 직무분석자가 직무수행자를 직접 관찰하는 것으로 생산직이나 기능직과 같은 단순·반복적인 직무분석에 적합한 것은? `2006 한국주택토지공사`

① 관찰법 ② 면접법 ③ 설문지법 ④ 작업기록법 ⑤ 서베이법

2 다음 중 직무분석에서 파악할 내용으로 알맞지 않은 것은? `2006 국민연금공단`

① 직무평가 ② 직무내용 ③ 작업방법 ④ 작업장소

3 다음 중 직무분석의 방법으로 알맞지 않은 것은? `2004 국민연금공단`

① 평가요소로 구분하여 각 요소별로 그 중요도에 따른 점수를 준다.
② 직무분석자가 직무수행자를 직접 관찰하여 직무를 분석하는 방법이다.
③ 직무분석자가 직접 직무를 수행함으로써 실증자료를 얻는 방법으로 가장 우수한 방법이나 현실적으로 사용하기 힘들다.
④ 직무의 모든 측면을 파악할 수 있는 질문서를 작성하여 직무수행자로 하여금 기입하도록 하여 직무를 분석하는 방법이다.

4 다음 설명으로 알맞지 않은 것은? `2011 국민연금공단`

① 직무명세서는 직무의 인적 요건에 중심을 두고 있다.
② 직무분석의 방법으로는 요소비교법, 관찰법, 면접법 등이 있다.
③ 직무는 작업의 종류와 수준이 유사한 직위들의 집단을 말한다.
④ 직무분석이란 직무에 관련된 정보를 체계적으로 수집·분석·정리하는 과정이다.

5 직무기술서에 포함되는 사항이 아닌 것은? `2016 공인노무사`

① 요구되는 지식 ② 작업 조건 ③ 직무수행의 절차
④ 수행되는 과업 ⑤ 직무수행의 방법

6 직무기술서에 포함되는 내용으로 옳지 않은 것은? `2016 가맹거래사`

① 직무 수행에 필요한 지식과 기술 ② 직무의 구체적인 내용
③ 직무 수행 절차와 방법 ④ 직무 수행에 필요한 자원 및 설비
⑤ 직무 수행 환경

7 직무분석에 관한 설명으로 옳지 않은 것은? `2012 공인노무사`

① 직무분석은 직무와 관련된 정보를 수집·정리하는 활동이다.
② 직무분석을 통해 얻어진 정보는 전반적인 인적자원관리 활동의 기초자료로 활용된다.
③ 직무분석을 통해 직무기술서와 직무명세서가 작성된다.
④ 직무기술서는 직무를 수행하는 데 필요한 인적요건을 중심으로 작성된다.
⑤ 직무평가는 직무분석을 기초로 이루어진다.

8 직무를 수행하는 데 필요한 기능, 능력, 자격 등 직무수행요건(인적요건)에 초점을 두어 작성한 직무분석의 결과물은? `2010 공인노무사`

① 직무명세서   ② 직무평가   ③ 직무표준서
④ 직무기술서   ⑤ 직무지침서

9 다음 중 직무명세서에 대한 설명으로 틀린 것은? `2015 국민연금공단`

① 수행되어야 할 과업에 초점을 두며, 직무내용과 직무요건이 동일한 비중이다.
② 직무 요건인 인적 요건에 큰 비중을 두고 있다.
③ 작업자들의 적성이나 기능 또는 지식과 능력 등이 일정한 양식에 기록되어 있다.
④ 고용이나 훈련, 승진 등에 기초자료가 된다.

10 다음 중 직무명세서에 대한 설명으로 가장 알맞은 것은? `2012 한국전력`

① 주로 과업요건에 초점을 맞추고 있고, 직무내용이나 요건을 상세히 기록하였다.
② 직무분석의 결과에 의거하여 직무수행과 관련된 과업 및 직무수행을 기록하였다.
③ 인적 요건에 중점을 두고 정리하고 기록한 문서이다.
④ 직무분석의 결과를 바탕으로 직무의 내용과 개선점을 기록하였다.

11 직무명세서와 직무기술서의 설명으로 알맞은 것은? `2014 한국철도시설공단`

① 직무명세서는 인적 요건에 큰 비중을 두고 있다.
② 직무기술서는 직무수행자나 자격요건을 구체적으로 기술해놓은 문서이다.
③ 직무명세서는 직무내용이나 직무요건이 동일한 비중이다.
④ 직무기술서의 내용에 포함되는 것은 종업원의 행동, 지식, 능력 등이 있다.

12 다음 중 직무평가의 비계량적 방법은? `2005 공무원연금공단`

① 점수법, 분류법   ② 점수법, 요소비교법
③ 서열법, 요소비교법   ④ 서열법, 분류법

13 다음 중 직무평가의 방법에 관한 설명으로 알맞은 것은? 〔2006 근로복지공단〕

① 점수법은 전체적·포괄적 관점에서 각각의 직무를 상호 교차하여 순위를 결정한다.
② 서열법은 직무를 구성요소별로 분해한 후 가중점수를 이용하여 직무의 순위를 결정하는 가장 합리적인 방법으로 공장의 기능직 평가에 많이 적용된다.
③ 분류법은 직무를 여러 등급으로 분류해서 포괄적으로 평가하여 강제적으로 배정하는 방법이다.
④ 요소비교법은 기준직무를 미리 정하고 기준직무의 평가요소와 각 직무의 평가요소를 비교하여 직무의 순위를 결정하는 방법으로 상이한 직무에는 적용하지 못한다.

14 다음 보기에 있는 설명으로 알맞은 것은? 〔2007 한국토지주택공사〕

> 기준 직무를 미리 정해놓고 각 직무의 평가요소와 기준직무의 평가요소를 비교, 분석하는 직무 평가방법 중 하나.

① 서열법   ② 분류법   ③ 점수법   ④ 요소비교법   ⑤ 관찰법

15 다음 중에서 직무평가 중 요소비교법에 대한 설명으로 알맞은 것은? 〔2010 한국수력원자력〕

① 표준화된 질문지를 통하여 직무담당자가 해당 항목을 평가하는 방법이다.
② 직무행동 중에서 보다 중요한 혹은 가치 있는 면에 대한 정보를 수집하는 방법이다.
③ 직무분석자가 직무수행자를 직접 집중적으로 관찰함으로써 정보를 수집하는 방법으로 생산직이나 기능직에 어울린다.
④ 기준직무를 미리 정하고 기준직무의 평가요소와 각 직무의 평가요소를 비교하여 직무의 순위를 결정하는 방법으로 즉, 기준 직무에 다른 직무를 평가하여 비교한다.

16 조직 내 직무 간의 상대적 가치를 평가하는 직무평가 요소가 아닌 것은? 〔2011 노무사〕

① 지식   ② 숙련   ③ 경험   ④ 노력   ⑤ 성과

17 다음 중 직무설계에 대한 설명으로 알맞은 것은? 〔2009 SH공사〕

① 개인목표와 만족은 전혀 고려하지 않는다.
② 직무 확대란 직무의 다양성을 증대시키기 위해 직무를 수직적으로 확대시키는 방안을 말한다.
③ 유연시간근무제는 근무시간의 유연함이 종업원의 나태함으로 이어져 근무 중 생산성이 떨어질 수 있다.
④ 직무 순환이 가능하려면 작업자가 수행하는 직무끼리 상호 교환이 가능해야 하고 작업 흐름에 있어서 커다란 작업 중단 없이 직무 간의 원활한 교대가 전제되어야 한다.

18 다음 중 직무 순환에 대한 설명으로 알맞지 않은 것은? <small>2014 국민연금공단</small>

① 직무에 지루함을 느낄 수 있다.
② 조직 구성이 돌아가면서 여러 가지 직무를 수행하는 것을 말한다.
③ 직무 순환이 가능하려면 작업자가 수행하는 직무까지 상호 교환이 가능해야 한다.
④ 직무 순환은 조직 구성원의 작업 활동을 다양화함으로써 지루함이나 싫증을 감소시켜준다는 장점이 있다.

19 다음 중 직무설계와 관련된 내용으로 알맞은 것은? <small>2011 국민연금공단</small>

① 직무설계는 직무기술서를 작성하는 데 도움을 준다.
② 직무충실화는 동기요인보다는 위생요인에 더 중점을 둔다.
③ 구성원의 작업활동을 다양화하기 위해서 직무 순환은 하지 않는다.
④ 직무확대란 직무의 다양성을 높이기 위해서 직무를 수평적으로 확대시키는 것이다.

20 다음 중 직무설계에 관련된 설명으로 알맞지 않은 것은? <small>2006 근로복지공단</small>

① 통합적 작업팀은 직무확대를 집단수준에 적용한 직무설계방법이다.
② 직무순환이 가능하려면 서로 상호 교환이 가능해야 한다.
③ 직무확대는 직무의 다양성을 증대시켜 단조로움을 없앤다.
④ 직무충실화는 개인차를 인정하며 직무가 동기요인보다는 위생요인을 충족시키도록 재구성되어야 한다는 이론이다.

21 다음 중 직무충실화에 대한 내용으로 알맞은 것은? <small>2007 한국토지주택공사</small>

① 높은 수준의 지식과 기술이 요구되지 않는다.
② 직무충실화는 수평적으로 직무의 수를 늘린다.
③ 성취욕구가 강한 사람에게는 맞지 않는 방법이다.
④ 직무충실화는 직무성과가 경제적 보상에 달려 있다는 전제하에 움직인다.
⑤ 직무충실화로 인하여 작업 생활의 질에서 품질향상과 사기 향상을 가져올 수 있다.

22 다음 중 직무충실화에 대한 설명으로 알맞은 것은? <small>2005 한국토지주택공사</small>

> a. 허즈버그의 2요인에 기초한 수직적 직무확대
> b. 반복적인 업무의 단조로움과 지루함을 줄일 수 있다.
> c. 높은 수준의 지식과 기술이 필요하다.
> d. 직무설계의 전통적 접근방법이다.

① a, b   ② a, c   ③ a, d   ④ b, c   ⑤ a, c, d

23 상사의 의사결정이나 계획 및 통제의 권한을 위양하여 부하의 재량권과 자율성을 강화하는 직무설계 방식은?

2010 공인노무사

① 직무확대 ② 직무세분화 ③ 직무충실화
④ 직무전문화 ⑤ 직무특성화

24 핵크맨 (Hackman) 과 올드햄 (Oldham)이 제시한 직무특성모형에서 핵심직무차원에 해당하는 것만을 모두 고른 것은?

2017 7급 감사직

| ㄱ. 기술 다양성 | ㄴ. 과업 표준성 | ㄷ. 과업 정체성 |
| ㄹ. 과업 중요성 | ㅁ. 과업 교차성 | ㅂ. 자율성·피드백 |

① ㄱ, ㄴ, ㄷ, ㄹ ② ㄱ, ㄷ, ㄹ, ㅂ
③ ㄴ, ㄷ, ㄹ, ㅁ ④ ㄴ, ㄹ, ㅁ, ㅂ

25 다음 설명에 해당하는 직무설계는?

2017 공인노무사

- 직무성과가 경제적 보상보다는 개인의 심리적 만족에 있다고 전제한다.
- 종업원에게 직무의 정체성과 중요성을 높여주고 일의 보람과 성취감을 느끼게 한다.
- 종업원에게 많은 자율성과 책임을 부여하여 직무경험의 기회를 제공한다.

① 직무 순환 ② 직무 전문화 ③ 직무 특성화
④ 수평적 직무확대 ⑤ 직무 충실화

26 다음 중 직무설계(job design)에 대한 설명으로 알맞지 않은 것은?

2009 국민연금공단

① 직무특성이론을 발전시킨 것이 직무충실화이론이다.
② 직무확대는 수평적 직무확대이고 직무충실화는 수직적 직무확대이다.
③ 직무확대는 작업자의 직무를 다양하게 해서 권태감이나 단조로움을 줄이고자 하는 것에 목적이 있다.
④ 직무순환이란 종업원을 현재의 직무와는 다른 성격의 직무로 이동시키는 것이다.

27 전통적 직무설계와 관련 없는 것은?

2021 공인노무사

① 분업 ② 과학적 관리 ③ 전문화
④ 표준화 ⑤ 직무순환

28 직무특성모형(job characteristics model)의 핵심직무차원에 포함되지 않는 것은?

2021 공인노무사

① 성장욕구 강도(growth need strength) ② 과업정체성(task identity)
③ 과업 중요성 (task significance) ④ 자율성(autonomy)
⑤ 피드백(feedback)

29 다음 중 직무(job)의 특성에 대한 설명으로 가장 적절하지 않은 것은? 〔2024 7급 군무원〕

① 기업조직의 목표달성을 위해 필요한 일들이 완성되어야 하는데 이를 관리 관리할 목적으로 직무가 만들어진다.
② 직무를 관리자 주관에 따라 마음대로 정하는 것이 아니고 기업 전체의 조직차원에서 정의되고 통용되어야 한다.
③ 직무는 그 수행자가 누구인가에 관계없이 독립적으로 정해지고 기술되어 있다.
④ 직무의 내용과 범위 등은 기업 내외부의 요구에 따라 수시로 변경된다.

30 직무(job)에 대한 설명으로 가장 적절하지 않은 것은? 〔2023 7급 군무원〕

① 직무분석(job analysis)의 결과는 직원의 선발, 배치, 교육, 평가의 기초 자료로 사용된다.
② 직무기술서(job description)에는 직무의 명칭, 내용, 수행 절차, 작업조건 등이 기록된다.
③ 직무명세서(job specification)에는 해당 직무를 수행하는 사람이 갖추어야 할 자격 요건이 기록된다.
④ 직무기술서와 직무명세서를 토대로 직무분석을 실시한다.

31 다음 특성에 부합하는 직무평가 방법으로 옳은 것은? 〔2024 공인노무사〕

- 비계량적 평가
- 직무 전체를 포괄적으로 평가
- 직무와 직무를 상호 비교하여 평가

① 서열법   ② 등급법   ③ 점수법   ④ 분류법   ⑤ 요소비교법

Ⅳ 심화 문제

1 기업이나 어떤 조직에 있어서 각 직무가 지니는 상대적 가치를 결정하는 과정을 직무평가라고 한다. 다음 가운데 일반적인 직무평가의 방법에 속하지 않는 것은? 1989 CPA

① 서열법　　② 요소비교법　　③ 분류법　　④ 대조법　　⑤ 점수법

2 직무에 관한 설명으로 가장 적절한 것은? 2019 CPA

① 직무기술서(job description)와 직무명세서(job specification)는 직무분석(job analysis)의 결과물이다.
② 직무분석방법에는 분류법, 요소비교법, 점수법, 서열법 등이 있다.
③ 직무기술서는 해당 직무를 수행하기 위해 필요한 지식, 기술, 능력 등을 기술하고 있다.
④ 직무평가(job evaluation)방법에는 관찰법, 질문지법, 중요사건법, 면접법 등이 있다.
⑤ 수행하는 과업의 수와 다양성을 증가시키는 수평적 직무확대를 직무충실화(job enrichment)라 한다.

3 직무분석은 특정 직무의 내용과 성질을 체계적으로 조사·연구하여 조직에서의 인사관리에 필요한 직무정보를 제공하는 과정을 말한다. 직무분석의 방법에 관한 다음 설명 중에서 바르지 못한 것은? 1991 CPA

① 직무분석자가 직무정보를 얻는 가장 좋은 방법은 그 자신이 직접 업무를 수행해 보는 경험법이다.
② 가장 보편적인 방법은 실제로 그 직무에 종사하는 사람의 직무수행상태 및 과정을 분석자가 관찰하여 정보를 수집·정리하는 관찰법이다.
③ 직무수행기간이 길어 관찰법을 사용할 수 없는 경우에는 직무담당자와의 대화를 통해 그로부터 직접 직무정보를 얻을 수 있는 면접법을 사용하면 편리하다.
④ 면접담당자가 필요없고 시간과 노력이 많이 절약되며 해석상의 차이로 인한 오해가 발생할 우려가 가장 작은 것이 질문서 방법이다.
⑤ 직무활동을 과학적으로 파악하기 위하여 전문적·기술적인 방법을 사용하여 측정하는 것은 실험법이다.

4 직무분석에 관한 설명으로 가장 적절하지 않은 것은? 2021 CPA

① 직무분석(job analysis)은 직무의 내용, 맥락, 인적 요건 등에 관한 정보를 수집하고 분석하는 체계적인 방법을 말한다.
② 직무설계(job design)는 업무가 수행되는 방식과 주어진 직무에서 요구되는 과업들을 정의하는 과정을 말한다.
③ 성과기준(performance standard)은 종업원의 성과에 대한 기대 수준을 말하며 일반적으로 직무명세서로부터 직접 도출된다.
④ 원격근무(telework)는 본질적으로 교통, 자동차 매연, 과잉 건축 등으로 야기되는 문제들을 해결한다는 장점이 있다.
⑤ 직무공유(job sharing)는 일반적으로 두 명의 종업원이 하나의 정규직 업무를 수행하는 일정관리 방식을 말한다.

5 직무분석의 결과 작성되는 직무기술서에 포함되는 내용으로 적절하지 않은 것은? `1993 CPA`

① 직무의 요건　　② 직무의 명칭　　③ 직무의 내용
④ 직무의 개요　　⑤ 직무와 직무의 비교

6 직무평가방법 중의 하나인 점수법에 관한 설명으로 옳지 않은 것은? `1994 CPA`

① 평가의 대상이 되는 직무상호 간의 여러 가지 요소를 가려내어 각 요소의 척도에 따라 직무를 평가하는 방법이다.
② 다른 평가방법에 비해 판단의 과오를 최소화할 수 있다.
③ 직무요소가 증가하고 등급이 다양화되면 합리적인 점수배정이 어렵다.
④ 유사한 직무 간의 상대적 가치를 쉽게 결정할 수 있다.
⑤ 제도 개발에 많은 시간과 비용을 필요로 한다.

7 직무충실화에 대한 다음의 설명 중 옳지 않은 것은? `1998 CPA`

① 직무의 기술수준이 높고 과업종류도 다양하며, 개인에게 자율성이 많이 부여될수록 높은 성과를 얻을 수 있다.
② 사회기술적 접근방법이다.
③ 매슬로우의 욕구단계이론, 허즈버그의 2요인이론 등이 이론적 기반이 되고 있다.
④ 직무수행에 있어 개인 간의 차이를 무시한다.
⑤ 직무가 보다 다양하고 흥미있도록 하고, 직무만족도를 높이기 위하여 수행해야 할 업무와 기술의 수를 증대시킨 것이다.

8 다음 중 직무특성모델의 핵심직무특성(core job characteristics)과 가장 거리가 먼 것은? `2000 CPA`

① 기능다양성(skill variety)　　② 과업정체성(task identity)
③ 과업의존성(task dependence)　　④ 자율성(autonomy)
⑤ 피드백(feedback)

9 직무와 관련된 서술 중 가장 적절한 것은? 2004 CPA

① 직무 충실화(job enrichment)는 전문화된 단일과업을 수평적으로 확대하여 과업의 수를 늘리는 것인 반면, 직무 확대(job enlargement)는 종업원의 직무를 수직적으로 확대하여 직무의 책임을 증가시키는 것이다.
② 직무 평가(job evaluation)는 수행업무 분석과 수행요건 분석을 통해 누가 어떤 직무를 해야하는가에 대한 평가이다.
③ 직무 분석의 기법에는 과업 목록법(task inventory analysis), 중요사건 기록법(critical incidents technique), 자유기술법(essay appraisal), 행동기준 고과법(behaviorally anchored rating scales)이 있다.
④ 직무명세서(job specification)에는 교육 경험, 지적 능력과 지식, 직무 경험, 업무 기술(skill)이 명시되는데 비해 직무기술서(job description)는 직무의 명칭, 직무개요, 직무의무와 책임이 명시된다.
⑤ 핵크먼과 올드햄(Hackman & Oldham)의 직무특성모형을 보면 과업의 다양성, 기술의 중요성, 과업의 자율성, 정체성 및 피드백의 다섯 개 요인과 개인의 성장 욕구와 존재 욕구의 강도에 의해 동기 부여가 된다고 한다.

10 직무평가(job evaluation)에 관한 설명으로 가장 적절한 것은? 2005 CPA

① 직무평가의 목적은 조직에 필요한 직무인지 여부를 평가하고 개선점을 찾아내는 것이다.
② 직무급 도입을 위한 핵심적인 과정이다.
③ 직무수행에 필요한 인적 요건에 관한 정보를 구체적으로 기록한 것이 직무기술서이다.
④ 서열법은 직무를 세부 요소로 구분하여 직무들의 상대적 가치를 판단한다.
⑤ 사전에 등급이나 기준을 만들고 그에 맞게 직무를 판정하는 방법을 요소비교법이라고 한다.

11 핵크만(Hackman)과 올드햄(Oldham)의 직무특성이론(job characteristics theory)에 대한 설명으로 가장 적절하지 않은 것은? 2005 CPA

① 직무설계를 할 때 작업자의 성장욕구를 고려해야 한다.
② 직무성과를 내는 데 있어서 작업자의 심리상태가 중요한 요소라는 점을 강조하고 있다.
③ 과업중요성(task significance)이란 조직 내·외부에 있는 다른 사람의 작업이나 생활에 미치는 영향의 정도를 의미한다.
④ 과업정체성(task identity)이란 직무수행 방법과 직무수행에 필요한 능력이 명확하게 정의된 정도를 의미한다.
⑤ 직무충실화(job enrichment) 개념을 응용하고 있다.

12 직무분석과 직무설계에 대한 다음의 설명 중 가장 적절하지 않은 것은? 2007 CPA

① 직무순환, 직무확대, 직무충실화는 개인수준에서의 직무재설계방법이다.
② 작업자의 직무범위가 넓어짐에 따라 인력배치의 폭도 넓어질 수 있다.
③ 한 작업자가 수행하는 과업의 수를 늘리고 의사결정과 관련된 권한과 직무의 책임을 증가시키는 것을 수평적 직무확대라고 한다.
④ 직무분석에서 정리된 자료는 직무기술서와 직무명세서를 작성하는데 사용되고 직무평가의 기본 자료로도 사용된다.
⑤ 직무분석에서 관찰법은 직무분석자가 작업자의 직무수행을 관찰하고 직무내용, 직무수행방법, 작업조건 등 필요한 자료를 기재하는 방법으로, 특히 육체적 활동과 같이 관찰 가능한 직무에 적절히 사용될 수 있다.

13 직무충실화에 대한 설명으로 옳지 않은 것은? 2007 CPA

① 허쯔버그의 2요인이론에 바탕을 두고 있는데, 위생요인은 직무충실화에 긍정적인 기여를 하지 못한다.
② 직무충실화를 성공시키기 위한 직무의 요건으로는 variety, task significance, task identity, feedback 등이 있다.
③ 성취감, 인정감 등을 위해 직무를 재구성하여 직무를 기름지게 만드는(enrich) 것이다.
④ 수직적으로 직무를 늘리는 것이 아니라 수평적으로 직무의 수를 늘리는 것이다.
⑤ 능력이 충분하고 성취욕구가 강한 사람에게 적합한 모티베이션의 기법이다.

14 핵크맨(R. J. Hackman)과 올드햄(G. R. Oldham)의 직무특성이론(job characteristics theory)에서 5대 핵심 직무특성과 직무수행자의 심리적 상태에 관한 설명으로 다음 중 가장 적절한 것은? 2008 CPA

① 기술다양성(skill variety)은 업무수행에 요구되는 기술이 얼마나 여러가지인가를 뜻하며, 다양성이 높은 직무에서 수행자는 책임감(responsibility)을 느끼게 된다.
② 과업정체성(task identity)은 업무내용이 시작부터 끝까지 전체에 관한 것인지 아니면 일부에만 관여하도록 되어있는지에 관한 것으로, 정체성이 높은 직무에서 수행자는 수행결과에 대한 지식을 얻게 된다.
③ 과업중요성(task significance)은 수행업무가 조직 내·외에서 타인의 삶과 일에 얼마나 큰 영향을 미치는가에 관한 것으로, 중요성이 큰 직무에서 수행자는 업무에 대한 의미성(meaningness)을 느끼게 된다.
④ 자율성(autonomy)은 업무수행에서 개인에게 부여된 자유와 재량권 정도로서, 자율성이 큰 직무에서 수행자는 업무에 대한 의미성(meaningness)을 느끼게 된다.
⑤ 피드백(feedback)은 업무자체가 주는 수행성과에 대한 정보의 유무를 뜻하며, 수행자가 인지하는 상황의 불확실성을 가중시킨다.

15 직무평가(job evaluation)와 관련된 서술 중 가장 적절한 것은? 2009 CPA

① 직무평가를 통하여 직무의 절대적 가치를 산출한다.
② 직무평가는 현재의 직무 수행방식의 장점과 단점을 평가하는 과정이다.
③ 서열법은 직무의 수가 많고 직무의 내용이 복잡한 경우에 적절한 평가방법이다.
④ 분류법은 핵심이 되는 몇 개의 기준 직무를 선정하고, 평가하고자 하는 직무의 평가요소를 기준 직무의 평가요소와 비교하는 방법이다.
⑤ 직무기술서와 직무명세서를 활용하며, 직무평가의 결과는 직무급 산정의 기초자료가 된다.

16 직무와 관련한 다음의 설명 중 가장 적절하지 않은 것은? 2010 CPA

① 직무평가(job evaluation)는 직무급 도입에 도움이 되며, 직무들의 상대적 가치를 평가하는 활동이다.
② 직무충실화(job enrichment)는 작업자가 수행하는 직무의 의사결정 권한과 책임을 증가시키는 것을 포함한다.
③ 직무분석(job analysis)은 직무를 구성하는 과업을 구체화하고 직무 수행에 요구되는 사항에 대한 정보를 수집 정리하는 활동이다.
④ 직무확대(job enlargement)는 과업의 다양성을 증진시키기 위해 직무의 범위를 수직적으로 확대하는 것이다.
⑤ 핵크맨(Hackman)과 올드햄(Oldham)의 직무특성이론에서 5대 핵심직무특성에는 과업정체성(task identity)과 과업중요성(task significance)이 포함된다.

17 직무관리에 관한 설명으로 가장 적절하지 않은 것은? 2012 CPA

① 직무분석은 분석대상 직무선정 → 직무 관련 자료수집 → 직무기술서와 직무명세서 작성의 순서로 진행된다.
② 직무명세서에는 직무수행에 필요한 지식, 기술, 역량, 자격요건이 포함된다.
③ 직무평가는 직무분석결과를 바탕으로 현재 직무의 문제점과 개선방안을 도출해 내는 것을 주목적으로 한다.
④ 직무재설계 방법인 직무 확대(job enlargement)는 수평적 측면에서 작업의 수를 증가시키는 것을 의미한다.
⑤ 직무평가방법인 서열법은 직무의 상대적 중요도를 평가하는 방법으로 직무수가 적은 소규모 조직에 적합하다.

18 직무관리에 관한 다음 설명 중 가장 적절한 것은? 2013 CPA

① 핵크만(Hackman)과 올드햄(Oldham)의 직무특성이론에 의하면, 핵심직무 특성에는 기능다양성(skill variety), 과업완결성(task identity), 과업중요성(task significance), 자율성(autonomy), 성장욕구(growth and need strength)가 포함된다.
② 핵크만(Hackman)과 올드햄(Oldham)의 직무특성이론에 의하면, 과업중요성이 높은 직무를 수행할수록 직무에 대한 책임감을 많이 느끼게 된다.
③ 직무충실화(job enrichment)는 재량권과 책임은 변화시키지 않고, 수행하는 작업의 종류만 증가시키는 직무재설계 방법이다.
④ 요소비교법(Factor Comparison Method)은 기준 직무를 선정하고, 평가하려는 직무의 평가요소를 기준 직무의 평가요소와 비교하는 직무평가방법이다.
⑤ 서열법(Ranking Method)은 직무의 수가 많을 때, 시간과 비용을 절약하기 위해 도입하는 직무평가 방법이다.

19 핵크만(Hackman)과 올드햄(Oldham)이 주장한 직무특성이론(job characteristics theory)에 관한 설명으로 가장 적절하지 않은 것은? 2014 CPA

① 과업정체성(task identity)이란 업무수행 방법이나 절차가 명확하고 체계적으로 정리되어 있는 정도를 의미한다.
② 결과변수에는 작업의 질, 만족도, 이직률, 결근율이 포함된다.
③ 성장욕구가 강한 사람에게는 과업중요성(task significance)과 과업정체성(task identity)이 높은 직무가 적합하다.
④ 성장욕구가 강한 사람은 자율성(autonomy)이 많은 직무를 수행할수록 직무에 대한 책임감을 더 많이 경험하게 된다.
⑤ 중요 심리상태에는 작업의 의미에 대한 경험과 직무수행 결과에 대한 지식이 포함된다.

20 직무관리에 관한 설명으로 가장 적절한 것은? 2015 CPA

① 요소비교법을 사용하여 직무평가를 할 때, 직무의 평가요소와 기준직무를 선정하는 것이 필요하다.
② 핵크만과 올드햄이 주장한 직무특성 이론(job characteristics theory)에서 핵심직무특성에는 기능 다양성(skill variety), 과업정체성(task identity), 과업중요성(task significance), 직무 독립성(task independence), 피드백(feedback)이 포함된다.
③ 직무 충실화(job enrichment)란 과업의 다양성을 증진시키기 위해 직무의 수를 증가시키는 것을 의미한다.
④ 서열법을 사용하여 직무평가를 할 때에는 등급분류 기준을 설정해야 한다.
⑤ 핵크만과 올드햄의 직무특성이론에서 중요심리상태에는 작업에 대한 만족감, 작업결과에 대한 책임감, 직무수행 결과에 대한 지식이 포함된다.

21 직무평가(job evaluation) 방법으로 가장 적절한 것은? `2016 CPA`

① 요소비교법(factor comparison method)
② 강제할당법(forced distribution method)
③ 중요사건기술법(critical incident method)
④ 행동기준평가법(behaviorally anchored rating scale)
⑤ 체크리스트법(check list method)

22 직무설계에서 핵크만(Hackman)과 올드햄(Oldham)의 직무특성이론에 관한 설명으로 가장 적절하지 않은 것은? `2018 CPA`

① 다양한 기술이 필요하도록 직무를 설계함으로써, 직무수행자가 해당 직무에서 의미감을 경험하게 한다.
② 자율성을 부여함으로써, 직무수행자가 해당 직무에서 책임감을 경험하게 한다.
③ 도전적인 목표를 제시함으로써, 직무수행자가 해당 직무에서 성장욕구와 성취감을 경험하게 한다.
④ 직무수행과정에서 피드백을 제공함으로써, 직무수행자가 해당 직무에서 직무수행 결과에 대한 지식을 가지게 한다.
⑤ 과업의 중요성을 높여줌으로써, 직무수행자가 해당 직무에서 의미감을 경험하게 한다.

23 다음 직무평가(Job Evaluation)의 방법 중에서 점수법에 대한 설명으로 가장 옳은 것은? `2022 7급 군무원`

① 평가자가 포괄적인 지식을 사용하여 직무 전체를 서로 비교해서 순위를 결정한다.
② 직무를 여러 평가요소로 분리하여 그 평가 요소에 가중치(중요도) 및 일정 점수를 배분한 뒤, 각 직무의 가치를 점수로 환산하여 상대적 가치를 평가하는 방법이다.
③ 사전에 직무에 대한 등급을 미리 정해 놓고 각 등급을 설명하는 서술을 준비한 다음, 각 직무가 어느 등급에 속하는지 분류하는 방법이다.
④ 여러 직무들을 전체적으로 비교하여 직무들 간의 서열을 결정하고, 기준직무의 내용이 변하면 전체 직무를 다시 재평가한다.

24 직무분석에 관한 설명으로 옳은 것은? `2022 공인노무사`

① 직무의 내용을 체계적으로 정리하여 직무명세서를 작성한다.
② 직무수행자에게 요구되는 자격요건을 정리하여 직무기술서를 작성한다.
③ 직무분석과 인력확보를 연계하는 것은 타당하지 않다.
④ 직무분석은 작업장의 안전사고 예방에 도움이 된다.
⑤ 직무분석은 직무평가 결과를 토대로 실시한다.

25 다음 중 직무설계에 관한 설명으로 가장 적절한 것은?

① 기계적 접근은 경제학 중 행동경제학 근간을 두고 있다.
② 동기부여적 접근은 심리학 중 임상심리학에 기반을 두고 있다.
③ 지각-운동적 접근은 사람들이 정신적인 능력과 한계를 초과하지 않는 수준에서 직무설계를 하는 것이다.
④ 생물학적 접근은 조명이나 공기, 장소와 작업시간보다 작업 자체에 관심을 기울인다.

# Chapter 2 확보 및 개발관리

I 핵심정리

❶ 인적자원계획

1) 수요예측

질적 수요 예측	자격요건 분석	• 현재 직무에 대한 직무기술서 및 직무명세서를 바탕으로 미래 자격요건 변화를 예측하는 방법 • 직무내용, 조직구조, 기술환경이 거의 변하지 않는 경우에 적합
	시나리오 기법	• 미래에 발생할 경영환경의 변화를 고려하여 전문가집단이 브레인스토밍 또는 예측프로그램 팀이 예측하는 방법 • 경영환경에 대한 예측이 용이하지 않은 경우에 사용
	델파이법	• 전문가 집단을 대상으로 미래의 인력수요를 예측하게 하는 기법 • 거시적(하향적) 접근기법으로서 통계적 기법보다 정확하나 시간과 비용이 많이 듦
양적 수요 예측	통계적 기법	• 해당기업의 역사적 자료를 바탕으로 미래의 수요를 예측하는 기법 • 생산성 비율분석, 추세분석, 회귀분석, 시계열분석 등이 있음 • 과거자료를 근거로 예측하기 때문에 예측의 정확성에 한계가 있음 • 예측기간을 단기간으로 좁혀 예측치에 대한 수정작업을 계획하여 신뢰성을 높이는 것이 바람직
	노동과학적 기법	• 작업시간연구를 기초로 조직의 하위 개별 작업장별 필요한 인력을 산출 • 미시적(상향적) 접근기법으로서 생산직종의 인력수요를 예측하는 데 활용
	화폐적 분석	• 미래의 어느 시점에서 기업이 어느 정도 종업원을 보유할 수 있는가 하는 그 지불능력에 초점을 맞추어 인력수요를 예측하는 기법 • 다른 기법에 비해 현실적이지만 기업환경의 변화가 빠른 업종에서는 정확성이 떨어짐

2) 공급예측

- 기능목록(skill inventory): 종업원의 이용 가능성을 평가하기 위하여 종업원 개인의 학력, 직무경험, 기능, 자격증, 교육훈련경험이 포함된 데이터베이스
- 관리자 목록: 관리자나 경영자에 대한 기능목록
- 대체도: 특정 직무가 공석이 될 때 대체투입 가능한 인력을 나타내는 도표
- 마코프체인 기법(Markov chain method): 미래의 특정 시점에 종업원의 이동에 관해 전이확률행렬을 이용하여 인력의 수요량을 예측하는 기법으로 경영환경이 급격히 변화하는 경우에는 적합하지 않다.

3) 수요와 공급의 조정

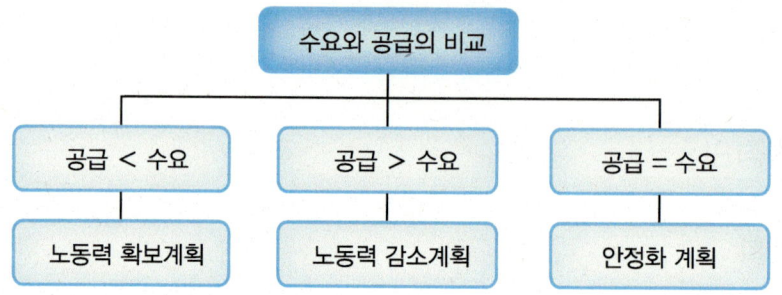

인력 부족	장기적 대안	신규채용, 정리해고자 재취업, 전입, 업무이전(유출)
	단기적 대안	초과근무 확대, 파트타임 활용, 휴가 및 휴일근무, 임시적 활용, 임시업무 지원, 임시업무 이전
인력 과잉	장기적 대안	신규채용 동결, 전출, 정리해고, 조기퇴직 유도, 업무이전(유입), 하청 축소
	단기적 대안	신규채용 동결, 초과근무 단축, 파트타임 단축, 훈련, 주당 근무시간 단축, 임시휴업, 휴가 및 휴일, 임시업무 이전(유입), 임시종업원 전출

출처 Heneman III, H. G., Schwab, D.P., Fossum, J.A&Dyer, L.D.(1986), Personner/Human Resource Management, Irwin, 1970에서 수정하여 인용.

❷ 확보관리

1) 내부충원과 외부충원

구분	장점	단점
내부모집 통한 채용	• 승진기회 확대 모티베이션 향상 • 모집에 드는 비용 저렴 • 모집에 소요되는 시간 단축 • 내부인력의 조직 및 직무지식 활용 가능 • 외부인력 채용의 리스크 제거 • 기존 인건비 수준 유지 가능 • 하급직 신규채용 수요발생	• 인재선택의 폭이 좁아짐 • 조직의 폐쇄성 강화 • 부족한 업무능력 보충 위한 교육훈련비 증가 • 능력주의와 배치되는 패거리문화 형성 • 인력수요를 양적으로 충족시키지 못함 (내부승진으로 일정 수의 인력 부족)
외부모집 통한 채용	• 인재선택의 폭이 넓어짐 • 외부로부터 인력이 유입되어 조직분위기 쇄신 기능 • 인력수요에 대한 양적 충족 가능 • 인력유입으로 새로운 지식, 경험 축적 가능 • 능력과 자격을 갖춘 자를 채용함으로써 교육훈련비 감소	• 모집에 많은 비용 소모 • 모집에 장시간 소요 • 내부인력의 승진기회 축소 • 외부인력 채용으로 실망한 종업원들의 이직 가능성 증가 • 조직분위기에 부정적 영향 • 외부인력 채용으로 리스크 발생 • 경력자 채용으로 인건비 증가

2) 선발

(1) 선발의 의의: 조직이 필요로 하는 자질을 갖춘 사람을 선별하는 과정

(2) 선발도구: 면접의 종류

구조화 정도	지시적 면접 (구조적 면접)	면접 내용이 상세하게 정형화되어 있음(높은 타당성, 낮은 융통성)
	비지시적 면접 (비구조적 면접)	면접 내용이 사전에 구조화되어 있지 않음(낮은 타당성, 높은 융통성)
참가자 수	스트레스 면접	• 경찰이나 첩보업무에 적합한 사람을 선발할 목적으로 실시 • 스트레스 상황을 만들어 피면접자들이 이에 대해 어떻게 대응하는가를 보는 것
	패널 면접 (위원회 면접)	3명 이상의 면접자와 1명의 피면접자가 있는 형태
	집단 면접	복수의 피면접자가 있는 형태로서 각 집단별로 과제를 토론하게 하고 면접자가 이를 관찰함으로서 개인적인 적격여부를 판정하는 방법. 시간을 절약할 수 있음

(3) 선발도구의 합리성

① **신뢰성(일관성, 항상성)**: 언제 누가 평가해도 동일한 결과를 나타내는 정도

시험-재시험법	같은 사람에게 같은 내용의 시험 시기를 달리하여 두 번 치르게 한 후, 두 번의 성적을 비교하는 방법
대체형식법 (alternative form method)	한 사람에게 한 종류의 항목으로 테스트를 받게 한 다음 유사한 항목으로 다시 테스트하여, 두 형태 간의 상관관계를 살펴보는 방법
양분법 (split-halves method)	시험 내용이나 문제를 반으로 나누어 각각 검사하여 양지 결과를 비교하는 방법

> **+ 보충 내적 일관성(internal consistency) 측정방법**
>
> • 항목 점수 간 상관관계의 평균: 측정항목 점수 간 상관관계를 산출하고 각 항목 점수 간 상관관계의 평균을 계산하는 방법
> • 전체점수와 항목 점수 간 상관관계의 평균: 예를 들어, 5개 항목으로 구성된 면접채점의 경우 5개 항목 전체 점수를 구한 뒤 각 항목 점수 간 상관관계의 평균을 계산하는 방법
> • 반분 신뢰도 (split-half reliability): 하나의 평가표를 임의로(예를 들면, 짝수 문항과 홀수 문항) 둘로 나누어 각각 측정한 다음, 두 평가표의 전체 점수 간의 상관관계를 계산하여 내적 일관성을 측정하는 방법
> • 크론바하 알파(Cronbach's alpha): 평가문항에 대하여 조합이 가능한 모든 반분 신뢰도를 계산하여 신뢰도를 추정한 값으로서, 대체로 Cronbach's alpha가 0.7 이상이면 신뢰성이 있는 것으로 간주한다.

② **타당성(정확성)**: 시험에서 측정하고자 하는 내용이나 대상을 정확히 측정하는 정도

기준관련 타당성	• 시험 성적과 하나 또는 그 이상의 기준치를 비교함으로써 파악할 수 있는 타당성 • 동시 타당성: 현직종업원에 대한 시험성적과 직무 성과를 비교하여 타당성 검사 • 예측 타당성: 선발시험에 합격한 지원자의 시험성적과 입사 후의 직무성과를 비교
내용 타당성	• 측정대상의 취지를 어느 정도 테스트 문제에 담고 있는 가를 알아보아서 타당성 검사 • 시험성적과 직무성과의 통계적 상관계수로 측정되지는 않으며 논리적으로 판단해서 결정
구성 타당성	• 특정 시험이 무엇을 측정하느냐 하는 시험의 이론적 구성과 가정을 측정하는 정도 • 요인분석이라는 통계적 절차를 사용

(4) 선발의사결정

① 선발 시의 오류
- 제1종 오류
  - 좋은 성과를 낼 수 있는 사람을 선발하지 못할 위험
- 제2종 오류
  - 좋은 성과를 낼 수 없는 사람을 선발할 위험

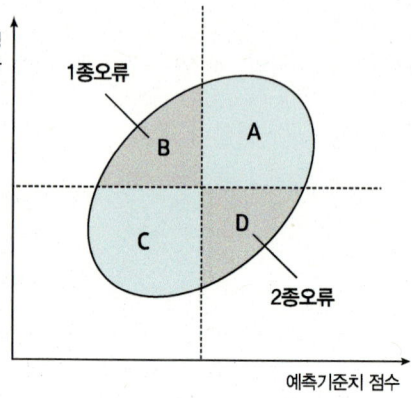

② 타당성
- 총지원자 중 정확한 의사결정을 한 사람의 비율로서 타당성이 높을수록 1종, 2종 오류를 줄일 수 있음

$$타당성계수 = \frac{정확한\ 의사결정\ 수(A+C)}{총지원자(A+B+C+D)}$$

③ 선발률
- 총지원자 중 선발된 사람의 비율로서 선발률이 낮을수록 2종 오류를 줄일 수 있음(1종 오류는 증가)

$$선발률 = \frac{선발인원\ 수(A+D)}{총지원자수(A+B+C+D)}$$

❸ 이동관리

1) 인사이동

의미	조직에서 직위의 위치를 변경시키는 것
형태	• 수직적 이동: 승진, 강등 • 수평적 이동: 전환배치 • 실정에 따른 이동 기업의 형편에 의한 것

- 전환배치는 수평적 인사이동의 형태로 능력(적성 및 직무 간의 관계를 고려하여 적재적소의 배치와 시간적 상황을 고려한 적시주의의 원칙에 따라 적합성을 극대화하여야 한다.
- 직무순환은 전환배치의 일종임.
- 직무순환이 전환배치와 구별이 되는 점: 주목적이 다양한 직업 및 직무경험을 통해서 능력을 개발하기 위함이며, 비교적 단기간에 걸친다는 점

2) 승진

기준		연공주의: 근무경력에 의한 승진 / 능력주의: 업무수행능력에 의한 승진
유형	신분자격승진	사람 중심적 연공주의에 입각한 제도 / 개인의 근무 연수·학력·연력 등의 요건에 따라 승진시킴
	능력자격승진	연공주의와 능력주의를 종합시킨 것으로서 개인의 지식·능력·기능 등의 잠재능력을 평가하고 그 장래의 유용성이나 신장도를 평가하여 승진시킴
	역직승진	관리체계로서의 직위상의 승진(과장 → 부장 → 공장장 등)
	직위 승진	직무 중심적 능력주의에 입각한 제도로서 보다 높은 직무를 담당하게 될 때 승진시킴

대용승진	• 직무상 실질적 변화 없이 직위명칭 또는 자격호칭 등 형식적 승진 • 특성 구성원에 대한 승진의 필요성은 있으나 마땅한 담당직책이 없을 경우	
OC승진	조직 변화를 통해 직위계층을 늘려 종업원에게 승진의 기회를 확대, 승진대상에 비해 직위가 부족한 경우	

❹ 교육훈련

1) OJT와 Off JT의 비교

구 분	OJT	Off JT
장 점	• 교육이 실제적임, 맞춤형 교육 가능, 동료간 친밀감 증가 • 실시가 용이하고 비용이 적게 발생	• 다수의 종업원에게 통일된 훈련 가능 • 교육훈련에만 전념하여 교육훈련 성과가 높다.
단 점	통일된 훈련이 어려움, 우수한 상사가 우수한 훈련자는 아님, 교육인원에 제한	• 경제적 부담이 증가 • 훈련 결과가 실제적이지 못할 수 있음

2) 주요 교육훈련 및 개발 방법

	방법	장점	단점
직장내	코칭	자연스러우며 직무관련적이다.	좋은 코치를 발견하는 것이 어렵다.
	위원회 참석	참여자들이 주요과정에 참여한다.	시간낭비일 수 있다.
	직무순환	조직에 대한 전박적 이해를 강화한다.	시간이 많이 소요된다.
	보좌관제도	훌륭한 관리자의 행동거지를 관찰 경험할 기회를 갖는다.	배울 점이 많은 좋은 관리자들이 한정된다.
직장외	강의실 교육	익숙하며, 쉽게 적응하며, 현 업무를 유지하면서 할 수 있다.	항상 성과를 개선할 수 있는 것이 아니다.
	인간관계훈련	중요한 경영기술을 다루게 된다.	효과를 측정하기가 쉽지 않다.
	사례연구	사실적인 사례를 통해 경영에 대한 이해를 얻을 수 있다.	때로 정보가 의사결정을 하기에 부적절한 경우가 있다.
	역할연기	어려운 대인관계 상황에서 적합한 태도를 바꿀 수 있다.	역할연기 하는 것은 피훈련자에게 불편함을 야기한다.
	모의기업경영게임	가상과 현실성 통합	학습보다는 단지 게임을 한다는 생각에 빠질 수 있다.
	안식년제	재충전과 개발가능	비용과다
	야외훈련	육체적 도전이 자신감과 팀워크를 증진시킬 수 있다.	피훈련자의 육체적 특징이나 위험으로 인해 모든 사람에게 적응할 수 있는 것이 아니다.

3) 커크 패트릭의 교육훈련 평가 단계

단계	초점	내용	
제1단계	반응	참가자가 그의 훈련 및 개발을 어떻게 생각하는가?	교육장
제2단계	학습	어떠한 원칙·사실·기술을 배웠는가?	교육장
제3단계	행동	훈련 및 개발을 통하여 직무수행상 어떠한 행동의 변화를 가져왔는가?	업무복귀후
제4단계	결과	훈련 및 개발을 통하여 비용절감, 품질개선, 생산성증대 등에 어떠한 결과를 가져왔는가?	업무복귀후

❺ 경력 개발과 관리

1) 기본개념
- 경력(career): 한 개인이 일생에 걸쳐 일과 관련하여 얻게 되는 경험을 의미
- 경력목표: 개인이 미래에 도달하고 싶은 직위를 의미
- 경력계획: 경력목표의 달성을 위하여 경력경로(career path)를 체계적으로 계획하고 조정하는 과정을 의미
- 경력개발(career development): 개인측면에서 볼 때 한 개인이 일생에 걸쳐 일과 관련하여 얻게 되는 경험을 통해 자신의 직무관련태도, 능력 및 성과를 향상시켜 나가는 과정이며 조직측면에서는 한 개인이 입사로부터 퇴직에 이르기까지 경력경로를 개인과 조직이 함께 계획하고 관리하여 개인목표와 조직목표를 달성해가는 총체적인 과정

2) E. Schein의 경력 닻(career anchor)
자신의 가치와 관심을 포기하지 않고 지속적으로 갈망하는 영역을 경력 닻이라 한다.

* E. Schein의 경력 닻(career anchor) 모형

- 전문역량 닻: 일의 실제 내용에 주관심을 둠. 전문 분야 종사 희망
- 관리역량 닻: 전문영역보다 일반적 관리직에 주 목적을 둠. 노력조정, 결과에 대한 책임 및 다른 부서를 잘 통합하는 데 주된 관심을 둠
- 자율성/독립성 닻: 규칙이나 제약에서 벗어나려는 데 관심이 있으며, 자율성 확보에 주관심을 둠
- 안전·안정 닻: 장기적 경력 안정성이 주 관심임. 안정적이고 예측가능한 일을 선호
- 서비스/헌신 닻: 봉사와 헌신이 주 관심임
- 도전 닻: 해결하기 어려운 문제나 극복 곤란한 장애를 해결하는 데 주된 관심
- 라이프스타일 통합 닻: 인생의 모든 부분에서 균형을 갖는 것이 주된 관심임
- 기업가 정신 닻: 장애극복 및 위험을 감수하며, 도전 및 창조적인 활동에 주 관심을 둠

3) 경력개발 기법(career development program, CDP)
■ 최고경영자프로그램(advanced management program, APM)
매년 일정 수의 유망한 중간관리자를 후보로 선정하여 사내프로그램 및 경영자연구소 프로그램에 참여시켜 여러 가지 관리기법들을 배우게 한 후 모든 과정이 끝나면 적합한 후보를 선정하는 프로그램이다.

- **경영자개발위원회(management development program)**
  각 부서의 장들로 구성된 위원회에서 관리자층의 종업원들과 약 5년 간의 경력계획을 함께 수립하고 위원회는 종업원들의 장단점을 파악한 후 계획에 따른 경력개발을 지도, 감독해주는 프로그램이다.

- **중간경력자 쇄신(middle career update)**
  중간경력자들의 진부화된 지식문제를 해결해주기 위하여 중간경력자들에게 최신의 지식 및 기술(컴퓨터, 어학, 최근 개정법규 등)을 습득하게 해 주는 프로그램이다.

- **계획적 경력경로화(career path)**
  신입사원들을 대상으로 여러 부서들의 경험을 쌓을 수 있게 계획적으로 새로운 일을 수행할 수 있게 경력경로를 제시해주는 프로그램이다.

II. OX 문제

1. 델파이 기법(Delphi method)은 인력의 수요예측기법으로서 관련 전문가들을 구성원들이 직접 대면하지 않고 비대면 방식으로 서면의견을 받아 취합 정리한 다음 재교부 후 수정 의견을 받는 방식으로 전문가들을 활용한 상향식 인력의 수요예측 의사결정 방법이다.

2. 서로 다른 분야에 종사하고 있는 사람들을 명목상의 집단으로 간주하고 그들로부터 자유로운 아이디어를 받되 문서로 받음으로써 문제의 답에 대한 익명성을 보장하고 반대논쟁을 극소화하는 방식의 양적 인력수요예측방법을 명목집단법이라고 한다.

3. 인력에 대한 질적 수요예측방법 중에서 자격요건분석법은 불확실한 경영환경에 대비하여, 현재 직무에 대한 직무기술서 및 직무명세서를 바탕으로 미래 자격요건 변화를 예측하는 방법이다.

4. 마코프체인 기법(Markov chain method)은 미래의 특정 시점에 종업원의 이동에 관해 전이확률행렬을 이용하여 인력의 수요량을 예측하는 기법으로 경영환경이 급격히 변화하는 경우에는 적합하지 않다.

5. 기능목록(skill inventory)이란 인력의 공급예측기법으로서 인적자원의 필요에 대비하여 기업의 현재 인적자원의 이용가능성을 평가하기 위하여 만들어진 종업원의 기본적인 정보를 입력한 데이터베이스를 의미하며 여기에는 종업원 개인의 학력, 직무 경험, 기능, 자격증, 교육훈련 경험이 포함된다.

6. 패널면접(위원회 면접)은 복수의 피면접자가 있는 형태로서 각 집단별로 과제를 토론하게 하고 면접자가 이를 관찰함으로서 개인적인 적격 여부를 판정하는 방법. 시간을 절약할 수 있음.

7. 표준화된 질문을 통한 면접은 구조화 면접이며, 비구조화 면접은 자유질문으로 구성된 면접임.

---

1. X | 하향식 방식에 해당한다고 볼 수 있다.
2. X | 명목집단법은 인력에 대한 질적 수요예측방법에 해당한다.
3. X | 자격요건 분석법은 안정적 환경 하에서의 수요예측방법이며, 가변적인 미래에 발생할 경영환경의 변화를 고려하여 전문가집단 또는 예측프로그램 팀이 예측하는 방법은 시나리오 기법이다.
4. O
5. O
6. X | 집단면접에 대한 설명임. 패널 또는 위원회 면접은 3명 이상의 면접자와 1명의 피면접자가 있는 형태의 면접 방식이다.
7. O

8   선발도구의 내적 일관성(internal consistency) 측정방법 중 크론바하 알파(Cronbach's alpha)법은 하나의 평가표를 임의로(예를 들면, 짝수 문항과 홀수 문항) 둘로 나누어 각각 측정한 다음, 두 평가표의 전체 점수 간의 상관관계를 계산하여 내적 일관성을 측정하는 방법이다.

9   선발도구의 타당성 측정방법에는 시험 재시험법, 대체형식법, 양분법 등이 있다.

10 선발의사결정 오류는 크게 1종 오류와 2종 오류로 구분할 수 있는데, 좋은 성과를 낼 수 없는 사람을 선발할 위험인 1종 오류와 좋은 성과를 낼 수 있는 사람을 선발하지 못할 위험인 제2종 오류로 구분할 수 있다.

11 직무순환은 전환배치의 일종으로서, 직무순환이 전환배치와 구별이 되는 점은 주목적이 다양한 직업 및 직무 경험을 통해서 능력을 개발하기 위함이며, 비교적 단기간에 걸친다는 점이다.

12 연공주의와 능력주의를 종합시킨 것으로서 개인의 지식·능력·기능 등의 잠재능력을 평가하고, 그 장래의 유용성이나 신장도를 평가하여 승진시키는 형태의 승진을 직위 승진이라고 한다.

---

8   X | 반분신뢰도 방법에 대한 설명임. 서발도구의 내적 일관성 측정방법을 정리하며 보면 다음과 같다.
 - 항목 점수 간 상관관계의 평균: 측정항목 점수 간 상관관계를 산출하고 각 항목 점수 간 상관관계의 평균을 계산하는 방법
 - 전체 점수와 항목 점수 간 상관관계의 평균: 예를 들어, 5개 항목으로 구성된 면접채점의 경우 5개 항목 전체 점수를 구한 뒤 각 항목 점수 간 상관관계의 평균을 계산하는 방법
 - 반분 신뢰도(split-half reliability): 하나의 평가표를 임의로(예를 들면, 짝수 문항과 홀수 문항) 둘로 나누어 각각 측정한 다음, 두 평가표의 전체 점수 간의 상관관계를 계산하여 내적 일관성을 측정하는 방법
 - 크론바하 알파(Cronbach's alpha): 평가문항에 대하여 조합이 가능한 모든 반분 신뢰도를 계산하여 신뢰도를 추정한 값으로서, 대체로 Cronbach's alpha가 0.7 이상이면 신뢰성이 있는 것으로 간주한다.

9   X | 신뢰성 평가방법임. 타당성 측정방법에는 기준 타당성, 내용 타당성, 구성 타당성 방법이 있으며, 추가로 기준타당성 측정방법에는 현직 종업원에 대한 시험성적과 직무성과를 비교하는 타당성 검사 방법인 동시 타당성(concurrent validity)과 선발시험에 합격한 지원자의 시험 성적과 입사 후의 직무성과를 비교하는 예측 타당성(predictive validity)이 있다.

10 X | 제1종 오류는 좋은 성과를 낼 수 있는 사람을 선발하지 못할 위험이며, 제2종 오류는 좋은 성과를 낼 수 없는 사람을 선발할 위험을 의미한다.

11 O

12 X | 능력자격승진에 대한 설명임. 직위승진은 직무 중심적 능력주의에 입각한 제도로서 보다 높은 직무를 담당하게 될 때 승진시키는 승진방식이다. 참고로 사람중심 연공주의에 입각한 승진제도는 신분자격승진이라고 한다.

	기준	· 연공주의: 근무경력에 의한 승진 · 능력주의: 업무수행능력에 의한 승진
유형	신분자격 승진	· 사람 중심적 연공주의에 입각한 제도 · 개인의 근무 연수·학력·연력 등의 요건에 따라 승진시킴
	직위 승진	직무 중심적 능력주의에 입각한 제도로서 보다 높은 직무를 담당하게 될 때 승진시킴
	능력자격 승진	연공주의와 능력주의를 종합시킨 것으로서 개인의 지식·능력·기능 등의 잠재능력을 평가하고 그 장래의 유용성이나 신장도를 평가하여 승진 시킴
	역직 승진	관리체계로서의 직위상의 승진(과장→부장→공장장 등)
	대용 승진	· 직무상 실질적 변화 없이 직위명칭 또는 자격호칭 등 형식적 승진 · 특성 구성원에 대한 승진의 필요성은 있으나 마땅한 담당직책이 없을 경우
	OC 승진	· 조직 변화를 통해 조직의 직위계층을 늘려 종업원에게 승진의 기회를 확대 · 승진대상에 비해 직위가 부족한 경우

13   효과적인 징계관리와 관련한 뜨거운 난로규칙이란 징계가 즉각적이고, 사전경고, 일관된 징계, 공정한 징계를 통해 그 효과성을 높인다는 원칙임.   O | X

14   커크패트릭은 교육훈련에 대한 평가는 교육장에서의 반응과 학습 평가 그리고 업무복귀후의 행동과 결과 평가라는 4단계 평가단계설을 주장하였다.   O | X

15   Blended-Learning이란 e-Learning의 학습성과 극대화를 위해 온-오프라인을 연계하는 교육으로 학습자의 수행성과를 높이기 위해 다양한 교수 설계전략, 미디어 개발방식 등을 적절히 혼합하는 방식이다.   O | X

16   Action-Learning은 실제 경영 현장에서 경영성과와 직결되는 이슈 혹은 과제를 정해진 시점까지 해결하고, 이를 통해 개인과 조직이 함께 성장할 수 있도록 하는 기법이다.   O | X

17   E. Schein의 경력 닻(career anchor)모형 중에서 해결하기 어려운 문제나 극복 곤란한 장애를 해결하는 데 주된 관심두는 경력 닻은 기업가 정신닻이라고 한다.   O | X

18   경력개발기법 중에서 매년 일정 수의 유망한 중간관리자를 후보로 선정하여 사내 프로그램 및 경영자연구소 프로그램에 참여시켜 여러 가지 관리기법들을 배우게 한 후 모든 과정이 끝나면 적합한 후보를 선정하는 프로그램을 중간경력자 쇄신(middle career update)프로그램이라고 한다.   O | X

---

13   O
14   O
15   O
16   O
17   X | 샤인의 경력닻 모형을 정리하여 보면 다음과 같다.

〈E. Schein의 경력 닻(career anchor) 모형〉
- 전문역량 닻: 일의 실제 내용에 주 관심을 둠. 전문 분야 종사 희망
- 관리역량 닻: 전문영역보다 일반적 관리직에 주목적을 둠. 노력조정, 결과에 대한 책임 및 다른 부서를 잘 통합하는 데 주된 관심을 둠
- 자율성/독립성 닻: 규칙이나 제약에서 벗어나려는 데 관심이 있으며, 자율성 확보에 주 관심을 둠
- 안전·안정 닻: 장기적 경력 안정성이 주 관심임. 안정적이고 예측가능한 일을 선호
- 서비스/헌신 닻: 봉사와 헌신이 주 관심임
- 도전 닻: 해결하기 어려운 문제나 극복 곤란한 장애를 해결하는 데 주된 관심
- 라이프 스타일 통합 닻: 인생의 모든 부분에서 균형을 갖는 것이 주된 관심임
- 기업가 정신 닻: 장애극복 및 위험을 감수하며, 도전 및 창조적인 활동에 주 관심을 둠

18   X | 최고경영자 프로그램(advanced management program ; APM)에 대한 설명임. 중간경력자 쇄신(middle career update)이란 중간경력자들의 진부화된 지식문제를 해결해주기 위하여 중간경력자들에게 최신의 지식 및 기술(컴퓨터, 어학, 최근 개정법규 등)을 습득하게 해주는 프로그램이다.

19 계획적 경력경로화(career path)란 신입사원들을 대상으로 여러 부서들의 경험을 쌓을 수 있게, 그리고 계획적으로 새로운 일을 수행할 수 있게 경력경로를 제시해주는 프로그램이다.

20 경력정체는 승진정체와는 달리 객관적인 직급상승의 정지 외에도 개인이 느끼는 주관적인 것도 포함된다.

19 O
20 O

III 개념정리 문제

1 질적 인력수요 예측기법에 해당하지 않는 것은? `2017 공인노무사`

① 브레인스토밍법 ② 명목집단법 ③ 시나리오 기법
④ 자격요건 분석법 ⑤ 노동과학적 기법

2 다음 중 내부모집의 장점으로 틀린 것은? `2016 전라남도중소기업종합센터`

① 채용비용의 절감효과가 있다.
② 내부 지원자들의 정확한 평가가 가능하다.
③ 외부모집보다 신속하게 진행될 수 있다.
④ 내부인들의 사기를 떨어뜨린다.

3 다음 중 내부모집과 외부모집에 대한 내용 중 잘못된 것은? `2014 남양주도시공사`

① 내부모집 시 채용비용의 절감 효과가 있다.
② 내부모집 시 직원들에게 신선한 충격을 줄 수 있다.
③ 외부모집 시 인력개발의 비용을 절감할 수 있다.
④ 외부모집 시 부적격자 채용의 위험을 갖고 있다.

4 종업원 선발을 위한 면접에 관한 설명으로 옳은 것은? `2017 공인노무사`

① 비구조화 면접은 표준화된 질문지를 사용한다.
② 집단 면접의 경우 맥락효과(context effect)가 발생할 수 있다.
③ 면접의 신뢰성과 타당성을 높이기 위해 면접내용 개발 단계에서 면접관이나 경영진을 배제한다.
④ 위원회 면접은 한명의 면접자가 여러 명의 피면접자를 평가하는 방식이다.
⑤ 스트레스 면접은 여러 시기에 걸쳐 여러 사람이 면접하는 방식이다.

5 다음 중 인적자원의 선발 시에 행해지는 면접에 대한 설명 중 알맞지 않은 것은? `2004 한국토지주택공사`

① 면접은 종업원의 능력과 동기를 평가하는 과정이다.
② 정형적 면접은 미리 정해놓은 그대로 질문하는 방법이다.
③ 비정형적 면접은 다양한 질문을 하는 방법이다.
④ 집단 면접은 다수의 면접자가 한 명의 피면접자를 평가하는 방법이다.
⑤ 패널면접은 위원회면접이라고도 한다.

6 인력모집과 선발에 관한 설명으로 옳지 않은 것은? [2011 가맹거래사]

① 사내공모제는 승진기회를 제공함으로써 기존구성원에게 동기부여를 제공한다.
② 클로즈드 숍(closed shop)제도의 경우 신규종업원 모집은 노동조합을 통해서만 가능하다.
③ 집단면접은 다수의 면접자가 한 명의 응모자를 평가하는 방법이다.
④ 외부모집을 통해 조직에 새로운 관점과 시각을 가진 인력을 선발할 수 있다.
⑤ 내부모집방식에서는 모집범위가 제한되고 승진을 위한 과다경쟁이 생길 수 있다.

7 복수의 평가자가 적성검사, 심층면접, 시뮬레이션, 사례연구, 역할연기 등의 평가방법을 활용하여 지원자의 행동을 관찰 및 평가하여 선발하는 방법은? [2016 가맹거래사]

① 다면평가법(360° appraisal)
② 행동평가법(behavioral observation method)
③ 종합평가제도(assessment center)
④ 패널면접법(panel interview)
⑤ 직무적성평가법(job aptitude appraisal)

8 선발시험 합격자들의 시험성적과 입사 후 일정기간이 지나서 이들이 달성한 직무성과와의 상관관계를 측정하는 지표는? [2015 노무사]

① 신뢰도
② 대비효과
③ 현재 타당도
④ 내용 타당도
⑤ 예측타당도

9 구조적 인사관리의 기본영역에 해당하지 않는 것은? [2011 가맹거래사]

① 예산관리   ② 신분관리   ③ 평가관리   ④ 보수관리   ⑤ 직무관리

10 인사적체가 심하여 구성원 사기저하가 발생할 때 명칭만의 형식적 승진이 이루어지는 제도는? [2013 가맹거래사]

① 직계승진
② 자격승진
③ 조직변화 승진
④ 대용승진
⑤ 역직승진

11 인적자원관리의 기본영역과 세부관리활동의 연결이 옳은 것은? [2013 가맹거래사]

① 확보관리 - 경력관리, 이동관리, 승진관리, 교육훈련
② 개발관리 - 인간관계관리, 근로조건관리, 노사관계관리
③ 평가관리 - 직무평가, 인사고과
④ 보상관리 - 계획, 모집, 선발, 배치
⑤ 유지관리 - 임금관리, 복지후생

12 교육훈련의 필요성을 파악하기 위한 일반적인 분석방법이 아닌 것은? `2018 공인노무사`

① 전문가 자문법　　② 역할연기법　　③ 자료조사법
④ 면접법　　　　　⑤ 델파이기법

13 다음 중 교육과 훈련에 관한 설명으로 알맞지 않은 것은? `2006 한국석유공사`

① 교육은 훈련에 비하여 보다 다양한 기초능력의 습득을 가능하게 한다.
② 교육은 개인의 목표를 강조하고, 훈련은 조직의 목표를 강조한다.
③ 두 가지 모두 인간의 변화와 학습이론이 적용된다.
④ 훈련은 비교적 장기적인 목표를 달성하고, 교육은 단기적인 목표달성을 목적으로 한다.

14 OJT(On the Job Training)에 해당하는 것은? `2013 노무사`

① 세미나　　　　　② 사례연구　　　③ 도제식 훈련
④ 시뮬레이션　　　⑤ 역할연기법

15 OJT에 대한 설명으로 옳은 것은? `2015 국민연금공단`

① 교육 내용이 체계적이다.
② 직접 실무경험을 쌓을 수 있다.
③ 다수의 많은 종업원을 교육시킬 수 있다.
④ 직장 밖에서 실시하는 교육훈련이다.

16 다음 중 OJT에 대한 설명으로 알맞지 않은 것은? `2014 국민연금공단`

① 직속상사가 개별 지도한다.
② 특별한 훈련계획을 갖고 있지 않다.
③ 많은 종업원을 훈련시킬 수 없다.
④ 외부에서 전문가를 초빙하여 배운다.

17 다음 중 OJT에 대한 설명으로 틀린 것은? `2013 부산도시공사`

① 훈련받은 내용을 바로 활용할 수 있지만 잘못된 관행이 전수될 수 있다.
② 작업 현장에서 직장 상사 또는 직장 선배가 부하직원에게 실무 또는 기능을 교육한다.
③ 현장에서 바로 실무를 학습하고 또한 적용해볼 수 있는 장점이 있다.
④ 훈련이 추상적이지 않고 실용적이지만 다수를 동시에 훈련시킬 수 없는 단점이 있다.
⑤ 부하직원의 실무 능력이 크게 향상되나 작업 시간이 감소되고 경제적 부담이 크다.

18 OJT에 대한 설명으로 적절하지 않은 것은? 2011 한국수력원자력

① 업무와 관련된 실질적인 훈련으로 훈련과 직무가 바로 연결된다.
② 직장의 직속상사가 직무수행관련 교육을 수행한다.
③ 직장 외 교육훈련으로 연수원이나 교육원 등과 같은 곳에서 받는 집합교육을 말하며, 많은 종업원에게 훈련을 시킬 수 있다.
④ 경제적이고 강의장 이동이 필요치 않지만 작업수행에 지장을 받는다.

19 다음 중 OJT에 관한 설명으로 알맞지 않은 것은? 2005 한국토지주택공사

① 훈련과 직무가 바로 연결된다.
② 업무와 관련된 실질적인 훈련이다.
③ 저비용이며 훈련실시가 용이하다.
④ 현장에서 즉시 활용할 수 없다.
⑤ 지도자의 높은 자질이 요구된다.

20 Off JT에 대한 설명으로 옳지 않은 것은? 2015 한국남부발전

① 직장 외 교육훈련을 의미한다.
② 체계적인 교육프로그램에 따라 이루어진다.
③ 다수를 동시에 훈련시킬 수 있다.
④ 작업장에서 상사에게 1:1로 교육받는다.

21 Off JT와 OJT에 대한 설명으로 틀린 것은? 2011 한국지역난방공사

① Off JT는 체계적인 교육프로그램에 따라 진행되는 것이 아니므로 기존에 사용했던 비효율적인 방식이 그대로 전해질 수 있다.
② Off JT를 실시함으로써 다수 종업원의 통일적 교육이 가능하다.
③ OJT는 한꺼번에 많은 사람들의 동시교육이 불가능하다.
④ OJT는 훈련받은 내용을 바로 현장에서 적용할 수 있는 장점이 있다.

22 OJT(On the Job Training)에 대한 설명으로 옳지 않은 것은? 2018 7급 감사직

① 보통 훈련전문가가 담당하기 때문에 훈련의 효과를 믿을 수 있다.
② 피훈련자는 훈련받은 내용을 즉시 활용하여 업무에 반영할 수 있다.
③ 기존의 관행을 피훈련자가 무비판적으로 답습할 가능성이 있다.
④ 훈련자와 피훈련자의 의사소통이 원활해진다.

23 다음 중 경력관리의 목적으로 가장 옳지 않은 것은?

① 인적자원의 효율적인 확보 및 배분
② 효과적인 임금제도의 설계
③ 이직 방지 및 유능한 후계자 양성
④ 종업원의 성취동기 유발

24 CDP(careea development program)에 대한 설명으로 옳지 않은 것은?

① 최고경영자들의 경력과 승진을 관리하는 시스템이다.
② 개인의 성장 및 자아실현 욕구의 충족 필요에 따라 형성된 것이다.
③ 조직구성원이 자신의 능력을 개발해 나가도록 하는 것으로 조직을 활성화시켜 나가는 중요한 수단이다.
④ 경력개발계획이 잘 수행되려면 적재적소배치 원칙이 잘 수행되어야 한다.

25 직장 내 교육훈련(OJT)에 관한 설명으로 가장 옳지 않은 것은?

① 교육훈련 프로그램 설계 시 가장 먼저 해야 할 것은 필요성 분석이다.
② 직장상사와의 관계를 돈독하게 만들 수 있다.
③ 교육훈련이 현실적이고 실제적이다.
④ 많은 종업원들에게 통일된 훈련을 시킬 수 있다.

26 다음 중 직장내 교육훈련(OJT)에 관한 설명으로 가장 적절하지 않는 것은?

① 교육훈련 프로그램 설계 시 가장 먼저 해야 할 것은 필요성 분석이다.
② 직장상사와의 친밀감을 제고 할 수 있다.
③ 많은 종업원들에게 통일된 훈련을 시킬 수 있다.
④ 교육훈련이 현실적이고 실제적이다.

27 외부 모집과 비교한 내부 모집의 장점을 모두 고른 것은?

> ㄱ. 승진기회 확대로 종업원 동기 부여
> ㄴ. 지원자에 대한 평가의 정확성 확보
> ㄷ. 인력수요에 대한 양적 충족 가능

① ㄱ　　② ㄴ　　③ ㄱ, ㄴ　　④ ㄴ, ㄷ　　⑤ ㄱ, ㄴ, ㄷ

IV 심화 문제

1 인적자원계획, 모집 및 선발에 관한 설명으로 가장 적절하지 않은 것은? `2020 CPA`

① 현실적 직무소개(realistic job preview)란 기업이 모집단계에서 직무 지원자에게 해당 직무에 대해 정확한 정보를 제공하는 것을 말한다.
② 선발시험(selection test)에는 능력검사, 성격검사, 성취도검사 등이 있다.
③ 비구조적 면접(unstructured interview)은 직무기술서를 기초로 질문항목을 미리 준비하여 면접자가 피면접자에게 질문하는 것으로 이러한 면접은 훈련을 받지 않았거나 경험이 없는 면접자도 어려움 없이 면접을 수행할 수 있다는 이점이 있다.
④ 기업의 인력부족 대처방안에는 초과근무 활용, 파견근로 활용, 아웃소싱 등이 있다.
⑤ 외부노동시장에서 지원자를 모집하는 원천(source)에는 광고, 교육기관, 기존 종업원의 추천 등이 있다.

2 직장 내 훈련(on-the-job training: OJT)에 관한 설명으로 옳지 않은 것은? `2017 가맹거래사`

① 훈련이 실무와 연결되어 매우 구체적이다.
② 일을 실제로 수행하면서 학습할 수 있다.
③ 훈련비용을 절감할 수 있다.
④ 업무 우수자가 가장 뛰어난 훈련자이다.
⑤ 훈련자와 피훈련자 간 의사소통이 원활해진다.

3 다음 설명에 해당하는 것은? `2016 공인노무사`

> 전환배치 시 해당 종업원의 '능력(적성) – 직무 – 시간'이라는 세 가지 측면을 모두 고려하여 이들 간의 적합성을 극대화시켜야 된다는 원칙

① 연공주의
② 균형주의
③ 상향이동주의
④ 인재육성주의
⑤ 적재적소 적시주의

4 다음 중 인적자원의 모집관련 설명으로 알맞지 않은 것은? `2007 국민연금공단`

① 네포티즘(nepotism)이란 가까운 친족들에 의한 외부 인력모집을 말한다.
② 사내게시판이나 사보를 이용하는 직무게시(job posting)는 외부모집이라고 한다.
③ 조직이 내부인력모집에 지나치게 의존하게 되어 조직구성원들이 결국 무능력 수준에 도달할 때까지 승진하게 되어 결국 무능력한 사람들로 구성되어 버리는 원리를 피터의 원리(peter principle)라고 한다.
④ 시스템의 현재의 상황을 분석하여 안정적인 조건하에서 승진, 퇴사, 이동의 일정 비율을 이용하여 단기의 종업원의 변동상황을 예측하는 기법을 마코브 모형이라 한다.

5 샤인(Schein)이 제시한 경력 닻의 내용으로 옳지 않은 것은? 2014 공인노무사

① 전문역량 닻 – 일의 실제 내용에 주된 관심이 있으며 전문분야에 종사하기를 원한다.
② 관리역량 닻 – 특정 전문영역보다 관리직에 주된 관심이 있다.
③ 자율성·독립 닻 – 조직의 규칙과 제약조건에서 벗어나려는 데 주된 관심이 있으며 스스로 결정할 수 있는 경력을 선호한다.
④ 도전 닻 – 해결하기 어려운 문제나 극복 곤란한 장애를 해결하는 데 주된 관심이 있다.
⑤ 기업가 닻 – 타인을 돕는 직업에서 일함으로써 타인의 삶을 향상시키고 사회를 위해 봉사하는 데 주된 관심이 있다.

6 인력선발도구의 평가기준으로는 신뢰성과 타당성이 있다. 다음의 설명 중 적절하지 않은 것은? 2000 CPA

① 신뢰성은 어떤 시험을 동일한 환경에서 동일한 사람이 몇 번 다시 보았을 때 그 결과가 서로 일치하는 정도를 말한다.
② 양분법(split – halves method)과 대체형식법(alternative form method)은 신뢰성 측정방법이다.
③ 예측타당성(predictive validity)은 선발시험 합격자들의 시험성적과 입사 후 그들의 직무성과 간의 상관관계에 의하여 평가된다.
④ 내용타당성(content validity)은 선발도구에 측정하고자 하는 내용이 포함되어 있는 정도를 말한다.
⑤ 동시타당성(concurrent validity)은 선발시험의 예측타당성과 내용타당성을 동시에 검사하는 것이다.

7 인력 모집과 선발에 관한 다음 서술 중 가장 옳지 않은 것은? 2001 CPA

① 이력서와 추천서는 응모자에 대한 배경정보를 얻는 수단이다.
② 성취도검사는 응모자가 이미 가지고 있는 능력을 측정하는 것이다.
③ 집단면접은 다수의 면접자가 한 명의 응모자를 평가하는 방법이다.
④ 클로즈드 숍(closed shop)하에서 신규 종업원 모집은 노동조합을 통해서만 가능하다.
⑤ 비구조화된 면접은 응모자에게 의사표시의 자유를 최대한 주고 질문하는 방법이다.

8 기업의 인력수요 예측에 관한 설명으로 옳지 않은 것은? 2003 CPA

① 시계열분석이나 회귀분석에 의한 양적 인력수요예측은 경영환경의 변화를 반영하기 어렵다.
② 생산성비율분석에 의하여 양적 인력수요예측을 실시할 경우 경험학습에 따른 생산성 증가를 고려함으로써 예측의 정확성을 높일 수 있다.
③ 시나리오기법에 의한 질적 인력수요예측을 실시하기 위해서는 현재의 경영환경과 미래의 환경변화의 요건을 포함하는 구체적인 내용을 제시하는 것이 필요하다.
④ 양적 인력수요예측을 위한 추세분석기법은 과거 인력변화에 영향 요소로 작용했던 환경요소를 찾고 시간에 따른 인력변화 정도를 파악하여 미래 인력수요를 예측하는 것이다.
⑤ 조직환경과 구조가 불안정할 것으로 기대되는 경우에는 자격요건분석에 의한 질적 인력수요 예측이 바람직하다.

9 신입 조직구성원의 조직사회화 과정에 대한 다음의 설명 가운데 옳지 않은 것은?   2003 CPA

① 조직사회화는 신입 조직구성원이 조직에 진입하는 시점에서 시작된다.
② 조직사회화는 개인과 조직의 심리적 계약을 통해 조직유효성을 향상시킨다.
③ 조직사회화 과정을 거침으로써 신입 조직구성원은 새로운 과업을 학습하고 새로운 대인관계를 형성한다.
④ 조직사회화 과정은 조직과 그 하위부문에서 중요한 것들을 실제로 중요하다고 인식하도록 학습하고 훈련하는 과정이다.
⑤ 조직은 조직사회화 과정을 통해 조직구성원의 업무를 재구성할 수 있다.

10 인력선발과 관련된 서술 중 가장 적절한 것은?   2004 CPA

① 인력선발의 유용성(utility) 평가는 비용분석과 혜택분석을 통해 이루어질 수 있다.
② 관대화경향(leniency tendency)오류는 특정의 피평가자에게 후한 점수를 주는 평가자의 오류를 의미한다.
③ 중심화경향(central tendency)오류는 피평가자를 평가자 자신의 가치 기준으로 평가하는 오류를 의미한다.
④ 인력선발 도구의 신뢰성(reliability)은 피평가자에 대한 측정결과의 정확성(accuracy)을 의미한다.
⑤ 인력선발에서 같은 지원자에 대해 다른 평가 방법을 사용하더라도 결과가 동등할 경우 선발도구의 타당성(validity)이 높다고 할 수 있다.

11 다음 중 교육 훈련에 관한 적절한 설명이 아닌 것은?   2006 CPA

① 커크패트릭(Kirkpatrick)은 교육훈련은 반응, 학습, 행동, 결과의 4가지 기준으로 평가하는 것이 필요하다고 주장한다.
② OJT(on the job training)는 훈련받은 내용을 바로 활용할 수 있지만 잘못된 관행이 전수될 가능성이 있다.
③ 액션러닝(action learning)은 현장경험을 중시하는 경험위주의 교육훈련 학습 방법이다.
④ 교육훈련의 프로세스는 크게 필요성분석(수요조사), 계획설계, 실시, 평가의 과정을 거친다.
⑤ 중요사건법(critical incident method)은 직무성과에 영향을 미치는 중요한 상황을 가정하고 시뮬레이션을 통해 훈련시키는 교육방법이다.

12 교육훈련 평가에 관한 커크패트릭(Kirkpatrick)의 4단계 모형에서 제시된 평가로 가장 적절하지 않은 것은?

2019 CPA

① 교육훈련 프로그램에 대한 만족도와 유용성에 대한 개인의 반응평가
② 교육훈련을 통해 새로운 지식과 기술을 습득하였는가에 대한 학습평가
③ 교육훈련을 통해 직무수행에서 행동의 변화를 보이거나 교육훈련내용을 실무에 활용하는가에 대한 행동평가
④ 교육훈련으로 인해 부서와 조직의 성과가 향상되었는가에 대한 결과평가
⑤ 교육훈련으로 인해 인지능력과 감성능력이 향상되었는가에 대한 기초능력평가

13 인적자원 개발 및 교육훈련에 관한 설명으로 가장 적절하지 않은 것은?

2020 CPA

① E-learning은 인터넷이나 사내 인트라넷을 사용하여 실시하는 온라인 교육을 의미하며, 시간과 공간의 제약을 초월하여 많은 종업원을 대상으로 교육을 실시할 수 있다는 장점이 있다.
② 기업은 직무순환(job rotation)을 통해 종업원들로 하여금 기업의 목표와 다양한 기능들을 이해하게 하며, 그들의 문제해결 및 의사결정 능력 등을 향상시킨다.
③ 교차훈련(cross-training)이란 팀 구성원이 다른 팀원의 역할을 이해하고 수행하는 방법을 말한다.
④ 승계계획(succession planning)이란 조직이 조직체의 인적자원 수요와 구성원이 희망하는 경력목표를 통합하여 구성원의 경력진로(career path)를 체계적으로 계획·조정하는 인적자원관리 과정을 말한다.
⑤ 교육훈련 설계(training design)는 교육훈련의 필요성 평가로부터 시작되며, 이러한 평가는 조직분석, 과업분석, 개인분석 등을 포함한다.

14 선발과 모집과 관련한 다음의 설명 중 가장 적절하지 않은 것은?

2007 CPA

① 사내공모제는 승진기회를 제공함으로써 기존의 구성원에게 동기부여를 제공한다.
② 외부모집으로 조직에 새로운 관점과 시각을 가진 인력을 선발할 수 있다.
③ 내부 인력원천은 외부 인력원천에 비해 비교적 정확한 능력평가가 가능하다.
④ 내부모집 방식에서는 모집범위가 제한되고 승진을 위한 과다경쟁이 생길 수 있다.
⑤ 여러 상황에서도 똑같은 측정결과를 나타내는 일관성을 선발도구의 타당도라고 한다.

15 인력계획 활동에 대한 설명 중 가장 적절하지 않은 것은?

2007 CPA

① 인사부문에 대한 계획 활동은 인력확보계획, 인력개발계획, 인력보상계획, 인력유지계획, 인력방출계획을 포함한다.
② 실무부서단위로 부서의 목적달성에 필요한 인력수요를 예측하고 상부에서 종합하는 상향적 접근방법은 인력수요를 과소예측하기 쉽다.
③ 직무분석은 모집, 선발과정에서 자격조건을 명시하고, 필요 인력수요를 파악하는 데 필요하다.
④ 기존인력의 기술목록(skill inventory)에는 기술과 경험, 능력정보, 교육훈련, 인적사항 등이 포함된다.
⑤ 인력개발에 관한 계획 활동에는 종업원의 현재 및 잠재능력의 측정과 종업원의 개발욕구분석, 경력욕구분석을 포함한다.

16 모집·선발과 관련한 다음의 설명 중 적절하지 않은 항목만으로 구성된 것은? 2010 CPA

> a. 사내공모제(job posting)는 조직내부의 구성원에게 희망 직무를 지원할 수 있는 기회를 제공하므로, 기존 조직구성원들의 만족도를 높일 수 있다.
> b. 선발도구의 기준관련타당도(criterion-related validity)는 선발도구들이 실제로 직무성과를 얼마나 잘 예측하는지를 말해 주는 것으로 예측타당도와 미래타당도가 있다.
> c. 기업은 인력을 충원하기 위해 크게 내부모집과 외부모집을 고려할 수 있는데, 내부모집은 조직내부에 새로운 충격을 주기 위해 선택되기도 한다.
> d. 선발도구의 내용타당도(content validity)는 선발시험이나 면접의 내용이 해당 직무를 수행하는데 요구되는 요건들과 얼마나 일관성이 있는지를 나타낸다.
> e. 선발도구의 구성타당도(construct validity)는 해당 선발도구가 측정도구(measurement tool)로서의 적격성을 갖고 있는지를 나타낸다.

① a, d ② c, e ③ b, c ④ b, d ⑤ c, d

17 인력계획에 관한 설명으로 가장 적절하지 않은 것은? 2015 CPA

① 마코프체인 기법에서는 전이확률행렬을 이용하여 인력의 수요량 예측한다.
② 마코프체인 기법은 경영환경이 급격하게 변할 경우에는 적합하지 않다.
③ 기능목록에는 종업원 개인의 학력, 직무경험, 기능, 자격증, 교육훈련 경험이 포함된다.
④ 델파이 기법은 전문가들이 면 대 면 토론을 통해 인력의 공급량을 예측하는 방법이다.
⑤ 조직의 규모가 급격하게 성장하고, 전략적 변화가 필요할 때에는 외부모집이 적절하다.

18 인사평가 및 선발에 관한 설명으로 가장 적절한 것은? 2016 CPA

① 중심화 경향은 평가자가 피평가자의 중심적인 행동 특질을 가지고 피평가자의 나머지 특질을 평가하는 경향이다.
② 인사평가의 실용성 및 수용성을 파악하기 위해서는 관대화 경향, 중심화 경향, 후광효과, 최근효과, 대비효과를 지표로 측정하여야 한다.
③ 시험-재시험 방법(test-retest method), 내적 일관성(internal consistency) 측정방법, 양분법(split half method)은 선발도구의 신뢰도 측정에 사용되는 방법이다.
④ 신입사원의 입사 시험성적과 입사 후 일정 기간이 지난 후의 직무태도를 비교하여 상관관계를 조사하는 방법은 선발도구의 현재 타당도(concurrent validity)를 조사하는 방법이다.
⑤ 인사평가의 신뢰성은 특정의 평가도구가 얼마나 평가목적을 잘 충족시키느냐에 관한 것이다.

19 인사평가 및 선발에 관한 설명으로 가장 적절한 것은? _{2019 CPA}

① 내부모집은 외부모집에 비하여 모집과 교육훈련의 비용을 절감하는 효과가 있고 새로운 아이디어의 도입 및 조직의 변화와 혁신에 유리하다.
② 최근효과(recency effect)와 중심화 경향(central tendency)은 인사 선발에 나타날 수 있는 통계적 오류로서 선발도구의 신뢰성과 관련이 있다.
③ 선발도구의 타당성은 기준관련 타당성, 내용타당성, 구성타당성 등을 통하여 측정할 수 있다.
④ 행위기준고과법(BARS: behaviorally anchored rating scales)은 개인의 성과목표대비 달성 정도를 요소별로 상대 평가하여 서열을 매기는 방식이다.
⑤ 360도 피드백 인사평가에서는 전통적인 평가방법인 상사의 평가와 피평가자의 영향력이 미치는 부하의 평가를 제외한다.

20 종업원 모집 및 선발에 관한 설명 중 가장 적절하지 않은 것은? _{2017 CPA}

① 선발도구의 타당성이란 선발대상자의 특징을 측정한 결과가 일관성 있게 나타나는 것을 말한다.
② 사내공모제는 지원자가 직무에 대한 잘못된 정보로 인해 회사를 이직할 가능성이 낮은 모집 방법이다.
③ 평가센터법은 비용상의 문제로 하위직보다 주로 상위 관리직 채용에 활용된다.
④ 지원자의 특정 항목에 대한 평가가 다른 항목의 평가 또는 지원자에 대한 전반적 평가에 영향을 주는 것을 후광효과라고 한다.
⑤ 다수의 면접자가 한 명의 피면접자를 평가하는 방식을 패널면접이라고 한다.

21 인사선발 및 인사평가에 관한 설명으로 가장 적절하지 않은 것은? _{2018 CPA}

① 동일한 피평가자를 반복 평가하여 비슷한 결과가 나타나는 것은 신뢰성(reliability)과 관련이 있다.
② 신입사원의 입사시험 성적과 입사 이후 업무성과의 상관관계를 조사하는 방법은 선발도구의 예측타당성(predictive validity)과 관련이 있다.
③ 행위기준고과법(BARS: behaviorally anchored rating scales)은 중요사건 기술법과 평정척도법을 응용하여 개발된 인사평가 방법이다.
④ 평가도구가 얼마나 평가목적을 잘 충족시키는가는 타당성(validity)과 관련이 있다.
⑤ 선발 도구의 타당성을 측정하는 방법에는 내적 일관성(internal consistency) 측정방법, 양분법(split half method), 시험 재시험(test-retest) 방법 등이 있다.

22 인적자원의 모집, 개발 및 교육훈련에 관한 설명으로 가장 적절하지 않은 것은?

① 교육훈련(training)은 종업원에게 현재 수행하고 있는 직무뿐만 아니라 미래의 직무에서 사용하게 할 목적으로 지식과 기술을 제공한다.
② 고용주들은 조직 내부의 인적자원을 개발하느냐 아니면 이미 개발된 개인들을 외부에서 채용하느냐의 선택에 직면한다.
③ 직무상 교육훈련(on-the-job training)은 직무에 대한 경험과 기술을 가진 사람이 피훈련자가 현장에서 직무 기술을 익히도록 도와주는 방법이다.
④ 오리엔테이션은 정규 교육훈련의 한 유형으로 신입사원에게 조직, 직무 및 작업집단에 대해 실시하는 계획된 소개를 말한다.
⑤ 사내공모제(job posting)는 모집에 있어서 투명성을 제고할 수 있고, 종업원들의 승진과 성장 및 발전에 대한 기회를 균등하게 제공할 수 있다.

23 교육참가자들이 소규모 집단을 구성하여 팀워크로 경영상의 실제 문제를 해결하도록 하여 문제해결과정에 대한 성찰을 통해 학습하게 하는 교육방식은?

① team learning
② organizational learning
③ problem based learning
④ blended learning
⑤ action learning

24 인적자원의 모집, 개발 및 평등고용기회에 관한 설명으로 가장 적절하지 않은 것은?

① 내부모집(internal recruiting)은 외부모집(external recruiting)에 비해 종업원들에게 희망과 동기를 더 많이 부여한다.
② 평등고용기회(equal employment opportunity)는 조직에서 불법적 차별에 의해 영향을 받지 않는 고용을 의미한다.
③ 선발기준(selection criterion)은 한 개인이 조직에서 담당할 직무를 성공적으로 수행하기 위해 갖춰야 하는 특성을 말한다.
④ 친족주의(nepotism)는 기존 종업원의 친척이 동일한 고용주를 위해 일하는 것을 금지하는 관행이다.
⑤ 종업원이 일반적으로 직장에서 연령, 인종, 종교, 장애에 의해 차별을 받는 것은 불법적 관행에 속한다.

25 직무분석과 교육훈련에 관한 설명으로 가장 적절하지 않은 것은? `2022 CPA`

① 개인-직무 적합(person-job fit)은 사람의 특성이 직무의 특성에 부합한지를 판단하는 개념이다.
② 교육훈련의 전이(transfer of training)란 교육훈련에서 배운 지식과 정보를 직무에 실제로 활용하는 것을 말한다.
③ 직무순환(job rotation)은 종업원이 다양한 직무를 수행할 수 있는 능력을 개발하게 한다.
④ 비공식적 교육훈련(informal training)은 종업원 간의 상호작용 및 피드백을 통해서 일어나는 교육훈련을 말한다.
⑤ 직무설계 시 고려하는 과업중요성은 직무를 성공적으로 달성하는 데 있어서 여러 가지 활동을 요구하는 정도를 말한다.

26 인적자원의 모집 및 선발에 관한 설명으로 가장 적절하지 않은 것은? `2024 CPA`

① 직무 관련성(job relatedness)은 선발 자격이나 요건이 직무상 의무(duty)의 성공적인 수행과 관련되는 것을 의미한다.
② 모집(recruiting)은 조직의 직무에 적합한 지원자의 풀(pool)을 생성하는 과정을 말한다.
③ 사내공모제(job posting)는 조직 내 다른 직무들에 대해 현직 종업원들을 대상으로 모집할 수 있는 주요 방법의 하나이다.
④ 인지능력검사(cognitive ability test)는 언어 이해력, 수리 능력, 추론 능력 등을 측정한다.
⑤ 구조화 면접(structured interview)은 비구조화 면접(unstructured interview)보다 지원자들에 대한 비교 가능한 자료를 획득하기가 더 어렵다.

27 교육훈련 및 노사관계에 관한 설명으로 가장 적절하지 않은 것은? `2024 CPA`

① 노동조합(union)은 조직이 작업장 공정성을 지키도록 견제하고 종업원들이 공정하게 대우받도록 보장하는 기능을 한다.
② 기업이 교육훈련을 효과적으로 설계하기 위해서는 학습능력, 동기부여, 자기효능감과 같은 학습자 특성을 고려해야 한다.
③ 교차훈련(cross training)은 종업원들의 미래 직무 이동이나 승진에 도움을 준다.
④ 직무상 교육훈련(on-the-job training)은 사내 및 외부의 전문화된 교육훈련을 포함한다.
⑤ 단체교섭(collective bargaining)은 경영진과 근로자들의 대표가 임금, 근로시간 및 기타 고용 조건 등에 대해 협상하는 과정을 말한다.

Chapter 3 평가 및 보상관리

I 핵심정리

❶ 평가관리

1) 인사평가방법

구분		내용
상대 평가법	서열법	• 피평가자를 총체적으로 평가하여 1위부터 최하위까지 나열하는 방법 • 직무 간 차이가 명확한 경우나 평가자가 모든 직무를 알고 있을 때만 적용이 용이 • 장점: 평가가 용이함 / 단점: 너무 주관적임
	강제 할당법	• 사전에 정해 놓은 비율에 따라 피고과자를 강제로 할당하여 고과하는 방법 • 장점: 관대화경향 등 규칙적 오류를 예방할 수 있음 • 단점: 정규분포를 가정하고 있으므로 실분포가 강제할당비율과 다르면 평가결과가 실제를 반영하지 못할 수 있음
절대 평가법	평정척도법	• 평가요소를 선정하고 평가요소별 척도를 정한 다음 피평가자를 평가요소의 척도상에 우열을 표시하는 방법 • 장점: 피평가자를 전체적으로 평가하지 않고 평가요소별로 평가하므로 평가의 타당성이 증가됨 • 단점: 관대화, 중심화 등의 규칙적 오류가 발생할 수 있고, 후광효과(halo effect) 등의 심리적 오류가 발생할 수 있음
	대조표법 (check list method)	• 평가에 적당한 행동 항목들을 미리 선정하여 피평가자가 이 항목에 해당되는지 아닌지를 체크하여 평가하는 방법 • 장점: 평가결과의 신뢰성과 타당성이 증가, 현혹효과(halo effect) 감소, 평가자의 심적 부담 감소 • 단점: 행동표준의 선정이 어려움, 점수화가 복잡
	자유서술법 (자기신고법)	• 피평가자가 자기평가를 하는 방법 • 자기개발의 효과를 얻을 수 있고, 피평가자의 동기부여에 효과적임
	중요사건 서술법	• 평가자가 피평가자의 중요한 행위를 기록하였다가 이 기록을 토대로 평가를 하는 방법 • 근접오류 등을 극복할 수 있음
	목표에 의한 관리법 (MBO)	• 종업원의 참여를 통해 상사와 함께 단기적이고 구체적인 목표를 설정하고 그 성과를 평가함으로 인사고과 하려는 방법
	행위기준고과법 (BARS)	• 평정척도법의 결점을 시정하기 위한 시도에서 개발, 중요사실서술법이 발전된 것 • 조직구성원이 수행하는 구체적인 행동을 근거로 평가하는 방법 • 중요사건서술법 + 평정척도고과법
	행위관찰평가법 (BOS)	• BARS와 BOS는 공통적으로 피평가자의 구체적인 행동을 측정평가 • BARS는 평가범주마다 제시된 대표적인 행동패턴 가운데 하나를 선택해서 등급을 매기는 방식 • BOS는 피평가자의 해당 행동의 빈도를 관찰해서 빈도를 측정하는 방식으로 평가한다.

평가센터법	평가를 전문으로 하는 평가센터에서 특별히 훈련된 관리자들이 복수의 평정절차를 통해 인사고과 하는 방법
인적평정센터법 (HAC)	중간경영층의 승진 목적의 고과로 등장, 피고과자를 합숙시키면서 각종 의사결정게임과 토의, 심리검사를 실시하여 여러 명의 고과사, 심리적 전문가들에 의한 복수평정 절차를 밟게 함
다면평가법	종래의 상사위주 평가방법에서 탈피하여 피평가자 자신, 동료, 상사, 부하, 고객 등 다양한 원천으로부터 평가받는 방법

2) 성과평가 분류

- 성과평가는 크게 상대평가, 특성평가, 행동평가, 결과평가로 구분 가능
  - 상대평가: 대인 간 비교를 통하여 직무수행자를 평가하는 방법
  - 특성평가: 종업원의 개인적 특성을 평가하는 방법, 평가시스템 구축은 용이하나 종업원의 특성과 성과 간의 연계관계가 낮아 타당성이 낮을 수 있음
  - 행동평가: 피평가자의 구체적인 행동에 초점을 두고 평가하는 방법으로서 피평가자의 구체적인 행동에 대한 지침을 만들어야 하므로 개발에 시간과 비용이 많이 소요됨. 그러나 개인에게 피드백을 제공하여 행동 수정을 이끌어 내기 용이함
  - 결과평가: 집단에서 수행한 작업결과를 토대로 평가하는 방법으로 주로 업무수행방법이 중요하지 않거나 업무수행방법이 다수일 경우 결과를 기준으로 평가함

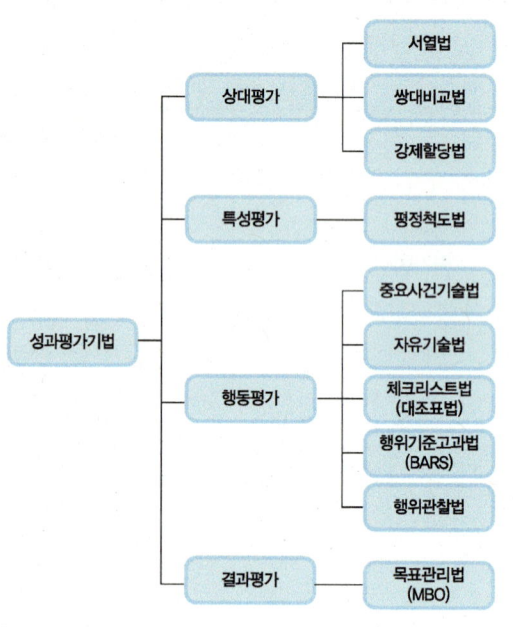

3) 인사평가 오류와 해결책: 지각오류 참조

구분	원인	방지책
현혹 효과	• 편견의 작용 • 과거의 성적에 영향을 받는다. • 평정자 자신이 중시하고 있는 요소가 뛰어날 경우 다른 요소도 우수하다는 인식	• 동일인물에 대해서 모든 요소로 연속해서 평정하지 말고 평정 요소 하나로 모든 사람에 대하여 동시에 평정하고 그것이 끝나면 다음 요소로 간다. • 피평정자의 특성을 간단하게 일반화해서 성급하게 결정을 내리지 말 것
관대화 경향	직무와 관련된 평정이 아니라 인정, 인간관계 (혈연, 학연, 지연 등)에 기반을 둔 평정	*분포제한을 한다. 예) 아래 표 참조

		탁월	우수	보통	미흡	부족
점수		950	850-950	750-850	850-750	600-650
분포율	과장	10%	25%	30%	25%	10%
	사원	5%	30%	30%	5%	5%

		• 직무를 기준으로 한 평가 지향 • 평정요소의 정의를 명확히 하고 그 정의를 의식하면서 평정하도록 한다.
중심화 경향	• 평정자를 잘 모르는 경우에 마음대로 평정을 낮게 할 수 없기 때문 • 평정자로서의 자신감, 판단력 결여 • 평정요소의 기준 불명확	• 분포제한(상기 예 참조) • 평정자 자신이 피평정자와 접촉하는 기회를 많이 갖고 피평정자의 태도를 평소에 파악토록 한다.
논리적 오류	평정요소 간의 겉으로 보이는 논리적 일치	평정 요소의 정의를 명확히 숙지 및 객관적 판단 기준 설정
대비 오류	편견의 작용	• 자신의 근무년수에 비례한 부하역량의 요구 • 평정자 자신이 자신의 척도를 지나치게 고집하지 않아야 한다.

❷ 보상관리

1) 임금

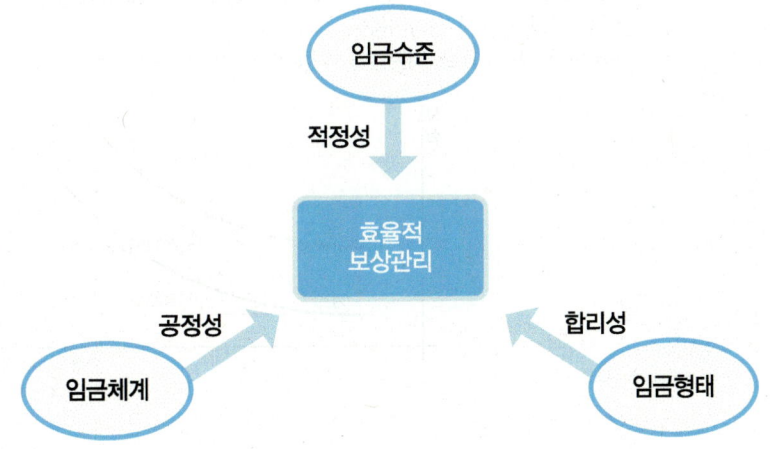

의미	사용자가 근로의 대가로 근로자에게 지급하는 일체의 금품
특징	• 근로자 측면: 생활의 원천, 사회적 위신의 표시 • 기업 측면: 제품원가를 구성하는 노무비
내용	* 효율적 보상관리 • 임금수준의 관리(외적공정성: 적정성): 임금의 크기와 관련 　→ 대외적 비교 통한 사회적 균형(타 기업과의 형평성과 가격경쟁력) 확보 • 임금체계의 관리(내적 / 조직적 공정성: 공정성): 임금의 구성내용과 관련 　→ 임금격차 결정방법(생계보장의 원칙과 노동대응의 원칙) • 임금형태의 관리(내적 / 개인간 공정성: 합리성): 임금의 계산 및 지급방법과 관련 　→ 개별 임금지급방식의 합리성 통한 개인간 공정성 확보

2) 임금수준

의미	• 노동자의 생계유지를 위한 기업의 임금지급 수준 • 일정기간 동안 기업 내의 모든 종업원에게 지급될 임금 또는 노동비 수준	
결정요인	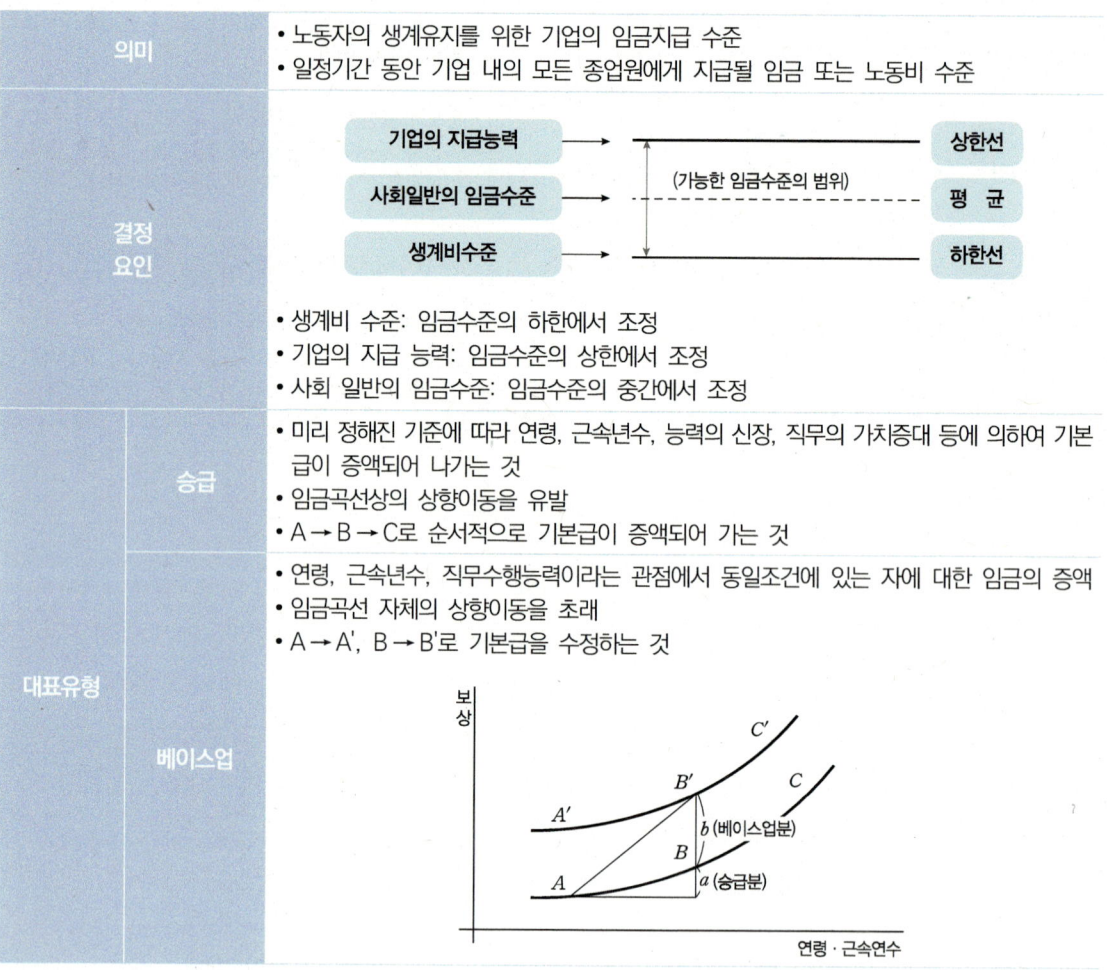 • 생계비 수준: 임금수준의 하한에서 조정 • 기업의 지급 능력: 임금수준의 상한에서 조정 • 사회 일반의 임금수준: 임금수준의 중간에서 조정	
대표유형	승급	• 미리 정해진 기준에 따라 연령, 근속년수, 능력의 신장, 직무의 가치증대 등에 의하여 기본급이 증액되어 나가는 것 • 임금곡선상의 상향이동을 유발 • A → B → C로 순서적으로 기본급이 증액되어 가는 것
	베이스업	• 연령, 근속년수, 직무수행능력이라는 관점에서 동일조건에 있는 자에 대한 임금의 증액 • 임금곡선 자체의 상향이동을 초래 • A → A', B → B'로 기본급을 수정하는 것

3) 임금체계

의미	• 기준임금: 기본급(연공급, 직무급, 직능급 등), 수당(직무수당, 가족수당 등) • 기준외 임금: 초과근무수당(시간외 근무, 휴일근무, 심야근무수당 등), 특별수당(위험수당 등) • 상여금 • 퇴직금	
결정요인	• 생계보장의 원칙: 필요기준에 의한 연령, 근속연수 및 연공서열 고려 • 노동대응의 원칙: 　- 담당기준에 의한 업무고려 　- 능력기준에 의한 보유 능력고려 　- 성과기준에 의한 발휘 능력고려	
종류	연공급	연령, 근속등에 따라 지급되는 임금으로서 생활급적 사고원리에 따른 임금체계로 안정성, 소속감, 애사심 향상에 긍정적임
	직능급	직무수행능력에 비례하여 지급되는 임금체계로서 직무급에서 평가요인을 능력요인에 한정한 경우에 해당된다. 연공급적 요소와 직무급적 요소의 결합된 형태로서 학습조직의 분위기 형성이라는 장점은 있으나 일상업무를 소홀히 할 가능성 또한 내포하고 있음.

직무급	• 직무의 상대적 가치를 기초로 하여 지급되는 임금으로서 동일직무 동일임금 원칙에 입각 • 직무분석과 직무평가의 결과에 근거하여 실시될 수 있음. 철저한 직무분석과 공정한 직무평가가 전제되어야 함

4) 임금형태

(1) 임금형태의 의의

의미	임금의 계산 및 지급 방법에 관한 것	
분류	시간급제	• 근로시간을 기준으로 임금을 산정·지급되므로 종업원들에게 안정된 임금을 지급 • 임금 계산이 간단하며 실질적으로 사용하기가 편리 • 작업 성과와 직접적인 연결성이 없으며, 작업자의 작업 의용 향상에도 기여하지 않음
	성과급제	• 노동 성과에 따라 임금을 산정·지급되므로 근로자에게 합리성과 공평감을 줌 • 직접노무비가 일정하므로 신간급제보다 원가계산이 용이 • 작업량 위주가 되어 품질저하가 우려 및 동일한 직무를 수행하여도 임금은 달라질 수 있음
	특수임금제	집단자극제, 순응임률제, 집단성과급제(이익분배제, 성과분배제도)

(2) 집단자극제

의미	근로자 집단별로 임금을 산정하여 지급
특징	• 개별 성과를 측정하기 어렵거나 집단 구성원 사이의 협조와 공통 노력으로 성과 달성이 가능한 경우에 적용 • 개인성과급의 단점을 보완하며, 원만한 노사관계의 형성을 위해 활용

(3) 순응임률제

생계비순응임률제	물가가 상승할 때 생계비에 순응하여 임률을 자동적으로 변동·조정하는 제도
판매가격순응임률제	제품의 판매가격의 변동에 순응하여 임률을 자동적으로 변동·조정하는 제도
이익순응임률제	이익지수 변동에 순응하여 임률을 자동적으로 변동·조정하는 제도

(4) 이익분배제

의미	기본적 보상 이외에 각 영업기마다 결산이익의 일부를 종업원에게 부가적으로 지급하는 제도
효과	노사 간의 협동정신의 강화, 종업원의 능률증진, 종업원의 장기근속 유도
문제점	수입의 안정성이 작고, 분배는 결산기를 기다려서 확정되므로 작업능률의 자극이 부족

(5) 성과분배제도

스캔론 플랜	• 종업원의 제안을 통한 경영참여의 대가로 개선된 성과를 분배 • 위원회제도를 통하여 종업원의 참여 유도, 판매가치를 기초로 성과분배 • 상여자원 = 생산의 판매가치 × 임금비율 – 기지급액
럭커 플랜	• 부가가치의 증대를 목표로 하여 이를 노사협력체제에 의하여 달성하고, 그 증가된 생산성 향상분을 분배하는 방식으로 전체 경제에 인플레 효과가 없는 임금상승이 가능, 부가가치액의 증가에 비례하여 성과배분 • 증분임금액(상여자원) = 부가가치 × 표준생산성비율 – 기지급임금 표준생산성비율 = 부가가치분배율 = 인건비 / 부가가치
임프로쉐어 플랜	단위당 소요되는 표준작업시간과 실제작업시간을 비교하여 절약된 작업시간에 대한 생산성 이득을 노사가 각각 50 : 50의 비율로 배분하는 임금제도

링컨 플랜	성과급과 이윤분배제도를 결합한 배분
카이저 플랜	재료비와 노무비 절약분을 분배
프렌치시스템	실제 산출액에서 기대산출액을 차감한 모든 비용 절약분을 배분

5) 복리후생

의미	• 경제적, 사회적, 정치적, 윤리적인 측면에서 임금 이외에 종업원이 받게 되는 간접적인 보상 • 기본적인 근로조건을 보완하는 추가적으로 제공되는 파생적 근로조건
성격	• 노동의 질, 양 능률에 따른 차등을 두지 않음 • 필요성의 원칙에 의하여 지급되며 용도가 한정되어 있음 • 기대소득의 성격을 가지며 지급형태가 다양 • 종업원의 생활수준을 안정시켜 줌
분류	• 법정 복리후생: 국민건강보험, 국민연금, 산업재해보상보험, 고용보험 + 퇴직연금제도 • 법정 외 복리후생: 생활지원(급식, 주택, 탁아시설지원 등), 경제지원(공제제도, 소비조합 등 각종 금융지원), 특별수당(건강진단, 사내 보건소 및 양호실 운영), 여가활동(동호회 활동 지원 등) 지원 등 법정복리후생 이외의 다양한 수단을 총칭
관리원칙	필요성 및 공개성의 원칙 — 종업원에게 필요한 지원으로서 선택을 위한 공개가 이루어져야 함 적정성의 원칙 — 경비부담이 적당하며, 동종기업과 비교할 때 큰 차이가 없어야 함 합리성의 원칙 — 기업, 국가, 지역사회의 복지수행이 중복되지 않아야 함 협력성의 원칙 — 지역사회와도 협력, 노사 간의 협력
설계원칙	• 종업원의 욕구를 충족하도록 설계 • 대상범위가 넓은 제도의 우선적 채택 • 종업원들의 참여에 의한 설계 • 복지후생의 지불능력을 고려한 설계

* 카페테리아식 복리후생 – 각각의 종업원들이 기업이 제공하는 복지후생제도나 시설 가운데 원하는 것을 선택함으로써 자신의 복지후생을 원하는 대로 설계할 수 있도록 하는 것

① 선택항목 추가형: 필수적인 복리후생항목은 일괄 지급되고 추가 항목은 종업원이 선택
② 모듈형(modular plan): 몇 개의 복리후생항목을 프로그램화하여 그중 하나의 항목을 선택
③ 선택적 지출 계좌형: 종업원개인의 복리예산의 범위 내에서 자유로이 복리후생항목을 선택

ΙΙ OX 문제

❶ 평가관리

1. 서열법은 피평가자를 총체적으로 평가하여 1위부터 최하위까지 나열하는 방법으로, 피평가자의 강약점이나 절대적인 성과수준을 파악할 수 없다는 단점이 있다.

2. 행위기준고과법(behaviorally anchored rating scales ; BARS)에서는 직무를 수행할 때 발생하는 수많은 중요사건을 추출하여 몇 개의 범주로 나눈 후에 각 범주의 중요사건을 척도에 따라 평가하는 방식으로 중요사건서술법과 평정척도법을 혼합한 방식이다.

3. 행위기준고과법(BARS)에서는 개인의 성과목표와 행동기준을 설정하고, 목표 대비 달성 정도를 평가한다.

4. BOS는 평가범주마다 제시된 대표적인 행동 패턴 가운데 하나를 선택해서 등급을 매기는 방식이며, BARS는 피평가자의 해당 행동의 빈도를 관찰해서 빈도를 측정하는 방식으로 평가한다.

5. 평정척도법이란 평가요소를 선정하고 평가요소별 척도를 정한 다음 피평가자를 평가요소의 척도상에서 우열을 표시하는 방법이다.

6. 인적평정센터법(HAC)은 중간경영층의 승진목적 고과로 등장, 피고과자를 합숙시키면서 각종 의사결정 게임과 토의, 심리검사를 실시하여 여러 명의 고과사, 심리적 전문가들에 의한 복수 평정절차를 밟게 하는 방법임.

7. 종래의 상사 위주 평가방법에서 탈피하여 피평가자 자신, 동료, 상사, 부하, 고객 등 다양한 원천으로부터 평가받는 방법을 평가센터법이라고 한다.

---

1. O
2. O
3. X | 목표에 의한 관리법에 대한 설명임.
4. X | BARS는 평가범주마다 제시된 대표적인 행동 패턴 가운데 하나를 선택해서 등급을 매기는 방식이며, BOS는 피평가자의 해당 행동의 빈도를 관찰해서 빈도를 측정하는 방식으로 평가한다.
5. O
6. O
7. X | 다면평가법에 대한 설명임. 평가센터법(assessment center)은 평가를 전문으로 하는 평가센터에서 특별히 훈련된 관리자들이 복수의 평정절차를 통해 인사고과 하는 방법이다.

8 인사평가시 평가자 편견의 작용, 과거의 성적에 의한 영향, 평정자 자신이 중시하고 있는 특정 요소가 뛰어날 경우 다른 요소도 우수하다는 인식 등이 나타나는 경우 관대화 경향이 발생할 가능성이 있다.

9 상동적 태도(stereotyping)란 피평가자 개인의 특성보다는 그 사람이 속한 사회적 집단을 근거로 평가하는 오류를 의미한다.

❷ 보상관리

10 공정성 기반아래 '동일노동 동일임금'의 원칙을 실시하기 위해서는 연공급보다 직무급이 더 적합하다.

11 보상관리전략은 기업 성장주기와 관련이 있는데, 초기와 성장기에는 복리후생을 중시하고 안정기와 쇠퇴기에는 성과급을 강조하는 것이 일반적이다.

12 연공급의 문제점을 극복하기 위한 방안으로 제시된 직능급에서는 직무의 중요도, 난이도, 위험도 등이 반영된 직무의 상대가치를 기준으로 보상수준이 결정된다.

13 해당 기업의 종업원이 받는 임금수준을 타 기업 종업원의 임금수준과 비교하는 것은 임금의 조직내 내적 공정성과 관련 있다.

---

8 X | 관대화경향이 아니라 위와 같은 경우에는 후광효과가 나타날 가능성이 높다.
9 O
10 O
11 X | 보상관리전략은 기업 성장주기와 관련이 있는데, 초기와 성장기에는 복리후생보다는 성과에 따른 보상, 즉 성과급을 중시하는 것이 일반적이다.
12 X | 직무의 중요도, 난이도, 위험도 등이 반영된 직무의 상대가치를 기준으로 보상수준이 결정되는 것은 직무급제도의 특징이다.
13 X | 외적공정성과 관련되어 있다.

➕ 보충 임금관리

- 임금수준 관리(외적 공정성: 적정성): 임금의 크기와 관련
  → 대외적 비교 통한 사회적 균형(타 기업과의 형평성과 가격경쟁력) 확보
- 임금체계 관리(내적/조직 내 공정성: 공정성): 임금 구성내용과 관련
  → 임금격차 결정방법(생계보장의 원칙과 노동대응의 원칙)
- 임금형태 관리(내적/개인 간 공정성: 합리성): 임금의 계산 및 지급방법과 관련
  → 개별 임금지급방식의 합리성 통한 개인 간 공정성 확보

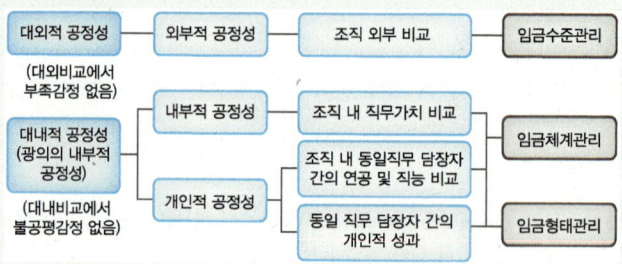

14 해당 기업 내 종업원 간의 임금수준 격차는 임금의 내부 공정성과 관련이 있다.

15 기업의 임금체계와 임금의 내부 공정성은 해당 기업의 지불능력, 생계비 수준, 노동시장에서의 임금수준에 의해 결정된다.

16 적정성의 원칙이란 종업원이 기업으로부터 받는 임금수준이 기업의 입장과 종업원의 입장, 그리고 전반적 노동시장의 견지에서 모두에게 적정한 액수만큼 결정 되어야한다는 원칙으로 임금체계의 내적 공정성과 관련한 원칙이다.

17 내재적 보상이 클수록 임금의 내부공정성이 높아지고, 외재적 보상이 클수록 임금의 외부공정성이 높아진다.

18 성과급은 생산성을 제고하며 공정성 확보는 가능하지만 근로자의 수입을 불안정하게 할 요소가 있어 안정성 적 측면에서는 불안요소가 있다.

---

14 O
15 X | 해당 기업의 지불능력, 생계비 수준, 노동시장에서의 임금수준에 의해 임금결정되는 형태의 관리는 임금 수준관리에 해당한다. 아울러 임금의 수준관리는 임금의 크기와 관련한 외적 공정성의 개념이다.
16 X | 적정성의 원칙이란 종업원이 기업으로부터 받는 임금수준이 기업의 입장과 종업원의 입장, 그리고 전반적 노동시장의 견지에서 모두에게 적정한 액수만큼 결정 되어야한다는 원칙으로 임금수준의 외적 공정성과 관련한 원칙이다.

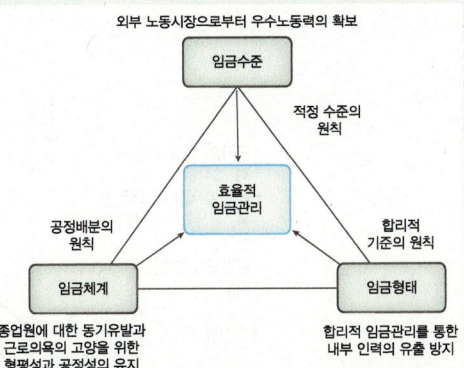

17 X | 내재적 보상이 크다고 해서 임금의 내부공정성이 높아지는 것은 아니며, 외재적 보상이 클 경우, 작은 경우 모두 불공정 인식을 하게 된다.
부연설명을 하면, 성취감, 직무에 대한 만족감, 자신의 흥미나 호기심과 같은 요인들에서 유래된 동기를 내재적 동기라고 하는데, 내재적으로 동기화되었을 때는 활동 그 자체가 보상으로 작용하기 때문에 그 활동을 하도록 하기 위해서는 어떤 유인물과 처벌도 필요로 하지 않는다. 반면에 내부 공정성은 임금의 구성 내용과 관련한 임금격차에 대한 체계관리적 측면으로 두 개념 간에는 관련성이 매우 낮다. 아울러 공정성 이론에서 본다면 외재적 보상이 큰 경우와 작은 경우 즉, 과대 또는 과소보상 모두 불공정 인식을 가질 수 있다.
18 O

19 임금수준 전략과 관련하여 고기술 종업원의 분권적 조직구조, 높은 수익률, 분화된 제품 생산의 자본집약적 산업의 경우와 종업원의 성과통제가 어려운 경우에는 추종전략이 적합하다.

20 직능급제도란 직무수행능력에 비례하여 지급되는 임금체계로서 직무급에서 평가요인을 능력요인에 한정한 경우에 해당된다. 연공급적 요소와 직무급적 요소의 결합된 형태로서 우수 인재를 계속 보유하고, 능력개발 유도를 통해 학습조직의 분위기 형성이라는 장점은 있으나 일상업무를 소홀히 할 가능성 또한 내포하고 있다.

21 회사 재직 중에 종업원의 직무가 변하지 않을 경우에는 직무급보다는 근속연수 등을 기준으로 임금을 책정하는 연공급을 도입하면 종업원의 장기근속을 유도할 수 있다.

22 개인이 받는 임금의 크기란 임금의 배분의 구성내용, 즉 임금격차를 결정하는 방법으로서 이는 임금의 체계를 의미한다. 이와 달리 임금수준이란 일정기간 동안 기업 내의 모든 종업원에게 지급되는 평균임금의 크기를 의미하며, 임금수준을 결정할 때에는 기업의 지불능력 및 생계비 수준을 고려하여 노동시장의 임금이 결정되는 것을 의미한다.

23 직무급은 직무담당자의 능력, 태도, 성과에 의해 결정된다.

24 복률성과급제는 근로자의 작업능률을 보다 높이기 위하여 작업성과에 따라 적용임금률을 달리 산정하는 제도로 테일러식, 메리크식, 리틀식, 일급보장 성과급제도 등이 있다.

19 X | 선도전략이 적합하다.

전략	조직성과					적합한 상황
	종업원 유인능력	종업원 유지능력	노무비 절감	임금 불만족 감소	생산성 증대	
선도 전략	+	+	?	+	?	• 고기술 종업원의 분권적 조직 • 높은 수익률, 분화된 제품 생산의 자본집약적 산업 • 종업원의 성과통제가 어려운 경우
동행 전략	=	=	=	=	?	후발기업
추종 전략	−	?	+	−	?	저수익률·미분화 제품의 노동집약적 산업, 저질의 노동력 산업

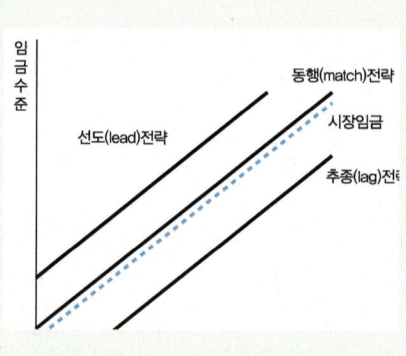

20 O
21 O
22 O
23 X | 직무급은 직무담당자의 능력, 태도, 성과에 의해 결정되는 것이 아니라 직무들이 가지는 상대적 가치에 따라 결정된다. 그러므로 공정한 직무평가가 선행되어야 한다.
24 O

25 할증급제는 절약임금 배분제도라고도 불리는 방법으로 정해진 작업을 표준시간을 초과하여 완성한 경우에는 기본시간급을 적용하여 임금을 지급하고 표준시간 이내에 완성한 경우에는 절약시간에 대하여 임금의 일부를 종업원에게 배분하는 임금배분방식으로 그 비율에 따라 비도우식, 할시식, 로우완식, 간트식으로 구분할 수 있다.

26 스캔론 플랜(Scanlon plan)에서는 성과배분의 기준으로 부가가치를 사용 하며, 럭커 플랜(Rucker plan)에서는 매출액을 기준으로 성과배분을 한다.

27 럭커 플랜(Rucker plan)은 매출액을 기준으로 성과배분액을 계산하며 종업원 제안제도를 채택하고 있다.

28 임프로쉐어플랜이란 단위당 소요되는 표준 작업시간과 실제 작업시간을 비교하여 절약된 작업시간에 대한 생산성 이득을 노사가 각각 50 : 50의 비율로 배분하는 임금제도이다.

29 복리후생은 근로자의 노동에 대한 파생적 근로조건이며, 간접적 보상으로서, 임금은 이에 포함되지 않는다.

30 카페테리아(cafeteria)식 복리후생제도는 여러 복리후생 프로그램 중 종업원 자신이 선호하는 것을 선택할 수 있도록 하는 제도로서 브룸의 동기부여 이론 중 보상의 유의성과 밀접한 관련이 있다.

---

25 O
26 X

스캔론 플랜	• 종업원의 제안을 통한 경영참여의 대가로 개선된 성과를 분배
	• 노사위원회제도하의 제안제도를 통하여 종업원의 참여 유도, 판매가치를 기초로 성과분배
	  – 상여자원 = 생산의 판매가치 × 임금비율 – 기지급액
	  – 상여자원: 장래의 부담에 대비한 유보(25%)
	    회사 및 종업원에의 배분액(75%) : 회사(25%) & 종업원(75%)

럭커 플랜	• 부가가치의 증대를 목표로 하여 이를 노사협력체제에 의하여 달성하고, 그 증가된 생산성 향상분을 분배하는 방식으로 전체경제에 인플레 효과가 없는 임금상승이 가능, 부가가치액의 증가에 비례하여 성과배분
	  – 증분임금액 = 부가가치 × 부가가치분배율
	    (표준생산성비율) – 기지급임금

27 X | 럭커 플랜(Rucker plan)은 부가가치의 증대를 목표로 하여 이를 노사협력체제에 의하여 달성하고, 그 증가된 생산성 향상분을 분배하는 방식으로 전체 경제에 인플레 효과가 없는 임금상승이 가능한 방식으로서, 임금분배율을 정해두고 이를 부가가치에 곱하여 임금총액을 계산하는 성과분배방식이다.
28 O
29 O
30 O

III 개념정리 문제

❶ 평가관리

1 인사평가에 관한 설명으로 옳지 않은 것은? `2015 가맹거래사`

① 조직에서 사람을 평가하는 방법을 제도화한 것으로 구성원 개개인의 잠재능력, 자질 및 업적 등을 평가하는 것이다.
② 조직에서 직무를 수행하는 구성원의 성과를 평가하고 개발지향적 의미를 포함한다.
③ 평가원칙으로는 타당성, 신뢰성, 수용성, 실용성이 있다.
④ 평가목적은 경영전략과의 연계성, 성과향상, 구성원 능력개발, 공정한 보상, 적재적소 배치 등이다.
⑤ 인사평가 시 집단성과에 공헌하는 개인행위는 평가요소로 선정하지 않는다.

2 다음 중 현대적 인사고과의 특징으로 알맞은 것은? `2006 한국토지주택공사`

① 평가자 중심의 인사고과
② 주관적이고 추상적인 인사고과
③ 미래지향적이고 개발 목적위주의 인사고과
④ 직무중심적인 임금과 승진관리를 위한 인사고과
⑤ 연공 중심의 인사고과

3 다음 중 인사고과방법 중에서 가장 오래되고 가장 널리 사용되는 방법은? `2005 근로복지공단`

① 중요사건서술법은 종업원의 구체적인 행위를 기록·관찰하였다가 그 기록을 근거로 평가하는 방법이다.
② 강제할당법은 전체를 몇 가지 등급으로 나누고 각 등급의 종업원을 정규분포에 가깝도록 할당한다.
③ 목표관리법은 해당 종업원이 상사와 협의하여 작업목표량을 결정하고, 이에 대한 성과를 부하와 상사가 같이 측정하고 평가하는 방법이다.
④ 평정척도법은 종업원의 자질을 직무수행상 달성할 정도에 따라 사전에 마련된 척도를 근거로 하여 고과자로 하여금 체크할 수 있도록 하는 방법이다.

4 다음 설명으로 알맞은 것은? `2007 한국토지주택공사`

> 사전에 평가의 범위와 수를 결정해 놓고, 피고과자를 일정한 비율에 따라 할당하는 인사고과방법이다.

① 서열법
② 대조법
③ 자기신고법
④ 강제할당법
⑤ 인적 평정센터법

5 다음 설명에 해당하는 인사평가기법은? `2016 공인노무사`

> 평가자가 피평가자의 일상 작업생활에 대한 관찰 등을 통해 특별히 효과적이거나 비효과적인 행동, 업적 등을 기록하고 이를 평가시점에 정리하여 평가하는 기법

① 서열법　　② 평정척도법　　③ 체크리스트법
④ 중요사건 기술법　　⑤ 강제선택서술법

6 다음 중 행위기준고과법에 대한 설명으로 알맞지 않은 것은? `2005 한국수력원자력`

① 관찰 가능한 행위를 기준으로 한다.
② 많은 시간과 비용이 소요되며 주로 소규모기업에 적용된다.
③ 평정척도 고과법과 중요사건 서술법을 결합한 것이다.
④ 관찰 가능한 행위를 확인할 수 있으며 구체적인 직무에 관해 적용이 가능하다.

7 인사고과에서 평가문항의 발생빈도를 근거로 피고과자를 평가하는 방법은? `2013 노무사`

① 직접서열법　　② 행위관찰평가법　　③ 분류법
④ 요인비교법　　⑤ 쌍대비교법

8 인사평가제도 중 다면평가에 대한 설명으로 옳지 않은 것은? `2015 7급 공무원`

① 업무 성격이 고도의 지식과 기술을 요구하는 경우가 많아 다면평가가 더욱 필요하게 되었다.
② 연공 서열 위주에서 팀 성과 위주로 인적자원관리의 형태가 변화하면서 다면평가의 필요성이 증대되었다.
③ 원칙적으로 다면평가의 결과는 본인에게 공개하지 않기 때문에 인사평가 자료로는 제한적으로 사용된다.
④ 직속 상사를 포함함 관련 주변인들이 업무 측면 이외에도 여러 가지 능력을 평가하는 것이다.

9 인사고과의 방법 중 하나인 다면평가에 관한 설명으로 옳지 않은 것은? `2010 가맹거래사`

① 2인 이상의 고과자들이 공동으로 고과에 참여하는 방식이다.
② 고과자의 주관과 편견을 감소시키는 효과가 있다.
③ 고과자들의 개인별 고과편차를 감소시키는 데 목적이 있다.
④ 특정 계층의 고과자들에 의하여 평가가 좌우된다.
⑤ 다면평가방법 중 하나인 360도 피드백은 피평가자를 전방위적 측면에서 평가하여 피드백을 주는 기법이다.

10 목표관리에 관한 설명으로 옳지 않은 것은?

① 목표달성 정도를 정기적으로 확인
② 목표설정 과정에 구성원 참여
③ 톱다운(top-down) 방식의 목표설정
④ 목표달성 방법의 자율적 결정
⑤ 동기부여의 효과

11 목표관리(MBO: Management By Objectives)에 관한 설명으로 옳지 않은 것은?

① 단기목표를 강조하는 경향이 있다.
② 결과에 의한 평가가 이루어진다.
③ 사기와 같은 직무의 무형적인 측면을 중시한다.
④ 종업원들이 역량에 비해 더 쉬운 목표를 설정하려는 경향이 있다.
⑤ 평가와 관련하여 행정적인 서류 업무가 증가하는 경향이 있다.

12 목표에 의한 관리(MBO)의 주요 특성이 아닌 것은?

① 목표달성 기간의 명시
② 상사와 부하간의 협의를 통한 목표설정
③ 다면평가
④ 목표의 구체성
⑤ 실적에 대한 피드백

13 다음 글에 대한 설명으로 알맞은 것은?

> 드러커가 창안한 것으로 개인의 성취의욕과 자기개발욕구를 자극하는 데 근본취지가 있는 것으로 인사고과 과정에서 평가자와 피평가자의 참여를 최대화한다.

① 목표관리법
② 자기신고법
③ 행위기준고과법
④ 중요사건서술법
⑤ 인적 평정센터법

14 종업원의 동기부여와 성과관리 수단으로 기업에서 활용하는 목표관리기법(Management By Objective; MBO)의 특징으로 적절하지 않은 것은?

① 목표달성 기간의 명시
② 개인 목표의 구체화를 위한 과정
③ 상사와 조직에 의한 하향식 목표 설정
④ 목표달성 여부에 대한 실적 및 정보의 피드백 제공

15 다음 중 목표에 의한 관리(MBO)에 대한 설명으로 알맞지 않은 것은?

① 구성원의 목표성취의욕을 감소시키는 단점이 있다.
② 피터 드러커와 맥그리거가 주장하고 사용했다.
③ 구성요소에는 목표의 설정, 참여, 피드백이 있다.
④ 질보다 양을 중요시하며, 단기적이 목표를 강조한다.
⑤ 단기적이고 계량적인 목표에만 치중한다는 단점이 있다.

16 MBO에 대한 설명으로 틀린 것은?

① 목표의 설정이 단기적이고 구성원의 참여를 강조한다.
② 구성요소에는 목표의 설정, 참여, 피드백이 있다.
③ 종업원의 동기부여에 큰 효과가 있다.
④ 양보다 질을 중요시하며, 목표에 의한 업적 평가를 중요하게 여긴다.

17 다음 중 목표관리(MBO)에 대한 설명으로 알맞지 않은 것은?

① 목표관리는 상사가 정하고 부하는 지시에 따르기만 한다.
② 목표관리법에서 목표는 실현가능한 것이어야 한다.
③ 목표관리는 드러커(Drucker)가 소개한 이후 일종의 경영 철학으로 자리 잡고 있다.
④ 목표관리에 의한 인사 고과는 목표의 설정, 목표 달성 활동, 목표 달성에 대한 평가 등 크게 3단계로 이루어진다.

18 다음 중 중간관리층을 더 높은 직급으로 성장시키기 위한 방법은?

① 자유서술법　　② 행위기준고과법　　③ 인적 평정센터법
④ 중요사건서술법　　⑤ 목표에 의한 관리법

19 다음에 해당하는 인사고과 오류는?

- 글씨 잘 쓰는 사람을 더 좋게 평가한다.
- 출근율이 높은 사람을 더 창의적이라고 평가한다.

① 후광효과　　② 중심화 경향　　③ 관대화 경향
④ 상동효과　　⑤ 최근효과

20 다음 중 사람을 평가할 때 실제의 업무와는 관계없이 자신이 호감을 가지고 있는 사람이기 때문에 능력이 있는 사람으로 판단해 버리는 인사 고과상의 오류는? _{2015 한국남부발전}

① 현혹효과　　② 가혹화 경향　　③ 상동적 태도　　④ 관대화 경향

21 평가자가 피평가자를 평가함에 있어서 피평가자가 속한 사회적 집단에 대한 지각을 기초로 평가하려는 경향이 있는데, 이것을 무엇이라고 하는가? _{2002 한국공항공사}

① 상동적 태도　　② 논리적 오류　　③ 대비오류
④ 현혹효과　　⑤ 중심화 경향

22 다음 중 자신이 보고 싶지 않은 것을 외면해 버리는 오류를 무엇이라고 하는가? _{2008 한국전력공사}

① 대비오류　　② 지각적 방어　　③ 논리적 오류　　④ 관대화 오류

23 인사고과 시 평가자에게 흔히 나타나는 고과상의 오류로 옳지 않은 것은? _{2011 노무사}

① 후광효과(halo effect)　　② 서열화 경향(ranking tendency)
③ 관대화 경향(leniency tendency)　　④ 논리적 오류(logical errors)
⑤ 최근효과(recency effect)

24 인사고과에 관한 설명으로 옳지 않은 것은? _{2012 노무사}

① 인사고과란 종업원의 능력과 업적을 평가하여 그가 보유하고 있는 현재적 및 잠재적 유용성을 조직적으로 파악하는 방법이다.
② 인사고과의 수용성은 종업원이 인사고과 결과가 정당하다고 느끼는 정도이다.
③ 인사고과의 타당성은 고과내용이 고과목적을 얼마나 잘 반영하고 있느냐에 관한 것이다.
④ 현혹효과(halo effect)는 피고과자의 어느 한 면을 기준으로 다른 것까지 함께 평가하는 경향을 말한다.
⑤ 대비오차(contrast errors)는 피고과자의 능력을 실제보다 높게 평가하는 경향을 말한다.

25 다음 중 인사고과에 있어서 중심화 경향의 오류를 개선하기 위한 인사고과기법으로 알맞은 것은? _{2007 한국철도공사}

① 서열법　　② 서베이법　　③ 자기고과법　　④ 등급할당법　　⑤ 강제할당법

26 다음 중 인사고과시의 오류를 줄일 수 있는 방법으로 알맞은 것은? 2005 한국수력원자력

① 중심화 경향은 강제할당법으로 감소시킬 수 있다.
② 관대화 경향은 목표관리법으로 감소시킬 수 있다.
③ 현혹효과는 중요사건서술법으로 감소시킬 수 있다.
④ 상동적 태도는 서열법으로 감소시킬 수 있다.

27 인사평가 측정결과의 검증기준 중 '직무성과와 관련성이 있는 내용을 측정하는 정도'를 의미하는 것은? 2013 노무사

① 신뢰성　　② 수용성　　③ 타당성　　④ 구체성　　⑤ 실용성

28 인사평가의 분배적 오류에 해당하는 것은? 2021 공인노무사

① 후광효과　　　② 상동적 태도　　③ 관대화 경향
④ 대비오류　　　⑤ 확증편향

29 고과자가 평가방법을 잘 이해하지 못하거나 피고과자들 간의 차이를 인식하지 못하는 무능력에서 발생할 수 있는 인사고과의 오류는? 2024 공인노무사

① 중심화 경향　② 논리적 오류　③ 현혹효과　④ 상동적 태도　⑤ 근접오차

❷ 보상관리

30 임금관리에 관한 설명으로 옳지 않은 것은? 2015 노무사

① 임금관리는 공정성이 중요한 과제이다.
② 연공급은 근속연수를 기준으로 임금을 차등화하는 제도이다.
③ 직무급은 직무의 표준화와 전문화가 선행되어야 한다.
④ 직능급은 동일 직무를 수행하면 동일임금을 지급한다.
⑤ 임금수준을 결정하는 주요요인에는 기업의 지불능력과 생산성 등이 있다.

31 임금수준의 관리에 관한 설명으로 옳지 않은 것은? `2016 공인노무사`

① 대외적 공정성을 확보하기 위해서는 노동시장의 임금수준 파악이 필요하다.
② 기업의 임금 지불능력을 파악하는 기준으로 생산성과 수익성을 들 수 있다.
③ 임금수준 결정 시 선도전략은 유능한 종업원을 유인하는 효과가 크다.
④ 임금수준의 관리는 적정성의 원칙을 지향한다.
⑤ 임금수준의 하한선은 기업의 지불능력에 의하여 결정된다.

32 보상관리에 관한 설명으로 옳지 않은 것은? `2014 가맹거래사`

① 임금수준의 적정성을 유지하기 위하여 경쟁사 임금을 조사할 필요가 있다.
② 직무급은 '동일노동 동일임금' 원칙에 입각하고 있으며 기업간 노동이동이 자유로운 경우에 적합하다.
③ 직능급 도입으로 종업원들의 자기개발노력을 유인할 수 있다.
④ 성과급 도입은 우수인력의 확보 및 유지에 도움이 될 수 있다.
⑤ 성과배분기준으로 스캔론 플랜에서는 부가가치를, 럭커 플랜에서는 매출액을 사용한다.

33 직무급에 관한 설명으로 옳지 않은 것은? `2017 가맹거래사`

① 동일노동에 대한 동일임금의 원칙에 기반한다.
② 임금을 산정하는 절차가 단순하다.
③ 능력주의 인사풍토 조성에 도움이 된다.
④ 연공주의 풍토 하에서는 직무급 도입에 저항이 크다.
⑤ 직무를 평가하여 직무의 상대적 가치를 기준으로 임금을 결정한다.

34 다음 중 임금체계에 대한 설명으로 알맞지 않은 것은? `2013 서울시농수산식품공사`

① 자격급은 개인의 학력, 근속연수, 연령 등의 요인들로 임금수준을 정한다.
② 직능급은 연공급과 직무급을 절충한 체계로 구성원의 능력에 따라 차별적으로 결정한다.
③ 연봉제에서는 임금을 결정하기 위해 종업원의 직무, 직능, 업적, 연공 등 다양한 기준을 복합적으로 도입할 수 있다.
④ 연공급은 유연한 조직변화가 필요한 조직에서는 불합리한 임금제도로 다른 제도와 병행이 필요하다.

35 근로자의 직무수행 능력을 기준으로 임금을 결정하는 임금체계는? `2011 노무사`

① 직무급　② 연공급　③ 직능급　④ 업적급　⑤ 성과급

36 기업 내 직무들 간의 상대적 가치를 기준으로 임금을 결정하는 유형은? 〔2015 경영지도사〕

① 직무급(job-based pay)　　　② 연공급(seniority-based pay)
③ 역량위주의 임금(competency-based pay)　　　④ 스킬위주의 임금(skill-based pay)
⑤ 개인별 인센티브(individual incentive plan)

37 다음 중 직무급의 설명으로 알맞지 않은 것은? 〔2005 한국관광공사〕

① 직무를 기준으로 임금을 결정하는 방식이다.
② 직무급 실시 전에 직무평가를 실시해야 한다.
③ 동일직무를 하더라도 각자 임금은 틀리다.
④ 직무의 중요성과 난이도에 따라 직무의 상대적 가치를 결정한 후 그에 따라 임금을 결정하는 방법이다.

38 다음 중 성과급에 대한 설명으로 알맞은 것은? 〔2007 한국토지주택공사〕

① 직무 수행능력을 기준으로 임금을 준다.
② 종업원의 근속연수를 기준으로 임금을 준다.
③ 종업원의 임금을 성과나 능력에 따라 다르게 지급한다.
④ 동일직무를 한 종업원은 같은 임금을 주는 것을 말한다.
⑤ 전문인력 확보에 어려움을 겪는다.

39 다음 중 시간급제보다 성과급제를 적용하는 것이 더 알맞은 경우는? 〔2006 공무원연금공단〕

① 제품의 품질이 중요한 경우
② 작업자가 생산량을 통제할 수 없는 경우
③ 정신적 노동을 주로 하여 노동능률(생산단위)의 파악이 힘든 경우
④ 생산량을 쉽게 측정할 수 있는 단순 반복적인 작업이나 대규모 기업

40 다음 중 성과급제 종류가 아닌 것은? 〔2005 한국관광공사〕

① 할증급　　　② 단순성과급　　　③ 복률성과급　　　④ 단순시간급

41 다음 중 집단성과급제에 대한 설명으로 알맞지 않은 것은? 2006 한국토지주택공사

① 카이저플랜은 개인적 인센티브를 적용한다.
② 프렌치시스템은 실제산출액에서 기대산출액을 차감한 모든 비용 절약분을 노동자에게 배분하는 집단성과급제이다.
③ 스캔론플랜은 노사협력에 의한 생산성 향상을 위한 제안제도로 판매가치를 기준으로 한 보너스 플랜을 기본으로 한다.
④ 링컨플랜은 성과급과 이윤분배제도를 혼합한 것이다.
⑤ 레만플랜은 가치성과에 노동생산성을 기초로 한 일정률을 곱해서 부가노동성과를 산출하여 분배한다.

42 임금에 관한 설명으로 옳지 않은 것은? 2012 노무사

① 직무급은 직무를 평가하여 상대적인 가치에 따라 임금수준을 결정한다.
② 직능급은 종업원의 직무수행능력을 기준으로 임금수준을 결정한다.
③ 메릭식 복률성과급은 임률의 종류를 두 가지로 정하고 있다.
④ 할증급은 종업원에게 작업한 시간에 대하여 성과가 낮다 하더라도 일정한 임금을 보장한다.
⑤ 연공급은 종업원의 근속연수와 학력 등을 기준으로 임금수준을 결정한다.

43 생산제품의 판매가치와 인건비와의 관계에서 배분액을 계산하는 집단성과급제는? 2012 노무사

① 순응임금제   ② 물가연동제   ③ 스캔론 플랜
④ 럭커 플랜   ⑤ 시간급

44 성과배분(gain sharing)에 관한 설명으로 옳지 않은 것은? 2015 가맹거래사

① 성과배분은 생산비 또는 원가의 절감효과를 측정하여 팀 또는 작업장 수준에서 배분하는 데 초점을 둔다.
② 성과표준치는 스캔론 플랜(Scanlon plan)이 생산물 판매가액 대비 인건비를 사용하는 데 반해 럭커 플랜(Rucker plan)은 부가가치 대비 인건비를 사용한다.
③ 프렌치시스템(French system)은 총투입액, 기대총산출액, 총산출액을 기준으로 하여 절약액의 성과를 계산한다.
④ 스캔론 플랜과 럭커 플랜이 노무비 절감에 중점을 두는 데 반해 프렌치시스템은 모든 비용의 절감을 목표로 한다.
⑤ 스캔론 플랜에서는 발생한 이득 모두를 사원에게 배분하는 데 반해 럭커 플랜은 발생한 이득을 사전 합의된 비율에 따라 회사가 사원과 배분한다.

45 다음 글에 대한 설명으로 알맞은 것은? `2014 한국보훈복지의료공단`

> 노사가 협력하여 달성된 결과물의 부가가치를 인건비를 기준으로 분배하는 집단성과급 제도이다.

① Scanlon plan ② Lincoln plan ③ Rucker plan ④ French System

46 정년까지 고용을 유지하는 대신 일정 연령이 되면 생산성 등을 감안하여 임금을 줄이는 제도는? `2010 가맹거래사`

① 이익분배제 ② 집단임금제 ③ 임금피크제
④ 최저임금제 ⑤ 차별성과급제

47 임금수준 결정의 기업 내적요소에 해당하는 것은? `2011 가맹거래사`

① 생계비 ② 시장임금 ③ 기업의 지불능력
④ 경쟁기업의 임금 ⑤ 물가상승률

48 임금수준 결정의 기업 내적 요소가 아닌 것은? `2010 노무사`

① 기업규모 ② 경영전략 ③ 노동조합 ④ 생계비 ⑤ 지불능력

49 임금체계에 대한 설명으로 옳지 않은 것은? `2018 7급 감사직`

① 연공급체계는 고용의 안정성과 직원의 귀속의식을 향상시킨다.
② 직무급체계는 각 직무의 상대적 가치를 기준으로 임금을 결정한다.
③ 직능급체계는 '동일노동 동일임금(Equal Pay for Equal Work)'이 적용된다.
④ 직능급체계는 직원의 자기개발 의욕을 자극한다.

50 단위당 소요되는 표준작업시간과 실제작업시간을 비교하여 절약된 작업시간에 대한 생산성 이득을 노사가 각각 50 : 50의 비율로 배분하는 임금제도는? `2013 노무사`

① 임프로쉐어 플랜 ② 스캔론 플랜 ③ 럭커 플랜
④ 메리크식 복률성과급 ⑤ 테일러식 차별성과급

51 다음 중 기준 외 임금으로 알맞은 것은? `2006 한국수자원공사`

① 연공급 ② 직무급 ③ 직능급 ④ 자격급 ⑤ 상여금

52 우리나라 법정복리후생 내 사회보험에 해당되지 않는 것은? _{2012 가맹거래사}

① 국민연금보험 ② 국민건강보험 ③ 고용보험
④ 상해보험 ⑤ 산업재해보상보험

53 복리후생에 관한 설명으로 옳지 않은 것은? _{2014 노무사}

① 구성원의 직무만족 및 기업공동체의식 제고를 위해서 임금 이외에 추가적으로 제공하는 보상이다.
② 의무와 자율, 관리복잡성 등의 특성이 있다.
③ 통근차량 지원, 식당 및 탁아소 운영, 체육시설 운영 등의 법정복리후생이 있다.
④ 경제적·사회적·정치적·윤리적 이유가 있다.
⑤ 합리성, 적정성, 협력성, 공개성 등의 관리원칙이 있다.

54 다음 보기에서 설명하는 복리후생제도는? _{2011 한국지역난방공사}

- 선택적 복리후생프로그램이다.
- 선택항목 추가형, 모듈형, 선택적 지출계좌형의 유형이 있다.
- 종업원의 욕구를 반영할 수 있으므로 동기부여에 효과적이다.

① 카페테리아 복리후생 ② 프렌치 시스템
③ 성과급제 ④ 럭커플랜

55 다음 중 자신이 원하는 것을 스스로 선택할 수 있도록 하는 복리후생은? _{2004 국민연금공단}

① 링컨 플랜 ② 카페테리아 복리후생
③ 부가급여(fringe benefit) ④ 프렌치 시스템(french system)

56 다음 중 카페테리아 복리후생제도에 관한 설명으로 알맞지 않은 것은? _{2009 한국서부발전}

① 모듈형은 직무평가에 사용되는 방법 중 하나이다.
② 선택적 지출계좌형은 종업원의 주어진 복리예산의 범위 안에서 복리후생 항목을 선택하게 하는 제도이다.
③ 선택항목추가형은 필수적인 복리후생 항목은 일괄지급되고 나머지 항목은 종업원이 선택하도록 하는 제도이다.
④ 카페테리아식 복리후생은 다양한 복리후생 항목을 제공하고 종업원이 스스로 원하는 것을 선택하게 하는 것을 말한다.

57 다음 중 보상과 혜택의 영향으로 보기 가장 옳지 않은 것은?

① 조직에 필요한 사람들을 유인하는 주요 요인이 된다.
② 특정 행동에 뒤따르는 보상은 학습효과로 인해 그 이후 유사한 상황에서 그 행동의 발생 가능성을 억제한다.
③ 직원들에게 재정적 안정성을 제공하여 일하는 동기를 유발한다.
④ 가치 있는 직원들이 경쟁사에 가지 않도록 유지해준다.

58 다음 중 임금배분의 기준에 대한 설명으로 가장 옳은 것은? `2022 7급 군무원`

① 직무급은 종업원이 달성한 성과의 크기를 기준으로 임금액을 결정하는 제도이다.
② 직능급은 종업원이 보유하고 있는 직무수행 능력을 기준으로 임금을 결정하는 제도이다.
③ 연공급은 해당기업에 존재하는 직무들을 평가하여 상대적인 가치에 따라 임금을 결정하는 제도이다.
④ 성과급은 종업원의 근속년수를 기준으로 임금을 차별화하는 제도이다.

59 기업이 종업원에게 지급하는 임금의 계산 및 지불 방법에 해당하는 것은? `2024 공인노무사`

① 임금수준　② 임금체계　③ 임금형태　④ 임금구조　⑤ 임금결정

IV 심화 문제

❶ 평가관리

1 인사고과에서 나타날 수 있는 오류가 아닌 것은? 1991 CPA

① 상동적 태도　　② 현혹효과　　③ 대비오류
④ 근접오류　　　⑤ 알파 위험

2 인사고과방법 중 행위기준고과법(BARS)에 대한 설명으로 적절하지 않은 것은? 1999 CPA

① 평가할 사람들이 평가척도를 개발한다.
② 관찰가능한 행위를 기준으로 평가한다.
③ 개발된 척도를 피평가자들에게 공개한다.
④ 종업원에게 원활한 의사소통의 기회를 제공한다.
⑤ 평정척도고과법(rating scale method)에 비하여 비용과 시간이 절약된다.

3 인사고과와 관련된 다음의 서술 중 가장 옳지 않은 것은? 2001 CPA

① 자기고과는 동료고과에 비해 관대화 경향이 크게 나타난다.
② 현혹효과(halo effect)는 고과자가 고과대상자의 어느 한 면을 기준으로 다른 것까지 함께 평가해 버리는 경향을 말한다.
③ 대비오류(contrast errors)란 고과자가 자신의 특성과 비교하여 고과대상자를 평가하는 경향을 말한다.
④ 강제할당법을 사용하는 경우, 고과대상자의 실제 성과분포와 각 성과집단에 미리 할당된 비율분포가 일치한다.
⑤ 고과의 일관성은 동일한 고과대상자에 대한 반복고과에서 같은 결과를 얻는 정도를 가리킨다.

4 다음 중 평정척도고과법에 대한 설명으로 알맞은 것은? 2007 한국서부발전

① 종업원의 능력과 업적에 대하여 순위를 매긴다.
② 인사담당자가 감독자들과 토의에서 얻은 정보를 이용하는 방법이다.
③ 평가를 전문으로 하는 평가센터를 만들고 여기에서 다양한 자료를 활용하여 고과하는 방법이다.
④ 설정된 평가세부일람표에 따라 체크하는 방법으로 고과자는 평가항목의 일람표에 따라 미리 설정된 장소에 체크만 하고 그에 대한 평가는 인사과에서 한다.
⑤ 인사고과방법 중에서 피고과자의 능력, 업적 등을 각 평가요소별로 연속 또는 비연속적인 척도에 의해 평가하는 방법으로 가장 오래되고 널리 이용되는 방법이다.

5 인력선발에서의 타인평가 및 지각과 관련된 다음의 용어 중 설명이 가장 적절한 것은?

① 주관의 객관화(projection)는 어떤 과업의 성공적 수행에 필요한 능력을 개인 스스로 가지고 있다고 생각하는 믿음이다.
② 자존적 편견(self-serving bias)은 자존심을 지키기 위해서 주위의 사람을 후하게 평가하는 경향을 말한다.
③ 나와의 유사성(similar to me)효과는 주위사람의 기대와 자신의 기대대로 행동함으로써 결국은 예측된 결과가 이루어지는 것을 말한다.
④ 대비효과(contrast effect)는 여러 사람 중에서 처음에 평가한 사람을 나중에 평가한 사람보다 나쁘게 평가하는 경향을 말한다.
⑤ 최근효과(recency effect)는 주로 최근의 정보를 가지고 타인을 평가하는 경향을 말한다.

6 직무분석 및 인사평가에 관한 설명으로 가장 적절하지 않은 것은?

① 직무분석은 인적자원의 선발, 교육훈련, 개발, 인사평가, 직무평가, 보상 등 대부분의 인적자원관리 업무에서 기초자료로 활용할 정보를 제공한다.
② 다면평가란 상급자가 하급자를 평가하는 하향식 평가의 단점을 보완하여 상급자에 의한 평가 이외에도 평가자 자신, 부하직원, 동료, 고객, 외부전문가 등 다양한 평가자들이 평가하는 것을 말한다.
③ 설문지법(questionnaire method)은 조직이 비교적 단시일 내에 많은 구성원으로부터 직무관련 자료를 수집할 수 있다는 장점이 있다.
④ 과업(task)은 종업원에게 할당된 일의 단위를 의미하며 독립된 목적으로 수행되는 하나의 명확한 작업활동으로 조직활동에 필요한 기능과 역할을 가진 일을 뜻한다.
⑤ 대조오류(contrast errors)란 피평가자가 속한 집단에 대한 지각에 기초하여 이루어지는 것으로 평가자가 생각하고 있는 특정집단 구성원의 자질이나 행동을 그 집단의 모든 구성원에게 일반화시키는 경향에서 발생한다.

7 성과관리를 위한 평가에는 흔히 특성, 행동(역량), 그리고 결과를 평가하는 방법이 있다. 평가 방법에 대한 설명 중 가장 적절하지 않은 것은?

① 특성 평가법은 개발비용이 적게 들고 활용하기 쉬우나 평가오류의 가능성이 높다.
② 행동(역량) 평가법은 피드백 제공하는 데에 유용하다.
③ 결과 평가법은 비교적 객관적이어서 조직 구성원들의 수긍도가 높다.
④ 행동(역량) 평가법은 개발과 활용에 있어서 시간과 비용이 많이 든다.
⑤ 결과 평가법은 주로 장기적인 관점을 지향하므로 개발과 활용에 있어서 시간이 적게 든다.

8 인사평가방법에 관한 설명으로 가장 적절하지 않은 것은? 2011 CPA

① 서열법(ranking)은 피평가자를 최고부터 최저순위까지 상대서열을 결정하는 방법이다.
② 평정척도법(rating scales)은 다수의 성과차원을 평가하는 방법으로 평정요소의 선정과 각 평정요소별 가중치의 결정, 평정척도의 결정 등이 필요하다.
③ 대조표법(check-list)은 직무상의 행동을 구체적으로 표현하여 피평가자를 평가하는 방법으로 해당 항목에 피평가자가 해당하는 경우에 체크하는 방법이다.
④ 주요사건기록법(critical-incident method)은 조직성과 달성에서 특별히 효과적이거나 비효과적인 피평가자의 행위가 발생하는 경우 이를 기록하여 평가하는 방법이다.
⑤ 행위기준평정법(BARS: Behaviorally Anchored Rating Scales)은 개인의 성과목표와 행동기준을 제시하고 실제 달성정도를 파악하여 구성원 간의 상대적 서열로 평가한다.

9 평가관리에 관한 다음 설명 중 가장 적절하지 않은 것은? 2013 CPA

① 목표에 의한 관리(MBO: Management by Objectives)에서는 평가자와 피평가자가 협의를 통하여 목표를 설정하고 설정된 목표와 실적을 비교하여 평가한다.
② 동일한 피평가자에 대해 여러 사람이 평가하여도 일관성 있는 평가결과가 나올 때, 평가의 신뢰성(reliability)이 높다고 한다.
③ 자신과 생각이나 행동방식이 유사한 사람을 호의적으로 평가하는 오류를 관대화 경향(leniency tendency)이라고 한다.
④ 서열법으로 평가할 경우 강제적으로 순서를 정하기 때문에 성과의 절대적 수준을 파악하거나 집단 간에 평가결과를 비교하기 어렵다는 단점이 있다.
⑤ 인적평정센터법(Human Assessment Center Method)은 관리자 선발이나 승진 결정에 활용되는 방법으로 평가의 타당성과 신뢰성을 높이기 위해 개발되었다.

10 인사평가에 관한 설명으로 가장 적절하지 않은 것은? 2014 CPA

① 서열법은 구체적 성과차원이 아닌 전반적인 평가를 통하여 피평가자의 순서만을 결정하는 상대평가방법이다.
② 상동적 태도(stereotyping)란 피평가자 개인의 특성보다는 그 사람이 속한 사회적 집단을 근거로 평가하는 오류를 의미한다.
③ 서열법은 조직의 규모가 클 경우에 적합한 평가방법이다.
④ 목표에 의한 관리법(MBO)에서는 목표설정과정에 피평가자가 참여한다.
⑤ 카플란(Kaplan)과 노튼(Norton)의 균형성과표(BSC) 방식에는 재무적 성과, 고객, 내부 프로세스, 학습과 성장의 관점이 포함된다.

11 인사평가에 관한 설명으로 가장 적절한 것은?

① 행위기준고과법(BARS)에서는 개인의 성과목표와 행동기준을 설정하고, 목표대비 달성정도를 평가한다.
② 후광효과(halo effect)는 피평가자 개인의 특성보다는 출신학교나 출신지역에 근거해 평가할 때 나타나는 오류이다.
③ 서열법은 피평가자의 강약점이나 절대적인 성과수준을 파악할 수 없다는 단점이 있다.
④ 행위기준고과법은 체크리스트법과 중요사건법을 결합한 것으로 피평가자의 구체적 행동에 근거하여 평가하는 방법이다.
⑤ 평가의 타당성(validity)이란 동일한 피평가자를 반복하여 평가하여도 비슷한 결과가 나타나는지를 의미한다.

12 성과의 관리 및 평가에 관한 설명으로 가장 적절하지 않은 것은?

① 서열법(ranking)은 성과평가에 있어서 집단의 규모가 작을 때보다 클 때 더 적합하다.
② 성과평가(performance appraisal)는 종업원들의 직무를 기준과 비교하여 얼마나 잘 이행하고 있는지를 결정하고 그 정보를 종업원과 의사소통하는 과정을 말한다.
③ 성과관리(performance management)는 조직이 종업원들로부터 필요로 하는 성과를 획득하기 위해 설계하는 일련의 활동을 말한다.
④ 도식평정척도(graphic rating scale)는 평가자가 특정한 특성에 대해 낮은 수준에서 높은 수준을 나타내는 연속체에 종업원의 성과를 표시할 수 있게 하는 척도를 말한다.
⑤ 초두효과(primacy effect)는 평가자가 개인의 성과를 평가하면서 맨 처음에 접한 정보에 더 많은 가중치를 부여하는 경우에 발생한다

13 성과관리에 관한 설명으로 가장 적절하지 않은 것은?

① 평가센터(assessment center) 또는 역량평가센터는 다양한 평가기법을 사용하여 다양한 가상상황에서 피평가자의 행동을 한 명의 평가자가 평가하는 방법이다.
② 목표에 의한 관리(management by objectives, MBO)는 평가자 뿐만 아니라 피평가자도 목표설정 과정에 함께 참여한다.
③ 타인평가시 발생하는 오류 중 후광효과(halo effect)는 개인이 갖는 특정한 특징(예: 지능, 사교성 등)에 기초하여 그 개인에 대한 일반적 인상을 형성하는 것이다.
④ 360도 피드백 평가는 전통적인 상사평가 이외에 자기평가, 동료평가, 부하평가 그리고 고객평가로 이루어진다.
⑤ 행위기준척도법(behaviorally anchored rating scales, BARS)은 피평가자들의 태도가 아닌 관찰가능한 행동을 척도에 기초하여 평가한다.

14 핵심자기평가(core self-evaluation)가 높은 사람들은 자신을 가능성 있고, 능력있고, 가치있는 사람으로 평가한다. 핵심자기평가의 구성요소를 모두 고른 것은?　　　2024 공인노무사

┌───┐
│ ㄱ. 자존감　　　　　　　　ㄴ. 관계성　　　　　　　　ㄷ. 통제위치　　　　　│
│ ㄹ. 일반화된 자기효능감　　ㅁ. 정서적 안정성　　　　　　　　　　　　　　　│
└───┘

① ㄱ, ㄴ, ㄷ　　② ㄱ, ㄴ, ㅁ　　③ ㄱ, ㄴ, ㄹ, ㅁ　　④ ㄱ, ㄷ, ㄹ, ㅁ　　⑤ ㄴ, ㄷ, ㄹ, ㅁ

❷ 보상관리

15 다음 중 생산성에 관계없이 제품단위당 일정 임금을 주는 임금의 형태는?　　　1992 CPA

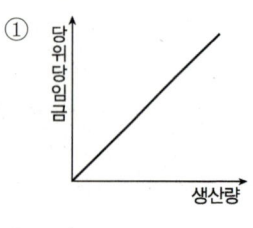
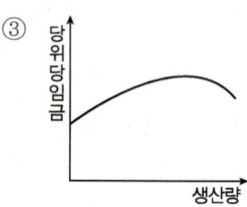
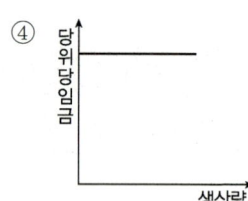
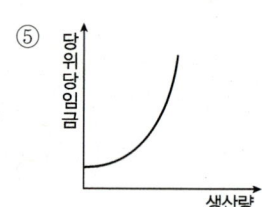

16 다음 중 종업원의 생활안정을 위해 가장 바람직한 임금형태는?　　　1993 CPA

① 판매가격순응임금제　　② 생계비순응임금제　　③ 이익순응임금제
④ 이익배분제　　　　　　⑤ 성과배분제

17 다음 중 스캔론 플랜(Scanlon plan)의 특징을 옳게 고른 것은?　　　1994 CPA

┌───┐
│　　　a. 보너스 플랜　　b. 제안제도　　c. 고정처리제도　　d. 인사상담제도　│
└───┘

① a　　② a, b　　③ a, c　　④ a, b, d　　⑤ a, c, d

18 다음 중 Rowan의 할증급제도를 나타낸 것은?   1995 CPA

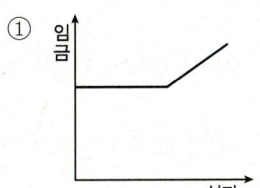
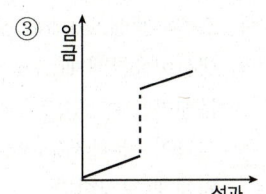
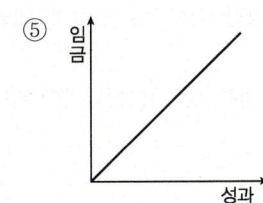

19 바람직한 복리후생제도에 대한 다음 설명 중에서 가장 적절하지 않은 것은?   1999 CPA

① 집단적 보상의 성격이 강하다.
② 이전적 효과보다는 창출적 효과를 강조한다.
③ 구성원들의 욕구에 부합되어야 한다.
④ 필요성의 원칙에 의하여 지급한다.
⑤ 노동의 질·양·능률 등에 따라 지급한다.

20 조직구성원에 대한 조직의 임금체계와 관련된 다음의 설명 가운데 가장 적절하지 않은 것은?   2002 CPA

① 직능급(skill-based pay)은 종업원이 맡은 직무의 중요성과 난이도에 근거하여 임금을 결정하는 방식이다.
② 직무급(job-based pay)을 적용할때는 차별적 임금격차에 대한 공정성을 확보하는 것이 중요하다.
③ 성과급(performance-based pay)은 종업원이 달성한 업무성과를 기초로 임금수준을 결정하는 방식이다.
④ 연공급(seniority-based pay)은 유연한 조직변화가 필요한 조직에서는 불합리한 임금제도로서 다른 제도와의 병행이 필요하다.
⑤ 연봉제에서는 임금을 결정하기 위해 종업원의 직무 직능 업적 연공등의 다양한 기준을 복합적으로 도입할 수 있다.

21 보상과 관련된 다음의 서술 중 가장 적절한 것은? `2004 CPA`

① 스캔론플랜(Scanlon plan)은 개인별 성과급에 속한다.
② 생산이윤분배제(gain sharing)에 따르면 회사가 적자를 내더라도 생산성 향상이 있으면 생산 이윤을 분배받을 수 있다.
③ 성과이윤분배제(profit sharing)에 따르면 원가절감, 품질향상이 발생할 때마다 금전적 형태로 종업원에게 보상한다.
④ 직무급(job – based pay)은 다양한 업무기술 습득에 대한 동기 유발로 학습조직 분위기를 만들 수 있다.
⑤ 직능급(skill – based pay)의 단점은 성과향상을 위한 과다 경쟁으로 구성원간의 협동심을 저하시키는 것이다.

22 기업의 임금수준을 결정할 때 고려해야 할 요소로서 가장 적절하지 않은 것은? `2005 CPA`

① 기업의 손익분기점
② 근로자의 평균 근속년수
③ 근로자의 생계비 수준
④ 경쟁사의 임금 수준
⑤ 정부의 정책이나 법규

23 팀 인센티브(team incentive plan)에 관한 설명으로 다음 중 가장 적절하지 않은 것은? `2008 CPA`

① 팀 인센티브는 팀 차원의 계획수립과 문제해결을 지원함으로써 팀 문화를 공고히 한다.
② 일반적으로 분배방식이 간단하여 구성원들은 팀 인센티브에 관해서 이해하기가 쉽다.
③ 팀의 개별구성원들은 팀의 성공이나 인센티브 보너스를 받는데에 자신의 노력이 별로 기여하지 못한다고 생각할 수 있다.
④ 개별구성원들의 기여는 팀 협력에 따라 달라진다.
⑤ 팀 인센티브는 순환적 직무훈련(cross – training)과 새로운 대인적 역량(interpersonal competencies)의 습득을 장려한다.

24 스캔론 플랜(Scanlon Plan)에 관한 설명으로 옳지 않은 것은? `2022 공인노무사`

① 기업이 창출한 부가가치를 기준으로 성과급을 산정한다.
② 집단성과급제도이다.
③ 생산제품의 판매가치와 인건비의 관계에서 배분액을 결정한다.
④ 실제인건비가 표준인건비보다 적을 때 그 차액을 보너스로 배분한다.
⑤ 산출된 보너스액 중 일정액을 적립한 후 종업원분과 회사분으로 배분한다.

25 임금관리와 관련된 서술 중 가장 적절하지 않은 것은? 『2009 CPA』

① 스캔론 플랜(Scanlon plan)은 성과표준을 초과달성한 부분에 대해 부가가치를 기준으로 상여배분을 실시하는 방법이다.
② 임금수준은 생계비와 기업의 지불능력 사이에서 사회일반이나 경쟁기업의 임금수준을 고려하여 결정한다.
③ 근속년수에 따라 숙련도가 향상되는 경우에는 연공급이 적합하다.
④ 직능급을 도입할 경우 종업원의 자기개발을 유도할 수 있다.
⑤ 성과급은 작업자의 노력과 생산량과의 관계가 명확할 경우에 적합하다.

26 다음의 설명 중 가장 적절하지 않은 것은? 『2010 CPA』

① 임금수준은 근로자의 생계비와 기업의 지불능력 사이에서 사회일반이나 경쟁기업의 임금수준을 고려하여 결정한다.
② 가치사슬 모형(value chain model)과 경력 닻 모형(career anchors model)은 마이클 포터(M. Porter)에 의해 제시되었다.
③ 선택적 복리후생제도는 일정금액 한도 내에서 직원 개인별 니즈에 맞춰 복지항목 및 수혜수준을 직원들이 각자 선택할 수 있게 한 제도이다.
④ 유연근무제(flex time or flexible work schedule)는 종업원 개개인이 근무시간을 자유롭게 선택할 수 있으므로 직장생활과 가정생활을 조화시킬 수 있다는 장점이 있다.
⑤ 고충처리제도(grievance procedures)는 회사 및 관리자의 자의적인 행동이나 조치로부터 근로자들을 보호하고 근로자들의 불평들을 회사가 체계적으로 해결하기 위한 공식적인 절차이다.

27 보상에서 임금에 관한 설명으로 가장 적절하지 않은 것은? 『2011 CPA』

① 생계비 수준, 기업의 지불능력, 사회 일반적인 임금수준은 기업의 임금수준 결정에 영향을 미친다.
② 공정한 보상을 위해서는 내적 공정성과 외적 공정성을 고려해야 한다.
③ 직무급은 담당자의 직무에 대한 태도와 직무적성, 직무성과에 따라 결정된다.
④ 직능급은 기업조직이 구체적으로 필요로 하는 직무수행능력에 따라 차등적으로 지불된다.
⑤ 성과급은 생산성을 제고하지만 근로자의 수입을 불안정하게 할 요소가 있다.

28 임금관리에 관한 설명으로 가장 적절하지 않은 것은? 『2012 CPA』

① 임금관리의 외적공정성을 확보하기 위해서는 동일한 직무에 대한 경쟁사의 임금수준을 조사할 필요가 있다.
② 작업능률에 따라 여러 단계의 시간임률을 적용하는 형태를 복률시간급제라고 한다.
③ 직능급 도입을 위해서는 종업원의 능력에 대한 정확한 평가가 필요하다.
④ 직무급을 도입하기 위해서는 직무의 상대적 가치를 평가하고 개인의 능력과 적성에 맞는 적재적소의 배치가 필요하다.
⑤ 성과배분제도인 럭커플랜(Rucker plan)은 매출액을 성과배분의 기준으로 하고 있다.

29 보상관리에 관한 다음 설명 중 가장 적절하지 않은 것은? 2013 CPA

① 임금수준을 결정할 때에는 최저임금액, 경쟁기업의 임금수준, 종업원의 생계비, 손익분기점 등을 고려할 필요가 있다.
② 우리나라의 법정 복리후생에는 국민건강보험, 산업재해보상보험, 고용보험, 국민연금 등이 포함되는데, 국민건강보험과 고용보험은 전액을 회사에서 지원하여야 한다.
③ 직능급을 적용할 경우 동일한 직무를 수행하더라도 임금액이 달라질 수 있다.
④ 오래 근무할수록 능력과 성과가 향상될 경우에는 연공급이 적합하며, 노력과 성과의 관계가 명확할 때에는 성과급이 적합하다.
⑤ 직무급 도입을 위해서는 직무수행을 위해 필요한 숙련의 정도, 책임의 정도, 작업조건 등을 평가할 필요가 있다.

30 보상관리에 관한 설명으로 가장 적절하지 않은 것은? 2014 CPA

① 직능급을 도입할 경우 종업원들의 자기개발 노력을 유도할 수 있다.
② 스캔론 플랜(Scanlon plan)에서는 성과배분의 기준으로 부가가치를 사용하며, 럭커 플랜(Rucker plan)에서는 매출액을 기준으로 성과배분을 한다.
③ 임금관리의 공정성을 확보하기 위하여 경쟁사의 임금수준을 조사할 필요가 있다.
④ 직무급은 '동일노동 동일임금'의 원칙에 입각하고 있으며, 기업 간 노동의 이동이 자유로운 경우에 적합하다.
⑤ 성과급, 직무급을 도입할 경우 임금관리의 내적 공정성이 높아질 수 있다.

31 보상관리에 관한 설명으로 가장 적절한 것은? 2015 CPA

① 회사 재직 중에 종업원의 직무가 변하지 않을 경우, 직무급을 도입하면 종업원의 장기근속을 유도할 수 있다.
② 임금수준이란 개인이 받는 임금의 크기를 의미하며, 임금수준을 결정할 때에는 기업의 지불능력을 고려해야 한다.
③ 직능급을 도입할 경우, 우수 인재를 계속 보유하고 능력개발을 유도하는 장점이 있다.
④ 직무급은 직무담당자의 능력, 태도, 성과에 의해 결정된다.
⑤ 럭커 플랜(Rucker plan)은 매출액을 기준으로 성과배분액을 계산하며 종업원 제안제도를 채택하고 있다.

32 임금 및 보상에 관한 설명으로 가장 적절하지 않은 것은?   2016 CPA

① 직무급은 종업원이 맡은 직무의 상대적 가치에 따라 임금을 결정하는 방식이다.
② 해당 기업의 종업원이 받는 임금수준을 타 기업 종업원의 임금수준과 비교하는 것은 임금의 외부 공정성과 관련 있다.
③ 해당 기업 내 종업원 간의 임금수준 격차는 임금의 내부 공정성과 관련이 있다.
④ 직능급은 종업원이 보유하고 있는 직무수행능력을 기준으로 임금을 결정하는 방식이다.
⑤ 기업의 임금체계와 임금의 내부 공정성은 해당 기업의 지불능력, 생계비 수준, 노동시장에서의 임금수준에 의해 결정된다.

33 보상관리에 관한 설명 중 가장 적절한 것은?   2017 CPA

① 보상관리전략은 기업 성장주기와 관련이 있는데, 초기와 성장기에는 복리 후생을 중시하고 안정기와 쇠퇴기에는 성과급을 강조하는 것이 일반적이다.
② '동일노동 동일임금'의 원칙을 실시하기 위해서는 연공급보다 직무급이 더 적합하다.
③ 임금조사를 통해 경쟁사 및 유사한 조직체의 임금자료를 조사하는 것은 보상관리의 내적 공정성을 확보하기 위해서이다.
④ 연공급의 문제점을 극복하기 위한 방안으로 제시된 직능급에서는 직무의 중요도, 난이도, 위험도 등이 반영된 직무의 상대가치를 기준으로 보상수준이 결정된다.
⑤ 스캔론 플랜과 럭커 플랜은 개인의 업무성과를 기초로 임금수준을 정하는 개인성과급제도이다.

34 연공주의의 장점을 모두 고른 것은?   2014 가맹거래사

ㄱ. 이직과 노동이동이 감소한다.	ㄴ. 직무수행의 성과와 직무난이도가 잘 반영된다.
ㄷ. 근로자들의 생활이 안정된다.	ㄹ. 고급인력의 확보와 유지가 용이하다.
ㅁ. 임금계산이 객관적이고 용이하다.	

① ㄱ, ㄷ, ㄹ   ② ㄱ, ㄷ, ㅁ   ③ ㄴ, ㄷ, ㅁ
④ ㄱ, ㄴ, ㄹ, ㅁ   ⑤ ㄴ, ㄷ, ㄹ, ㅁ

35 복리후생에 관한 설명으로 가장 적절하지 않은 것은?   2017 CPA

① 복리후생은 근로자의 노동에 대한 간접적 보상으로서, 임금은 이에 포함 되지 않는다.
② 허쯔버그(Herzberg)의 2요인이론(two-factor theory)에 따르면 경제적 복리후생은 동기요인에 해당하며 직원 동기부여에 긍정적 영향을 미친다.
③ 우리나라에서 산전·후 휴가 및 연차 유급휴가는 법정 복리후생에 해당한다.
④ 우리나라에서 고용보험 보험료는 근로자가 일부 부담하지만, 산업재해보상보험 보험료는 회사가 전액 부담 한다.
⑤ 카페테리아(cafeteria)식 복리후생제도는 여러 복리후생 프로그램 중 종업원 자신이 선호하는 것을 선택할 수 있도록 하는 제도를 말한다.

36 임금 및 보상에 관한 설명으로 가장 적절하지 않은 것은? 〔2018 CPA〕

① 직무급은 해당기업에 존재하는 직무들을 평가하여 상대적 가치에 따라 임금을 결정하는 방식이다.
② 서열법, 분류법, 요소비교법, 점수법은 직무의 상대적 가치를 평가하는 방법이다.
③ 내재적 보상이 클수록 임금의 내부공정성이 높아지고, 외재적 보상이 클 수록 임금의 외부공정성이 높아진다.
④ 직능급은 종업원이 보유하고 있는 직무수행능력을 고려하여 임금을 결정하는 방식이다.
⑤ 기업의 지불능력, 종업원의 생계비 수준, 노동시장에서의 수요와 공급 등은 기업의 임금수준을 결정하는 요인이다.

37 보상제도에 관한 설명으로 가장 적절하지 않은 것은? 〔2020 CPA〕

① 연공급(seniority-based pay)은 기업에서 종업원들의 근속연수나 경력 등의 연공요소가 증가함에 따라 그들의 숙련도나 직무수행능력이 향상된다는 논리에 근거를 둔다.
② 종업원에게 지급되는 직접적 형태의 보상에는 기본급(base pay), 변동급(variable pay), 복리후생(benefits) 등이 있다.
③ 임금피크제(salary peak system)란 일정의 연령부터 임금을 조정하는 것을 전제로 소정의 기간 동안 종업원의 고용을 보장하거나 연장하는 제도이다.
④ 이윤분배제도(profit-sharing plan)는 기업에 일정 수준의 이윤이 발생했을 경우 그 중의 일정 부분을 사전에 노사의 교섭에 의해 정해진 배분방식에 따라 종업원들에게 지급하는 제도이다.
⑤ 연봉제는 종업원 개인 간의 지나친 경쟁의식을 유발하여 위화감을 조성하고 조직 내 팀워크를 약화시키며, 단기 업적주의의 풍토를 조장할 수 있다는 단점이 있다.

38 성과관리와 보상제도에 관한 설명으로 가장 적절하지 않은 것은? 〔2021 CPA〕

① 중요사건법(critical incident method)은 평가자가 전체 평정기간 동안 피평가자에 의해 수행된 특별히 효과적인 또는 비효과적인 행동 내지 업적 모두를 작성하도록 요구한다.
② 법정 복리후생은 국가가 사회복지의 일환으로 기업의 종업원들을 보호하기 위해 법률 제정을 통해 기업으로 하여금 강제적으로 도입하도록 한 제도를 말한다.
③ 성과관리(performance management)는 경영자들이 종업원들의 활동과 결과물이 조직 목표와 일치하는 지를 확인하는 과정을 말한다.
④ 변동급 체계는 직무가치와 급여조사에서 나온 정보를 사용하여 개발되며, 직무가치는 직무평가나 시장가격책정을 사용하여 결정될 수 있다.
⑤ 종업원의 관리자 평가는 유능한 관리자를 확인하고 관리자의 경력개발 노력을 향상시키는 데 기여할 수 있다.

39 인적자원계획 및 평등고용기회에 관한 설명으로 가장 적절하지 않은 것은? `2021 CPA`

① 인적자원계획(human resource planning)은 조직이 전략적 목표를 달성할 수 있도록 사람들의 수요와 가용성을 분석하고 확인하는 과정이다.
② 기업의 인력과잉 대처방안에는 임금의 삭감, 자발적 이직프로그램의 활용, 근로시간 단축 등이 있다.
③ 임금공정성(pay equity)은 실제 성과가 상당히 달라도 임무 수행에 요구되는 지식, 기술, 능력 수준이 유사하면 비슷한 수준의 급여가 지급되어야 한다는 개념이다.
④ 적극적 고용개선조치(affirmative action)는 여성, 소수집단, 장애인에 대해 역사적으로 누적된 차별을 해소하기 위한 적극적인 고용제도이다.
⑤ 고용주는 적법한 장애인에게 평등한 고용기회를 주기 위해 합리적인 편의(reasonable accommodation)를 제공해야 한다.

40 성과평가 및 보상에 관한 설명으로 가장 적절하지 않은 것은? `2022 CPA`

① 기본급(base pay)은 종업원이 조직에서 시급이나 급여의 형태로 받는 보상을 말한다.
② 기업들이 강제할당(forced distribution)을 적용하는 이유는 평가자 인플레이션에 대처하기 위해서이다.
③ 직무평가(job evaluation)는 조직 내 여러 가지 직무의 절대적 가치를 결정하는 공식적이며 체계적인 과정을 말한다.
④ 조직이 개인 인센티브 제도를 사용하기 위해서는 각 개인의 성과를 확인하고 측정할 수 있어야 한다.
⑤ 가장 널리 사용되는 종업원에 대한 평가방법은 직속상사가 종업원의 성과를 평가하는 것이다.

41 보상에 관한 설명으로 가장 적절하지 않은 것은? `2024 CPA`

① 임금조사(pay survey)는 다른 조직들에서 유사한 직무를 수행하는 종업원들의 보상 데이터를 수집하는 것으로 외적 급여공정성을 확립하는 데 중요한 요소이다.
② 성과급제(piece-rate system)는 널리 사용되는 개인 인센티브제도 중 하나이다.
③ 스톡옵션제도(stock option plan)는 종업원에게 정해진 기간에 정해진 행사 가격으로 정해진 수량의 회사 주식을 구입할 수 있는 권리를 부여하는 것을 말한다.
④ 임금(pay) 인상은 성과 또는 연공(seniority) 기반 인상, 생계비 조정(cost-of-living adjustment)의 사용, 일시금 인상(lump-sum increase)등의 방법에 의해 결정된다.
⑤ 이윤분배제(profit sharing plan)는 조직의 이윤에 근거하여 책정된 보상을 종업원들의 기본급의 일부로 지급하는 보상제도이다

42 보상관리에 관한 설명으로 가장 적절하지 않은 것은?

① 임금수준을 결정함에 있어 선도정책(lead policy)은 시장임금과 비교하여 상대적으로 높은 임금을 지급함으로써 우수한 인재를 확보하고 유지하려는 정책이다.
② 직무급은 직무수행자의 직무몰입(job commitment)과 직무만족(job satisfaction)에 의해 결정된다.
③ 임금공정성 중 개인공정성(individual equity)은 동일조직에서 동일직무를 담당하고 있는 구성원들 간의 개인적인 특성(예: 연공, 성과 수준 등)에 따른 임금격차에 대한 지각을 의미한다.
④ 기업의 지불능력, 노동시장의 임금수준 및 생계비는 임금수준의 결정요인이다.
⑤ 근속연수가 올라갈수록 능력 및 성과가 향상되는 경우에는 연공급을 적용하는 것이 적절하다.

Chapter 4. 노사관계관리

I 핵심정리

1) 노동3권: 단결권, 단체교섭권, 단체행동권

2) 노동 조합

의미		기업 내 노동자들이 작업조건(임금, 시간 등)과 관련하여 경영층과 교섭함으로써 노동자들의 경제적 지위를 보다 강력하게 유지 또는 개선할 목적으로 조직된 단체
가입방식 (노조원 확보 방법)	closed shop	근로자 전원의 가입이 강제되는 것으로 노동조합의 조합원만이 사용자에게 고용될 수 잇는 제도로서 노조의 인정·독립의 성격이 가장 강함
	union shop	사용자가 비조합원을 일단 자유로 채용할 수는 있지만 채요 후 일정기간 안에 조합에 가입해야 하는 제도로서 open shop과 closed shop의 중간 형태
	open shop	조합원, 비조합원에 관계없이 채용가능하며, 사용자측에 가장 유리한 제도임.
	preferential shop	채용에 있어서 노동조합에게 우선순위를 주는 제도
	maintenance shop	조합 가입 이후 일정기간 탈퇴 불가
조합비 확보 방법	agency shop	조합원이 아니더라도 모든 종업원에게 조합회비를 징수
	check off system	노조의 자금확보측면에서 회사의 급여계산 시 조합비를 일괄공제 제도로 노동조합 조합비의 안정적인 확보를 위하여 조합원의 2/3 이상의 동의가 있으면 급여계산 시 회사에서 일괄적으로 조합비를 공제하는 제도를 의미한다.

3) 단체교섭 및 단체 행동

① 단체교섭(collective bargaining)
- 사용자와 노동조합이 교섭단위 내에 노동자들의 고용조건을 협상하는 과정
- 일반적으로는 노동조합이 임금이나 근로시간, 근로조건을 비롯하여 노동자의 권리에 관계되는 제 문제에 대해 사용자 또는 사용자단체와 상호의 조직력을 배경으로 대등한 입장에서 교섭하는 과정을 의미함
- 협약의 협상(contract negotiation)과 협약의 관리(contract administration) 활동의 두 과정으로 구분

* 단체교섭의 유형
1) 기업별 교섭: 특정 기업 또는 사업장 단위로 조직된 독립된 노동조합이 그 상대방인 사용자와 단체교섭을 행하는 방식
2) 통일교섭: 노동시장을 전국적 또는 지역적으로 지배하고 있는 산업별 또는 직업별 노동조합과 이에 대응하는 전국적 또는 지역적 사용자 단체 간에 행해지는 단체교섭방식

3) 대각선교섭: 산업별 노동조합이 개별기업의 사용자와 개별적으로 교섭하는 방식
4) 집단교섭: 수 개의 단위노동조합이 집단을 구성하여 이에 대응하는 수 개 기업의 사용자 대표와 집단적으로 교섭하는 방식
5) 공동교섭: 상부단체인 산업별 및 직업별 노동조합이 하부단체인 기업별 노조 또는 기업단위의 지부와 공동으로 당해 기업의 사용자 대표와 교섭하는 방식

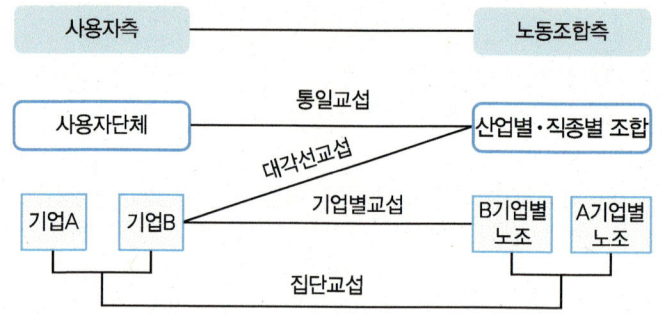

② 분쟁
- 이익분쟁(interest disputes): 임금 및 근로조건 등에 관한 새로운 계약을 체결하기 위하여 단체교섭을 하는 과정에서 합의에 도달하지 못함으로써 발생하는 분쟁으로 법정 노동쟁의행위를 할 수 있다.
- 권리분쟁(right disputes): 협약체결 후 기존 협약의 이행이나 계약문구의 해석 및 집행과정에서 발생하는 분쟁으로 쟁의행위를 하지는 못하고 노동위원회의 해석이나 견해를 따르도록 되어 있다.

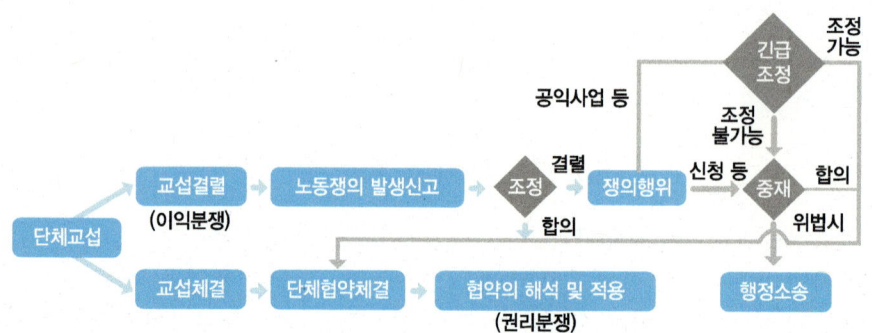

③ 단체협약과 노동쟁의

단체협약	단체교섭의 결과로 노사 간에 의견의 일치를 보았을 때 성립		
노동쟁의	의미		임금, 근로시간, 후생 등의 근로조건에 관한 노사 간의 주장의 불일치로 인한 분쟁 상태
	행위	노동조합	파업(strike), 태업(sabotage), 불매운동(boycott), 준법투쟁(집단휴가 사용, 정시 출·퇴근)
		기업	직장폐쇄(lock-out): 생산수단을 차단함으로써 노무의 수령을 집단적으로 거부
	조정	알선	분쟁당사자를 설득하여 문제를 토론하게 만드는 방법

	조정	조정위원회를 구성하여 분쟁당사자의 의견을 조정, 단 제시하는 조정안은 권고사항
	중재	• 중재위원회에 의해 쟁의가 조정 • 중재결정을 당사자는 반드시 따라야 함
	긴급조정	공익사업이나, 현저히 국민경제를 헤치거나 국민의 일상생활을 위태롭게 할 위험이 있는 경우 노동부장관이 결정

④ 부당노동행위: 불이익 대우, 황견계약(yellow-dog contract), 단체 교섭 거부, 노조에 대한 지배·개입·자금원조, 노동쟁의행위와 관련한 보복적 불이익 대우

⑤ 쟁의 행위
 - 파업(strike): 근로조건의 유지·개선이라는 목적달성을 위해 집단적으로 노동의 제공을 거부하는 행위
 - 태업(soldiering): 근로자들이 단결해서 집단적·의식적으로 작업능률을 저하시키는 행위
 - 사보타지(sabotage): 단순한 태업에 그치지 않고 생산 또는 사무를 방해하는 행위.
 - 불매운동(boycott): 사용자 또는 그와 거래관계에 있는 제3자의 제품구입이나 기타 시설의 이용을 집단적으로 거절하는 행위
 - 피켓팅(picketting): 파업을 효과적으로 수행하기 위해 파업 불참자들의 공장의 출입을 감시·저지하거나 협력할 것을 설득하는 행위

⑥ 사용자측의 대응 행위
 - 직장폐쇄(lock out): 사용자가 근로자측의 파업, 태업 등에 대항하기 위하여 근로자들의 생산시설에의 접근을 차단하고 근로자들의 노동력 제공을 집단적, 일시적으로 거부하여 무노동 무임금 원칙을 적용하려는 행위.
 - 조업계속: 사용자가 비조합원들을 활용하여 조업을 계속 함에 따라 조합원들의 쟁의행위를 무력화시키려는 행위.

4) 경영참가제도

간접참가 방식	자본참가		• 근로자들이 자본의 출자자로서 기업 경영에 참여하는 제도 • 종업원지주제도가 대표적임
직접참가 방식	이익참가		• 노사가 미리 합의하여 설정한 목표를 초과 달성하였을 경우, 초과 달성한 부분에 대해 노동자와 경영자가 일정한 비율로 나누는 제도 • 경영 능률을 증진시키기 위하여 노동조합의 적극적 참가와 협력을 유도하기 위해 실시 • 이익배분제도와 성과배분제도가 대표적임
	의사결정 참가	노사협의제	노사 간에 공통적으로 관련된 문제가 발생했을 때 단체교섭으로 해결하기 힘든 경우 노사가 협의하여 협력을 모색하는 제도적 장치
		노사공동결정제 (경영협의회제도)	• 작업규정, 생산방법, 복리후생 시설 등의 사항에 대하여 생산성 향상을 전제로 노사가 협의하기 위한 제도 • 노동자는 경영협의회제도를 통해 직업상 관련되는 경험을 바탕으로 경영에 관한 각종 조언을 제공

ⅡOX 문제

1 노사관계는 본질적으로 조직의 목적달성을 위하여 함께 노력해야 하는 협력관계임과 동시에 창출된 경영성과의 배분(임금, 근로조건 등) 측면에서는 이해관계가 대립되는 양면적인 특성이 있다. ○ X

2 직업별 노동조합(craft union)이란 숙련공이나 미숙련공의 구분 없이 동일 산업에 종사하는 근로자들을 모두 가입시켜 노동조합의 교섭력을 강화시킨 노동조합으로 오늘날 노동조합의 가장 대표적인 조직 형태이다. ○ X

3 Shop 제도 중에서 근로자 전원의 가입이 강제되는 것으로 노동조합의 조합원만이 사용자에게 고용될 수 있는 제도로서 노조의 인정·독립의 성격이 가장 강한 형태를 Open Shop라고 한다. ○ X

4 기업별 교섭이란 노동시장을 전국적 또는 지역적으로 지배하고 있는 산업별 또는 직업별 노동조합과 이에 대응하는 전국적 또는 지역적 사용자 단체간에 행해지는 단체교섭방식을 의미한다. ○ X

---

1 O
2 X | 직업별 노동조합(craft union)이란 직업별 노동조합이란 동일직종 또는 동일직 업에 종사하는 (숙련된) 근로자들이 조직하는 노동조합으로, 생산이 근로자 의 숙련도에 크게 의존하고 있던 산업자본주의 초기에 숙련근로자가 노동 시장을 배타적으로 독점하기 위하여 조직된 형태이다. 우리나라에서 찾아볼 수 있는 예로는 미용사 노조, 전교조, 인쇄공 조합, 선반공 조합 등이 있다. 아울러 지문상의 설명은 산업별 노동조합(industrial union)에 대한 설명으로 우리나라의 예로는 전국철도노동조합, 전국담배인삼노동조합, 전국체신노동조합 등이 있다.
3 X | Closed shop에 대한 설명임

가입방식 (노조원 확보 방법)	closed shop	근로자 전원의 가입이 강제되는 것으로 노동조합의 조합원만이 사용자에게 고용될 수 있는 제도로서 노조의 인정·독립의 성격이 가장 강함
	union shop	사용자가 비조합원을 일단 자유로 채용할 수는 있지만 채용 후 일정기간 안에 조합에 가입해야 하는 제도로서 open shop과 closed shop의 중간 형태
	open shop	조합원, 비조합원에 관계없이 채용가능하며, 사용자 측에 가장 유리한 제도임.
	preferential shop	채용에 있어 노동조합원에게 우선순위를 부여하는 형태의 제도
	maintenance shop	조합원이 되면 일정기간 동안 조합원으로서의 자격을 유지해야 한다는 제도
조합비 확보 방법	agency shop	조합원이 아니더라도 모든 종업원에게 조합회비를 징수
	check off system	조합비 일괄공제 제도로 노동조합 조합비의 안정적인 확보를 위하여 조합원의 2/3 이상의 동의가 있으면 급여계산 시 회사에서 일괄적으로 조합비를 공제하는 제도를 의미한다.

4 X | 통일교섭에 대한 설명임. 기업별 교섭이란 특정 기업 또는 사업장 단위로 조직된 독립된 노동조합이 그 상대방인 사용자와 단체교섭을 행하는 방식을 말한다.

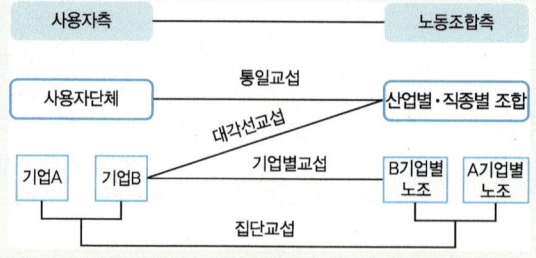

5 고충(grievance)이란 기존의 단체협약 집행과정에서 계약문구의 해석이나 적용과 관련하여 일어나는 노사 간 의견 불일치, 단체협약의 위반을 이유로 한 노동자측의 불만을 의미하며, 고충처리제도(grievance procedure)란 단체협약 내용의 해석과 적용을 둘러싼 노사 간의 분쟁을 해결하기 위한 제도적 장치를 의미한다.

6 이익분쟁이란 협약체결 후 기존 협약의 이행이나 계약문구의 해석 및 집행 과정에서 발생하는 분쟁으로 쟁의행위를 하지는 못하고 노동위원회의 해석이나 견해를 따르도록 되어 있다.

7 조정이란 노동쟁의가 해결되지 않을 경우 관계당사자의 요청이나 노동위원회의 직권에 의해 노동위원회에 설치된 조정위원회에서 조정안을 작성하고 당사자에게 제시하는 것으로 의무사항이다.

8 노동쟁의행위가 공익사업이나 국민경제에 현저한 영향을 미칠 경우 고용노동부장관이 긴급조정을 결정할 수 있는데, 긴급조정이 결정되면 즉시 쟁의행위를 중지하고 중앙노동위원회에서 조정행위를 하게 되며 만약 조정의 기미가 없으면 중재로 바로 회부할 수 있다.

9 경영참여제도 중 성과 배분제도와 종업원지주제도는 자본참가의 한 유형이다.

10 노사공동결정제는 근로자의 대표가 기업의 모든 의사결정에 참가하고 경영자와 협의 및 최종결정을 공동으로 행하고 공동으로 책임을 지는 형태의 경영참가방식을 의미한다.

---

5 O
6 X | 권리분쟁에 대한 내용임. 이익분쟁이란 임금 및 근로조건 등에 관한 새로운 계약을 체결하기 위하여 단체교섭을 하는 과정에서 합의에 도달하지 못함으로써 발생하는 분쟁으로 법정 노동쟁의행위를 할 수 있다.
7 X | 조정은 권고사항이며, 중재는 의무사항이다.
8 O
9 X | 경영참여제도 중 성과 배분제도는 직접참가형태의 이익참여제도이며, 종업원지주제도는 간접참가형태의 자본참가의 한 유형이다.
10 O

Ⅲ 개념정리 문제

1 근로자의 임금 지급 시 조합원의 노동조합비를 일괄하여 징수하는 제도는?　　2011 노무사

① 유니온숍(union shop)　　② 오픈숍(open shop)
③ 클로즈드숍(closed shop)　　④ 체크오프 시스템(check-off system)
⑤ 에이전시숍(agency shop)

2 노동조합의 가입형태 중 노조의 지배력이 약한 것부터 나열한 것은?　　2014 한국은행

a. closed shop　　b. open shop　　c. union shop

① a-b-c　　② b-c-a　　③ c-b-a　　④ a-c-b

3 다음 중 노동조합의 숍제도에 대한 설명으로 바르지 아니한 것은?　　2014 대구도시철도공사

① union shop: 채용 후 일정기간 노동조합에 가입해야만 한다.
② open shop: 노동조합의 가입에 상관없이 채용할 수 있다.
③ agency shop: 모든 종업원에게 회비를 징수한다.
④ closed shop: 비조합원도 고용될 수 있다.

4 다음 보기에서 설명하는 노동조합의 형태로 알맞은 것은?　　2011 한국수력원자력

• 노동조합의 가입여부는 노동자의 의사에 따라 결정 • 사용자는 노동조합의 가입에 상관없이 채용

① open shop　　② agency shop　　③ closed shop　　④ preferential shop

5 노동조합의 형태 중 체크오프시스템에 대한 설명으로 알맞은 것은?　　2011 SH공사

① 노동조합의 조합원만을 고용할 수 있는 제도이다.
② 회사의 급여 계산 시 조합비를 일괄적으로 공제하는 제도이다.
③ 비조합원을 채용할 수 있지만 일정 기간 내에 노동조합에 가입해야 한다.
④ 노동조합의 가입여부에 상관없이 모든 사람들에게 조합비를 공제하는 제도이다.

6 다음 중 closed shop에 대한 설명으로 알맞은 것은? 2010 한국수력원자력

① 비조합원을 채용할 수 있다.
② 고용의 전제조건 중 하나가 반드시 조합원이여야 한다.
③ 회사에서 급여를 계산할 때 일괄적으로 조합비를 공제해서 지급한다.
④ 노동조합의 가입여부는 강요가 아니라 전적으로 노동자의 의사에 따라 결정한다.

7 노동조합의 가입 및 운영 요건을 정하는 숍제도(shop system) 중 채용된 후 일정한 수습 기간이 지나 정식 사원이 되면 조합 가입 의무가 있는 방식은? 2015 7급 공무원

① 오픈숍(open shop)
② 유니언숍(union shop)
③ 클로즈드숍(closed shop)
④ 에이전시숍(agency shop)

8 조합원 및 비조합원 모두에게 조합비를 징수하는 shop제도는? 2015 노무사

① open shop
② closed shop
③ agency shop
④ preferential shop
⑤ maintenance shop

9 산업별 노동조합이 개별기업 사용자와 개별적으로 행하는 경우의 단체교섭 방식은? 2013 노무사

① 통일교섭
② 공동교섭
③ 집단교섭
④ 대각선교섭
⑤ 기업별 교섭

10 다음 중 노동자 측의 쟁의 행위에 해당하지 않은 것은? 2015 부산도시공사, 2014한국석유공사

① 파업
② 태업
③ 불매운동
④ 직장점거
⑤ 직장폐쇄

11 조직구성원들의 경영참여와 관련이 없는 것은? 2014 노무사

① 분임조
② 제안제도
③ 성과배분제도
④ 종업원지주제도
⑤ 전문경영인제도

12 산업재해의 원인 중 성격이 다른 것은? 2014 노무사

① 건물, 기계설비, 장치의 결함
② 안전보호장치, 보호구의 오작동
③ 생산공정의 결함
④ 개인의 부주의, 불안정한 행동
⑤ 경계표시, 설비의 오류

13 다음 중 QWL(Quality of Working Life)에 대한 내용으로 옳지 않은 것은? 2014 대구도시철도공사

① 노동의 상품화
② 근로환경의 쾌적
③ 교육 기관의 확대
④ 조직 분위기 개선

14 노동쟁의 조정방법 중 강제성을 띠고 있는 것은? 2005 한국토지주택공사

| a. 알선 | b. 중재 | c. 조정 | d. 긴급조정 |

① a, b   ② a, c   ③ a, d   ④ b, c   ⑤ b, d

15 헌법이 보장하고 있는 노동자의 3가지 기본 권리에 해당하지 않는 것은? 2021 9급 군무원

① 단결권   ② 단체협의권   ③ 단체교섭권   ④ 단체행동권

IV 심화 문제

1 노사관계에 관한 설명으로 옳지 않은 것은? 〔2017 공인노무사〕

① 좁은 의미의 노사관계는 집단적 노사 관계를 의미한다.
② 메인트넌스 숍(maintenance shop)은 조합원이 아닌 종업원에게도 노동조합비를 징수하는 제도이다.
③ 우리나라 노동조합의 조직 형태는 기업별 노조가 대부분이다.
④ 사용자는 노동조합의 파업에 대응하여 직장을 폐쇄할 수 있다.
⑤ 채용이후 자동적으로 노동조합에 가입하는 제도는 유니온 숍(union shop)이다.

2 노동조합의 가입방법에 관한 설명으로 옳지 않은 것은? 〔2010 가맹거래사〕

① 클로즈드숍(closed shop)제도는 기업에 속해 있는 근로자 전체가 노동조합에 가입하여야 할 의무가 있는 제도이다.
② 클로즈드숍(closed shop)제도에서는 기업과 노동조합의 단체협약을 통하여 근로자의 채용·해고 등을 노동조합의 통제하에 둔다.
③ 클로즈드숍(closed shop)제도에서는 기업은 노동조합원만을 신규인력으로 채용해야 한다.
④ 유니언숍(union shop)제도에서는 신규채용된 근로자는 일정기간이 지나도 반드시 노동조합에 가입해야 할 의무는 없다.
⑤ 오픈숍(open shop)제도에서는 노동조합 가입여부가 고용 또는 해고의 조건이 되지 않는다.

3 조직구성원들의 경영참여를 위한 제도에는 여러 가지 형태가 있다. 다음 가운데서 이에 직접적으로 연관된다고 볼 수 없는 것은? 〔1989 CPA〕

① 럭커제도 ② 제안제도 ③ 종업원지주제도
④ 스캔론제도 ⑤ 고충처리제도

4 노사관계에 있어서 check - off란? 〔1995 CPA〕

① 출근시간을 점검하는 것이다.
② 작업성적을 평가하여 임금결정시 보완하려는 제도이다.
③ 종합적 근무성적을 인사고과에 반영하는 것이다.
④ 회사급여계산시 노동조합비를 일괄공제하여 노조에 인도하는 것이다.
⑤ 회사의 노동계약 준수여부를 제도적으로 점검한다.

5 종업원 지주제도에 대한 설명 중 옳지 않은 것은? `1997 CPA`

① 회사의 경영방침으로 종업원에 자사주를 보유하게 하는 것이다.
② 현실적으로 종업원은 취득한 주식을 단기에 매도할 수 없다.
③ 안정적인 주주확보와 종업원의 재산형성에 도움이 된다.
④ 협조적인 노사관계 형성과 부의 격차 완화에 기여한다.
⑤ 우리 나라에서는 우리사주조합에 주로 주식옵션을 부여하는 방법으로 시행하고 있다.

6 비노조원도 채용할 수 있으나, 일정기간이 경과된 후 반드시 노동조합에 가입하여야 하는 제도로 가장 적절한 것은? `2009 CPA`

① 오픈 숍(open shop)
② 클로즈드 숍(closed shop)
③ 유니온 숍(union shop)
④ 체크오프 시스템(check-off system)
⑤ 에이전시 숍(agency shop)

7 이직 및 유지 관리에 관한 설명으로 가장 적절하지 않은 것은? `2022 CPA`

① 자발적 이직(voluntary turnover)의 일반적인 원인에는 직무 불만족, 낮은 임금 및 복리후생 수준, 부진한 성과 등이 있다.
② 퇴직자 인터뷰(exit interview)는 종업원에 대한 유지평가 노력의 일환으로 폭넓게 사용되는 방법이다.
③ 개인이 조직에서 성과를 내는 데 영향을 미치는 주요 요인에는 개인적 능력, 투입된 노력, 조직의 지원 등이 있다.
④ 많은 고용주가 종업원의 무단결근(absenteeism)을 줄이기 위해 출근 보상, 유급근로시간면제 프로그램, 징계 등을 사용한다.
⑤ 무단결근은 종업원이 일정대로 출근하지 않거나 정해진 때에 직장에 있지 않는 것을 말한다.

8 다음 중 부당노동행위가 아닌 것은? `2011 건설공제조합`

① 노동조합의 대표자와 단체교섭을 이유 없이 거부하는 행위
② 노동조합에 가입한 근로자에게 인사고과 불이익을 주는 경우
③ 근로자가 노동조합에 가입하지 않을 것을 고용조건으로 제시하는 경우
④ 사용자 측에서 사업장을 폐쇄할 경우

9 노동조합 제도에 대한 설명으로 가장 거리가 먼 것은? `2023 9급 군무원`

① 오픈 숍(open shop)은 조합원 여부와 상관없이 고용할 수 있으며, 조합 가입이 고용조건이 아니다.
② 클로즈드 숍(closed shop)은 사용자가 조합원만 선발해야 하는 제도이다.
③ 에이전시 숍(agency shop)은 조합원뿐 아니라 비조합원 노동자에게도 조합 회비를 징수하는 제도이다.
④ 유니온 숍(union shop)은 하나의 사업장에 하나의 노동조합만 인정하는 제도이다.

10 산업별 노동조합 또는 교섭권을 위임받은 상급단체와 개별 기업의 사용자 간에 이루어지는 단체교섭 유형은?
   2024 공인노무사

① 대각선 교섭   ② 통일적 교섭   ③ 기업별 교섭   ④ 공동교섭   ⑤ 집단교섭

C__ertified

P__ublic

A__ccountant

박도준의 CPA 객관식 경영학
부록

부록 경영학 분야별 이론 및 학자 정리

❶ 경영일반 및 경영관리 & 경영전략

01 경영자의 역할: 민츠버그(H. Mintzberg)
02 경영자의 필요능력/의사결정: 카츠(Robert L. Katz)/앤소프(Ansoff)
03 기업가정신: 슘페터(Schumpeter)—창조적 파괴의 과정
04 과학적 관리법(scientific management): 테일러(F. W. Taylor)
05 컨베이어벨트시스템: 포드(Henry Ford)—동시관리, 표준화, 대량생산, 포디즘(고임금, 저가격)
06 일반관리론(general administrative theory): 페욜(Henry Fayol)—관리의 원칙, PODC
07 관료제(bureaucracy): 베버(Max Weber)
08 인간관계론(Human Relations): 메이요(Mayo)—호손 실험, 심리적 상태와 태도, 비공식적 조직
09 사회체계론: 뢰슬리스버거(Roethlisberger)
10 협동체계론/조직균형론/권한이양설: 버나드(Barnard)
11 제한된 합리성 모형(bounded rationality model): 사이먼(H. A. Simon)
12 X-Y이론: 맥그리거(Douglas McGregor)
13 학습조직: 센거(Peter M. Senge)
14 SECI Model(지식순환 프로세스): 노나카(Nonaka)
15 균형성과표(balanced scorecard; BSC): 캐플란(Kaplan), 노튼(Norton)
16 거래비용이론(transaction cost theory): 윌리암슨(Oliver E. Williamson)
17 산업구조분석(5 force model)/(본원적)경쟁전략/가치사슬(value chain): 포터(Michael E. Porter)
18 핵심역량(core competence): 프라할라드(Prahalad)와 해멀(Hamel)
19 조직문화/조직문화계층: 샤인(Schein)

❷ 조직행동(개인)

01 고전적 조건화(classical conditioning): 파블로프(I. Pavlov)
02 조작적 조건화(operant conditioning): 스키너(B. F. Skinner)
03 궁극적 가치/수단적 가치: 로키치(Milton Rokeach)
04 국가 간 문화 차이: 홉스테드(Geert Hofstede)—권력거리(권력격차), 불확실성 회피문화
05 인상형성이론: 애시(Solomon Asch)
06 귀인이론(attribution theory): 켈리(H. H. Kelley)
07 인지이론/균형이론: 헤이더(Heider)

08 인지이론/상합이론: 오스굿(Osgood)
09 인지이론/인지부조화(cognitive dissonance): 페스틴저(Leon Festinger)
11 태도변화이론: 레빈(K. Lewin)
12 성격 유형지표(MBTI): 마이어스와 브리그스(Myers-Briggs)
13 욕구단계이론(needs hierarchy theory): 매슬로우(Abraham Maslow)
14 X이론, Y이론: 맥그리거(Douglas McGregor)
15 2요인이론(dual factor theory): 허쯔버그(Frederick Herzberg)
16 ERG 이론: 알더퍼(C. P. Alderfer)
17 성취동기이론: 맥클리랜드(David C. McClelland)
18 직무특성이론(job characteristic theory): 핵크만(Hackman), 올드햄(Oldham)
19 기대이론(expectancy theory): 브룸(Victor H. Vroom)
20 공정성 이론(equity theory): 아담스(Stacy Adams)
21 목표설정이론(goal-setting theory): 로크(Edwin Locke)
22 인지적 평가이론(cognitive evaluation theory): 데시(Edward L. Deci)

Ⅲ 조직행동(집단/조직)

01 집단발달 단계: 터크맨(Bruce W. Tuckman)
02 애시효과(Asch effect): 애시(Solomon Asch)
03 배려-구조주도 모형[OSU(Ohio State Univ.)모형]: 스톡딜(Ralph Stogdill) 중심 Ohio State Univ. 연구팀
04 미시간 대학 연구: 리커트(Rensis Likert) 중심
05 관리격자(managerial grid) 이론: 블레이크(R. R. Blake), 머튼(J. S. Mouton)
06 PM 이론: 미스미 쥬지(三隅二 不二)
07 경로-목표 이론(path-goal theory): 하우스(Robert House)
08 리더 참여 모형(leader participation model): 브룸(Vroom)과 예튼(Yetton)
09 변혁적 리더십(transformation leadership): 번스(J. M. Burns), 베스(B. M. Bass)
10 서번트 리더십(servant leadership): 그린리프(R. Greenleaf)
11 권력의 원천: 프렌치(French)와 레이븐(Raven)
12 변화의 3단계: 레빈(Kurt Lewin)

Ⅳ 조직이론 및 인적자원관리

01 기계적(mechanistic) 조직/유기적(organic) 조직: 번스(Burns)와 스타커(Stalker)

02 전략(제품다각화)-조직구조 연구: 챈들러(Alfred Chandler)
03 전략(전략유형)-조직구조 연구: 마일즈(Miles)와 스노우(Snow)
04 기술(조직전체)과 조직구조 연구: 우드워드(Joan Woodward)
05 기술(부서수준)과 조직구조 연구: 페로우(Charles Perrow)
06 기술(상호의존성)과 조직구조 연구: 톰슨(James D. Thompson)
07 분화(differentiation)와 통합(integration): 로렌스(Lawrence)와 로쉬(Lorsch)
08 조직생태학(population ecology view): 해난(Hannan)과 프리먼(Freeman)
09 5가지 조직설계: 민쯔버그(Henry Mintzberg)
10 조직수명주기: 퀸(Quinn)과 카메론(Cameron)
11 교육훈련 평가 4단계 모형: 커크패트릭(D. L. Kirkpatrick)
12 경력의 닻(career anchor): 샤인(Edgar Schein)

부록 참고문헌

- 강금식·정우식, 『알기쉬운 생산운영관리』, 도서출판 오래
  『운영공급사슬관리』, 도서출판 오래, 2015
- 강정문(1988), 「광고 전략 모델도 하나의 정석」, 『광고정보』, 5, 12−21
- 강정애 외, 『조직행동론』, 시그마프레스
- 고완석·김흥식·홍용식, 『회계원론 4판』, 율곡출판사
- 공영복 저, 『사회학 사전』, 사회문화연구소, 2000.
- 곽호환 외 공저, 『실험심리학용어사전』, 시그마프레스, 2008.
- 교육심리학회, 『교육심리학용어사전』, 학지사, 2000
- 김관점 외 역(Robbins & Judge 저), 『핵심조직행동론』, PEARSON
- 김기홍·조인환·박도준·변승혁, 『경영학개론 6판』, 한올출판사
- 김기홍·최창환·박도준, 『무역학개론』, 율곡출판사
- 김언수, 『TOP을 위한 전략경영 4.0』, PNC미디어
- 김영규, 『경영학원론 2판』, 박영사
- 김영규·감형규, 『NEW 재무관리』, 유원북스
- 김영규·감형규, 『에센스재무관리 5판』, 유원북스
- 김영재·김성국·김강식, 『신인적자원관리 2판』, 탑북스
- 김유찬 외, 『경영학원론 5판』, 명경사
- 김윤상, 『핵심경영학연습』, 웅진패스원
- 김윤상, 『2014 객관식 경영학』, 나무와 사람
- 김재명, 『경영학원론』, 박영사
- 김재휘·박은아·손영화·우석봉·유승엽·이병관, 『광고심리학』, 서울: 커뮤니케이션북스, 2009
- 김정구·오준환·이우현, 『마케팅관리』, 율곡출판사
- 박계홍·박하진, 『경영조직론』, 학현사
- 박도준, 『박도준의 핵심경영학원론 Ver 3.0』, 도서출판 배움, 2018
  『CPA 경영학』, (율곡출판사, 2018)
  『공인회계사 경영학 기출문제해설』, 도서출판 지금, 2015. 2016. 2017, 2018, 2019
  『핵심정리 CPA 경영학』, 율곡출판사, 2017
  『기출로 접근하는 객관식 경영학』, 도서출판 배움, 2016
- 박범조, 『경영경제통계학』, 시그마프레스
- 박이봉·이인호·강진수, 『K−IFRS 회계원리 제3판』, PNC미디어
- 박종철·한준구·이원현·박도준, 『매경TEST 핵심이론 및 실전문제집』, 박문각에듀스파
- 백기복, 『조직행동연구 제6 판』, 창민사
- 백복현·장궈화·최종학, 『재무제표분석과 기업가치평가』, 박영사
- 서강관리회계연구회, 『사용자 중심의 SMART 원가회계』, 유원북스

- 서창적·김희탁·김재환·곽영환, 『경영품질의 이해』, 박영사
- 손태원, 『조직행동 입문』, 비엔엠북스, 2015. p.202
- 안광호·임병훈, 『마케팅조사론 5판』, 학현사
- 안광호·조재윤·한상린, 『유통원론 2판』, 학현사
- 윤재홍 외, 『경영학원론 4판』, 박영사
- 윤종훈·송인암·박계홍·정지복, 『경영학원론』, 학현사
- 이명호 외, 『경영학으로의 초대』, 박영사
- 이상환·이재철, 『서비스 마케팅』, 삼영사
- 이창복, 『파생금융상품과 기초금융자산』, 율곡출판사
- 이훈영, 『이훈영교수의 마케팅조사론 4판』, 도서출판 청람
- 이훈영, 『이훈영교수의 마케팅』, 도서출판 청람
- 임창희, 『조직행동론 5판』, 비엔엠북스
- 이훈영, 『조직론의 이해 2판』, 학현사, 2015
- 임창희·홍용기 공저, 『조직론 2판』, 비엔엠북스
- 정경호, 『핵심정리 인적자원관리』, P&P
- 정수진·고종식·방한오, 『실무지식을 위한 조직행동의 이해』, 피엔씨미디어, 2017
- 정용섭 외, 『조직행동의 이해』, 탑북스
- 채서일, 『마케팅』, 비엔엠북스
- 한광석·백승록, 『광고론』, 서울: 글로벌
- 홍사빈, 『공인노무사 경영학개론』, 고시계사
- 홍성필, 『경영과학 2판』, 율곡출판사
- 황규대, 『조직행동의 이해 3판』, 박영사
- 황복주·이영희·신진교, 『경영학원론』, 유원북스
- 황인경, 서번트 리더십, LG주간경제, 2002. p.31
- Antil, J. H., Conceptualization and operationalization of involvement, Advances in Consumer Research, 11, 203−209, 1984.
- Bass, B. M., "From Transactional to Transformational Leadership: Learning to Share the Vision", Organizational Dyna−mics, Winter 1990, American Management Association, New York.
- Bearden W. o. & Teel, J. E., "Selected determinants of consumer satisfaction and complaint reports", Journal Consumer Research, 1983.
- Buchsbaum, N. & Fedio, P., Hemispheric differences in evoked potential to verbal and nonverbal stimuli in the left and right visual fields, Physiology and Behavior, 5, 1970, 207−210.
- C. P. Alderfer, Existence, relatedness and growth: Human needs in Organizational Settings, New York: The Free, press, p. 25, 1972.
- Hasen, F., Consumer choice behavior: A cognitive theory, NY: The Free Press, 1972.
- Herzberg, F., The Managerial Choice(Dow Jones−Irwin, 1976)
- Herzberg, F.," One More Time: How Do You Motivate Employees,"Harvard Business Review, vol. 46(Fed. 1968), p. 58.

- J. A. Conger and R.N. Kanungo, Charistmatic Leadership in Organizations, Thousand Oaks, CA: Sage, 1998.
- J. Paul Peter and Jerry C. Olsen, Understan ding Consumer Behavlor, lrwin, 1994.692
- Kreitmerand, R. and A. Kinicki, Organizational Behavior, Homewood, Illinois: Irwin), 1989.
- Philip Kotler, Marketing Management, 9th ed., Prentice-Hall, 1997.
- Robbins, S. P. Organizational Behavior 11st ed. p287
- Robert, L. J., & Steiner, G. A., A model for predictive measurements of advertising effectiveness, Journal of Marketing, 25, 59-62, 1961.
- Roger W. Schmenner Operations Management, Prentice-Hall.
- Tucker, D. M., Lateral brain function, emotion, and conceptualization. Psychological Bulletin, 89, 19-46, 1981.
- Vaughn, R., How advertising works: A planning model, Journal of a Advertising Research, 26, 27-33, 1986.
- Zeithaml, V. A., Parasuraman, A. & Berry, L. L.(1985), "Problems and Strategies in Services Marketing", Journal of Marketing, Vol.49 (Spring), p. 35.

저자 박 도 준

- **학력 및 경력 사항**

  동국대학교 대학원 경영학박사

  現. (사) 한국지역문화콘텐츠연구원 연구위원
  　　(사) 국제 e-비즈니스학회 부회장
  　　(주) 영수 메디컬 이사
  　　KG에듀원 경영아카데미 CPA 경영학 담당교수
  　　Eduwill 및 GWP 군무원 학원 경영학 담당교수
  　　Eduwill 공인노무사 경영학 및 경영조직론 담당교수
  　　고려대, 단국대, 동국대, 상명대, 인천대, 평택대 외 다수 대학 출강

  前. 동국대학교 행정대학원 글로벌 무역학과 겸임교수
  　　군준모/일타클래스 군무원 경영학
  　　Weport 공기업 경영학 담당교수
  　　박문각/에듀스파 노무사, 7급 감사직 경영학 및 매경테스트 담당교수
  　　경기벤처협회 벤처고용센터 자문교수
  　　시립인천전문대학 경영학과 겸임교수
  　　중소기업인재개발원 부원장

- **강의관련 수상 내역**

  2014년 동국대학교 인문사회계열 Best Lecturer Awards 수상
  2014년 고려대학교 라이시움칼리지 우수강의상 수상

- **주요 저서 및 논문**

  - 논문

    "Impact of COVID-19 on Korea-China Import and Export Trade and Countermeasures"
    "Construction and Research of Macro-ESG Comprehensive Evaluation System-Taking 10 Provinces in China"
    "A study on ZTE's Internationalization Operation Strategies"
    "An Analysis of the Economic effect and the driving force of Free Trade Agreement between Korea and China"
    「글로벌 제휴 의사결정이 제휴활동에 미치는 영향에 관한 실증연구」
    「여섯 가지 구성요소를 이용한 비즈니스 모델 프레임워크 개발 및 적용에 관한 연구」
    등 다수의 등재지 논문 게재 및 발표

  - 저서

    「기출로 접근하는 객관식 경영학원론(4판)」, (도서출판 배움, 2022)
    「박도준의 핵심 경영학원론(4판)」, (도서출판 배움, 2020)
    「박도준의 CPA 경영학(2판)」, (도서출판 배움, 2020)
    「국제협상의 이론과 실제」, (2인공저, 도서출판 책연, 2020)
    「경영학개론」, (4인 공저, 한올출판사, 2015)
    「매경TEST 핵심이론 및 실전예상문제」, (4인 공저, 박문각, 2015)
    「최신시사상식」, (시사경제경영테스트, 박문각, 2014, 2015 연재)
    「국제금융입문」, (3인 공저, 형설출판사, 2010)
    등 다수의 저서 출간

박도준의 CPA 객관식 경영학

ISBN 979-11-94002-78-9

| 발행일 · 2018年 12月 27日 초판 1쇄 |
| 2020年 12月 23日 2판 1쇄 |
| 2021年 11月 22日 3판 1쇄 |
| 2022年 12月 8日 4판 1쇄 |
| 2024年 10月 18日 5판 1쇄 |

저자와의
협의하에
인지생략

저 자 · 박도준 | 발행인 · 이용중

발행처 · (주)배움출판사 | 주소 · 서울시 영등포구 영등포로 400 신성빌딩 2층 (신길동)

주문 및 배본처 · Tel : 02) 813-5334 | Fax : 02) 814-5334

본서는 저작권법 보호대상으로 무단복제(복사, 스캔), 배포, 2차 저작물 작성에 의한 저작권 침해를 금합니다. 또한 저작권법 제136조에 따라 5년 이하의 징역 또는 5천만 원 이하의 벌금에 처하거나 이를 병과할 수 있으며, 저작권법 제125조에 따라 1억 원 이상의 손해배상책임이 발생할 수 있습니다.

저작권 침해 제보 · 이메일 : baeoom1@hanmail.net | 전화 : 02) 813-5334

정가 32,000원(전 2권)

공인회계사 시험 대비

박도준의
CPA 객관식 경영학
: 조직 / 인사

☑ 정답 및 해설

Management for CPA Test Bank : OB / HRM

C_ertified
P_ublic
A_ccountant

CONTENTS

PART 1
경영학개론

- Chapter 1   경영학개론 및 기업론   4
- Chapter 2   경영전략   14
- Chapter 3   경영학의 발전과정   35

PART 2
경영조직론

- Chapter 1   개인차원의 조직행동   46
- Chapter 2   집단차원의 조직행동   66
- Chapter 3   조직차원의 조직행동: 거시조직론   87

PART 3
인적자원관리

- Chapter 1   직무관리   113
- Chapter 2   확보 및 개발관리   124
- Chapter 3   평가 및 보상관리   136
- Chapter 4   노사관계관리   156

ANSWER 정답 및 해설

Part 1 경영학개론

Chapter 1 경영학개론 및 기업론

개·념·정·리

1 ②

해설 경영학의 기본 지도원리인 효과성과 효율성에 대한 문제로서 비용 및 생산적 측면에서 효율성은 달성하고 있으나, 목표의 달성적 측면에서 효과성은 달성하고 있지 않은 상황임.

2 ③

해설

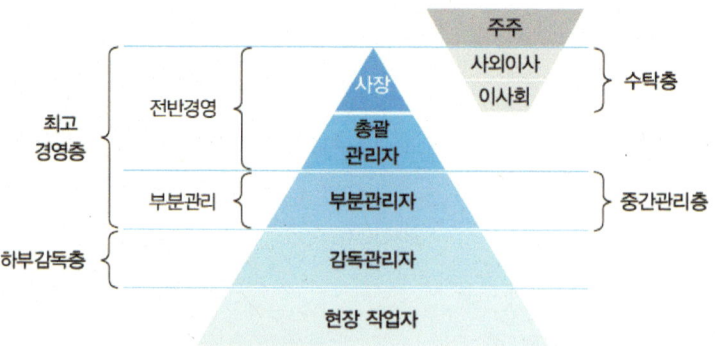

수탁경영층 (이사회)	• 기업 활동의 종합적 성과를 평가 • 기업조직상 최상위에 있는 이사회 • 주주총회에서 선임되어 기업경영을 책임 • 주주의 이익을 대표하여 기업의 기본방침 결정 • 주주권리를 위임한다는 의미로 수탁경영층이라 불림
전반경영층 (사장, 전무, 상무 등)	• 수탁경영층인 이사회로부터 위임된 권한의 범위 안에서 기업 활동 전반에 대한 구체적인 계획을 세우고 이의 실시를 위한 명령·통제기능을 수행 • 경영자가 결정한 기본방침과 이양된 권한의 범위 내에서 기업경영 전체에 대한 종합계획을 수립하고 조직, 지휘, 조정, 통제하는 관리자

3 ④

해설 슘페터의 창조적 과정을 중심으로 이해한다.
　　　－ 기업가 정신: 혁신, 모험정신, 불확실성하의 선택 … 보상＝이윤

4 ①

해설 민츠버그(Mintzberg)가 제시한 관리자의 역할
- 대인적 역할(interpersonal role): 대표자로서의 역할, 리더로서의 역할, 섭외자로서의 역할·정보적 역할(informational role): 정보탐색자 역할, 정보전파자 역할, 대변인 역할·의사결정적 역할(decisional role): 기업가 역할, 혼란수습자 역할, 자원배분자 역할, 협상자 역할

5 ③

해설

전략적 의사결정	• 환경의 변화에 대응하기 위한 제품 및 시장믹스를 선정 • 제품시장의 기회에 기업의 총자본을 배분하는 의사결정
관리적 의사결정	• 전략적 의사결정을 구체화하기 위하여 최적의 성과를 산출하도록 제자원을 조직화 • 조직편성, 자원의 조달방법, 인사와 훈련계획, 권한책임의 문제, 유통경로, 작업 및 정보의 흐름 등
업무적 의사결정	• 전략적 의사결정과 관리적 의사결정을 구체화하기 위한 활동 • 기업자원의 효율을 극대화하는 일정계획, 감독, 통제활동 등이 있음

6 ②

해설 위계수준과 경영기술을 정리하면 다음과 같다.

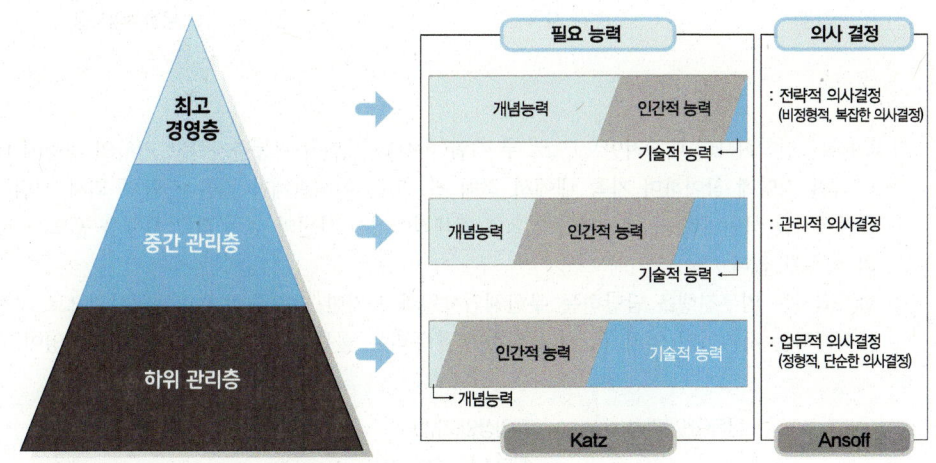

7 ①

해설

정형적 의사결정	• 일상적이고 보편적인 의사결정 • 하위 경영층이 주로 행하는 관리직, 업무적 의사결정 유형
비정형적 의사결정	• 고위 경영층이 주로 행하는 전략적 의사결정 • 해결안이 사전에 확정되어 있지 않기 때문에 특수적인 의사결정

8 ③

해설 기업의 주주 부(wealth)해설의 극대화에 대한 책임은 기업의 사회적 책임과는 상관이 없는 사항임.

9 ③

해설 잔여손실은 감시비용과 확증비용의 차이에서 발생하는 추가적 손실을 의미함.

10 ②

해설 대리비용
- 자본의 대리비용: 주주/채권자와 경영자 간의 대리문제로서 상호간의 상충된 이해 관계로 인하여 발생하는 비용으로서 특권적 소비, 단기적 이익 치중, 무사안일주의 등으로 발생하며 이러한 과정에서 발생하는 대리인비용으로는 주주/채권자의 감시비용과 이에 대한 경영자의 확증비용이 있으며 이러한 비용의 차이를 잔여손실이라고 한다.
- 부채의 대리비용: 주주−채권자 간의 대리문제로서 위험유인과 과소투자유인 등이 있다.

11 ②

해설

구분	합명회사	합자회사
사원의 책임	직접·무한·연대	• 무한책임사원: 직접·무한·연대 • 유한책임사원: 직접·유한·연대
사원 수	2인 이상	2인 이상
출자	금전 기타의 재산+신용+노무	• 무한책임사원: 금전 기타의 재산+신용+노무 • 유한책임사원: 금전 기타의 재산
출자금	한도 없음	한도 없음
의결	사원 전원	무한책임사원 전원
집행	각 사원	무한책임사원

12 ②

해설 합명회사는 인적회사의 대표적인 것으로 두 사람 이상의 사원이 공동출자하고 회사의 경영에 대한 무한책임을 지며, 직접 경영에 참여하며 가족 내에서 친척 간, 또는 이해관계가 깊은 사람의 회사 설립이 많은 편이다.
① 유한회사는 사원의 수가 제한되어 있으며 폐쇄적이어서 사원의 수는 적고 사원을 공모하지는 않는다.(공시의 의무가 없다.)
③ 합자회사는 업무진행을 담당하는 무한책임사원과 출자만 담당하는 유한책임사원으로 구성되어 있다.
④ 주식회사는 사기업인 영리기업에 해당하며 주주라는 불특정 전문경영자에 의해 운영이 가능하다.

경제적 형태			법률적 형태		
사기업	단독(개인)기업		개인상인(기업)		
	공동기업	인적 공동기업 (소수공동기업)	합명회사, 합자회사		회사기업
			유한회사		
			민법상의 조합, 익명조합	조합기업	
		자본적 공동기업 (다수공동기업)	협동조합		
			주식회사		회사기업
	공기업		국영기업, 지방공익기업, 공사, 공단		
	공사공동기업		특수회사		

13 ③

해설
- 주주라는 불특정 다수인으로부터 거액의 자본조달 가능 및 주주의 유한책임 → 소유권 양도가 용이
- 전문경영자에 의한 운영이 가능 → 소유와 경영의 분리를 가속화
- 상설기관: 주주총회, 이사회(대표이사 및 사외이사), 감사

14 ①

해설 시장지배를 목적으로 시장에서 경쟁을 배제하고 독점하기 위해서 동종기업이나 관계있는 이종기업 간의 trust는 시장에서 사적 독점에 의한 중대한 사회문제를 야기할 가능성이 있다.
② 동종기업 간의 법률적·경제적 독립성을 유지한 채 상호협정을 체결하는 형태로 생산 cartel, 구매 cartel, 판매 cartel이 있다.
③ 금융적 결합을 통하여 내부통제를 강화하는 형태로 법률적으로 독립성이 유지되나 금융상 종속되어 실질적으로는 독립성이 상실된다.
④ 공동판매 cartel로 가장 강력한 것으로 독과점 금지 규제의 대상이 된다.

15 ②

해설 카르텔은 법적, 경제적 독립성을 유지한 수평적 결합 형태의 기업 집중이다.

16 ②

해설 콘째른이란 법률적 독립성을 유지하면서 경제적 독립성은 상실된 형태의 기업지배 형태로서 금융지주회사 등이 대표적인 금융 콘째른이라고 할 수 있다. 콘째른의 방법으로는 주식에 의한 기업지배, 대규모 자금지원에 의한 기업지배 등의 방법이 주로 사용된다.

독립성	법적	경제적
카르텔(기업 연합)	O	O
트러스트(기업합동)	X	X
콘째른(기업연맹)	O	X

17 ⑤

해설

경영 합리화	기업결합을 통하여 경영자뿐만 아니라 종업원의 사기를 높일 수 있으며, 기업경영의 비효율성으로 인하여 저평가된 기업을 인수하여 경영을 활성화할 수 있음
재무상의 시너지 효과	기업결합을 통해 기업규모가 커지고 파산위험 감소 시 자본조달이 용이해지고, 자본비용도 감소시킬 수 있음
위험 분산효과	영업상 서로 관련이 없는 기업과의 결합을 통해 경영 위험을 분산시킬 수 있음
규모와 범위의 경제효과	기업 규모의 대형화로 각종 비용 절감
진입 장벽의 완화	매수기업의 상표인지도, 유통경로 등을 이용으로써 진입장벽을 보다 쉽게 뛰어넘을 수 있음
경쟁사와의 마찰 회피	M&A로 신규사업 진출 시 해당 산업에 새로운 사업이 추가되는 것이 아니므로 경쟁사와의 마찰을 피할 수 있음
대리인 이론	주주의 입장에서 경영사의 지위를 위협하는 수단으로 M&A를 활용하여 비효율적 의사결정을 하지 못하도록 견제
조세 절감	영업성적이 양호한 회사와 영업성적이 불량하여 결손금이 누적되고 있는 회사 결합 시 법인소득세를 절감할 수 있음

18 ④

해설 황금낙하산(golden parachute)이란 M&A로 경영진이 교체될 경우, 퇴직하는 경영진에게 많은 비용을 지급하게 함으로써 매수자의 매수 부담을 증가시키는 적대적 M&A방어 전략임.

역공개 매수 (counter tender offer)	M&A에 나선 상대회사에 대해 역으로 M&A에 나서 맞공개 매수를 시도하는 전략
백기사 (white knight)	공격자에게 경영권을 넘기기 전에 호의적인 제3자를 찾아 좋은 조건으로 기업을 매각하는 방법
황금낙하산 (golden parachute)	M&A로 경영진이 교체될 경우, 퇴직하는 경영진에게 많은 비용을 지급하게 함으로써 매수자의 매수 부담을 증가시키는 전략
왕관의 보석 (crown jewel)	적대적 M&A가 시도될 때 중요자산을 미리 팔아버려 자산 가치를 떨어뜨리는 방법으로 M&A 의미를 희석시키는 것
독소 조항 (poison pill)	• 대규모 신주 발행을 통해 M&A 업체가 확보한 지분을 희석시킴으로써 인수를 막는 전략 • 적대적 M&A 위협을 받는 주주들이 이사회 결의만으로도 시기보다 싸게 신주를 살 수 있도록 한 장치
자본감소 전략	자기주식을 매입 소각하여 매수 대상기업의 총발행주식 수를 감소시켜 지분율 확보를 어렵게 하는 전략
이사 임기 교차제	이사들의 임기 만료 시기를 분산 시켜 기업을 인수하더라도 기업 지배력의 조기 확보를 어렵게 하는 전략
의결 정족수 특약	M&A 등 주요시안에 대해 주총의결 요건을 강화하는 제도

19 ④

해설 M&A로 경영진이 교체될 경우, 퇴직하는 경영진에게 많은 비용을 지급하게 함으로써 매수자의 매수 부담을 증가시키는 전략은 황금낙하산이라고 함.

20 ②

해설 파킹(Parking)에 대한 설명임.

주식 공개 매수(take over bid)	대상기업의 불특정 다수 주주를 상대로 장외에서 일정 가격에 권유에 대량 매수하는 전략
곰의 포옹(bear hug)	대상기업의 경영진에게 주식가격을 갑작스레 제시하고 이에 응하지 않을 경우 공개 매수하겠다고 으름장을 놓는 것으로, 사전 경고 없이 매수자가 목표 기업의 경영진에 편지를 보내 매수 제의를 하고 신속한 의사결정을 요구하려는 전략
새벽의 기습(dawn raid)	대상기업의 주식을 상당량 매입해 놓고 기업인수 의사를 대상기업 경영자에게 전달하는 방법
시장 매집(market sweep)	대상기업의 주식을 장내 시장인 주식 시장을 통해 지속적으로 매수하는 전략
위임장 대결(proxy fight)	다수의 주주로부터 주주총회에서의 의결권 행사 위임장을 확보하여 M&A를 추진하는 전략
파킹(parking)	우호적인 제3자를 통해 지분을 확보하게 한 뒤, 주주총회에서 기습적으로 표를 던져 경영권을 탈취하는 방법
턴어라운드(turn around)	내재가치는 충분한데 경영능력이 부족해 주가가 떨어진 기업을 인수, 경영을 호전시킨 다음 비싼 값에 되파는 방법

21 ③

해설 합자회사의 경우 무한책임사원(직접·무한·연대)과 유한책임사원(직접·유한·연대)사원으로 구성되어 있다. 합자회사에 대하여 부연설명하면 다음과 같다.
- 합자회사는 1인 이상의 무한책임사원과 1인 이상의 유한책임사원으로 구성됩니다. 무한책임사원은 회사채권자에 대하여 직접·연대하여 무한의 책임을 지는 반면, 유한책임사원은 회사에 대해 일정 출자의무를 부담할 뿐 그 출자가액에서 이미 이행한 부분을 공제한 가액을 한도로 하여 책임을 집니다(상법 제268조 및 제279조).
- 무한책임사원은 정관에 다른 규정이 없는 때에는 각자가 회사의 업무를 집행할 권리와 의무가 있으며, 유한책임사원은 대표권한이나 업무집행권한은 없지만 회사의 업무와 재산상태를 감시할 권한을 갖습니다(상법

제273조, 제277조 및 제278조).

22 ⑤

해설 주식회사제도에 대한 설명임.

23 ③

해설 개념적 기술은 실무적 능력이 아니라 조직의 비전과 방향성을 제시하는 능력이다.

24 ④

해설 소유와 경영의 분리란 말 그대로 소유주, 즉 기업 설립에 있어서의 출자자의 소유 경영 형태가 점차 전문 경영인 체제로 진화되어 가는 과정을 의미한다.

25 ④

해설 포이즌 필 제도에 대한 설명임.

심·화·문·제

1 ②

해설 기업의 목적은 크게 단일목적론과 고객창조목적론을 들 수 있는데 이중 피터 드러커가 주장한 것이 고객 창조목적론이라고 할 수 있다. 이를 정리하여 보면 다음과 같다.
- 단일목적론: 기업의 목적 중 가장 중요한 것은 이익이다. 이익은 기업을 존속·성장하게 하며 사회적 기능을 수행할 수 있는 자원이 된다.
- 피터 드러커의 고객창조목적론: '기업의 목적은 고객의 창조이며 사회에 봉사하는 것이다'라고 하며 고객창조목적론을 제창하였다. 기업이 사회가 부를 창출할 수 있는 자원을 위탁한 사회적 기관이므로 그 목적은 사회발전에 있어야 하고 그것이 고객의 창조라고 주장하였다. 또한, 이러한 고객창조의 목적을 달성하기 위한 방법으로 마케팅활동과 경영혁신을 강조하였다.

2 ⑤

해설 수탁경영자라 함은 주주로부터 경영에 관한 권한을 위임 받은 경영층으로서 이사회를 의미한다고 볼 수 있으며, 이는 최고경영층을 의미한다.

3 ②

해설

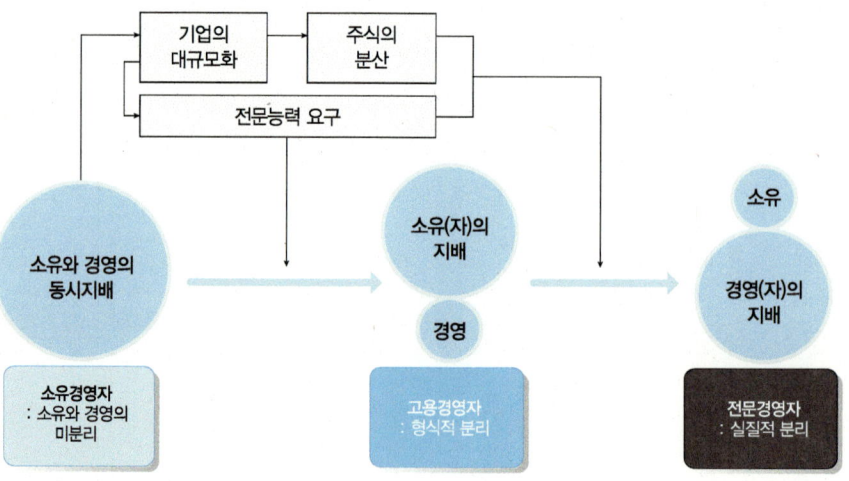

소유 경영자 (owner manager)	소유와 경영이 분리되지 않은 상태에서 자본가가 경영자를 겸하는 경우
고용 경영자 (employed manager)	• 소유와 경영이 완전히 분리되지 않은 중간과정에서 나타남 • 소유경영자가 기업외부에서 경영자를 고용하여 경영의 일부를 분담시키는 경우
전문 경영자 (expert manager)	• 소유와 경영이 완전히 분리된 상태에서 나타남 • 소유자인 출자자가 전문적 경영능력과 지식을 갖춘 전문가에 경영을 위탁하는 경우 * 전문경영자의 출현은 대리인 문제를 발생시키게 되고 이로 인해 대리비용이 발생

4 ⑤

해설 슘페터(J. Schumpeter)는 기업이윤의 원천으로 기업가의 혁신을 주장하였는데, 혁신이란 기업가가 신상품, 신기술, 새로운 자원, 새로운 시장 및 새로운 조직을 개발시키는 창조적인 파괴행위라고 하였다.

5 ③

해설 위험유인이란 위험이 큰 투자안을 선택하게 되면 채권자의 부가 주주에게로 이전하기 때문에 주주의 입장에서는 위험이 큰 투자안을 선호하는 경향을 의미하는 것으로 부채비율이 높을수록 그 정도가 심해지게 된다. 과소투자유인은 주주와 채권자사이의 대리비용으로 투자안의 NPV가 양의 값을 갖는다 해도 주주의 요구수익률에 미치지 못하여 투자안이 포기되는 경우로 이를 수익성 투자포기유인이라고도 한다.

6 ④

해설 기업들이 사회적 책임을 인식하고 수행하기 위해 고려해야 하는 중요한 세 가지 요소는 바로 '사람에 대한 관심', '환경에 대한 관심', 그리고 '이윤에 대한 관심'이다.
기업이 사회적 책임을 인식하는 데 가장 먼저 고려해야 할 사항은 바로 '사람에 대한 관심'이다. 이것은 기업과 관련된 이해 당사자들이 기업에 어떤 사회적 책임을 요구하고 있는지에 대한 분석과 이해가 필요하다는 것이다. 둘째로 기업이 사회적 책임을 인식하는 데 고려해야 할 것은 '환경에 대한 관심'으로, 기업이 처해있는 사회 환경 속에서 기업이 사회 전체 이익에 기여할 수 있는 방안을 찾아 실행하는 것을 말한다. 마지막으로 '이윤에 대한 관심'이다.
기업은 이윤 추구를 목표로 하는 조직이다. 따라서 기업이 어떠한 기업의 사회적 책임 활동을 계획하고 수행할 것인가를 고민할 때 반드시 기업의 이윤 추구와 연관성을 고려해야 한다는 것이다. 이는 투자자 등의 이해관계자에 대한 책임도 포함될 수 있다. 그러나 내부자 거래 등과 같은 경우는 불법적인 거래로서 특정투자자에게는 이득을 줄 수는 있으나 다른 선량한 투자자들에게는 불이익으로 돌아갈 수도 있다.
기업들은 전략적인 기업의 사회적 책임 활동을 수행하는 과정에서 반드시 법률적인 요건을 충족해야 하며, 사회 구성원 모두에게 유익한 공공선(公共善)의 달성을 목표로 두어야 한다. 예를 들어, 대부분의 나라에서 기업들이 사회 전체의 이익에 반하는 활동을 하지 못하도록 법률로 규제하고 있는데, 이러한 법률적 요건을 기업이 충실히 지키는 것이 기업의 사회적 책임을 수행하는 기본이 된다.

7 ①

해설 합명회사는 출자액 한도 내에서 유한책임을 지는 사원만이 아니라 직접, 무한, 연대 책임 사원만으로 구성된다.

8 ④

해설 주주의 수에 제한을 가하고 있지는 않다.

9 ④

해설 주식 등을 매입하여 그 회사를 지배하는 회사를 지주회사라고 한다. 지주회사에는 사업을 하지 않고 지배만을 목적으로 하는 순수지주회사와 본연의 사업을 운영하는 사업지주회사로 구분할 수 있다.

10 ③

해설 부품의 자력 공급을 통해 제품차별화 가능성을 높일 수 있는 것은 후방통합(backward integration)의 이점이다. 추가로 핵심사업을 중심으로 소비자방향으로의 통합은 전방통합이며, 원자재 쪽으로의 통합은 후방통합임.

11 ②

해설 두 조직을 유기적으로 결합하는 합병 후 통합과정은 시너지 효과적 측면에서 인수합병 성패의 주요 요인이 된다고 볼 수 있다. 아울러 인수 프리미엄이 높다는 것만으로 높은 성과가 창출된다고 단정 지을수 없으며, 비용적 부담을 초래 할 수도 있다. 아울러 일부 잘못된 인수합병은 기업에 부정적 영향을 줄 수 있으며 인수합병의 궁극적인 목표는 효율성 향상 등을 통한 기업의 시저지 효과 창출로 보는게 합당할 것이다.

12 ①

해설 독약조항(poison pill)이란 적대적 M&A에 대응하기 위하여 저렴한 가격으로 신주를 매입하거나, 대주주에게 신주인수권을 부여하는 등의 여러 가지 방법을 사용하여 공격자측의 부담을 높이려는 적대적 M&A에 대한 대응 방법이다.

13 ①

해설 적대적 M&A의 경우 피인수기업의 주가가 상승하여 주주는 자본이득을 취할 수 있다. 또한 적대적 M&A를 통하여 지배구조를 개선할 수 있는 기회가 되기도 하는 등의 긍정적인 효과도 발생할 수 있다.

14 ①

해설 황금낙하산은 적극적인 M&A 방어전략으로서, M&A로 경영진이 교체될 경우, 퇴직하는 경영진에게 많은 비용을 지급하게 함으로써 매수자의 매수 부담을 증가시키는 전략이다.

15 ①

해설 120억 − 40억 = 80억, 80억 − 70억 = 10억

- 합병에 의한 부의 창출 크기

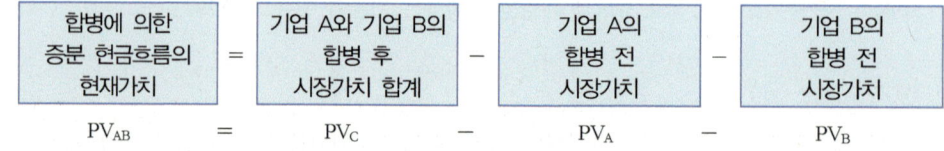

$$PV_{AB} = PV_C - PV_A - PV_B$$

- NPV = 시너지 − 프리미엄
  = [PV(A + B) − (PV(A) + PV(B))] − [기업 B의 매수가격 − PV(B)]
- NPV = 합병 후 기업 A의 가치 − 합병 전 기업 A의 가치
  = [PV(A + B) − 기업 B의 매수가격] − PV(A)

16 ②

해설 차입매수방식인수라고도 하는 LBO(Leveraged Buyout)방식은 인수대상 기업의 자산을 담보로 인수자금의 대부분을 조달하는 방식의 경영권 인수전략이다.

17 ①

해설 가맹점주들은 프랜차이즈 계약을 통해 프랜차이즈 회사의 전반적인 규정과 규칙을 준수하며 브랜드 이미지 훼손을 하여서는 안되고 전반적인 운영을 자율적이기 보다는 프랜차이즈의 관리아래 이루어진다. 프랜차이즈는 또한 유통상 계약형 VMS에 해당함을 유념할 필요가 있다.

18 ③

해설 캐롤의 피라미드 모형은 다음과 같다.

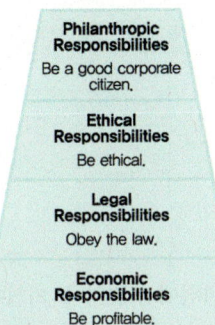

- 자선적(자의적) 책임: 좋은 기업시민, 지역사회 자원기여 및 삶의 질 개선
- 윤리적 책임: 윤리적 경영으로서의 옳고, 정당하며, 공정한 행위
- 법적 책임: 법률준수 및 옳고 그름에 대한 사회적 규범 준수 (필수적 준수사항)
- 경제적 책임: 수익창출(모든 다른 책임의 기반)

보충 캐롤의 피라미드 모형을 피터 드러커의 재분류로 정리하면 다음과 같다.

자발적 책임	인류애, 문화지원	적극적-사회적 책임
윤리적 책임	사회지원 활동, 공공질서 준수	
법적 책임	법·규범 준수, 조직구성원 도덕성 준수	소극적-성과적 책임
경제적 책임	이윤추구, 이해관계자 이익존중, 기업생존	(1차적 책임)

19 ②

해설 주식을 보유한 주주에게 원금 상환의무는 없다.

20 ④

해설 경영자가 일반 주식보다 자신이 소유한 주식에 대해 많은 투표권을 갖도록 책정하는 행위는 방법론에서는 논란의 소지가 있을 수는 있으나 경영권의 안정적 유지 및 신속한 의사결정적을 위한 노력으로서 대리인문제에 해당한다고 보기는 어렵다.

특히 주식회사의 재산권 행사는 주식에 의하여 이루어지게 되는데, 주주평등의 원칙에 따라 주식을 가진 주주는 회사에 대하여 갖는 법률관계에 관하여는 그가 보유하는 주식의 수에 따라 평등하게 취급받게 된다. 그러나 최대주주 등이 보유하는 주식은 통상적인 주식가치에 더하여 당해 회사의 경영권 내지 지배권을 행사할 수 있는 특수한 가치, 이른바 '경영권 프리미엄'을 지니고 있게 된다. 이러한 프리미엄을 행사할 수 있게하는 대신에 최대주주가 소유한 주식도 시가로 평가함을 원칙으로 하며 이를 기준으로 상증법(상속세 및 증여세법)상 주식을 평가할 때 이 같은 최대주주의 경영권프리미엄을 반영한 것이 할증평가규정이며, 일반적으로 20%를 할증한다.

나머지 지문을 분석하면 다음과 같다.
① 경영자가 자신을 보호하기 위해 적대적 인수합병이 일어나지 않도록 방어하는 정관을 제정하는 행위 ⇒ 경영자를 위해 정관을 변경하는 것은 도덕적해이에 해당한다.
② 경영자가 이사회의 구성원을 선임하는 데에 영향을 미쳐 사외이사의 독립성을 훼손하는 행위 ⇒ 기업의 투명성과 견제기능을 방해하는 행위는 도덕적 해이에 해당한다.
③ 경영자가 경영 실적에 비해 과다한 보상을 책정하는 행위 ⇒ 자신의 사적 이익 추구행위로서 도덕적 해이에 해당한다.

Chapter 2 경영전략

개·념·정·리

1 ⑤

해설 내부 환경적 요소임.

2 ⑤

해설 균형성과표(BSC)란 기존 기업의 성과를 평가하는 재무적 관점에서 벗어나, 기업이 추구하는 전략을 달성하는 데 효과적인 핵심요소들을 재무적 관점, 고객관점, 기업내부 프로세스 관점, 성장과 학습관점으로 구분하여 구체적인 전략을 달성하려는 성과관리 도구이다.

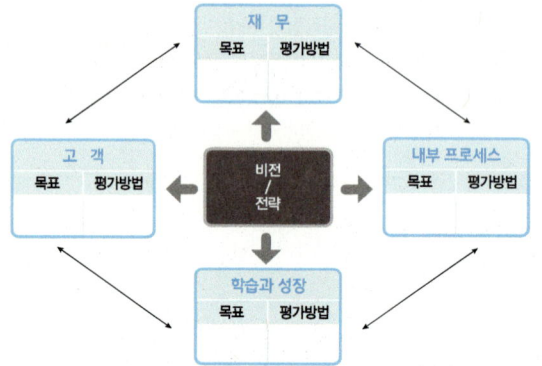

구분	내용
재무적 관점	기업가치 향상을 위한 중요한 재무성과에 대한 질문으로 재무적으로 성공하기 위하여 주주에게 어떻게 보일 것인가를 중시여긴다.
고객관점	평가대상이 되는 고객을 명확하게 한 후 고객이 중시여기는 가치는 무엇인가를 파악하는 과정이라고 할 수 있다.
기업내부 프로세스 관점	주주와 고객을 만족시키기 위하여 기업 내부에 가치를 창출할 수 있는 프로세스를 가지고 있어야 하는데 이를 평가하는 관점이라고 할 수 있다.
학습과 성장관점	기업이 새로운 프로세스를 개발하고 장기적으로 성장하려면 고객을 만족시키는 능력을 지속적으로 향상시켜 나아갈 수 있는 조직기반이 있어야 하며 이 부분의 성과를 평가하는 관점이다.

3 ⑤

해설 포터(Michael Porter)의 산업구조분석모형(5 force model)에서는 기업의 환경에서 경쟁적 우위를 확보하는 데 위협이 되는 요소를 5가지로 파악하여 다섯 가지의 힘(5 forces)이라고 명명하였는데 이는 기존 기업간/산업내 경쟁, 잠재적 진입자(신규진입자)의 위협, 대체제의 위협, 공급자 및 수요자의 교섭력을 들고 있다.

4 ①

해설 포터(Michael Porter)는 기업의 환경에서 경쟁적 우위를 확보하는 데 위협이 되는 요소를 5가지로 파악하여 다섯 가지의 힘(5 forces)이라고 명명하였는데 이는 기존 기업간/산업내 경쟁, 잠재적 진입자(신규진입자)의 위협, 대체제의 위협, 공급자 및 수요자의 교섭력을 들고 있다.

5 ④

해설 제품의 질이나 가격 등에 영향을 줄 정도로 공급자의 협상능력이 커진다면 소비자들의 구매력은 차차 낮아진다.
①, ②, ③ 포터의 5FORCE에는 대체재, 잠재적 진입자의 위험, 공급자의 협상력, 구매자의 협상력, 기존 산업 내 경쟁정도가 있다.
- 수평적 경쟁 요인(경쟁 축): 대체재, 잠재적 진입자의 위험, 기존 사업자
- 수직적 경쟁 요인(공존 축): 공급자 협상력, 구매자 협상력

6 ⑤

해설 ⑤ 진입장벽이 높으면 신규기업의 진입이 어려우므로 산업내 기업의 수익률은 증가한다. 또한 공급자의 교섭력, 구매자의 교섭력, 대체재의 위협은 낮을수록 산업내 수익률은 증가한다.
포터의 산업구조분석모형(5 force model)을 정리하면 다음의 표와 같다.

구분	내용
산업내 경쟁 (산업내 경쟁↑ →수익률↓)	① 산업의 집중도 - 높을수록 수익률이 커짐 ② 제품차별화 - 차별화가 많이 될수록 수익률이 커짐 ③ 초과설비 - 초과설비가 많아지면 수익률이 낮아짐 ④ 퇴거장벽 - 퇴거장벽이 높으면 수익률이 낮아짐
잠재적 진입자(진입장벽) (잠재적 진입자↑→ 경쟁↑→수익률↓)	① 자본소요량 - 자본소요량이 크면 진입장벽의 역할을 수행 ② 규모의 경제 / 절대적 비용우위 - 규모의 경제나 절대적 비용우위가 진입장벽의 역할을 수행 ③ 유통채널 - 강력하게 형성된 유통채널이 진입장벽의 역할을 수행 ④ 제품차별화 - 소비자에게 인식된 제품이나 상표의 특성은 그 자체가 진입장벽의 역할을 수행
구매자의 교섭력, 공급자의 교섭력 (상대의 교섭력↑→ 경쟁↑→수익률↓)	① 정보력 - 구매자나 공급자가 갖고 있는 정보가 많으면 교섭시 우위를 점할 가능성이 높음 ② 전환비용 - 공급자나 구매자의 전환시 많은 전환비용이 발생하게 된다면 전환이 어렵게 되고 이는 거래비용을 증가시킬 가능성이 높아짐 ③ 수직적 통합 - 수직적 통합의 가능성이 있다고 하면 통합가능한 쪽의 교섭력이 높아지게 됨
대체재와의 경쟁 (대체재↑→ 경쟁↑→수익률↓)	대체재가 많으면 수익력이 감소하게 됨

7 ②

해설 구매자의 공급자 전환비용(Switching Cost)이 높을수록 타 기업으로의 전환이 용이하지 않아서 구매자의 교섭력이 낮아져 기업 입장에서 시장의 매력도가 높아진다.

8 ④

해설 본원적 활동에는 물류투입활동(inbound logistics), 운영활동(operation), 물류산출활동(outbound logistics), 마케팅활동(marketing), 애프터서비스활동(after service)이 있으며, 인적자원관리활동 및 기업의 하부구조(infrastructure), 구매활동(Procurement), 기술개발활동 등은 보조적 활동에 속하는 활동에 속한다.

9 ②

해설 소수의 종류로 핵심역량을 집중하는 것이 바람직하다. 핵심역량은 기업 내의 여러 가지 요소 중 기업이 경쟁적 우위를 확보할 수 있도록 이끌어 주는 핵심적인 능력을 말한다. 이것을 올바로 찾아내서 명확히 설정하고 전사적 차원에서 이용하여 기업의 경쟁력으로 키워 나가는 것이 중요한 경영전략으로 떠오르고 있다. 과거에 단순히 환경의 변화에 따라 대처하던 경영전략을 지양하고 기업의 내부에서 발전과 성공의 원천으로 찾으려는 시도를 그 배경으로 하고 있다.

10 ②

해설 전략이 아니라 강점임. 강점-약점-기회-위협 요인으로 분류함.

11 ②

해설

S-O 전략	외부기회와 내부 강점: 인수합병, 다각화, 성장, 확대전략
W-T 전략	외부위협과 내부 약점: 철수, 제거, 방어적 전략, 삭감전략, 합작투자전략
S-T 전략	외부위협과 내부 강점: 다양화 전략, 안정적 성장 전략
W-O 전략	외부기회와 내부 약점: 약점 극복, 턴어라운드 전략

12 ⑤

해설 집중적 다각화는 SO상황에서 성장을 위한 도구로 사용된다.

		외부 전략적 요소	
		O (Opportunity: 기회요인)	T (Threat: 위험요인)
내부 전략적 요소	S (Strength: 강점요인)	SO 상황: 내부강점을 기회에 활용하는 전략 (성장위주의 공격적 전략)	ST 상황: 내부강점으로 위험을 극복하는 전략 (다각화 전략)
	W (Weakness: 약점요인)	WO 상황: 기회를 활용해 약점을 극복하는 전략 (전략적 제휴, 우회전략)	WT 상황: 약점과 위협을 동시에 극복하는 전략 (방어적 전략)

13 ②

해설
① BCG 분석: 제품포트폴리오관리(PPM)를 위해 보스턴 컨설팅 그룹이 만든 전략사업부 단위 구성을 위한 분석방법
③ GAP 분석: 케인스 학파의 소득결정·저축·투자이론을 기초로 하고, 완전고용의 수준을 하나의 기준으로 하여 인플레이션과 디플레이션을 구별하는 분석방법.
④ BEP 분석: Break Even Point는 손익분기점으로 매출과 비용이 같아지는 지점을 의미.
⑤ 4P 분석: Product, Price, Place, Promotion

14 ②

해설 BCG 매트릭스를 정리하면 다음과 같다.

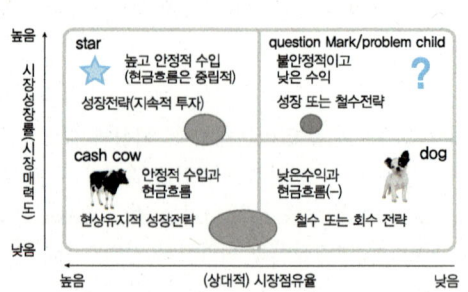

15 ①

해설 자금젖소(cash cow)와 물음표(question mark) 영역에 대한 질문임.

16 ③

해설 개(Dog) 사업부의 경우 사양사업으로 회수 혹은 철수전략이 적합하다.

17 ②

해설 물음표는 높은 시장성장률과 높은 상대적 시장점유율을 유지하기 때문에 투자가 필요하다.

18 ⑤

해설 ① 산업의 매력도와 강점을 기준으로 분류한 것은 GE매트릭스에 대한 설명이며, BCG매트릭스는 산업의 매력도(성장률)과 상대적 시장점유율을 기준으로 분류함.
② 물음표 영역은 성장가능성이 커서 신규투자가 필요한 영역임.
③ 개에 속한 사업단위는 확대전략이 아니라 철수전략을 생각하여야 한다.
④ 별에 속한 사업단위는 철수나 매각이 아니라 성장전략을 추진하여야 한다.

19 ②

해설 지문을 바르게 수정하면 다음과 같다.
① 횡축은 상대적 시장점유율, 종축은 시장매력도(시장성장률)이다.
③ 별 영역은 시장성장률이 높고, 상대적 시장점유율 또한 높아 지속적인 투자를 통한 성장 전략이 필요한 영역이다.
④ 자금젖소 영역은 상대적 시장점유율이 높아 현금창출이 많지만, 시장성장률이 낮아 이 영역에 대한 투자보다는 현상유지를 통해 수익을 극대화하여야 하며 나아가 신규사업(문제아 영역)으로의 투자가 필요하다.
⑤ 개 영역은 쇠퇴기에 접어든 영역이며, 시장지배적인 위치를 구축하여 성숙기에 접어든 경우는 자금젖소 단계이다.

20 ②

해설 일반적인 사업부 단위의 수명주기는 물음표(문제아) → 별 → 현금젖소 → 개의 순서로 진행된다.
• 바람직한 사업부의 이동 경로

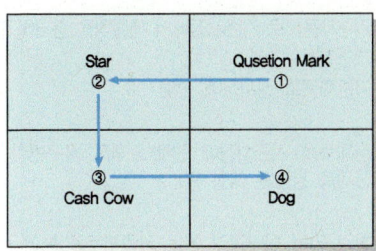

21 ③

해설 일반적인 사업부 단위의 수명주기는 물음표(문제아) → 별 → 현금젖소 → 개의 순서로 진행되지만, 자금의 흐름은 가장 많은 수익을 창출하고 있는 자금젖소 단계에서 신규산업인 문제아(물음표) 단계로 진행되어야 함.

• 현금의 이동경로

Star	Question Mark
Cash Cow	Dog

22 ①

해설 제품-시장 확장격자(Ansoff)는 아래 그림과 같으며, 시장침투전략이란 기존제품으로 기존시장에서 매출액을 증대하고자 하는 전략이다.

	기존제품	신제품
기존시장	시장침투 전략	제품개발 전략
신시장	시장개발 전략	(다각화 전략)

23 ①

해설 기존 제품인 치약을 기존 시장에서 매출액을 증대하고자 하는 전략인 시장 침투 전략을 찾으면 됨.

24 ①, ② (중복정답인정)

해설 교차판매란 기존 고객들 중 회사의 다른 제품을 살 가능성이 많은 고객들에게 판매를 권유하는 형태의 판매방식으로 기존재하는 제품으로 기존재하는 시장에서 매출을 확대하는 시장침투전략의 일종이라고 할 수 있다. 하지만 최근에 교차판매는 고객의 정보를 database화하여 고객이 원하는 제품을 파악 및 개발하여 고객에게 판매하는 단계에 이르렀다. 이러한 형태의 판매는 제품개발전략이라고 할 수 있다.

25 ④

해설 기존의 제품과 상관없이 신제품으로 새로운 고객에게 진출하려는 전략이다.

구분			내용
집약 성장	시장침투		기존제품으로 기존시장에서 매출액을 증대하고자 하는 전략
	시장개발		기존제품을 신시장에 판매
	제품개발		신제품을 기존시장에 판매(고객의 욕구변화 충족, 신제품 경쟁에 대항 등)
통합 성장	수직적 통합	전방통합	현 사업의 뒷단계에 있는 사업부문을 통합
		후방통합	현 사업의 앞단계에 있는 사업부문을 통합
	수평적 통합		동일한 단계에 있는 경쟁업체들의 통합을 통해시장지배력을 강화할 수 있음
다각 성장	관련 다각화	집중적	기술적 혹은 마케팅적 등으로 시너지 효과가 있는 신제품+신시장
		수평적	기존 고객층에 소구(신제품+신시장)
	비관련다각화		기존사업과 전혀 무관한 신제품+신시장: (컨그로머릿, 집성적, 복합적 다각화)

제품-시장 확장격자(Ansoff)

	기존제품	신제품
기존시장	시장침투 전략	제품개발 전략
신시장	시장개발 전략	(다각화 전략)

26 ③

해설   기업의 수직적 통합에는 현 사업의 뒷 단계에 있는 사업부문 즉, 소비자 쪽으로 통합하는 전방통합과 현 사업의 앞 단계에 있는 사업부문 즉, 원자재 쪽으로 통합하는 후방통합으로 구분된다. ③의 경우는 전방통합이지만 나머지 보기들은 후방통합이라고 볼 수 있다.

27 ②

해설   조립업체가 부품업체를 통합하는 것은 전방통합이 아니라 후방통합임. 전방통합은 소비자 방향으로의 통합임.

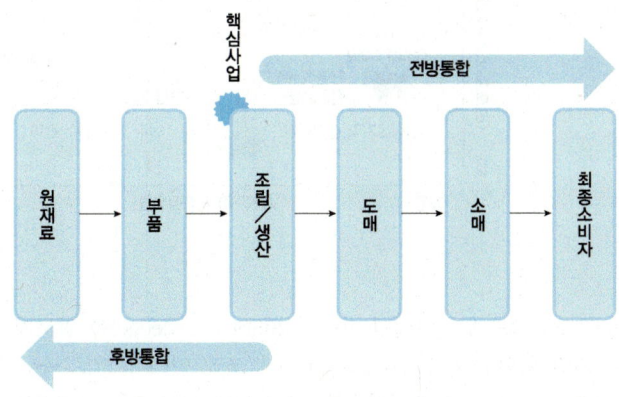

28 ④

해설   Porter의 본원적 경쟁전략

전략적 목표	전략적 우위요소		구분	차별화전략	원가우위전략	집중화전략
	제품특성	원가우위	특징	• 수요의 가격탄력성이 낮음 • 진입장벽이 높음	• 수요의 가격탄력성이 높음 • 규모의 경제효과가 큼	자원이 적은 기업이 사용 가능
시장전체	차별화 전략	원가우위 전략	장점	• 소비자의 욕구를 잘 충족시켜 줄 수 있음 • 소비자에게 제공된 편익으로 가격을 향상시킬 수 있음	• 표준화의 추구로 비용을 절감할 수 있음 • 절감된 비용으로 이익을 높일 수 있음	• 특성화된 시장에 전문성을 높일 수 있음 • 높아진 전문성으로 가격을 높일 수 있음
특정시장	집중화전략		단점	경쟁자의 모방으로 경쟁우위가 사라질 수 있음	소비자의 다양한 욕구를 충족시킬 수 없음	Risk가 증가함

29 ①

해설   포터의 본원적 경쟁전략에는 원가우위, 차별화, 집중화 전략이 있다.

30 ④

해설   디자인의 차별화는 원가우위전략이 아니라 차별화전략에 해당한다.

31 ①

해설   기업전략은 어느 사업 분야에 참여할까를 결정하는 전략(where?)으로서 기업의 종합적인 관점에서 비전과 목표를 설정하고 각 사업 분야에서 경영자원을 배분하고 조정하는 일련의 활동이라고 할 수 있다. 즉, 기업전략

(企業戰略, Corporate strategy)은 기업, 기관 등 조직전체 단위측면에서 그 조직의 미션과 비전을 달성하기 위하여 대상과 숫자를 구체화시킨 것으로 최고경영자 중심으로 결정된다.

32 ②

해설 현금젖소(cash cow) : 시장점유율은 높지만 시장성장률이 낮은 영역이다.

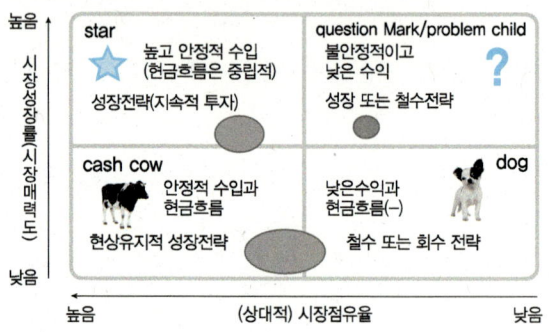

33 ①

해설 이식(공동화 socialization)단계는 타인의 암묵지식(tacit knowledge)을 암묵지식으로 습득하는 단계이다. 지문상 각 개인들이 가진 형식지(explicit knowledge)를 조직 안에서 서로 나누어 가지는 과정은 종합화/연결화(Combination) 단계이다. 노나카의 지식순환프로세스(SECI Model)을 정리하여 보면 다음과 같다.

구 분	내 용
사회화/공동화(Socialization)	타인의 암묵지식을 암묵지식으로 습득하는 단계
외부화/표출화(Externalization)	암묵지식을 형식지식으로 전환시키는 단계
종합화/연결화(Combination)	형식지식을 새로운 형식지식으로 전환시키는 단계
내면화/내재화(Internalization)	형식지식을 통하여 암묵지식으로 내부화시키는 단계

34 ③

해설 경쟁자 관점은 균형성과표에서의 관점이라고 볼 수 없으며, 균형성과표(BSC)의 4가지 관점을 정리하면 다음과 같다.

구 분	내 용
재무적 관점	기업가치 향상을 위해 중요한 재무성과에 대한 질문으로 재무적으로 성공하기 위하여 주주에게 어떻게 보일 것인가를 중히 여긴다.
고객관점	평가대상이 되는 고객을 명확하게 한 후 고객이 중히 여기는 가치는 무엇인가를 파악하는 과정이라고 할 수 있다.
기업내부 프로세스 관점	주주와 고객을 만족시키기 위하여 기업 내부에 가치를 창출할 수 있는 프로세스를 가지고 있어야 하는데 이를 평가하는 관점이라고 할 수 있다.
학습과 성장관점	기업이 새로운 프로세스를 개발하고 장기적으로 성장하려면 고객을 만족시키는 능력을 지속적으로 향상시켜 나아갈 수 있는 조직기반이 있어야 하며 이 부분의 성과를 평가하는 관점이다.

35 ③

해설 법적 책임의 범위 내에서 기업을 경영하는 것은 법적 책임이며, 윤리적 책임은 윤리적 경영을 통해 정당하며, 공정한 행위를 하는 것을 의미한다.

36 ④

해설 수직적 통합은 공급사슬상의 연계를 고려한 통합으로서 통합된 기업 중 어느 한 기업이 비효율성을 나타내는 경우, 전체 기업으로 비효율성이 확대될 가능성이 높다. 아울러 틀린 지문들을 수정하여보면 다음과 같다.
① 수직적 통합에서 후방통합(backward integration)은 그 방향성이 원자재 방향이다. 반면에 판매 및 마케팅 경로를 통합하여 안정적인 유통경로를 확보하기 위하여 하류방향으로의 통합이 이루어지는 것은 전방통합이라고 할 수 있다.
② 기존의 제품이나 시장을 벗어나 새로운 사업으로 진출하는 것은 관련다각화가 아니라 비관련다각화에 해당한다.
③ 특정 기업이 현재의 사업 범위와 서로 관련성이 큰 사업에 진출하는 것을 의미하는 것은 비관련다각화가 아니라 관련다각화라고 볼 수 있다.

37 ③

해설 미국 경제학자인 밀턴 프리드먼(Milton Friedman)은 시장에서의 자유로운 경쟁과 이를 통한 이윤 추구를 강조하였으나 기업의 사회적 책임을 강조하지는 않고 오히려 뉴욕타임스 매거진에 실린 '기업의 사회적 책임은 이윤 극대화다'라는 기고문을 통해 기업이 사회적 책임 활동을 할 이유는 없다고 주장하였다.

38 ②

해설 1단계 경제적 책임, 2단계 법적 책임, 3단계 윤리적 책임, 4단계 자선적 책임으로 분류하고 있다. 나아가 ISO26000에서는 환경경영, 정도경영, 사회공헌을 추가기준으로 제시하고 있다.

39 ①

보충 기업의 사회적책임의 피라미드(Pyramid of Corporate Social Responsibility)
미국 조지아 대학의 아치 캐럴교수는 1991년에 기업의 사회적책임의 피라미드(Pyramid of Corporate Social Responsibility)를 발표했습니다.
1) 경제적 책임 - 기업의 기본적인 책임
   : 파라미드의 가장 아래 단이며 가장 중요한 부분을 차지하고 있는 것이 기업의 경제적 책임입니다. 자본가는 자본을 바탕으로 서비스와 제품을 생산합니다. 생산과 유통, 판매과정에서 일자리가 창출되어 관련된 피고용자(노동자)들이 생계를 유지할 수 있게 됩니다. 또한 제품과 서비스를 구매하게 되는 소비자는 소비를 통해 삶의 질을 높일 수가 있습니다. 이렇게 제품과 서비스의 생산, 유통, 판매를 통해 경제적 가치가 창출되도록 하는 것이 기업의 경제적 책임이며, 이는 기업의 다른 모든 책임의 기본이다.
2) 법적 책임 - 법대로 생산, 유통, 판매한다.
   : 기업이 서비스나 제품을 생산, 유통, 판매하는 모든 과정은 물론이고, 기업자체를 경영하는 일에 있어서도 법을 준수해야 한다.
3) 윤리적 책임 - 옳고, 공정하고, 정당한 것을 이행한다. 피해를 주지 않는다.
4) 자선적 책임 - 좋은 기업 시민이 된다. 공동체에 자원을 제공한다. 삶의 질을 개선한다.

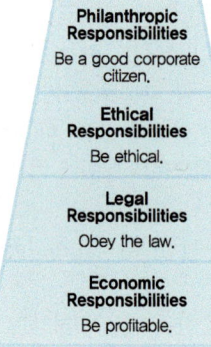

- 자선적(자의적) 책임: 좋은 기업시민, 지역사회 자원기여 및 삶의 질 개선
- 윤리적 책임: 윤리적 경영으로서의 옳고, 정당하며, 공정한 행위
- 법적 책임: 법률준수 및 옳고 그름에 대한 사회적 규범 준수 (필수적 준수사항)
- 경제적 책임: 수익창출(모든 다른 책임의 기반)

출처 Carroll (1996)

40 ②

해설 효율성(Efficiency)은 "일을 올바르게 하는 것"을 의미하는 것으로서 수단의 효율성으로서의 자원의 활용을 의미한다면, 효과성(Effectiveness)은 "올바른 일을 하는 것"으로서 목표에 대한 달성적 접근이다. 이를 바탕으로 생각하였을때 소비자가 원하는 것을 공급대비 생산하는 능력은 소비자 만족이라는 측면에서 기업의 목표에 대한 달성도에 가까운 것으로 볼 수 있다.

나머지 지문상의 의미를 살펴보면
① 소비자에게 가장 저렴한 가격으로 공급하는 능력 : 낭비의 최소화를 통한 저가 공급 능력
③ 기업의 가격대비 비용을 최소화하는 능력 : 자원의 효율적 활용과 낭비의 최소화
④ 기업의 투입 대비 산출 비율을 최소화하는 능력 : 생산성은 효율성에 가까운 접근임.

41 ①

해설 동종기업 간 경쟁을 배제하고 시장을 통제하는데 그 목적을 두고 있으며, 경제적, 법률적으로 봤을 때 독립성을 유지하고 있지 않은 것은 트러스트이며, 카르텔(cartel)은 법적, 경제적 독립성을 유지한 채 이루어지는 기업간 연합이라고 볼 수 있다.

42 ②

해설 주활동(본원적 활동)에는 물류투입, 생산운영관리, 물류반출, 판매 및 마케팅, 서비스가 해당된다.

43 ④

해설 고도성장 시장에서 시장의 선도자가 되어 현금유출이 적고 현금흐름의 여유가 큰 사업이 해당하는 영역은 현금젖소(cash cow) 영역이다. 스타(star) 영역은 시장선도자라기 보다는 고도성장 즉, 시장성장률이 높은 시장에서 계속적으로 성장을 추구하여야 하는 영역으로서 높고 안정적인 수입은 발생하나 여전히 투자가 많이 필요하여 현금 유출이 많은 시장으로서 현금흐름상의 여유가 있다고 보기는 어렵다고 볼 수 있다.

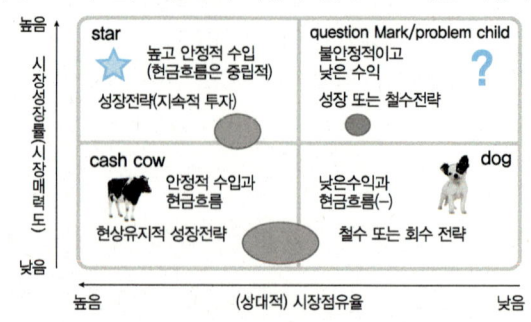

🔍 보충 제품수명주기, 제품 포토폴리오 관리 비교

제품수명주기	BCG 영역	PPM	전략
도입기	Question Mark	개발사업	구축 (build/육성/성장), 수확 혹은 철수
성장기	Star	성장사업	구축 (build/육성/성장) 및 성장전략
성숙기	Cash Cow	수익주종사업	유지 혹은 수확전략
쇠퇴기	Dog	사양사업	회수 혹은 철수전략

44 ③

해설 다양한 제품의 기획이나 제품 품질에 대한 광고전략 등을 통해 비용우위전략 보다는 차별화 전략을 추진 할 수 있다. 비용우위전략은 원가우위적 관점에서 표준화된 제품의 기획이나 제품 차별화 이미지 및 기능에 대한 광고전략 등을 통해 경쟁우위를 도모하여야 한다.

🔍 보충 Porter의 본원적 경쟁전략

구분	차별화 전략	원가우위 전략	집중화 전략
특징	• 수요의 가격탄력성이 낮음 • 진입장벽이 높음	• 수요의 가격탄력성이 높음 • 규모의 경제효과가 큼	• 자원이 적은 기업이 사용가능
장점	• 소비자의 욕구를 잘 충족시켜 줄 수 있음 • 소비자에게 제공된 편익으로 가격을 향상시킬 수 있음	• 표준화의 추구로 비용을 절감할 수 있음 • 절감된 비용으로 이익을 높일 수 있음	• 특성화된 시장에 전문성을 높일 수 있음 • 높아진 전문성으로 가격을 높일 수 있음
단점	• 경쟁자의 모방으로 경쟁우위가 사라질 수 있음	• 소비자의 다양한 욕구를 충족시킬 수 없음	• Risk가 증가함

45 ④

해설 포터(M. Porter)는 5요인 모형(5 forces model)에서 언급하고 있는 5가지요인은 기존 산업내 경쟁, 잠재적 진입자(진입장벽), 대체재, 공급자 및 구매자 교섭력을 들고 있다. 인구통계적요인은 상관없는 항목이다.

46 ③

해설 M. Porter의 산업 구조 분석을 통한 전략적 의사결정을 생각하면되는 문제로서, M. Porter 5가지 경쟁요인을 제시하였는데 이는 ① 기존 산업내 경쟁 ② 잠재적 진입자 ③ 대체재 ④ 구매자 교섭력 ⑤ 공급자 교섭력 이 해당된다. 이를 통해 살펴보면 ㄱ. 구매자 = 구매자 교섭력, ㄴ. 공급자 = 공급자 교섭력, ㄹ. 미래경쟁자= 잠재적 진입자로 볼 수 있으나, 정부의 통화정책과 유망기술은 이에 해당하지 않는다.

구분	내용
산업 내 경쟁	① 산업의 집중도 – 높을수록 수익률이 커짐 ② 제품차별화 – 차별화가 많이 될수록 수익률이 커짐 ③ 초과설비 – 초과설비가 많아지면 수익률이 낮아짐 ④ 퇴거장벽 – 퇴거장벽이 높으면 수익률이 낮아짐
잠재적 진입자 (진입 장벽)	① 자본소요량 – 자본소요량이 크면 진입장벽의 역할을 수행 ② 규모의 경제/절대적 비용우위 – 규모의 경제나 절대적 비용우위가 진입장벽의 역할을 수행 ③ 유통채널 – 강력하게 형성된 유통채널이 진입장벽의 역할을 수행 ④ 제품차별화 – 소비자에게 인식된 제품이나 상표의 특성은 그 자체가 진입장벽의 역할을 수행
구매자의 교섭력, 공급자의 교섭력	① 정보력 – 구매자나 공급자가 갖고 있는 정보가 많으면 교섭 시 우위를 점할 가능성이 높음 ② 전환비용 – 공급자나 구매자의 전환 시 많은 전환비용이 발생하게 된다면 전환이 어렵게 되고 이는 거래비용을 증가시킬 가능성이 높아짐

	③ 수직적 통합 – 수직적 통합의 가능성이 있다고 하면 통합 가능한 쪽의 교섭력이 높아지게 됨
대체재와의 경쟁	대체재가 많으면 수익력이 감소하게 됨

47 ②

해설 가치 사슬은 다른 기업과 아웃소싱 등 다양한 방법으로 연계될 수 있으며, 개별기업의 가치사슬이 확대되어 여러기업간의 공급사슬을 구축하는데 이를 공급사슬망관리라고도 한다.

48 ④

해설 전략적 제휴(strategic alliance)에서는 경쟁이 무의미한게 아니라 경쟁을 극복하기 위해 상호 보완적 요소를 확대하기 위한 전략적 판이며, 향후 제휴사간에 경쟁이 다시금 발생할 소지가 있다.

49 ②

해설 자원기반이론에 의하면 기업의 지속적 경쟁우위는 높은 진입장벽이 아니라 자사가 가지고 있는 핵심역량에 근거한다고 보고 있으며 핵심역량은 VRIO적 특성을 가지고 있어야 한다고 주장하고 있다.

보충 자원거점적 이론 (VRIO 분석)
- 기업이 보유한 자원, 역량 경쟁우위 요소
- 기업의 경쟁력을 높일 수 있는 자원의 특징(VRIO)
  : 만약 어느 기업의 자원이 가치 있고, 희소하며, 모방하기 힘들고 그 기업이 그 자원(들)을 이용하기 위해 조직된다면 그 기업은 그 자원으로부터 창출되는 지속적인 경쟁우위를 기대할 수 있다.

가치 (V)	희소성 (R)	모방 가능성 (I)	내부조직화 (O)	경쟁적 시사점	경제적 시사점
NO			NO	경쟁열위	보통 이하의 경제적 성과
Yes	NO		↑	경쟁등위	보통의 경제적 성과
Yes	Yes	NO	↓	임시적 경쟁우위	보통 이상의 경제적 성과
Yes	Yes	Yes	Yes	지속적 경쟁우위	보통 이상의 경제적 성과

출처 Jay B. Barney, Strategic Management and Competitive advantage : Concepts and Case 4/E, Pearson Education, 2012.

50 ④

해설 콘체른(기업연맹)은 법률적 독립성 유지되나, 경제적 독립성 상실한 형태로서 가장 고도화된 기업 집중형태를 의미하며, 자본적 결합체로서 주로 금융지주회사 등을 금융콘체른이라고 분류함.
참고로 ⑤ 디베스티처(divestiture)란 경영성과가 부진하거나 비효율적인 생산라인을 타사에 매각하여 기업의 체질을 개선하고 경쟁력을 향상시키려는 기업집중전략이다. 즉, 회사 전체를 매각하는 것은 흡수합병이 되지만, 디베스티처는 채산성이 떨어지는 부문이나 이익이 나지 않는 생산라인 일부를 부분 매각하는 것을 말한다.

51 ①

해설 GE 매트릭스를 정리하여 보면 다음과 같다.

- 모형의 구조 – 산업매력도 / 사업 강점(경쟁적 지위)
- 원의 크기 – 해당산업의 규모(음영부분 – 회사의 시장점유율)
- 구분 – 청신호지역, 주의신호지역, 적신호지역
- 장단점 – 각종요인들을 포괄적으로 고려할 수 있으나 경영자의 주관개입 가능성이 높아짐

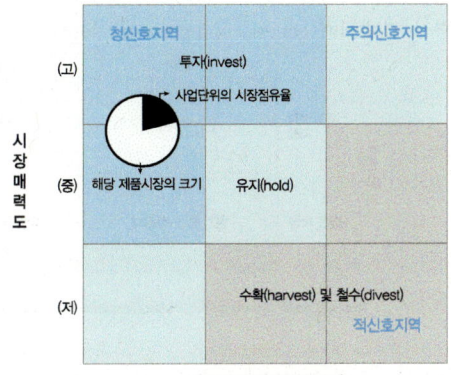

52 ①

해설 자원기반관점(resource-based view)에서는 기업의 지속적 경쟁우위를 가능하게 하는 것은 기업의 외부 자원이 아니라 기업 내부에 보유하고 있는 자원들 중 VRIO적 특성을 가진 핵심역량으로 보고 있다.

53 ④

해설 정부나 공공기관이 추진하는 대규모 사업에 다수 업체가 한 회사의 형태로 참여하기도 하는데, 이를 컨소시엄이라고 한다. 컨소시엄의 구성은 주사업자가 주축이 되어 다수의 업체들이 참여하는 것이 일반적이다. 컨소시엄의 구성방법은 주사업자를 주축으로 크고 작은 업체들이 참여하는 것이 일반적이다.

54 ①

해설 전략적 아웃소싱이란 "조직이나 기관이 내부 기능과 활동의 전문화와 원가 절감을 실현하기 위해 전략적으로 중요하지 않거나 전문적 역량이 부족한 기능과 활동에 대해 외부의 전문 서비스를 채용하는 개념"이다. 이를테면 각 기업이 인력, 자본, 시설을 모두 내부에서 직접 운영·관리하는 데에 한계성을 지니고 있기 때문에 건물관리나 회계 처리 등 일부 업무를 외부 전문 기관에 의존하는 것을 볼 수 있다. 국내 기업의 초기 아웃소싱 도입 목적은 주로 비용 절감, 시간 단축, 업무 품질 향상이었으나, 최근에는 아웃소싱 목적이 전략적 차원에서 핵심 역량에 집중하기 위한 것과 지식 서비스 기반 산업을 겨냥한 성장 전략 차원으로 발전하고 있다.
위의 문제 상의 사례는 유행이 중요한 제품이나 기술 진보가 빠른 제품 또는 많은 부품이 소요되는 복잡한 시스템을 만드는 경우에는 전략적 아웃소싱이 유리하다. 즉, 산업의 특성상 발생하는 위험을 최적의 생산설비를 갖춘 공급업자에게 전이시킬 수 있고, 타 기업의 부품 생산 노하우와 핵심 역량을 최대로 활용할 수 있다. 이렇게 자신의 핵심 역량이 아닌 사업 부문을 외주에 의존함으로써 회사는 핵심 역량을 가진 가치 활동에 집중적으로 투자를 해 경쟁우위를 더욱 높일 수 있게 된다.

55 ④

해설 전사적(기업) 전략은 조직이 나아가야할 방향을 제시하는 전략이며, 사업부 전략은 기업전략을 바탕으로 구체적인 방법을 만드는 경쟁전략이라고 할 수 있다.

④ 영화 제작사와 제휴를 맺어서 새로운 영화에 등장하는 캐릭터 인형을 판매한다. 는 것은 전략적 제휴 등을 통한 사업의 다각화를 모색하고자 하는 기업단위의 전략이라고 볼 수 있다.

56 ③

해설 포터(M. Porter)의 본원적 경쟁전략(generic competitive strategy)을 정리하면 다음과 같다.

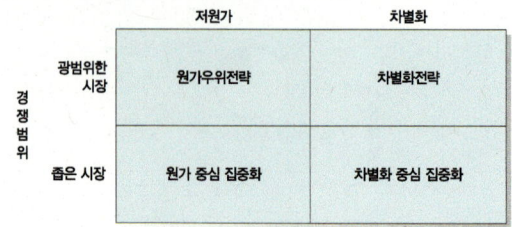

출처 : M.E. Porter, The Competitive Advatage of Nations, New York: Free Press, 1990

57 ④

해설 경쟁자는 철저히 고려하여야 하는 과업환경이며 나머지 지문들은 PEST분석에서의 환경대상들로서 이는 거시적 환경으로 일반 환경 분석에 해당함.

58 ③

해설 다음과 같은 순환과정을 거친다.

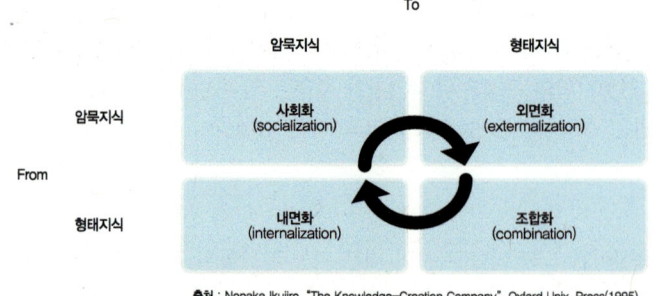

출처 : Nonaka Ikujiro, "The Knowledge-Creation Company", Oxford Univ. Press(1995)

59 ③

해설 정부정책(government policy)의 위협은 5가지 요소에 해당하지 않는다. 포터(M. Porter)의 5대 경쟁세력모형(5-Forces Model)의 5가지 요소에는 기존 산업내 경쟁, 잠재적진입자(진입장벽), 대체재, 구매자 교섭력, 공급자 교섭력이 해당된다.

60 ④

해설 고성장 영역에 해당하는 산업은 물음표 및 스타영영이며, 고점유영역에 해당하는 영역은 스타와 현금젖소영역이다.

61 ②

해설 시장침투전략에 대한 설명임. 아울러 앤소프(H. I. Ansoff)의 제품-시장 Matrix는 아래와 같다.

	기존제품	신제품
기존시장	시장침투 전략	제품개발 전략
신시장	시장개발 전략	(다각화 전략)

62 ③

해설) 대체재가 많다는 것은 자사 제품을 대체 할 수 있는 상품이 많으므로 경쟁이 치열해진다는 의미이다. 그러므로 대체재가 많으면 경쟁이 치열해져 해당 기업의 수익은 감소한다고 볼 수 있다.

63 ④

해설) 의류제조업체가 섬유제조업체를 통합하는 것은 전방통합이 아니라 후방통합의 예이다.

64 ②

해설) 전방통합은 다운스트림(하향) 활동에 대한 합작투자를 의미한다.

65 ④

해설) 마일즈(R. Miles)와 스노우(C. Snow)의 전략 유형 중 유연성이 높고 분권화된 학습지향 조직구조는 혁신형 또는 탐색형기업으로도 불리우는 공격형기업에 해당한다.

방어형(defenders)	탐색형(prospectors)	분석형(analyzers)	반응형(reactors)
좁은 활동영역에서 한정된 제품을 생산/판매하는 유형	신제품이나 시장 기회를 찾는 공격적 유형	제품/시장영역에서 안정과 변화를 동시에 추구하는 유형	환경에 대해 일관성 있는 해결안을 수립하지 못하는 유형
안정 추구 능률 중시 보수적 유형	변혁 추구 유연성 강조 공격적 유형	안정/변혁 추구 능률/유연성 중시 기회주의적 유형	소극/무반응 일관성 결여 낙오형/수동형
집권화	분권화	집권화와 분권화	현재 유형 고집
기계적 구조	유기적 구조	매트릭스 구조	?

심·화·문·제

1 ④

해설
① 지속가능 기업전략에서는 주주의 이익이 중요하지만 모든 이해관계자를 다 고려하며 사회적 이익을 창출할 수 있어야 한다.
② 지속가능성 평가 기준의 일종인 삼중선(triple bottom lines)은 기업의 경제, 사회, 정부 차원의 책무가 아니라 기업 이익, 환경 지속성, 사회적 책임이라는 세 가지 기준으로 기업 실적을 측정하는 비즈니스 원칙을 강조한다.
③ 사회적 책임이 포함된 기업전략을 수립하는 것에 대해 모든 기업이 동의한다고 단정 지을 수는 없다.

2 ③

해설 내부 프로세스 관점이란 자발적 이직을 파악하기보다는 주주와 고객을 만족시키기 위하여 기업 내부에 가치를 창출할 수 있는 프로세스를 가지고 있어야 하는데 이를 평가하는 관점이라고 할 수 있다.
① 재무 관점이란 기업가치 향상을 위해 중요한 재무성과에 대한 질문으로 재무적으로 성공하기 위하여 주주에게 어떻게 보일 것인가를 중히 여기는 관점으로 이러한 측면에서 경제적 부가가치 창출인 EVA(Economic Value Added)는 중요하다고 할 수 있다.
② 고객 관점이란 평가대상이 되는 고객을 명확하게 한 후 고객이 중히 여기는 가치는 무엇인가를 파악하는 과정으로서 이를 통해 시장점유율을 파악하고 넓혀나가는 것을 중히 여긴다고 할 수 있다.
④ 학습 및 성장 관점이란 기업이 새로운 프로세스를 개발하고 장기적으로 성장하려면 고객을 만족시키는 능력을 지속적으로 향상시켜 나아갈 수 있는 조직기반이 있어야 하며 이 부분의 성과를 평가하는 관점으로 이를 위해서는 직원 만족도 역시 중요한 항목으로 고려되어져야 한다.

3 ①

해설 포터는 5-force model에서 산업의 수익률은 경쟁자, 대체재, 잠재적 시장진입자, 공급자의 교섭력, 구매자의 교섭력의 5가지 힘의 균형에 의하여 결정된다고 주장한다. 보완재는 포터가 주장하고 있는 5가지 동인에 해당하지 않는다. 보완재를 6-force로 포함하는 경우도 있으나 보완재가 적으면 그 재화에 대한 소비도 줄어들 수 있다. 가령 설탕의 물량이 부족하게 되면 커피를 마시는 사람도 줄어들 수 있다.

4 ④

해설 포터에 의하면 기업의 가치활동은 크게 본원적 활동과 보조적 활동으로 구분할 수 있고 본원적 활동에는 물류투입활동(inbound logistics), 운영활동(operation), 물류산출활동(outbound logistics), 마케팅활동(marketing), 애프터서비스활동(after service)이 있으며, 보조적 활동에는 기업의 하부구조(infrastructure), 구매활동(Procurement), 기술개발활동, 인적자원관리활동 등이 있다. 따라서 기업의 하부구조는 보조적 활동에 속하는 활동이다.

5 ①

해설 기계, 설비, 사무장비, 건물 등의 자산을 구입하는 구매행위(procurement)는 보조활동에 포함된다. 자재관리, 저장, 재고관리, 반품 계획 등의 행위를 물류투입활동(inbound logistics)이라 하고 이 활동은 본원적 활동에 포함된다.

6 ④

해설 핵심역량은 전략적 제휴 등을 통해서 타 기업과 공동 개발도 가능하다.

7 ④

해설 상이한 전략을 사용하는 전략집단 간의 경쟁보다는 유사한 전략을 사용하는 전략집단 내에서의 경쟁이 더욱 치열하다.
참고로 경쟁의 범주는 아래 그림과 같이 분류하여 볼 수 있다.

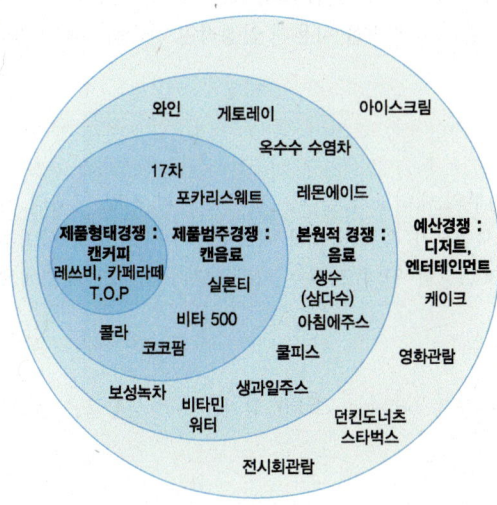

8 ⑤

해설 문제아 사업부는 개발사업으로 question mark영역에 해당한다. 반면 현금젖소(cash cow) 영역은 수익주종사업에 해당한다.

제품수명주기	BCG 영역	PPM	전략
도입기	Question Mark	개발사업	구축(build/육성/성장), 수확 혹은 철수
성장기	Star	성장사업	구축(build/육성/성장) 및 성장전략
성숙기	Cash Cow	수익주종사업	유지 혹은 수확전략
쇠퇴기	Dogs	사양사업	회수 혹은 철수전략

9 ③

해설 전략적 강점을 지닌 특정 사업 혹은 제품에 대한 지원을 결정하기 위한 전략을 포트폴리오 전략(Portfolio Strategy)이라 하며, 분석을 위한 대표적 모델 중 하나가 제품포트폴리오관리(PPM: Product Portfolio Management)이다.
PPM은 전략적 강점과 약점을 분석하기 위한 요인으로 성장률과 점유율이라는 두 개의 축을 이용한다. PPM은 다수의 사업 혹은 제품을 가진 기업의 전략적 강약점 분석을 위해 시장 성장률(시장 매력도)과 상대적 시장점유율이라는 두 개의 분석요인을 가진 도표(growth/share matrix)를 사용하여, 그 기업이 가진 사업 혹은 제품을 두 분석요인에 따라 분류하고 적절한 자원배분을 위한 대응전략을 취할 수 있도록 해주는 기법으로 Boston Consulting Group(BCG)이 개발하여 일반적으로는 BCG matrix로 통용된다. BCG 매트릭스의 각 사업단위는 다음과 같은 의미를 가지고 있다. ① Star(성장사업): 고성장·고점유율 사업으로 현금의 유입이 크기는 하나 경쟁자들의 방어를 위해 많은 현금유출이 수반된다. ② Cash Cow (수익주종사업): 저성장·고점유율 사업으로 현금유입이 큰 반면 낮은 성장률로 현금유출이 적어 순현금유입이 크게 증가된다. ③ Question Mark (개발사업): 고성장·저점유율 사업으로 성장가능성이 있으며 사업초기에는 대부분 이 영역에 속한다. 고성장에 따르는 투자로 자금유출이 크며, 상황에 따라 성장 혹은 사양산업으로 분류될 수 있는 영역이다. ④ Dogs (사양산업): 저성장·저점유율 사업으로 투자비용이 크고 적음에 관계없이 수익성이 낮거나 때에 따라 손실을 유발할 수 있다.

각 전략사업단위에 대응하는 전략은 다음과 같으며 기업은 효과적인 전략을 구사함으로써 PPM이 애초에 달성하고자 했던 포트폴리오 전략을 완성할 수 있게 되는 것이다. ① 성장사업: 시장점유율을 높이기 위해 구축(build) 전략을 사용하는 것이 가장 적합하다. ② 개발사업: 구축, 수확 혹은 철수 전략을 사용할 수 있다. ③ 수익주종사업: 유지 혹은 수확전략을 사용해 안정적인 현금회수를 노린다. ④ 사양사업: 회수 혹은 철수전략이 적합하다.

10 ④

해설 ㄱ. 보기의 경우 사업부의 매력도가 높다는 것이 아니라 시장 자체의 매력도가 높다는 것임. 약간 문맥적으로 혼동될 수는 있으나 사업부가 속한 시장이 매력도가 높다고 해당 사업부의 매력도를 평가내릴 수는 없습니다. 아울러 ㄴ. 보기의 BCG상의 원의 크기는 시장규모가 아니라 매출액을 의미함.

11 ③

해설 문제아(question mark 또는 problem child) 영역은 시장성장률은 높으나, 상대적 점유율도 낮은 영역임.

12 ②

해설 ① BCG 매트릭스는 시장성장률과 절대적이 아닌 상대적 시장점유율이라는 두 변수를 양축으로 사업의 매력도를 평가한다.
③ BCG 매트릭스상에서 수익성이 낮고 시장전망이 어두워 철수가 요망되는 영역은 별(star)이 아니라 개(Dog) 영역이다.
④ GE/McKinsey 매트릭스는 시장 매력도와 강점을 기준으로 구분한 9개의 영역으로 구성된다.
⑤ GE/McKinsey 매트릭스상에서 원의 크기는 제품 시장의 크기를 나타내며, 원내에 진하게 표시된 부분의 크기는 시장점유율을 나타낸다.

13 ④

해설
- BCG 모델은 시장성장률에 의해서만 사업의 우선순위를 결정하는 방법이 아니라 종축은 시장성장률(시장매력도), 횡축은 상대적 시장 점유율을 통해 분석하는 모형이다. 전략적 강점을 지닌 특정 사업 혹은 제품에 대한 지원을 결정하기 위한 전략을 포트폴리오 전략(Portfolio Strategy)이라 하며, 분석을 위한 대표적 모델 중 하나가 Boston Consulting Group이 개발하여 BCG 모델이라고도 불리우는 제품포트폴리오관리(PPM: Product Portfolio Management)이다.
- PPM은 전략적 강점과 약점을 분석하기 위한 요인으로 성장률과 점유율이라는 두 개의 축을 이용한다. PPM은 다수의 사업 혹은 제품을 가진 기업의 전략적 강약점 분석을 위해 시장 성장률(시장 매력도)과 상대적 시장점유율이라는 두 개의 분석요인을 가진 도표(growth/share matrix)를 사용하여, 그 기업이 가진 사업 혹은 제품을 두 분석요인에 따라 분류하고 적절한 자원배분을 위한 대응전략을 취할 수 있도록 해주는 기법이다.

14 ④

해설 기계와 건물을 구입하는 활동은 구매획득활동(procurement)으로서 지원 활동에 해당한다.

15 ①

해설 ① 보스톤 컨설팅 그룹(BCG)의 사업포트폴리오 매트릭스에서 문제아(problem child, question marks)의 경우에는 성장 또는 철수 전략이 사용되는 단계로서 성장 전략으로서 자금을 투입하기도 하며, 철수 전략이 사용되는 사업의 경우는 자금 투입이 이루어지지 않는 경우도 있다.
② 관련다각화 전략은 규모의 경제(economy of scale) 실현을 목적으로 행하지만, 반드시 규모의 경제가 실현되는 것은 아니다. 참고로 규모의 경제란 사업 규모는 커지지만 비용이 절감되는 현상을 의미하는데 규모의 비경제가 나타나기도 한다.
③ 포터(Porter)의 가치사슬(value chain) 모형에 의하면 본원적 활동(primary activities)에는 물류투입, 생산운영, 물류산출, 판매 및 마케팅, 서비스가 포함되며 이외의 부분은 지원활동으로 보면 된다.
④ 포터(Porter)의 산업구조분석 모형에 의하면 구매자와 공급자의 교섭력이 약해야 산업내 경쟁이 적어져 수익성이 높아질 수 있으며, 또한 대체재가 적을수록 경쟁이 적어져 수익성이 높아진다.
⑤ 보스톤 컨설팅 그룹(BCG)의 사업포트폴리오 매트릭스에서 상대적 시장점유율이 1보다 크다는 것은 시장점유율이 크다는 것을 의미하지만 50% 이상이라고 단정지을 수는 없는 개념으로 상대적으로 시장점유율이 높음을 의미한다.

16 ④

해설 경영전략을 기업전략, 사업전략, 기능전략으로 구분할 때, 포터(Porter)가 제시한 본원적 전략 중의 하나인 차별화(differentiation)는 기업전략이 아니라 사업부 전략에 해당하며, 사업부 전략을 경쟁전략이라고도 한다.

17 ④

해설 기능별 전략은 사업단위들 간의 시너지효과를 높이는 데 초점을 둔다기보다는 생산, 재무, 인사, 마케팅 등의 활동 방향을 정하여 기능별 효율성을 극대화하기 위한 전략이다.

18 ③

해설 마일즈와 스노우의 전략유형에서 방어형 조직은 생산효율성을 중시 여기고 있고 공격형(혁신형) 조직은 창의성을 중시 여기고 있다.

19 ③

해설 a. 포터(Porter)의 가치사슬(value chain)모형에서 기획과 구매는 지원활동에 해당하며 본원적 활동(primary activities)에 해당하는 것은 물류, 생산, 판매 및 유통, 사후관리 등이다.
b. 보스톤 컨설팅 그룹(BCG)의 사업포트폴리오 매트릭스에서 시장의 성장률이 낮고 상대적 시장점유율이 높은 경우는 cash cow에 해당한다. star의 경우는 시장 성장률은 높고 상대적 시장점유율 또한 높은 상태이다.
c, d, e는 모두 맞는 설명임.

20 ③

해설 후방통합(backward integration)은 원재료 공급업자의 사업을 인수하거나 원재료 공급자가 공급하던 제품이나 서비스를 직접 생산, 공급하는 방식의 전략으로 수직적 통합(vertical integration) 전략의 하나이다. 전략적 인적자원관리는 경쟁우위의 원천으로 인적자원(human resource)을 중시 여긴다.

21 ①

해설 관련다각화란 기술적 혹은 마케팅적 등으로 시너지 효과가 있는 집중적 관련다각화와 기존 고객층에 소구 형태의 수평적 관련다각화가 있다. 이러한 관련다각화는 전략적 적합성을 가진 사업으로 확장 시 주로 사용되는 전략으로서 통합해서 운영함으로서 매출이나 이익에 상승효과를 기대할 수 있는 경우와 서로간의 경쟁우위 원천 제공이 가능할 때 주로 사용된다. 아울러 기업이 속한 산업이 정체되었거나 저성장인 경우 현재 제품과 연계된 신제품 또는 현재 포화상태의 제품을 새로운 시장으로 진출시키는 확장을 도모할 때도 사용된다.
② 기업의 현재 제품 시장이 포화 상태인 경우
→ 새로운 시장으로의 전환을 위한 시장개발 또는 현재 시장에 신제품을 출시하는 제품개발전략이 활용가능
③ 신제품의 판매 주기가 현재 제품의 판매 주기와 서로 보완될 수 있는 경우
→ 수명주기를 활용하여 관련 없는 제품을 연계하는 경우로서 비관련다각화에 해당
④ 기업의 현재 유통 경로를 신제품출시에 활용할 수 있는 경우
→ 제품개발 전략 혹은 전방통합 및 비관련 다각화 전략을 활용할 수 있다.

보충
- 관련다각화는 기업이 수행하는 가치사슬상의 활동(Porter, 1980), 경영자의 지배논리(Prahalad and Bettis, 1986), 여유자원 등에 의해서 기존사업과 관련이 있는 분야로 진출하여 특정기능의 경영자원의 생산성 향상, 수익성 변동 최소화, 기업규모 증대에 의한 시장지배력 강화, 판매와 생산, 그리고 연구개발의 활용도 제고 등의 효과가 있다. 반면, 비관련 다각화는 재무상의 위험을 감소시키기 위해서 관련성이 낮은 사업 분야로 진출하여 잉여 자금의 활용에 따른 효율적 현금관리, 장기적 이윤 극대화, 정보력 향상 등의 이점이 있다. 일반적으로 기업의 관련다각화는 기업이 보유하고 있는 기존의 내부역량이 기존 사업 내에서 경쟁력을 지니고 있고 이를 관련된 사업에 활용하여 시너지를 창출할 수 있다고 판단되었을 때 비로소 행하는 전략적 선택이다. 주로 전략경영분야에서 논의되는 자원기반관점이나 '핵심역량'에 관한 논의가 여기에 해당된다(Chatterjee, 1990). 관련다각화의 잠재적 효익은 특정 기능면에서의 비교 우위나 제품 시장에서의 강점을 중심으로 사업부들간의 자원공유나 기술이전 등을 통한 운영시너지효과(Bettis and Hall, 1982)에 있다. 기업전략에 있어서도 기업본부는 관련 다각화된 사업부들의 협조적인 관계를 통하여 시너지를 창출하기 위해 의사결정의 집권화와 행동통제를 수행한다. 다각화 전략을 세울 때 사업부 간의 협동이 필요하고, 기업이 소유한 자원의 효율적인 활용을 통해서 시너지효과의 발생을 목표로 한다. 따라서 기업본부에서는 시너지효과의 달성을 위해서는 계열사 간에 협동이 이루어질 수 있는 조직 분위기의 형성에 주력해야 한다.
- 비관련다각화의 잠재적 효익은 대체로 운영시너지보다는 자금 또는 일반관리 등을 공유함으로써 발생하는 재무시너지에 있으며, 사업 간의 기능별 강점의 교환이 많이 일어나지 않는다. 기업전략에 있어 비관련 사업부들에 대해서는 사업부간 경쟁적인 관계를 통하여 재무적 시너지를 창출하기 위해 분권화하고 산출통제를 한다. 비관련 다각화는 자원의 공유나 기술이전 등을 통한 시너지효과의 추구보다는 외부자본시장이 가지는 위험을 내부로 이전시켜 내부자본시장의 효과적인 활용을 주목적으로 한다.

구분	관련다각화	비관련다각화
기본성격	기존사업과 관련있는 사업 분야로의 다각화 (마케팅, 유통, 생산기술면에서 유사한 시장)	기존사업과 무관한 신사업분야로의 다각화
방법	기존상표, 시설, 기술, 마케팅 능력의 활용 등	자금, 수명주기, 자금 포트폴리오 개념 활용 등
이전 가능한 자원	운영기술, 기능별 기술, 유통시스템, 생산설비, 연구 활동	일반관리기술, 재무자원
기대효과 (목적)	규모의 경제, 전문성, 시너지효과, 운영효율성의 증대, 규모증가에 따른 경쟁지위 상승, 매출과 이익의 안정성	위험분산, 성장, 비용절감, 현금관리와 자원배분의 효율성 증대, 자본조달 비용 감소, 매출과 이익의 안정성
잠재적 이익의 달성 가능성	새로운 사업을 기존 조직에 통합시키는데 어려움이 있으므로 상대적으로 어려움	사업 간의 조정과 통합문제가 발생하지 않으므로 상대적으로 쉬움

* 주: 「대한상공회의소, "기업이 보는 미래유망산업 전망과 육성과제"」

22 ④

해설 성장전략 중 집약성장관련한 문제로서 4번지문과 같이 (기존 '㈜오직커피' 매장에서 기존 고객을 대상으로 판촉 활동을 하는 것은 '시장침투 전략'에 해당한다.) 기존 시장에서 기존 제품으로 매출 증대를 도모하는 것은 시장침투전략이다.

틀린 질문들을 바로 잡으면 다음과 같다.

① 한국에서 '㈜오직커피' 매장 하나를 추가로 여는 것은 '시장개발전략'에 해당한다.⇒기존제품으로 기존시장에서 사업을 확장하는것인 만큼 시장침투전략에 가깝다.

② 베트남에 '㈜오직커피' 매장을 여는 것은 '시장침투전략'에 해당한다.⇒베트남이라는 신시장을 개척하는 것인 만큼 시장개발전략이다.

③ 기존 '㈜오직커피' 매장에서 기존 고객에게 샌드위치를 판매하는 것은 '다각화전략'에 해당한다.⇒기존고객(기존시장)에서 새로운 재품을 추가하여 매출을 증대시키고자 하는 전략으로 제품개발전략에 해당된다.

23 ②

해설 성과 측정은 성과 측정 지표를 통해 조직의 목표 달성과 성과를 측정하고 평가하는 과정으로서, 성과 측정 지표는 이를 위한 도구로서 중요한 역할을 수행한다. 이러한 지표들은 조직의 성공과 발전을 이루기 위해 필수적인 정보를 제공하며, 리더십과 전략의 방향성을 결정하고 개선하기 위한 중요한 도구이다. 이러한 성과 측정은 성과 측정은 얼마나 많은 일이 얼마나 자주 처리되는지의 반복성 보다는 일이 처리되는 방식과 목표 달성 정도로 평가한다.

성과 측정 지표의 주요 역할은 다음과 같다

- 목표 달성 평가 : 성과 측정 지표는 조직의 목표 달성 정도를 평가하는 데 사용. 목표와 기대치를 기준으로 실제 성과를 비교하여 목표 달성 여부를 확인할 수 있다. 이를 통해 조직은 목표에 따라 리더십과 전략을 조정하고 개선할 수 있다.
- 성과 개선 기회 제공 : 성과 측정 지표는 조직의 강점과 약점을 식별하는데 도움을 줌. 어떤 부분에서 높은 성과를 보이고, 어떤 부분에서 개선이 필요한지를 파악할 수 있다. 이를 통해 리더십과 팀은 개선을 위한 목표와 전략을 수립하고 실행할 수 있다.
- 의사결정 지원 : 성과 측정 지표는 데이터와 사실에 기반하여 의사결정을 지원. 리더십은 객관적인 데이터를 활용하여 전략을 평가하고 조정함으로써 조직의 방향성을 결정할 수 있다. 또한 성과 지표는 리더십과 팀이 중요한 결정을 내리는데 도움을 줌.
- 효율성 및 생산성 측정 : 성과 측정 지표는 조직의 효율성과 생산성을 평가하는 데 활용. 작업 프로세스의 효율성, 자원 활용의 효과성 등을 평가하여 조직 내에서 더 나은 방향으로 개선할 수 있는 기회를 제공.
- 직원 동기 부여 : 성과 측정 지표는 직원들을 동기 부여하고 성과를 인정하는데 활용될 수 있다. 성과에 대한 보상이나 인센티브 시스템을 설계하고 운영하는데 기반을 제공하여 직원들의 노력과 기여를 격려할 수 있다.
- 투명성과 의사소통 강화 : 성과측정지표는 조직 내부 및 외부와의 투명하고 효과적인 의사소통을 지원. 조직의 성과와 동향을 공유하고 설명함으로써 조직 구성원들과 이해관계자들 간의 신뢰를 구축하고 유지할 수 있다.
- 목표 설정 및 계획 수립 : 성과 측정 지표는 목표를 설정하고 그에 따른 계획을 수립하는 데 기반이 된다. 명확한 성과 지표를 통해 조직과 팀은 목표 달성을 위한 전략과 행동 계획을 세울 수 있다.
- 지속 가능성 및 혁신 지원 : 성과 측정 지표는 조직의 지속 가능성과 혁신을 지원. 지속 가능한 성과와 혁신적인 성과를 측정하여 조직이 장기적으로 성장하고 발전하는 데 기여합니다.
- 리더십 평가와 발전 : 성과 측정 지표는 리더십의 품질과 효과를 평가하고 발전시키는데 활용됩니다. 리더십의 역량과 성과를 통해 리더 개인의 성장과 발전 방향을 결정할 수 있다.

- 기업 평가와 투자자 관계 강화 : 성과 측정 지표는 기업의 재무성과 및 가치를 측정하는데 활용. 투자자와의 의사소통에서 조직의 성과와 재무 건전성을 보여주는 중요한 정보로 작용.

24 ①

해설 측정결과가 실제 성과를 얼마나 제대로 평가했는지 정도를 의미하는 것은 타당성이다.

보충 성과측정(Performance Measurement, Result Analysis) : 성과 관리 체계를 수행하는 과정에서 특정한 기능의 수행 결과를 표준과 비교하여 생산성(능률성)을 평가하는 관리 기법. 투입에 대한 산출과 정책 효과의 비율 등을 측정하는 것을 말한다. 성과측정은 동일한 업무를 수행하는 기관 간의 비교와 한 기관 내에서의 통시적 비교에 유용한 평가 방법이다.

25 ③

해설 사회계약론적 윤리관이란 산업계와 사회 전반에 통용되는 관행에 근거하여 경영의 옳고 그름을 판단하여야 한다는 주장으로 윤리의 절대 기준은 없으며, 사회적으로 윤리적이라고 여겨지는 계약에 의해 경영활동이 이루어지면 그 활동 자체를 윤리적이라고 보아야 한다는 주장으로서 문제 상의 해당 국가에서 적절하게 여겨지는 관행이라면 터무니 없는 사항도 그 사회적으로는 타당하다고 볼 수 있다는 경영윤리관.

① 공리주의 윤리관: 윤리문제에 대해 다수가 혜택을 본다면 그 정도의 윤리문제는 지적하지 않는 편이 옳다는 관점으로서 개인의 권리보다는 다수의 행복을 중시하는 윤리관 (벤담: 최대다수의 최대행복)

② 정의론적 윤리관: 비슷한 수준의 기술을 갖추고, 비슷한 성과를 올리고, 비슷한 책임을 지는 종업원에게는 동일한 임금을 주어야 하며, 성별, 성격, 인종, 개인적 선호 등 자의적 판단에 따라 차별을 하여서는 안 된다는 주장으로 소수자의 권한을 보할 수 있다는 장점은 있으나, 동등한 급여와 대우를 받는 다는 생각은 자칫하면 무사안일주의와 혁신성을 감소시킬 가능성이 있다.

④ 인권론적 윤리관: 개인의 말할 권리, 양심의 자유, 생명, 안전 등과 같은 개인의 권리와 자유를 우선적으로 존중하고 보호해야 한다는 윤리관으로 개인의 권리보호에 장점이 있으나, 성과보다는 개인의 권리를 더 보호해야 한다는 중장은 자칫하면 효율성을 저하시킬 우려가 있다.

Chapter 3 경영학의 발전과정

개·념·정·리

1 ⑤

해설 테일러는 사회적 접근이 아니라 작업 현장에서의 능률의 원리에 입각한 과학적 접근을 시도하였음.

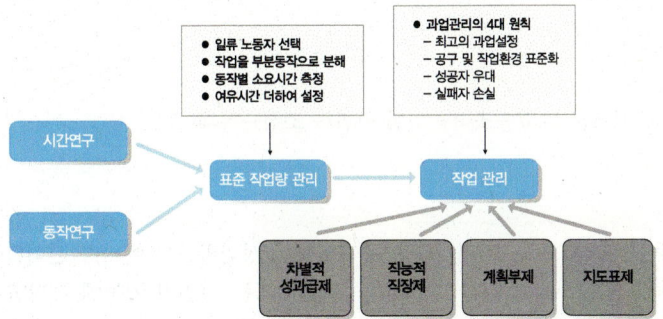

2 ⑤

해설 컨베이어시스템은 포드에 대한 설명임.

3 ⑤

해설 과학적 관리의 시조는 테일러이지만, 시스템적 관리의 입장에서 현대적 경영관리의 전형은 포드(H. Ford)에서 시작되었다고 보는 것이 현실적임.
①, ② 20세기 초에는 근로자들의 조직적 태업으로 인하여 생산성이 매우 낮았기 때문에 이를 극복하기 위하여 모든 생산작업에 시간연구를 적용해서 모든 작업에 표준시간을 설정하였으며 임금은 생산량에 비례하였다.
③ 경경자가 계획의 직능을 담당하고, 노무자가 담당하는 작업을 원조했다. 계획은 시간연구나 동작연구, 또는 기타 과학적으로 얻어진 정확한 자료에 따라서 설정하였다.
④ 인간의 심리적·사회적·생리적 측면에 대해서는 연구가 이루어지지 않았다.

4 ①

해설 포드는 표준화(standardization), 단순화(simplification), 전문화(specialization)의 3S 개념을 정립

5 ①

해설 저가격, 고임금 원칙을 주장하며 제품의 질을 높이고 지속적으로 가격을 인하하여 대중에게 봉사하고 임금 인상을 통해 근로자들에게 봉사해야 한다고 주장하였다.

6 ③

해설 대량소비, 대량생산의 개념은 포드의 경영철학으로서, 포드 시스템은 컨베이어 벨트와 동시화 작업 기능으로 대량생산이 가능하다.

7 ④

해설 연공에 의한 승진이 아니라 업적 및 이와 관련한 자료에 근거한 승진을 강조함.

8 ③

해설 베버는 조직은 사적욕망에 의해 즉흥적이고, 상황 적합적 관리가 아니라 <u>합리적 기반에 근거한 관리가 이루어져야한다고 주장하였음</u>. 베버의 이론은 분류상 고전학파에 들어가며 고전학파는 기본적으로 합리적 경제인가설에 근거한 이론들임.

9 ②

해설 관리과정의 순서로는 계획 – 조직 – 명령(지휘) – 조정 – 통제이다.

10 ①

해설 ② 상업활동 – 계획, 조직, 지휘, 조정, 통제활동은 상업활동이 아니라 관리활동을 의미함.
③ 회계활동 – 구매, 판매, 교환의 기능은 영업적 또는 상업적 기능에 해당함.
④ 관리활동 – 재화 및 종업원 보호는 보호 또는 보전적 기능에 해당함.
⑤ 재무활동 – 원가관리, 예산통제는 회계적 기능에 해당함.

11 ⑤

해설 ① 과학적 관리법의 기본가설들을 비판하며 조직의 생산성 중심에서 인간 중심으로 변화된 이론임
② 인간 없는 조직이란 비판을 들은 이론은 테일러 – 포드의 이론임
③ 심리요인과 사회요인은 생산성에 매우 중요한 영향을 미친다는 것을 증명한 이론임
④ 비공식 집단의 중요성을 인식하게 된 이론임

12 ③

해설 ①은 페욜의 일반관리론에 대한 설명이며, ②, ④, ⑤는 테일러의 과학적 관리법에 대한 설명임.

13 ④

해설 포드는 봉사정신이라고도 불리우는 저가격 고임금의 포디즘이라는 경영철학을 제시하였다. 즉, 3S와 이동조립법에 근거한 대량 생산을 통하여 자동차 가격을 낮추어 질좋은 제품을 싸게 공급하여 얻은 수익을 종업원에게 고임금으로 지급하고자 하였다. 고 임금, 고가격을 제시하지는 않았음
① 테일러는 차별성과급제를 통해 저노무비 고임금을 주장하였다.
② 메이요는 호손실험을 통해 종업원의 심리상태가 생산성에 미치는 영향력이 크므로 이를 기반으로한 인간관계론을 주장하였 고 이 실험의 결과 비공식적 조직을 중요성을 발견하여 이를 강조하였다.
③ 페욜은 계획 – 조직 – 명령 – 조정 – 통제의 과정을 중시하며 이 과정에서의 각 구성원의 책임과 권한 등을 강조하는 14가지 기업경영의 세부 원칙을 제시하였다.
⑤ 베버는 관료제 조직을 가장 이상적 조직으로 보고 분업, 명확한 계층. 규칙과 규정 및 절차에 입각한 의사결정과 고도의 공식적 절차 등을 강조하였다.

14 ④

해설
① 명령을 부하가 수용할 때 관리자의 권한이 성립된다.
② 명령의 권한은 관리자에게 있는 것이 아니라 부하가 명령에 따라 행동할 때 권한이 성립되는 것으로 명령의 권한은 관리자가 아니라 수용하는 부하에게 있다.
③ 버나드가 제창한 것을 사이먼이 승계하였다.

15 ①

해설
사이먼(H. A. Simon)은 인간을 과학적 관리론의 경제인가설과, 인간관계론의 사회인도 가설을 혼합한 형태의 오직 관리인 가설로 인간을 보았다. 그는 조직을 성립·존속시키는 조건이 관리라는 사고방식하의 조직적 의사결정론이라고 주장하였다.

16 ②

해설
페이욜(H. Fayol)은 관리활동의 PODC의 과정 즉, 계획, 조직, 지휘, 조정, 통제의 5단계로 설명하고 있음.
① 테일러(F. Taylor)의 과학적 관리론에서는 차별 성과급제를 통한 조직관리를 주장.
③ 인간을 제한된 합리성을 갖는 의사결정자로 보고 이론을 전개한 학자는 사이먼(H. A. Simon)의 조직이론임.
④ 호손실험을 계기로 활발하게 전개된 인간관계론은 종업원의 심리상태와 비공식적 조직이 생산성에 큰 영향을 미친다고 주장.

17 ③

해설
조직 내 비공식조직 활용의 중요성을 언급하고 강조한 이론은 인간관계론임

18 ⑤

해설
제품을 제외한 나머지 보기들은 투입요소에 가깝다고 할 수 있다.

19 ①

해설
Z이론의 특징
- 미국의 오우치(W. Ouchi) 교수가 제창한 것으로 일본식 경영이론을 미국기업의 경영방법에 도입한 이론
- 장기고용, 순환근무제, 상호신뢰를 바탕으로 하는 일본기업의 경영 특징에 미국기업의 특징인 개인 책임 관리 시스템과 데이터와 전문화에 의한 경영의 장점을 결합시킨 이론
- 경력관리제 도입과 비공식적 통제의 강화와 비업무적 복지에도 관심을 보인 이론

미국식(A형)	수정형 미국식(Z이론)	일본식(J형)
• 단기고용 • 개인적 의사결정 • 개인적 책임 • 급속평가 및 승진 • 명시적·공식적 통제 • 특별 경력관리 • 부분적 관심	• 장기고용 • 합의적 의사결정 • 개인적 책임 • 점진적 평가 및 승진 • 묵시적·비공식 통제를 위한 명시적, 공식적 방법 사용 • 다소 특별한 경력관리 • 전체적 관심	• 장기고용 • 합의적 의사결정 • 집단책임 • 점진적 평가 및 승진 • 묵시적·비공식적 통제 • 일반 경력관리 • 전체적 관심

출처 김영규, 『경영학원론』, 박영사

20 ④

해설 Z이론은 점진적 평가 및 인사, 즉 느린 인사고과가 특징이며 장기고용이 이루어진다.

21 ④

해설 벤치마킹에 대한 설명으로 특정분야에서 뛰어난 업체를 자사의 혁신분야와 비교하여 창조적 모방을 통해 그 차이를 극복하는 경영혁신 방법을 말한다.
① 브로드 밴딩은 개인의 성과를 중요시하는 조직에 어울리며 낮은 단계에서 뛰어난 성과를 거둔 직원이 높은 단계에서 낮은 성과를 거둔 직원보다 더 많은 급여를 받는다.
② 리엔지니어링에 대한 설명으로 비즈니스 과정의 과감한 재구성을 통해 적은 투자와 노력, 인원으로 생산성, 품질, 서비스 등에 혁신을 가져오는 총체적 재창조과정을 말한다. 정확하게는 비즈니스 프로세스 리엔지니어링(BPR)이다.
③ 다운사이징은 기구축소 또는 감원이나 원가절감이 목표이기는 하나, 단기적 비용절감이 아니라 장기적 경영전략을 의미한다.

22 ②

해설 MIS(management information system)에 대한 설명으로 기업경영의 의사결정에 사용할 수 있도록 기업 내외의 정보를 전자계산기로 처리하고 필요에 따라 이용할 수 있도록 인간과 전자계산기를 연결시킨 경영방식으로, 경영관리에 필요한 모든 정보를 신속·정확하게 공급함으로써 생산성과 수익성을 높이고자 하는 정보시스템이다.

23 ③

해설 변화관리를 먼저 수행한 후 BPR, 미래의 업무과정의 구성으로 수행한다.

24 ①

해설 인소싱과 아웃소싱은 서로 반대의 개념이며, 사업의 일부 또는 많은 부분을 외부에 위탁하는 아웃소싱에 비해서 인소싱은 조직의 계통과 체계를 통해 서비스와 기능을 직접 전달하는 경제활동 방식이다.
②, ③, ④ 아웃소싱은 기업이 비용을 줄이고 핵심사업에 기업의 제한된 자원을 집중시킴으로써 경쟁력 우위를 유지하는 것으로서, 그 기본개념은 기능적 차별화와 규모의 경제에 있다.

25 ①

해설 분리설립
- 목적: 회사 분할의 한 방법으로서 분할회사가 현물출자 등의 방법을 통하여 자회사를 신설하고 취득한 주식 또는 기존 자회사의 주식을 모회사의 주주에게 부여하는 것을 말한다.
- 특징: 과도한 기업 집중이나 기업 확장에 따르는 폐단을 시정하기 위한 방안이다.

26 ②

해설 일률적이 아닌 개별 판매점의 특색 즉, 개별 기업 단위의 상황에 따른 진단적 접근 방식을 취하여야 한다는 이론은 상황이론임.

27 ②

해설 　동일한 체격과 성격을 소유한 사람을 선발이 아니라 직무 적합성을 고려한 일류 노동자의 선발이어야 한다.
⇒ Taylor의 Scientific Management의 특징은 다음과 같다.
- 전제 : 인간은 달성하여야 할 일정한 과업이 명확하게 결정되지 않으면 능률은 올라 가지 않는다는 것이 과업관리의 근본정신임. 이에 근거하여 과학적 관리 필요성 주장 (경제적 논리에 의한 능률의 원리만 강조)
- 시간연구와 동작연구를 통해 표준 과업량 제시 → 과업관리
- 차별성과급제 (성과의 따른 외적 보상의 차별화)
- 직능식 조직 → 기능식 직장제도
- 고임금, 저노무비의 실현

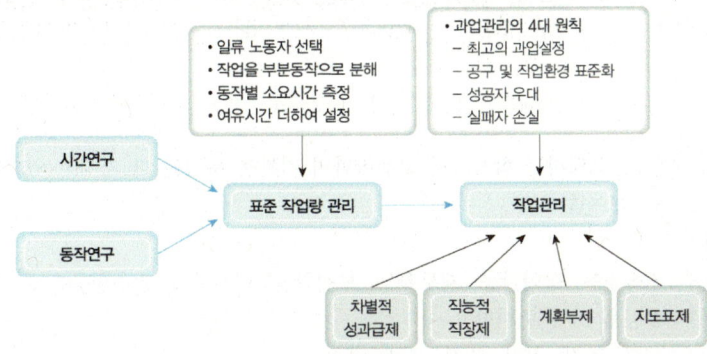

28 ①

해설 　관리과정이란 조직의 목표를 효율적이고 효과적으로 달성하기 위해서 조직이 가지고 있는 그리고 동원할 수 있는 모든 자원이 최적의 상태로 균형과 조화를 이루도록 기업 활동을 계획(planning), 조직(organizing), 지휘(leading), 통제(controlling)하는 일련의 과정을 의미한다. 이러한 과정 중에서 계획은 미래의 추세에 대해 예측하고 목표의 수립과 달성방법 결정과 조직의 목표를 달성하기 위한 최선의 전략과 전술을 결정하는 과정이다. 관리기능을 정리하면 다음과 같다.
- 계획(planning) : 목표의 수립과 달성방법 결정
- 조직(organizing) : 과업 수행을 위한 책임의 할당
- 지휘(leading) : 구성원의 동기유발을 위한 리더십
- 통제(controlling) : 계획과 실행의 비교 및 수정조치

⇒ 기타 지문들을 바로 잡으면 다음과 같다.
② 조직이 목표에 다가가고 있는지 확인하기 위한 명확한 기준을 설정하고 직원의 성공적인 수행을 보상하기 위한 과정은 통제의 과정이라고 볼 수 있다.
③ 조직의 구조를 설계하고 모든 것들이 목표 달성을 위해 함께 작동하는 체계를 구축하는 과정은 조직화의 과정이라고 볼 수 있다.
④ 비전을 수립하고 조직목표를 더 효과적으로 달성하기 위해 의사소통 및 권한과 동기를 부여하는 과정은 지휘의 과정이라고 볼 수 있다.

🔍 **보충** 페욜의 주장에 근거하여 경영관리과정을 5단계로 구분하면 다음과 같다.

구분	핵심내용
계획 (Planning)	• 경영목표를 수립하고 이를 달성하기 위한 가장 합리적인 방안을 도출 하고 • 조직이 수행해야 할 목표의 우선순위를 정하여 여기에 도달하기 위한 최적의 방안 및 방법을 구체화하는 단계이다.
조직 (Organization)	• 계획단계에서 수립된 목표를 성취하기 위하여 조직을 구성하고, 여기에 부합되게 인적 및 물적 자원의 배분과 구성원의 직무를 조정하는 단계이다.
지휘 (Directing)	• 수립된 조직의 목표를 달성하기 위한 업무가 잘 수행될 수 있도록 구성원들을 자극하고 격려하는 일련의 활동을 하는 단계이다.
조정 (Coordinating)	• 직무와 직무, 부서와 부서 간 서로 유기적으로 관련시켜 업무가 더 효율적으로 수행되도록 하는 단계이다.
통제 (Controlling)	• 수립된 사업계획서 대로 구성원들이 제대로 직무를 수행하고 있는지, 목표 대비 진척도(度)에 문제가 없는지 등을 확인 및 모니터링하고 문제가 있을 경우 피드백 및 보완하는 단계이다.

29 ④

해설 페욜은 고전학파에 해당하는 학자로서 고전학파의 기본적 특징을 다 가지고 있으며, 명령의 효율적 이행 등 집권화적 성향을 보여줌.

🔍 **보충** 페욜 정리
- 경영활동을 기술활동, 상업활동, 재무활동, 보전활동, 회계활동, 관리활동으로 나눔
- 페욜은 관리활동을 가장 중시함
- 관리활동은 계획, 조직, 지휘, 조정, 통제(P-O-D-C)

30 ③

해설 인간관계론은 서부전기회사의 호손공장에서 실행된 호손실험을 통해 성립되었다.

심·화·문·제

1 ④

해설 조직의 관리과정을 계획, 조직, 지휘, 조정, 통제의 단계로 구분한 것은 페욜의 관리과정론이다.

2 ④

해설 테일러는 능률의 원리에 입각한 능률적 작업과 생산성 향상을 주된 목표로 하였다.
① 테일러는 개별적 과업관리를 통한 차별적 성과급제를 주장하였다. 보상이 연공(seniority), 팀웍에 비례하여 주어져야 한다고 보기는 어렵다.
② 임파워먼트(empowerment)와 상향적 커뮤니케이션보다는 러는 시간동작연구를 통한 과업관리를 강조한 하향적 커뮤니케이션을 중시하였다.
③ 감정연구, 인간관계연구가 활발히 진행된 것은 인간관계론이라고 보아야 함.
⑤ 직무설계가 철저한 과업관리의 필요성을 강조한 만큼 개성화, 자율화되었다고 보기는 어렵다.

3 ④

해설 저가격·고임금의 원리는 포드의 경영철학인 포디즘과 관련한 사항임. 테일러의 경우 저노무비, 고임금임

4 ①

해설 테일러의 과학적관리법은 생산관리 및 품질관리에 많은 영향을 주었으나, 전사적품질경영(TQM)에서 시작된 것으로 보기는 어렵다. 전사적 품질경영은 현대적 관점에서 고객중심, 지속적 개선 활동 등을 통한 품질 향상을 도모하는 기법이다.

5 ①

해설 Fayol은 경영 활동을 기술 활동, 상업(영업적) 활동, 재무 활동, 보전 활동, 회계 활동, 관리 활동으로 나눈 후 이 중 관리 활동을 가장 중시하였고 이러한 관리 활동을 계획, 조직, 지휘, 조정, 통제의 과정으로 설명하고 이를 바탕으로 14가지의 관리원칙을 제시함.

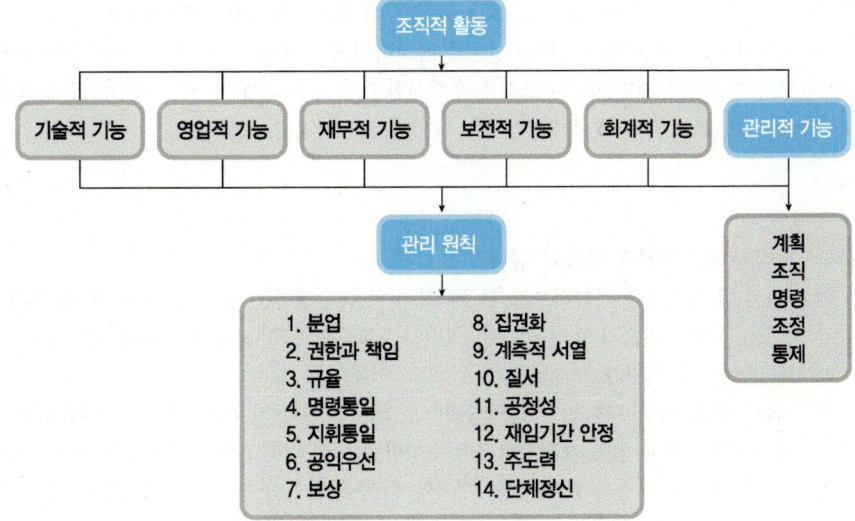

6 ②

해설 호손공장의 실험을 통하여 작업환경도 작업능률에 영향을 미치지만 종업원의 심리상태가 작업능률에 더 큰 영향을 미침을 알게 되었고 비공식적 조직의 중요성 등이 이때부터 대두되기 시작하였다.

7 ③

해설 버나드가 아닌 사이먼의 주장임

8 ②

해설 행동과학이론은 인간관계론에서부터 파생되어 나온 것은 맞으나 비공식 조직의 존재와 그 기능을 밝힌 이론은 인간관계론임.
- 행동과학이론을 정리하여 보면 다음과 같다.
  ① 인간관계론은 행동과학으로 계승 발전됨
  인간은 경제적 이익을 얻는 것만을 목적으로 하는 것이 아니라 더욱 많은 요구를 가지고 있고, 이에 대한 종합적인 인간 행동에 대한 연구가 필요
  ② 행동과학은 리더십론, 동기유발이론 등을 중심으로 전개됨
   ㉠ 리더십이론은 민주적 참가적 리더십에 의해 조직의 요구와 개인의 욕구를 통합하여야 한다고 주장
   ㉡ 동기부여이론은 매슬로우 등의 욕구단계설, 맥그리거의 XY이론 등이 주목받음

9 ②

해설 하위 시스템들간에는 상호의존성을 가지고 있다.

10 ⑤

해설 벤치마킹이란 자신보다 우위에 있는 기업과 자신을 비교하여 차이를 규명하여 차이를 없애기 위한 전략을 추진함으로 경쟁력을 제고하려는 방법이다.

11 ②

해설 베버(Weber)가 주장한 관료주의(bureaucracy)란 합리적이고 이상적이며 매우 효율적인 조직은 분업, 명쾌하게 정의된 조직의 위계, 공식적인 규칙과 절차를 강조하였으나 베버의 이론도 고전학파에 속하는 공통적인 요소를 가지고 있는 이론으로 개인보다는 조직을 우선시한 이론적 체계이다. 이를 바탕으로 보았을 때 인간적(개인적)인 면을 최대한 고려한 관계 등의 원칙을 제시하지는 않았다.

12 ⑤

해설 과학적 관리의 4대 원칙은 다음과 같다.
① 한 과업의 각 요소들을 과학적으로 연구하여 과업을 수행하는 데 가장 좋은 작업방법과 절차를 표준화한다.
② 각 작업을 수행할 기술과 능력을 갖춘 적격자를 과학적으로 선발하고 과학적인 표준방법으로 과업을 수행하도록 훈련·교육시킨다.
③ 관리자는 작업자들이 과학적인 작업방법으로 과업을 수행할 수 있도록 그들과 협력토록 한다.
④ 관리자는 작업자의 작업을 계획하고 작업수행방법을 설정하는 반면 작업자는 이에 따라 작업을 수행함으로써 작업과 책임을 균등하게 배분한다. 이와 같이 관리자와 작업자의 직무와 기능이 분업화되어야 한다.

13 ②

해설 페욜의 관리과정 단계상 조직화에 대한 설명임.

구분	핵심내용
계획 (Planning)	• 경영목표를 수립하고 이를 달성하기 위한 가장 합리적인 방안을 도출하고 • 조직이 수행해야 할 목표의 우선순위를 정하여 여기에 도달하기 위한 최적의 방안 및 방법을 구체화하는 단계이다.
조직 (Organization)	• 계획단계에서 수립된 목표를 성취하기 위하여 조직을 구성하고, 여기에 부합되게 인적 및 물적 자원의 배분과 구성원의 직무를 조정하는 단계이다.
지휘 (Directing)	• 수립된 조직의 목표를 달성하기 위한 업무가 잘 수행될 수 있도록 구성원들을 자극하고 격려하는 일련의 활동을 하는 단계이다.
조정 (Coordinating)	• 직무와 직무, 부서와 부서 간 서로 유기적으로 관련시켜 업무가 더 효율적으로 수행되도록 하는 단계이다.
통제 (Controlling)	• 수립된 사업계획서 대로 구성원들이 제대로 직무를 수행하고 있는지, 목표 대비 진척도(度)에 문제가 없는지 등을 확인 및 모니터링하고 문제가 있을 경우 피드백 및 보완하는 단계이다.

보충 관리기능을 POLC 기반으로 정리하면 다음과 같다.
- 계획(planning): 목표의 수립과 달성방법 결정
- 조직(organizing): 과업 수행을 위한 책임의 할당
- 지휘(leading): 구성원의 동기유발을 위한 리더십
- 통제(controlling): 계획과 실행의 비교 및 수정조치

14 ①

해설 과학적 관리론은 주먹구구식의 표류 경영체제에서의 소품종 소량생산을 과학적 관리를 통한 생산의 효율성을 향상시키고자 한 접근이었음.

15 ①

해설 테일러는 시간과 동작연구를 통한 개별과업관리를 단행하였으며 과업관리의 4대 원칙으로서 최고의 과업 설정, 공구 및 작업환경의 표준화, 성공자 우대 및 실패자 손실을 주도록 과업을 관리하였다. 그러나 공정분석과 같은 동시관리적 접근을 하고 있지는 않다.

16 ⑤

해설 4차 배선관찰 실험을 통해서 경제적 욕구보다는 사회적 관계 특히, 비공식적 조직의 존재 및 중요성을 파악하게 되었다.

실험	내용	수행자
제1차 : 조명실험	조명의 변화 → 작업자의 생산성	1924~1927 미국국립과학아카데미(NAS) & 회사 내의 자체 엔지니어
제2차 : 계전기 조립실험	조명 외의 작업관련 요인(작업시간, 임금, 휴식시간 등) → 작업자의 생산성	1927~1932 E. Mayo의 하버드 대학 연구팀
제3차 : 면접실험	작업자의 심리적 요인 → 작업자의 태도와 생산성	
제4차 : 배선관찰 실험	다양한 사회적 요인(비공식적 조직 및 규범) → 작업장에서의 지속적 성과 증대	

17 ④

해설 보기를 파악하여보면 다음과 같다.
- ㄱ. 동기부여는 생리적 욕구나 안전욕구 단계에서만 가능하다. ⇒ X이론적 관점
- ㄴ. 작업조건이 잘 갖추어지면 일은 놀이와 같이 자연스러운 것이다. ⇒ Y이론적 관점
- ㄷ. 대부분의 사람들은 엄격하게 통제되어야 하고 조직목표를 달성하기 위해서는 강제되어야 한다. ⇒ X이론적 관점
- ㄹ. 사람은 적절하게 동기부여가 되면 자율적이고 창의적으로 업무를 수행한다. ⇒ Y이론적 관점

보충
- 맥그리거는 그의 저서 『기업의 인간적 측면(The Human Side of Enterprise)』에서 관리자가 인적자원을 통제함에 있어서 근거로 하는 이론적 가정이 무엇이냐에 따라 기업의 전체적성격이 결정된다고 전제하고 이러한 가정을 X, Y라는 두 가지 이론으로 설명하고 있다.
- X이론의 가정 : 원래 인간은 일하기를 싫어하고 놀기를 좋아하며 가능하면 일을 피하고자 한다. 사람들은 별로 야심이 없고 책임을 회피하며 명령받기를 좋아하고 안전을 추구한다. 따라서 조직목표의 달성을 위하여 강제, 명령, 위협 및 처벌방법을 강구하여야 한다.
- Y이론의 가정 : 인간이 일에 대하여 기울이는 노력은 스포츠나 놀이와 마찬가지로 본성적인 것이다. 인간은 외적 강제나 처벌의 위협이 없더라도 조직목표를 위하여 자기 통제를 한다. 개인이 조직 목표에 헌신적으로 관여하는 정도 는 목표달성과 보상과의 함수이다. 보수는 경제적 보수, 정신적 보수 모두가 포함이지만 이 중에서 가장 중요한 것은 자아실현 욕구의 충족이다.
- X이론에 따르면 인간의 동기는 대체로 저차적 욕구수준인 생리적 욕구, 안전 욕구 수준에 머무르고 있다고 가정하고 있으며, Y이론에 따르면 인간의 동기는 고차적 수준의 욕구에 머무르고 있다고 가정하고 있다.

18 ③

해설 집단이나 조직차원에서의 의사결정이 더 합리적이라는 합리성의 수준을 애기하는 것이 아니라 정보의 비대칭성이나 인간으로서의 한계로 인한 만족해 수준에서의 의사결정을 애기하고 있는 것이 제한된 합리성이다.

19 ④

해설 ④번의 경우 고객관계관리(customer relationship management, CRM)와는 개념상 다른 내용이임. 참고로 잠재고객 평생가치(Lifetime Value, LTV)는 한 고객이 기업과의 관계를 유지하는 동안 발생할 수 있는 총 수익을 의미합니다. 따라서 잠재고객을 경쟁상대에게 빼앗겼을 때 예상할 수 있는 손실값은 해당 고객이 기업에 기여할 수 있었던 총 수익을 의미합니다. 추가로 이러한 손실값을 계산하기 위해서는 다음과 같은 요소들을 고려해야 합니다:
- 평균 구매 금액: 고객이 한 번 구매할 때 지출하는 평균 금액.
- 구매 빈도: 고객이 일정 기간 동안 얼마나 자주 구매하는지.
- 고객 유지 기간: 고객이 기업과 관계를 유지하는 평균 기간.
- 이익률: 총 수익에서 비용을 뺀 순이익 비율.

20 ③

해설 틀린 지문을 바로 잡으면 다음과 같다.
① 정보와 물류의 리드타임의 길수록 공급사슬내 채찍효과(bullwhip effect)로 인한 현상은 감소한다. → 감소하는게 아니라 오히려 증가한다.
② 공급자 재고관리를 활용하면, 구매자의 재고유비용은 빈번한 발주와 리드타임의 증가로 인해 상승하고, 공급자의 수요예측 정확도는 낮아진다. → 공급자 재고관리를 활용하면, 구매자의 재고유비용은 감소하고,

공급자의 수요예측 정확도는 높아진다.
④ 대량 고객화(mass customization) 전략은 표준화된 단일품목에 대한 고객수요를 최대한확대하려는 방향으로 공급 네트워크를 구성하려는 전략이다.→ 대량고객화란 공정유연화를 통해 다품 종 대량생산체계를 통해 생산 효율성과 고객화를 동시에 추구하는 전략이다.

Part 2 경영조직론

Chapter 1 개인차원의 조직행동

개·념·정·리

1 ②

해설 빅-파이브(Big-Five) 모형에서 제시하고 있는 다섯 가지 성격요소를 정리하여 보면 다음과 같다.

구분	내용
외향성 (extroversion)	외향성이란 사람들이 많은 관계 안에서 느끼는 편안함의 정도를 의미함. 외향적인 성향의 사람들은 사교적이고 친화력이 뛰어난 반면 내향적인 사람들은 소심하고 수줍어하며 조용한 성향임
조화성 (agreeableness)	조화성이란 다른 사람들에게 양보하고 순응하는 성향을 의미. 조화성이 높은 사람들은 따뜻하며, 협력적이고 타인을 신뢰하는 반면 조화성이 낮은 사람들은 차갑고 까다로우며 타인에 대해 적대적임
성실성 (conscientiousness)	성실성이란 신뢰성과 관련 있음. 성실성이 높은 사람은 책임감이 있고 믿음직스럽고 우직한 반면 성실성이 낮은 사람은 산만하고 쉽게 마음이 분산되어 믿음직스럽지 못함
정서 안정성 (emotional stability)	정서 안정성이란 스트레스에 견디는 개인의 능력을 의미. 정서가 안정적인 사람들은 온화하고 자신감이 있으며 안정적인 반면 정서 안정성이 낮은 사람들은 신경질적이고 불안하며 불안정함
개방성 (openness to experience)	개방성이란 새로운 것에 대한 관심과 흥미를 나타내는 정도를 의미. 개방성이 높은 사람들은 창의적이고 호기심이 많으며, 예술적 감수성이 있는 반면 개방성이 낮은 사람은 보수적이며 익숙한 환경에서 편안함을 느낄 수 있음

2 ④

해설 행위자-관찰자 효과 또는 행위자-관찰자 편견이란 귀속과정의 오류에 해당하는 것으로서, 귀속과정의 오류를 정리하면 다음과 같다.

구분	내용
자존적 편견	성공 시 내적귀속 / 실패 시 외적귀속
행위자 - 관찰자 편견	자기행동 - 외적귀속 / 타인행동 - 내적귀속
근원적 귀인오류 (fundamental attribution error)	관찰자가 다른 이들의 행동을 설명할 때 상황 요인들의 영향을 과소평가하고 행위자의 내적, 기질적인 요인들의 영향을 과대평가하는 경향을 말하는 것으로 맞는 설명임.
통제의 환상	모든 결과를 내적귀속

① 최근효과(recency error)/나중효과에 대한 설명으로 가장 최근에 얻어진 정보에 비중을 더 많이 주어 평가한다.
② 유사효과에 대한 설명으로 유사효과란 평가자의 태도, 종교, 정치적 입장 등에서 자신과 유사한 사람에게 후한 평가를 주는 것을 의미함.
③ 주관의 객관화 또는 투사의 오류에 대한 설명으로 자신의 특성이나 관점을 다른 사람에게 귀속 또는 전가하는 것(투영)으로서 주관적인 생각으로 타인을 평가하는 오류를 의미함.

3 ④

해설 개인의 일부 특성을 기반으로 그 개인 전체를 평가하는 지각경향으로서 한 분야에 있어서의 어떤 사람에 대한 호의적 혹은 비호의적 인상이 다른 분야에 있어서의 그 사람에 대한 평가에 영향을 주는 것을 후광효과 또는 현혹효과라고 한다.

4 ②

해설 일부정보가 다른 부분의 정보 해석에 영향을 주는 지각오류는 후광효과(현혹효과/Halo effect)로서 이는 한 분야에 있어서의 어떤 사람에 대한 호의적 혹은 비호의적 인상이 다른 분야에 있어서의 그 사람에 대한 평가에 영향을 주는 것을 의미한다.

5 ④

해설 항상오류란 규칙적 오류의 개념으로 생각하면 되는데 질문에 대한 답변 등이 한쪽으로 쏠리는 규칙적인 오류 현상을 의미한다.

6 ①

해설 규칙적 오류 중 하나인 관대화 경향에 대한 설명임. 평가결과가 정규분포를 나타내지 않고 평균치 이상에 집중적으로 나타나는 경향
② 상동적 오류(stereotyping): 집단의 특성을 개인에 전가함으로써 발생하는 오류
③ 연공오류(seniority error): 평가대상자의 업적이나 역량에 대한 객관적이고 공정한 평가보다는 연령이나 근속기간을 우선적으로 고려하여 평가하려는 경향
④ 후광효과(halo effect): 개인의 부분적 특성을 개인의 전반적 인상으로 평가하는 경향
⑤ 대비오류(contrast error): 피평가자의 평가에 있어 자신이 지닌 특성과 비교하여 평가함으로서 나타나는 오류

7 ②

해설 기대의 오류로 불리는데 이는 주위사람들이나 자신이 기대한 대로 행동함으로써 결국은 기대대로 이루어진다는 것으로 피그말리언 효과(the Pygmalion effect), 자기실현적 예언(self-fulfilling prophecy)이라고도 불린다. 부하직원에 대해서 상사가 잘 할 것이라고 기대하고 있으면 부하직원은 상사의 기대를 저버리기 싫어서 더욱 열심히 일을 하여 정말 좋은 결과를 이끌어 내는 것을 예로 들 수 있다.

8 ①

해설 자기이해, 자기인정, 객관성테스트 등을 통한 자아개념의 달성은 오류를 극복하는 방법 중의 하나이다.

9 ②

해설 상동적 태도의 예로는 "독일 사람들은 근면해", "남자는 늑대야" 등처럼 그 사람이 속한 집단의 특성에 의하여 그 사람을 평가하는 것이다.

10 ②

해설 사람에 대한 경직적인 편견을 가진 지각으로서 타인에 대한 평가는 그가 속한 사회적 집단에 대한 지각을 기초로 이루어지는 것은 상동적 태도라고 한다.
① 현혹효과(후광효과): 한 분야에 있어서의 어떤 사람에 대한 호의적 혹은 비호의적 인상이 다른 분야에 있어서의 그 사람에 대한 평가에 영향을 주는 것을 의미
③ 유사효과: 평가자의 태도, 종교, 정치적 입장 등에서 자신과 유사한 사람에게 후한 평가를 주는 것

④ 지각적 방어: 개인에게 불쾌감 또는 위험을 안겨 주는 자극이나 상황적 사건이 있을 경우 이에 대해 담을 쌓거나 인식하기를 거부함으로써 방어를 구축하는 것

11 ②

해설 논리적 오류는 상관적 편견 때문에 생기는 것으로 서로 상관관계가 있는 특질에 대해 하나의 특질이 우수하면 서로 상관관계에 있는 다른 특질도 우수하다고 생각하는 오류이다.
① 유사효과: 평가자의 태도, 종교, 정치적 입장 등에서 자신과 유사한 사람에게 후한 평가를 주는 것
③ 선택적 지각: 편견으로 지각자의 내적 상태, 즉 경험·욕구·동기를 근거로 눈에 먼저 들어오는 정보에 의존하는 현상
④ 통제의 환상: 귀속과정의 오류로 모든 결과를 내적 귀속하려는 성향을 의미함.

참고 근원적 귀인오류(fundamental attribution error)는 사건의 원인에 대해서 외적 요인을 간과하거나 무시하고 행위자의 내적 요인으로 귀인하려는 오류이다.

12 ②

해설 태도의 세 가지 요소는 인지적, 감정적, 행동적 태도이며 통상 이 순서로 태도가 결정된다.

13 ⑤

해설 조직시민행동(OCB, organizational citizenship behavior)
- 자신에게 주어진 조직 내의 공식적인 역할이 아니고 직접적인 보상이 없어도 조직을 위해 희생하고 자발적으로 열심히 일하 며, 주어진 책임 이외의 부가적인 업무를 수행하는 행위
- 직무만족과 조직몰입이 높은 사람들이 조직시민행동을 많이 함
- 조직시민행동은 개인의 업무적 성과를 직접적으로 높이지는 않을지라도 조직의 맥락적 성과를 높여줄 수 있어서 조직에 공헌 할 수 있음

14 ⑤

해설 고전적 조건화에 의하면 자극에 지속적인 노출로 인하여 태도가 형성된다는 이론으로 음악에 대한 좋은 태도가 지속적인 노출로 인하여 상품으로 전이될 수 있다.

15 ①

해설 자유연상법이란 자유로운 분위기에서 창의적인 사고를 통하여 서로 발표하여 문제해결점을 찾는 것으로 고든법과 브레인스토밍법이 있다.
- 브레인스토밍: 오스본(Osborn)에 의해 제시된 것으로 적정수의 약12명 사람들이 모여 집단회의를 열어 리더가 제시한 문제에 대해서 각자가 많은 아이디어를 자유롭게 제시하여 문제의 해결책을 찾고자하는 방법으로 정보의 질보다 양을 중시 여기는 특징이 있다. 아울러 성공적인 브레인스토밍을 위한 원칙으로는 비난하지 말라, 자유분방하게 토론하게 하라, 아이디어를 첨가하거나 개선하는 것을 환영하라, 가급적이면 많은 아이디어를 내도록 권장하라 등을 들 수 있다.
- 고든법: 브레인스토밍과 비슷하나 정보의 양보다 질을 추구하며, 리더 혼자서만 주제를 알고 장시간 동안 문제해결의 방안을 각자 마음대로 제시하도록하는 방법

16 ②

해설 브레인스토밍은 10명 내외의 소수집단에서 행하여지는 비판 없는 자유토론으로서 정보의 질보다 양을 중시하며 리더가 하나의 주제를 제시하면 집단구성원이 각자의 의견을 자유롭게 제시하며 토론하는 방법이다.
고든법의 경우 브레인스토밍과 유사한 방법이나 이 경우 정보의 양보다는 질을 우선시하는 방법으로서 리더 혼자서만 주제를 알고 장시간 동안 문제해결의 방안을 각자 제시 할 수 있도록 한 창의성개발기법이라고 할 수 있다.

• 창의성 측정 기법과 개발방법을 정리하면 다음과 같다.

측정기법	원격연상검사법(RAT)	3개의 단어를 나열하여 그 공통점을 요구 / 단순한 측정방법
	토란스검사법	여러 가지로 해석이 가능한 그림들을 연속으로 보여주고 질문 / 복합적인 측정방법
개발법	브레인스토밍	리더가 제기한 문제에 대하여 참가자 각자가 생각난 아이디어를 자연스럽고 자발적으로 제시 / 정보의 질보다 양
	고든법	• 브레인스토밍과 비슷하나 양보다 질을 추구 • 리더 혼자서만 주제를 알고 장시간 동안 문제해결의 방안을 각자 제시
	분석적 기법	한 문제와 그 문제의 여러 요소를 철저하게 논리적으로 분석
	강제적 관계기법	정상적으로 관계가 없는 둘 이상의 물건이나 아이디어를 강제적으로 관계를 맺어 보게 하는 방법
	명목집단법	이름만 집단이지 구성원 상호간의 대화 토론이 이루어지지 않는 방법
	델파이법	전문가의 의견을 우편으로 수집

17 ③

해설 도피학습과 회피학습은 소극적 강화의 유형이다.

18 ①

해설 맥클리랜드의 성취동기이론은 동기부여의 내용이론이다. 아울러 ② 브룸의 기대이론, ③ 아담스의 공정성 이론, ④ 로크의 목표설정이론, ⑤ 데시의 인지평가이론들은 모두 동기부여의 과정이론임

19 ②

해설 생리적 욕구 → 안전 욕구 → 사회적(소속) 욕구 → 존경 욕구 → 자아실현 욕구

20 ⑤

해설 행복의 욕구(happiness needs)는 해당되지 않음.

21 ⑤

해설 ① 조직의 감시, 감독 및 통제가 필요하다는 주장은 X이론임.
② 쌍방향 의사결정은 Y이론에서 주로 발생한다.
③ 자기 통제가 많은 것은 Y이론이다.
④ 순자의 성악설은 X이론에 해당한다고 볼 수 있다.

22 ⑤

해설 브룸의 기대이론은 동기부여의 과정 이론임

23 ④

해설 상사와의 관계, 회사 정책 및 관리방식 및 작업조건은 위생요인에 해당하며, 성취, 인정 등은 동기요인에 해당함.

24 ②

해설 수단성이란 성과에 따른 보상을 의미하는데 조직의 신뢰성이 떨어지고 조직정치에 의해 보상 등이 좌우된다면 수단성은 작아진다고 보아야 함

25 ⑤

해설 유의성(valence)이란 조직의 보상이 개인목표나 욕구를 충족시키는 정도를 나타내는 지표임. 즉, 보상에 대해 느끼는 매력 정도 (+ / -)로서 주어진 보상에 대하여 동일한 유의성을 갖지 않고 개별적 선호에 따라 유의성은 달라진다.

* 브룸의 기대 이론을 정리하여 보면 다음과 같다.
  - 기대감(expectancy): 노력하면 규정된 성과를 달성할 수 있으리라는 개인의 주관적 확신 정도(0~1.0)
  - 수단성(instrumentality): 규정된 성과를 달성했을 경우 보상을 받을 것이라는 기대감의 정도(-1.0~1.0)
  - 유의성(valence): 조직의 보상이 개인목표나 욕구를 충족시키는 정도, 보상에 대해 느끼는 매력 정도(+/-)

26 ①

해설 켈리의 이론을 정리하여 보면 다음과 같다.

구분	내용	고	저
특이성(distinctiveness)	다른 사건의 결과와 비교	외적 귀속	내적 귀속
합의성(consensus)	다른 사람의 결과와 비교	외적 귀속	내적 귀속
일관성(consistency)	다른 시점의 결과와 비교	내적 귀속	외적 귀속

27 ④

해설 로키치는(Rokeach)는 가치관을 수단적 가치(instrumental value)와 궁극적 가치(terminal value)로 분류하고, 궁극적 가치란 개인이 선호하는 최종 상태로서 인간이 살아가는 동안 획득하고자 하는 존재양식이나 목표를 의미하는 것으로 성취감, 자유, 평등, 내적 조화, 지혜, 존중, 사랑 등을 제시하였고, 수단적 가치란 최종상태에 이르기 위해 개인이 선호하는 행위방식이나 행동양상으로서 용기, 정직, 지성 등을 제시했다.

28 ③

해설 켈리(Kelly)의 입방체 이론에서의 성향을 반대로 설명하고 있으며 이를 정리하면 다음과 같다.

구분	내용	고	저
특이성(distinctiveness)	다른 사건의 결과와 비교	외적 귀속	내적 귀속
합의성(consensus)	다른 사람의 결과와 비교	외적 귀속	내적 귀속
일관성(consistency)	다른 시점의 결과와 비교	내적 귀속	외적 귀속

29 ①

해설 강화는 긍정적(적극적), 또는 부정적(소극적) 강화 모두 바람직한 행동을 증가시키려는 활동이다.

30 ③

해설 마키아벨리즘이란 자신의 목표를 달성하기 위하여 각종 수단과 방법을 가리지 않고 다른 사람을 이용하고 조작하려는 성향을 의미. 마키아벨리즘 성향이 강한 사람은 감정적 거리를 잘 유지하고 목적이 수단을 정당화시킬 수 있다고 믿음을 의미한다.
- 높은 마키아벨리즘 성향이 있는 사람들은 낮은 사람들에 비해 남을 잘 구슬리고 쟁취를 잘 하며, 남에게 쉽게 설득당하지 않는 반면 남을 잘 설득 함. 그러나 목적이 수단을 정당화할 수 없는 업무에서는 마키아벨리즘이 높은 사람의 성과를 예측하기란 어려움
- 마키아벨리즘 성격의 세 가지 핵심요인
  - 대인관계에 있어 속임수와 조작을 사용하는 성향
  - 인간 본성을 나약하고 믿을 수 없다고 보는 냉소적 관점
  - 전통적 도덕과 윤리를 무시하는 성향

31 ①

해설 사랑은 관계욕구로 볼 수 있으며 이의 좌절 퇴행으로 인해 존재욕구로서의 식욕이 증가한 것이므로 알더퍼의 ERG이론에 해당한다고 볼 수 있다.

보충 ERG이론
(1) 단계별 욕구
① 존재 욕구(existence needs) : 존재 욕구는 배고픔, 목마름 등의 생리적 욕구와 안식처, 급여, 육체적 작업 조건 등의 물리적 욕구가 이 범주에 속한 다. 이는 매슬로우의 생리적 욕구, 안전 욕구와 비교할 수 있다.
② 관계 욕구(relatedness needs) : 관계 욕구는 가족구성원, 공동작업자, 친구 등 타인과의 관계에서 형성되는 모든 욕구를 포괄하는 개념으로 이는 상호 간의 이해, 할당과정(process of sharing), 상호 간의 감정(mutuality of feeling) 등이 있다. 이러한 욕구는 매슬로우의 안전 욕구, 사회적 욕구, 존경 욕구와 유사하다.
③ 성장 욕구(growth needs) : 성장 욕구는 개인이 자기 능력을 최대로 이용 할 뿐만 아니라 새로운 능력개발 등과 관련된 욕구로 매슬로우의 존경 욕구와 자아실현 욕구와 유사하다.
(2) 특징
① 매슬로우가 욕구를 5단계로 구분한 것에 비해, 알더퍼는 욕구를 존재 욕구-관계 욕구-성장 욕구로 3단계로 구분
② 매슬로우는 만족-진행접근(satisfaction-progression approach), 즉 저차 욕구가 만족되면 고차 욕구로 진행되어 간다는 이론을 전개하였으나 알더퍼는 만족-진행접근에 좌절-퇴행(frustration-regression) 요소를 가미하여 이론을 전개하고 있다. 즉, 고차 욕구가 만족되지 않거나 좌절되게 되면 저차 욕구에 대한 욕망의 정도나 중요성이 더 커지게 되는 것이다.
(3) 시사점
: 종업원의 상위 욕구가 좌절되면 하위 욕구의 중요성이 더 커지게 되므로 기업의 관리자는 종업원의 상위 욕구 충족에 관심을 가져야 종업원의 하위 욕구에 대한 집착이 줄어들 수 있게 된다.

32 ③

해설 허츠버그(F. Herzberg)는 인간은 상호 독립적인 2가지(동기요인과 위생요인) 욕구를 가지고 있으며 각기 인간 행동에 다른 영향을 미친다고 보았으며, 이 중 동기요인이 종업원의 만족을 가져오고 동기유발하므로 관리자는 직무내용을 개선 향상시키는데 주의를 하여야 한다고 주장함. (직무충실화 설계로 발전)

- 동기요인(만족요인) : 만족에 영향, 성취감, 책임감, 인정, 직무의 내용과 관련
- 위생요인(불만요인) : 불만족에 영향, 급여, 대인관계, 감독, 정책, 직무의 환경과 관련

33 ①

해설 노력에 따른 성과에 대한 기대감과 성과에 대한 보상의 수단성 그리고 보상에대한 개인차 및 선호가 반영된 유의성의 순석로 작동된다고 보고 있다.

34 ①

해설 브룸(Vroom)은 기대이론(expectancy theory)을 통해 노력, 성과, 보상 사이의 관계를 연구하였으며 이를 통해 '개인의 노력 → 개인의 성과(1차결과) → 조직 보상(2차결과)'의 프로세스로 동기부여의 과정이론을 설명하였다. 해당 프로세스를 개관하면 다음과 같다.
- 기대감(expectancy) : 노력하면 규정된 성과를 달성할 수 있으리라는 개인의 주관적 확신 정도(0 ~ 1.0)
- 수단성(instrumentality) : 규정된 성과를 달성했을 경우 보상을 받을 것이라는 기대감의 정도(-1.0 ~ 1.0)
- 유의성(valence) : 조직의 보상이 개인목표나 욕구를 충족시키는 정도, 보상에 대해 느끼는 매력 정도(+/-)

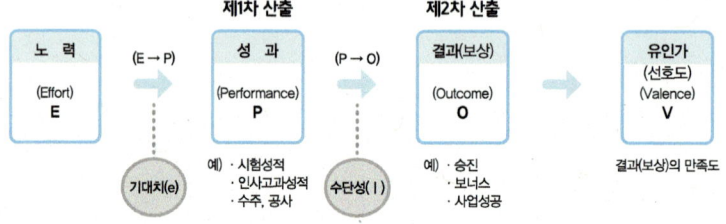

35 ②

해설 강화론적 관점에서 특정 행동에 뒤따르는 보상은 학습효과로 인해 그 이후 유사한 상황에서 그 행동의 발생 가능성을 억제하는 것이 아니라 지속시킨다.

36 ①

해설 허츠버그(F. Herzberg)의 2요인이론(two-factor theory)은 상호 독립적인 2가지(동기요인과 위생요인) 욕구를 가지고 있으며 각기 인간행동에 다른 영향을 미친다고 보는 이론으로 여기서 동기요인과 위생요인은 다음과 같다.
- 동기요인(만족요인) : 만족에 영향, 성취감, 책임감, 인정, 직무의 내용과 관련
- 위생요인(불만요인) : 불만족에 영향, 급여, 대인관계, 감독, 정책, 직무의 환경과 관련

나머지 지문을 바로 잡으면 다음과 같다.
② 위생요인을 개선하면 만족이 증가한다.⇒위생요인은 적정관리대상인 위생요인으로 종업원의 만족을 증대시킬수는 없는 불만족 요인에 해당한다.
③ 직장에서 타인으로부터 인정받지 못한 직원은 불만족하게 된다.⇒인정감 자체는 동기적 요인으로서 이는 불만족과는 다른 차원의 만족스럽지 않은 상황이다.
④ 불만족을 해소시키면 만족이 증가한다.⇒불만족을 해소시키면 불만이 없는 것이지 만족스러워진다고 볼 수는 없다.

37 ②

해설 켈리(Kelley)의 귀인이론(attribution theory)에서는 행동의 원인을 합의성, 특이성, 일관성의 세 가지 차원으로 구분하여 해석하고 있다.

38 ④

해설 모험 선호성은 해당되지 않음.

39 ③

해설 태도를 구성하는 3요소에는 인지적 요소(신념의 표현), 정서적 요소(감정: 감정표현), 행위적 요소(행동하려는 경향)를 들 수 있다.

40 ④

해설 잠재적 창의성은 자신이 원하는 것을 보통 사람들이 생각해 내지 못하는 독창적인 방법으로 현실화시키고, 한 가지 지식을 다양한 형태의 지식이나 사고와 연관시켜 문제 해결 과정에 적용할 수 있는 잠재적 능력을 말한다. 아울러 창의성은 새롭고 독창적이기만 해서는 창의적이라고 인정하기 어려우며, 사회·문화적 맥락에서 가치 있게 인정되며 실현될 때 창의적이라고 할 수 있다.

즉, 창의성은 바람직한 많은 개별적 특성과 관계가 있다고 보기 보다는 개인과 사회의 상호작용 결과로 보아야 한다.

창의적이라 불릴 만한 아이디어나 업적은 한 개인의 머리에서 나오는 것이 아니라 여러 조건이 어우러져 빚어내는 상승작용의 결과라고 할 수 있다.

창의성에 대한 정의는 독창성, 가치, 실현성의 세 요소를 포함하는 것으로 볼 수 있다. 독창성이 창의성으로 발현되기 위해서는 새로운 가치를 창출해야 하며, 실현 가능해야 한다.

우리 사회와 역사에 독창적이고 혁신적인 아이디어는 무수히 많이 등장하였으나 사회적, 경제적, 문화적 차원과 결합되지 않아 사장된 사례가 많이 있다. 독창적이며 창의적인 아이디어가 그 사회에서 실현될 때 비로소 창의성이 구현된다고 말할 수 있다.

심·화·문·제

1 ①

해설 big 5 유형 성격유형 중 개방성(openness to experience)이란 새로운 것에 호기심을 갖고 매료되는 정도를 의미하며, 다른 사람들과 잘 어울리고 남을 신뢰하는 성향은 친화성(agreeableness)으로 이는 타인을 존중하는 개인의 성향을 의미한다.

- Big5 성격유형을 정리하면 다음과 같다.
  외향성: 사회적 관계 속에서 편안함을 느끼는 정도. 사교, 명랑, 적극, 활달 ↔ 수줍음. 소극, 내성적, 조용함
- 경영관리직/영업직과 관련성 높음. 직무와 생활 전반에 더 만족.
  친화성: 타인을 존중하는 개인의 성향. 양보, 화평, 포용, 협조 ↔ 냉철, 비판, 몰인정, 차가움
- 더 행복한 경향. 함께 일 할 동료로 선택될 확률 높음
  성실성: 신뢰성에 관한 것, 조심, 철저. 계획적, 완벽 ↔ 나태, 무계획, 가벼움
- 높은 수준의 직무지식 개발, 직무성과 향상. 조직시민행동과 관련
  정서적안정성: 스트레스에 대처하는 개인의 능력. 침착, 인내, 자제력 ↔ 혈기, 조바심, 격정적
- 직무성과와 별다른 관련성 없음. 인생에 대한 만족도, 직무만족도, 낮은 스트레스와 관련
  개방성: 새로운 것에 호기심을 갖고 매료되는 정도, 호기심, 혁신, 창조적, 변화 ↔ 보수적, 고정적
- 훈련과정에서의 숙련도와 높은 관련성. 과학과 예술에 창의적 성향, 상황변화에 잘 적응

2 ①

해설 외재론자(externalizer)는 운명은 주어진 것으로 여기고 상황은 스스로 통제 할 수 없다고 생각하는 반면에, 내재론자(internalizer)는 자기 자신을 자율적인 인간으로 보고 자기의 운명과 일상생활에서 당면하는 상황을 자기 자신이 통제할 수 있다고 믿는 경향이 있다.

3 ③

해설 내재론자는 자신의 운명을 스스로 개척할 수 있다고 판단하므로 외재론자보다 걱정을 덜 하는 경향이 있다.

보충 사람들을 내재론자와 외재론자로 구분하는 것은 통제 위치가 어디에 있는가에 대한 여부로 구분한 것으로서, 내재론자는 자기가 자기 운명의 주인이라고 생각하고 자신이 스스로 운명을 통제할 수 있다고 믿고 있다. 외재론자는 자신은 운명을 결정할 수 없고 운명에 순응해야 하는 존재라고 믿고 있다. 연구결과에 의하면 내재론자는 복잡한 환경에서 개인 스스로 대처해 나가야 하는 직무나 창조적인 직무에서 업무성과가 높고 외재론자는 업무수행절차가 정해져 있고 강력한 통제하에서 규칙과 절차를 따라서 수행해야 하는 업무에 성과가 높은 것으로 나타난다.

4 ③

해설 타인을 존중하는 개인 성향은 Big Five 성격 유형에서는 조화성에 속하며, 성실성은 직무성과와 관련성이 높다.

5 ④

해설 ① 출신학교나 출신지역과 같이 그 사람이 속한 집단을 근거로 사람을 평가하는 오류는 후광효과가 아니라 상동적 태도 즉, 스테레오타입(stereotype)의 오류라고 한다. 후광효과는 현혹효과라고도 하며, 한 분야에 있어서의 어떤 사람에 대한 호의적 혹은 비호의적 인상이 다른 분야에 있어서의 그 사람에 대한 평가에 영향을 주는 것을 의미한다.

② 피평가자가 가진 비슷한 특질들(예 근면성과 성실성)이 서로 관계가 있는 것으로 생각하여 유사하게 평가하려는 경향은 유사효과가 아니라 논리적 오류라고 한다. 유사효과란 평가자의 태도, 종교, 정치적 입장 등에서 자신과 유사한 사람에게 후한 평가를 주는 것을 의미한다.
③ 최근효과(recency error)는 최근 정보에 큰 비중을 두는 것이고, 평가를 할 때, 처음에 주어진 정보에 더 큰 비중을 두는 경향을 먼저효과 또는 초기효과(primacy error)라고 한다.
④ 강제할당법을 사용하면 규칙적 오류인 관대화, 중심화, 가혹화 경향의 오류를 감소시킬 수 있다.
⑤ 투영효과(투사, 주관의 객관화, projection)란 정직성이 낮은 평가자가 정직한 평가자보다 피평가자를 덜 부정적으로 평가하는 경향이 아니라 더욱 부정적으로 평가하는 경향을 의미한다.

6 ③

해설 근원적 귀인오류(fundamental attribution error): 관찰자가 다른 이들의 행동을 설명할 때 상황 요인들의 영향을 과소평가하고 행위자의 내적, 기질적인 요인들의 영향을 과대평가하는 경향을 말하는 것으로 맞는 설명임

보기 해설
① 내적귀인(internal attribution)은 어떤 행위의 원인을 능력, 동기, 성격 등 내적 요인으로 이해하려는 것(능력, 동기, 성격)이며, 외적귀인(external attribution)은 어떤 행위의 원인을 상황 요인에 의한 것으로 이해하려는 것(상황요인)으로 보기의 설명은 반대로 이를 설명하고 있음
② 켈리(Kelley)의 귀인모형에서 합의성(consensus)이 높으면 행위자의 내적 요인에 귀인하지 않고 외적귀인한다고 설명하고 있으며 이를 정리하여 보면 다음과 같다.

구분	내용	고	저
특이성 (distinctiveness)	다른 사건의 결과와 비교	외적귀속	내적귀속
합의성 (consensus)	다른 사람의 결과와 비교	외적귀속	내적귀속
일관성 (consistency)	다른 시점의 결과와 비교	내적귀속	외적귀속

④ 자존적 편견(self-serving bias)은 사건의 결과를 실패로 보지 않고 성공을 위한 학습으로 지각하여 실패를 행위자 자신의 탓으로 돌리려는 귀인오류가 아니라 성공 시 내적 귀속/실패 시 외적 귀속하는 귀속과정의 오류이다.
⑤ 켈리(Kelley)의 귀인모형에서 특이성(distinctiveness)이 높으면 행위자의 내적 요인에 귀인하지 않고 외적귀인하는 경향이 있다.

7 ③

해설 합의성이란 다른 사람과의 비교결과이고, 특이성이란 다른 사건과의 비교결과이고, 일관성이란 다른 시점과의 비교결과이다. 합의성이 낮고(다른 사람의 행동결과와 다른 결과가 나오고), 특이성이 낮고(내가 한 다른 사건의 결과와 일치하고), 일관성이 높으면 (내가 한 다른 시점의 결과와 일치하면) 내적으로 귀속하는 경향이 있다.

• Kelly 입방체이론

구분	내용	고	저
특이성	다른 사건의 결과와 비교	외적귀속	내적귀속
합의성	다른 사람의 결과와 비교	외적귀속	내적귀속
일관성	다른 시점의 결과와 비교	내적귀속	외적귀속

8 ②

해설
① 10명의 후보자가 평가위원과 일대일 최종 면접을 할 때 피평가자의 면접순서는 평가자의 최근효과 및 대비효과에 영향을 미칠 수 있으나, 중심화 경향 및 관대화 경향과 면접 순서는 관련이 없다.
③ 행위자 관찰자효과(actor observer effect)는 행위자 입장에서는 외적 귀속, 관찰자 입장에서는 행위자의 행동을 내적 귀속시키는 경향이 나타난다.
④ 제한된 합리성(bounded rationality) 하에서 개인은 최적의 대안(optimal solution)을 찾는 의사결정을 하기보다는 인지적 한계와 탐색비용 등을 고려하여 만족할 만한 수준의 대안을 찾는 의사결정을 한다.
⑤ 집단 사고(group think)는 응집력이 강한 대규모 집단에서 복잡한 의사결정을 할 때, 문제에 대한 토론이 진행되지 않은 상태에서 맹목적인 추종의 형태가 나타날 때 집단 내의 의견이 양극화되는 현상이다.

9 ③

해설
현혹효과란 하나의 평가기준에 의하여 다른 평가요소들이 영향을 받는 것으로 평가기준이 많아진다고 하여 현혹효과가 없어지는 것은 아니다. 현혹효과를 제거하기 위해서는 평가요소를 객관적인 사실과 연결시키는 기준을 만든다거나 평가요소들의 구체적인 기준을 정하는 방법이 효과적이다.

10 ①

해설
타인의 평가에 자신의 감정이나 경향을 투사시키는 오류는 투사의 오류라고 한다. 현혹효과란 특정부분의 평가가 다른 부분의 평가에 영향을 미치는 것을 의미한다.

11 ⑤

해설
① 주관의 객관화(projection)는 타인의 행동에 대한 원인을 자신의 특성이나 경험에 의하여 평가하는 경향을 의미한다.
② 자존적 편견(self-serving bias)은 개인의 자존욕구로 인하여 성공한 것은 자기 탓으로, 실패한 것은 외부의 탓으로 돌리려는 경향이다.
③ 나와의 유사성(similar to me)효과는 자기와 유사한 사람을 후하게 평가하는 경향을 의미한다.
④ 대비효과(contrast effect)는 시간적, 공간적으로 가까이 있는 대상과 비교하면서 평가하는 오류이다.

12 ④

해설
"내 상사가 이런 태도를 보이는 것은 이러이러한 가치관을 가졌기 때문이야"라고는 말할 수 있으나, 이가 역으로 성립하지는 않는다.

13 ②

해설
자존적 편견(self-serving bias)은 평가자가 자신의 자존심을 지키기 위하여, 자신이 실패했을 때는 자신의 외부적 요인에서 원인을 찾고, 자신의 성공에 대해서는 내부적 요인에서 원인을 찾으려는 경향을 의미한다.

14 ①

해설
부적 강화(negative reinforcement)는 바람직한 행동의 빈도수를 증가시키기 위하여 부정적 강화물을 제거하는 방법이고, 정적 강화(positive reinforcement)는 바람직한 행동의 빈도수를 증가시키기 위하여 긍정적 강화물을 증가시키는 방법이다.

15 ④

해설
① 조직몰입(organizational commitment)에서 지속적 몰입(continuance commitment)은 조직구성원으로서 가져야 할 의무감에 기반한 몰입이 아니라 경제적 몰입이라고도 하며, 이직의 불안 등과 같은 이유에서 나타나는 몰입이다.
② 정적 강화(positive reinforcement)에서 강화가 중단될 때, 고정비율법에 따라 강화된 행동이 변동비율법에 따라 강화된 행동보다 빨리 사라진다.
③ 감정지능(emotional intelligence)이 높을수록 조직몰입은 증가하고 감정노동(emotional labor)을 요구하는 업무에서 그 성과를 증가시키는 효과가 있을 수 있다. 감정소진(emotional burnout)은 감소할 가능성이 있다.

보충
감정지능(EI)은 자신이나 타인의 감정을 인지하는 개인의 능력을 나타내는 용어로서, 감정지능은 자신과 타인의 감정을 잘 통제하고 여러 종류의 감정들을 잘 변별하여 이것을 토대로 자신의 사고와 행동을 방향 지을 근거를 도출해 내는 능력이다. 높은 감정지능을 갖춘 사람은 더 정신건강 상태가 좋고, 더 나은 업무 수행과 더 강한 리더십 기술을 갖고 있음을 보여주고 있는데, 감정지능은 리더가 우월한 성과를 내기 위해 필요하다고 여겨지는 능력의 67%를 차지한다. 그리고 기술적 전문지식이나 IQ보다 두 배 더 중요하다고 강조하고 있다. Daniel Goleman은 감정지능을 리더십 행동을 이끌어내는 기술과 특성의 집합이라고 정의한다. Goleman의 모델은 다섯 가지의 주요 감정지능 구조를 설명한다.(Daniel Goleman, "What Makes A Leader" best of Harvard Business Review 1998)
자기인식: 자신의 감정, 강점, 약점, 충동, 가치관과 목표를 아는 것과 직감을 이용해 결정을 할 때 타인에게 미치는 영향을 인식하는 것이다.
자기조절/감정조절: 자신의 파괴적 감정과 충동을 조절하고 가라앉히는 것과 변화하는 상황에 적응하는 것을 포함한다.
사회적/대인관계 기술: 사람을 올바른 방향으로 이끌어 관계를 유지할 수 있는지를 말한다.
감정이입: 결정을 할 때 타인의 감정을 고려하는 것을 말한다.
동기화/자기동기부여: 성과를 위해 성취하도록 이끌려지는지를 의미한다.

⑤ 조직시민행동(organizational citizenship behavior)은 신사적 행동(sportsmanship), 예의바른 행동(courtesy), 이타적 행동(altruism), 전문가적 행동(professionalism)의 네 요소로 구성되는게 아니라 이타적 행동/이타주의(altruism), 예의바른 행동(courtesy), 성실함(conscientiousness), 시민의식(civic virtue), 그리고 신사적 행동/스포츠맨쉽(sportsmanship)이라는 다섯 개의 요인으로 구분된다.

보충
조직시민행동의 구성요인에 대해 다양하게 제시하지만 일반적으로 인디애나대학교 오르간(Organ) 교수가 1988년에 발표한 분류가 가장 대표적으로 쓰인다. Organ교수에 의하면 조직시민행동은 이타적 행동/이타주의(altruism), 예의바른 행동(courtesy), 성실함(conscientiousness), 시민의식(civic virtue), 그리고 신사적 행동/스포츠맨쉽(sportsmanship)이라는 다섯 개의 요인으로 구분된다.
이타적 행동/이타주의(altruism): 보상을 바라지 않고 다른 구성원을 도와주려는 친사회적인 행동을 말한다. (예 결근한 동료의 빈자리를 대신하는 행동)
예의바른 행동(courtesy): 자기로 인해 다른 조직구성원이 피해보지 않게 하는 사려깊은 행동을 말한다. (예 업무를 방해하지 않는 행동)
성실함(conscientiousness): 조직이 요구하는 수준 이상의 역할을 수행하는 행동을 말한다. (예 부지런하고 시간을 낭비하지 않는 행동)
시민의식(civic virtue): 조직의 이익을 위해서 책임의식을 갖고 솔선수범하는 행동을 말한다. (예 조직 변화활동에 자발적으로 참여하는 행동)
신사적 행동/스포츠맨쉽(sportsmanship): 조직에 대한 비난을 삼가고 조직 차원의 의사결정이나 정책을 받아들이는 행동을 말한다. (예 상사에 대해 불평하거나 욕하지 않음)
위 다섯 가지 요인은 크게 두 가지로 나뉘기도 하는데, 이타주의와 예의는 사람을 대상으로 한다는 점에서

'OCBI(OCB for individual)'로 지칭되며, 나머지 세 개의 요인인 성실함, 시민의식, 스포츠맨십은 조직을 대상으로 한다는 점에서 'OCBO(OCB for organization, OCB)'로 분류된다.

16 ①

해설) 불쾌한 결과를 제거하여 바람직한 행위를 유도하는 방법은 소거가 아니라 부정적 강화(negative reinforcement)라고 한다.

17 ②

해설) 스키너(Skinner)의 조작적 조건화(operant conditioning)에 의하면 학습은 단순히 자극에 대한 조건적 반응에 의해 이루어지는 것이 아니라 반응행동으로부터의 바람직한 결과를 작동시킴에 따라서 이루어진다. 즉, 반응에 대한 결과 예상에 따른 효과법칙에 의해 강화된다고 봄.
① 브룸(Vroom)의 기대이론(expectancy theory)은 개인과 개인 또는 개인과 조직 간의 교환관계에 초점을 둔 이론이 아니며 교환관계에 기초한 이론은 아담스의 공정성이론임.
③ 성장욕구는 가장 상위치를 점하는 욕구로서, 다른 사람들로부터 인정이나 존경을 받고 싶어 하는 심리적 상태를 말하고 있는 이론은 매슬로우의 이론이 아니라 알더퍼의 ERG이론임.
④ 맥그리거(McGregor)의 'X형·Y형이론'에 의하면 관리자가 부하를 신뢰하지 않고 철저히 관리해야 한다고 보는 관점은 Y형의 인간관이 아니라 X형 인간관임.
⑤ 암묵지(tacit knowledge)는 개인이 체화하여 가지고 있으며 말로 하나하나 설명할 수 없는 내면의 비밀스러운 지식을 의미하고, 형식지(explicit knowledge)는 전달과 설명이 가능하며 적절히 표현되고 정리된 지식을 의미한다.

18 ③

해설) ① 직무불만족을 증가시키는 개인적 성향은 부정적 정서와 부정적 자기평가이다.
② 역할 모호성, 역할 갈등, 역할 과다를 경험한 사람들의 직무 만족도가 매우 낮게 나타난다.
④ 종업원과 상사 사이의 공유된 가치관은 직무만족과 조직 몰입을 높여준다.

19 ①

해설) b. 좌절 – 퇴행요소가 있는 것은 알더퍼의 ERG이론이다.
c. 매슬로우가 주장하는 욕구단계는 생리적 욕구 – 안전욕구 – 사회적 욕구 – 존경욕구 – 자아실현욕구의 순서로 단계가 나누어진다.
d. 위생요인과 동기요인의 구분은 허즈버그의 이론이다.
e. 맥클리랜드가 매슬로우의 5가지 욕구 중 고차욕구인 사회적 욕구, 존경욕구, 자아실현의 욕구에 집중하여 연구하였다.

20 ⑤

해설) 모두 옳은 설명이다.

21 ②

해설) 리더 혼자 주제를 알고 회의하는 것은 고든법인데 이 방법은 장시간 동안 충분히 자유롭게 토론을 하게 하는 방법이다.

22 ②

해설 하위 욕구가 먼저 충족이 되어야 상위 욕구가 행위에 영향을 미친다는 것은 매슬로우의 가정인 반면 알더퍼는 한번에 여러 가지의 욕구가 나올 수 있다고 보았다.

23 ③

해설 허츠버그(F. Hertzberg)가 제시한 이요인(two-factor)이론에서 임금은 위생요인에 해당한다고 볼 수 있음.
① 좋은 성과를 낸 종업원을 표창한다. → 성과달성 및 인정감: 동기요인
② 종업원이 하고 있는 업무가 매우 중요함을 강조한다. → 업무의 중요성 및 이로 인한 책임감: 동기요인
④ 좋은 성과를 낸 종업원을 승진시킨다. → 승진: 동기요인
⑤ 좋은 성과를 낸 종업원에게 자기 계발의 기회를 제공한다. → 성장: 동기요인

24 ②

해설 X이론적 관점에서의 가정 및 동기부여방식임.

25 ②

해설 허쯔버그(Herzberg)의 이요인이론(two factor theory)에 의하면, 임금 및 작업환경은 동기요인이 아닌 위생요인으로 이를 높여 주거나 개선하는 것으로는 종업원의 만족도를 높일 수 없다고 보고 있다.
① 브룸(Vroom)의 기대이론(expectancy theory)에 의하면, 수단성(instrumentality)이란 규정된 성과를 달성했을 경우 보상을 받을 것이라는 기대감의 정도를 의미하며, 종업원이 선호하는 보상 수단을 조사함으로써 보상에 대해 느끼는 매력 정도를 높여주면 수단성(instrumentality)이 아니라 유의성(valence)이 높아진다.
③ 브룸의 기대이론에서 기대(expectancy)는 노력했을 때 성과가 나타날 수 있는 객관적 확률이 아니라 노력하면 규정된 성과를 달성할 수 있으리라는 개인의 주관적 확신 정도를 의미한다.
④ 브룸의 기대이론은 노력, 성과, 보상 사이의 관계를 연구한 이론으로서 연공서열 등에 따른 연공급제도가 아니라 성과에 따른 성과급 지급과 관련된 이론이라고 할 수 있다.
⑤ 아담스(Adams)의 공정성 이론(equity theory)에 의하면, 과대보상을 받았든 과소 보상을 받았든 두 경우 다 조직 내의 비교과 정을 통해 불공정 지각이 발생하고 이러한 불공정성을 인식하기 때문에 행동의 변화가 나타난다고 보고 있다.

26 ②

해설 ① 아담스(Adams)의 공정성이론(equity theory)은 분배적 공정성에 대한 연구임. 추후 많은 연구들에 의해 공정성이론을 이론을 확대 발전시켜 나간 개념이 절차적 공정성과 상호작용적 공정성임.
③ 브룸(Vroom)의 기대이론에서 수단성(instrumentality)이 높다고해서 꼭 보상의 유의성(valence)도 커진다고 단정할 수는 없다.
④ 인지적 평가이론(cognitive evaluation theory)에 따르면 내재적 보상에 의해 동기부여가 된 사람에게 외재적 보상을 주면 내재적 동기부여는 감소한다.
⑤ 허쯔버그(Herzberg)의 2요인이론(two factor theory)에서 동기요인은 만족을 증대시키고 위생요인은 불만족을 감소시킨다.

27 ④

해설 직무특성모형의 다섯 가지 핵심직무 특성은 기능의 다양성, 과업의 중요성, 과업의 자율성, 정체성 및 결과의

피드백이다. 이 중 과업의 정체성이란 직무가 요구하는 전체로서의 완결 정도를 의미하는 것으로 전체 직무 중에서 과업이 차지하는 범위의 정도를 의미한다. 통상 과업의 정체성이 높으면 직무를 보다 의미있는 것으로 인식하게 된다.

28 ①

해설 과업정체성(task identity)이란 과업의 완결성으로서 직무가 전체 작업에서 차지하고 있는 범위의 정도를 의미한다.
 * **직무특성이론(Hackman & Oldham) 개관**
   - 직무특성이 종업원의 동기부여나 직무만족에 관련을 갖도록 직무특성을 재설계하려는 이론
   - 직무의 성과는 중요심리상태에서 얻어지며 중요심리상태는 핵심직무특성에서 만들어진다는 가정에 근거
   - 직무 충실화의 문제점을 보완(직무 충실화 + 개인차를 고려)

29 ③

해설 성장 욕구 및 성취 욕구가 높은 구성원에게 도전적인 목표를 제시함으로써, 직무수행자가 해당 직무에서의 성취감을 경험하게 한다.

30 ⑤

해설 포터와 로울러의 기대이론이 기존의 "만족 ⇒ 성과" 가설에서 "성과 ⇒ 만족" 가설로 제시하였다.

31 ③

해설 브룸의 기대이론과 관련된 설명이다.

32 ④

해설 기대이론에 의하면 종업원에 따라 보상의 선호도가 달라질 수 있으므로 종업원이 선호하는(유의성이 높은) 보상을 지급하고, 성과에 따라 보상이 지급되고 유의성과 수단성이 높으면 동기부여가 높아지게 된다. ⑤는 목표설정이론의 내용이다.

33 ③

해설 기대감이란 노력이 투입될 때 성과가 달성될 수 있는지 여부에 대한 주관적인 기대치이다.

34 ④

해설 봉급, 작업조건 등은 위생요인에 해당한다.

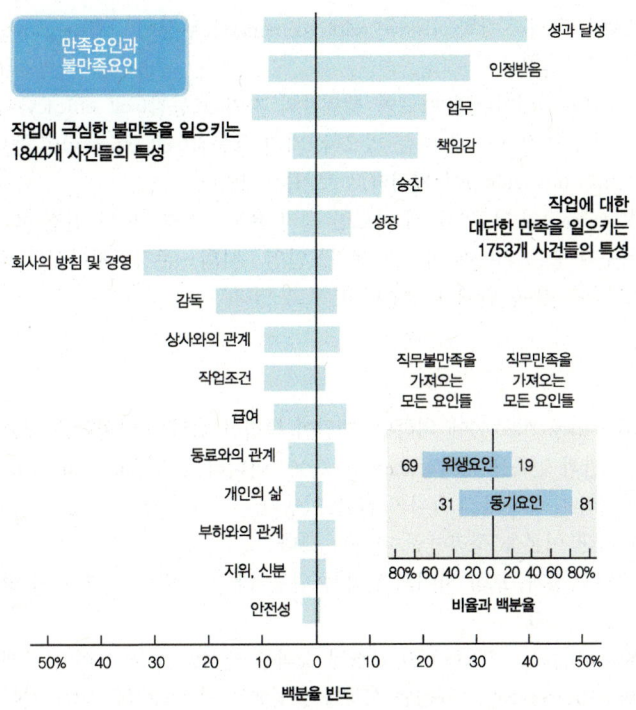

35 ②

해설 사례는 분배공정성 상에서의 인지부조화에 따른 불공정성 인식으로 산출의 변경을 요구하는 상황이므로 아담스의 공정성이론으로 보는게 타당함.

36 ③

해설
① 목표설정이론에 따르면 구체적이고 계량화된 목표로 수용가능하고 구성원이 참여한 목표이며 조금 어려운 목표로서 성취감을 가질 수 있는 목표여야 구성원들의 동기부여에 더 효과적이며 feed back을 통해 이를 증가시킬 수 있다.
② 아담스의 공정성 이론의 경우 분배 공정성에 대해서만 연구되었고 이후 추가연구들을 통해 절차 공정성, 상호작용 공정성 등이 연구되었다.
④ 알더퍼(Alderfer)가 제시한 ERG 이론에 따르면 한 욕구의 충족을 위해 이를 계속 시도하기보다는 좌절 퇴행의 작용이 일어난다고 봄
⑤ 현대적 직무설계이론들은 전통적 방식의 직무설계에서 언급하는 분업화를 통한 전문화보다는 확대를 통한 다양성을 추구하며, 대표적인 이론인 핵크만(Hackman)과 올드햄(Oldham)의 직무특성모형(job characteristics model)에 의하면, 다양한 기능을 사용하는 기술 또는 기능의 다양성, 직무 또는 과업의 정체성과 직무의 중요성, 자율성과 feed back의 핵심직무특성을 통해 이론을 설명하고 있다.

37 ⑤

해설
① 허쯔버그(Herzberg)의 2요인이론(two factor theory)에서 급여는 위생요인에 해당하며, 권한의 확대는 동기요인에 해당한다.

② 강화이론(reinforcement theory)에서 벌(punishment)과 소거(extinction)는 바람직하지 못한 행동의 빈도를 감소시키지만, 긍정적 강화(positive reinforcement)와 부정적 강화(negative reinforcement)는 바람직한 행동의 빈도를 증가시킨다.
③ 브룸(Vroom)의 기대이론에 따르면 행위자의 자기 효능감(self efficacy)이 클수록 과업성취에 대한 기대(expectancy)가 커진다고 할 수는 있으나, 자기 효능감(self efficacy)이 높다고하여 보상의 유의성(valence)과 수단성(instrumentality)이 커진다고 보기는 어렵다.
④ 매슬로우(Maslow)의 욕구이론에 따르면 생리 욕구-친교 욕구-안전 욕구-성장 욕구-자아실현 욕구의 순서로 욕구가 충 족되는계 아니라 생리-안전-사회-존경-자아실현 욕구의 순으로 단계별 만족-진행의 형태로 욕구 충족 단계가 생긴다고 보고 있다.

38 ②

해설 기대이론(Expectancy Theory)에 의하면, 개인이 특정한 성과를 달성했을 때 최종적인 보상을 받을 수 있는 가능성에 대한 주관적 믿음을 기대감(expectancy)이 아니라 수단성(instrumentality)이라고 하며, 이는 '0'부터 '1'까지의 값이 아니라 '-1'부터 '1'까지의 값을 가진다.

※ Vroom의 기대 이론을 정리하면 다음과 같다.
- 특징: 노력, 성과, 보상 사이의 관계를 연구: 개인의 노력 → 개인의 성과(1차결과) → 조직 보상(2차결과) → 개인목표
- 기대감(expectancy) : 노력하면 규정된 성과를 달성할 수 있으리라는 개인의 주관적 확신 정도(0 ~ 1.0)
- 수단성(instrumentality) : 규정된 성과를 달성했을 경우 보상을 받을 것이라는 기대감의 정도(-1.0 ~ 1.0)
- 유의성(valence) : 조직의 보상이 개임목표나 욕구를 충족시키는 정도, 보상에 대해 느끼는 매력 정도(+ / -)
- 곱셈모형(유의성, 수단성, 기대감을 모두 극대화)

① 허쯔버그(Herzberg)의 2요인이론(Two Factor Theory)에 의하면, 회사의 정책, 작업조건, 급여 등의 경우는 위생요인(불만요인)에 해당함으로 요건이 충족되어도 만족도가 증가하지는 않으며, 만족에 영향, 성취감, 책임감, 인정, 직무의 내용과 관련된 것은 동기요인(만족요인)이며, 이러한 동기요인이 종업원 만족을 가져오고 동기 유발하므로 관리자는 직무내용을 개선 향상시키는 데 주의하여야 한다.
③ 공정성 이론(Equity Theory)에 의하면, 과다보상을 받았다고 또는 과소보상을 받았을 경우 불공정 인식을 하게되며, 불공정 인식을 하였을 경우 투입의 변경, 산출의 변경, 투입-산출의 인지적 왜곡, 비교대상에 영향력 행사, 비교대상의 변경, 조직이탈 등을 할 수 있다.
④ 핵크만(Hackman)과 올드햄(Oldham)의 직무특성이론(Job Characteristics Theory)에 의하면, 직무의 자율성이 '0'의 값을 가지면, $\frac{기능의\ 다양성 + 과업의\ 정체성 + 과업의\ 중요성}{3} \times 자율성 \times Feed\ Back$으로 계산되는 잠재적 동기지수(MPS: Motivating Potential Score)는 '0'의 값을 가진다.
⑤ 목표설정이론(Goal Setting Theory)은 설정된 목표가 행위에 영향을 미치는 인지적 과정 이해하고 있으며 이러한 설정 모표에 대한 달성 의도가 동기부여의 원천으로 보고 있다. 아울러 목표의 특성과 종류뿐만 아니라 상황적 요인에 따라서도 성과가 달라질 수 있다고 본 이론이다.

39 ②

해설 강화이론(reinforcement theory)에서 강화는 바람직한 행동을 지속하도록 만드는 것을 의미하며, 강화에는 긍정적 강화물을 제공하여 이전의 행동이나 원하는 행동을 증가시키는 것을 의미하는 긍정적인 강화(positive reinforcement)와 적극적 강화, 그리고 바람직한 행동을 보일 경우에 부정적 강화물을 제거함으로써 바람직한 행동을 계속 유도하는 부정적인 강화(negative reinforcement)와 소극적 강화가 있다.

40 ④

해설 스키너의 작동적(조작적) 조건화는 보상이나 처벌이라는 경험에 의한 자극과 반응의 관계를 파악하고 있는 행태론적 학습이론으로서 반응과 이에 따른 결과의 예상이 행동의 변화를 가져온다는 이론임. 과거의 부정적 결과를 제거함으로써 긍정적인 행동의 확률을 높이는 것은 학습이론 중 강화에 대한 설명이며, 소거는 긍정적 보상의 제거를 통해 바람직하지 않은 행동의 감소를 도모하는 것임. 아울러 스키너는 이러한 강화 중 적극적 (긍정적) 강화와 소거를 동시에 사용할 경우 그 효과가 크다고 강조함.

41 ④

해설 ① 브룸의 기대이론(expectancy theory)에서 기대감이란 구성원의 노력이 성과를 달성할 수 있을지에 대한 주관적 믿음의 정도이다.
② 아담스(Adams)의 공정성 이론(equity theory)은 분배적 측면에서의 과소보상과 과대보상이라는 불공정 인식 차원의 공정성 만을 고려하고 있다는 문제점이 있다.
③ 허쯔버그(Herzberg)의 2요인이론에서 임금, 작업환경, 근로조건, 칭찬, 인정 등은 동기요인이 아니라 위생요인에 해당한다.
⑤ 동기부여이론을 크게 내용이론(content theory)과 과정이론(process theory)으로 분류할 때 직무특성이론, ERG 이론, 내재 적 동기이론은 내용이론에 해당하며, 과정이론에는 브룸(Vroom)의 기대이론, 아담스(Adams)의 공정성 이론, 포터와 로울러 (Porter & Lawler)의 수정기대이론, 로크(Locke)의 목표설정이론, 데시(Deci)의 인지적 평가이론(내적 동기이론) 등이 속한다.

42 ②

해설 허쯔버그(Herzberg)는 성취감은 동기요인으로, 급여는 위생요인으로 분류하였다.

43 ①

해설 Y이론적 관점에 따르면 직원은 자율적이며, 자발적 성향이 강하고, 긍정적 강화에 의해 동기부여가 된다.

44 ②

해설 틀린 지문을 설명하면 다음과 같다.
b. 행동을 일정한 방향으로 작동시키는 내적 심리 상태는 욕구가 아니라 동기이다. 욕구란 어떤 개인이 특정한 시점에서 경험하게되는 어떤 가치에 대한 결핍으로서 행태반응의 방아쇠 혹은 활력제이다. 아울러 동기부 ㄴ여란 목표 달성을 위한 개인의 노력의 강도, 방향으로서 행동으로서 행동의 지속성을 설명하는 관점으로서 목표달성을 위하여 인간의 행동을 각성, 방향 지시 및 유지하는 일련의 과정이다.
d. 직무에 대한 개인의 의무·권한·책임이 명료하지 않은 지각상태는 역할갈등이 아니라 역할 모호성의 개념이다.

45 ②

해설 맥클리랜드(McClelland)의 성취-동기이론에서, 개인이 다른 사람들에게 영향력을 행사하여 그들을 통제하고 싶은 욕구는 성취욕구(need for achievement)가 아니라 권력욕구에 해당한다고 보아야 함.

46 ③

해설 허쯔버그(Herzberg)의 2요인 이론(two-factor theory)에서 봉급, 작업조건, 감독, 상급자와의 관계 등은 동기요인(motivator)이 아니라 위생요인에 해당하며, 이러한 위생요인(hygiene factor)이 충족되더라도 구성원을 동기화시키지 못하며, 성과 향상을 위해서는 동기요인을 충족시켜야 한다고 주장한다.

47 ②

해설 틀린지문을 바로 잡으면 다음과 같다.
b. 기능팀(functional team)은 다양한 부서에 소속되어 있고 상호보완적인 능력을 지닌 구성원들이 모여 특정한 업무를 수행하는 팀을 말한다.
  → 기능팀(functional team)이란 전통적 조직의 일부로 공식적인 명령사슬에서 상사와 부하들로 구성되기 때문에, 수직적 팀 혹은 명령팀이라 불리우며 전형적으로 한 부서단위가 하나의 기능 팀이 된다. 참고로 교차기능팀(cross-functional team)은 조직 내에서 여러 기능부서들의 요원들로 구성되어 있으며, 주로 신상품개발위원회와 같이 프로젝트를 수행하기 위해 조직화된다. 교차기능팀은 부서 간 경계를 넘어서서 정보를 공유하며, 부서 간의 의견을 조정하며, 기존의 조직문제에 대해 해결책을 개발하고, 새로운 정책개발을 보조한다.
d. 구성원의 만족감이 직무수행상의 성취감이나 책임감 등 직무자체에 존재하는 요인을 통해 나타날 때, 이 요인을 외재적 강화요인이라고 한다.
  → 만족감, 성취감, 책임감 등은 내재적 강화요인이라고 보아야 함.

48 ②

해설 위생요인인 불만족요인으로서 적정수준의 관리가 필요한 부분으로서 이 부분으로는 동기부여가되지 않으며, 만족요인인 동기요인에 대한 관리와 지원을 통해서 동기부여가 된다.

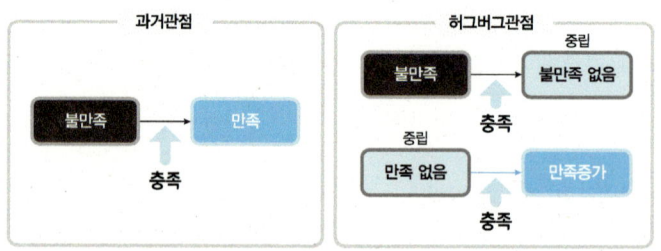

49 ①

해설 의미감(=의미충만)에 영향을 미치는 핵심 직무특성은 기술의 다양성, 과업의 정체성, 과업의 중요성이며, 자율성은 책임감, 피드백은 지식과 경험을 느끼게 하여 준다.

50 ①

해설 알더퍼(C. Alderfer)의 ERG이론은 인간의 욕구를 존재-관계-성장욕구로 구분하였다. 아울러 친교욕구, 권력욕구, 성취욕구로 구분한 것은 맥클리랜드의 성취-동기이론이다.

51 ④

해설 틀린 지문을 바로 잡으면 다음과 같다.
- b. 직무만족은 직무를 활용한 전문가로서의 체계적인 경력개발을 의미한다. ⇒ 직무만족은 구성원이 본인이 맞은 해당 직무에서 느끼는 만족감을 의미한다. 즉, 조직구성원의 직무에 대한 태도 및 긍정적 감정상태를 의미하며, 직무에 대한 높고 낮음의 개인적 평가를 통해 나타난다.
- d. 켈리(Kelly)가 제시한 귀인의 결정요인은 합의성(consensus), 특이성(distinctiveness), 책무성(accountability)이다. ⇒ 켈리(Kelly)는 책무성(accountability)이라는 개념을 언급하지는 않고 있으며, 합의성(consensus), 특이성(distinctiveness), 일관성(consistency) 측면에서 입방체(큐빅)이론/공변원리를 제시하였다. 이를 정리하면 다음의 표와 같다.

구분	내용	고	저
특이성 (distinctiveness)	다른 사건의 결과와 비교	외적 귀속	내적 귀속
합의성 (consensus)	다른 사람의 결과와 비교	외적 귀속	내적 귀속
일관성 (consistency)	다른 시점의 결과와 비교	내적 귀속	외적 귀속

52 ④

해설 인지평가이론(cognitive evaluation theory)에서는 어떤 직무에 대하여 내재적 동기가 유발되어 있는 경우 외적 보상이 주어지면 내재적 동기가 강화되는 것이 아니라 감소한다. 즉, 내적 동기와 외적 동기는 서로 상쇄 관계에 있다고 볼 수 있다.

53 ③

해설 3번지문의 경우 로키치의 가치관 유형분류관련 지문으로서 궁극적 가치가 아닌 수단적 가치에 대한 설명임. 개인차원의 조직행동분야에서 감정, 지각 및 가치관에 대한 질문으로서 조직행동 전반부에서의 기본 개념 문제임.

54 ③

해설 b, c 만 맞는 설명임. b지문의 경우 비교대상의 변경은 투입의 변경으 산출의 변경 투입-산출의 인지적 왜곡 해소 및 조직이탈 등과 같이 불공정 인식하에서의 태도 변화 형태임. 또한 c지문의 경우 명목집단법은 진행자(리더)의 전문성 하에서 무기;명 서면의견개진으로서 토론 등은 하지 않으며 리더의 취합 정리 후 투표에 부치는 방식임(투표 붙이기 전에 간단한 의견개진은 할 수 있으나 매우 제한적임.) 아울러 보기 a는 X이론이 아니라 Y이론적 인간에 대한설명이며, 보기 d는 과정의 공정성은 절차공정성과 관련된 개념임.

55 ①

해설 틀린 지문을 바로 잡으면 다음과 같다.
- b. 사회적 태만(social loafing)은 집단으로 일할 때보다 개인으로 일할 때 노력을 덜 하는 현상을 의미한다. ⇒ 사회적 태만(social loafing)은 집단작업시 구성원 개개인이 자신의 노력을 최소화하려는 무임승차 현상에 기인한 행동을 의미함.
- c. 제한된 합리성(bounded rationality)에서 사람들은 의사결정시 만족스러운 대안이 아닌 최적의 대안을 찾는다. ⇒ 제한된 합리성(bounded rationality)은 완전정보하에서의 최적해가 아닌 현실적인 제한된 정보 및 정보의 비대칭성 등의 요인으로 만족해 수준의 의사결정이 일어남을 보여준다.
- e. 빅 파이브(big-five) 모델에서 정서적 안정성(emotional stability)은 사회적 관계 속에서 편안함을 느끼는 정도를 의미한다. ⇒ 정서적 안정성은 스트레스를 견디는 능력을 의미하며, 사회적 관계 속에서 편안함을 느끼는 정도는 친화성/조화성에 대한 설명임.

Chapter 2 집단차원의 조직행동

개·념·정·리

1 ⑤

해설 ⑤ 협상을 제외하고는 개인 차원의 변수임

2 ②

해설 ① grapevine은 비공식적 집단의 의사소통 네트워크이다.
③ 공식집단에 과업집단과 명령집단이 여기에 속하며, 이익집단은 우호집단과 함께 비공식적 집단의 유형으로 볼 수 있다.
④ 공식적 집단은 구체적인 과업이나 목적을 달성하기 위하여 조직에 의해 의도적으로 형성된 집단인 반면 비공식집단은 조직에 의해 의도적으로 형성된 것이 아니라 구성원들의 욕구충족의 방편으로 공동의 관심사나 친목 등의 도모를 위하여 자연발생적으로 형성된 집단이다.

3 ①

해설 소시오 매트리(sociometric)라고도 하며 구성원 간의 好/不好의 사회적 관계를 기초로 하여 집단 내지 동료의 내부구조를 측정하기 위한 이론과 기술이며 집단을 분석하는 도구

4 ②

해설 커뮤니케이션은 두 개 이상의 다른 요소 사이의 상호작용을 의미하는데, 메시지로 표현된 의사소통은 송신자에게서 수신자에게 로 전달된다. 이러한 커뮤니케이션 과정이란 송신자에게서 메시지가 상징적인 기호의 형태로 기호화(encoding)되어 매체(channel)에 의해 수신자에게 전달되고 수신자는 기호화된 원래의 메시지를 자신에게 주는 특정 의미로 해석/해독(decoding)하는 과정을 거친다.

5 ①

해설 '비공식적 커뮤니케이션 네트워크(informal communication network)'란 자생적이고 비계획적이며 대부분 소문의 형태를 띠는 커뮤니케이션 형태이다. 사람들은 여러 가지 필요에 의해 직종과 계층을 넘어서 인간적 유대를 갖고 커뮤니케이션을 유지하려 하는데 이러한 비공식적 커뮤니케이션 네트워크를 흔히 '그레이프바인(grapevine)'이라고도 한다. 이러한 비공식적 커뮤니케이션 네트워크의 형태를 분류하여 보면 다음과 같다.
- 일방형: 구성원들 사이의 단선적 통로를 통한 정보전달이 이루어지는 형태
- 잡담형: 한 사람이 나머지 사람 모두에게 정보를 전달하는 형태
- 군집형: 정보를 전달해야 할 사람에게만 선택적으로 전달되는 형태
- 확률형: 의사소통이 의도적·선택적이 아니라 확률적·무작위적으로 전달되는 형태
* 참고로 문제의 보기의 내용들은 공식적 조직의 커뮤니케이션 방향들로서 다음과 같이 정리할 수 있다.

유형		특징
수직적 커뮤니케이션	상향적 커뮤니케이션	• 메시지나 부하로부터 상사에게 전달되는 커뮤니케이션 • 하급자 주도형 • 성과보고, 제안제도 등

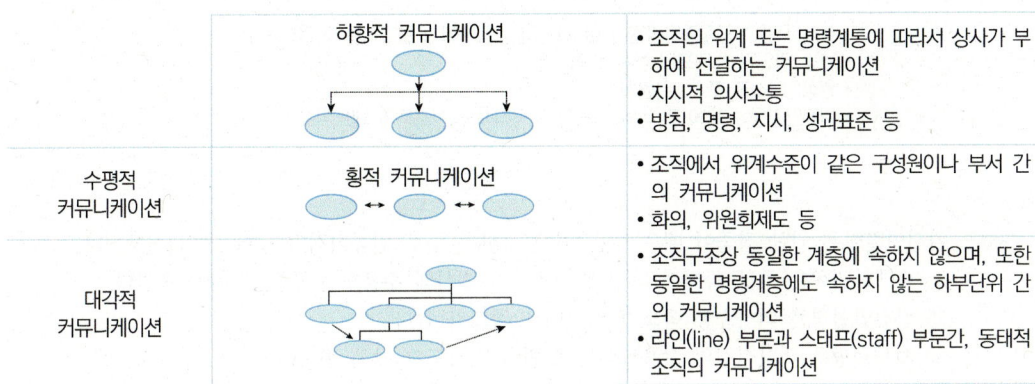

	하향적 커뮤니케이션	• 조직의 위계 또는 명령계통에 따라서 상사가 부하에 전달하는 커뮤니케이션 • 지시적 의사소통 • 방침, 명령, 지시, 성과표준 등
수평적 커뮤니케이션	횡적 커뮤니케이션	• 조직에서 위계수준이 같은 구성원이나 부서 간의 커뮤니케이션 • 회의, 위원회제도 등
대각적 커뮤니케이션		• 조직구조상 동일한 계층에 속하지 않으며, 또한 동일한 명령계층에도 속하지 않는 하부단위 간의 커뮤니케이션 • 라인(line) 부문과 스태프(staff) 부문간, 동태적 조직의 커뮤니케이션

6 ⑤

해설 소집단의 커뮤니케이션 모형과 효율성 비교

구분	쇠사슬형	수레바퀴형	Y형	원형	완전연결형
권한의 집중도	높음	중간	중간	낮음	매우 낮음
구성원의 만족도	낮음*	낮음*	낮음*	높음	높음
결정의 수용도	낮음	중간	중간	높음	높음

* 중심인물 제외한 구성원의 만족도임/비공식적 조직의 의사소통 유형: 그레이프바인(grapevine)

7 ④

해설
① 가장 이상적인 형태는 완전연결형이다.
② 만족도가 낮은 편에 속하는 것은 쇠사슬형, 수레바퀴형이며 완전연결형은 만족도가 높다.
③ 공식적 작업집단에 맞는 것은 수레바퀴형이다.
⑤ 완전연결형은 의사소통 속도가 빠른 편이다.

8 ③

해설 수레바퀴형의 경우 모든 집단의 커뮤니케이션을 위한 연결 통로로서 역할을 하기 위해 특정 중심인물에 의존도가 높다.

9 ④

해설 완전연결형은 비공식적 작용에 적용되는 경우가 많으며 권한집중이 매우 낮다.

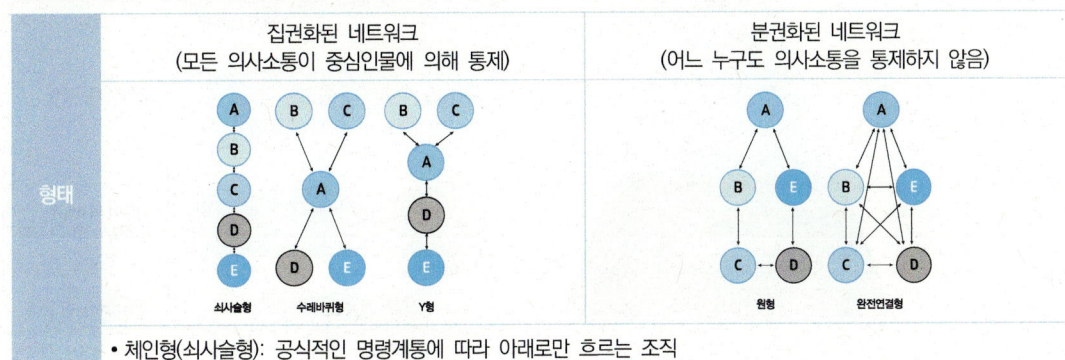

• 체인형(쇠사슬형): 공식적인 명령계통에 따라 아래로만 흐르는 조직

• 수레바퀴형: 공장종업원들이 한 사람의 감독자에게 보고하는 작업집단
• Y형: 라인과 스태프의 혼합 조직
• 원형: 태스크 포스, 위원회
• 완전연결형: 그레이프 바인과 같은 비공식적 의사소통의 네트워크

10 ①

해설 완전연결형은 권한 집중이 매우 낮은 편에 속하며 주로 비공식적인 곳에 많이 적용된다.
② 수레바퀴형은 주로 공식적 작업에 적용되며 권한의 수용도는 중간인 편에 속한다.
③ 완전연결형은 의사소통 속도가 빠르며 만족도가 높다.
④ 쇠사슬형은 의사결정의 수용도와 구성원의 만족도가 낮은 편이다.

11 ④

해설 의사소통의 증대방법
1. 고충처리제도: 조직구성원의 개인적인 애로 사항이나 근무 조건 등에 대한 불만을 처리·해결해 주는 절차를 말한다. 고충처리제도 인사상담·제안제도·소청제도 등과 같이 공무원의 권익을 보호하고 신분 보장을 강화하기 위한 제도이다.
2. 민원조사원제도: 책임 있는 언론을 실현하기 위한 언론의 자율규제제도로 불만, 불편등 각종 민원을 중립적으로 처리하고 행정을 감시하는 방법이다.
3. 문호개방정책(open-door policy): 상위경영자와 특정 문제에 대해서 자유롭게 대화할 기회를 보장하는 것을 말한다.

12 ③

해설 집단의사결정은 집단 내에서 조직 구성원의 의견을 수렴하여 결정하는 것을 말하는 것으로서, 여러 사람이 참여하는 만큼 문제 해결에 필요한 정보가 다양해지고 질적으로 높은 수준의 결정을 요하거나 확실성을 필요로 하는 과업의 경우에 더 효과적이다.

13 ④

해설 전략적 의사결정은 분권적이라기보다는 최고경영층에 의한 집권적 의사결정이라고 볼 수 있다.

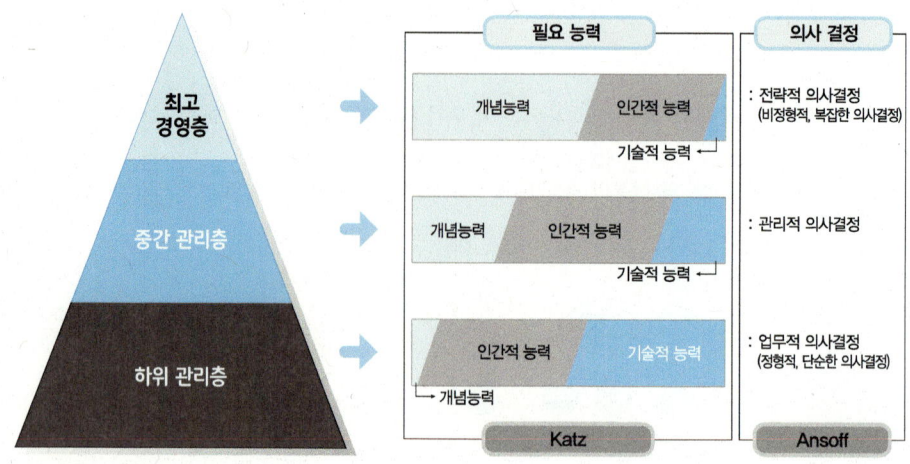

14 ①

해설 전문가 그룹을 두 그룹으로 나누어 진행되는 경우는 지명 반론자법에 주로 해당한다고 볼 수 있다. 델파이법은 특정한 문제에 대해서 익명의 다수 전문가들에게 우편으로 독립적인 의견들을 취합하여 다시 전문가들에게 재 배부한 후 전문가들이 다른 사람의 의견을 읽고 자신의 의견을 재개진하도록 한 후 다시 취합하는 과정을 의견 통일 시까지 반복하는 창의성 개발 방법의 일종이다. 한 번에 여러 가지 문제를 해결할 수 있고, 의사결정 및 의견개진 과정에서 타인의 압력을 배제할 수 있으며 전문가들의 의견 통일이 이루어진다는 점에서 미래의 불확실성에 대한 의사결정에 있어서 전문적인 의견을 반영할 수 있고 장기예측에 좋은 방법이라는 장점이 있으나, 시간과 비용이 많이 소요된다는 단점이 있다.

15 ①

해설 집단 간 갈등의 원인을 정리하여 보면 다음과 같다.
- 작업흐름의 상호 의존성: 한 개인이나 집단의 과업이 다른 개인이나 집단의 성과에 의해 좌우될 때
- 불균형: 개인이나 집단과, 권력, 가치, 지위 등에 있어서 차이가 있을 때
- 영역모호성: 한 부서나 개인이 역할을 수행함에 있어 방향이 분명치 못하고 목표나 과업이 명료하지 못할 때
- 자원부족

그러나 ①의 집단응집성은 집단의 내부적 결속력이 강화되는 것으로 집단 간 갈등의 원인이라고 보기보다는 집단 간 갈등의 결과로 집단애에서 나타나는 현상이라고 볼 수 있다.

16 ⑤

해설 상위목표 설정은 조직 내 집단 간 갈등을 해결하기 위한 방법이며, 조직 내 집단 간 갈등의 원인은 아래와 같이 정리할 수 있다.
- 작업흐름의 상호 의존성: 한 개인이나 집단의 과업이 다른 개인이나 집단의 성과에 의해 좌우될 때
- 불균형: 개인이나 집단과, 권력, 가치, 지위 등에 있어서 차이가 있을 때
- 영역모호성: 한 부서나 개인이 역할을 수행함에 있어 방향이 분명치 못하고 목표나 과업이 명료하지 못할 때
- 자원부족

17 ①

해설

의미		개인 또는 집단을 움직여 행동을 취하게 하여 변화를 이끌어 내는 능력		권력수용과정
원천	공식적	보상적 권력	타인에게 보상을 해줄 수 있는 자원과 능력을 가진 경우	순종
		강압적 권력	타인에게 처벌을 가하거나 불쾌한 결과를 가져올 능력을 가진 경우	
		합법적 권력	자신에게 미치는 어떠한 영향이 합법적이라고 스스로 인정할 경우	내면화
	개인적	준거적 권력	권력을 갖지 않는 사람이 권력을 장악한 집단과 스스로를 동일시하려는 경우	동일화
		전문적 권력	제한된 영역에서 전문능력을 가진 경우	내면화

18 ②

해설 프렌치와 레이븐의 권력 유형은 보상적, 해설 강압(강제)적, 합법적, 준거적, 전문적 권력으로 분류함.

19 ②

해설 프렌치와 레이븐은 권력을 보상적 권력, 강압적 권력, 합법적 권력, 전문적 권력, 준거적 권력으로 구분하였으

며, 맥클리랜드는 이를 사회적(공식적) 권력과 개인적 권력으로 구분하였음.

20 ①

해설 목표관리는 동기부여 및 조직의 해설 성과 관리 측면에서 행해지는 것으로 권력과는 연관성이 낮다.

21 ②

해설 방향일원화의 원칙은 상관없음.

22 ③

해설 조화(accommodating)전략은 양보의 의미로서, 자신의 관심사를 접어두고 다음 기회를 위해 상대의 요구를 수용하는 전략임.

23 ③

해설 자신의 입장에 근거한 협상을 분배적 내지는 경쟁적 협상이라고 한다.

24 ④

해설 자신의 입장에 근거한 협상을 분배적 내지는 경쟁적 협상이라고 하며 Negative sum game 형태임

교섭의 특징	분배적	통합적
목표	파이나누기	파이키우기
동기	win-lose	win-win
주요관심사	경쟁	협력
정보 공유	최소	최대

25 ①

해설 리더십의 변화과정: 1940~1950년대(특성이론), 1950~1960년대(행위이론), 1960~1970년대(상황이론), 1970년대 이후(변혁적 리더십을 중심으로한 현대적 리더십이론으로 전개)

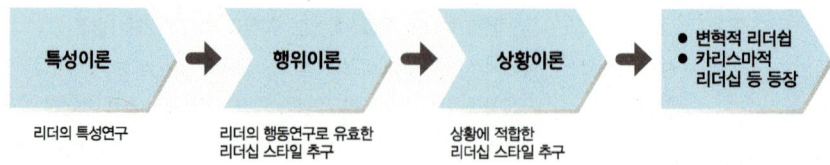

26 ④

해설 명확한 역할 및 과업 요건을 제시하는 것은 거래적 리더십의 특성이며 변혁적 리더십은 비전 공유를 강조하여 이를 발현하기 위해서는 카리스마, 지적자극, 영감, 개별적 배려 등이 필요함

27 ③

해설 하우스와 에반스의 경로-목표이론은 동기부여적 리더십 상황이론에 속한다.

28 ②

해설: 허쉬와 블랜차드는 이론은 리더십 수명주기이론이며, 경로-목표이론은 하우스(& 에반스)의 이론임

29 ①

해설: 생산성의 측면에는 민주적, 전제적 리더십은 우열을 가리기 힘들지만 생산성측면을 제외한 다른 부분에서는 민주적 리더십이 우수한 평가를 받음.

구분	민주적 리더십	전제적 리더십	방임형 리더십
생산성과	우열을 결정하기 어려움		나쁨
리더-집단관계	리더에 호의적	리더에 수동적	리더에 무관심
집단행위 특성	안정적임·응집력이 강함	노동이동이 많고 공격적임	초조하고 불안해함
리더부재 시 구성원의 태도	계속 작업수행	좌절감을 갖고 작업 중단함	무관함

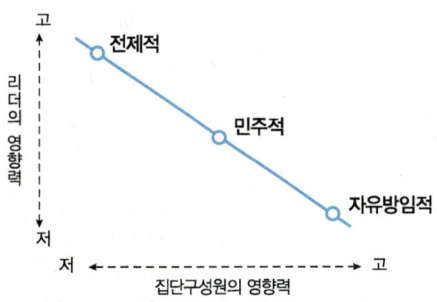

30 ①

해설: 오하이오 주립대학 모형은 고려와 구조주도모형이라고도 불리며 리더십의 유형을 구조주도형 리더, 즉 과업중심적 리더와 종업원 중심적인 배려형 리더로 구분하고 있다.

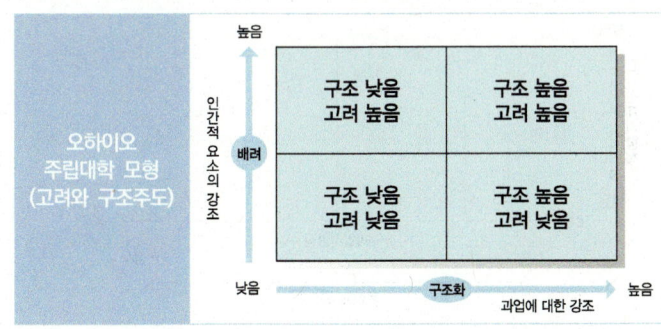

- 구조주도: 직무나 인간을 조직화 하는 것(구성원의 역할 결정, 직무수행절차 결정, 커뮤니케이션 경로 설정 등)
- 고려: 구성원 사이의 관계에서 우정, 온정, 존경 등을 표시하는 리더의 행동
- 고려와 구조주도가 독립적인 변수라고 간주함
- 구조주도와 고려가 모두 높은 리더가 가장 높은 성과

31 ②

해설: 리더의 생산에 대한 관심과 인간에 대한 관심의 두 차원을 기준으로 리더의 행동유형을 분류하였다.

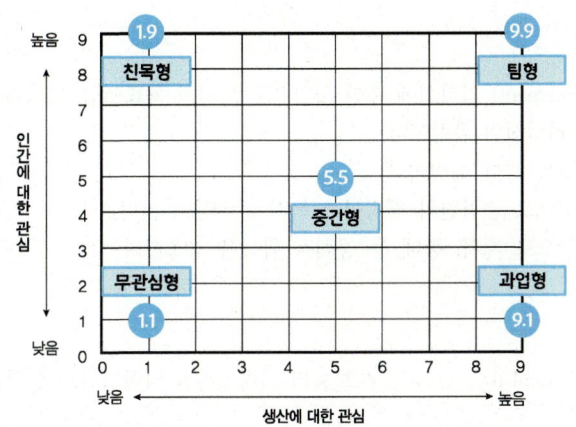

32 ④

해설 리더십의 유형 분류에는 LPC 척도를 사용하였다.

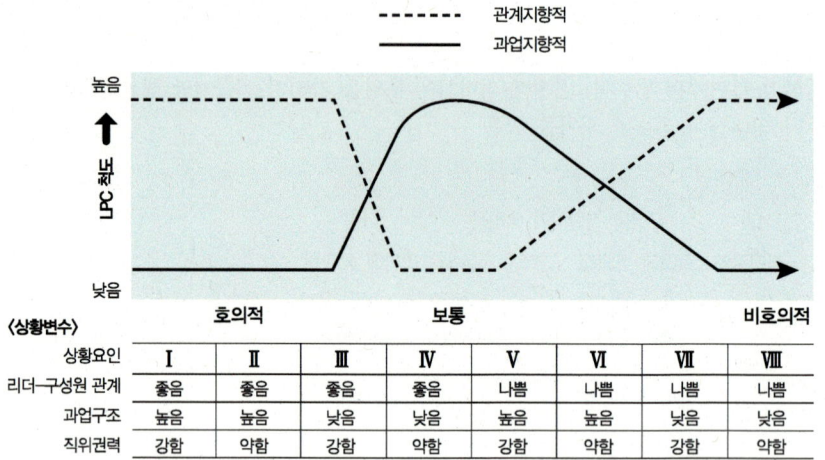

33 ②

해설 허시와 블랜차드(Hersey & Blanchard)의 리더십 수명주기 이론을 정리하여 보면 다음과 같다.

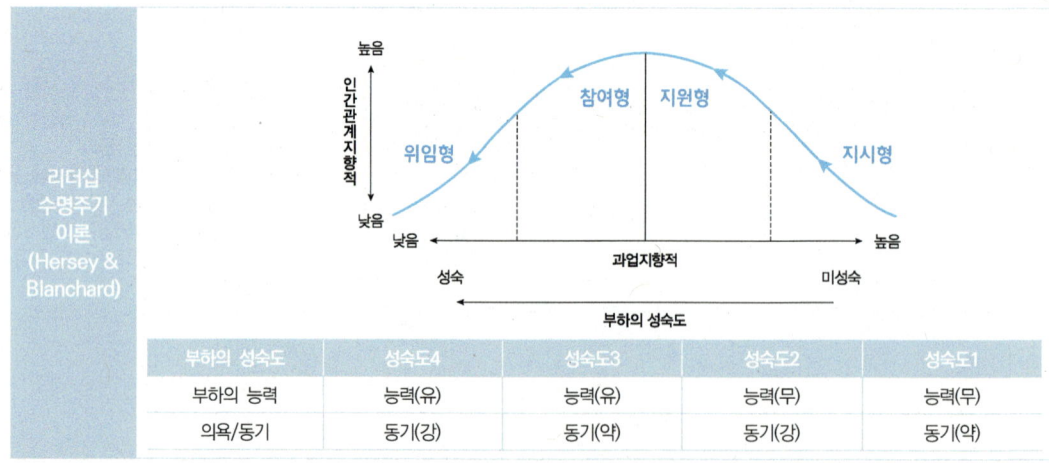

34 ①

해설 성취지향적(achievement) 리더십에 대한 설명으로 도전적 목표설정, 성과강조, 종업원의 성과 발휘에 높은 기대를 갖고 있는 리더십의 유형이다.
② 참여적 리더십에 관한 설명이다.
③ 후원적 리더십으로 종업원의 웰빙이나 복지에 관심이 많다.
④ 수단적 리더십으로 계획, 통제 등 공식적 활동을 강조한다.

35 ④

해설 경로−목표(path−goal theory)의 경우 브룸의 기대이론을 리더십이론에 적용한 이론으로서 부하의 특성과 환경적 특성의 2가지 상황변수를 활용하여 리더십의 유형을 지시적 리더십, 후원적 리더십, 참여적 리더십, 성취지향적 리더십으로 분류하여 리더십의 행동유형을 분류한 이론임.

36 ③

해설 하우스와 에반스의 경로-목표 이론은 동기부여의 과정이론인 브룸의 기대이론에 근거한 동기부여적 리더십 이론이다.

37 ⑤

해설 성과에 대한 보상은 거래적 리더십의 발현 요건임.

38 ①

해설 설득력과 지도력을 갖춘 카리스마적 특성으로 인하여 부하직원들의 신뢰를 확보하고 리더에게 이끌리게 함으로써 이를 바탕으로 부하직원들에게 비전을 제시하여 그 비전달성을 위해 함께 협력할 것을 호소하는 것

39 ⑤

해설 예외에 의한 관리는 거래적 리더십의 특징이다.

40 ②

해설 변혁적 리더십은 감정에 의존하기보다는 비전의 제시와 이에 종업원들의 동참을 유도하기 위해 카리스마, 영감, 지적 자극, 개별적 배려 등을 통해 종업원들의 비전에의 동참과 이를 통한 태도와 행동의 변화를 도모하는 리더십이다.

41 ①

해설

구분	특징
변혁적 리더십	• 추종자들에게 장기 비전을 제시 • 비전을 함께 수행할 수 있게 추종들의 가치관, 태도, 의식의 변화 • 조직몰입을 통하여 조직의 성과를 증가 • 카리스마 / 개별적 배려 / 지적 자극 • 변혁적 리더십에서는 기존 리더십 이론을 거래적 리더십이라 통칭 • 변혁적 리더십과 거래적 리더십은 상호 보완적 관계 가능
카리스마적 리더십	• 리더의 카리스마적 권위에 기초한 리더십 • 리더가 남들이 갖지 않은 천부적 특성이 있다고 하급자들이 느껴야 함
슈퍼 리더십	셀프 리더를 키우는 리더십
서번트 리더십	타인을 위한 봉사에 초점을 두며, 종업원, 고객 등을 우선으로 여겨 그들을 위해 헌신하는 리더십
리더십 대체이론	• 리더십 대체물: 리더의 행동을 불필요하게 만드는 상황요인 • 리더십 중화물: 리더 행동의 유효한 기능을 방해하는 상황요인

42 ①

해설 ② 하급자들을 셀프 리더로 키우는 리더십은 슈퍼리더십이다. 카리스마리더십은 리더가 실제로 갖고 있는 능력보다 하급자들이 더 크게 느끼는 것을 말하는 것으로 카리스마적 권위에 기초를 두고 있다.

③ 계획, 조직, 통제와 같은 공식적 활동을 강조하는 리더십은 지시적(수단적)리더십이다. 성취지향적 리더십은 능력 발휘를 강조, 도전적 목표 설정 등이 있다.
④ 변혁적 리더십은 거래적 리더십을 비판하는 개념으로 감정에 의존하는 리더십은 아니다.

43 ⑤

해설 슈퍼리더십은 리더가 종업원을 관리하고 통제하려는 것이 아니라 셀프 리더로서의 성장을 도와주는 리더십으로서, 부하직원들을 스스로 판단하고 행동하여, 그 결과에 책임질 수 있는 자율적 리더로 키우는 것으로서 부하의 주체적 존재를 인정하고 그 역량발휘를 지원하는 리더십임

44 ①

해설 위임형 리더는 허수와 블랜차드의 모형에서의 리더십유형에 해당한다.

45 ⑤

해설 훈련가능성이 아니라 MBO는 그자체로서 단기적 성과에 집중한 개념으로서 적시성을 의미한다고 보아야 한다.

46 ②

해설 집단 응집성과 조직 성과와의 관계를 살펴보면 다음과 같다.

구분		응집성		〈집단응집성과 성과의 관계〉
		고	저	• 집단의 목표가 조직 목표와 일치하는 경우 응집력이 높은 것이 성과와 연결
목표	일치	성과 ↑↑	성과 ↑	• 집단의 목표가 조직 목표와 일치하지 않을 경우 응집력이 높은 것이 오히려 역기능을 발휘하게 됨
	불일치	성과 ↓↓	성과 ↓	

47 ①

해설 명확한 비젼제시는 변혁적 리더십 및 카리스마적 리더십의 특징으로 볼 수 있다.
진성 리더십이란 리더의 진정성을 강조하는 리더십으로, 명확한 자기 인식에 기초하여 확고한 가치와 원칙을 세우고 투명한 관계를 형성하여 조직 구성원들에게 긍정적인 영향을 미치는 리더십이다.

▶ 진성리더십의 개념은 진정성(authenticity)의 개념을 바탕으로 정의된다. 진정성은 한 개인이 자기 스스로를 알고, 자신 내면의 생각과 감정, 가치관 등에 일치되도록 행동하는 것을 의미하며, 자기인식(self-awareness)과 자기규제(self-regulation) 등 두 가지 요소로 이루어진다.
 • 자기인식은 현재 자신의 진정한 자아를 인식하는 것으로 자신의 재능, 강점, 목표, 핵심 가치관, 믿음, 욕망 등을 지속적으로 이해하는 과정이며,
 • 자기규제는 개인이 그들의 가치관과 목표를 자신의 행위와 일치시키는 과정이다.
▶ 진성리더십은 '리더와 조직구성원들의 긍정적 자기개발 촉진 측면에서 자기인식, 내재화된 도덕적 관점, 정보의 균형된 프로세스(처리) 및 관계적 투명성 등을 보다 발전시키기 위해 긍정적 심리 역량과 긍정적/도덕적 분위기를 만들어내고 증진하는 리더의 행동 양식'으로 정의된다.
▶ 진성리더란 '자신이 어떻게 행동하고 생각하는지 충분히 지각하며, 그들과 다른 사람들의 가치/도덕적 관점, 지식 및 강점을 알고 있는 다른 사람들에 의해 인식되는 사람들로서, 그들이 행동하는 맥락을 알고 있으며, 자신감 있고, 희망적이며, 낙관적이고, 복원력이 높으며, 높은 도덕적 특성을 지닌 리더'이다.
▶ 진성리더 (Authentic Leaders) 들이 다른 리더들과 다른 점은 목적을 추구함으로써 결과와 성과를 도출하는 사람들이라는 점일 것이다. 즉 이들은 결과나 성과를 도출하기 위해서 목적을 희생하는 것을 가장 부끄러운 일로 생각한다. 이들은 목적이 구현되면 결과와 성과는 자연적으로 따라온다는 것을 깨달은 사람들이다. 따라서 이들은 사람들에게 선한 영향력을 미칠 수 있는 진정성 있는 조직과 자신의 "목적"을 찾기 위해 지속적으로 성찰하며 목적이 설정되었을 때 이것을 구현하기 위해서 말보다는 몸으로 먼저 실천하는 사람들이다. 이런 성찰과 실천 과정을 통해 이들의 목적의 스토리는 이들의 품성으로 자연스럽

게 체화된다. 진성리더는 목적의 스토리가 성품으로 체화된 사람을 지칭한다.

> 진성리더십(Authentic leadership)의 개념은 시장중심의 무한경쟁 패러다임에 한계점이 있다고 지각한 학자, 실무자, 운영자들에 의해 2004년 네브래스카 리더십 컨퍼런스에서 처음으로 소개되었다.
> 이는 2000년대에 들어 기존의 리더십 이론들이 리더의 화려한 언변이나 제스처, 스킬 등을 강조하는 방향으로 발전해서 경영자의 개인적 욕구를 채우는 수단으로 전락했다는 인식이 강해졌기 때문이다.
> 이처럼 기존 리더십의 한계를 논함과 동시에 진성리더십 및 리더가 가진 진정성(Authenticity)과 윤리성(Ethicality) 등에 대한 관심이 증폭된 결정적 사건은 미국의 거대 에너지 기업 엔론(Enron)의 파산이었다. 비윤리적 기업, 부패 리더십의 상징으로 여겨지는 엔론 사태는 리더들의 도덕적 해이, 탐욕과 오만, 진정성 없는 리더들이 글로벌 거대 조직은 순식간에 파산에 이르게 만들 수 있음을 보여주었다. 한편 2012년 다보스 포럼에서도 지금까지의 친기업적 주장과는 달리 위기에 빠진 자본주의를 구제하기 위한 해법이 필요하다고 주장하였다

48 ①

해설 슈퍼리더십이라고도 하는 셀프(자기)리더십에 해당하는 내용으로써 종업원을 셀프리더로 키우는 리더십이며, 이러한 슈퍼리더십이 발현되기 위해서는 (1) 리더 먼저 셀프리더가 되어야 하며, (2) 구성원이 셀프 리더로 성장할수 있도록 적극적인 지원을 하여야 하며, 마지막으로 (3) 조직내 자율경영문화가 확립되어 있어야 한다.

49 ④

해설
① 높은 과업지향적 행위, 높은 관계지향적 행위 : 지도형(coaching), 지원형(supporting), 또는 판매형(selling)
② 낮은 과업지향적 행위, 높은 관계지향적 행위 : 참여형(participating)
③ 높은 과업지향적 행위, 낮은 관계지향적 행위 : 지시형(directing)

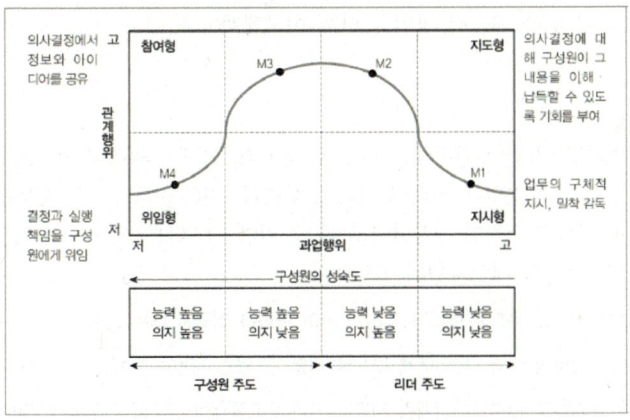

50 ②

해설 부하들에게 즉각적이고 가시적인 보상으로 동기 부여하는 것은 거래적 리더십의 특징으로 볼 수 있다. 반면에 변혁적 리더십(Transforming leadership)이란 구성원들에게 개인적 이해관계들을 초월할 수 있는 장기 비전을 제시하고 그 비전을 함께 수행할 수 있게 구성원들의 태도나 공유가치를 변화시켜서 구성원들이 조직몰입을 일으키고 조직몰입이 조직의 성과를 증가시킬 수 있게 하는 형태의 리더십이다.
⇒ 거래적 리더십과 변혁적리더십을 비교하여보면 다음과 같다.

리더십구분		요인	의미
변혁적 리더십	카리스마	영감적 동기부여	비전 제시, 긍정과 열정의 비전과 높은 기대 전파
		이상적 역할모델	집단이익 강조, 엄격한 윤리규범, 모범행동
	개별적 배려		구성원 욕구 파악, 임파워먼트, 역량개발
	지적 자극		현상에 대해서 새로운 관점을 갖도록 자극
거래적 리더십	조건적 보상		임무의 만족스러운 수행에 대하여 적절한 보상 제공
	예외 관리	적극적(능동적) 예외관리	과업 명시, 과정 관찰, 수시개입
		소극적(수동적) 예외관리	과업 명시, 문제 발생 시 개입

51 ①

해설 리더십이란 일정한 상황에서 목표달성을 위하여 개인이나 집단의 행위에 영향력을 행사하는 과정으로써, 리더십이론은 특성이론→행위(행동)이론→상황이론→현대적 리더십이론으로 발전 진화하여왔다.

참고 전술이론이란 고객을 만나 상담을 하고, 기안을 하고, 시스템을 설계하고, 광고를 만드는 일상적인 기업 관리 활동이 바로 전술이라고 하며, 이러한 전술에는 행위(action), 목적(purpose), 일정(schedule), 결과(result)라는 4가지 구성요소가 갖춰져야(한 두 개 정도는 빠져도 되지만) 하나의 전술이라고 말할 수 있다. 반면에 전략이란 미래에 대해 '큰 그림'을 그리고 현재의 상황보다 나은 상태로 이끄는 방향이 무엇인지를 제시하는 계획이 바로 전략을 의미한다. 여기서 중요한 키워드는 바로 '방향'이다. 전략이란 모든 것을 다 잘 하자는 것이 아니라, 방향을 정해 놓고 그것에 활동의 모든 초점을 맞추자는 개념이다. 전술이론이란 이러한 전략이 일상적으로 잘 적용되고 활용되기 위한 전술적 방법을 다룬 이론체계이다.

52 ④

해설 맥클리랜드는 개인적 차원의 권력에는 정보적, 준거적, 전문적 권력이 있다고 설명하고 있으며 사회기반의 권력에는 보상적, 합법적, 강압적 권력이 있다고 설명함. 지문상 ①, ②의 경우는 보상적 권력에 해당한다고 볼 수 있으며, ③은 합법적 권력에 해당한다고 볼 수 있다. ④ 다른 직원에게 전문지식을 제공하여 발생하는 영향력은 전문적 권력으로서 개인차원의 권력이다.

의미	개인 또는 집단을 움직여 행동을 취하게 하여 변화를 이끌어 내는 능력		권력수용과정
원천	공식적	보상적 권력	타인에게 보상을 해줄 수 있는 자원과 능력을 가진 경우	순종
		강압적 권력	타인에게 처벌을 가하거나 불쾌한 결과를 가져올 능력을 가진 경우	
		합법적 권력	자신에게 미치는 어떠한 영향이 합법적이라고 스스로 인정할 경우	내면화
	개인적	준거적 권력	권력을 갖지 않는 사람이 권력을 장악한 집단과 스스로를 동일시하려는 경우	동일화
		전문적 권력	제한된 영역에서 전문능력을 가진 경우	내면화

53 ③

해설 전문적 권력과 준거적 권력은 개인차원의 권력에 해당한다. 프랜치와 레이븐의 권력유형분류를 정리하여보면 아래와 같으며, 추가로 맥클리랜드는 권력을 개인 중심적 권력과 사회 중심적 권력으로 구분하고 조직 내에서 권력이 정당하게 행사되고 수용되기 위해서는 사회 중심적 권력을 사용하여야 하며, 조직내에서 개인 중심적 권력을 사용하게 되면 권력행사의 남용을 가져와 조직의 성과에 부정적인 영향을 미칠 수 있다고 주장하였다.

54 ①

해설: 10명 내외의 소수집단에서 행하여지는 비판없는 자유토론으로서, 정보의 질보다는 양을 추구하는 기법이 브레인 스토밍(brainstorming)이다.

참고: ⑤ 프리모템법(premortem): 2000년대부터 하버드대 비즈니스스쿨 등에서 널리 사용되어온 편향 극복 기법이다. '포스트모템(Postmortem)'이라는 의학 용어에서 힌트를 얻은 말로, 직역하면 '사전 부검'을 지칭하는 용어이지만 기업관리와 관련하여 '실패를 전제로 의사 결정을 내리는 것'을 의미한다. 굳이 자신의 직업 선택이 실패한 미래를 머릿속에 떠올려 편향의 영향을 한계까지 줄이는 테크닉이라고 볼 수 있다.

55 ④

해설: 조직에 남아 있는 이유가 생계, 경제적 가치를 위한 것일 때 나타내고 있는 것은 경제적 또는 지속적 몰입이다.

56 ②

해설: 합리적 의사결정 모형에 따르면 의사결정자는 완벽한 정보를 가지고 있으며, 이슈와 관련한 모든 대안을 검토할 수 있고, 그 중 가장 효용이 높은 대안을 선택한다고 한다.
그러나 ②번 지문은 만족해로서의 의사결정으로 제한된 합리성하의 모형이다.

합리적 경제인 모형(이상적 의사결정자)	관리인 모형(현실적 의사결정자)
• 이상적 의사결정자 • 최적해 추구 • 완전정보·완전대안 • 일관된 선호체계·무제한적 효과 계산 가능 • 경제인 모형 • 정형화된 문제 해결	• 현실적 의사결정자 • 만족해 추구 • 정보수집비용 발생 • 관리인 모형 • 비정형화된 문제 해결

57 ⑤

해설: 개방적 분위기를 형성하려는 압력은 오히려 창의성 상황을 만들어 낼수 있으며, 이는 집단사고의 증상으로 보기는 어렵다.

58 ⑤

해설: 정보 과부하는 수신자가 제대로 정보의 해석하지 못하게 되는 요인이다.

59 ⑤

해설: Thomas & Kilmann 조직 갈등관리 5가지 유형은 다음과 같다.
- 협력형(협동형): Win-Win
- 수용형(양보형): Lose-Win
- 회피형: Lose-Lose
- 타협형(절충형): Give & Take
- 경쟁형(강요형): Win-Lose

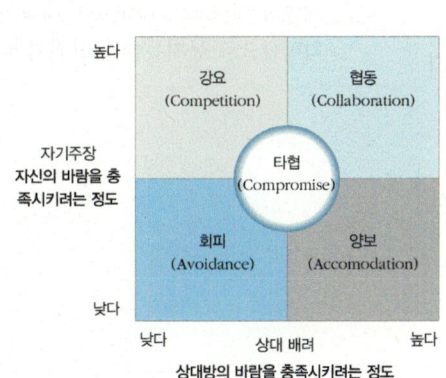

60 ⑤

해설 직무 스트레스란 업무상 요구사항이 구성원의 능력이나 자원, 바람(요구)와 일치하지 않을 때 생기는 유해한 신체적·정서적 반응으로서 이러한 직무스트레스는 조직의 성과와 역 U자형 관계를 보인다.

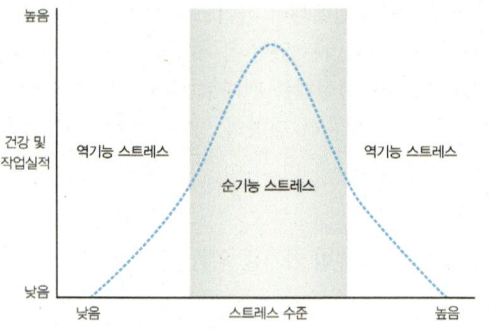

61 ③

해설 부하의 성숙도 변수는 허쉬와 불랜차드의 모형에서으 상황변수이다. 피들러 모형에서는 리더-부하간의 관계, 과업구조와 리더의 직위 권한이라는 3가지 상황변수를 사용하고 있다.

62 ③

해설 변혁적 리더십의 특성으로는 카리스마에 기반한 이상적 영향력, 영감, 지적자극, 개별적 배려를 들 수 있다. 자기통제 는 진성 리더십의 특징이라고 볼 수 있다.

63 ②

해설 베스(B.M Bass)는 변혁적 리더십의 구성요소로 이상적 영향력(카리스마), 개별적 배려, 영감적 동기부여, 지적 자극을 제시하였다. 그 세부내용은 다음과 같다.
① 이상적 영향력(카리스마 : charisma) : 하급자에게 비전과 사명감을 제공하고 자긍심을 고취시키며 하급자들로부터 존경과 신뢰를 받게 하는 특성을 의미한다.
② 영감(영감적 동기부여) : 높은 기대를 전달하고, 노력 집중을 위해 상징을 사용하며, 중요 목적을 단순하게 표현함.
③ 지적 자극(intellectual stimulation) : 과거의 사고방식과 업무 습관에서 벗어나 창의력이 발휘되도록 하는 행동을 의미한다.
④ 개별적 배려(individualized consideration) : 구성원 한 사람 한 사람의 감정과 관심, 그리고 욕구를 존중하고 격려함으로 동기유발을 고취시켜 줄 수 있다.

심·화·문·제

1 ④

해설 툭크맨(B.W.Tuckman)이 주장한 집단 발전의 과정은 "형성기(forming) – 격동기(storming) – 규범기(norming) – 성과수행기(performing) – 해체기(disorganization)"이다.

2 ②

해설 팀 제도는 변화하는 환경에 신속히 대처하기 위하여 조직된 형태로 기존의 수직적 의사결정체계의 단점을 보완하기 위하여 팀에서 의사결정을 할 수 있게 권한을 부여한 특징이 있다. 전통적 조직에 비하여 관리업무의 기능이 오히려 줄어든 것이 특징이다.

3 ③

해설 팀의 규모가 커질수록 무임승차 현상은 더욱 증가할 수 있다. 이는 각자의 업무 행동을 쉽게 관찰할 수 없게 됨으로서 나타나는 현상이다.

4 ①

해설 쇠사슬(chain)형의 의사소통유형은 상향에 있는 구성원들의 만족도는 높을 수 있으나 하향에 있는 구성원들의 만족도는 상당히 낮다.

5 ②

해설 불확실성의 상황에서 의사결정을 할 때에는 미래 상황에서의 객관적 확률보다는 주관적 확률을 통해 예측하고 있다.

6 ②

해설 1차 집단은 비공식적 집단의 의미이며, 2차 집단은 공식적 집단의 의미로 해당 지문은 반대로 설명되어 있다.

7 ③

해설 집단의사결정은 응집력이 높은 집단에서 구성원들 간의 합의에 대한 요구가 지나치게 커서 현실적인 다른 대안의 모색을 저해하는 경향인 집단사고로 인하여 합리적이고 합법적인 의사결정이 이루어지지 못하는 경우가 발생할 수 있다. 집단의사결정 기법의 장단점을 살펴보면 아래와 같다.

장점	단점
• 많은 지식, 사실, 관점의 이용 • 구성원 상호간의 지적 자극 • 일의 전문화 • 구성원의 결정에 대한 만족과 지지 • 커뮤니케이션기능 수행	• 시간과 에너지의 낭비 • 특정 구성원에 의한 지배가능성(집단사고) • 최적안의 폐기 가능성 • 의견불일치로 인한 갈등 • 신속하고 결단력 있는 행동의 방해

8 ①

해설 c. 집단 의사결정에서는 리더가 정보를 충분히 공개하고, 자신의 의견을 먼저 명확하게 제시하게 되면 구성원들은 리더의 의견에 동조하게 되는 집단사고의 현상이 발생하기 쉽다.

d. 집단 의사결정에서는 집단사고의 함정에 빠질 수 있으므로 창의성 발휘를 위하여 명목집단법이나 브레인스토밍 등의 방법을 사용한다.

9 ②

해설 　명목집단법을 적용할 때는 집단사고를 예방하기 위하여 구성원 간에 토론을 최소화시킨다.

10 ④

해설 　권한은 조직규범에 의하여 그 합법성이 인정된 권력(legitimate power)으로서 비서는 권한이 크다고 볼 수는 없다. 한이란 일정한 직무를 수행하거나 타인으로 하여금 수행하게 하는 데 필요한 조직상 부여된 공식적 권한(formal authority)을 말한다.

11 ④

해설 　전문적 권력(expert power)과 준거적 권력(referent power)은 개인중심적 권력으로 분류된다.

12 ④

해설 　a. 프렌치(French)와 레이븐(Raven)이 제시한 권력의 원천 중 준거적 권력(referent power)은 개인의 특성에 기반을 둔 권력이다.
　　　d. 몰입상승(escalation of commitment)이란 의사결정의 속도와 질을 높여주는 의사결정이라고 볼 수 없다. 몰입상승은 개인 또는 그룹이 부정적인 결과에 직면할 때, 그들의 결정과 투자를 합리화하기 때문에 존치되는 행동 패턴이다. 여러 가지 결정 요인과 전후 관계에 영향을 받는 이들의 결정은 현재의 전후 관계에 비논리적인 것 같지만 이전에 이루어지는 행동과 결정에 대 한 지지에서 발생한다. 통상 결정의 원인이 되고 있는 딜레마는 더 이상 일하지 않거나 개인 또는 그룹 손실의 원인을 사전에 선택하고 포함한다. 현재의 행동을 그만둘지, 계속할지의 선택은 어느 쪽에도 뚜렷한 결과와 분명한 선택이 아니며, 철회하기보다는 지속할 것을 선택할 때, 몰입상승의 확대가 발생한다.

13 ④

해설 　다양한 권력의 원천 가운데 전문적인 기술이나 지식 또는 독점적 정보에 바탕을 둔 권력은 전문적 권력 및 정보적 권력에 해당한다.

14 ④

해설 　갈등관리유형 중 회피형(avoiding)은 자기에 대한 관심과 자기주장의 정도와 상대에 대한 관심과 협력의 정도가 모두 낮은 경우이다.

15 ③

해설 　Fiedler의 상황이론에 의하면, 해설 LPC점수가 높다는 것은 리더가 관계지향적인 리더임을 의미한다.

16 ②

해설 　① 오하이오 주립대학의 리더십 연구에 관한 설명이다.
　　　③ 허시와 블랜차드에 관한 설명이다.

④ 지도적, 지원적, 참여적, 성취지향적 리더십으로 구분한 것은 하우스와 에반스의 경로-목표이론이다.
⑤ 내집단과 외집단으로 구분하여 차별적으로 다루고 있다.

17 ⑤

해설 ① 상황이론에서는 상황별로 유효한 리더십이 달라진다.
② 의사결정 상황별로 유효한 리더십 이론을 제시한 것은 브룸과 예튼의 리더십 규범이론이다.
③ 리더십 행위이론에 의하면 전제적(authoritative) 리더와 민주적(democratic) 리더 간의 생산성에 대한 우열을 가리지 못하였다.
④ 리더십 수명주기이론에서는 상황변수가 종업원의 성숙도 하나이다.

18 ④

해설 피들러는 리더십 스타일을 관계 중심적 리더와 과업 중심적 리더의 2가지 유형으로 나누었으며 상황변수로는 리더-구성원과의 관계, 과업구조, 리더의 직위권한의 3가지를 각각 2개의 상황으로 구분하여 8개의 상황으로 분류하였다. 피들러 이론에서 LPC 점수는 리더십 스타일을 구분하는 도구로 사용된다.

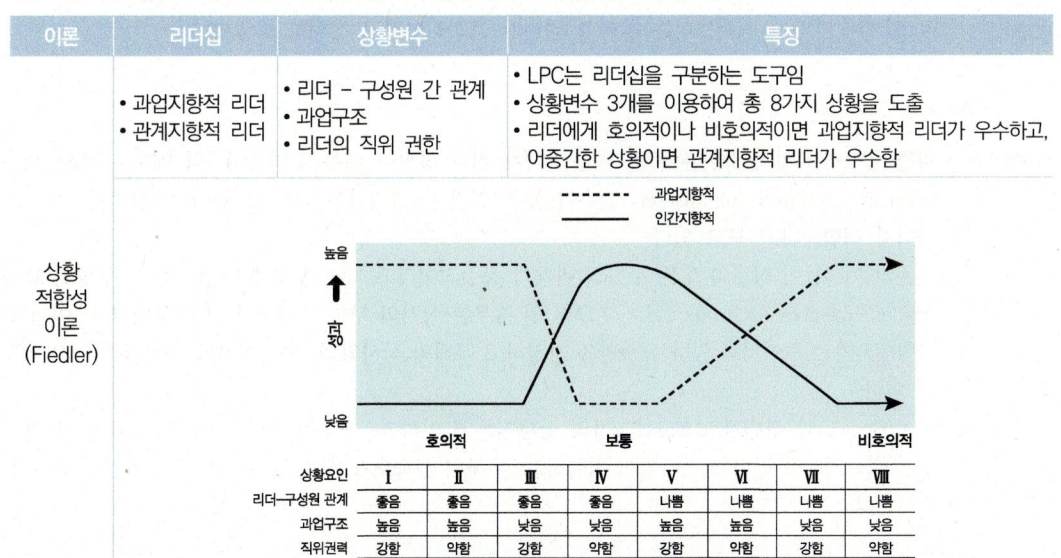

19 ④

해설 하우스(House)의 경로목표이론에서 부하의 경험과 능력, 부하의 성취 욕구 등은 종업원의 특성변수에 해당한다.

20 ②

해설 하우스(House)의 경로목표이론에 의하면 내재론자에게는 참여적 리더십이 적합하고 외재론자에게는 지시적 리더십 스타일이 적합하다.

21 ③

해설 ① 하우스(House)의 경로-목표이론(path-goal theory)에서는 리더의 유형을 지시적(directive), 후원적(supportive), 참여적(participative), 성취지향적(achievement oriented) 리더십으로 구분하고, 상황변수로서

종업원의 특성(종업원의 능력, 통제 위치, 욕구 등)과 작업환경특성(과업, 공식적인 권한관계, 작업집단 등)에 따라 리더십 스타일이 달라진다고 하였다.

② 피들러(Fiedler)의 이론에서는 리더의 특성을 LPC(least preferred co-worker) 척도를 활용한 설문에 의해 측정 및 분류하였 다. LPC 점수는 리더가 가장 싫어하는 동료 작업자에 대한 평가점수로, 높을수록 관계지향적 리더십, 낮을수록 과업지향적 리더로 구분하였다.

③ 피들러(Fiedler)는 상황변수 3개를 이용하여 총 8가지 상황을 도출하였으며, 리더에게 호의적이나 비호의적이면 과업지향적 리더가 우수하고, 어중간한 상황이면 관계지향적 리더가 우수한 리더십으로 정의하고 있다.

④ 허쉬(Hersey)와 블랜차드(Blanchard)는 리더십을 지시적(telling), 설득적/지원형(selling), 참여적(participation), 위양적(delegating) 리더십으로 구분하였고 이에 상황변수는 종업원의 성숙도 변수 하나를 사용한 리더십 상황이론이다. 아울러 성 숙도는 종업원의 의지(동기)와 능력에 따라 결정지어진다고 보았다. 능력 없고 의지 또한 낮은 경우는 지시적 리더, 의지는 생겼으나 여전히 능력이 없는 경우 지원형 리더, 능력은 생겼으나 의지가 낮아진 경우 참여적 리더, 의지와 능력 모두 높은 경우 위양적 리더가 유효한 리더십이라고 설명하고 있다.

⑤ 허쉬(Hersey)와 블랜차드(Blanchard)의 이론에서는 관계행위(배려)가 높고, 과업행위(구조주도)가 낮은 경우 구성원들이 이미 과업적 능력은 있으므로 종업원과의 관계에서 동기부여 내지는 의지를 북돋아줄 필요가 있기에 지시형 리더보다는 참여형 리더가 효과적이라고 정의하고 있다.

22 ⑤

해설

① 피들러(Fiedler)의 상황이론에 의하면, 리더가 처한 상황이 매우 호의적이거나 매우 비호의적인 경우에는 LPC(least preferred co-worker) 점수가 높은 인간(관계)지향적 리더보다는 LPC 점수가 낮은 과업지향적 리더가 적합하다고 보고 있다.

② 기존의 이론들이 상사와 모든 부하의 관계가 동질적이라고 가정한 것에 반해, 리더-구성원 교환관계이론(leader-member exchange theory ; LMX)의 경우는 상사와 부하의 관계가 각 부하에 따라 이질적인 형태의 차별대우가 이루어지고 있다는 상황을 가정하고 부하와 상사와의 관계에 따라 내집단과 외집단으로 분류하고 있다.

③ 허쉬(Hersey)와 블랜차드(Blanchard)의 상황이론에 의하면, 아래의 표와 같이 부하의 성숙도가 매우 낮은 경우에는 지시형 리더십 스타일이 적합하고, 부하의 성숙도가 매우 높은 경우에는 위임형 리더십 스타일이 적합하다.

리더의 유형		위임형	참여형	지원형	지시형
종업원의 성숙도	능력	↑	↑	↓	↓
	동기	↑	↓	↑	↓
		성숙 ←			→ 미성숙

④ 블레이크(Blake)와 머튼(Mouton)의 관리격자 모형(managerial grid model)은 리더십 행위이론에 해당하며, 이러한 행위이론에는 아이오와 대학 모형, 미시간 대학 모형(Likert 모형), 오하이오 주립대학 모형(고려-구조주도 모형), 블레이크(Blake)와 머튼(Mouton)의 관리격자 모형(managerial grid model)이 해당된다. 아울러 리더가 처한 상황에 따라 리더십 스타일이 달라진다고 보는 상황이론에는 대표적으로 피들러(Fiedler)의 상황적합성 이론, 허쉬(Hersey)와 블랜차드(Blanchard)의 리더십 수명주기이론, 하우스와 에반스(House & Evans)의 경로-목표이론, 댄서로우(Dansereau)의 리더-구성원 교환관계이론(leader-member exchange theory ; LMX) 및 브룸과 예튼(Vroom & Yetton)의 의사결정 상황이론(리더십 규범이론) 등이 해당된다.

23 ④

해설 허쉬(Hersey)와 블랜차드(Blanchard)는 부하의 성숙도를 부하의 능력(ability)과 의지(willingness), 두 가지 측면에서 파악하여 리더십의 유형을 지시적(telling), 설득적(selling), 참여적(participation), 위양적(delegating) 리더의 4가지 유형으로 구분 하였다.

보기해설
① 거래적 리더십(transactional leadership)은 조건적 보상, 예외에 의한 관리(management by exception), 자유방임으로 구성되며 지적인 자극, 이상적인 영향력 등은 영감, 개별적 배려 등과 함께 변혁적 리더십의 구성요소임
② 피들러(Fiedler)의 리더십 모형은 리더를 둘러싼 상황을 과업의 구조, 부하와의 관계, 권한의 정도로 보고 있다.
③ 브룸(Vroom)과 예튼(Yetton)의 리더십 모형에서는 의사결정의 중요성과 관련된 속성 3가지와 의사결정의 수용도와 관련된 속성 4가지를 중심으로 이론을 전개하고, 리더십의 유형을 전제적 형태(autocratic type)의 AI, AII, 협의적 유형(consultation type)의 CI, CII, 그리고 집단적 유형(group type)의 GII로 리더십 유형을 분류하고 있다.
⑤ 블레이크(Blake)와 머튼(Mouton)은 (1, 1)형 리더를 무관심형으로 보고 (9, 9)형 리더를 이상적인 리더십 스타일로 규정하였다.

24 ②

해설 허쉬(Hersey)와 블랜차드(Blanchard)의 상황적 리더십 이론(situational leadership theory)은 리더십 수명주기이론이라고도 불리우며, 과업 특성에 따라 리더십 스타일의 유효성이 달라진다고 보지 않고 종업원의 성숙도 변수 하나를 사용하여 리더십의 유효성을 검증한 이론임

25 ④

해설 허쉬(Hersey)와 블랜차드(Blanchard)는 아지리스의 성숙-미성숙 이론을 상황변수로 적용하여 리더십 수명주기와 종업원의 성숙도 관계를 연결한 이론을 전개하였다.
① 변혁적 리더십(transformational leadership)은 영감을 주는 동기부여, 지적인 자극, 이상적인 영향력의 행사 및 지적 자극 등으로 구성된다. 그러나 상황에 따른 보상, 예외에 의한 관리 등은 거래적 리더십의 특징이다.
② 피들러(Fiedler)는 과업의 구조가 잘 짜여져 있고, 리더와 부하의 관계가 긴밀하고, 부하에 대한 리더의 지위권력이 큰 상황에서 과업지향적 리더가 관계지향적 리더보다 성과가 높다고 주장하였다.
③ 스톡딜(Stogdill) 등은 OSU모형을 통해 부하의 직무능력과 감성지능이 높을수록 리더의 구조주도(initiating structure)행위보 다는 종업원에 대한 배려 등이 부하의 절차적 공정성과 상호작용적 공정성에 대한 지각을 높인다고 주장하였다.
⑤ 서번트 리더십(servant leadership)은 공식화와 명확한 비전을 제시하고 있지는 않다. 아울러 집단의 효율성과 생산성보다 집단의 안정적 성장에 초점을 두고 있는 이론은 PM 이론으로 볼 수 있다.

26 ②

해설 예외에 의한 관리(management by exception)는 거래적 리더십에서 사용하는 개념이다.

27 ①

해설 서번트 리더십이란 일반적인 리더와 달리 섬기는 자세를 가진 봉사자로서의 역할을 먼저 생각하는 리더십으로

서 조직의 사명이나 목표를 위해 부하직원들이 헌신하도록 하고, 과업달성을 통해 부하직원들의 욕구를 충족하게 하는 데 궁극적인 목적이 있으며, 부하직원들의 창조성을 최대한 개발하고 완전한 헌신과 학습을 자연적으로 유도하는 학습조직에 유용한 리더십이다. 그러나 개별적 배려, 지적 자극, 영감에 의한 동기부여, 비전 제시를 주요 내용으로 하는 리더십은 변혁적 리더십(transformational leadership)이다.

변혁적 리더십이란 카리스마적 특성으로 인하여 부하직원들을 리더에게 이끌리게 함으로써 그들의 이해관계를 초월하게 하고, 부하직원들에게 비전을 제시하여 그 비전달성을 위해 함께 동참할 것을 호소 및 유도하는 리더십으로서 부하에게 이상적인 방향을 제시하고 임파워먼트(empowerment)를 실시한다.

이러한 변혁적 리더십이 발현되기 위해서는 기본적으로 리더는 첫째, 비전과 사명감을 제공하며 자긍심을 불어넣어 주며, 존경과 신뢰를 얻을 수 있는 카리스마가 있어야 한다. 두 번째로 높은 기대를 전달하고, 노력 집중을 위해 상징을 사용하며, 중요목적을 단순하게 표현하는 등 구성원에게 영감을 불러일으켜 주어야 한다. 세 번째로 지능, 합리성, 세심한 문제 해결을 촉진시키기 위한 지적 자극을 심어주어야 한다. 마지막으로 구성원들에게 개인적 관심을 보이고, 각 구성원을 개별적으로 다루며, 코칭하고, 조언할 수 있어야 한다.

28 ④

해설 변혁적 리더십이론은 기존 리더십 이론을 보상에 근거한 거래적 리더십이론이라고 비판하면서 등장한 이론이다.

29 ④

해설 LPC점수가 높다는 해설 것은 리더십이 종업원과의 관계 지향적 리더십을 의미함.

30 ②

해설 b. 거래적 리더십(transactional leadership)이란 리더와 부하 사이의 교환이나 거래관계를 통해 발휘된다는 이론이다.
d. 수퍼리더십(super leadership)을 발휘하는 리더는 부하를 강력하게 지도하고 통제하는 것이 아니라 스스로 판단하여 행동하는 셀프리더를 키우는 리더십이다.

31 ⑤

해설 ① 허시(Hersey)와 블랜차드(Blanchard)의 상황이론에 따르면 참여형(participating) 리더십 스타일의 리더보다 설득형(selling) 리더십 스타일의 리더가 상대적으로 과업지향적 행동을 더 많이 한다. 과업지향적 행동의 크기에 따라 허쉬와 블랜차드의 모형에서 언급한 리더십 유형을 분류하여 보면 다음과 같다. 지시형 > 설득형(지원형) > 참여형 > 위임형
② 피들러(Fiedler)의 상황이론에 따르면 개인의 리더십 스타일은 LPC척도에 따라 과업지향형과 관계지향형으로 분류함으로서 일정부분 리더십 유형은 고정되어 있다는 가정 하에 리더−구성원간의 관계, 과업구조, 리더의 직위권한이라는 상황변수의 상황이 변할 때마다 자신의 리더십 스타일을 바꾸어 상황에 적응하는게 아니라 리더십의 변화 내지는 리더의 교체가 필요하다고 설명하고 있다.
③ 블레이크(Blake)와 머튼(Mouton)의 관리격자이론(managerial grid theory)은 리더십의 상황이론이 아니라 행위이론에 해당된다.
④ 거래적 리더십(transactional leadership)이론에서 예외에 의한 관리(management by exception)란 예외적 사건이 발생한 경우 리더가 개입하는 것을 말한다. 적극적(또는 능동적) 예외관리와 소극적(또는 수동적) 예외관리로 이루어져 있다. 적극적 예외관리는 구성원들의 실수나 규칙 위반을 철저히 확인해서 문제가 발생하지 않도록 사전에 점검하는 리더 행동을 의미하며, 소극적 예외관리는 업무 표준에 미달하거나 문제가

표면화된 경우에만 개입하는 리더 행동을 의미한다. 아울러 일반적으로 업적에 따른 보상이 긍정적 강화(positive reinforcement)를 수반하는 반면에 예외관리는 부정적 강화(negative reinforcement)를 수반한다.

32 ④

해설 카리스마적 리더(charismatic leader)는 집단응집성 제고를 통해 집단사고를 강화함으로써 집단의사결정의 효과성을 떨어뜨릴 가능성이 크다.

33 ④

해설 제왕학, 위인이론 등은 리더십 특성이론(trait theory)에 해당한다고 보아야 함.

34 ④

해설 의사결정에 참여한 구성원 집단을 둘로 나누어서 한 집단이 제시한 의견에 대하여 반론 집단의 비판을 들으면서 본래의 의사결정대안을 수정하고 보완하는 방법은 명목집단법(nominal group techniques)이 아니라 변증법적 토의법에 대한 설명임.

35 ②

해설 거래적 리더십(transaction leadership)은 장기적인 목표를 강조해 부하들이 창의적 성과를 낼 수 있게 환경을 만들어 주며, 새로운 변화와 시도를 추구하게 된다고 보기보다는 조건에 따른 보상과 예외에 의한 관리 및 자유방임적 성향을 보여주는 전통적 리더십을 총칭한 개념이다.

36 ①

해설 하급자가 어떤 일정에 따라 무슨 일을 해야 할지 스스로 결정하여 추진하도록 지시하는 유형지시적 리더십보다는 참여적 내지는 성취지향적 리더에 가깝다고 볼 수 있다.

37 ④

해설 과업형 리더에게는 이미 과업 중심적인 관점을 가지고 있으므로 생산에 대한 관심을 높일 수 있는 훈련 보다는 종업원을 배려하는 인간관계 훈련 등이 필요하다.

38 ③

해설 리더-구성원 교환(leader-member exchange, LMX)이론은 리더와 개별 구성원간의 차별대우가 존재하는 상황에서 「이방인→면식→파트너」 단계로 나아가며 모두 내집단화시켜야 한다는 이론임. 반면에 역할과 업무 요구사항을 명확히 함으로써 부서 내 구성원의 목표 달성을 돕는 것은 하우스의 경로-목표이론에 대한 설명임.

39 ③

해설 하우스(House)의 경로-목표 이론에 의하면, 외재적 통제위치를 갖고 있는 부하에게는 참여적 리더십 보다는 지시적 리더십이 더 적합하다.

40 ②

해설 피들러의 상황적합성이론의 경우 상황적 요인이 리더에게 회의적이거나 비호의적인 경우는 과업 지향적 리더가 관계지향적 리더보다 효과적이라고 보고 있으며, 어중간한 경우에는 관계지향적 리더가 효과적이라고 설명한 이론임. 리더십관련 문제에 권력유형분류 지문을 하나 섞은 문제로 리더십과 권력에 대한 기초적 개념 질문임.

Chapter 3 조직차원의 조직행동: 거시조직론

개·념·정·리

1 ②

해설 제품은 상황변수로 보기 어려움.

2 ②

해설 제도화이론이란 조직집합에서 조직들이 서로 비슷해지는 현상을 설명하는 이론으로, 사회문화적 압력 속에 존재하는 조직은 효율성보다 적절성을 추구하게 된다는 이론임. 또한 조직은 생존을 위해 이해관계자들로부터 사회적 정당성을 확보하기 위해 유사한 행위를 하게 된다는 이론으로서 조직의 감정적, 비합리적 행위를 설명함으로서 조직에 대한 이해를 확대하였고 사회문화와 제도적 환경을 강조함으로써 조직설계에 대한 고려요소를 추가한 이론임.

〈제도적 적응 메카니즘〉

	모방	강압	규범
조직유사성의 원리	불확실성	의존성	의무, 책임
사건	혁신, 가시성	법령, 규칙, 제재	전문가 인증, 심의
사회적 토대	문화적 지원	법	도덕
사례	BPR, 벤치마킹	오염통제, 학교규제	회계기준, 컨설턴트 교육

출처 Richard L. Daft, Organization Theory and Design, Cengage, 2009.6.1.

보충 조직군생태학 이론(population ecology theory)
- 비교적 동질적인 조직들의 집합인 조직군의 생성과 소멸 과정에 초점을 두어, 조직구조는 환경과의 적합도 수준에 따라 도태되거나 선택된다는 이론적 관점.
- 1970년대 중반에 등장한 이 이론의 특징은 조직환경의 절대성을 강조하고, 생물학의 자연도태(natural selection) 이론을 적용해 분석 수준을 개별 조직에서 조직군으로 바꾸어 놓은 점이다.
- 조직군이란 특정 환경 속에서 생존을 유지하는 동종 조직의 집합, 즉 유사한 조직구조를 갖는 조직들을 말한다.
- 조직군의 형태와 그 존재 및 소멸 이유를 외부환경의 선택이라는 관점에서 설명하고자 하는 조직군생태학 이론은 조직구조에 일단 변이(variation)가 발생하면, 환경과의 적합도 수준에 따라 환경적소(environmental niche)로부터 도태되거나 선택(selection)되며, 그 환경 속에서 제도화되어 보존(retention)된다고 설명한다.

3 ④

해설 비공식적 커뮤니케이션은 유기적 조직의 특징으로 보아야 함.

4 ①

해설 애드호크라시란 미국의 미래학자 앨빈 토플러가 그의 저서 『미래의 충격』에서 종래의 관료조직을 대체할 미래 조직을 가리키는 말로 사용한 용어이다. 애드호크라시는 관료조직처럼 지위나 역할에 따라 종적으로 조직된 것이 아니라 기능과 전문적 훈련에 의해 유연하게 기능별로 분화된 횡적 조직이다.

5 ⑤

해설 뷰로크라시 조직이란 일종의 관료제로서 조직구조의 유형 중 합법적 권한에 의한 근대적 지배방식을 말한다. 뷰로크라시 체제는 법과 규정에 의한 지배로 업무의 한계 안에서 지배와 복종만 있을 뿐 인간 자체의 지배, 복종관계는 개입되지 않는다.

〈뷰로크라시 조직의 특징〉
- 분업(division of labor): 모든 업무는 단순하고 일상적이며 명확히 규정된 과업으로 분할되어 각 구성원에게 할당된다.
- 고도의 공식화: 공식적인 규칙과 절차에 의존함으로써 일치를 모색하고 직무수행자의 행동을 규제할 수 있다.
- 명확히 규정된 권한의 위계구조: 직위의 위계구조를 갖는 다단계의 공식적 구조가 형성됨으로 인해 하위직위는 상위직위의 감독과 통제하에 있게 된다.
- 비인격성: 제재조치는 일관적이고 비인격적으로 적용됨으로 인해 구성원에 대한 개인적인 인신비평과 사적인 감정개입을 배제할 수 있다.
- 공사(公私)의 명확한 구별: 개인사정으로 인한 요구사항이나 이해관계를 완전히 배제함으로써 그러한 사사로운 사항들이 조직활동을 합리적이고 비개인적으로 수행해 나가는 데 있어 저해요인으로 작용하지 못하도록 한다.

〈기계적 조직〉
강한 승진욕구, 존경욕구

6 ③

해설 스태프 조직은 M. Port의 가치사슬상 지원활동 영역에 해당하는 부분으로 생각하면 됨. 여기에는 재무관리, 인사관리파트, 회계관리 등이 있다.

의미	• Emerson이 직능식 조직의 형태를 변형·개발시킨 조직 • 명령통일의 원칙과 전문화의 원칙을 조화시킴
장점	라인의 업무부담이 줄어들고 업무수행에 관계없는 문제에 소요되는 시간 낭비를 방지
단점	• 스태프의 조언·권고를 받기 위해 라인 부서의 의사결정과 집행이 지체될 수 있음 • 스태프는 조언·권로는 할 수 있지만 명령권한이 없기 때문에 스태프와 라인 간의 갈등이 야기될 수도 있음

7 ⑤

해설

기본부문	내용	조직형태
전략경영부문(strategic apex)	전략을 수립하는 기업의 경영진 집단	단순조직
전문기술가부문(technostructure)	조직 내에서 업무나 기술을 표준화하고 조직 내에서 일을 수행함에 있어서 전문적이고 기술적인 도움을 주는 부문	기계적 관료제
생산핵심부문(operation core)	• 조직의 원래 목표가 이루어지는 부문 • 기업의 생산, 판매활동, 병원의 치료활동, 대학의 강의활동 등	전문적 관료제
중간관리자부문(middle apex)	최고경영층에 의해 수립된 전략을 실질적으로 운영해 나가는 핵심운영층을 직·간접적으로 연결하는 위치에 있는 부문	사업부제
일반지원부문(support staff)	• 핵심 라인을 지원하는 간접 스텝 부문 • 병원의 원무과 등	애드호크라시

8 ①

해설 테일러: 과학적 관리의 창시자로서, 인간은 달성하여야 할 일정한 과업이 명확하게 결정되지 않으면 능률은

올라가지 않는 다는 것이 과업관리의 근본정신임. 이에 근거하여 과학적 관리 필요성 주장. ① 시간연구와 동작연구를 통해 표준 과업량 제시 → 과업관리, ② 차별성과급제, ③ 직능식 조직(현대 기능식 조직), ④ 고임금, 저노무비의 실현
- 네트워크 조직: 조직활동을 상대적 비교 우위가 있는 한정된 부문에만 국한시키고, 나머지 활동 분야는 아웃소싱(outsourcing)하거나 전략적 제휴 등을 통해 외부 전문가에게 맡기는 조직을 말한다. 네트워크 조직은 계층이 거의 없고, 조직 간의 벽도 없으며, 부문 간 교류가 활발하게 이루어지는 특징을 지닌다.
- 오케스트라形 조직: 표준화된 절차, 전문 인력이 있는 조직으로서, 특정 전략, 목표에 따라 일사불란하게 움직이며 강력한 카리스마를 갖춘 리더가 필요한 조직 형태 → 불확실성의 시대에는 적응하기 어려움. (예 GM, 도요타)
- 재즈밴드形 조직: 변화에 민감, 순발력, 유연성, 개방성을 특징으로 하는 조직으로 오케스트라形은 20세기형 조직, 재즈밴드形은 21세기형 조직으로 평가함.

9 ③

해설 이익센터(profit center)란 기업에 직접적으로 이익을 가져다주는 단위 조직을 의미한다. 특히, 이익센터장은 수익과 비용을 고려하여 이윤창출에 책임이 있다. 즉, 이익센터장은 이윤창출과 관련된 활동에 초점을 두어야 하며 동시에 비용도 통제해야 한다. 비용창출센터는 수익과 비용을 결정하는 별개의 주체로 인정되기 때문에 독립적인 사업을 운영하는 것과 유사하다. 이러한 측면에서 사업부제 조직과 유사하다고 할 수 있다. 아울러 인적자원 관리적 측면에서 본다면 기업교육에서 이익윤창출센터 형태로 나타나는데 이는 기업 내의 교육훈련부서가 교육훈련을 통해 이윤을 창출해야 한다는 의미로 주로 활용된다.

10 ⑤

해설 자원의 효율적인 활용으로 규모의 경제를 기할 수 있는 것은 기능식 조직에 가까우며, 사업부제조직은 효율적이라기보다는 유연성 확보에 중점을 둔 고비용구조에 가깝다.

11 ①

해설 ①, ⑤ 사업부제 조직은 분화의 원칙에 의하여 편성되고 운영하는 형태로서 시장의 변화에 탄력적으로 대응할 수 있는 장점이 있다.
② 프로젝트 조직에 대한 내용으로 인적 자원의 효율적인 활용이 이루어진다.
③ 매트릭스 조직에 대한 내용으로 양쪽의 업무를 동시에 수행하여야 하기 때문에 추가 업무의 스트레스와 지휘 체계의 곤란으로 인한 역할갈등과 스트레스가 발생한다.
④ 직능식 조직에 대한 내용으로 명령일원화의 원칙이 적용되지 않아서 대기업에는 부적절한 조직이다.

12 ④

해설 사업부제 조직

의미	• 분화의 원리에 따라 사업부단위를 편성하고 각 단위에 대하여 독자적인 생산과 영업 및 관리 권한을 부여로 사업부가 부문화되어 만들어진 조식 • 제품별·시장별·지역별 이익중심점 또는 이익센터(profit center)를 중심으로 독자적인 경영과 이익에 대한 책임을 지는 독립채산제를 실시하는 조직형태 • 오늘날 다국적 기업들이 가장 보편적으로 채택하고 있는 조직구조 형태 • 본사의 전반적인 종합적 조정기능의 강화
장점	• 사업부문별로 권한과 책임을 부여함으로써 시장변화 또는 소비자욕구변화에 빠르게 대처 • 각 사업부 내부의 관리자와 종업원의 상호작용으로 효율이 향상되고 사업부 내의 기능 간 조정이 용이

단점	• 사업부 간의 과도한 경쟁에 의한 조직능력의 분산 • 중복 투자와 관리비용이 증가 • 독입사업부의 이익 중심으로 움직임으로 인한 전체적 측면에서의 시너지 효과 산출이 어려움 • 각 사업부 간 이익대립가능성과 이의 조정이 어려움

(위 표 상단 일부)
• 실전에 유능한 경영자 양성
• 각 사업부는 이익중심 및 책임 중심점이 되어 경영성과 향상

13 ①

해설 매트릭스 조직에서 종업원들은 이중적 고객의 요구에 대응하기 위해 최소한 두 개의 부서에 속하게 되어 모든 부하들은 상사가 2명인 이중지휘체계를 갖게 된다. 이를 다르게는 "종업원의 역할갈등(role conflict) 발생 가능성이 높다." 혹은 "조직설계의 원칙 가운데 명령 일원화(unity of command)의 원칙에 위배되는 조직구조이다." 라고 표현하기도 한다.
② 시장의 새로운 변화에 유연하게 대처하기 쉽다. 매트릭스 조직보다 새로운 변화에 더 유연하게 대처할 수 있는 조직은 수평적 조직이나 네트워크 조직이다.
③ 기능적 조직과 사업부제 조직을 결합한 형태는 혼합형 조직(hybrid structure)이다.
④ 단일 제품을 생산하는 조직에 적합한 형태는 단순조직(simple structure)이나 기능조직(functional stucture)이다.

14 ③

해설 매트릭스 조직은 자원을 효율적으로 활용할 수 있다는 장점을 지니고 있지만, 구성원이 원래 부서에 속해있으면서도 프로젝트 팀에 소식이 되어 있기 때문에 누가 의사결정에 대하여 권한과 책임이 있는지를 결정하는 데 혼란스러움을 겪게 된다.
① 라인 조직은 직계 조직이라고 하며, 명령 일원화의 원칙에 의해서 하급자에게 명령, 통제, 지시를 할 수 있는 장점이 있다.
② 사업부제 조직은 경영 활동을 분화의 원칙에 의해 지역별, 고객별, 제품별 등으로 사업부를 편성하는 형태로 변화하는 시장에 대해서 탄력적으로 움직일 수 있다.
④ 프로젝트 조직은 특정임무의 수행을 위하여 임시로 형성된 조직이다.

15 ⑤

해설 역할 갈등의 발생소지가 있으며, 갈등조정의 어려움이 있는 조직의 유형이라고 볼 수 있음.

의미	• 기능식 조직의 장점과 프로젝트 조직의 장점을 결합시켜 만들어진 그리드 조직구도 • 사업부제 조직의 고비용구조를 상대적으로 해소 가능 • 구성원은 종적으로는 기능별 조직 일원이고, 횡적으로는 프로젝트 조직의 일원임
장점	• 인적자원을 효율적으로 사용할 수 있음 • 새로운 환경변화에 융통성 있게 대처할 수 있음 • 동시에 여러 가지의 프로젝트를 실행할 수 있음 • 전문지식과 기술의 축적 및 개발 용이
단점	• 이중적 지휘체계에 의한 상사 간 권력갈등이 발생할 수 있음 • 명령일원화의 원칙이 무너질 경우 종업원에 대한 지휘가 모호해지고 종업원이 역할 갈등을 겪을 수가 있음 • 책임과 권한의 모호함으로 인한 갈등해소와 권한 간 균형 유지에 많은 시간과 비용소요 • 복합적 이해관계로 인해 의사결정이 지연

16 ③

해설 이중지휘체제로 인하여 명령 일원화 원리가 적용되지 않으며 이로 인한 역할갈등 문제가 발생할 가능성이 큰 조직의 형태라고 볼 수 있다.

① 매트릭스 조직은 프로젝트 조직과 기능식 조직을 합한 이원적인 조직의 형태로서 직능 부분의 수직적 권한과 프로젝트 수행의 수평적 권한에 의하여 권한과 책임의 이중관계를 유지해 나가기 때문에 성과평가의 담당자가 명확하지 않다.

②, ④ 매트릭스 조직의 구성원은 종적으로 기능별 조직의 자기부서와 횡적으로 프로젝트에 동시에 소속되어 근무하는 형태로 프로젝트가 끝나면 원래 조직 업무를 수행한다.

의미	• 기능식 조직의 장점과 프로젝트 조직의 장점을 결합시켜 만들어진 그리드 조직구도 • 사업부제 조직의 고비용구조를 상대적으로 해소 가능 • 구성원은 종적으로는 기능별 조직 일원이고, 횡적으로는 프로젝트 조직의 일원임
장점	• 인적자원을 효율적으로 사용할 수 있음 • 새로운 환경변화에 융통성 있게 대처할 수 있음 • 동시에 여러 가지의 프로젝트를 실행할 수 있음 • 전문지식과 기술의 축적 및 개발 용이
단점	• 이중적 지휘체계에 의한 상사 간 권력갈등이 발생할 수 있음 • 명령일원화의 원칙이 무너질 경우 종업원에 대한 지휘가 모호해지고 종업원이 역할 갈등을 겪을 수가 있음 • 책임과 권한의 모호함으로 인한 갈등해소와 권한 간 균형 유지에 많은 시간과 비용소요 • 복합적 이해관계로 인해 의사결정이 지연

17 ②

해설 위원회조직
- 기능식 조직의 부문 간 갈등을 조정하고 부문 간의 조정기능을 수행하기 위한 조직
- 의사결정에 시간과 비용이 많이 소요되며, 환경변화에 대응하는 신속한 의사결정을 못함
- 이해관계가 상이한 집단들의 관련기능을 통합해 주는 임시적 또는 영구적 조직

18 ④

해설 매트릭스 조직의 구성원은 종적으로 기능별 조직의 자기부서와 횡적으로 프로젝트 조직에 동시에 소속되어 근무하는 형태로 두 명의 관리자로부터 지휘를 받아 누가 의사결정에 대하여 권한과 책임이 있는지를 결정하는 데 혼란스러움을 겪게 된다.

①, ② 라인조직에 대한 내용으로 명령체제가 상부에서 하부로 이동하는 명령일원화의 원칙을 적용하여 의사결정의 신속함, 통솔의 용이성 등의 장점이 있다.

③ 사업부제 조직에 대한 내용으로 독립적인 사업부로 부문화된 후 각 사업부 내부에 기능식 부문화가 이루어지는 형태를 말한다.

19 ⑤

해설 에드호크라시 조직이란 임시조직의 형태로 생각하여야 함.

① 사업부제 조직의 성격을 수반한 자유형 혼합조직이다.

② 관료제 조직에 대한 설명으로 분업과 위계구조를 강조하며 구성원의 행동이 공식규정과 절차에 의존하는 조직이다.

③ 프로젝트조직에 대한 설명으로 특정프로젝트를 해결하기 위해 구성된 조직으로 프로젝트의 완료와 함께 해체되는 조직이다.

④ 위원회조직에 대한 설명으로 다양한 의견을 조장하고 의사결정의 결과에 대한 책임을 분산시킬 필요가 있을 때 흔히 사용되는 조직이다.

20 ①

해설 위원회조직은 명령 계통 혹은 각 부문 간의 불화나 마찰 등의 단점을 보완하기 위하여 고안된 형태로서 주로 한시적 또는 필요에 따라 소집되고 결정되는 임시적 조직이며, 의사결정과 환경변화의 대응에 있어 시간과 비용이 많이 소비된다.

보충 위원회조직과 TFT의 비교

	Committee	Task Force
영속성	장기	단기(임무 완수 때까지)
목적	번번하게 발생하는 문제해결이나 의사결정, 갈등해소 및 조정 목적의 정보교환	특정문제해결이나 과업을 한시적으로 수행
구성원의 배경	조직 내의 역할이나 지위	전문성·기술
구성원의 안정성	안정적	유동적
업무추진태도	수동적	적극적

21 ①

해설 모든 기업은 나름대로 금과옥조로 삼는 근무규범과 제도를 가지고 있다. 그러나 그것을 어떻게 운용하는지에 따라 그 성과는 일률적이지 않다. 모든 조직의 벌칙제도는 마땅히 뜨거운 난로와 같은 것이어야 한다.
- 첫째, 그것을 만져보지 않아도 누구나 뜨거운 줄 알 수 있다.(경고성의 원칙)
- 둘째, 그것에 닿으면 몇 번이든 반드시 화상을 입는다. 즉, 규칙을 위반하면 반드시 처벌을 받게 된다.(인과성의 원칙)
- 셋째, 그것을 만지면 즉시 화상을 입게 된다.(즉시성의 원칙)
- 넷째, 누가 그것을 만지든 반드시 화상을 입는다.(공평성의 원칙)

22 ④

해설 임파워먼트의 4가지 구성 요인
1. 의미감(Meaning) : 수행하고 있는 과업이 자신과 조직의 발전에 중요하다는 인식
2. 능력/역량감(Competence) : 효율적으로 업무를 수행할 수 잇는 능력에 대한 인식
3. 자기결정력(Self-determination) : 업무수행 방법과 시기를 자발적으로 결정한다는 인식
4. 영향력(Impact) : 성과에 어느정도 결정적 기여를 했는지에 대한 인식

23 ①

해설 영국의 경영학자 파킨슨(1909~1993)이 현대의 관료사회를 신랄하게 풍자하며 제창한 사회생태학 법칙. "공무원이 상급으로 출세하기 위해서는 부하를 늘릴 필요가 있으므로 공무원은 일의 유무나 경중에 관계없이 일정한 비율로 증가한다"는 것이다. 그는 또 '공무원은 경쟁자를 원하지 않는다', '공무원은 자신들을 위해 업무를 만들어낸다', '예산 심의에 필요한 시간은 예산액에 반비례한다'며 공무원 조직을 비판했다.
- 파레토법칙: 상위 20% 사람들이 전체 부(富)의 80%를 가지고 있다거나, 상위 20% 고객이 매출의 80%를 창출한다든가 하는 의미로 쓰이지만, 80과 20은 숫자 자체를 반드시 의미하는 것은 아니다. 전체 성과의 대부분(80)이 몇 가지 소수의 요소(20)에 의존한다는 의미이다. 그러나 이 이론은 80%의 다수가 20%의 핵심 소

수보다 뛰어난 가치를 창출한다는 롱테일법칙으로 대체되고 있는 추세를 보임.
- 에릭슨 법칙: 어떤 일이든 10년을 열심히 하면 전문가가 된다는 것으로 최근 만 시간의 법칙 등으로 알려진 법칙임.
- 호손 효과: 실험에서 피험자들이 자신이 실험하에 있다는 인식 때문에 영향을 받는 피험자들의 수행.
- 하인리히 법칙: 대형사고가 발생하기 전에 그와 관련된 수많은 경미한 사고와 징후들이 반드시 존재한다는 것을 밝힌 법칙으로, 사소한 문제가 발생하였을 때 이를 면밀히 살펴 그 원인을 파악하고 잘못된 점을 시정하면 대형사고나 실패를 방지할 수 있지만, 징후가 있음에도 이를 무시하고 방치하면 돌이킬 수 없는 대형사고로 번질 수 있다는 것을 경고한다.

24 ①

해설 쉐인은 조직이론의 발달순서에 따라 인간의 유형을 '합리적, 경제적 인간 – 사회적 인간 – 자아실현적 인간 – 복합적 인간'으로 구분하였다.

〈쉐인의 조직 유형에 따른 인간유형〉

- **합리적 경제인(rational economic man)**
  조직 내 인간은 자기쾌락을 추구하는 인간으로 자기의 이익을 극대화하기 위하여 행동한다는 인간관이다. 인간은 합리적 기계적으로 움직이고 인간은 경제적 유인에 의하여 동기부여가 이루어지며 인간의 감정은 비합리적이므로 통제하여야 한다는 가정을 전제하고 있다.
  맥그리거의 X이론에 의한 인간관과 유사한 특징을 지니고 있다.
- **사회인(social man)**
  인간은 집단에 대한 소속감이나 일체감을 중시하며 사회적 욕구에 의하여 동기부여된다는 이론이다. 이런 경우 관리자는 수행하는 과업보다는 과업을 수행하는 사람의 욕구에 관심을 가지고 관리하여야 한다. 이 이론은 메이요의 인간관계론과 유사한 특징을 지니고 있다.
- **자기실현인(self-actualizing man)**
  인간은 자기의 능력, 자질을 최대한 생산적으로 활용하고자 하는 자기실현 욕구, 성취욕구를 지니고 있으며, 자율적으로 자기규제를 할 수 있다. 따라서 관리전략은 직무에 대한 충실이나 자기개발 그리고 내적인 보상과 참여 등이 적합하다. 이는 맥그리거의 Y이론에 의한 인간관과 유사한 특징을 지니고 있다.
- **복합인(complex man)**
  위의 세 가설은 인간을 단순화, 일반화한 것이지만 현실적으로 인간은 위의 세 가지 인간형보다 더 복잡하고 다양한 존재이다. 인간의 욕구수준은 시간과 상황에 따라 변화하고 모든 사람에게 유효한 하나의 관리방법은 존재하지 않으므로 개인차를 진단하면서 관리하는 상황조건적 관리전략이 요구된다.

25 ⑤

해설 혁파(exnovation)는 혁신도입(innovation)의 전제이며, 조직문화 개혁은 지속적인 인습 등의 혁파를 필요로 한다.

26 ④

해설 조직문화란 조직구성원의 행동을 지배하는 비공식적 분위기 및 종업원 행동을 결정하는 집단적 가치관이나 규범으로서, 조직 내의 고유한 문화로서 조직에 대해 몰입을 높이지만 외부환경변화에 대한 적응성, 탄력성 등은 감소시키기도 한다.

27 ②

해설 델파이법은 수요예측 및 집단의사결정기법으로 볼 수 있다.

보충 조직개발에 대하여 정리하면 다음과 같다.

의미		환경변화에 대응하는 조직의 적응능력을 기르기 위한 조직의 변화와 구성원의 행동개선
목표		조직유효성(개인과 조직 모두의 목표 달성)의 향상
성격		• 조직이 의도적으로 주도하는 계획적인 변화 • 행동과학적 지식을 기본으로 사고함
가정		인본주의적이고 민주적인 가치를 지향 & Y이론
기법	개인	감수성훈련(T그룹 훈련)
	집단	탐구축법
	조직	조사연구 피드백 기법, 그리드 훈련, 근로생활의 질 프로그램

* 관리도 훈련(그리드 훈련)은 개인, 집단, 조직차원의 기법

28 ②

해설
① Blake와 Mouton에 의해서 개발되었다.
③ 과정자문법은 외부의 상담자를 통하며 문제를 해결한다.
④ 감수성훈련은 상호작용을 통한 사회성 훈련 기법의 일종으로 상호 간의 영향력과 인지력을 평가하고 개발한다.

29 ②

해설 직장 내 교육훈련에 관한 설명으로 곧바로 현장에서 적용이 가능한 장점이 있다.

보충 조직개발기법에 대하여 정리하면 다음과 같다.

감수성훈련	• T-group 훈련은 1945년 미국의 브레드포드(L. Bredford)가 재직자 훈련의 일부로 시도 • 이질적인 성향의 낯선 소그룹 집단이 일정기간 동안 사회와 격리된 집단생활을 하면서 특정한 주제를 정하지 않고 서로 자유롭게 감정을 표현함으로써 지금까지 자신이 타인에게 어떤 영향을 주고 또 받아 왔는지 이해하며 본인의 사회적 위치와 역할을 깨닫게 되는 훈련 • 어떤 문제의 해결 방안이나 대인관계의 이해 및 이를 통한 인간관계의 개선 등이 목적
팀구축법	공식적인 일을 하는 집단에서 과업에 초점을 맞춰서 상호협조하면서 직무를 수행 및 개선할 수 있도록 하는 것
과정자문법	외부 상담자를 통하여 그룹 간 또는 그룹 안의 문제를 해결하고 진단하기 위한 방법

30 ③

해설 페로우는 서비스업과 일반기업까지 확대한 연구로 우즈워드의 연구의 제조업만에 국한한 문제점을 극복하였고 페로우는 기술을 과업의 다양성(문제와 예외의 발생빈도)과 문제 분석가능성(해결가능성)으로 구분하고 단순기술, 공학기술, 장인기술, 복잡기술로 구분하였다.

기술구분의 기준		과업의 다양성(문제와 예외발생 빈도)	
		적음(반복)	많음(변화)
예외발생 시 분석가능성 (해결 용이성)	쉬움(체계적)	기술유형 Ⅰ 단순기술	기술유형 Ⅱ 공학기술
	어려움(직관적)	기술유형 Ⅲ 장인기술	기술유형 Ⅳ 복잡기술

31 ①

해설 매트릭스 조직은 이중지휘체제로 인한 명령일원화의 원칙이 깨져서 구성원들이 역할 갈등이 생길 수가 있으며 나아가 이러한 문제는 책임과 권한을 모호하게 하여 구성원 갈등 해결을 어렵게 만드는 요인이 되기도 하며, 권한간 균형 유지에 많은 시간과 비용을 발생시킨다.

32 ①

해설 조직몰입과 근속년수는 상당한 정의 관계에 있으며, 조직몰입 이 높은 사람은 현재의 상태에 집착하여 변화에 저항하는 경향이 큼. 분업은 상관없는 상황임. 아울러 업무몰입을 높이기 위한 단기적 요인 중에서 집단적 요인으로 즐거움주기, 개인적으로 인정감 부여가 있고, 중기적 차원에서 개인적 요인으로 성취감의 부여 등을 통해 높일 수 있다.
또한 장기적 요인으로 집단적 요인으로 소속감 고취, 개인적요인으로 자기개발을 들 수 있다.

33 ④

해설 모두 학습조직에 대한 설명임.

34 ③

해설

기본부문	내용
전략부문 (strategic apex)	• 조직의 나아갈 방향을 결정하고 전략을 수립하는 최고경영부문을 의미
기술구조부문 (techon structure)	• 조직 내의 업무나 기술을 표준화하거나 개선하는 기능을 수행하는 부문
(생산)핵심운영부문 (operation core)	• 조직의 원래 목표가 이루어지는 부문으로서 조직의 기본업무를 수행하는 부문에 해당, 제조업에서는 제품을 생산하는 부문, 병원의 의사, 대학의 교수 등을 예로 들 수 있다.
중간라인부문 (middle line apex)	• 전략부문과 핵심운영부문 간을 직접 연결시키는 라인인데 이들은 조직의 전략을 핵심운영부문으로 전달하고 기능부서 내의 활동을 조정하고 통제하는 역할을 수행한다.
지원스태프부문 (support staff)	• 핵심 라인을 지원하는 간접 스태프 부문으로서 연구개발, 병원 원무과, 대학 행정실, 법률자문, 급여 담당, 홍보 등 기본적인 과업 이외에 발생하는 문제에 대하여 조직구성원들을 지원하는 부문이다.

35 ③

해설 파스칼과 피터스의 7s모형 또는 맥킨지사의 7S 조직문화 구성요소는 공유가치(Shared Value)를 중심에 놓고 다른 요소들을 연결하고 있다. 7S 조직문화 구성요소는 다음과 같다.
- 공유가치(Shared Value) : 조직 구성원들의 행동이나 사고를 특정 방향으로 이끌어 가는 아주 특별한 원칙이나 기준 → 조직문화에 형성에 가장 중요한 위치를 차지
- 전략(Strategy) : 변화하는 시장 환경에 기업이 어떻게 적응하여 능력을 발휘할 것인가 하는 장기적인 목적과 계획, 그리고 이를 달성하기 위한 자원 배분 방식
- 스킬(Skill) : 장기적 목적과 계획이 전략이라면, 스킬은 그 전략을 어떻게 실행할 것인가를 말함
- 구조(Structure) : 전략을 실행해 나가기 위한 틀로 조직 구조나 직무 분류 역할과 책임 등이 해당
- 시스템(System) : 반복되는 의사 결정 사항들의 일관성을 유지하기 위해 제시된 틀
- 구성원(Staff) : 기업이 필요로 하는 사람의 유형
- 스타일(Style) : 구성원들을 이끌어 가는 전반적인 조직 관리 스타일

36 ②

해설 파스칼과 피터스의 7s모형 또는 맥킨지사의 7S 조직문화 구성요소는 다음과 같다.

- 공유가치(Shared Value) : 조직 구성원들의 행동이나 사고를 특정 방향으로 이끌어 가는 아주 특별한 원칙이나 기준 → 조직문화에 형성에 가장 중요한 위치를 차지
- 전략(Strategy) : 변화하는 시장 환경에 기업이 어떻게 적응하여 능력을 발휘할 것인가 하는 장기적인 목적과 계획, 그리고 이를 달성하기 위한 자원 배분 방식
- 스킬(Skill) : 장기적인 목적과 계획이 전략이라면, 스킬은 그 전략을 어떻게 실행할 것인가를 말함
- 구조(Structure) : 전략을 실행해 나가기 위한 틀로 조직 구조나 직무 분류 역할과 책임 등이 해당
- 시스템(System) : 반복되는 의사 결정 사항들의 일관성을 유지하기 위해 제시된 틀
- 구성원(Staff) : 기업이 필요로 하는 사람의 유형
- 스타일(Style) : 구성원들을 이끌어 가는 전반적인 조직 관리 스타일

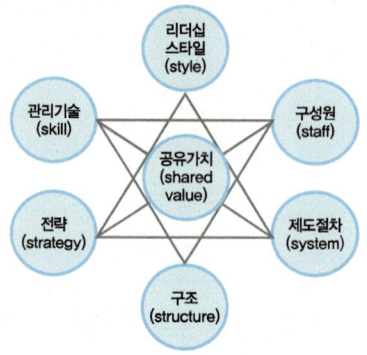

37 ①

해설
a. 매트릭스 조직은 기능식조직과 프로젝트 조직을 결합한 형태로서 두 개 이상의 조직 형태가 목적에 의해 결합한 형태라고도 할 수 있다.
d. 업무 참여시 전문가와 상호작용이 가능하므로 창의적인 업무 수행이 가능하다.
틀린보기를 살펴보면 다음과 같다.
b. 프로젝트를 수행하기 위해 만들어지는 한시적인 조직 형태인 에드호 크라시 형태의 임시조직으로 보기는 어렵다.
c. 기존 조직구성원과 프로젝트 구성원 사이에 갈등이 생길 가능성이 매우 적다.
e. 이중지휘체제로 인해 명령일원화의 원칙이 무너짐에 따라 구성원들이 역할 갈등 문제에 직면할 수 있다.

38 ③

해설 편협성(parochialism) 대 진취성(progressiveness)은 해당하지 않는다. 호프스테드(Hofstede)는 권력거리, 남성성-여성성, 개인주의-집단주의, 불확실성 수용-기피성향을 기준으로 분류하였다.

39 ②

해설 호프스테드(G. Hofstede)가 제시한 국가적 문화 유형의 차이를 구분하는 기준에는 권력거리(권력격차), 개인주의와 집단주의, 남성성대 여성성, 불확실성회피 수준이 있으므 추후 연구를 통해 단기 지향성과 장기지향성을 추가하여 분류 기준으로 삼고 있다.

40 ④

해설) 조직설계의 기본변수는 복잡성(분화의 정도), 집권화/분권화, 공식화를 들 수 있으며, 대표적인 상황변수로는 환경, 규모, 기술, 전략 등을 들 수 있다.

41 ③

해설) 페로우(C. Perrow)의 모형을 정리하면 다음과 같다.

기술구분의 기준		문제와 예외발생 빈도	
		적음(반복)	많음(면화)
예외발생 시 분석 가능성 (해결 용이성)	쉬움(체계적)	기술유형 Ⅰ 단순기술	기술유형 Ⅱ 공학기술
	어려움(직관적)	기술유형 Ⅲ 장인기술	기술유형 Ⅳ 복잡기술

42 ①

해설) 매트릭스 조직은 사업부제의 고비용 문제를 해결하기위하여 기능식조직의 장점과 프로젝트 조직의 장점을 살리면서 사업부제의 장점을 살리기 위한 대안적 형태로 등장하였다. 단, 해당 조직 구조상 권력 갈등과 종업원의 역할 갈등 문제가 나타날 수 있다.
민쯔버그의 조직유형 분류에서의 기본부문과 이에 적합한 조직형태를 정리하면 다음과 같다.

기본부문	내 용	조직형태
전략부문 (Strategic apex)	• 전략을 수립하는 기업의 경영진 집단	단순조직
전문기술가부문 (Techno Structure)	• 조직 내에서 업무나 기술을 표준화하고 조직 내에서 일을 수행함에 있어서 전문적이고 기술적인 도움을 주는 부문	기계적 관료제
생산핵심부문 (Operation Core)	• 조직의 원래 목표가 이루어지는 부문 • 기업의 생산, 판매활동, 병원의 치료활동, 대학의 강의활동 등	전문적 관료제
중간관리자부문 (Middle Line)	• 최고경영층에 의해 수립된 전략을 실질적으로 운영해 나가는 핵심운영층을 직·간접적으로 연결하는 위치에 있는 부문 • 회사를 분할하는 힘	사업부제
지원부문 (Support Staff)	• 핵심 라인을 지원하는 간접 스텝 부문 • 병원의 원무과 등	애드호크라시

43 ②

해설) 별도의 스텝 부분이 기능단위의 라인을 지원하는 형태이다.

44 ⑤

해설) 네트워크 조직에 대한 설명임. 네트워크 조직의 장단점을 정리하면 다음과 같다.

장점	• 조직 슬림화 • 규모와 관계없이 하청업체들을 통해 최상의 제품과 서비스 생산에 필요한 자원을 신속하게 확보 가능 • 막대한 투자를 하지 않고도 제품 생산이 가능 • 신기술 출현, 고객 욕구 변화에 신속기 대응, 관리비용 절감 • 핵심역량 강화에 주력할 수 있음 • 신뢰를 바탕으로 하나의 조직처럼 움직일 수 있음 • 전략적 제휴 등으로 기업역량의 신속한 결집과 유연성 확보

단점	• 책임 소재의 불명확, 전략적 행동의 제약 • 경쟁자를 육성할 수 있음, 기술과 노하우 유출 위험 • 필요한 기능들이 외부에 있을 경우 조정과 통제가 곤란함 • 한 업체에서 문제가 발생하면 전체에 영향을 미침 • 단위기능 담당자들과 계약, 조정, 협상과정에서 문제가 발생하면 조직 전체에 영향을 미침 • 원만한 관계 유지를 위해 비용과 노력이 많이 듦 • 조직몰입, 응집력, 충성심이 약함

45 ③

해설 조직수명주기는 다음과 같다.

구분	창업 단계	집단공동체 단계	공식화 단계	정교화 단계
조직 형태	비관료적	준 관료적	관료적	초 관료적
특징	비공식적, 1인 체제	전반적 비공식적, 부분적 공식화	공식절차, 명확한 과업분화, 전문가 영입	관료제 내의 팀 운영, 문화 중시
제품, 서비스	단일제품, 서비스	관련 주요제품	제품라인 및 서비스	복수의 라인
보상과 통제 시스템	개인적, 온정적	개인적, 성공에 대한 공헌	비인적, 공식화된 시스템	제품과 부서에 따라 포괄적
혁신 주체	창업주	종업원과 창업주	독립적 혁신집단	제도화된 R&D
목표	생존	성장	명성, 안정, 시장 확대	고유성, 완전한 조직
최고경영자 관리스타일	개인주의적, 기업가적	카리스마적, 방향제시	통제를 바탕으로 위임	참여적, 팀 접근법

심·화·문·제

1 ④

해설: 급변하는 환경에 적응하기 위하여 설립된 조직은 동태적인 특징이 있다.

2 ④

해설: 조직구조 설계의 기본 변수로는 복잡성(분화의 정도), 집권화와 분권화, 공식화 등이 있으며, 조직구조 설계의 상황변수로는 환경, 기술, 규모, 전략, 권한 등이 있다.

3 ②

해설: 관리자가 스텝으로부터 조언과 지원을 많이 받을수록 관리하여야 할 스텝의 수가 늘어날 수 있으며 이론인해 통제의 범위는 넓어지며, 스텝의 조언·권고를 받기 위해 라인 부서의 의사결정과 집행이 지체될 수 있을 뿐만 아니라, 스텝은 조언·권고는 할 수 있지만 명령권한이 없기 때문에 스태프와 라인 간의 갈등이 야기될 수도 있음.

4 ⑤

해설: 레윈(Lewin)의 조직변화 3단계 모델은 해빙→변화→재동결의 과정을 거치는데 구성원의 변화 필요성 인식, 주도세력 결집, 비전과 변화전략의 개발 등은 주로 '해빙' 단계에서 이루어진다.

5 ④

해설: 민쯔버그(Mintzberg)에 따르면 애드호크라시(adhocracy)는 임시조직의 형태로서 기계적 관료제(machine bureaucracy)보다 공식화와 집권화의 정도가 낮은 수준임. 관료제 즉, 뷰로크라시(bureaucracy의 반대적 개념으로 사용됨.

6 ②

해설: 전략적선택이론이란 조직설계의 문제는 환경적응의 과정일 뿐만 아니라 창조적 행위자로서의 경영자 및 의사결정집단이 가지는 자유재량 및 관련자들 간의 정치적 과정으로 설명하고 있는 이론임. 경영자가 자원을 획득하고 유지할 수 있는 능력을 조직생존의 핵심요인으로 파악하고 있는 이론은 자원의존론임.

7 ④

해설: ① 폐쇄 합리적 조직이론은 조직 내 생산성 향상에만 초점을 두고 있다. 환경과의 관련성을 파악한 개방적 이론이 아닌 폐쇄적 이론으로 주로 고전학과 이론이 해당된다.
② 폐쇄 사회적 조직이론은 조직구조의 복잡성, 조직구성원의 참여 등을 강조하여 비공식적 구조에 관심을 보인 이론으로서 인간관계론, 환경유관론 및 XY이론 등이 이에 해당한다.
③ 개방 합리적 조직이론을 따르는 챈들러(Chandler)는 시장경쟁 환경에서 '전략은 구조를 따른다'가 아니라 '조직구조는 전략을 따른다'고 하였다.
⑤ 개방 사회적 조직이론은 조직을 개방체제로 인식하여 인간의 합리적 행동보다는 감정이나 비합리적 동기측면에서의 행위를 하는 존재로 인식하였다. 또한 개방 합리적 조직이론과 동일하게 조직환경의 중요성을 강조하지만, 조직의 합리적 목적 수행보다는 조직의 생존을 강조하며 비공식성과 비합리성에 대한 초점을 통해 합리적 측면으로 설명하기 어려운 비합리적 행동을 설명하려고 한 이론이다.

〈SCOTT의 조직이론 분류〉

출처 Scoff, W.R. (1992, 2003). 수정인용

8 ⑤

해설 제한된 합리성에 대한 주장은 사이먼이 주장한 것이다.

9 ③

해설 Scott의 조직이론 분류를 생각하면 되는 문제임. 1상한 폐쇄 – 합리적 조직이론, 2상한 폐쇄 – 사회적 조직이론, 3상한 개방 – 합리적 조직이론, 4상한 개방 – 사회적 조직이론이 있다.

10 ②

해설 자원의존론이란 Pfeffer와 Salancik에 의해 발전한 이론으로 조직이 생존하고 성장하기 위해서는 환경으로부터 필요한 자원을 획득하고 적절하게 유지해야 한다는 이론이다. 자원의존론의 기본 원리를 살펴보면 첫째, 조직은 핵심 자원을 통제하는 다른 조직 이나 집단의 요구에 적절히 반응해야 한다. 둘째, 경영자들은 조직의 생존과 환경의 제약으로부터 더 많은 자율성과 재량권을 확 보하기 위해서 외부적 의존관계를 관리하려 한다를 들 수 있다. 이러한 관점에 대해 물어보는 질문임

11 ①

해설 조직에서는 공식화 정도가 높고 유기적 조직에서는 공식화의 정도가 낮다.

12 ②

해설 조직의 중간라인부분은 각 사업을 분할하는 힘을 행사하는 조직으로 중간라인 부문의 힘이 강한 조직이 사업부제 조직이다. 기술전문가부문이 산출물을 표준화시키는 힘을 행사하고 있다.

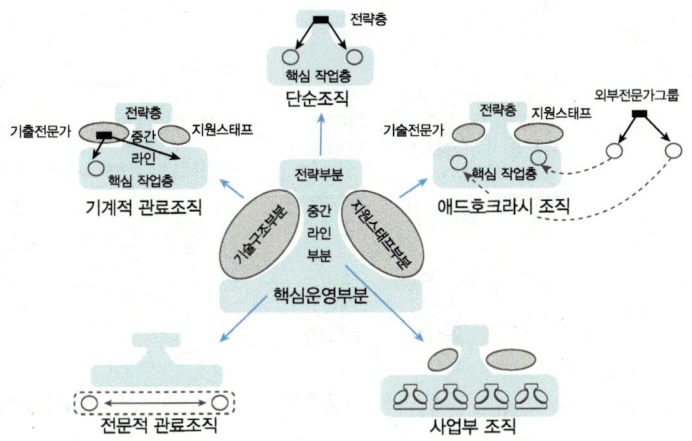

13 ①

해설
② 많은 규칙과 규제가 필요하여 공식화 정도가 매우 높은 조직은 기계적 관료제가 적합하다.
③ 강력한 리더십이 필요한 소규모 조직은 단순조직구조가 적합하다.
④ 기술의 변화속도가 빠른 동태적인 환경에는 애드호크라시 구조가 적합하다.
⑤ 중간관리층의 역할이나 중요성이 매우 큰 조직은 사업부제 조직이다.

14 ⑤

해설 조직설계에 있어서의 기술이라는 상황변수에 따른 연구를 물어보는 문제임
① 우드워드(Woodward)는 제조업을 대상으로 기술의 복잡성에 따라 생산기술을 크게 단위소량생산기술(unit), 대량생산기술(mass), 연속공정생산기술(process)의 3가지 유형으로 분류하였다.
② 우드워드(Woodward)에 따르면 기술의 복잡성이 너무 작든가 너무 큰 경우는, 즉 단위소량생산기술(unit)이나 연속공정생산 기술(process)의 경우 현장 유연성적 측면에서 일반적으로 유기적 조직구조를 가지는 반면, 대량생산기술(mass)을 가진 조직은 기계적 조직구조를 가진다고 보았다.
③ 페로우(Perrow)는 우즈워드 연구의 문제점 극복과정에서 서비스업과 일반기업까지 확대하여 연구하였고, 페로우는 기술을 문제의 예외발생빈도와 예외발생 시의 분석 가능성(해결의 용이성)에 따라서 부서단위의 기술을 분류하였다.
④ 페로우(Perrow)에 따르면 일상적 기술(routine technology)을 가진 부서는 공학적 기술(engineering technology)을 가진 부서에 비하여 공식화와 집권화의 정도가 상대적으로 높다.
⑤ 톰슨(Thompson)의 연구는 기술의 상호의존성에 따라 분류하였는데, 이를 정리하여 보면 다음과 같다

구분	상호 의존성	조정 기반	조직구조	예
집합적(중개형)	낮음	규칙, 절차, 표준화	낮은 분화, 높은 공식화	은행, 복덕방, 우체국
연속적(순차적, 장치형)	중간	일정계획, 감독	중간 정도	자동차 조립
교호적(집약적)	높음	협력, 상호조정	높은 분화, 낮은 공식화	병원, 대학, 실험실

15 ②

해설 톰슨(Thompson)의 연구는 기술의 상호의존성에 따라 분류하였는데, 이를 정리하여 보면 다음과 같다.

구분	상호 의존성	조정 기반	조직구조	예
집합적 (중개형)	낮음	규칙, 절차, 표준화	낮은 분화, 높은 공식화	은행, 복덕방, 우체국
연속적 (순차적, 장치형)	중간	일정계획, 감독	중간 정도	자동차 조립
교호적 (집약적)	높음	협력, 상호조정	높은 분화, 낮은 공식화	병원, 대학, 실험실

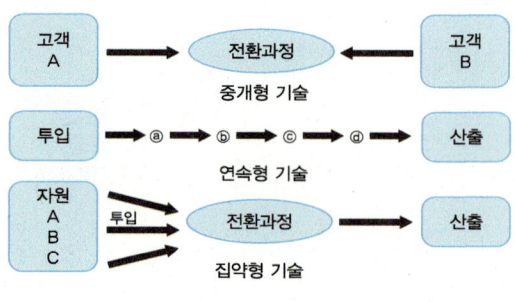

①, ④, ⑤ 페로우(Perrow)의 연구에 의한 기술유형과 조직구조와의 관계를 살펴보면 다음과 같다.

기술 구분	일상적 기술	비일상적 기술	장인 기술	공학적 기술
조직 특성	기계적	유기적	다소 유기적	다소 유기적
공식화	높음	낮음	중간	중간
집권화	높음	낮음	중간	중간
스텝의 자격	낮은 훈련, 경험	훈련과 경험	작업경험	공식적 훈련
감독범위	넓음	좁음	중간	중간
의사소통	수직적, 문서	수평적 회의, 가치관(규범)	수평적, 언어 훈련, 모임	문서, 언어 보고서, 모임
조정과 통제	규칙, 예산, 보고서			
중점 목표	양, 효율	질	질	신뢰성, 효율성
산업	석유정제, 철강, 자동차	기초분야/우주 항공산업/프로젝트/ 고도의 전략연구	공예산업/제화업 /가구수선업	건축/주문생산/회계사의 기술

③ 우드워드(Woodward)의 연구를 정리하여 보면 다음과 같다.

	단위소량생산	대량생산	연속공정생산
기술시스템의 특징			
제품생산방식	개별 고객의 주문(수공예에 의존)	조립공정방식(표준화된 제품)	연속적인 기계적 변환
공정의 특징	비반복적	반복적, 일상적	연속적
기술의 복잡성	낮음	중간	높음
결과의 예측 가능성	낮음	예측 가능	높은 예측 가능성
적용 예	맞춤 양복, 특수목적용 설비, 선박	자동차, 전자제품	화학제품, 석유정제, 음료수
조직구조 특성			
관리계층의 수	3	4	6
관리자/비관리자비율	1 : 23	1 : 16	1 : 8
작업자의 기능수준	높음	낮음	높음
절차의 공식화	낮음	높음	낮음
집권화	낮음	높음	낮음
구두(대면)에 의한 의사소통 정도	높음	낮음	높음
문서에 의한 의사소통 정도	낮음	높음	낮음
전반적 구조	유기적 조직구조	기계적 조직구조	유기적 조직구조

16 ④

해설 톰슨은 기술의 상호의존성에 따라 (의존성의 정도가 높아질수록) 중개형(집합적), 연속적(순차적), 교호적(집약적) 기술로 구분하였다.

17 ⑤

해설
① 우드워드는 기술의 복잡성이 가장 낮은 단위생산기술과 기술의 전문성이 요구되는 연속생산기술의 경우 유기적 구조가 적합하나 대량생산기술의 경우 기계적 구조가 적합하다고 주장하고 있으므로 기술이 복잡할수록 유기적인 구조를 갖는 것은 아니다.
② 페로우는 과업다양성이 높을수록 공식화시키기 어렵고 집권적으로 통제하기 어려우므로 조직구조를 유기적으로 가져가는 것이 좋다고 주장하고 있다.
③ 페로우의 연구에 의하면 문제의 분석가능성이 높을수록 집권화가 유리하다고 주장하고 있는데 집권화된 조직에서는 수평적 의사소통보다는 수직적 의사소통이 더욱 중요하다.
④ 톰슨의 연구에 의하면 연속형 기술을 사용하는 조직에서는 조정기반을 일정계획, 감독 등의 수단을 활용하고 중개형 기술을 사용하는 조직에서 규칙, 절차, 표준화 등의 수단을 통하여 부서간의 활동을 조정한다.

18 ④

해설
① 부문화란 전문화된 직무를 부문단위로 통합하는 과정이다.
② 공식화란 조직에서 하는 업무를 표준화시키는 것을 의미한다.
③ 우드워드는 조직에서 사용하는 기술에 따라 조직의 구조가 바뀐다고 주장하고 있다.
⑤ 유기적 조직과 기계적 조직은 나름대로의 특징이 있다. 조직에서 혁신을 개시하여 가령 신사업을 시작할 때에는 유기적 조직이 좋지만 그것이 잘 정착되어 효율성을 높여야 할 때에는 기계적 조직이 더 적합할 수 있다. 혁신의 양면성 모델은 혁신의 시작에는 유기적 조직처럼 하고, 혁신을 실행할 때에는 기계적 조직처럼 실행하는 조직의 경영방식과 구조의 양면성을 모두 인정하는 모델이다.

19 ⑤

해설
톰슨(Thompson)은 과업에서의 상호의존성을 교호적(reciprocal) 상호의존성, 순차적(sequential) 상호의존성, 집합적(pooled) 상호의존성으로 나누었다.

20 ④

해설
유사한 업무를 결합시켜서 만들어 내는 기능적 조직(functional organization)은 기계적 조직에 가깝고, 프로젝트 조직 같은 경우가 유기적 조직에 가깝다고 할 수 있다.

21 ⑤

해설
매트릭스 조직은 대규모 조직보다는 오히려 자원이 풍부하지 않은 소규모조직에서 구성원들을 효율적으로 활용하기 위하여 사용하는 경향이 있으며, 많은 종류의 제품을 생산하는 대규모조직에서는 제품(군)의 종류별로 사업부를 운영하는 형태의 조직이 효율적이다.

22 ③

해설
기능적 조직은 분업의 원리에 따라 기능별로 조직을 구성한 조직으로 제품 및 서비스의 종류가 증가되면 기능별 조직보다 제품별 조직이 더 효과적이다.

23 ④

해설
매트릭스 구조(matrix structure)는 담당자가 기능부서에 소속되고 동시에 제품 또는 시장별로 배치되어 이중지위체계 아래에 노출되므로 다른 조직구조에 비하여 개인의 역할갈등이 증가된다.

24 ④

해설

• 현대적 조직의 유형 개관

구분	특징	장점	단점
사업부제 조직	각 사업부별로 독립적인 이익중심점으로 운영하는 조직	• 이익중심점으로 운영되어 경영성과가 향상 • 유능한 CEO 양성 가능	• 공통관리비의 중복 • 목표불일치 현상 발생 • 사업부 간 조정 작업 및 사업부 평가가 애로
프로젝트 조직	특정 프로젝트의 수행을 위해 형성되는 동태적 조직, 프로젝트가 해결될 때까지만 존재하는 임시조직임	• 특정프로젝트에 대량의 자원집중 가능 • 탄력적이며 동태적 조직 • 목표지향적 조직으로서 환경적응력 높음	• 원래 소속부서와 프로젝트 조직간의 관계 조정이 어려움 • 프로젝트 관리자에 지나치게 의존
매트릭스 조직	기능식 조직 + 프로젝트 조직	• 종업원의 능력을 최대한 활용 가능 • 환경변화에 신속히 대처할 수 있음	이중지위체계하에서 명령일원화 원칙이 지켜지지 않아 종업원의 역할갈등 발생

• 기능식 조직과 사업부제 조직 비교

구분	기능 조직	사업부제 조직
환경	안정적 환경	불확실성이 높은 환경
기술	일상적 기술, 낮은 상호의존성	비일상적 기술, 높은 상호의존성
조직규모 / 품종	낮거나 중간, 소품종	대규모, 다품종
운영목표	각 기능별 규모의 경제 달성	각 사업부의 이익극대화, 사업부 내 기능 간 조정이 용이

• 기타 조직 유형

조직형태		특징
전통적 조직	라인 조직	직계식 조직, 계층의 원리에 입각, 명령일원화 원칙 중시, 군대식 조직
	직능식 조직	관리자의 업무를 기능화하여 부문별로 전문 관리자를 두고 지휘 감독, 분업의 원리(테일러의 전문화 원리)에 입각
	라인-스탭 혼합조직	라인 조직 + 직능식 조직(명령일원화의 원칙 + 분업의 원칙)
기타 현대적 조직	위원회	일상적인 사항을 처리하기 위하여 정기적으로 소집되는 조직
	네트워크 조직	본사는 소수의 핵심기능만을 수행하고 내부 여러 기능들을 계약을 통해 아웃소싱 하고 있는 조직(예 나이키)
	가상 조직	여러 기업이 하나의 목표를 달성하기 위해 각자 보유하고 있는 핵심역량을 투입 연계하여 마치 하나의 조직처럼 행동하는 임시적, 영구적 조직 형태

25 ③

해설

a. 매트릭스 조직은 프로젝트 조직과 기능식 조직을 절충한 것으로 이중보고체계로 인하여 종업원들 간에 혼란이 야기된다.

d. 매트릭스 조직은 전통적 조직화의 원리에 의한 조직 구조가 아니라 환경에 대한 적응력과 조직구조의 유연성을 추구하는 애드호크라시에 입각한 유기적 조직이다.

b. c 매트릭스 조직은 프로젝트 조직과 기능식 조직을 절충한 것으로 외부 환경 변화에 융통성이 있으며 제품이나 시장의 변화에 대해 다양한 욕구에 부응한다.

26 ②

해설
① 특정 프로젝트의 해결을 위하여 구성된 조직은 프로젝트 조직이다.
③ 이익중심점으로 구성된 조직은 사업부제 조직의 특징이다.
④ 분업의 원리, 공식적 규정과 절차의 강조 등은 관료제 조직의 특징이다.
⑤ 위원회조직의 특징이다.

27 ③

해설 사업부제 조직은 사업부간의 활동이 중복되어 공통관리비가 증가할 수 있는 단점이 있다.

28 ④

해설 고객의 욕구 및 환경이 안정적이고 예측 가능성이 높은 경우에 효과적인 조직은 기계적 조직이다.

29 ①

해설 통제의 범위(span of control)는 부문 간의 협업에 필요한 업무 담당자의 자율권을 보장해줄 수 있도록 하는 부서별 권한과 책임 의 범위를 의미하는 것이 아니라 관리자가 직접적으로 지휘·통솔하는 종업원의 수를 뜻하는 개념이다.

30 ⑤

해설 기능 중심의 전문성 확대화 통제를 통한 능률과 합리성의 원리가 적용되는 것은 집권화적 접근이다.

31 ⑤

해설
a. 기능별 구조(functional structure)에서는 기능부서 간 협력과 의사소통이 원활하게 이루어지지 않을 위험이 내포되어 있다.
b. 글로벌기업 한국지사의 영업담당 팀장이 한국지사장과 본사 영업담당 임원에게 동시에 보고하는 체계는 매트릭스 조직에 해 당하며 이 경우 역할갈등이 발생할 가능성이 있다.
c. 단순 구조(simple structure)에서는 수평적 분화와 수직적 분화는 낮으나, 공식화 정도는 높다.

32 ①

해설 지휘·명령 계통이 단순하고 책임, 의무 및 권한의 통일적 귀속이 명확한 경우는 수직적 조직구조에 해당한다.

33 ⑤

해설 레빈에 의하면, 해빙 단계는 변화추진 세력과 변화에 저항하는 세력 간 힘겨루기 상태인데, 변화를 성공시키기 위해서는 추진 세력의 힘의 총량이 저항세력의 힘의 총량을 능가하도록 만들어야 하는데 그렇게 하기 위해서는 (1) 추진세력의 힘을 증진시키 든가, (2) 저항세력의 힘을 약화시키든가, 아니면 (3) 이 두 방법을 동시에 사용하든가 할 수 있다. 따라서 변화추진력을 높이면 저항하는 힘이 작아지는 것이 아니라 변화추진력이 저항하는 힘을 능가하게 되므로 효과가 있다.

34 ①

해설 조직구성원들이 변화에 대한 정보가 없거나 상당한 저항이 예상되면 피변화자들을 참여시켜 정보를 공유하게 하고 변화 테스크포스팀에 함께 일하게 하는 등의 방법을 사용하여 저항을 줄여 나가는 것이 바람직하다.

보충 조직 변화와 저항

변화의 요인		저항의 요인		
		조직	집단	개인
• 경쟁적 상황 • 경제적 상황 • 정치적 상황	• 국제적 상황 • 사회·문화적 상황 • 윤리적 상황	• 조직문화 • 조직구조 • 조직전략	• 집단규범 • 집단사고 • 집단응집력	• 인식의 상충 • 선택적 지각 • 불확실성과 기득권 상실

변화에 대한 저항의 관리기법

기법	적용 상황	장점	단점
교육과 커뮤니케이션	정보가 전혀 없거나 부정확한 정보와 분석이 있을 때	피변화자가 일단 설득이 되면 변화시행에 도움을 줌	다수의 사람이 관련되는 경우에 시간의 소비가 많음
참여와 몰입	변화의 주도자가 변화에 필요한 정보를 가지고 있지 못하거나 다른 사람들이 저항할 수 있는 상당한 힘을 가지고 있을 때	참여한 사람이 변화에 대해 일체감을 갖고 정보를 제공함	참여자들이 변화를 잘못설계하면 시간이 많이 소요됨
촉진과 지원	적응문제로 사람들이 저항할 때	적응문제에는 가장 성공적임	시간과 비용이 과다함
협상과 동의	어떤 사람이나 집단이 변화에서 손해 보는 것이 분명한데, 그 집단이 상당한 저항의 힘을 가지고 있을 때	중요한 저항을 피하는 데 비교적 손쉬운 방법일 때가 많음	이것이 타인들에게도 협상을 하도록 일깨우게 되면 비용이 큼
조작과 호선	다른 전술이 전혀 안 듣거나 비용이 너무 많이 들 때	신속하고 비용이 별로 들지 않음	조작되었다고 느끼는 경우에 추가적인 문제를 야기함
명시적·묵시적 강압	신속한 변화가 필요하고 변화의 주도자가 상당한 파워를 가지고 있을 때	신속하고 어떤 저항도 극복 가능함	주도자에 대한 반감으로 위험이 따름

35 ④

해설 홉스테드의 문화 차원 척도는 IBM의 72개국 종업원을 대상으로 실시한 설문조사 결과를 토대로 한 것이며, 총 4개의 차원으로 권력 거리, 개인주의·집단주의, 남성주의·여성주의, 불확실성 회피로 이루어져 있다.

- 권력 거리(power distance) 차원은 한 문화권의 사람들이 권력의 불공평한 배분을 어느 정도로 수용하는가를 말해주는 차원
- 개인주의·집단주의(individualism/ collectivism) 차원은 대체로 서구 사회와 아시아를 구분하는 뚜렷한 특징임
- 남성주의·여성주의 성향(masculinity /feminity) 차원은 한 문화권에서 업적과 성공을 중시하는지, 아니면 인간관계 지향적이고 행복을 추구하는지를 말해 줌
- 불확실성 회피(uncertainty avoidance) 차원은 한 문화권이 얼마나 불확실성과 예측불가능성에 대한 내성을 가지고 있느냐를 말해 주는 것이다. 홉스테드는 다양한 사회 문화들에 대한 네 가지 차원의 차이와 유사점을 살펴봄으로써 좀 더 명확하고 체계적으로 문화를 설명하고 이해할 수 있다고 했다.

또한 홉스테드는 후속 연구를 통해 유교적 역동성(confucian dynamism) 차원을 제안했다. 한 문화권의 유교적 역동성이 높을수록 해당 문화가 위계에 따른 질서에 대한 복종이나 검소, 인내 등의 가치 등 일반적으로 유교에서 중시하는 바를 중요하게 여기는 것으로 해석된다. 이 구성 차원은 홉스테드의 4개 차원만으로는 설명하기 어려웠던 동양권 문화의 특성을 반영한 것이다.

> **참고** 홀(Hall, 1976)과 같은 학자는 문화를 커뮤니케이션 스타일 차원을 이용해 분류했다. 고맥락(high-context) 커뮤니케이션 문화에서는 대부분의 정보가 직접적인 언어를 통해 전달되기보다는 상황의 한 부분이거나 개인적으로 내부화해 있다. 이에 반해 저맥락(low-context) 커뮤니케이션 문화는 정보를 가시적으로 분명하게 표현되는 메시지 형태로 전달한다.

36 ①

해설 '고맥락/저맥락(high context/low context)' 개념은 홉스테드가 아니라 미국의 인류학자 에드워드 홀(Hall, E. T.)이 의사소통과 관련하여 제시한 개념이다. 저맥락 문화에서는 의사소통이 주로 표현된 내용(대화, 글)에 의해 이루어지고 이러한 표현은 직설적인 편인 반면, 고맥락 문화에서는 의사소통은 표현된 내용으로부터 상대방의 진의를 유추하는 단계를 중요하게 여긴다. 쉽게 말하자면 저맥락 문화에서는 생각을 말로 그대로 표현하기 때문에 맥락 또는 상황이 덜 중요한 반면, 고맥락 문화에서는 말보다는 말을 하는 맥락 또는 상황을 중요하게 여겨 상대방의 뜻을 미루어 짐작해야 할 필요성이 더 크다고 볼 수 있다.

37 ①

해설 학습조직은 모든 구성원이 문제인지와 해결에 관여하면서, 조직 능력을 제고시키기 위해 시행착오를 거치면서 지속적으로 실험을 할 수 있는 조직을 말한다. 즉 학습조직은 집단적인 학습과정을 통해 조직행태를 변화시키는 조직을 말한다. 관리자와 팀원 사이에는 명확한 권한-지시 관계가 존재한다고 보기는 어렵다.

- 학습조직의 특성 : 학습조직이 일반적으로 가지고 있는 특성은 끊임없이 실험하며, 과거의 행동을 고수하기보다는 새로운 행동을 고안한다. 의문이나 반대되는 의견을 오히려 권장한다. 다시 말해서 학습조직은 기존의 사고의 틀을 일단 보류하고 주장과 탐구를 거쳐 새로운 실험행동을 하는 특성을 가지고 있다.
- 학습조직 구성요소 : Senge는 학습조직 구축에 필요한 기반을 5가지로 제시하고 있다.
  - Personal Mastery(자기 인식) : 개인의 비전을 지속적으로 명료화하고 심화하는 것이다. 즉, 자신의 비전과 현재 상태 사이에 존재하는 간극을 메우기 위해 끊임없이 학습활동을 전개함으로써 삶의 전반에 걸쳐 전문가적 수준이 되는 것을 말한다.
  - Mental Model(사고 모형) : 학습조직 구축을 위한 철학적 기반을 말한다. 이것은 현실인식과 행동양식에 영향을 미치는 기본가정, 일반화된 인식기반, 그리고 인지적 심층구조를 의미한다.
  - Shared Vision(공유 비전) : 조직이 추구하는 방향이 무엇이며, 왜 중요한 것인지에 대해 모든 조직구성원들이 공감대를 형성하는 것이다. 진정한 의미에서 비전은 조직구성원 개개인이 간직한 비전과 리더의 비전이 부단한 대화 속에서 통합되어 형성된다. 비전의 정립과정이 리더와 조직원의 일체감 속에서 이루어져야 '회사의 비전이 곧 나의 비전이며 나의 비전이 곧 회사의 비전'이라는 인식으로 승화된다. 이렇게 정립된 비전은 그 비전의 실현과정에 전 조직구성원의 적극적인 참여를 유도할 수 있다.
  - Team Learnig(팀 학습) : 조직공통의 목적을 달성하기 위해서는 조직구성원 모두가 개인적인 전문성을 갖추어야 할 뿐만 아니라 이를 조화시킬 수도 있어야 한다. 이를 위해 팀학습의 활성화가 필수적이다. 이의 핵심적인 요소는 대화와 토론문화의 정착이다.
  - Systems Thinking(시스템적 사고) : 부분적인 현상보다 전체와, 전체에 포함된 부분들 사이의 역동적 관계를 이해하는 것이다. 통합적 사고, 협동적 사고라고도 하며 전체를 '통합된 하나'로 보는 사고이다.

38 ②

해설 조직 이론중 제도화이론에서 주장하는 내용으로서 조직의 동형화(isomorphism) 현상이란 특정 사항을 조직들 서로가 받아들이면서 조직들이 서로 비슷해지는 현상을 의미한다. 이러한 동형화에는 법률적 규제로 대표되는 강압적 동형화, 성공하는 조직을 벤치마킹하는 것으로 대표되는 모방적 동형화가 있다. 이러한 강압적, 모방적 동형화는 철저하게 '인식'을 하고 '비슷하게'가는 조직적 동형화로 볼 수 있으며, 나아가 규범적 동형화가 있다. 이는 조직이 사회의 가치관에 맞춰 달라지는 동형화 현상을 의미한다.

- 강압적 동형화 (Coercive Isomorphism) : 먼저 법규 등으로 대표되는 강압적 동형화(Coercive Isomorphism)가 조직간 유사성을 만든다. 기업도 사회 조직의 한 형태이므로 사회에서 요구하는 법규나 규범에 위배되는 활동을 할 수 없다. 이는 현재 수행하는 사업 전략에 직접적인 영향을 미칠 뿐만 아니라 미래 전략을 설계함에 있어서도 고려할 수 밖에 없는 요소다.
- 모방적 동형화 (Mimetic Isomorphism) : 우수하다고 '생각'되는 조직을 모방하려는 모방적 동형화(Mimetic Isomorphism)가 조직간 유사성을 이끈다. 19세기 영국의 유명한 경제학자이자 언론인이었던 월터 바조트가 역설한대로 눈앞에 있는 것을 모방하려는 것은 인간의 본성 중 가장 강한 부분 중 하나다. 기업 운영의 시각에서 분석해보면, 심리적 동조 현상과 설득의 용이성, 혁신적인 이미지 확보 등의 이유로 모방 활동이 나타남을 알 수 있다. 조직은 우수하다고 생각되는 대상을 따라하고자 하는 경향이 높으며 이를 모방적 동형화라고 한다.
- 규범적 동형화 (Normative Isomorphism) : 기업 활동의 유사성을 이끈다. 규범적 동형화란 '마땅히 그러해야 한다'라는 사회의 가치가 조직간 동질화를 이끈다는 것이다. 느슨해 보이지만 사실 가장 강력한 힘을 발휘하는 동인이다. 사회의 규범은 대학 교육과 같은 공식 교육, 조직의 경계를 뛰어 넘는 협회 등 전문 단체의 행태, 신문 및 방송과 같은 미디어의 논조 등으로 생성되고 강화된다. 교육과 언론을 통한 이데올로기적 규범은 조직의 인력 충원 기준을 비슷하게 만들고, 결국 신입, 중간 관리자, 최고 경영진 등 구성원 모두가 비슷한 시각으로 문제를 보며, 정책 결정, 업무 수행, 조직 구조의 설계에서 규범적으로 정당화 할 수 있는 것을 수용하게 되는 것이다.

> 많은 기업들이 차별화 전략을 내세우지만, 실제로 기업 활동을 보면 서로간에 매우 유사한 전략을 추진하거나, 동일한 경영 기법을 활용하는 것을 볼 수 있다. 법규나 산업계 표준 등에 의한 동형화, 우수한 성과를 내는 기업을 따라고자 하는 모방적 동형화, 사람들의 가치 기준 혹은 사회적 규범에 의한 규범적 동형화로 인해 서로 유사해지기 때문이다. 이러한 조직의 동형화는 글로벌화의 진전과 기술의 발달로 인해 전지구적 현상으로 급속히 확산되고 있으며, 사회 패러다임의 변화가 보다 빈번해짐에 따라 그 주기가 갈수록 짧아지고 있다.
> 기업들이 서로 유사한 활동을 한다고 모두가 성공하는 것은 아니다. 다른 기업이 모방하려고 하는 선도기업의 활동이 해당 기업에게만 최적화된 것이기 때문이다. 하지만 아이러니하게도 사회 패러다임이 급속히 전환되는 시기에는 이러한 최적화된 기업 활동이 독으로 작용할 수 있다. 새로운 것을 창조하여 시장의 동형화를 이끌었던 기업들이 세상의 변화에 휩쓸려 버리는 것이다. 항상 모든 것을 새롭게 창조할 수 없는 기업들은 영속적인 성공을 위해서 불확실성에 많이 노출된 시장의 선발자가 되기 보다는 변화의 단초를 읽고 재빨리 시장의 표준을 획득하여 동형화를 이끄는 Fast Second 전략이 유효할 수 있다. 동형화의 시각에서 요구되는 기업의 성공 전략은 최초의 First Mover가 아닌, 시장의 표준을 좇아 아류를 만들어내는 Fast Follower도 아닌, Fast Second 경영의 체질화다.

39 ②

해설 전통적인 기능적 및 집단적 조직형태를 준수하고 있지 않고 개별 사업부 단위를 조정한 형태이다.

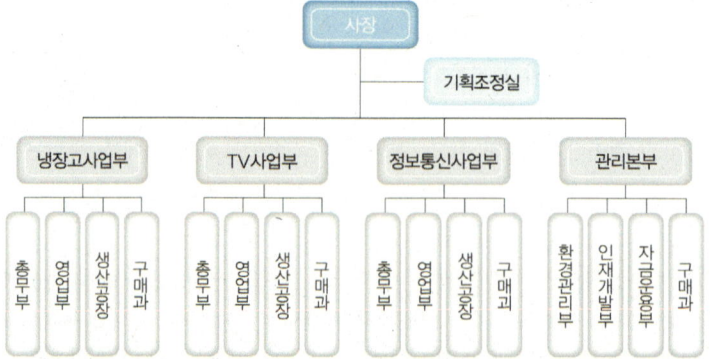

의미	• 분화의 원리에 따라 사업부단위를 편성하고 각 단위에 대하여 독자적인 생산과 영업 및 관리권한 부여로 사업부가 부문화되어 만들어진 조직 • 제품별·시장별·지역별 이익 중심점 또는 이익센터(profit center)를 중심으로 독자적인 경영과 이익에 대한 책임을 지는 독립채산제를 실시하는 조직 형태 • 오늘날 다국적기업들이 가장 보편적으로 채택하고 있는 조직구조 형태 • 본사의 전반적인 종합적 조정기능의 강화
장점	• 사업부문별로 권한과 책임을 부여함으로써 시장변화 또는 소비자욕구변화에 빠르게 대처 • 각 사업부 내부의 관리자와 종업원의 상호작용으로 효율이 향상되고 사업부 내의 기능 간 조정이 용이 • 실전에 유능한 경영자 양성 • 각 사업부는 이익 중심 및 책임 중심점이 되어 경영성과 향상
단점	• 사업부 간의 과도한 경쟁에 의한 조직능력의 분산 • 중복투자와 관리비용이 증가 • 독립사업부의 이익 중심 움직임으로 인한 전체적 측면에서의 시너지 효과 산출이 어려움 • 각 사업부 간 이익대립 가능성이 있으며 이의 조정이 어려움

40 ①

해설 조직이 변화하는 외부상황에 적절하고 신속하게 대처하기 위해서는 유연성이 필요한데 이러한 유연성을 강조할 경우는 집권화가 아니라 분권화가 필요하다.

41 ⑤

해설 경계연결활동이란 환경의 불확실성에 대처하기 위하여 조직의 외부 경계를 넘어 유효한 정보, 자원을 탐색하고 수집하여 내부 조직의 필요한 지식 및 자원으로 활용하는 활동으로 정의될 수 있다.

42 ②

해설 통제의 범위란 내 지휘 통제하에 있는 종업원의 수를 의미한다. 부하의 창의성 발휘가 고도화가 이루어지면 자율권이 많이 위양되므로 통제의 범위가 넓어진다고 볼 수 있다.
반면,
① 통제의 범위가 좁아지면 상사의 부하직원에 대한 통제가 수월하여지므로 관리자의 통제는 능률이 오른다.
③ 통제의 범위가 좁아지면 특정 상사 휘하의 통제 가능 종업원이 적어지고 이는 기능별 분화가 많아지게 되므로 이로 인해서 관리비가 증대되어 기업 고정비가 증가한다.
④ 통제가능종업원수가 적어지므로 상사와 종업원간의 상하간 의사소통이 원활해진다.

43 ①

해설 카메론(K.S.Cameron)과 퀸(R.E.Quinn)의 경쟁가치 프레임워크(competing vaule framework, .CVF)를 도식화하여 정리하면 다음과 같다.

퀸 경쟁가치모형(Quinn's Competing value framework)

유연성과 재량

공동체형 조직문화 (Clan)
- 지향점: 협력(Collaborative)
- 리더십: 촉진자, 멘토, 팀 형성자
- Value drivers: 몰입, 소통, 개발
- 조직 효과성: 몰입도, 응집성, 인적자원의 개발
- HRM 전략: 구성원 니즈에 부합되는 사기 평가, 시스템 개선 등으로 응집성과 소통
- Employee champion

혁신지향적 조직문화 (Adhocracy)
- 지향점: 창의성(Creative)
- 리더십: 혁신자, 기업가
- Value drivers: 혁신적 성과, 변혁, 민첩
- 조직 효과성: 변화, 적응력, 유연성
- HRM 전략: 조직변화 기술, 컨설팅과 퍼실리테이션을 통한 조직 리뉴얼 달성
- Change agent

내부지향/통합 ← → 외부지향/분화

위계형 조직문화 (Hierarchy)
- 지향점: 통제(Controlling)
- 리더십: 조정자, 감시자
- Value drivers: 효율성, 적시성, 일관성
- 조직 효과성: 안정성, 지속성, 예측가능성
- HRM 전략: 전반적인 프로세스 리엔지니어링을 통해 효율적인 인프라 구축
- Administration specialist

시장형 조직문화 (Market)
- 지향점: 경쟁(Competing)
- 리더십: 경쟁자
- Value drivers: 시장 점유율, 목표 성취, 수익
- 조직 효과성: 생산성, 수익성
- HRM 전략: 전략적 리더십의 토대 위에서 HR과 전략 간 alignment를 추구
- Strategic business partner

안정과 통제

출처 https://org-meta.tistory.com/entry

44 ④

해설 관료문화 즉, 뷰로크라시적 문화는 관료주의적 문화형태로 차별화 전략 보다는 효율성을 기반에 둔 원가우위적 전략을 추구하는 조직에 적합하다.

45 ③

해설 자원기반관점(resource-based view)에서 기업은 경쟁우위를 창출하기 위해서 가치(valuable)있고, 모방불가능(inimitable)하며, 대체불가능(non-substitutable)하고, 유연한(flexible) 자원들을 보유해야 한다가 아니라 기업의 경쟁력을 높일 수 있는 자원의 특징(VRIO)은 다음과 같이 정의할 수 있다. 만약 어느 기업의 자원이 가치(V)있고, 희소하며(R), 모방하기 힘들고(I) 그 기업이 그 자원(들)을 이용하기 위해 조직(O)된다면 그 기업은 그 자원으로부터 창출되는 지속적인 경쟁우위를 기대할 수 있다.

46 ⑤

해설 챈들러(Chandler)가 구조와 전략 간의 관계를 설명하기 위해 제시한 명제는 '전략은 구조를 따른다(strategy follows structure)'가 아니라 '조직구조는 전략을 따른다(structure follows strategy)'이다.

47 ④

해설 Scott의 경영조직이론의 분류로 파악할 때 개방-사회에 속하는 조직군생태학이론에 대한 설명으로 해당이론은 환경결정론의 관점에서 1970년대 중반에 등장한 조직이론이다.
- 조직개체군에서 조직이 생성되고 소멸하는 데 영향을 미치는 요소들을 설명
- 이론적 토대 : 생물학의 한 분야인 생태론, 생물이 외부의 영향에 의해 어떻게 생성·분포·소멸하는가를 연구 학문

조직군 생태론의 기본 원리
- 조직 형태와 환경적소 간의 일 대 일의 관계가 존재한다는 동일성의 원칙에 근거하여 조직구조는 환경적소로

편입되거나 도태
- 조직군에서 일어나는 변화의 과정: 변이 → 선택 보존

조직군 생태론에 대한 평가
- 긍정적 평가 : 개별조직을 넘어 조직군을 분석단위로 종단적 조직변화에 대한 연구를 추구, 조직환경에 대한 균형에 대한 이론적 토대를 제공
- 문제점 : 조직 관리자의 적극적인 전략적 선택을 경시한 채 환경결정론에 지나치게 치우침, 조직군 내의 조직들 간 또는 조직군 간의 성과 차이를 설명하지 못함

〈 지문상의 이론들을 개관하면 다음과 같다. 〉

① 자원의존 이론: Pfeffer와 Salancik에 의해서 발전된 환경임의론관점에서의 이론으로서, 조직이 생존하고 성장하기 위해서는 환경으로부터 필요한 자원을 획득하고 적절하게 유지해야 한다는 이론으로서 다음과 같은 기본원리로 전개된 이론이다.
　- 조직은 핵심 자원을 통제하는 다른 조직이나 집단의 요구에 적절히 반응해야 한다.
　- 경영자들은 조직의 생존과 환경의 제약으로부터 더 많은 자율성과 재량권을 확보하기 위해서 외부적 의존관계를 관리하려 한다.

② 제도화 이론: 조직이 생존하기 위해서는 효율적인 생산을 하는 것 이상으로 이해관계자로부터 '정당성'을 획득하는 것이 중요하다고 주장한다. 즉, 소속한 환경에서 어떤 조직의 존재가 정당하다고 인정할 때에만 그 조직은 성공할 수 있다는 것이다. 따라서, 조직은 정당하게 보이고자 노력한다. 즉, 조직 간 관계는 유사한 개체군에 속한 다른 개체들과 유사하게 보이는 방향으로 움직이도록 압력을 가한다고 설명하고 잇다. 아울러 이러한 유사성은 다음과 같은 3가지 메커니즘에 의해 증가한다.

모방적 동형화: 대부분의 조직은 불확실성 속에서 활동을 한다. 이러한 불확실성에 직면했을 때, 다른 조직을 '모방'하여 그들이 하는대로 하려는 모방적 힘이 작용한다.(ex; 벤치마킹)

강압적 동형화: 기업이 의존하고 있는 다른 조직에 의해 강제되는 공식적 또는 비공식적 압력과 조직이 속해있는 사회의 문화적 기대에 의해 '강제'되는 것을 말한다. 강제적인 요인 중 가장 대표적인 것이 정부의 법적인 규제라고 할 수 있다.

규범적 동형화: 규범적 동형화는 조직 내부 인력의 '전문화'에 기인한다. 여기서 인력이 전문화되어 간다는 것은 전문가가 되기 위한 동질적인 교육과 평가를 거친다는 것을 의미한다.

	모방	강압	규범
조직유사성의 원리	불확실성	의존성	의무, 책임
사건	혁신, 가시성	법령, 규칙, 제재	전문가 인증, 심의
사회적 토대	문화적 지원	법	도덕
사례	BPR, 벤치마킹	오염통제, 학교규제	회계기준, 컨설턴트 교육

③ 학습조직 이론: 1990년대 Senge에 의해 제기된 조직이론으로 학습조직은 시스템적 사고를 통해 조직의 내·외부적인 환경변화를 총체적인 프로세스로 인식하고 이에 대응할 수 있는 방안을 제시하여 지속적인 경쟁우위를 점하고 성장해가는 과정을 설명화고있는 조직이론으로서, 학습조직을 구성하는 핵심적 요인으로서 시스템 사고, 팀 학습, 개인적 숙련, 사고 모형, 공유비전을 제시하고 있다.

⑤ 거래비용 이론: 개방-합리적 조직이론에 속하는 이론으로서 코즈(coase) 거래개념 즉 코즈정리를 체계화하여 윌리암슨(Williamson)이 기업과 시장 사이 효율적인 경계를 설명한 이론으로서, 조직은 자원 조달 시 거래비용과 관리비용의 비교를 통해 합리적이고 효율적인 것을 선택하는데 관리비용으로서의 내부거래비용이 시장에서의 거래비용에 비해 조직이 더 효율적인 이유를 설명하고 있다. 즉, 시장실패로 인해 거래비용이 발생시 외부에서의 거래보다 내부적 거래가 더 효율적이며 이로 인해 조직이 시장으로부터 형성되는 이유를 설명하고 있다.

거래비용(생산비 이외의 비용; 탐색비용, 합의비용, 통제비용, 적응비용 등의 합)

- 탐색비용(잠재적 거래 대상자에 대한 정보탐색비용)
- 합의비용(계약과정 협상 시 드는 비용)
- 통제비용(거래시작 및 유지/제어 위해 드는 비용)
- 적응비용(계약 내 발생하는 여러 제약조건 변동에 드는 비용)

시장실패에 따른 거래비용 발생 이유
- 인간적 요인(인간의 제한된 합리성&거래상대방에게 정보 선택, 왜곡, 조작하는 기회주의 행동)
- 환경적 요인(환경불확실성↑, 독과점(소수거래) 거래↑, 거래 대상 대체불가능↑, 정보밀집성↑⇒거래비용 증가)
- 분위기(실제 시장거래에서 개인 감정, 정서적 요인 반영)

거래비용 발생으로 인한 조직 형성
- 거래비용 발생으로 조직형성되면서 위계로 포섭(ex; 사외변호사비용 500만원→채용→사내변호사 월급 300만원→거래비용↓)

Part 3 인적자원관리

Chapter 1 직무관리

개·념·정·리

1 ①

해설 관찰법(observation method)의 특징
- 장점: 광범위한 정보수집이 가능하고, 관찰자가 훈련되고 유능한 관찰능력을 가지고 있을 경우 공식적 및 비공식적 행위·작업 활동, 작업 대상과의 상호관계 등을 파악할 수 있다. 그리고 현장조사형태로 정보수집이 진행되기 때문에 오차를 감소시킬 수 있다.
- 단점: 직무분석자 주관(관점)에 따라 직무분석내용의 왜곡 가능성, 직무담당자가 고의로 작업을 어렵게 한다든지, 시간을 실제보다 더 소요되게 한다든지 하여 관찰을 왜곡시킬 가능성, 충분한 행위표본(行爲標本)을 얻기 위해서는 상당한 시간이 소요되므로 정신적인 집중을 요하는 작업이나 직무수행기간이 긴 작업에는 부적합한 직무분석방법임. 아울러 관찰대상 직무 전부를 일일이 관찰할 수는 없으며, 관찰에 따른 직무수행자(고객)의 불편을 초래할 수도 있다.

2 ①

해설 직무평가는 직무분석의 결과를 근거로 실시한다.

3 ①

해설 직무평가방법 중 점수법에 대한 설명임.
② 관찰법에 대한 내용으로 평가요소로 구분하여 각 요서별로 그 중요도에 따른 점수를 준다.
③ 경험법에 대한 내용으로 직무분석자가 직접 직무를 수행함으로써 실증자료를 얻는 방법으로 가장 우수한 방법이나 현실적으로 사용하기 힘들다.
④ 설문지법으로 직무분석방법에 대한 내용으로 직무의 모든 측면을 파악할 수 있는 질문서를 작성하여 직무수행자로 하여금 기입하도록 하여 직무를 분석하는 방법이다.

4 ②

해설 직무분석의 대표적 방법으로는 경험법, 관찰법, 면접법, 질문서법이 있으며, 요소비교법은 직무 평가의 방법 중 하나로 기준 직무에 다른 직무를 비교하는 것으로 내용이 복잡하여 시간이 많이 소요된다.

5 ①

해설 직무기술서는 직무자체에 대한 설명이며, 요구되는 지식 등 인적 수행요건을 명시하고 있는 것은 직무명세서임.

6 ①

해설 지식과 기술은 인적 수행요건의 항목으로 볼 수 있다.

7 ④

	직무기술서	직무명세서
의미	직무 수행과 관련된 과업 및 직무 행동을 일정한 양식에 기술한 문서	직무 수행에 필요한 종업원의 행동, 기능, 능력, 지식 등을 일정한 양식에 기록한 문서
강조점	직무의 내용과 요건(과업 중심)	인적요건(사람 중심)
포함 내용	• 직무표식 • 직무개요 • 직무내용 • 직무요건	• 직무표식 • 직무개요 • 인적요건
특징	직무분석의 결과를 바탕으로 직무의 내용과 개선점을 기록	• 직무분석의 결과를 세분화하여 정리 • 채용 관리와 밀접

8 ①

직무분석의 결과로 직무기술서는 직무에 대한 기술 중심이며, 직무 명세서는 직무와 이를 수행하기 위한 인적 수행요건이 포함되어 있다.

9 ①

직무기술서에 대한 내용으로 수행되어야 할 과업에 초점을 두며 종업원의 직무분석 결과를 토대로 직무수행과 관련된 각종 과업 및 직무행동 등을 일정한 양식에 따라 기술한 문서이다.
②, ③, ④ 직무명세서에 대한 내용으로 직무 요건인 인적 요건에 큰 비중을 두고 있으며 고용이나 훈련, 승진 등에 기초자료가 된다.

10 ③

①, ②, ④ 직무기술서에 대한 설명으로 주로 과업요건에 초점을 맞추고 있고, 직무내용이나 요건을 상세히 기록하였다. 인적 요건에 중점을 두고 정리하고 기록한 문서로 직무분석의 결과를 바탕으로 직무의 내용과 개선점을 기록하였다.

11 ①

직무명세서는 직무기술서의 내용을 기초로 한 것으로 인적 요건에 중점을 두고 정리한 문서이다.
②, ④ 인적요건에 중점을 두고 있는 직무명세서에 대한 내용으로 직무분석의 결과에 의해서 직무수행에 필요한 종업원의 인적 요건에 관한 정보를 구체적으로 기록해 놓은 문서이다.
③ 직무기술서에 기록되는 내용으로 직무분석의 결과를 기반으로 직무수행과 관련된 과업 및 직무행동을 일정한 양식에 기록하였다.

12 ④

직무평가 방법은 서열법과 분류법의 비계량(비양적)방법과 양적방법인 점수법과 요소비교법으로 분류된다.

13 ③

① 서열법에 대한 내용으로 점수법은 전체적·포괄적 관점에서 각각의 직무를 상호 교차하여 순위를 결정한다.
② 점수법에 대한 설명으로 직무를 구성요소별로 분해한 후 가중점수를 이용하여 직무의 순위를 결정하는 가장 합리적인 방법으로 공장의 기능직 평가에 많이 적용된다.
④ 요소비교법은 기업조직에 있어 핵심이 되는 몇 개의 기준직무를 선정하고 각 직무의 평가요소를 기준직무

의 평가요소와 비교함으로써 모든 직무의 상대적 가치를 결정하는 방법이다.

비교기준	직무평가의 방법			
	서열법	분류법	점수법	요소비교법
사용빈도	가장 적음	둘째나 셋째	가장 많음	둘째나 셋째
비교방법	직무와 직무	직무와 기준	직무와 기준	직무와 직무
요소의 수	없음	없음	평균 11개	7개 이하
척도의 형태	서열	등급	점수, 요소	점수, 기준직무
타방법과의 관계	요소비교법의 단순한 형태	점수법의 단순한 형태	분류법의 발전된 형태	서열법의 발전된 형태
인적자원관리방법 간 상호관계	인사평가의 서열법	인사평가방법의 등급제	도표식 척도법	대인비교법
평가의 특성	상대평가	절대평가	절대평가	상대평가

14 ④

해설 요소비교법의 특징
- 점수법의 단점을 보완하기 위해 만들어진 직무평가방법이다.
- 기능직, 사무직 등 상이한 직무에서도 적용 가능하며 직무의 수가 많은 경우에 복잡하며 시간과 비용이 많이 든다.

15 ④

해설 ① 직무분석 중 질문지법에 대한 설명이다.
② 직무분석 중 중요사건법에 대한 설명이다.
③ 직무분석 중 관찰법에 대한 설명이다.

16 ⑤

해설 직무평가는 직무 간 상대적 난이도를 측정하는 것으로 직무 성과와는 무관하다고 할 수 있다. 아울러 일반적인 핵심직무평가요소로는 숙련(지식, 경험), 책임(설비, 재료 및 제품, 안전 및 타인작업에 대한 책임), 노력(정신적, 육체적 노력) 및 작업조건(작업환경 및 위험정도)을 들 수 있다.

17 ④

해설 ① 직무 설계는 조직목표 달성과 동시에 개인의 만족감을 부여하고자 한다.
② 직무 확대란 직무의 다양성을 증대시키기 위해 직무를 수평적으로 확대시키는 방안을 말한다. 직무 확대를 통한 직무 설계에서는 직무 수행에 요구되는 기술과 과업의 수를 증가시킴으로써 작업의 단조로움과 지루함을 극복하여 높은 수준의 직무 만족으로 이끌어갈 것으로 기대하고 있다.
③ 유연시간근무제로 인하여 근무 중 생산성이 증가할 수 있다.

18 ①

해설 직무 순환은 조직 구성원에게 돌아가면서 여러 가지 직무를 수행하게 하는 것을 말하며 조직 구성원의 작업활동을 다양화함으로써 지루함이나 싫증을 감소시켜준다.

19 ④

해설 직무확대란 한 직무에서 수행되는 과업의 수를 증가시키는 것을 말하며 이를 통해서 작업의 단조로움과 지루함을 극복하여 높은 수준의 직무 만족으로 이끌어 갈 것을 기대한다.
① 직무기술서와 직무명세서가 마련되면 이러한 정보를 활용하여 직무를 설계하거나 재설계란다.
② 직무충실화이론은 허쯔버그의 2요인 이론을 모태로하고 있는 이론으로서 위생요인으로는 조직의 정책과 행정, 감독, 보수, 대인관계, 작업조건 등이 있으며 동기요인으로는 직무상의 성취, 직무성취에 대한 인정, 직무내용, 책임, 승진, 개인적 성장 또는 발전 등이 있다. 직무충실화는 직무성과가 직무수행에 따른 경제적 보상보다는 개개인의 심리적인 만족에 달려 있다는 전제하에 직무수행내용과 환경을 재설계하려는 방법으로 위생요인보다는 동기요인에 더 중점을 둔다. 그러나 개인차를 무시하고 있다는 비판을 받는 이론임.
③ 직무 순환이란 조직 구성원에게 돌아가면서 여러 가지 직무를 수행하게 하는 것을 말하며 조직 구성원의 작업 활동을 다양화함으로써 지루함이나 싫증을 감소시켜주고 일반관리자의 양성에 도움을 줄 수 있는 직무설계 방법이다.

20 ④

해설 직무충실화이론은 허쯔버그의 2요인이론을 모태로 한 이론으로서 기본적으로 개인차를 인정하지 않으며, 직무가 동기요인을 충족시키도록 재구성되어야 한다는 이론이다.
① 통합적 작업팀은 집단수준의 직무 확대적 직무설계방법이며, 참고로 집단수준의 직무충실화적 직무설계방법을 자율적 작업팀이라고 한다.
② 직무순환은 작업자에게 다양한 업무를 순차적으로 부여하는 방법으로 이 방법의 사용이 가능하려면 서로 상호 교환이 가능해야 한다.
③ 직무확대는 직무의 다양성을 증대시켜 단조로움을 없앤다.

21 ⑤

해설 직무충실화이론은 허쯔버그의 2요인이론을 모태로 한 이론으로서 수직적 직무확대적 직무설계방법이다. 이 이론은 기본적으로 개인차를 인정하지 않으며, 직무가 위생요인보다는 동기요인을 충족시키도록 재구성되어야 한다는 이론으로서, 직무 성과가 직무수행에 따른 경제적 보상보다는 개개인의 심리적 만족에 달려 있다는 전제하에 직무수행 내용과 환경을 재설계하려는 방법이다. 특히 작업 생활의 질과 관련하여 품질 향상과 사기 향상을, 그리고 이직률 및 사고율의 감소와 간접비의 절감 등에 실질적인 많은 성과를 거두어 왔다.

22 ②

해설 직무충실화는 수직적 직무확대 방법으로 계획, 통제 등의 관리기능의 일부를 종업원에게 위임하여 작업상의 책임을 늘리고 능력을 발휘할 수 있는 여지를 만들고, 도전적이고 보람 있는 일이 되도록 직무를 구성하여 생산성을 향상시키고자 하는 방법이다. 반복적인 업무의 단조로움과 지루함을 줄일 수 있는 것은 (수평적)직무확대에 대한 설명이다.

23 ③

해설 개인차원의 직무설계
(1) 직무순환: 작업자에게 다양한 업무를 순차적으로 부여 / 일반관리자 양성에 도움
(2) 직무확대(수평적): 작업자가 맡은 과업의 수를 증가시켜서 단조로움을 극복시키려는 방법(불만은 제거하였으나 만족은 증진시키지 못함) / 종업원의 작업량이 증대될 수 있음

(3) 직무충실화(수직적 직무확대): 계획, 통제 등의 관리기능의 일부를 종업원에게 위임하여 작업상의 책임을 늘리고 능력을 발휘할 수 있는 여지를 만들고, 도전적이고 보람 있는 일이 되도록 직무를 구성하여 생산성을 향상시키고자 하는 방법
- Herzberg의 2요인이론에 기초 / 개인차를 무시

24 ②

해설 과업의 표준성과 교차성은 이에 해당하지 않음. 5가지 핵심 직무특성으로는 기술 또는 기능의 다양성, 과업의 정체성, 과업의 중요성, 자율성과 피드백임

25 ⑤

해설 전체적으로는 핵크만과 올드햄의 직무특성이론으로 착각하기 쉬운 문제임. 그러나 종업원에게 직무의 정체성과 중요성을 높여 주고 일의 보람과 성취감을 느끼게 한다는 것은 결국 동기요인을 통한 동기부여를 해준다는 의미로 허쯔버그의 2요인 이론에 근거한 직무충실화에 가까운 내용임.
참고로 직무특성이론에서는 직무의 정체성과 직무의 중요성이란 직무가 가져야 할 핵심직무특성으로서 이는 심리적 의미감을 부여해주는 것으로 의미감과 성취감은 다른 의미로 해석되어야 함. 나머지 부분은 직무충실화 이론과 직무특성이론이 공통적으로 갖는 내용임

26 ①

해설 직무충실화 이론이 개인차를 인정하고 있지 않는 문제점 등을 개선 발전시킨 이론이 헥크만과 올드햄의 직무특성이론이다. 직무특성이론을 정리하여 보면 다음와 같이 도식화하여 살펴볼 수 있다.

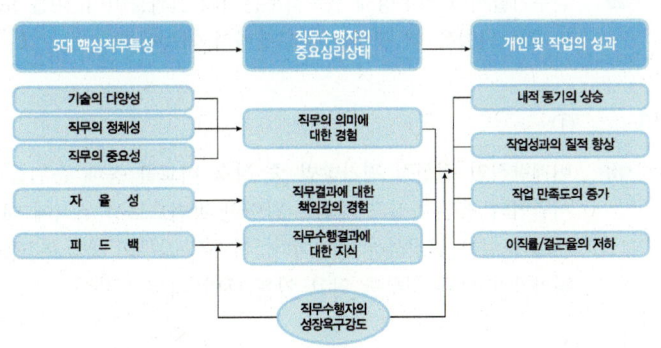

27 ⑤

해설 전통적 관점은 분업의 원리에 기초한 과학적 관리에 기반을 둔 표준화와 직무 전문화 형태의 직무 축소적 접근이었다면 근대, 현대적 관점은 직무에 다양성을 통해 의미감을 가질 수 있도록 직무를 확대해 나가는 관점으로 변화되었다고 할 수 있다. 직무순환은 다양한 직무를 경험할 수 있는 기회를 제공하는 형태의 직무설계라고 할 수 있다. (작업자에게 다양한 업무를 순차적으로 부여 / 일반관리자 양성에 도움)

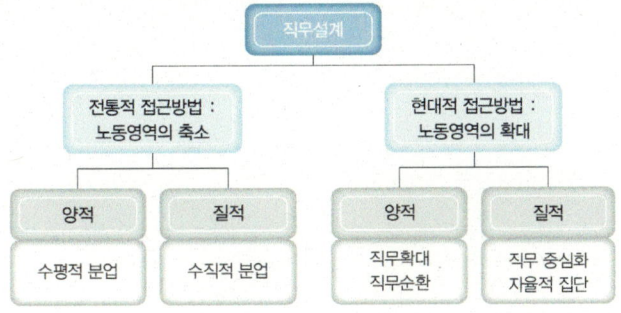

28 ①

해설 Hackman & Oldham의 직무특성모형(job characteristics model)에서 성장욕구 강도(growth need strength)는 핵심직무차원이 아니라 조절 변수로서 성장욕구 강도(growth need strength)에 있어서의 개인차가 활용되었다. 핵심직무차원 또는 핵심직무 특성은 다음과 같다.

구분	내용
기능(기술)의 다양성	직무수행에 요구되는 기능이나 재능의 정도
과업(직무)의 정체성	직무가 전체 작업에서 차지하고 있는 범위(현재 수행하는 직무와 완제품과의 관계를 인식할 수 있는 정도)
과업(직무)의 중요성	직무가 조직 외부 및 다른 사람들에게 실질적인 영향을 미치는 정도
자율성	직무계획 수립, 수행절차 결정 시 작업자에게 허용된 재량권
피드백	직무성과의 유효성에 대해 작업자가 직무로부터 받게 되는 직접적인 정보의 양

29 ④

해설 환경적 요인에 따라 직무자체가 변경되기는 하지만 그 내용과 범위가 내외부의 요구에 따라 수시로 변경된다고 보기는 어렵다.

30 ④

해설 직무기술서와 직무명세서는 직무분석의 결과물이며, 이를 토대로 직무평가를 실시한다. 즉, 명확한 직무분석이 토대가 되었을 때 공정한 직무평가가 가능하다.

31 ①

해설 비계량적인 정성적 평가방법 중 상호 비교를 통해 순위를 매기는 서열법에 대한 설명임.
서열법의 경우 가장 오래되고 간단한 방법으로서 조직에 대한 직무의 상대적 가치를 전체적·포괄적으로 비교하여 순위를 결정하는 방법이다. 평가시 직무의 중요요소를 구분하지 않으며, 직무 간 차이가 명확한 경우나 평가자가 모든 직무를 알고 있을 때만 적용이 용이

심·화·문·제

1 ④

해설 대조법은 인사고과의 한 방법이다.

2 ①

해설 ② 분류법, 요소비교법, 점수법, 서열법 등은 직무분석 방법이 아니라 평가 방법임.
③ 직무기술서는 해당 직무자체에 대한 설명이며, 직무를 수행하기 위해 필요한 지식, 기술, 능력 등의 인적 수행능력을 기술하고 있는 것은 직무명세서임.
④ 관찰법, 질문지법, 중요사건법, 면접법 등은 직무평가(job evaluation)방법이 아니라 직무분석 방법임.
⑤ 직무충실화(job enrichment)는 허쯔버그의 2요인이론에 기반을 둔 수직적 직무확대방법임.

3 ④

해설 질문서법은 해석상의 차이로 오해가 발생할 우려가 가장 높은 방법이다.

4 ③

해설 성과기준은 조직의 입장에서 평가의 기준으로 활용되는 것이지 성과기준이 종업원의 성과에 대한 기대수준을 의미하지는 않을 뿐만 아니라 직무명세서는 직무에 대한 인적 수행능력 등을 설명해 놓은 것이지 이를 기준으로 성과기준을 설병하지는 않는다.

5 ⑤

해설 직무와 직무의 비교는 직무평가의 단계라고 볼 수 있다.

6 ④

해설 직무평가방법을 정리하면 다음과 같다.

비양적 방법	서열법	• 가장 오래되고 간단한 방법 • 조직에 대한 직무의 상대적 가치를 전체적·포괄적으로 비교하여 순위를 결정 • 직무의 중요요소를 구분하지 않음 • 직무 간 차이가 명확한 경우나 평가자가 모든 직무를 알고 있을 때만 적용이 용이
	분류법	• 서열법에서 좀 더 발전된 것 • 직무를 여러 등급이나 수준으로 분류하여 표현하였고, 직무를 포괄적으로 평가하여 강제적으로 배정 • 간단하고 이해하기 쉬우며 비용이 적게 듦 • 정부, 학교, 서비스조직체 등 등급분류가 용이한 조직에 많이 적용
양적 방법	점수법	• 가장 체계적이고 합리적인 방법 • 직무를 직무특성요소(숙련, 책임, 노력, 작업환경)로 구분하여 각 요소별로 중 용도에 따라 점수를 매겨 직무의 순위를 결정 • 평가항목 설정 및 가중치 부여가 어려우며, 공장의 기능직에 많이 사용
	요소 비교법	• 점수법보다 합리적 • 기준직무를 미리 정하고, 각 직무의 평가요소와 기준직무의 평가요소를 비교하여 직무평가 • 직무의 상대적 가치를 임금액으로 나타내며, 상이한 직무에도 적용이 가능 • 전체 직무의 평가가 용이하여 직무급제도의 실시에 크게 기여

7 ⑤

해설: 수행해야 할 업무와 기술의 수를 증가시키는 것은 직무확대의 차원이고, 직무충실화는 종업원들이 도전감, 성취감 등을 느껴서 직무에 관한 만족감이 증가될 수 있게 직무를 설계하려는 것이다.

8 ③

해설: 직무특성모형의 다섯 가지 핵심직무특성은 기능의 다양성, 과업의 중요성, 과업의 자율성, 정체성 및 결과의 피드백이다.

구분	내용
기능의 다양성	직무수행에 요구되는 기능이나 재능의 정도
과업의 정체성	직무가 전체 작업에서 차지하고 있는 범위(현재 수행하는 직무와 완제품과의 관계를 인식할 수 있는 정도)
과업의 중요성	직무가 조직 외부 및 다른 사람들에게 실질적인 영향을 미치는 정도
자율성	직무계획수립, 수행절차 결정 시 작업자에게 허용된 재량권
피드백	직무성과의 유효성에 대해 작업자가 직무로부터 받게 되는 직접적인 정보의 양

9 ④

해설:
① 직무충실화는 직무의 수직적 확대이고, 직무확대는 직무의 수평적 확대이다.
② 직무평가는 직무의 상대적 가치를 결정하는 과정이고, 누가 어떤 직무를 수행하는 것이 적절한지는 인사고과와 관련된 내용이다.
③ 중요사건기술법, 자유기술법, 행위고과법 등의 방법들은 모두 인사고과 방법이다.
⑤ 직무특성모형에 의하면 기능의 다양성, 과업의 중요성, 과업의 자율성, 정체성 및 결과의 피드백의 다섯 가지 요인을 핵심직무차원으로 한다.

10 ②

해설:
① 직무평가는 직무분석을 기초로 하여 직무의 상대적 가치를 결정하는 과정이다. 이는 직무급 제도의 기초가 된다.
③ 직무수행에 필요한 인적 요건에 관한 정보를 구체적으로 기록한 것은 직무명세서이다.
④ 직무를 세부요소로 구분하여 직무들의 상대적 가치를 판단하는 방법은 점수법이다.
⑤ 사전에 등급이나 기준을 만들고 그에 맞게 직무를 판정하는 방법은 분류법이다.

11 ④

해설: 과업의 정체성이란 직무가 요구하는 전체로서의 완결정도를 의미하는 것으로 전체 직무 중에서 과업이 차지하는 범위의 정도를 의미한다. 통상 과업의 정체성이 높으면 직무를 보다 의미 있는 것으로 인식하게 된다.

12 ③

해설: 수평적 직무확대는 유사한 직무의 종류를 확대시키는 것이고, 의사결정과 관련된 직무의 권한 등을 확대시키는 것은 수직적 직무확대 즉 직무충실화적 설계에 해당한다.

13 ④

해설: 직무충실화설계는 허쯔버그의 2요인이론에 기반을 둔 이론으로서 수직적 확대를 통한 책임감과 의미감의 증대

를 가져오려는 설계방식이다. 아울러 수평적으로 직무의 수를 늘리는 것은 일반적인 직무확대 설계이다.

14 ③

해설 기술다양성(skill variety), 과업정체성(task identity), 과업중요성(task significance)은 의미감(meaningness)에 영향을 미친다. 자율성(autonomy)은 책임감(responsibility) 그리고 피드백(feedback)은 수행결과에 대한 경험과 지식에 영향을 미치게 된다.

15 ⑤

해설 ①, ② 직무평가는 직무수행방식의 장단점 및 절대적 가치를 평가하는 것이 아니라 직무들간의 상대적 가치를 평가하는 것이다.
③ 서열법은 직무의 수가 많고 직무의 내용이 복잡하게 되면 사용하기 곤란하다.
④ 핵심이 되는 몇 개의 기준 직무를 선정하고, 평가하고자 하는 직무의 평가요소를 기준 직무의 평가요소와 비교하는 방법은 요소비교법이다.

16 ④

해설 직무확대(job enlargement)는 과업의 단조로움을 극복하기 위하여 직무의 범위를 수평적으로 확대하는 것이다. 수직적으로 직무의 범위를 확대하는 것은 직무충실화이다.

17 ③

해설 직무평가란 직무분석의 결과물로서 직무 자체를 기술하고 있는 직무기술서와 직무수행요건을 포함하고 있는 직무명세서를 기초로 직무가 지니는 상대적인 가치를 결정하는 것으로서, 명확한 직무분석과 공정한 직무평가를 바탕으로 직무급 체계를 확립하는 것을 목적으로 한다.

18 ④

해설 ① 핵크만(Hackman)과 올드햄(Oldham)의 직무특성이론에 의하면, 핵심직무 특성에는 기능다양성(skill variety), 과업의 완결성 또는 정체성(task identity), 과업의 중요성(task significance), 자율성(autonomy), 성장욕구가 아닌 피드백(fees back)과정의 5가지 핵심 직무특성을 제시하고 있다.
② 핵크만(Hackman)과 올드햄(Oldham)의 직무특성이론에 의하면, 자율성(autonomy)이 높은 직무를 수행할수록 직무에 대한 책임감을 많이 느끼게 되며, 기능다양성(skill variety), 과업의 완결성 또는 정체성(task identity), 과업의 중요성(task significance)이 높은 직무를 수행할수록 직무에 대한 의미감을 많이 느끼게 된다.
③ 직무충실화(job enrichment)는 재량권의 확대를 줌으로써 동기부여를 증가시키고자 하는 방법인 반면, 재량권과 책임은 변화시키지 않고, 수행하는 작업의 종류만 증가시키는 직무재설계 방법은 직무확대(job enlargement)방법이다.
⑤ 서열법(Ranking Method)은 직무의 수가 많을 경우에는 사용할 수 없는 방법이다. 단, 직무의 수가 적고, 시간과 비용을 절약하기 위해 도입하는 직무평가방법이라고 할 수 있다.

19 ①

해설 과업정체성(task identity)이란 과업의 완결성으로서 직무가 전체작업에서 차지하고 있는 범위의 정도를 의미한다.

20 ①

해설 요소비교법이란 기준직무를 미리 정하고, 각 직무의 평가요소와 기준직무의 평가요소를 비교하여 직무평가하는 방식으로 직무 의 상대적 가치를 임금액으로 나타내며, 상이한 직무에도 적용이 가능하므로 전체 직무의 평가가 용이하여 직무급제도의 실시에 크게 기여하는 직무평가방법이다.

② 핵크만(Hackman)과 올드햄(Oldham)이 주장한 직무특성이론(job characteristics theory)에서 핵심직무특성에는 기능다양성 (skill variety), 과업정체성(task identity), 과업중요성(task significance), 자율성(autonomy), 피드백(feedback)이 포함된다. 직무독립성(task independence)이 아니라 자율성(autonomy)이 포함되어야 한다.

③ 과업의 다양성을 증진시키기 위해 직무의 수를 증가시키는 것(수평적)은 직무 확대의 개념이며, 직무 충실화(job enrichment)란 수직적 직무 확대로서 한 작업자가 수행하고 있는 직무에 의사결정의 권한과 책임이 추가로 부여되는 과업을 더 할당하는 방식의 직무설계 방식이다.

④ 서열법은 조직에 대한 직무의 상대적 가치를 전체적·포괄적으로 비교하여 순위를 결정하는 방식이며, 직무평가를 할 때에 등급분류 기준을 설정하는 방식은 분류법이다.

⑤ 핵크만(Hackman)과 올드햄(Oldham)의 직무특성이론에서 중요심리상태에는 작업에 대한 만족감이 아니라 작업에 대한 의 미감과 작업 결과에 대한 책임감 및 직무수행 결과에 대한 지식이 포함된다.

21 ①

해설 ② 강제할당법(forced distribution method), ③ 중요사건기술법(critical incident method), ④ 행동기준평가법(behaviorally an₩−chored rating scale), ⑤ 체크리스트 법(check list method)은 성과평가방법임

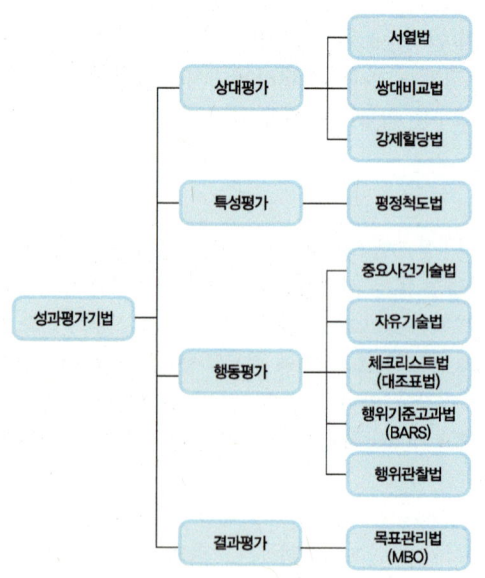

22 ③

해설 성장욕구 및 성취 욕구가 높은 구성원에게 도전적인 목표를 제시함으로써, 직무수행자가 해당 직무에서의 성취감을 경험하게 한다.

23 ②

해설 틀린 지문을 바로 잡으면 다음과 같다.
① 평가자가 포괄적인 지식을 사용하여 직무 전체를 서로 비교해서 순위를 결정하는 것은 서열법이다.
③ 사전에 직무에 대한 등급을 미리 정해 놓고 각 등급을 설명하는 서술을 준비한 다음, 각 직무가 어느 등급에 속하는지 분류하는 방법은 분류법 내지는 등급법이라 한다.
④ 여러 직무들을 전체적으로 비교하여 직무들 간의 서열을 결정하고, 기준직무의 내용이 변하면 전체 직무를 다시 재평가하는 것은 요소비교법에 해당한다고 볼 수 있다. 이러한 직무평가방법인 요소비교법은 기준직무를 미리 정하고, 각 직무의 평가요소와 기준직무의 평가요소를 비교하여 직무평가를 하는 방법으로서 이때 직무의 상대적 가치를 임금액으로 나타내며, 상이한 직무에도 적용이 가능한 직무평가방법으로서 전체 직무의 평가가 용이하여 직무급제도의 실시에 크게 기여한 방법이다.

24 ④

해설 명확한 직무분석은 직무의 내용과 요건 및 해당 직무에 맞는 인적 수행요건을 파악하게 해줌으로써 만약에 발생할 수 있는 직무상의 안전사고를 예방할 수 있다.
① 직무의 내용을 체계적으로 정리한 것은 직무명세서가 아니라 직무기술서이다.
② 직무수행자에게 요구되는 자격요건을 정리한 것은 직무명세서이다.
③ 직무분석은 전반적인 인적자원관리활동의 기초정보는 취합정리하는 활동으로서 인력확보를 연계하는 것은 타당하다.
⑤ 직무분석의 결과를 토대로 직무간 상대적 가치를 비교하여주는 활동은 직무평가이다.

25 ③

해설 직무설계에 있어서의 지각-운동적 접근은 사람들이 정신적인 능력과 한계에 초점을 두고 이를 초과하지 않는 수준에서 직무를 설계하자는 접근 방식으로 낮은 정신적 과부하 및 낮은 스트레스 가능성 및 실수가능성과 사고가능성을 낮추는 등 긍정적 효과를 보이고도 하지만 직무만족도와 동기유발이 낮다는 단점이 있는 접근방식임.
아울러 틀린 지문들을 살펴보면 다음과 같다.
① 기계적 접근은 경제학 중 행동경제학 근간을 두고 있다.
  → 직무설계의 기계적 접근이란 테일러의 과학적 관리에 기반을 두고 직무 전문화를 추구하는 접근 방식이다. 반면에 행동경제학은 기계적 접근이라기보다는 인간의 실제 행동에 대한 연구로서 인간은 이성적이라는 전제에서 벗어나 이를 관찰한 심리학적 접근을 경제학에 접목시킨 접근이다.
② 동기부여적 접근은 심리학 중 임상심리학에 기반을 두고 있다.
  → 동기부여적 직무설계란 동기유발적 요소들을 고려하여 직무를 설계하자는 접근 방식으로 직무 확대적 접근으로서 허쯔버그의 2요인 이론에 그 기반을 두고 있으며, 직무충실화 설계와 헥크만과 올드햄의 직무특성이론이 대표적임.
④ 생물학적 접근은 조명이나 공기, 장소와 작업시간보다 작업 자체에 관심을 기울인다.
  → 생물학적 접근법은 직무 자체에 관심을 가지기 보다는 인간의 신체적 특성과 물리적 작업환경 사이의 상호작용에 초점을 둔 접근 방식이다. 인간의 신체가 작용하는 방식에 따라 물리적 작업환경을 구조화하는 방법으로 이를 통해 피로 및 작업 관련 통증 감소와 건강증진 및 능률 증진의 효과를 보고자 하는 직무설계 접근방식이다.

Chapter 2 확보 및 개발관리

개·념·정·리

1 ⑤

해설 노동과학적 기법은 작업시간 연구를 기초로 조직의 하위 개별 작업장별 필요한 인력을 산출하는 미시적(상향적) 접근기법으로 생산직종의 인력수요를 예측하는 데 활용되는 양적 인력 수요 예측기법임. 인력수요의 예측에 있어서 시나리오 분석, 자격요건 분석, 델파이 법, 명목집단법은 대표적인 질적 기법이며, 브레인스토밍은 비판 없는 자유토론을 통해 인력수요에 대한 의견 토론을 할 수 있으므로 질적 기법에 해당한다고 볼 수 있다. 양적 기법에는 생산성 비율분석, 노동과학적 기법, 통계적 분석형태의 추세분석, 회귀분석, 그리고 화폐적 분석 등이 있다.

2 ④

해설 내부모집은 승진기회를 제공함으로써 내부인들의 사기를 고양하고 자기개발을 유도할 수 있다. 보기 ①, ②, ③은 모두 맞는 설명으로서, 내부모집은 내부충원 또는 사내모집이라고도 하며, 원래 있던 인력을 다시 평가하여 기회를 주는 것으로 지원자에 대한 정확한 평가가 가능한 장점을 가지고 있으나. 인재선택 폭이 제한적이고, 조직 폐쇄성의 강화로 인한 패거리 문화가 형성될 가능성이 있다. 나아가 내부인력에만 지나치게 의존할 경우 조직구성원들이 결국 무능한 인력으로만 구성되는 피터의 원리 등이 나타날 가능성이 있음

3 ②

해설 외부모집에 대한 설명으로 조직 내부의 분위기에 신선한 충격을 줄 수 있다. 보기 ① 내부모집은 외부모집에 비해 채용비용의 절약의 효과를 가져오며, 직원들에게 동기유발의 긍정적인 효과를 가져온다. 보기 ③, ④ 외부모집을 통해 인력개발 비용의 절감과 더불어 새로운 정보와 지식을 얻을 수 있는 장점이 있으나 내부인력 사기저하와 더불어 부적격자 채용의 위험을 갖고 있다.

4 ②

해설 맥락효과(Context Effect)란 처음 제시된 정보가 나중에 들어오는 정보들을 처리하는 기본지침이 되어 전반적인 맥락을 제공하는 것으로서, 처음에 긍정적으로 생각한 대상이라면 이후에 관련된 정보가 입력돼도 긍정적으로 생각하려는 경향이 생기는 것도 맥락효과의 일종이라고 할 수 있다. 맥락 효과는 수많은 정보들을 빠른 시간에 효율적으로 해석하고 받아들일 수 있도록 하기 위한 인지적 노력의 일종으로 볼 수 있다. 즉, 자신이 이미 알고 있는 틀(frame, scheme)에 빗대어 새로운 정보를 비교하고 위치시킴으로써 판단의 근거를 얻는 것이다. 또, 자신이 기존에 가지고 있던 생각이나 태도를 지속적으로 유지하며 인지적 일관성을 유지하고자 하는 시도로도 해석할 수 있는데 집단면접시 면접자가 이러한 태도를 가질 수 있다.
① 표준화된 질문을 통한 면접은 구조화 면접이며, 비구조화 면접은 자유질문으로 구성된 면접임.
③ 면접의 신뢰성과 타당성을 높이기 위해서는 면접 내용 개발단계에서부터 면접관 및 경영진이 참여하여 조직의 목표와 이에 필요한 역량 등을 질문에 반영할 필요가 있다.
④ 위원회 면접은 패널 면접이라고도 불리우는데 3명 이상의 면접자와 1명의 피면접자가 있는 형태임.
⑤ 스트레스 면접이란 피면접자들 무시할 때 스트레스에 어떻게 대응하는가를 보는 것으로서 여러 시기에 걸쳐 여러 사람이 진행하는 형태는 아님.

5 ④

해설 집단면접은 복수의 피면접자가 있는 형태로서 각 집단별로 과제를 토론하게하고 면접자가 이를 관찰함으로 개인적인 적격여부를 판정하는 방법으로서, 시간을 절약할 수 있다는 장점이 있다.

6 ③

해설

구조화정도	지시적 면접(구조적면접)	면접 내용이 상세하게 정형화되어 있음(높은 타당성, 낮은 융통성)
	비지시적 면접(비구조적 면접)	면접 내용이 사전에 구조화되어 있지 않음(낮은 타당성, 높은 융통성)
참가자 수	패널 면접(위원회 면접)	3명 이상의 면접자와 1명의 피면접자가 있는 형태
	집단 면접	복수의 피면접자가 있는 형태로서 각 집단별로 과제를 토론하게 하고 면접자가 이를 관찰함으로써 개인적인 적격여부를 판정하는 방법. 시간을 절약할 수 있음

7 ③

해설 종합평가제도(Assessment Center)란 인사 평가방식의 하나인 평가센터법을 선발과정에 응용한 방법임.
- 평가센터(Assessment Center)방법이란 경영자 개발방법의 일종으로서 평가센터기법은 원래 조직 내에서 개인이나 집단에 대한 평가를 시행하는 장소, 즉, 평가센터를 지칭하는데서 유래되었으며, 새로운 경영자로서의 자질을 평가하는 목적으로 다양한 활동들을 통해 직무 관련 강점과 약점을 파악하는 것이다. 그러나 현재 평가센터는 장소나 건물과 같은 공간적인 개념이 아니고 개인의 성과를 평가하는 절차를 의미하는 용어이다. HR프로그램에서 주요 학습 모듈의 효과성을 평가하는 도구로 주목받고 있다.
- 측정센터(평가자집단)는 참가자들이 업무에 주로 활용되는 특정 지식, 기술, 능력을 발휘하도록 구성된 다양한 활동을 평가한다. 평가 대상이 되는 지식, 기술, 능력은 HR프로그램에 참가한 참가자들이 성공적으로 현업을 수행하는데 매우 중요한 요소들이다.
- 참가자들이 모든 활동을 완료하는데 4시간에서 3일까지 다양하게 소요된다.
- 평가자들은 각 단계에서 참가자들의 활동결과를 종합하고 주관성을 배제하여, 각 참가자의 최종순위를 부여하게 된다. 측정센터법의 절차는 프로그램 시행 전에 각 참가자의 능력을 측정하고 순위를 매긴 후, 프로그램이 실행되고 난 후 참가자들의 업무차원에서 성과향상이 있었는지를 살펴보기 위해 다시 측정한다.

8 ⑤

해설 신뢰성(일관성, 항상성)이란 언제 누가 평가해도 동일한 결과를 나타내는 정도를 의미한다. 아울러 타당성(정확성)은 시험에서 측정하고자 하는 내용이나 대상을 정확히 측정하는 정도로서 아래와 같이 분류된다.
- 타당성(정확성): 시험에서 측정하고자 하는 내용이나 대상을 정확히 측정하는 정도

기준 관련 타당성	• 시험 성적과 하나 또는 그 이상의 기준치를 비교함으로써 파악할 수 있는 타당성 • 동시 타당성: 현직종업원에 대한 시험성적과 직무 성과를 비교하여 타당성 검사 • 예측 타당성: 선발시험에 합격한 지원자의 시험성적과 입사 후의 직무성과를 비교
내용 타당성	• 측정대상의 취지를 어느 정도 테스트문제에 담고 있는가를 알아보아서 타당성 검사 • 시험성적과 직무성과의 통계적 상관계수로 측정되지는 않으며 논리적으로 판단해서 결정
구성 타당성	• 특정 시험이 무엇을 측정하느냐 하는 시험의 이론적 구성과 가정을 측정하는 정도 • 요인분석이라는 통계적 절차를 사용

9 ①

해설 인사관리란 인적자원의 관리적 측면에서 인력의 충원과 유지·활용·개발에 관한 계획적이고 조직적인 관리활동의 체계를 말하는데, 인적자원관리의 가장 중요한 과제는 조직의 목표와 개인의 목표가 조화를 이루도록 하는

일이다. 그러므로 인적자원관리는 조직구성원들이 자발적으로 조직의 목표달성에 적극적 참여 및 기여하도록 함으로써 조직의 발전과 개인의 발전이 균형을 이루도록 해야 한다. 이러한 점에서 조직에서 사람을 다루는 철학과 그것을 실현하는 제도와 기술의 체계가 인적자원관리라고 할 수도 있다. 아울러 구조적 인사관리란 인적자원의 관리를 마케팅 4P의 관점에서 체계적으로 분석관리를 하자는 것이다. 예산관리는 기업 활동 전반에서 계획 수립 시 중요한 부분이기는 하나 인사관리의 기본 영역이라고 보기는 어렵다.

- 구조적 인사관리의 기본영역
    ① Product＝직무관리: 직무분석, 직무평가, 직무설계
    ② Price＝보수(보상)관리: 임금관리, 복리후생관리, 퇴직금
    ③ Place＝신분관리: 승진관리, 교육훈련관리, 경력관리
    ④ Promotion＝평가관리: 인사고과

10 ④

해설 대용승진은 준승진(quasi promotion)이라고도 하며 승진 대상자는 많으나 직위가 없을 경우 인사체증과 사기저하를 방지하기 위하여 직무내용의 변화 없이 직위명칭이나 호칭 등의 상승만 이루어지게 하는 형식적인 승진제도이다.

기준		• 연공주의: 근무경력에 의한 승진 • 능력주의: 업무수행능력에 의한 승진
유형	신분자격 승진	• 사람 중심적 연공주의에 입각한 제도 • 개인의 근무 연수·학력·연력 등의 요건에 따라 승진시킴
	직위 승진	직무 중심적 능력주의에 입각한 제도로서 보다 높은 직무를 담당하게 될 때 승진시킴
	능력자격 승진	연공주의와 능력주의를 종합시킨 것으로서 개인의 지식·능력·기능 등의 잠재능력을 평가하고 그 장래의 유용성이나 신장도를 평가하여 승진 시킴
	역직 승진	관리체계로서의 직위상의 승진(과장→부장→공장장 등)
	대용 승진	• 직무상 실질적 변화 없이 직위명칭 또는 자격호칭 등 형식적 승진 • 특성 구성원에 대한 승진의 필요성은 있으나 마땅한 담당직책이 없을 경우
	OC 승진	• 조직 변화를 통해 조직의 직위계층을 늘려 종업원에게 승진의 기회를 확대 • 승진대상에 비해 직위가 부족한 경우

11 ③

해설
- 인적자원관리의 기본영역은 다음과 같다.
    - 확보관리: 인적자원의 수급예측과 모집 및 선발 활동
    - 개발관리: 교육훈련, 보상관리: 경력관리
    - 평가관리: 직무평가, 인사고과(성과평가)
    - 보상관리: 임금관리 및 복리후생관리
    - 유지관리: 인간관계, 근로조건, 노사관계관리
- 구조적 측면에서의 인사관리의 기본영역은 다음과 같다.
    - 직무관리: 직무분석, 직무평가, 직무설계
    - 보수관리: 임금관리, 복리후생관리, 퇴직금
    - 신분관리: 승진관리, 교육훈련관리, 경력관리
    - 평가관리: 인사고과

12 ②

해설 피교육자로 하여금 다른 사람의 역할을 맡아 수행하게 함으로써 교육을 시키는 방법으로서, 어려운 대인관계 상황에서 조직에 적합한 태도 가지게 하기위한 교육훈련 및 개발 방법이지 교육 훈련에 대한 필요성 파악방법은 아님.

보충 주요 교육훈련방법

	방법	장점	단점
직장내	코칭	자연스러우며 직무관련적이다.	좋은 코치를 발견하는 것이 어렵다.
	위원회 참석	참여자들이 주요과정에 참여한다.	시간낭비일 수 있다.
	직무순환	조직에 대한 전박적 이해를 강화한다.	시간이 많이 소요된다.
	보좌관제도	훌륭한 관리자의 행동거지를 관찰 경험할 기회를 갖는다.	배울 점이 많은 좋은 관리자들이 한정된다.
직장외	강의실 교육	익숙하며, 쉽게 적응하며, 현 업무를 유지하면서 할 수 있다.	항상 성과를 개선할 수 있는 것이 아니다.
	인간관계훈련	중요한 경영기술을 다루게 된다.	효과를 측정하기가 쉽지 않다.
	사례연구	사실적인 사례를 통해 경영에 대한 이해를 얻을 수 있다.	때로 정보가 의사결정을 하기에 부적절한 경우가 있다.
	역할연기	어려운 대인관계 상황에서 적합한 태도를 바꿀 수 있다.	역할연기 하는 것은 피훈련자에게 불편함을 야기한다.
	모의기업경영게임	가상과 현실성 통합	학습보다는 단지 게임을 한다는 생각에 빠질 수 있다.
	안식년제	재충전과 개발가능	비용과다
	야외훈련	육체적 도전이 자신감과 팀워크를 증진시킬 수 있다.	피훈련자의 육체적 특징이나 위험으로 인해 모든 사람에게 적응할 수 있는 것이 아니다.

13 ④

해설 교육과 훈련의 비교

교 육		훈 련	
• 개인의 목표를 강조	• 장기적인 목표달성	• 조직 목표를 강조	• 단기적인 목표달성

14 ③

해설

구분	OJT	Off JT
장점	• 교육이 실제적임, 맞춤형 교육 가능, 동료간 친밀감 증가 • 실시가 용이하고 비용이 적게 발생	• 다수의 종업원에게 통일된 훈련 가능 • 교육훈련에만 전념하여 교육훈련 성과가 높다
단점	• 통일된 훈련이 어려우며, 교육인원에 제한이 있음 • 우수한 상사가 우수한 훈련자는 아님	• 경제적 부담이 증가 • 훈련 결과가 실제적이지 못할 수 있음

보충 커크 패트릭의 교육훈련 평가 단계

단계	초점	내용	
제1단계	반응	참가자가 그의 훈련 및 개발을 어떻게 생각하는가?	교육장
제2단계	학습	어떠한 원칙·사실·기술을 배웠는가?	
제3단계	행동	훈련 및 개발을 통하여 직무수행상 어떠한 행동의 변화를 가져왔는가?	업무복귀 후
제4단계	결과	훈련 및 개발을 통하여 비용절감, 품질개선, 생산성증대 등에 어떠한 결과를 가져왔는가?	

15 ②

해설 현장에서 직접 일을 하며 상사에게 배우는 것으로 직접 실무경험을 쌓을 수 있다. 보기 ①, ③, ④ Off JT에 대한 내용으로 직장 밖에서 연수원이나 강의실 등에서 강의 또는 토의를 통해 실시하는 교육훈련방식으로 다수의 많은 종업원을 교육시킬 수 있다.

16 ④

해설 OJT: 직장 내 교육 훈련으로 직장 상사나 선배가 교육하며 현장훈련이라고 하며 피훈련자가 직무를 수행하면서 훈련받을 수 있다

17 ⑤

해설 신입 직원 또는 피훈련자가 실제 직위에서 직무를 정상적으로 수행하면서 상관으로부터 지도와 훈련을 받는 것으로 비용이 적은 장점이 있다. 보기 ①, ②, ③, ④ OJT(On the job training)는 직장 내 교육 훈련으로 작업현장에서 직접 실무자에게 배우는 실무중심의 교육으로 Off JT에 비해서 비용이 적게 드는 장점이 있다.

18 ③

해설 지문 ③은 Off JT에 대한 설명이다. OJT는 직장 내 교육훈련으로 직장 내 교육훈련은 훈련과 생산이 직결 되어 있어 경제적이고 강의장 이동이 필요치 않지만 작업수행에 지장을 받는다.

19 ④

해설 OJT(on-the-job training)란 기업 내에서의 종업원 교육 훈련방법으로서 피교육자인 종업원은 직무에 종사하면서 지도교육을 받아서 업무수행이 지연되는 경우는 없고, 상사와 피교육자 사이에 친밀감을 조성하며 시간의 낭비가 적다. 아울러 기업의 필요에 따른 현장 중심적인 교육훈련을 할 수 있다. 그러나 상사의 높은 자질이 요구되며 교육훈련 내용의 체계화가 어렵다는 등의 문제가 있다.

20 ④

해설 OJT는 작업장에서 직장의 직속상사에게 직무에 관련된 교육을 받는다. ①, ②, ③은 Off JT에 대한 설명으로 직장 외 교육훈련으로 체계적인 교육프로그램에 따라 이루어지며 다수를 동시에 훈련시킬 수 있다.

21 ①

해설 Off-JT는 작업현장을 떠나서 전문가에게 체계적이고 전문적인 교육을 집단적으로 받는 것으로 다수 종업원의 통일적 교육이 가능하다. 반면에 OJT는 실무중심의 교육으로 작업현장에서 실무를 학습하고 바로 적용할 수 있다. 그러나 체계적인 훈련과정이 없기 때문에 통일된 내용의 훈련이 불가능하고, 현장의 잘못된 관행이나 기존에 사용했던 비효율적인 방식이 그래도 전해질 수 있다.

22 ①

해설 OJT는 훈련 전문가가 아닌 직장내 업무 담당자에 의한 도제식 훈련임.

23 ②

해설 경력관리의 목적은 종업원의 동기부여와 안정감을 주어 인적자원의 효율적인 확보 및 배분과 이직 방지 및 유능한 후계자의 양성에 있으며, 효과적인 임금제도의 설계는 종업원에게 동기부여 등의 효과는 있으나 이 자체가 경력관리의 목적이라고 보기는 어렵다.

24 ①

해설 CDP(Career development program)는 최고경영자들의 경력과 승진을 관리하는 시스템이라고 보기는 어렵다. 우선 경력개발(career development)이란 개인측면에서 볼 때 한 개인이 일생에 걸쳐 일과 관련하여 얻게 되는 경험을 통해 자신의 직무관련태도, 능력 및 성과를 향상시켜 나가는 과정이며 조직측면에서는 한 개인이 입사로부터 퇴직에 이르기까지 경력경로를 개인과 조직이 함께 계획하고 관리하여 개인목표와 조직목표를 달성해 가는 총체적인 과정으로서, 조직구성원의 자기 발전 욕구를 충족시켜 주면서 조직에 필요한 인재를 육성, 조직목표 달성을 이룩하고자 하는 총체적인 인사관리 활동을 경력개발계획(CDP)라고 말한다.

25 ④

해설 많은 종업원들에게 통일된 훈련을 시킬 수 있는 것은 Off-JT의 특징이다. OJT는 도제식에 가까운 교육훈련으로 상사에게 업무를 수행하며 교육훈련을 받는 것으로서 다수의 종업원에게 통일된 교육이 어렵다는 단점이 있다.

구분	OJT	Off JT
장점	• 교육이 실제적임, 맞춤형 교육 가능, 동료간 친밀감 증가 • 실시가 용이하고 비용이 적게 발생	• 다수의 종업원에게 통일된 훈련 가능 • 교육훈련에만 전념하여 교육훈련 성과가 높다
단점	• 통일된 훈련이 어려움, 우수한 상사가 우수한 훈련자는 아님, 교육인원에 제한	• 경제적 부담이 증가 • 훈련 결과가 실제적이지 못할 수 있음

26 ③

해설 OJT의 경우 일반적으로 상사에게 도제식의 훈련 형태로 이루어지므로 많은 종업원들에게 통일된 훈련을 시킬 수 없다. 반면에 Off-JT의 경우 많은 종업원들에게 통일된 표준화된 훈련을 시킬 수 있다는 장점이 있다.

27 ③

해설 인력수요의 양적인 면에서의 충족 가능은 기본적으로 내부모집이 아니라 외부모집의 장점이라고 볼 수 있다.

심·화·문·제

1 ③

해설 직무기술서를 기초로 질문항목을 미리 준비하여 면접자가 피면접자에게 질문하는 것으로 이러한 면접은 훈련을 받지 않았거나 경험이 없는 면접자도 어려움 없이 면접을 수행할 수 있다는 이점이 있는 면접은 구조적 면접이다. 비구조적 면접(unstructured interview)은 경험있고 훈련된 면접자들에 의한 자유질문 형태로 면접의 유연성은 높으나 객관성이 떨어진다는 단점이 있다.

2 ④

해설 우수한 업무성과자가 우수한 학습자 내지는 교육자라고 단정 지을 수는 없다.

3 ⑤

해설 전환배치는 수평적 인사이동의 형태로 능력(적성 및 직무간의 관계를 고려하여 적재적소의 배치와 시간적 상황)을 고려한 적시주의의 원칙에 따라 적합성을 극대화하여야 한다.

4 ②

해설 사내게시판이나 사보를 이용하는 직무게시(job posting)는 외부모집이 아니라 내부모집으로 보아야 함.

참고 네포티즘(nepotism)이란 권력자가 자기의 친족에게 관직, 지위 따위를 주는 일이다. 본래 네포티즘은 가족비즈니스 사업에서 자주 발생하는 행위였으나, 지금은 그 의미를 확대하여 어떤 조직에서든지 기존의 조직구성원 중에서 가족이나 친척, 친구들을 대상으로 편애하여 발생되는 차별적 행위를 의미하고 있다. 네포티즘은 조직구성원의 능력이나 경력, 수행성과보다 친분적 관계를 우선시하기 때문에 종종 비판의 대상이 되지만, 일부 조직구성원의 충성도를 향상시킬 수 있다는 긍정적인 측면도 있다.

5 ⑤

해설 ⑤의 경우 기업자 닻에 대한 설명이 아니라 서비스/헌신 닻에 대한 내용임.
- E. Schein의 경력 닻(career anchor): 자신의 가치와 관심을 포기하지 않고 지속적으로 갈망하는 영역을 경력 닻이라 한다.
- E. Schein의 경력 닻(career anchor) 모형은 다음과 같다.
    - 전문역량 닻: 일의 실제 내용에 주 관심을 둠. 전문 분야 종사 희망.
    - 관리역량 닻: 전문영역보다 일반적 관리직에 주목적을 둠. 노력조정, 결과에 대한 책임 및 다른 부서를 잘 통합하는 데 주된 관심을 둠
    - 자율성/독립성 닻: 규칙이나 제약에서 벗어나려는 데 관심이 있으며, 자율성 확보에 주 관심을 둠.
    - 안전·안정 닻: 장기적 경력 안정성이 주 관심임. 안정적이고 예측가능한 일을 선호.
    - 서비스/헌신 닻: 봉사와 헌신이 주 관심임.
    - 도전 닻: 해결하기 어려운 문제나 극복 곤란한 장애를 해결하는 데 주된 관심을 둠.
    - 라이프스타일 통합 닻: 인생의 모든 부분에서 균형을 갖는 것이 주된 관심임.
    - 기업가 정신 닻: 장애극복 및 위험을 감수하며 개인적인 탁월성을 성취하려는 것 등에의 도전 및 창조적인 활동에 주 관심을 둠.

6 ⑤

해설 신뢰성(일관성, 항상성): 언제 누가 평가해도 동일한 결과를 나타내는 정도

시험-재시험법	같은 사람에게 같은 내용의 시험을 시기를 달리하여 두 번 실시 후, 두 번의 성적을 비교하는 방법
대체형식법	한 사람에게 한 종류의 항목으로 테스트한 다음 유사한 항목으로 다시 테스트하여, 두 형태 간의 상관관계를 살펴보는 방법
양분법	시험 내용이나 문제를 반으로 나누어 각각 검사하여 양지의 결과를 비교하는 방법

7 ③

해설 집단면접이란 각 집단별로 특정 문제를 토론하게 하고 면접자가 이를 관찰하는 과정에서 개인적 적격여부를 판단하는 면접형태이고, 다수의 면접자가 한 명의 응모자를 평가하는 형태는 위원회 면접(패널 면접)이라고 한다.

8 ⑤

해설 자격요건 분석은 해당직무를 수행하는데 필요한 자격요건이 무엇인지를 분석하는 방법으로 조직환경이 안정적일 경우에 실시하는 기법이고 조직환경이 불안정할 것으로 기대되면 시나리오 분석기법을 사용한다.

9 ①

해설 조직사회화는 예비사회화, 현장경험, 안정화 단계로 조직에 진입하기 전에도 예비 사회화 단계(인턴, 현실적 직무소개)를 통하여 할 수 있다.

10 ①

해설 ② 관대화경향(leniency tendency)오류는 집단에 대한 오류로 전체적으로 후하게 점수를 주는 것을 말한다.
③ 피평가자를 평가자 자신의 가치 기준으로 평가하는 오류는 대비오류이다.
④ 피평가자에 대한 측정결과의 정확성(accuracy)은 타당성이라고 한다.
⑤ 같은 지원자에 대해 다른 평가 방법을 사용하더라도 결과가 동등할 경우 선발도구의 신뢰성이 높다고 한다.

11 ⑤

해설 중요사건법은 중요한 사건이 발생할 때 마다 그것을 기록한 후 나중에 인사고과시 누적된 데이터를 통해 인사고과시 활용하는 인사평가의 한 방법이다.

12 ⑤

해설 교육훈련으로 인해 인지능력과 감성능력이 향상되었는가에 대한 기초능력평가가 아니라 교육장에서의 반응과 학습 평가, 업무 복귀후의 행동 및 결과 평가의 4단계 과정을 통해 교육훈련의 통한 구성원의 만족도와 직무수행 능력과 행동을 평가하는 것이다.

13 ④

해설 조직이 조직체의 인적자원 수요와 구성원이 희망하는 경력목표를 통합하여 구성원의 경력진로(career path)를 체계적으로 계획·조정하는 인적자원관리 과정은 경력 경로 및 경력개발에 대한 설명임. 승계계획(succession planning)이란 핵심 직위가 공석이 되었을 경우를 대비하여 해당 직위를 승계할 수 있는 적합한 인재를 확보하

고 개발하는 프로세스를 말한다.

14 ⑤

해설 여러 상황에서도 똑같은 측정결과를 나타내는 것은 선발도구의 일관성이라고 한다.

15 ②

해설 상향식 접근방법은 인력의 과대예측이 발생하기 쉬우며, 하향식 접근의 경우는 과소예측이 발생되기 쉽다.

16 ③

해설 b. 기준관련타당도(criterion – related validity)에는 예측타당도와 동시(현재)타당도가 있다.
c. 조직내부에 새로운 충격을 주기 위해 선택되는 충원제도는 외부충원제도이다.

17 ④

해설 델파이 기법(Delphi method)은 인력의 수요예측기법으로서 관련 전문가들을 구성원들이 직접 대면하지 않고 비대면 방식으로 서면의견을 받아 취합 정리한 다음 재교부 후 수정 의견을 받는 방식으로 전문가들을 활용한 하향식 인력의 수요예측 의사결정 방법이다.
①, ② 마코프체인 기법(Markov chain method)은 미래의 어떤 시점에서 해당기업 내 종업원의 이동에 대한 예측을 가능하게 해주는 방법으로서, 전이확률행렬을 이용하여 예측기간 동안 종업원들의 근속 가능성, 이직 가능성, 승진 가능성 등을 표시하 는 인력의 공급예측기법으로서 경영환경이 급격하게 변할 경우에는 적합하지 않은 방식이다.
③ 기능목록(skill inventory)이란 인력의 공급예측기법으로서 인적자원의 필요에 대비하여 기업의 현재 인적자원의 이용가능성 을 평가하기 위하여 만들어진 종업원의 기본적인 정보를 입력한 데이터 베이스를 의미하며 여기에는 종업원 개인의 학력, 직무 경험, 기능, 자격증, 교육훈련 경험이 포함된다.
⑤ 조직의 규모가 급격하게 성장하고, 전략적 변화가 필요할 때에는 조직 혁신과 새로운 분위기 조성을 위하여 외부모집이 적절하다고 할 수 있다.

18 ③

해설 선발도구의 신뢰성(reliability)이란 언제 누가 평가해도 동일한 결과를 나타내는 정도로서, 선발도구의 측정결과가 일관성(consistency)이 있고 안정성(stability)이 있다는 의미이다. 신뢰성 검증방법에는 시험–재시험 방법(test–retest method), 내적 일관 성(internal consistency) 측정방법, 양분법(split half method) 등과 같은 방법들이 선발도구의 신뢰도 측정에 사용된다.
– 시험–재시험 방법(test–retest method): 선발도구의 측정결과가 안정적인지를 알아보기 위해서 동일한 테스트를 동일한 집단을 대상으로 시간적 간격을 두고 재실시하여 두 측정치(첫 번째와 두 번째)가 일치하는지 정도를 검증하는 방법을 말한다.
– 내적 일관성(internal consistency) 측정방법: 특정 평가집단에 대해서 하나의 평가표로 측정한 결과만 있을 때 평가항목 점수들 간의 관계 일관성을 산출한 신뢰성을 말한다.
– 양분법(split half method): 시험 내용이나 문제를 반으로 나누어 각각 검사하여 양지의 결과를 비교하는 방법
① 평가자가 피평가자의 중심적인 행동 특질을 가지고 피평가자의 나머지 특질을 평가하는 경향은 인상형성이론과 같이 중심
특질에만 의존하여 대상자를 평가하는 경향으로 평정자 자신이 중시하고 있는 요소가 뛰어날 경우 다른

요소도 우수하다는 인식과 같은 현혹효과의 일종으로 볼 수 있다. 반면 중심화 경향은 평정자를 잘 모르는 경우에 마음대로 평정을 낮게 할 수 없기 때문에 발생하며 또한 평정자로서의 자신감, 판단력 결여, 평정요소의 기준 불명확 등으로 인해 평가결과가 중심값으로 쏠리는 경향을 의미한다.

② 관대화 경향, 중심화 경향, 후광효과, 최근효과, 대비효과를 인사평가 지표로 측정하는 이유는 인사평가의 실용성 및 수용성을 파악하기 위해서가 아니라 인사평가의 신뢰성을 파악하기 위해서이다.

④ 신입사원의 입사 시험성적과 입사 후 일정 기간이 지난 후의 직무태도를 비교하여 상관관계를 조사하는 방법은 선발도구의 예측/미래 타당성이며, 현직 대상으로 그 기준을 설정하는 방법이 현재 타당도(concurrent validity)를 조사하는 방법이다.

⑤ 특정의 평가도구가 얼마나 평가목적을 잘 충족시키느냐에 관한 것은 인사평가의 신뢰성이 아니라 타당성이다.

19 ③

해설
① 내부모집은 외부모집에 비하여 모집과 교육훈련의 비용을 절감하는 효과가 있으나, 외부모집은 내부모집에 비하여 새로운 아이디어의 도입 및 조직의 변화와 혁신에 유리하다.

② 최근효과(recency effect)와 중심화 경향(central tendency)은 인사 선발에 나타날 수 있는 인지적 오류로서 선발도구의 타당성과 관련이 있다.

④ 행위기준고과법(BARS: behaviorally anchored rating scales)은 개인의 성과목표대비 달성 정도를 요소별로 상대 평가하여 서열을 매기는 방식이 아니라 평정척도법과 중요사건 서술법을 혼합하여 구성원의 행동을 평가하는 방법이다.

⑤ 360도 피드백 인사평가에서는 전통적인 평가 방법인 상사의 평가와 피평가자의 영향력이 미치는 부하의 평가를 제외하는 것이 아니라 피평가자의 주변 모든 관련자들의 평가를 통해 자기이해와 자기개발 동기부여 목적의 평가방법이다.

20 ①

해설
선발대상자의 특징을 측정한 결과가 일관성 있게 나타나는 것은 선발도구의 신뢰성을 의미하며, 선발도구의 타당성(validity)이란 시험에서 측정하고자 하는 내용이나 대상을 정확히 측정하는 정도를 의미한다.

21 ⑤

해설
내적 일관성(internal consistency) 측정방법, 양분법(split half method), 시험 재시험(test - retest) 방법 등은 선발도구의 타당성을 측정하는 방법이 아니라 일관성을 측정하는 방법이다.

22 ①

해설
교육훈련 즉, training이라고도 하는 훈련은 종업원에게 현재 수행하고 있는 직무 능력 향상에 초점을 둔 교육훈련이라고 볼수 있다. 미래의 직무에서 사용하게 할 목적으로 지식과 기술을 제공한다고는 보기 어렵다.

23 ⑤

해설
Action-Learning에 대한 설명임. 액션러닝은 실제 경영 현장에서 경영성과와 직결되는 이슈 혹은 과제를 정해진 시점까지 해결하고, 이를 통해 개인과 조직이 함께 성장할 수 있도록 하는 기법이다. 핵심 포인트는 개인, 팀, 그리고 조직이 변화에 보다 효과적이고 유연하게 대응할 수 있는 역량을 기르는 데 있다. 아울러 이러한 액션러닝은 조직구성원이 팀을 구성하여 동료와 촉진자(facilitator)의 도움을 받아 실제 업무의 문제를 해결함으로써 학습을 하는 훈련방법이다. '행함으로써 배운다'(Learning by Doing)라는 학습원리를 근간으로 4~6명을 한

팀으로 구성, 실천현장에서 발생하는 문제(Real Problems)를 팀 학습(Team Learning)을 통해서 다양한 아이디어를 도출, 실제 적용하는 과정에서 발생하는 학습을 강조하는 전략이다
참고로, 다른 지문들을 정리하여 보면 다음과 같다.

① team learning 또는 Team-Based Learning(TBL)이란 공통의 인식과 관심을 같이하는 적정 규모의 팀원이 현안과제나 문제를 해결하고, 공동의 목표를 달성하기 위해서 개개인이 갖고 다양한 아이디어를 대화를 통해 공유하면서 지식을 창출하는 학습이다. 팀기반학습과 집단학습은 개개의 구성원이 공동의 목표를 향해서 새로운 대안을 모색하는 점에서는 일맥상통한다. 하지만 팀기반학습이 집단학습에 비해서 구성원의 집단에 대한 소속감과 구성원간 결속력 및 목표달성에 대한 열망과 의지가 보다 강하다고 볼 수 있다.

> **보충** 팀빌딩(Team Building) : 작업그룹(work group)의 목적과 기능을 향상시키는 전략으로 분석, 발견, 문제의 해결 과정을 배우는 것을 목적으로 한다. 이 전략의 기본은 그룹토론으로 팀 멤버의 주의 깊은 청취와 그들의 아이디어와 느낌을 자유롭게 표현하고 반대의사 표현도 자신있게 표현하며, 의견이 다른 것을 작업의 목표와 멤버들의 기여에 중점을 두어 해결하게 한다. 이러한 팀빌딩은 기본적으로 장기적 단기적 전략, 자료의 재분배, 통신과 조정, 문제의 해결, 훈련과 개발, 결정, 조정(control)의 디자인과 설치가 표함된다. 이는 널리 이용되는 조직개발기법으로서 목표는 조직내 다양한 팀들을 개선하고 그 유효성을 증대시키는데 있다. 문제진단(problem diagnosis), 가족적 팀구축(family team building), 역할분석(role analysis)을 위한 회의를 통해 구성원들의 응집력을 높이고 업무효율을 향상시켜 가게 된다. 이 방법은 레빈(Lewin, K.)의 태도변화 과정인 '해빙 → 변화 → 재동결'의 단계를 거쳐 이루어진다.

② Organizational Learning(조직학습)은 조직차원의 제도와 시스템, 업무여건과 환경, 문화적 기반을 어떻게 조성하면 개인차원의 학습이 효과적으로 발생해서 조직 전체가 외부 환경변화에 능동적으로 대응하고, 나아가 조직이 지속적으로 발전할 수 있는지를 모색하는 학습이다. 미시적 측면의 학습활동 촉진 및 극대화에 주력하는 심리학적 개인 학습(Individual Learning)이 주로 개인차원의 자세와 태도변화, 사고방식과 행동의 변화를 밝혀 보려는 노력과는 다르게 심리적 차원에서 이루어지는 개인학습의 단순 합은 결코 조직학습이 될 수 없다고 주장한다. 조직학습이 발생하기 위해서는 개인차원의 학습촉진 및 지원활동과는 근본적으로 다른 어떤 노력이 필요함을 역설한다.

③ problem based learning란 문제 중심 학습 또는 문제 기반 학습(problem-based learning, PBL)을 의미하며 이는 제시된 실제적인 문제를 학습자들이 해결하는 과정에서 학습이 이루어지는 학생 중심의 학습 환경(student-centered learing)이자 모형이다. 학생들은 사고 전략과 영역 지식을 함께 배우게 된다. 문제 중심 학습의 형태는 의학 교육에서 출발하였는데 현재에는 다른 분야에서도 쓰이고 있다. 문제 중심 학습의 목적은 유연한 지식, 효과적인 문제 해결 능력, 자기 주도 학습, 효과적인 협업 능력, 내재적 동기를 학생들이 계발하도록 돕는 데에 있다. 문제중심학습은 능동적 학습의 한 가지 양식이라고 할 수 있다.

> **주의** Project-Based Learning(PBL)은 문제해결학습의 일종으로 최근에 경직된 조직에서 동태화 되어 감에 따라서 각종 프로젝트팀이나 테스크포스(task force) 등이 많이 나타나게 되었고 더욱 중요성이 높아졌다. 팀을 구성해서, 문제발견능력의 양성에서부터 목표설정 → 계획 → 실행 → 평가의 단계를 훈련시켜서 집단의 문제해결 능력을 향상시킨다.

④ blended learning이란 e-Learning의 학습성과 극대화를 위해 온·오프라인을 연계하는 교육으로 학습자의 수행성과를 높이기 위해 다양한 교수 설계전략, 미디어 개발방식 등을 적절히 혼합하는 방식이다.

24 ④

해설 친족주의(nepotism)란 네포티즘(nepotism) 또는 족벌주의(族閥主義) 친족중용주의라고도 하며, 이는 기존 종업원의 친척이 동일한 고용주를 위해 일하는 것을 금지하는 관행이 아니라 조카(nephew)와 편견(favoritism)의 합성어로 자신의 친척들에게 관직이나 지위 등을 주는 친족중용주의 또는 족벌정치를 이르는 말로서 친족중심으로 고용이 이루어지는 현상을 의미한다.

25 ⑤

해설　직무설계 시 고려하는 직무를 성공적으로 달성하는 데 있어서 여러 가지 활동을 요구하는 정도를 말하는 것은 과업중요성이 아니라 기능의 가양성을 의미한다고 보아야 함.
참고로 헥크만과 올드햄의 직무특성 모형에서의 핵심직무특성을 정리하면 다음과 같다.

구 분	내 용
기능의 다양성	직무수행에 요구되는 기능이나 재능의 정도
과업의 정체성	직무가 전체 작업에서 차지하고 있는 범위(현재 수행하는 직무와 완제품과의 관계를 인식할 수 있는 정도)
과업의 중요성	직무가 조직 외부 및 다른 사람들에게 실질적인 영향을 미치는 정도
자율성	직무계획수립, 수행절차 결정시 작업자에게 허용된 재량권
피드백	직무성과의 유효성에 대해 작업자가 직무로부터 받게 되는 직접적인 정보의 양

26 ⑤

해설　구조화 면접은 객관화된 질문을 사용하여 비구조화 면접에서 나타날 수 있는 주관적 편견을 배제할 수 있으며 이를 통해 지원자들에 대한 객관화된 비교가능한 정보를 오히려 획득하기 쉽다.

27 ④

해설　외부의 전문화된 교육훈련은 OJT가 아니라 Off-IT에 해당한다.

Chapter 3 평가 및 보상관리

개·념·정·리

1 ⑤

해설) 인사평가 시 집단성과에 공헌하는 개인행위는 평가요소로 선정하지 않는 경우 조직에 대한 공헌의욕을 도출할 수 없으므로 평가요소로 선정하여야 한다.

2 ③

해설) 현대적 인사고과의 특징 중의 하나로 경력중심적인 능력개발과 육성, 객관적 성과, 능력 중심 등이 있다. ①, ②, ④, ⑤ 전통적 인사고과의 특징으로 평가자 중심의 인사고과로 주관적인 특성으로 구체적인 기준이 있는 것이 아니라 추상적인 기준이다.

3 ④

해설) 평정척도법으로 인사고과 중 가장 오래 되고 널리 사용되는 방법이며, 나머지 모두 맞는 언급이지만 최근 발전한 기법들임.

4 ④

해설) 강제할당법은 사전에 전체의 등급과 미리 정해놓은 비율에 맞추어 피고과자를 강제로 할당하는 것으로 중심화 경향, 관대화 경향, 가혹화 경향 등의 규칙적 오류를 제거할 수 있다. 그러나 정규분포를 가정하고 있으므로 실제 분포가 강제할당비율과 다르면 평가결과가 실제를 반영하지 못할 수 있음.

5 ④

해설) 중요사건기술법은 중요사건 서술법이라고도 불리우며, 평가자가 피평가자의 중요한 행위를 기록하였다가 이 기록을 토대로 평가를 하는 방법으로 근접오류 등을 극복할 수 있음.

6 ②

해설) 행위기준고과법(BARS)란 평정척도법의 결점을 시정하기 위한 시도에서 개발된 것으로서 중요사실서술법이 발전된 형태로서 중요사건서술법 + 평정척도고과법의 방식을 합하여 나온 평가방법이다. 이 방법은 조직구성원이 수행하는 구체적인 행동을 근거로 평가하는 방법으로 분류 할 수 있으며, 직무성과에 초점을 맞추기 때문에 타당성이 높고 피평가자의 구체적인 행동양식을 평가척도로 제시하여 신뢰성 높다는 장점이 있으나, 방법의 개발에 있어 시간과 비용이 많이 소요되고 복잡성과 정교함으로 인해 소규모 기업에서는 적용하기가 어려워 실용성이 낮은 평가 방법이라고 할 수 있다.

7 ②

해설) 발생빈도까지를 평가하는 방법은 행위기준고과법의 발전적 형태라고 볼 수 있는 행위관찰평가법임.

8 ③

해설 원칙적으로 다면평가의 결과는 본인에게 공개하여 인사평가 자료로서의 활용은 제한적이나, 본인에게의 공개를 통해 인사평가를 통한 본인의 동기부여목적이 강한 평가방법임.

9 ④

해설 다면평가법이란 특정 계층의 고과자들에 의하여 평가가 좌우되는 평가방법이 아니라 종래의 상사 위주의 하향식 평가방법에서 탈피하여 자신에 의한 평가, 동료에 의한 평가, 부하에 의한 평가, 고객에 의한 평가 등 다양한 원천으로부터 평가하는 방법으로 보상적 차원의 평가라기보다는 종업원의 개발과 동기부여목적의 평가 방법이다.

10 ③

해설 목표에 의한 관리란 로크의 목표설정이론을 기반으로 한 관리기법으로써 일정기간 내에 달성할 특정 목표를 평가자와 피평가자가 합의하여 설정한 후 기간 종료 후에 그 목표를 달성하였는지를 평가함으로 인사고과 하려는 방법이다. 일반적으로 MBO는 "공동으로 목표 설정 → 중간 피드백 → 기말평가" 단계로 실시된다.

보충 MBO의 효과적인 목표 충족 요건으로 SMART 원칙을 제시하기도 한다.
① S: specific(목표가 구체적일 것)
② M: measurable(목표는 측정가능 할 것)
③ A: achievable(달성가능하면서 도전적인 목표를 세울 것)
④ R: result-oriented(결과 지향적일 것)
⑤ T: time-based(목표달성에 기간을 정해놓을 것, 너무 장기간의 목표는 피드백하기 어려움)

11 ③

해설 사기와 같은 직무의 무형적인 측면을 중시하기보다는 성과에 의한 평가를 중시함.

12 ③

해설 목표에 의한 관리는 구체적 목표에 대한 성과, 즉 결과평가로서 다면평가와는 상관 없음.

13 ①

해설 목표관리(Menagement by objective: MBO)란 로크의 목표설정이론을 기반으로 종업원의 참여를 통해 상사와 함께 단기적이고 구체적인 목표를 설정하고 그 성과를 평가함으로 인사고과 하려는 방법으로서 조직의 역할과 구조를 명확하게 해주고, 동기부여를 제공하여 작업 의욕을 향상시키고 하급자의 참여를 촉진시킨다.
또한 관리 방법의 개선으로 작업을 할 때 그 작업에 의해 초래할 결과를 고려하여 계획함으로써 보다 나은 관리가 가능하다는 장점이 있다. 그러나 앞서 언급한 바와 같이 단기적 목표에 치중할 수 있다는 단점이 있다.

14 ③

해설 MBO는 Top-down 방식의 관리이지만 Locke의 목표설정이론을 기반으로 하고 있어 목표설정과정은 하향식이라고 보기보다는 구성원을 참여시킨 목표설정과정을 가져감.

15 ①

해설 목표에 의한 관리는 종업원의 동기부여에 큰 효과가 있다.

16 ④

해설 MBO(managerment by objectives)에서 언급하고 있는 목표제시란 구체적이고 계량화된 단기적인 목표를 강조하고 있는 방식으로서, 성과 평가 방식 중 결과 평가 방식으로 구체적이고 계량적 측면에서 성과의 질보다는 결과론적인 양을 중요시하는 관리방법이다.

17 ①

해설 목표에 의한 관리는 로크의 목표설정이론을 발전시킨 결과 평가 방식으로서 목표 설정과정에서의 종업원의 참여를 기반으로 하고 있다. 즉, 상사와 부하가 서로 협조하여 목표를 설정하고, 그러한 목표의 진척상황을 정기적으로 feed back을 통한 검토 후 진행시켜 나간 다음 목표의 달성 여부를 근거로 평가하는 성과평가 방식 중 결과에 의한 평가제도를 의미한다.

18 ③

해설 내용: 인적평정센터법은 중간경영층의 승진 목적의 고과로 등장, 피고과자를 합숙시키면서 각종 의사결정게임과 토의, 심리검사를 실시하여 여러 명의 고과사, 심리적 전문가들에 의한 복수평정 절차를 밟게하는 방식의 인사평가방법이지만, 다른 고과방법에 비해 비용과 시간이 많이 소비된다.

19 ① 특정인의 한 부분만으로 그 사람 전체를 평가하는 오류임.

해설 • 인사고과 오류

구분	제거방안
상동적 태도	한 집단의 여러 구성원들과 접촉할 기회를 늘린다.
방어적/선택적 지각,	평가요소를 광범위하게 정해 놓고 모든 평가요소에 입각하여 평가
현혹효과 (후광효과, halo effect)	고과방법 개선(중요사건기술법, 행위기준고과법, 대조법, 목표관리법), 평가요소를 하나씩 배열하여 전원을 평가
논리적 오류	관찰가능한 객관적 사실을 평가, 유사요소의 차이점을 명확히 하고 유사요소는 시간적 간격을 두고 평가
규칙적 오류 (관대화, 중심화, 가혹화)	강제할당법이나 서열법을 적용, 평가의 단계를 짝수로 한다(중심화경향).
순위효과 (나중효과 / 먼저효과)	유사요소들을 간격을 두고 배열, 요소의 배열순서에 의하지 않고 확신할 수 있는 요소부터 평가
대비오류	평가자만의 자기식 평가를 삼간다. 자기신고법을 도입하여 평가편차를 발견한다.

20 ①

해설 현혹효과(halo effect)는 한 분야에 있어서의 어떤 사람에 대한 호의적 또는 비호의적인 인상을 말한다. 이는 다른 분야에 있어서의 그 사람에 대한 평가에 영향을 주는 경향을 말하며 후광 효과라고도 한다.

21 ①

해설 상동적 태도란 집단의 특성에 대한 평가자의 편견 및 고정관념에 의해 피평가자를 평가하는 것을 말한다. 즉, 타인에 대한 평가가 그가 속한 사회적 집단에 대한 지각을 기초로 하여 이루어지는 것을 말한다.

22 ②

해설 개인에게 불쾌감 또는 위험을 안겨 주는 자극이나 상황적 사건이 있을 경우 이에 대해 담을 쌓거나 인식하기를 거부함으로써 방어를 구축하는 유형의 오류로서, 자신이 싫은 것을 회피해버리는 경향을 지각적 방어라고 한다.

23 ②

해설 서열화는 인사고과의 오류로 보기 어려움.

24 ⑤

해설 대비오차/대비오류(contrast errors)는 피고과자의 능력을 실제보다 높게 평가하는 경향과는 상관이 없으며, 대비오차/대비오류(contrast errors)란 고과자가 자신이 지닌 특성과 비교하여 피고과자를 고과하는 경향으로서, 특히 고과자의 편견과 상투적 태도에서 자주 볼 수 있는 오류로서 평가자 자신과 비교하는 오류라고 할 수 있다. 참고로 대조효과(contrast effect)는 시공간적으로 가까이 있는 대상과 비교하여 평가하는 오류로서 피평가자 간 서로를 비교를 하는 것을 의미하는데, 구체적으로 설명하면 비교되는 자극이 하나의 기준점(reference point)으로 작용해 표적 대상이나 상황이 실제와 다르게 지각되는 현상을 의미하는 것이다.

25 ⑤

해설 관대화, 중심화, 가혹화 등과 같은 규칙적 오류의 경우 분포에 제한을 가하는 강제할당법이나 순위로 나열하는 서열법 등과 같은 상대 평가방식으로 감소시킬 수 있으며, 직무를 기준으로 한 평가 지향 및 평정요소의 정의를 명확히 하고 그 정의를 의식하면서 평정하도록 함으로써도 감소시킬 수 있다. 특히 중심화 경향의 경우는 평정자 자신이 피평정자와 접촉하는 기회를 많이 갖고 피평정자의 태도를 평소에 파악토록 함으로서도 감소시킬 수 있다.

26 ①

해설 관대화, 중심화, 가혹화 등과 같은 규칙적 오류의 경우 분포에 제한을 가하는 강제할당법이나 순위로 나열하는 서열법 등과 같은 상대 평가방식으로 감소시킬 수 있으며, 직무를 기준으로 한 평가 지향 및 평정요소의 정의를 명확히 하고 그 정의를 의식하면서 평정하도록 함으로써도 감소시킬 수 있다. 특히 중심화 경향의 경우는 평정자 자신이 피평정자와 접촉하는 기회를 많이 갖고 피평정자의 태도를 평소에 파악토록 함으로서도 감소시킬 수 있다.
② 관대화 경향은 분포에 제한을 가하는 강제할당법이나 순위로 나열하는 서열법 등과 같은 상대 평가방식으로 감소시킬 수 있으며, 직무를 기준으로 한 평가 지향 및 평정요소의 정의를 명확히 하고 그 정의를 의식하면서 평정하도록 함으로써도 감소시킬 수 있다.
③ 현혹효과는 대조표법, 행위기준고과법 및 목표관리법 등으로 감소시킬 수 있으며 동일인물에 대해서 모든 요소로 연속해서 평정하지 말고 평정 요소 하나로 모든 사람에 대하여 동시에 평정하고 그것이 끝나면 다음 요소로 가는 방법과 피평정자의 특성을 간단하게 일반화해서 성급하게 결정을 않음으로서 감소시킬 수 있다.
④ 상동적 태도는 한 집단의 여러 구성원과 접촉 기회를 늘려서 감소시킬 수 있다.

27 ③

해설 정확성은 타당성과 같은 개념으로 보아도 됨.

28 ③

해설 분배적 오류분(Distributional Error)란 항상 오류(Constant Error) 또는 규칙적 오류 내지라고도 불리우는 관대화 경향, 중심화 경향, 가혹화 경향을 의미한다.

- 관대화 경향 : 개인을 평가할 때 가급적 후하게 평가하려는 것
- 가혹화 경향 : 가혹하게 평가해서 평가결과의 분포가 아래로 편중되는 것
- 중심화 경향 : 대다수의 평가가 가운데로 몰리는 것

🔍 **보충**
① 후광효과(현혹효과, halo effect) : 현혹효과(halo effect)라고도 불리우는 것으로 특정 개인의 능력, 지능, 용모 등 특정 부분에서의 인상으로 그 사람의 전반적인 특성을 평가하려는 경향을 의미한다. 수학선생님이 특정 학생이 수학을 잘 하니까 그 학생은 영어성적도 좋을 것이라고 생각하는 것을 예로 들 수 있다.
② 상동적 태도(stereotyping) : 사람을 평가함에 있어서 그 사람이 가지는 특성에 기초하지 않고 그 사람이 속한 집단의 특징이나 그가 속한 집단에 대한 고정관념으로 그 사람을 평가하는 오류이다. "나이가 많은 사람은 성과를 잘 못 낼 거야", "남자들은 다 늑대 같아"등이 스테레오 타입의 예라고 할 수 있다.
④ 대비오류(contrast error) : 직무 기준과 직무 능력 요건이 말한 절대 기준이 아닌, 자신에 기준을 두어 자신과 부하를 비교하는 경우를 말한다. 이러한 오류를 방지하기 위해서는 직무 기준(업무 목표)과 직무 능력 요건에 비추어 평가를 해야 하며, 평가자 훈련을 통해 판단 기준을 통일하도록 해야 한다.

🔍 **참고** 대비 효과 (Contrast effect) : 사람들에게 한 개의 사물을 보여 주고 그 가치에 대해 말하라고 하면 명확하게 판단을 내리지 못한다. 그러니 추하고 값싸고 부족한 것을 보여 주면 앞에 본 것이 더 아름답거나 값지거나 크다는 식으로 판단하게 되는 효과를 의미한다. 즉, 인사 편과 과정에서 다른 사람과의 비료를 통해 나타나게 되는 오류라고 할 수 있다.

⑤ 확증편향(Confirmation Bias) : 요약 기존의 신념에 부합되는 정보나 근거만을 찾으려고 하거나, 이와 상반되는 정보를 접하게 될 때는 무시하는 인지적 편향을 의미한다.

29 ①

해설 고과자가 평가방법을 잘 이해하지 못하거나 피고과자들 간의 차이를 인식하지 못하는 무능력에서 규칙적으로 배분하는 과정에서 보통으로 전체 대상자를 평가하는 오류라고 볼 수 있으며 이를 중심규칙적(항상/분배적오류) 중에서 중심화 경향이라고 한다.

30 ④

해설 동일직무를 수행하면 동일임금을 주는 것은 직능급이 아니라 직무급제도의 특징임.

🔍 **보충** 임금과 관련한 문제는 아래의 표를 중심으로 생각하면 됨.

의미	사용자가 근로의 대가로 근로자에게 지급하는 일체의 금품으로서 공정성이 중요한 관심사임.
특징	• 근로자 측면: 생활의 원천, 사회적 위신의 표시 • 기업 측면: 제품원가를 구성하는 노무비
내용	• 임금수준의 관리(외적 공정성: 적정성): 임금의 크기와 관련 • 기업의 지급 능력: 임금수준의 상한에서 조정 • 사회 일반의 임금수준: 임금수준의 중간에서 조정 • 생계비 수준: 임금수준의 하한에서 조정 • 임금체계의 관리(내적 공정성): 임금의 구성내용과 관련 • 연공급, 직무급, 직능급 등 • 임금형태의 관리(내적 공정성: 합리성): 임금의 계산 및 지급방법과 관련 • 시간급, 성과급(복률성과급제도, 일급보장 성과급제 등), 이익배분제, 성과배분제 등

31 ⑤

해설 기업의 지불능력은 하한선이 아니라 임금의 상한선에 해당함.

의미	• 노동자의 생계유지를 위한 기업의 임금지급 수준 • 일정기간 동안 기업 내의 모든 종업원에게 지급될 임금 또는 노동비 수준
결정요인	• 생계비수준: 임금수준의 하한에서 조정 • 기업의 지급 능력: 임금수준의 상한에서 조정 • 사회 일반의 임금수준: 임금수준의 중간에서 조정

32 ⑤ 성과배분기준으로 스캔론 플랜에서는 생산의 판매가치를, 럭커 플랜에서는 부가가치를 사용한다.

의미	사용자가 근로의 대가로 근로자에게 지급하는 일체의 금품
특징	• 근로자 측면: 생활의 원천, 사회적 위신의 표시 • 기업 측면: 제품원가를 구성하는 노무비
내용	• 임금수준의 관리(적정성): 임금의 크기와 관련(종업원에 지급되는 평균 임금) / 승급, 베이스업 • 임금체계의 관리(공정성): 임금의 구성내용과 관련(임금격차 결정 방법) / 연공급, 직무급, 직능급 • 임금형태의 관리(합리성): 임금의 계산 및 지급방법과 관련 / 시간급제, 성과급제, 특수한 형태

33 ②

해설 직무급 제도를 도입하기 위해서는 명확한 직무분석을 통한 공정한 직무평가가 선행되어야 하며, 직무평가방법 중에서도 가장 복잡한 요소비교법을 통해 직무간 상대적 난이도 측정과 이를 통한 임률비교표가 나와야 하므로 절차가 단순하다고 볼 수는 없다.

34 ①

해설 연공급에 대한 설명으로 개인의 학력, 근속연수, 연령 등의 요인들로 임금을 정한다.

35 ③

해설

구분	연공급	직무급	직능급
의의	개인의 연령, 근속년수 등 인적요소에 따라 기본급 산정	• 직무의 상대적 가치에 따라 기본급 산정 • 동일직무에 동일임금 • 철저한 직무분석과 직무평가가 전제되어야 함	• 직무수행 능력을 중심으로 기본급 산정 • 연공급+직무급
장점	• 고용의 안정화 • 종업원의 소속감, 애사심 • 동양적 풍토의 질서유지와 사기유지	• 공정성이 보장 (능력위주의 인사풍토 조성) • 개인별 임금격차에 대한 불만 해소	• 능력에 따른 임금결정 • 완전한 직무급 도입이 어려운 동양적 기업 풍토에 적절
단점	• 공정성이 떨어짐 • 소극적, 무사안일주의 유발 • 전문기술인력 확보 곤란	• 철저한 직무분석과 직무평가가 어려움 • 동양적 연공중심 풍토에서는 저항감 발생	직무수행능력 개발에 치우쳐 일상업무를 소홀히 할 수 있음

36 ①

해설 직무급(job-based pay)제도에 대한 설명임.

37 ③

해설 등급에 따라 임금을 결정하는 것으로 동일직무에는 동일임금이다.

38 ③

해설 성과급이란 노동성과에 따라 임금을 산정·지급되므로 근로자에게 합리성과 공평성 높여주는 방식으로서 직접노무비가 일정하므로 시간급제보다 원가계산이 용이하지만, 일정부분 작업량 위주가 되어 품질저하의 문제가 발생할 우려가 있으며 일한 직무를 수행하여도 임금은 달라질 수 있음

① 직능급에 대한 설명으로 동일한 임금에서 시작하여도 지식이나 능력이 증가함에 따라서 임금도 같이 오르는 임금체계를 말한다.

②, ⑤ 연공급에 대한 설명으로 개인의 학력이나 근속연수, 연령 등의 요인들을 기준으로 하여 임금이 체결되는 것을 의미하며, 소극적 근무태도 및 능력개발의 소홀로 인해 전문인력 확보에 어려움을 겪는 단점이 있다.

④ 직무급에 대한 설명으로 동일직무를 한 종업원은 같은 임금을 주는 것을 말한다.

39 ④

해설 임금형태관리를 정리하면 다음과 같다.

의미	임금의 계산 및 지급 방법에 관한 것	
분류	시간급제	• 근로시간을 기준으로 임금을 산정·지급되므로 종업원들에게 안정된 임금을 지급 • 임금 계산이 간단하며 실질적으로 사용하기가 편리 • 작업 성과와 직접적인 연결성이 없으며, 작업자의 작업 의용 향상에도 기여하지 않음
	성과급제	• 노동 성과에 따라 임금을 산정·지급되므로 근로자에게 합리성과 공평감을 줌 • 직접노무비가 일정하므로 신간급제보다 원가계산이 용이 • 작업량 위주가 되어 품질저하가 우려 및 동일한 직무를 수행하여도 임금은 달라질 수 있음
	특수임금제	집단자극제, 순응임률제, 집단성과급제(이익분배제, 성과분배제도)

40 ④

해설 단순시간법은 시간급이지만 ①, ②, ③은 성과급이라 임금형태의 성격이 다르다.

41 ①

해설 카이저플랜은 재료비와 노무비 측면의 비용-절감액을 배분하는 협동적 집단인센티브 제도이다.

보충 지문 ⑤ 레만플랜(Lehmann plan)이란 독일의 경영경제학자 M.R. 레만이 제기한 성과분배방식으로서 매출액에서 원재료비와 감가상각비 등을 뺀 것을 가치창조라고 하며, 가치성과(자본성과, 사회성과, 노동성과)의 합계로 계산된다. 이러한 가치성과에 노동생산성을 기초로 한 일정률을 곱해서 부가노동성과를 산출하여 그것을 분배하는 방식임.

42 ③

해설 복률성과급제는 근로자의 작업능률을 보다 높이기 위하여 작업성과에 따라 적용임금률을 달리 산정하는 제도로 테일러식, 메리크식, 리틀식, 일급보장 성과급제도 등이 있다. 매릭식/메리크식은 테일러의 제자인 메리크가 테일러식 차별성과급제도의 단점을 보완하여 임금을 3단계로 구분(미숙련공을 위하여 표준과업 이하의 목표치를 설정함)하여 차등 지급함으로써 표준과업달성이 불가능한 초보자나 저능률작업자에게도 인센티브를 제공하는 방식이다.

43 ③

해설 　스캔론 플랜과 럭커 플랜을 정리하면 다음과 같다.

구분	내용
스캔론 플랜	• 위원회제도(제안제도)를 통해 노무비 절감액을 생산의 판매가치를 기준으로 배분 • 상여자원 = 생산의 판매가치 × 임금비율 − 기지급액
럭커 플랜	• 노무비 절감액을 기업의 안정적인 부가가치 분배율로 노사간에 배분 • 증분임금액 = 부가가치 × 부가가치분배율(표준생산성비율) − 기지급임금(실제노무비)

44 ⑤

해설 　스캔론 플랜, 럭커 플랜 모두 발생한 이득을 사전 합의된 비율에 따라 회사가 사원과 배분한다. 스캔론 플랜은 생산의 판매가치를 기준으로 전체 상여기금의 25%는 회사 적립금으로 유보하고 나머지 75%를 종업원측과 회사측이 일반적으로 3:1의 비율로 배분하며, 럭커 플랜의 경우 노무비를 부가가치 비율로 나눈 표준생산성비율을 기준으로 이를 초과하는 부가가치 생산액은 노사협력에 의한 생산성의 향상결과로 보고 노사 간에 일정한 비율로 배분하는 제도이다.

45 ③

해설 　럭커플랜(Rucker plan): 부가가치 분배원리라고 하여 생산부가가치의 증대를 목표로 노사가 협력하여 얻은 생산성향상의 결과물을 일정분배율에 따라서 노사 간에 적정하게 배분하는 방법이다.

• 성과배분제를 정리하면 다음과 같다.

스캔론 플랜	• 종업원의 제안을 통한 경영참여의 대가로 개선된 성과를 분배 • 위원회제도를 통하여 종업원의 참여 유도, 판매가치를 기초로 성과분배 • 상여자원 = 생산의 판매가치 × 임금비율 − 기지급액
럭커 플랜	• 부가가치의 증대를 목표로 하여 이를 노사협력체제에 의하여 달성하고, 그 증가된 생산성 향상분을 분배하는 방식으로 전체 경제에 인플레 효과가 없는 임금상승 가능, 부가가치액의 증가에 비례하여 성과배분 • 증분임금액(상여자원) = 부가가치 × 표준생산성비율 − 기지급임금 　표준생산성비율 = 부가가치분배율 = 인건비 / 부가가치
임프로쉐어 플랜	단위당 소요되는 표준작업시간과 실제작업시간을 비교하여 절약된 작업시간에 대한 생산성 이득을 노사가 각각 50:50의 비율로 배분하는 임금제도
링컨 플랜	성과급과 이윤분배제도를 결합한 배분
카이저 플랜	재료비와 노무비 절약분을 분배
프렌치시스템	실제 산출액에서 기대산출액을 차감한 모든 비용 절약분을 배분

46 ③

해설 　임금피크제란 work sharing의 일종으로 근속년수에 따라 임금이 상승하는 연공형 임금제도하에서 정년까지(혹은 그 이상까지) 근무하는 것을 보장하여 주되 정년을 몇 년 앞둔 시점부터 임금액을 삭감하는 제도이다.

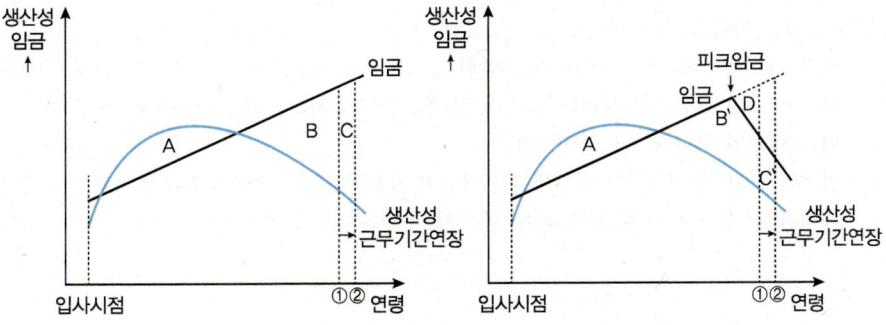

47 ③

해설 임금수준이란 임금액의 크기를 나타내는 말로 종업원에게 지급되는 평균임금액을 의미한다. 따라서 임금수준관리란 평균임금액의 관리를 의미한다. 임금수준관리는 제품시장 및 노동시장에서 대외적 경쟁력을 확보하는 것과 종업원에게 최소한의 생계비를 보장해 주는 방향으로 진행되어야 한다.

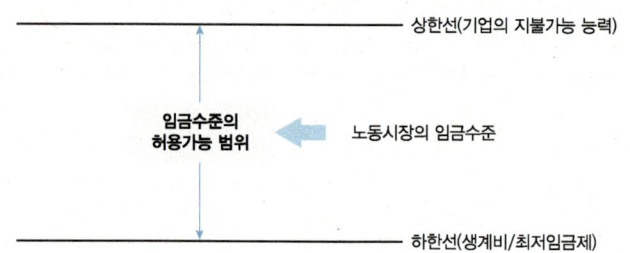

48 ④

해설 생계비는 기업 내적 요소로 볼 수 없다. 생계비를 대표하는 최저임금제는 법적 의무사항이라고 볼 수 있다.

49 ③

해설 직능급체계는 '동일직능 동일임금'이 적용되며, '동일노동 동일임금(Equal Pay for Equal Work)'이 적용되는 임금 체계는 직무급제도이다.

50 ①

해설 단위당 소요되는 표준노동 시간과 실제노동시간을 비교하여 절약된 노동시간을 노사가 반반씩 배분하는 제도

51 ⑤

해설 상여금이란 임금 이외에 특별히 지급되는 현금급여로, 보너스라고도 한다. 본래는 능률급제도로, 표준작업량 이상 성과를 올린 경우에 지급되는 임금의 할증분이었다. 유럽과 미국에서의 보너스는 이 할증분을 뜻한다. 한국에서의 보너스는 그것과는 조금 달라서 하기휴가·연말 등에 정기 또는 임시로 지급되는 일시금을 가리키며, 일반적으로 임금의 일부로서 노사교섭에 따라 결정된다. 보너스는 강제로 지급해야 하는 임금은 아니므로 지급 여부는 당사자에게 달려 있지만, 지급되는 경우에는 근로기준법상의 임금으로 취급되기 때문에 몇몇 예외(매월지급·일정기일지급 규정)를 빼고는 임금에 관한 규정이 적용된다. 이러한 상여금의 목적은 상여의 의미, 즉 높은 성과에 대한 보상으로 성과에 대하여 보람을 느끼게 하고 앞으로의 업무에 자극을 주기 위한 것이다.

52 ④

해설 복리 후생은 다음과 같이 분류된다.
(1) 법정복리후생: 법정복리후생이란 종업원과 그들 가족의 사회보장을 위하여 법에 의하여 보호해 주는 것으로 흔히 4대 보험으로 불리는 국민건강보험, 산업재해보상보험, 고용보험, 국민연금 등과 최근 법제화된 퇴직연금 및 유급휴가제 등이 있다.
(2) 법정외복리후생: 법정외복리후생이란 기업이 자율적으로 설정한 복리후생제도로 급식제공, 통근버스 제공, 주택지원, 경조사, 의료실, 운동실, 휴가와 무노동시간 등이 있다.

53 ③

해설 　법정복리후생이란 종업원과 그들 가족의 사회보장을 위하여 법에 의하여 보호해 주는 것으로 흔히 4대 보험으로 불리는 국민건강보험, 산업재해보상보험, 고용보험, 국민연금 등과 최근 법제화된 퇴직연금 및 유급휴가제 등이 있다. 이외의 것은 모두 법정외 복리후생으로 보면 됨.

54 ①

해설 　카페테리아 복리후생은 기업이 일방적으로 설계하여 운영하는 표준적 복리후생프로그램이 아니라 각각의 종업원들이 기업이 제공하는 복지후생제도나 시설 가운데 원하는 것을 선택함으로써 자신의 복리후생을 원하는 대로 설계할 수 있도록 하는 것으로 예산의 합리적 배분, 자율적 조직분위기 조성, 보상의 유의성 증가 및 동기부여에 효과적이다. 이러한 카페테리아식 복리후생은 다음과 같은 형태로 분류하여 살펴볼 수 있다.
　㉠ 선택항목 추가형: 필수적인 복리후생항목은 일괄 지급되고 추가 항목은 종업원이 선택
　㉡ 모듈형(modular plan): 몇 개의 복리후생항목을 프로그램화하여 그중 하나의 항목을 선택
　㉢ 선택적 지출 계좌형: 종업원개인의 복리예산의 범위 내에서 자유로이 복리후생항목을 선택

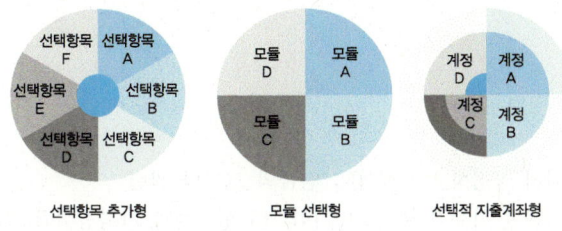

55 ②

해설 　카페테리아 복리후생(cafeteria incentive)제도란 선택적 복리후생제도로 자신에게 맞는 메뉴를 선택하는 새로운 복리후생제도이다.

56 ①

해설 　카페테리아 복리후생은 각각의 종업원들이 기업이 제공하는 복지후생제도나 시설 가운데 원하는 것을 선택함으로써 자신의 복리후생을 원하는 대로 설계할 수 있도록 하는 것으로, 이러한 카페테리아식 복리후생은 다음과 같은 형태로 분류하여 살펴볼 수 있다.
　㉠ 선택항목 추가형: 필수적인 복리후생항목은 일괄 지급되고 추가 항목은 종업원이 선택
　㉡ 모듈형(modular plan): 몇 개의 복리후생항목을 프로그램화하여 종업원에게 제시하고 이를 종업원이 그중 하나의 항목을 선택하는 형태로서, 항목에 대한 예산의 합리적인 배분이 가능하다는 장점이 있으나 집단화로 인하여 선택의 폭이 제한된다는 단점이 있다.
　㉢ 선택적 지출 계좌형: 종업원개인의 복리예산의 범위 내에서 자유로이 복리후생항목을 선택

57 ②

해설 　강화론적 관점에서 특정 행동에 뒤따르는 보상은 학습효과로 인해 그 이후 유사한 상황에서 그 행동의 발생 가능성을 억제하는 것이 아니라 지속시킨다.

58 ②

해설 틀린 지문을 바로 잡으면 다음과 같다.
① 종업원이 달성한 성과의 크기를 기준으로 임금액을 결정하는 제도는 성과급제도이다.
③ 해당기업에 존재하는 직무들을 평가하여 상대적인 가치에 따라 임금을 결정하는 제도는 직무급제도이다.
④ 종업원의 근속년수를 기준으로 임금을 차별화하는 제도는 연공급제도이다.

보충 임금체계관리에서의 임금결정요인을 정리하면 다음 그림과 같다.

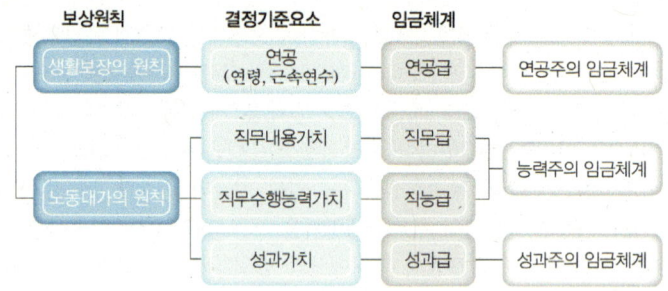

59 ③

해설 임금형태에 대한설명임.

보충 효율적 보상관리
- 임금수준 관리(외적 공정성 : 적정성) : 임금의 크기와 관련
  → 대외적 비교 통한 사회적 균형(타 기업과의 형평성과 가격경쟁력) 확보
- 임금체계 관리(내적/조직 내 공정성 : 공정성) : 임금 구성내용과 관련
  → 임금격차 결정방법(생계보장의 원칙과 노동대응의 원칙)
- 임금형태 관리(내적/개인 간 공정성 : 합리성) : 임금의 계산 및 지급방법과 관련
  → 개별 임금지급방식의 합리성 통한 개인 간 공정성 확보

심·화·문·제

1 ⑤

해설 알파위험이란 테스트상의 오류로 정상을 비정상으로 판단하게 될 위험으로 인력 선발 시 실력은 있으나 시험에서 탈락하는 오류를 본다.

2 ⑤

해설 행위기준고과법은 중요사건서술법과 평정척도고과법을 응용, 결합한 방법으로 과업별로 피평가자의 구체적인 행동에 대한 평가척도를 설계하여야 하므로 시간과 비용이 많이 소요된다.

3 ④

해설 강제할당법은 미리 정해놓은 비율에 따라 피평가자들을 평가하는 방법으로 실제 성과분포와 미리 정해 놓은 비율이 다르게 나타나는 것이 문제점으로서 정규분포 가정으로 발생하는 문제점이라고도 할 수 있다.

4 ⑤

해설 평정척도고과법에 대한 설명으로 가장 오래된 일반적인 방법이다.
① 서열법은 종업원의 능력과 업적에 대하여 순위를 매긴다.
② 현장토의법은 인사담당자가 감독자들과 토의에서 얻은 정보를 이용하는 방법이다.
③ 평가센터법은 평가를 전문으로 하는 평가센터를 만들고 여기에서 다양한 자료를 활용하여 고과하는 방법이다.
④ 대조표법은 설정된 평가세부일람표에 따라 체크하는 방법으로 고과자는 평가항목의 일람표에 따라 미리 설정된 장소에 체크만 하고 그에 대한 평가는 인사과에서 한다.

5 ⑤

해설 ① 주관의 객관화(projection)는 타인의 행동에 대한 원인은 자신의 특성이나 경험에 의하여 평가하는 경향을 의미한다.
② 자존적 편견(self-serving bias)은 개인의 자존욕구로 인하여 성공한 것은 자기탓으로 실패한 것은 외부의 탓으로 돌리려는 경향이다.
③ 나와의 유사성(similar to me)효과는 자기와 유사한 사람에게 후하게 평가하는 경향을 의미한다.
④ 대비효과(contrast effect)는 시간적, 공간적으로 가까이 있는 대상과 비교하면서 평가하는 오류이다.

6 ⑤

해설 피평가자가 속한 집단에 대한 지각에 기초하여 이루어지는 것으로 평가자가 생각하고 있는 특정집단 구성원의 자질이나 행동을 그 집단의 모든 구성원에게 일반화시키는 경향에서 발생하는 오류는 상동적 태도(stereotyping)이다. 대조오류(contrast errors)란 대비오류라고도 하며 피평가자의 평가를 자신과 비교하여 평가하는 것을 말합니다 아울러 대비효과는 대비되는 정보로 인해 왜곡이 일어나는 경우로 좀더 넓은 의미입니다.

7 ⑤

해설 가장 장기지향적인 것은 행동 평가법이며, 결과평가법의 특성평가법이 개발과 활용에 시간이 적게 든다. 개발과 활용에 시간과 비용이 많이 소요된다는 특징을 가진다.

8 ⑤

해설 행위기준평정법(BARS: Behaviorally Anchored Rating Scales)은 평정척도법의 결점을 시정하기 위한 시도에서 개발, 중요사실서술법이 발전된 방식으로서, 개인의 성과목표와 행동기준을 제시하고 조직구성원이 수행하는 구체적인 행동을 근거로 실제 달성정도를 구성원 별로 절대적으로 평가를 하는 방법이다. 추라로 인사고과 방법을 정리하면 다음과 같다.

구 분		내 용
상대 평가법	서열법	• 피평가자를 총체적으로 평가하여 1위부터 최하위까지 나열하는 방법 • 직무간 차이가 명확한 경우나 평가자가 모든 직무를 알고있을 때만 적용이 용이 • 장점 : 평가가 용이함 / 단점 : 너무 주관적임
	강제 할당법	• 사전에 정해 놓은 비율에 따라 피고과자를 강제로 할당하여 고과하는 방법 • 장점 : 관대화경향 등 규칙적 오류를 예방할 수 있음 • 단점 : 정규분포를 가정하고 있으므로 실 분포가 강제할당비율과 다르면 평가결과가 실제를 반영하지 못할 수 있음
절대 평가법	평정척도법	• 평가요소를 선정하고 평가요소별 척도를 정한 다음 피평가자를 평가요소의 척도상에 우열을 표시하는 방법 • 장점 : 피평가자를 전체적으로 평가하지 않고 평가요소별로 평가하므로 평가의 타당성이 증가됨 • 단점 : 관대화, 중심화 등의 규칙적 오류가 발생할 수 있고, 후광효과(halo effect) 등의 심리적 오류가 발생할 수 있음
	대조표법 (check list method)	• 평가에 적당한 행동 항목들을 미리 선정하여 피평가자가 이 항목에 해당되는지 아닌지를 체크하여 평가하는 방법 • 장점 : 평가결과의 신뢰성과 타당성이 증가, 현혹효과(halo effect) 감소, 평가자의 심적 부담 감소 • 단점 : 행동표준의 선정이 어려움, 점수화가 복잡
	자유서술법 (자기신고법)	• 피평가자가 자기평가를 하는 방법 • 자기개발의 효과를 얻을 수 있고, 피평가자의 동기부여에 효과적임
	중요사건 서술법	• 평가자가 피평가자의 중요한 행위를 기록하였다가 이 기록을 토대로 평가를 하는 방법 • 근접오류 등을 극복할 수 있음
	목표에 의한 관리법(MBO)	종업원의 참여를 통해 상사와 함께 단기적이고 구체적인 목표를 설정하고 그 성과를 평가함으로 인사고과 하려는 방법
	행위기준고과법 (BARS)	• 평정척도법의 결점을 시정하기 위한 시도에서 개발, 중요사실서술법이 발전된 것 • 조직구성원이 수행하는 구체적인 행동을 근거로 평가하는 방법 • 중요사건서술법 + 평정척도고과법
	행위관찰평가법 (BOS)	• BARS와 BOS는 공통적으로 피평가자의 구체적인 행동을 측정평가. • BARS는 평가범주 마다 제시된 대표적인 행동패턴 가운데 하나를 선택해서 등급을 매기는 방식. • BOS는 피평가자의 해당 행동의 빈도를 관찰해서 빈도를 측정하는 방식으로 평가한다.
	평가센터법	평가를 전문으로 하는 평가센터에서 특별히 훈련된 관리자들이 복수의 평정절차를 통해 인사고과 하는 방법
	인적평정센터법 (HAC)	중간경영층의 승진 목적의 고과로 등장, 피고과자를 합숙시키면서 각종 의사결정게임과 토의, 심리검사를 실시하여 여러 명의 고과사, 심리적 전문가들에 의한 복수평정 절차를 밟게 함
	다면평가법	종래의 상사위주의 평가방법에서 탈피하여 피평가자 자신, 동료, 상사, 부하, 고객 등 다양한 원천으로부터 평가받는 방법

9 ③

해설 관대화 경향(leniency tendency)이란 규칙적 오류의 일종으로 개인을 평가할 때 가급적 후하게 평가하려는 것을 의미하며, 평가자가 자신과 유사한 종교, 환경, 태도 등을 가진 사람을 후하게 평가하는 즉, 자신과 생각이나 행동방식이 유사한 사람을 호의적으로 평가하는 오류를 유사효과 또는 나와의 유사성효과(similar−to−me effect)라고 한다.

10 ③

해설 서열법은 종업원의 업적과 능력에 대하여 순위를 매기는 방법으로 직무 간 차이가 명확한 경우나 평가자가 모든 직무를 알고 있을 때만 적용이 용이한 방법이며, 피평가자의 수가 너무 많거나 적으면 사용하기 어려움

〈성과평가기법〉
1) 상대평가: 서열법, 쌍대비교법, 강제할당법, 표준인물법
2) 특성평가: 도표척도법
3) 행동평가: 중요사건서술법, 자유기술법, 체크리스트 법, 행위기준고과법, 행위관찰법
4) 결과평가: 목표관리법, 생산평가시스템

11 ③

해설 ① 개인의 성과목표와 행동기준을 설정하고, 목표 대비 달성 정도를 평가하는 방법은 목표에 의한 관리를 의미하며, 행위기준고 과법(behaviorally anchored rating scales ; BARS)에서는 직무를 수행할 때 발생하는 수많은 중요사건을 추출하여 몇 개의 범주로 나눈 후에 각 범주의 중요사건을 척도에 따라 평가하는 방식으로 중요사건서술법과 평정척도법을 혼합한 방식이다.
② 후광효과(halo effect)란 현혹효과로도 불리우는 지각오류의 유형으로 한 분야에 있어서의 어떤 사람에 대한 호의적 혹은 비 호의적 인상이 다른 분야에 있어서의 그 사람에 대한 평가에 영향을 주는 것을 의미하며, 피평가자 개인의 특성보다는 출신 학교나 출신지역에 근거해 평가할 때 나타나는 오류는 상동적 태도(stereotyping)를 의미하며 이는 사람에 대한 경직적인 편 견을 가진 지각으로서 타인에 대한 평가는 그가 속한 사회적 집단에 대한 지각을 기초로 이루어지는 것을 의미한다.
④ 행위기준고과법은 체크리스트 법과 중요사건법을 결합한 것이 아니라 평정척도법과 중요사건기록법을 혼용하여 중요사건을 토대로 척도를 설정하여 기존의 방식들이 가지고 있는 문제점들을 보완하여 보다 정교하게 계량적으로 수정한 방법이다.
⑤ 동일한 피평가자를 반복하여 평가하여도 비슷한 결과가 나타나는지를 의미하는 것은 평가의 신뢰성(reliability)으로서 일관성 을 의미하며, 평가의 타당성(validity)이란 평가의 정확성을 의미한다.

12 ①

해설 서열법은 조직의 규모가 크거나 직무의 수가 많을 경우 그 의미가 사라진다고 볼 수 있다.

13 ①

해설 평가센터(assessment center) 또는 역량평가센터는 다양한 평가기법을 사용하여 다양한 가상상황에서 피평가자의 행동을 한 명의 평가자가 평가하는 방법이 아니라 전문 기관에서의 다양한 전문가들에 의한 평가가 이루어진다.

14 ④

해설 핵심자기평가는 사회심리학, 성격, 임상심리학, 철학 등 다양한 영역의 문헌으로부터 개념적 기반을 두고 있는 개인특성을 가진 개념으로 기존의 성격개념보다 개념적 영역범위가 더 넓은 것이 특징이다. 핵심자기평가는 또한 잠재의식을 강조하기 때문에 기존의 개인특성 영역과 차별된다.
핵심자기평가는 자기존중(자존감), 통제위치, 일반화된 자기효능감, 신경증(정서적 안정성) 등 4가지의 개인특성들로 구성되어있다.
이러한 4가지 특성은 자기자신에 대한 근본적인 평가에 초점을 두고 있다. 즉 자신이 유능하고 성공할 수 있다

고 인정하고 지각하는 자기존중(self-esteem), 다양한 상황에서 성공적으로 수행할 수 있다고 지각하는 일반화된 자기효능감(generalized self-efficacy), 외부환경을 통제할 수 있다고 지각하는 내재적 통제위치, 그리고 정서적으로 안정되어 있는 정도를 측정하는 신경증(neuroticism) 등 4가지의 개인특성들로 구성되어있다.

15 ④

해설 생산성과 관계없이 제품 단위당 일정한 임금이 주어지는 것은 보기 ④번이다. 일반적인 시간급에 해당한다고 볼 수 있다. Y축이 단위당 임금임을 착안하여 보면 됨. 그리고 ①의 경우는 단순성과급에 해당한다고 볼 수 있다.

16 ②

해설 생계비 순응임금제도는 생계비 지수에 임금을 연동시켜 지급하는 임금형태로 물가가 변동하여도 종업원의 실질임금은 하락하지 않게 된다.

17 ②

해설 스캔론 플랜은 노사협의회제도하의 제안제도를 통한 종업원의 참여의식의 개선을 목표로 한 성과배분 방법으로 생산물의 판매가치를 기준으로 한 상여금 결정방법으로 제도의 근간에는 경영참가제도를 두고 있다고 할 수 있다.

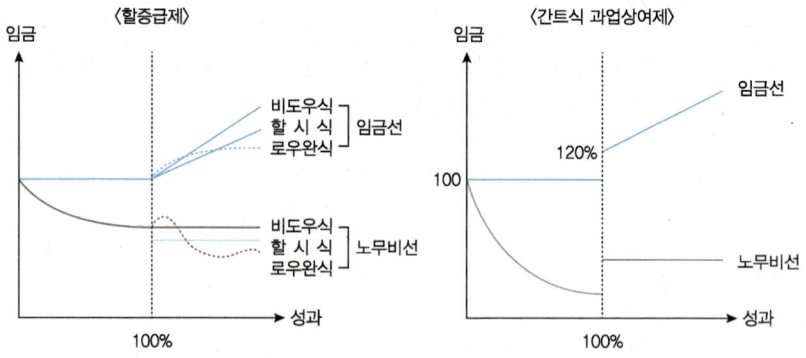

18 ④

해설 로우완식은 표준작업시간을 과거의 경험으로 설정한 후 절약임금의 배분율을 처음에는 높게 지급하다가 점차 체감하게 지급하는 방식이다.

19 ⑤

해설 임금은 노동의 질·양·능률 등에 따라 차등하게 지급하지만, 복지후생은 노동의 질·양·능률 등에 무관하게 지급한다.

20 ①

해설 종업원이 맡은 직무의 중요성과 난이도에 근거하여 임금을 결정하는 방식은 직무급제도이다. 직능급제도란 종업원이 직무를 수행하는데 요구되는 능력을 기준으로 임금을 결정하는 제도이다.

21 ②

해설
① 스캔론플랜은 집단성과배분제의 일종이다.
③ 성과이윤배제(profit sharing)는 이익이 발생하였을 경우에 배분하는 제도이고, 생산이윤분배제(gain sharing)는 원가절감, 품질향상 등으로 인해 생산성이 증가하게 되면 원가절감분 등을 배분하는 형태이다.
④ 다양한 업무기술 습득에 대한 동기 유발로 학습조직 분위기를 만들 수 있는 임금체계는 업무수행능력을 개발해야 하는 직능급이다.
⑤ 성과향상을 위한 과다 경쟁으로 구성원간의 협동심을 저하시키는 제도는 성과급, 혹은 연봉급 등이다.

22 ②

해설
임금수준이란 일정기간 동안 기업 내의 종업원에게 지급되는 평균임금으로 상한선은 기업의 지불가능능력(생산성기준 : 매출액, 부가가치 등, 수익성기준 : 손익분기, 원가분석 등), 하한선은 근로자의 생계비 수준 등(법에서 정한 최저임금, 단체협약 사항 등)을 고려하여 결정하되 사회적 균형(사회일반의 임금수준이나 경쟁기업의 임금수준 등)을 유지하는 범위 내에서 결정되어야 한다.

23 ②

해설
팀 인센티브는 일반적으로 분배방식이 복잡하여 이해하기 어렵고, 잘못 설정하면, 구성원간에 불협화음이 발생할 수 있다.

24 ①

해설 부가가치를 기준으로 배분하는 것은 럭커플랜임.

25 ①

해설
스캔론 플랜(Scanlon plan)은 성과표준을 초과달성한 부분에 대해 생산의 판매가치(sales value of production)을 기준으로 배분을 실시하고 럭커플랜은 부가가치를 기준으로 배분을 실시한다.

26 ②

해설 경력 닻 모형(career anchors model)을 주장한 학자는 샤인(Shein)이다.

27 ③

해설
직무급(job-based pay)은 동일노동 동일임금의 원칙에 의거하여 직무의 난이도에 따라 임금이 차등화되는 임금제도이다.

구분	연공급	직무급	직능급
의의	개인의 연령, 근속년수 등 인적요소에 따라 기본급 산정	• 직무의 상대적 가치에 따라 기본급 산정 • 동일직무에 동일임금 • 철저한 직무분석과 직무평가가 전제되어야 함	• 직무수행 능력을 중심으로 기본급 산정 • 연공급+직무급
장점	• 고용의 안정화 • 종업원의 소속감, 애사심 • 동양적 풍토의 질서유지와 사기유지	• 공정성이 보장 (능력위주의 인사풍토 조성) • 개인별 임금격차에 대한 불만 해소	• 능력에 따른 임금결정 • 완전한 직무급 도입이 어려운 동양적 기업 풍토에 적절
단점	• 공정성이 떨어짐 • 소극적, 무사안일주의 유발 • 전문기술인력 확보 곤란	• 철저한 직무분석과 직무평가가 어려움 • 동양적 연공중심 풍토에서는 저항감 발생	직무수행능력 개발에 치우쳐 일상업무를 소홀히 할 수 있음

28 ⑤

해설 성과배분제도 중 매출액을 성과배분의 기준으로 하는 것은 스캔론 플랜이며, 럭커플랜(Rucker plan)은 부가가치를 성과배분의 기준으로 하고 있다. 이를 정리하면 다음과 같다.

스캔론플랜	• 종업원의 제안을 통한 경영참여의 대가로 개선된 성과를 분배 • 위원회제도를 통하여 종업원의 참여 유도, 판매가치를 기초로 성과분배 상여자원 = 생산의 판매가치 × 임금비율 − 기지급액
럭커플랜	부가가치의 증대를 목표로 하여 이를 노사협력체제에 의하여 달성하고, 그 증가된 생산성 향상분을 분배하는 방식으로 전체 경제에 인플레 효과가 없는 임금상승이 가능, 부가가치액의 증가에 비례하여 성과배분 증분임금액 = 부가가치 × 부가가치분배율 (표준생산성비율) − 기지급임금

① 임금관리의 외적공정성 측면에서는 임금의 수준 에따른 적정성을 판단하여야 하므로 동일한 직무에 대한 경쟁사의 임금수준을 조사할 필요가 있다.
② 작업능률에 따라 여러 단계의 시간당 임률 산정 후 작업 능률에 따라 각기 다른 시간당 임률을 적용하는 형태를 복률시간급제라고 한다.
③ 직능급 도입을 위해서는 동일직능, 동일임금의 원칙 기준하에서 임금이 책정, 지급되므로 종업원의 능력에 대한 정확한 평가가 필요하다.
④ 직무급을 도입하기 위해서는 공정한 직무평가 즉, 직무의 상대적 가치를 평가하고 개인의 능력과 적성에 맞는 적재적소의 배치가 필요하다.

29 ②

해설 우리나라의 법정 복리후생에는 국민건강보험, 산업재해보상보험, 고용보험, 국민연금 등이 포함되는데, 국민건강보험과 고용보험의 경우 전액이 아니라 회사측에서 반액 정도를 지원하여야 한다.
복리후생제도를 정리하면 다음과 같다.

의미		• 경제적, 사회적, 정치적, 윤리인 측면에서 임금 이외에 종업원이 받게 되는 간접적인 보상 • 기본적인 근로조건을 보완하는 추가적으로 제공되는 파생적 근로조건
성격		• 노동의 질, 양 능률에 따른 차등을 두지 않음 • 필요성의 원칙에 의하여 지급되며 용도가 한정되어 있음 • 기대소득의 성격을 가지며 지급형태가 다양 • 종업원의 생활수준을 안정시켜 줌
분류		• 법정 복리후생: 국민건강보험, 국민연금, 산업재해보상보험, 고용보험 + 퇴직연금제도 • 법정 외 복리후생: 생활지원(급식, 주택, 탁아시설지원 등), 경제지원(공제제도, 소비조합 등 각종 금융지원), 특별수당(건강진단, 사내 보건소 및 양호실 운영), 여가활동(동호회 활동 지원 등) 지원 등 법정복리 후생이외의 다양한 수단을 총칭
관리원칙	필요성 및 공개성의 원칙	종업원에게 필요한 지원으로서 선택을 위한 공개가 이루어져야 함.
	적정성의 원칙	경비부담이 적당하며, 동종기업과 비교할 때 큰 차이가 없어야 함
	합리성의 원칙	기업, 국가, 지역사회의 복지수행이 중복되지 않아야 함
	협력성의 원칙	지역사회와도 협력, 노사간의 협력
설계원칙		• 종업원의 욕구를 충족하도록 설계　　• 대상범위가 넓은 제도의 우선적 채택 • 종업원들의 참여에 의한설계　　　　• 복지후생의 지불능력을 고려한 설계

30 ②

해설 스캔론 플랜(Scanlon plan)에서는 성과배분의 기준으로 판매가치(혹은 매출액)을 사용하며, 럭커 플랜(Rucker plan)에서는 부 가가치를 기준으로 성과배분을 한다.

스캔론 플랜	• 종업원의 제안을 통한 경영참여의 대가로 개선된 성과를 분배 • 위원회제도를 통하여 종업원의 참여 유도 • 판매가치를 기초로 성과분배 • 상여자원 = 생산의 판매가치 × 임금비율 – 기지급액
럭커 플랜	• 부가가치의 증대를 목표로 하여 이를 노사협력체제에 의하여 달성하고, 그 증가된 생산성 향상분을 분배하는 방식으로 전체 경제에 인플레 효과가 없는 임금상승이 가능 • 부가가치액의 증가에 비례하여 성과배분 • 증분임금액(상여자원) = 부가가치 × 부가가치분배율(표준생산성비율) – 기지급임금

31 ③

해설 직능급제도란 직무수행능력에 비례하여 지급되는 임금체계로서 직무급에서 평가요인을 능력요인에 한정한 경우에 해당된다. 연공급적 요소와 직무급적 요소의 결합된 형태로서 우수 인재를 계속 보유하고, 능력개발 유도를 통해 학습조직의 분위기 형성이라는 장점은 있으나 일상업무를 소홀히 할 가능성 또한 내포하고 있다.

① 회사 재직 중에 종업원의 직무가 변하지 않을 경우에는 직무급보다는 근속연수 등을 기준으로 임금을 책정하는 연공급을 도입하면 종업원의 장기근속을 유도할 수 있다.

② 개인이 받는 임금의 크기란 임금의 배분의 구성내용, 즉 임금격차를 결정하는 방법으로서 이는 임금의 체계를 의미한다. 이와 달리 임금수준이란 일정기간 동안 기업 내의 모든 종업원에게 지급되는 평균임금의 크기를 의미하며, 임금수준을 결정할 때에는 기업의 지불능력 및 생계비 수준을 고려하여 노동시장의 임금이 결정되는 것을 의미한다.

④ 직무급은 직무담당자의 능력, 태도, 성과에 의해 결정되는 것이 아니라 직무들이 가지는 상대적 가치에 따라 결정된다. 그러므로 공정한 직무평가가 선행되어야 한다.

⑤ 럭커 플랜(Rucker plan)은 부가가치의 증대를 목표로 하여 이를 노사협력체제에 의하여 달성하고, 그 증가된 생산성 향상분을 분배하는 방식으로 전체 경제에 인플레 효과가 없는 임금상승이 가능한 방식으로서, 임금분배율을 정해두고 이를 부가가치에 곱하여 임금총액을 계산하는 성과분배방식이다.

32 ⑤

해설 임금수준(적정성)은 종업원에게 지급되는 (평균)임금 의미로서 상한선인 해당 기업의 지불능력과 하한선인 생계비 수준 사이에 서 노동시장에서의 임금수준이 결정되는데 이는 외적 공정성 측면에서의 임금수준관리에 관한 내용이다.

반면에 임금체계(공정성)란 임금지급항목의 구성내용으로 개별 근로자의 임금을 결정하는 기준을 의미한다. 형식적 측면에서 는 종업원에게 지급되는 임금이 어떠한 항목으로 구성되고 있는가를 나타내고 있지만, 내용적 측면에서는 각 항목이 어떠한 기 준에 의하여 설정되었으며 개별 임금의 격차가 공정하게 결정되는가를 나타내주는 개념이라고 할 수 있으며, 보상원칙과 임금 체계의 결정기준에 따른 체계의 유형을 정리하면 아래 그림과 같다.

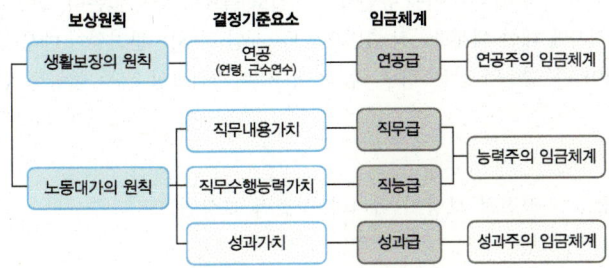

※ 임금 공정성의 유형과 비교기준 및 임금관리 시스템과의 관계

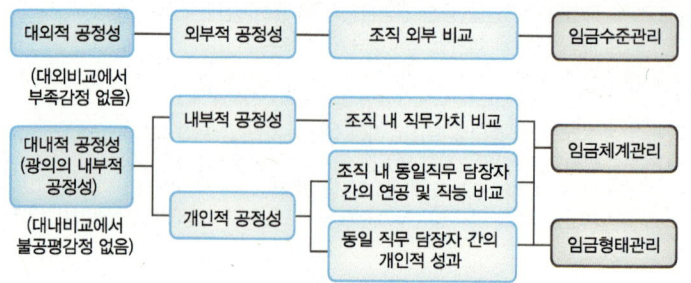

33 ②

해설
① 보상관리 전략은 기업 성장주기(life cycle)와 관련이 있는데, 초기와 성장기에는 복리후생보다는 성과에 따른 보상을, 즉 성과급을 강조하는 것이 일반적이다.
③ 임금조사(wage survey)를 통해 경쟁사 및 유사한 조직체의 임금자료를 조사하는 것은 대외 비교를 통해 보상관리의 적정성 측면에서 외적 공정성을 확보하기 위해서이다.
④ 직무의 중요도, 난이도, 위험도 등이 반영된 직무의 상대가치를 기준으로 보상수준이 결정하는 것은 직무급 제도이다.
⑤ 스캔론 플랜과 럭커 플랜은 개인성과급제도가 아니라 집단성과급제도이다.

34 ②

해설
ㄴ. 직무수행의 성과와 직무난이도가 잘 반영된 것은 담당직무기준의 노동대응의 원칙이 적용된 직무급제도의 것임.
ㄹ. 고급인력의 확보와 유지가 용이한 것은 능력 및 성과기준의 노동대응원칙이 적용된 직능급제도를 들 수 있다.

35 ②

해설
허쯔버그(Herzberg)의 2요인이론(two-factor theory)에 따르면 임금 등과 같은 경제적 복리후생은 동기요인이 아니라 위생 요인에 해당하며 위생요인은 직원 동기부여에 긍정적 영향을 미치지 않는다고 보고 있다.

36 ③

해설
내재적 보상이 크다고 해서 임금의 내부공정성이 높아지는 것은 아니며, 외재적 보상이 클 경우, 작은 경우 모두 불공정 인식을 하게 된다. 부연설명을 하면, 성취감, 직무에 대한 만족감, 자신의 흥미나 호기심과 같은 요인들에서 유래된 동기를 내재적 동기라고 하는 데, 내재적으로 동기화되었을 때는 활동 그 자체가 보상으로 작용하기 때문에 그 활동을 하도록 하기 위해서는 어떤 유인물과 처벌도 필요로 하지 않는다. 반면에 내부 공정성은 임금의 구성 내용과 관련한 임금격차에 대한 체계관리적 측면으로 두 개념 간에는 관련성이 매우 낮다. 아울러 공정성 이론에서 본다면 외재적 보상이 큰 경우와 작은 경우 즉, 과대 또는 과소보상 모두 불공정 인식을 가질 수 있다.

37 ②

해설
복리후생(benefits)은 직접적 보상이 아니라 간접적 보상임.

38 ④

해설 변동급 체계가 아닌 직무급 체계에 대한 설명임. 직무급 체계는 직무가치와 급여조사에서 나온 정보를 사용하여 개발되며, 아울러 직무가치는 직무평가를 통해 상대적 가치가 판정된다. 시장가격책정을 사용하여 결정될 수 있다. 변동급 체계란 연공서열로 되어 있는 고정급 임금체계를 직능급제로 전환하는 것을 의미한다. 즉 임금총액을 결정하는 요인을 직능, 고과 등으로 다양화해 임금에 대한 경영성과의 반영을 높이기 위한 제도다. 정리하면 변동임금이란 사원의 직무성과나 업적, 회사의 이익 등에 임금의 산정기준을 두고 있는 것이 변동임금이다.

39 ③

해설 임금공정성(pay equity)이란 기본적으로 보상액을 결정하기까지의 절차가 얼마나 공정했는가에 대한 절차공정성과 보상액의 크기가 적당한가에 대한 분배공정성으로 분류할 수 있으며 다시 분배공정성은 조직 내부 동료와의 비교인 내적 공정성과 다른 회사와 비교하는 외적 공정성으로 분류할 수 있다. 실제 성과가 상당히 다를 경우 그 성과에 기반하여 임금 지급에서 차이가 발생할 때 공정성 개념이 적용될 수 있으며, 임무 수행에 요구되는 지식, 기술, 능력 수준이 유사하면 비슷한 수준의 급여가 지급되어야 한다는 개념은 직능급 제도에 대한 설명이다.

40 ③

해설 직무평가(job evaluation)는 조직 내 여러 가지 직무의 절대적 가치를 결정하는 과정이 아니라 상대적 가치를 평가하는 공식적이며 체계적인 과정을 의미한다.

41 ⑤

해설 기본급의 일부로 지급되는 것이 아님. 추가적으로 회사가 벌어들인 결산기 이윤(profit)의 일부를 추가적으로 지급하는 형태임.

42 ②

해설 직무급은 직무수행자의 직무몰입(job commitment)과 직무만족(job satisfaction)에 의해 결정되는 것이 아니라 공정한 직무평가에 기반을 두고 동일노동 동일임금의 원칙하에서 직무 자체에 따라 임금이 결정되는 제도이다.

Chapter 4 노사관계관리

개·념·정·리

1 ④

해설

가입방식 (노조원 확보 방법)	closed shop	근로자 전원의 가입이 강제되는 것으로 노동조합의 조합원만이 사용자에게 고용될 수 있는 제도로서 노조의 인정·독립의 성격이 가장 강함
	union shop	사용자가 비조합원을 일단 자유로 채용할 수는 있지만 채요 후 일정기간 안에 조합에 가입해야 하는 제도로서 open shop과 closed shop의 중간 형태
	open shop	조합원, 비조합원에 관계없이 채용가능하며, 사용자 측에 가장 유리한 제도임.
	preferential shop	채용에 있어 노동조합원에게 우선순위를 부여하는 형태의 제도
	maintenance shop	조합원이 되면 일정기간 동안 조합원으로서의 자격을 유지해야 한다는 제도
조합비 확보 방법	agency shop	조합원이 아니더라도 모든 종업원에게 조합회비를 징수
	check off system	조합비 일괄공제 제도로 노동조합 조합비의 안정적인 확보를 위하여 조합원의 2/3 이상의 동의가 있으면 급여계산 시 회사에서 일괄적으로 조합비를 공제하는 제도를 의미한다.

2 ②

해설 노조의 지배력이 강한 순서 → closed shop > union shop > open shop

3 ④

해설 closed shop제도는 조합가입이 입사의 전제 조건이 제도이다.

4 ①

해설 조합원이나 비조합원 모두 고용할 수 있으며 우리나라에서 많이 채택하고 있는 노동조합의 형태이다.

5 ②

해설 노조의 자금확보측면에서 회사의 급여계산 시 조합비를 일괄공제제도로 노동조합 조합비의 안정적인 확보를 위하여 조합원의 2/3 이상의 동의가 있으면 급여계산 시 회사에서 일괄적으로 조합비를 공제하는 제도를 의미한다.

6 ②

해설 closed shop제도란 근로자 전원의 가입이 강제되는 것으로 노동조합의 조합원만이 사용자에게 고용될 수 잇는 제도로서 노조의 인정·독립의 성격이 가장 강함

7 ②

해설 union shop 제도란 사용자가 비조합원을 일단 자유로 채용할 수는 있지만 채용 후 일정기간 안에 조합에 가입해야 하는 제도로서 open shop과 closed shop의 중간 형태의 제도임.

8 ③

해설 agency shop제도란 조합원이 아니더라도 모든 종업원에게 조합회비를 징수하는 형태의 제도임.

9 ④

해설 단체교섭(collective bargaining)이란 사용자와 노동조합이 교섭단위 내에 노동자들의 고용조건을 협상하는 과정으로서 이에 대하여 정리하여 보면 다음과 같다.
- 일반적으로는 노동조합이 임금이나 근로시간, 근로조건을 비롯하여 노동자의 권리에 관계되는 제 문제에 대해 사용자 또는 사용자단체와 상호의 조직력을 배경으로 대등한 입장에서 교섭하는 과정을 의미함.
- 협약의 협상(contract negotiation)과 협약의 관리(contract administration) 활동의 두 과정으로 구분.

• 단체교섭의 유형
1) 기업별 교섭: 특정 기업 또는 사업장 단위로 조직된 독립된 노동조합이 그 상대방인 사용자와 단체교섭을 행하는 방식.
2) 통일교섭: 노동시장을 전국적 또는 지역적으로 지배하고 있는 산업별 또는 직업별 노동조합과 이에 대응하는 전국적 또는 지역적 사용자 단체 간에 행해지는 단체교섭방식.
3) 대각선교섭: 산업별 노동조합이 개별기업의 사용자와 개별적으로 교섭하는 방식.
4) 집단교섭: 수 개의 단위노동조합이 집단을 구성하여 이에 대응하는 수 개 기업의 사용자 대표와 집단적으로 교섭하는 방식.
5) 공동교섭: 상부단체인 산업별 및 직업별 노동조합이 하부단체인 기업별 노조 또는 기업단위의 지부와 공동으로 당해 기업의 사용자 대표와 교섭하는 방식.

10 ⑤

해설 직장폐쇄는 노동쟁의에 대한 경영자측의 대응방안으로서 노동쟁의 발생전에 선제적으로 사용되어서는 안된다. 이는 사용자가 근로자를 일시적으로 해고하는 것으로 사용자 측의 쟁의 행위이다.
① 파업은 노동력을 생산수단과의 결합상태에서 분리시키고 사용자의 지휘, 명령으로부터 완전히 벗어나는 형태의 노동행위이다.
② 태업은 표면적으로는 작업을 하면서 집단적으로 작업능률을 저하시켜 사용자에게 손해를 주는 쟁의 행위이다.
③ 노동조합의 불매운동은 조합원이나 일반 시민에게 직접 쟁의의 상대가 되어 있는 사용주나 그와 거래관계에 있는 상품구매를 거부하도록 설득하는 것을 말한다.
④ 직장점거는 파업근로자가 파업 중의 조업을 방해(저지)하기 위해 직장(사업장의 시설)을 점거하는 보조적 쟁의 행위이다.

11 ⑤

해설

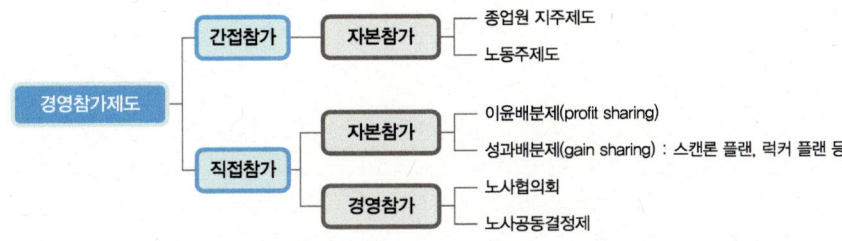

12 ④

해설: 설비 및 장치상의 오류와 개인적 부주의는 별개의 문제임.

13 ①

해설: 근로자의 만족도 또는 성과를 개선하기 위해 고안된 용어로서, 직장 내 근로생활의 질을 중시하는 것으로서 '노동의 인간화'라고 말하여진다.

14 ⑤

해설: 강제성을 띠는 방법으로는 중재와 긴급조정이 있다.

단체협약	단체교섭의 결과로 노사 간에 의견의 일치를 보았을 때 성립		
노동쟁의	의미	임금, 근로시간, 후생 등의 근로조건에 관한 노사 간의 주장의 불일치로 인한 분쟁 상태	
	행위	노동조합	파업(strike), 태업(sabotage), 불매운동(boycott), 준법투쟁(집단휴가 사용, 정시 출·퇴근)
		기업	직장폐쇄(lock-out): 생산수단을 차단함으로써 노무의 수령을 집단적으로 거부
	조정	알선	분쟁당사자를 설득하여 문제를 토론하게 만드는 방법
		조정	조정위원회를 구성하여 분쟁당사자의 의견을 조정, 단 제시하는 조정안은 권고 사항
		중재	중재위원회에 의해 쟁의가 조정, 중재결정을 당사자는 반드시 따라야 함
		긴급조정	공익사업이나, 현저히 국민경제를 해치거나 국민의 일상생활을 위태롭게 할 위험이 있는 경우 노동부장관이 결정

15 ②

해설: 노동3권(단결권, 단체교섭권, 단체행동권)
1) 단결권: 단결권의 의의 - 우리 헌법은 조직(기업)에 있어서 근로자에게만 단결권을 인정하고 있으므로 사용자는 단결권이 없으며, 다만 사용자는 단결권자인 근로자(노동조합)의 상대방이 되는 것이다.
2) 단체교섭권: 단체교섭권의 의의 - 우리나라 노동관계법은 단결권을 기반으로 한 단결체(노동조합)를 대상으로 하기 때문에 근로자 개개인은 단체교섭권을 행사할 수 없다. 따라서 단체교섭의 주체는 노동조합이 되므로 근로자 개개인은 단체교섭을 요구하거나 수행할 수 없으며, 단체교섭의 대상은 개별근로자의 요구사항이 아니라 근로자집단의 교섭 요구사항이 된다.
3) 단체행동권: 단체행동권의 의의 - 단체행동권은 단결체의 존립과 목적을 달성하기 위하여 실력으로 의사를 관철하려는 투쟁수단을 말하는 것으로서, 단체행동의 허용은 노동법분야를 제외하고는 그 유례를 찾아 볼 수 없는 특수한 권리형태이다.

심·화·문·제

1 ②

해설: 비조합원에게도 조합비를 징수하는 제도는 agency shop이라고 함. Maintenance Shop 이란 조합원이 되면 일정 기간동안 조합원으로서의 자격을 유지해야 한다는 제도이다. 이는 고용의 조건으로 일정 기간 동안 조합원으로 머무르게 하거나 교섭 중에 조합원이었던 구성원을 조합원으로 머물게 할 수 있도록 하는 단체교섭의 조건으로 이용되기도 한다.

2 ④

해설: 신규채용된 근로자는 일정기간이 지나도 반드시 노동조합에 가입해야 할 의무는 없는 형태의 제도는 open shop제도임.

3 ⑤

해설: 경영참가제도의 유형으로는 자본참가제도(종업원지주제도 등), 이익참가제도(럭커플랜, 스캔론플랜 등), 의사결정참가제도(제안제도, 노사협의회, 노사공동결정제 등)로 구분할 수 있다.

4 ④

해설: 체크오프 시스템이란 조합비 일괄공제 제도로서 노동조합 조합비의 안정적인 확보를 위하여 조합원의 2/3 이상의 동의가 있으면 급여 계산시 회사에서 일괄적으로 조합비를 공제하여 주는 제도임.

5 ⑤

해설: 우리나라에서는 일반적으로 우리사주조합에 옵션제도보다는 주식을 확정된 가격으로 부여하고 있다.

6 ③

해설: 유니온 숍(union shop)은 입사시에는 비조합원도 입사할 수 있으나 일정기간 경과 후 반드시 조합에 가입할 것을 전제로 하는 형태의 숍제도이다.

7 ①

해설: 부진한 성과만으로 자발적 이직의 일반적 원인을 파악하기는 어려우며, 이는 비자발적 이직의 한 원인이되기도 한다. 아울러 자발적 이직의 일반적 원인을 정리하여 보면 다음과 같다.
- 직무불만족(임금, 작업환경 및 조건, 조직 내 인간관계 등 다양한 요인)
- 통근조건, 작업조건, 교대근무의 어려움 때문에
- 개인적 성장기회 및 성취감의 미충족, 장래에 대한 불안 등
- 집안사정, 결혼, 임신, 가족의 이주 등 개인적 요인 등

8 ④

해설: 직장 폐쇄 조치는 노사 간에 분쟁이 있을 때만 가능하며, 직장 폐쇄를 결정한 기업주는 관할 시. 도와 노동위원회에 신고해야 한다.
① 단체교섭을 합당한 이유 없이 거부하는 행위는 부당노동행위에 속한다.

② 노동조합에 가입하거나 조직하려는 이유 등으로 근로자에게 정당한 이유 없이 해고, 전근, 또는 감봉 등 불이익을 주는 경우도 부당노동행위이다.
③ 고용할 때 노동조합에 가입 또는 탈퇴를 고용 시 조건으로 내세우는 경우 부당노동행위에 속한다.

9 ④

해설 유니온 숍(union shop)은 하나의 사업장에 하나의 노동조합만 인정하는 제도가 아니라 사용자가 비조합원을 일단 자유로 채용할 수는 있지만 채용 후 일정기간 안에 조합에 가입해야 하는 제도로서 open shop과 closed shop의 중간 형태이다. 아울러 하나의 사업장에 하나의 노동조합만 인정하는 제도는 교섭창구단일화 제도를 의미한다.

보충 교섭창구 단일화 제도 : 근로조건의 결정권이 있는 사업 또는 사업장 단위에서 복수 노동조합과 사용자 사이의 교섭절차를 일원화하여 효율적이고 안정적인 교섭체계를 구축하고, 소속 노동조합과 관계없이 조합원들의 근로조건을 통일하기 위한 것으로, 교섭대표노동조합이 되지 못한 소수 노동조합의 단체교섭권을 제한하고 있지만, 소수 노동조합도 교섭대표노동조합을 정하는 절차에 참여하게 하여 교섭대표노동조합이 사용자와 대등한 입장에 설 수 있는 기반이 되도록 하고 있으며, 그러한 실질적 대등성의 토대 위에서 이뤄낸 결과를 함께 향유하는 주체가 될 수 있도록 하고 있으므로 노사대등의 원리 하에 적정한 근로조건의 구현이라는 단체교섭권의 실질적인 보장을 위한 불가피한 제도라고 볼 수 있다.

10 ①

해설 대각선 교섭에 대한 설명임. 교섭의 유형을 정리하면 다음과 같다.

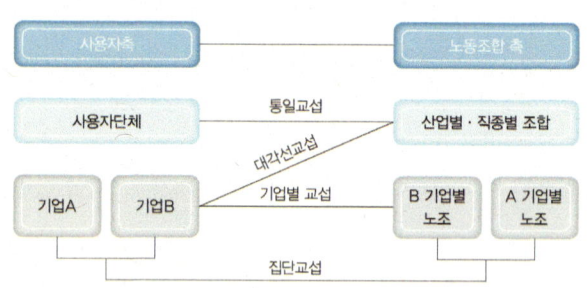

- 통일교섭 : 노동시장을 전국적 또는 지역적으로 지배하고 있는 산업별 또는 직업별 노동조합과 이에 대응하는 전국적 또는 지역적 사용자 단체간에 행해지는 단체교섭방식
- 기업별 교섭 : 특정 기업 또는 사업장 단위로 조직된 독립된 노동조합이 그 상대방인 사용자와 단체교섭을 행하는 방식
- 공동교섭 : 상부단체인 산업별 및 직업별 노동조합이 하부단체인 기업별 노조 또는 기업단위의 지부와 공동으로 당해 기업의 사용자 대표와 교섭하는 방식
- 집단교섭 : 수 개의 단위노동조합이 집단을 구성하여 이에 대응하는 수 개 기업의 사용자 대표와 집단적으로 교섭하는 방식